Friedr. Jak. Dochnahl

Der sichere Führer in der Obstkunde auf botanisch-pomologischen

Weg oder systemaltische Beschreibung aller Obstsorten

IV. Band: Schalen- und Beerenobst

Friedr. Jak. Dochnahl

Der sichere Führer in der Obstkunde auf botanisch-pomologischen Weg oder systemaltische Beschreibung aller Obstsorten
IV. Band: Schalen- und Beerenobst

ISBN/EAN: 9783743320413

Hergestellt in Europa, USA, Kanada, Australien, Japan

Cover: Foto ©Andreas Hilbeck / pixelio.de

Friedr. Jak. Dochnahl

Der sichere Führer in der Obstkunde auf botanisch-pomologischen Weg oder systemaltische Beschreibung aller Obstsorten

Der sichere Führer

in der

Obstkunde

auf botanisch - pomologischem Wege

oder

Systematische Beschreibung aller Obstsorten.

Mit Nomenklatur, Angabe der Autoren, Provinzialismen und Synonymen, nebst vollständiger Nachricht über Herkunft, die Zeit der Einführung, Reifzeit, Dauer, Güte, Werth, Gebrauch, Auswahl und die Art der Erziehung.

Für Pomologen, Botaniker, Gärtner, Baumschulen- und Gartenbesitzer, Landwirthe und jeden Freund des Obstbaues, besonders für Landwirthschafts-, Gartenbau- und pomologische Vereine bei wissenschaftlichen Obstmusterungen.

Von

Friedr. Jak. Dochnahl,

Verfasser des neuen pomologischen Systems, Herausgeber und Redakteur der Pomona, Inhaber der grossen silbernen Ehren-Medaille der Kaiserlichen Gartenbau-Gesellschaft in Paris, der goldenen Medaille des landwirthschaftlichen Vereins in Bayern und der grossen silbernen Preis-Medaille des Gartenbau-Vereins in Mainz, correspondirendem Mitglied der Königlichen Commission für Pomologie in Brüssel, Ehrenmitglied der naturwissenschaftlichen, landwirthschaftlichen, pomologischen und Gartenbau-Vereine in Altenburg, Innsbruck, Coburg, Zürich, Meiningen, Zittau, Strassburg, Eldana, Stuttgart, Paris, Mannheim, Berlin, Moskau etc. etc.

IV. Band.

Schalen- und Beerenobst.

NÜRNBERG,

WILHELM SCHMID.

1860.

Systematische Beschreibung

aller

Schalen- und Beerenobstsorten.

Mit Nomenklatur, Angabe der Autoren, Provinzialismen und
Synonymen, nebst vollständiger Nachricht über Herkunft, die Zeit
der Einführung, Reifzeit, Dauer, Güte, Werth, Gebrauch,
Auswahl und die Art der Erziehung.

Für Pomologen, Botaniker, Gärtner, Baumschulen- und Gartenbesitzer,
Landwirthe und jeden Freund des Obstbaues, besonders für Landwirthschafts-,
Gartenbau- und pomologische Vereine bei wissenschaftlichen Obstmusterungen.

Von

Friedr. Jak. Dochnahl,

Verfasser des neuen pomologischen Systems, Herausgeber und Redakteur der Pomona,
Inhaber der grossen silbernen Ehren-Medaille der Kaiserlichen Gartenbau-Gesellschaft
in Paris, der goldenen Medaille des landwirthschaftlichen Vereins in Bayern und der
grossen silbernen Preis-Medaille des Gartenbau-Vereins in Mainz, correspondirendem
Mitglied der Königlichen Commission für Pomologie in Brüssel, Ehrenmitglied der
naturwissenschaftlichen, landwirthschaftlichen, pomologischen und Gartenbau-Vereine in
Altenburg, Innsbruck, Coburg, Zürich, Meiningen, Zittau, Strassburg, Eldena,
Stuttgart, Paris, Mannheim, Berlin, Moskau etc. etc.

NÜRNBERG,

WILHELM SCHMID.

1860.

Uebersicht

der in den 4 Bänden dieser Obstkunde beschriebenen Gattungen und Arten.

			Gattungen	Arten.
I. Band.	Aepfel	. . . .	15	1263
II. Band.	Birnen	. . . .	22	1058
„	Quitten	. . . . . , . . .	1	12
„	Speyerlinge	. . . . . .	1	10
„	Azerolen	. . . .	1	50
„	Mispeln	. . . .	1	10
III. Band.	Cornelen	. . . .	1	19
„	Kirschen	. . . .	8	258
„	Pflaumen	. . . .	12	343
„	Aprikosen	. . . . . .	4	45
„	Pfirsiche	. . . .	9	137
IV. Band.	Mandeln	. . . .	4	32
„	Wallnüsse	. . . . . .	6	53
„	Haselnüsse	. . . . . .	7	108
„	Kastanien	. . . . . .	3	40
„	Feigen	. . . .	1	40
„	Maulbeeren	. . . . . .	1	4
„	Himbeeren	. . . . . .	5	68
„	Hanbutten	. . . . . .	1	8
„	Stachelbeeren	. . . . .	12	539
„	Johannisbeeren	. . . .	7	71
„	Weintrauben	. . . .	15	311
„	Berberizen	. . . . . .	1	16
„	Hollunder	. . . .	1	16
„	Heidelbeeren	. . . . .	4	14

Zusammen: 143 . . 4520.

Pomologische und önologische Literatur,

welche in den neben bezeichneten Abkürzungen citirt vorkommt.

Ab. *Abercrombie, Joh.* Vollständige Anleitung zur Erziehung und Wartung aller in Deutschland in freier Luft zu ziehenden Obst, und Fruchtbäume, und Fruchtsträucher. Aus dem Englischen von F. H. Lueder. Leipzig (1781).

Ac. *Acerbi, Guiseppe.* Delle viti italiane, o sia materiali per servire olle classificazione, monografia e sinonimia, etc. Milano, 1825.

Alb. de Pom. (Siehe Biv.)

A. t. G. M. Allgemeines teutsches Garten-Magazin. 19 Bde. Weimar, 1804—1828.

Annal. de Pom. Annales Pomologie; publiées par la Commission royale à Belge. Bruxelles, 1853 u. f.

B. *von Babo*, Freiherr L. Der Weinstock und seine Varietäten. Frankfurt a. M. 1844.

B. u. M. *von Babo*, Freiherr L., u. *Metzger*, J. Die Wein- und Tafeltrauben der deutschen Weinberge und Gärten. Mit Abbildungen. Mannheim, 1836.

Bav. oder de Bavay. (Siehe Annal. de Pom.)

Bechstdt. *Bechstedt's, Joh. Casp.* vollständiges Niedersächsisches Land- und Garten-Buch. 3 Thle. Flensburg und Leipzig, 1772.

Bechst. oder Bechst. Fb. *Bechstein, Joh. Math.* Forstbotanik, etc. 4. Aufl. Gotha, 1821.

Biv. *Bivort, A.* Album de Pomologie. 4 vol. Bruxelles, 1847—1851.

Blotz, J. F. Die Gartenkunst, etc. 2 Aufl. von J. L. Christ. 4 Thle. Leipzig. 1797.

Bon Jard. Le Bon Jardinier, almanach pour l'année (viele Jahrgänge). Paris.

Brchl. *Breuchel, Ph. Jak.* Beschreibung des edlen Weinstocks etc. Frankfurt a. M. 1781.

Br. Verz. *Bronner's* Verzeichniss seiner Wein- und Tafeltrauben. Wissloch.

Br. Wb. *Bronner, Joh. Ph.* Der Weinbau in Süddeutschland. 6 Hefte, Heidelberg, 1833—39.

Burch. *Burchardt, Th. H. O.* (In den Verhandlungen des Vereins zur Beförderung des Gartenbaues in den k. preuss. Staaten, 18 u. 30 Lief., Berlin, 1833 u. 1840.)

Burg. *Burger, Joh.* Systematische Classifikation und Beschreibung der in den östreichischen Weingärten vorkommenden Traubenarten. Wien, 1837.

Burgsd. *von Burgsdorf, F. A. L.* Anleitung zur sichern Erziehung und zweckmässigen Anpflanzung der einheimischen und fremden Holzarten, etc. 2 Thle. 2. Aufl. Berlin, 1791.

Büttner. (Siehe T. O.)

Clwtz. *von Carlowitz.* Verzeichniss der in der Rebschule zu Dresden-Friedrichsstadt befindlichen Weinreben-Sorten. (In den Verhandlungen des Vereins zur Beförderung des Gartenbaues in den k. preuss. Staaten, 85 Lief., Berlin, 1844.

Cat. Catalog u. *Dochnahl, F. J.* Centralobstbaumschule. Jena, 1848.

Cat. Lond. A Catalogue of the Fruits cultivated in the garden of the Horticultural Society of London. London, Ed. 1. 1826. Ed. 2. 1842. Ed. 3. 1843. a, b u. c.

Chapt. *Chaptal, Rozier,· Parmentier* und *Dussieux.* Abhandlung über den Weinbau. 2 Bde. Wien, 1804.

Chrst. *Christ, J. L.* (in folgenden Werken).

Chr. H. O. Dslbe. Handbuch über die Obstbaumzucht und Obstlehre. 2. Aufl. Frankfurt a. M. 1797. 4. Aufl. 1817.

Chr. H. O. B. Dslbe. Beiträge zum vorigen. Frankfurt a. M. 1802.

Chr. O. Dslbe. Von Pflanzung und Wartung der nützlichsten Obstbäume etc. 2 Thle. Frankfurt a. M. 1789 u. 1791.

Chr. p. H. Dslbe. Pomologisches theoretisch-praktisches Handwörterbuch etc. Leipzig, 1802.

Chr. v. P. Dslbe. Vollständige Pomologie etc. 2 Bde. Frankfurt a. M., 1809.

Chr. Wb. Dslbe. Weinbau. Frankfurt a. M.. 1800.

Cl. *Clemente, S. R.* Versuch über die Varietäten des Weinstocks in Andalusien. Aus d. Franz. des de Caumels, in's Deutsche von A. A. Freiherrn von Mascon. Grätz, 1821.

Dem. *Demerson.* Histoire de la vigne.

Dierb. *Dierbach, J. H.* Oekonomisch-technische Botanik. 2 Bde. Heidelberg, 1836.

Dtch. L. *Dieterich, Friedr. Gottl.* Vollständiges Lexicon der Gärtnerei und Botanik. 11 Bde. u. Nachtrag 10 Bde. Weimar, 1802—1824.

Dttch. *Dittrich, Joh. Georg.* Systematisches Handbuch der Obstkunde. 3 Bde. Jena, 1839—1841.

Dochn. *Dochnahl, F. J.* Die vorzüglichsten Weintrauben. Neustadt, 1847.

Downing, A. J. The Fruit and Fruit Trees of America, etc. New-York, 1845.

Dresd. Cat. Verzeichniss der Obstsorten in der systematischen Obstbaumschule im k. sächs. grossen Garten bei Dresden. 1819 und 1830.

du Roi, Joh. Ph. Die Harbkesche wilde Baumzucht etc. 3 Bde. Braunschweig, 1771—1800.

Duh. *Du Hamel du Monceau.* Abhandlung von den Obstbäumen, etc. Aus dem Französischen von Carl Christ. Oelhafen von Schöllenbach. 3 Bde. Nürnberg, 1775—1783.

Duh. Dslbe. Traité des Arbres Fruitiers etc. 2 vol. Paris, 1768.

Duh. Abh. Dslbe. Abhandlung von Bäumen, Stauden und Sträuchern etc. Aus dem Französischen von Carl Christ. Oelhafen von Schöllenbach. 2 Bde. Nürnberg, (1763).

Ehss. *Ehrenhauss, Fr. Ernst,* Rathgeber den Weinbau zu betreiben etc. 2. Aufl. von F. H. Langschmidt. Leipzig, 1841.

Elsh. *Elshols, Joh. Sigm.* Neu angelegter Gartenbau etc. 4. Aufl. Leipzig, 1715.

Ftl. *Fintelmann, C. J.* Die Obstbaumzucht. 2 Bde. Berlin, 1887 und 1839.

Fisch. *Fischer, J. C.* Der fränkische Weinbau. Bamberg, 1775.

Fl. Wett. Flora der Wetterau von J. H. Cassebeer und G. L. Theobald. Hanau, 1849.

Fors. *Forsyth, William,* A Treatise on the culture and management of Fruit Trees. Ed. 7. London, 1824.

Fors. Dslbe. Cultur und Behandlung der Obstbäume, etc. Aus dem Englischen von Ad. Heinr. Meineke. Berlin und Stettin, 1804.

Frg. *Frege, Chr. Aug.* Versuch einer Classifikation der Weinsorten nach ihren Beeren. Meissen, 1804.

Gard. Chron. The Gardener's Chronicle and Agricultural Gazette, edited by Professor Lindley. London, 1841 u. f.

Gk. *von Gok, C. F.* Die Weinrebe und ihre Früchte. Mit Abbildungen. Stuttgart, 1836—1839.

Gk. W. Dslbe. Die Weinrebe mit ihren Arten und Abarten. Stuttgart, 1829.

Gotth. *Gotthardt, Joh. Christ.* Vollständiger Unterricht in der Erziehung und Behandlung der Obstbäume. 2 Thle. Erfurt, 1802.

Hanb. *Hanbury.* (Siehe Ab.)

Htl. *von Heintl, Franz.* Der Weinbau des österreichischen Kaiserthums. 2 Bde. Wien, 1821 u. 1835.

Hekl. *Hekler, J. B.* Praktischer Weinbau. Mainz, 1823.

Hepp. *Heppius. Kirchmaier, G. C.* Dissertatio de arte propagandi Vitis apud Francos usitata. Wittenbergae, 1697.

Hilt. *Hiltenbrand, A.* Oesterreichischer Weinbau-Katechismus. Leipzig, 1777.

Hink. u. Hkt. *Hinkert, F. W.* Systematisch-geordnetes Handbuch der Pomologie, etc. München, 1836.

Hirschf. *Hirschfeld, C. C. L.* Handbuch der Fruchtbaumzucht. 2 Bde. Braunschweig, 1788.

Hlbk. *Hlubek, F. X.* Versuch einer neuen Charakteristik und Classifikation der Rebensorten. Grätz, 1841.

Hohb. *von Hohberg,* Georgica curiosa, von dem adeligen Land- und Feldleben etc. 3 Bde. Nürnberg, 1701—1715.

Hhh. O.
HhhO. N. } (Siehe Walk.)

Hölbl. *Hölbling.* Beschreibung der in der Wiener Gegend gemeinen Weintrauben. (In den Abhandlungen einer Gesellschaft in Böhmen, von Ignatz von Born, 3. u. 4. Bd. Prag, 1777, und in Chaptal's Weinbau).

Ht. *Hörter, J.* Der rheinländische Weinbau. 4 Thle. Coblenz u. Trier, 1822—1826.

Ht. Setzr. Dselbe. Die besten Setzreben. 2 Bde. Coblenz, 1831 u. 1832.

Hort. In Gärten.

Hort. Soc. Die Gartenbaugesellschaft in London.

Jard. fruit. Jardin fruitier, par Louis Noisette. Ed. 1. 3 vol. Paris, 1821.

Klb. *Kalb, B. H.* Der Weinbau. Stuttgart, 1810.

Kern. *Kerner, J. S.* Abbildung aller ökonomischen Pflanzen. Mit 800 ill. Kupfern. Stuttgart, 1789—1796.

Knp. *Knoop, Joh. Herm.* Pomologie ou Description des meilleurs sortes des Pommes et des Poires etc. Amsterdam, 1771.

Kolb. *Kolbe, Joh. H.* Anweisung dem Weinstock den höchsten Nutzen abzugewinnen. 5. Aufl. Sangerhausen, 1837.

Kraft, Joh. Pomona austriaca, Abhandlung von den Obstbäumen, etc. 2 Thle. Wien, 1792.

Lgl. *Langley, Batty,* Pomona, or the Fruit Garden illustrated. London, 1729.

Lwb. *Leiweber, J. A.* de Vino Wertheimensis. Altdorf, 1714.

Lbtz. Abb. *Leibitzer, J.* Abbildung und Beschreibung der vorzüglichsten Traubensorten. Pesth, 1818.

Lbtz. Dslbe. Obstlehre. Pesth, 1831.

Lgl. s. Anl. *Liegel, G.* Systematische Anleitung zur Kenntniss der vorzüglichsten Sorten des Kern-, Stein-, Schalen- u. Beerenobstes etc. Passau, 1825.

Lgl. Awsg. Dslbe. Anweisung mit welchen Sorten verschiedene Obstbaumanlagen besetzt werden sollen. 2. Aufl. Salzburg, 1842.

Lindl. *Lindley, George,* A Guide to the Orchard and Kitchen Garden, etc. London, 1831.

Lipp. Taschenbuch des verständigen Gärtners. Aus dem Französischen von *J. F. Lippold.* 2 Bde. Stuttgart u. Tübingen, 1824.

Loud. *Loudon, J. C.* Encyclopädie des Gartenwesens. Aus dem Englischen. 2 Bde. Weimar, 1821 u. 1823.

Märt. O. *Märter, F. J.* Die Obstbaumzuchten. 3. Aufl. Wien, 1795.

Maurer, L. H. Das Beerenobst unserer Gärten. Stuttgart, 1858.

Maw. *Mawe.* (Siehe Ab.)

Maw. Kal. *Mawe, Thom. et Abercrombie, John,* Gardeners Kalender. London, 1776.

Mayer, C. E. u. May. Gb. Neuestes allgemeines deutsches Gartenbuch, etc. Wien, 1832.

May. *Mayer, Joh.* Pomona franconica oder natürliche Abbildung und Beschreibung der besten und vorzüglichsten europäischen Gattungen der Obstbäume und Früchte etc. 3 Bde. Nürnberg, 1776—1801.

M. *Metzger, J.* Der rheinische Weinbau. Heidelberg, 1827.

Mill. u. Mill. Gl. *Miller, Ph.* Englisches Gartenbuch oder Gärtner-Lexicon etc. Aus dem Englischen von G. L. Huth. 3 Bde. Nürnberg, 1750—1758.

Mhr. *Mohr, Jos.* Handbuch für Weinpflanzer zur Verbesserung des Weinbaues. 2 Thle. Freiburg, 1834.

Mor. *Morelot, M.* Statistique de la Vigne dans le Departement de la Cote d'or.

Münchh. *von Münchhausen, Otto,* Der Hausvater. 2. Aufl. Bd. 8. Hannover, 1775.

Nois. *Noisette, Louis.* (Siehe Jard. fruit.)

Nois. Gb. Dslbe. Vollständiges Handbuch der Gartenkunst etc. Aus dem Französischen von G. C. L. Sigwart. Bd. 4. Stuttgart, 1826.

Onomat. bot. *Gmelin, Joh. Friedr.* Onomatologia botanica completa. 9 Thle. Frankfurt u. Leipzig, 1772—1778.

Ortl. *Ortlieb, J. M.* Anweisung und Plan zur Verbesserung der Landwirthschaft, vorzüglich des Rebbaues. Strassburg, 1789.

P. *Pansner, Lor.* Versuch einer Monographie der Stachelbeeren. Jena, 1852.

Pfälz. G. Z. *Pfälzische Garten-Zeitung.* Von F. J. Dochnahl. Speyer, 1844—1848.

Poins. *Poinsot,* L'Ami des Jardiniers, etc. 2 vol. Paris, 1804.

Poit. et Turp. *Poiteau et Turpin,* Traité des arbres fruitiers de Duhamel du Monceau. Nouvelle Edition etc. 6 vol. Paris et Strasbourg, 1835.

Pom. *Pomona.* Allgemeine deutsche Zeitschrift für den gesammten Obst- und Weinbau etc. Von F. J. Dochnahl. Regensburg, 1851. Nürnberg, 1854—1859.

Pom. austr. (Siehe Kraft.)

Pom. franc. (Siehe May.)

Pom. Mag. The Pomological Magazine, etc. 3 vol. London, 1827—30.

Raf. *Rafinisque-Schmals,* Medical Flora and Botany of the United States etc. Philadelphia, 1830.

Rth. *Rath, F. X.* Abhandlung über den steiermärkischen Weinbau. Grätz, 1824.

Rhein. Z. f. L. Rheinische Zeitschrift für Landwirthschaft von Ad. Müller u. F. J. Dochnahl. Mainz, 1849.

Ritt. *Ritter, G. H.* Die Weinlehre. Mainz, 1817.

Röb. *Röber, F. A.* Anleitung zum Weinbau. Dresden, 1825.

Roem. *Roemer, M. J.* Familiarum naturalium regni vegetabilis Synopses monographicae. Fasc. III. Rosiflorae. Vimariae, 1847.

Rohr, J. B. von, Naturgemässe Geschichte der wildwachsenden Bäume und Sträucher. Nürnberg, 1732.

Roz. *Rozier,* Cours d'agriculture. Paris. Band X.

Rbs. *Rubens, Ferd.* Anleitung zur Obstbaumzucht. 2 Bde. Essen, 1843 u. 1844.

Sachs, F. J. Ampelographia. Lipsiae, 1661.

Salzm. *Salzmann, F. Z.* Pomologie oder Fruchtlehre, etc. 2. Aufl. Berlin, 1793.

Schams, F. Ungarns Weinbau. 2 Bde. Pesth, 1832 u. 1833.

Schübl. *Schübler u. Martens,* Flora von Würtemberg. Tübingen, 1834.

Seutter, J. G. v. Vollständiges Handbuch der Forstwirthschaft. 2 Bde. Ulm, 1808 u. 1810.

S. *Sickler, J. V.* (Siehe T. O.)

S. Wb. Dalbe. Deutschlands Weinbau. 2 Bde. Erfurt, 1811.

Somm. *Sommer, J.M.* Anleitung ausländische Weinstöcke zu pflanzen, etc. Stuttgart, 1786.

Spr. *Sprenger, B.* Abhandlung des gesammten Weinbaues, etc. 3 Bde. Stuttgart, 1766—1768.

Stolz, J. L. Historisch-topographische Notizen über den Rebbau des Elsasses. Strassburg, 1828.

Suck. *Suckow, G. Ad.* Anfangsgründe der theoretischen u. praktischen Botanik. 3 Bde. Leipzig, 1797.

T. O. Teutscher Obstgärtner, von J. V. Sickler. 22 Bde. Weimar, 1794—1808.

Th. u. Thomps. *Thompson, Robert.* (Siehe Hort. Soc. u. Cat. Lond.)

Thon, Chr. Fr. Gottl. Anweisung zum Obstbau, etc. Weimar, 1836.

Tr. *Trummer, Fr.* Systematische Classifikation und Beschreibung der im Herzogthume Steiermark vorkommenden Rebsorten. Grätz, 1841.

Vst. *von Vest, Lor.* Versuch einer systematischen Zusammenstellung der in Steiermark kultivirten Weinreben. Grätz, 1826.

Walth. *Walther, Friedr. Ludw.* Traubentabelle. (In den Beiträgen zur Oekonomie etc. von J. Böckmann. Thl. 11. Göttingen, 1788.)

Walk. *Walker, W.* Die Obstsorten der K. Würtembergischen Obstbaumschule zu Hohenheim bei Stuttgart. Tübingen, 1823. Nachtrag, 1830.

W. u. N. *Weihe, Aug., et Nees von Esenbeck, A. G.* Die deutschen Brombeersträuche. Bonn, 1822.

West. *Weston, Richard,* The Universal Botanist and Nurseryman, etc. 4 vol. London, 1770—1777.

W. B. B. *Wildenow, Carl Ludw.* Berlinische Baumzucht, etc. Berlin, 1796.

NB. Die Namen und Schriften einiger Botaniker und anderer Schriftsteller, welche noch vorkommen, sind zu bekannt, als dass sie hier einer Aufführung bedürften.

Erklärung

der Zeichen und wichtigsten Abkürzungen.

' Fuss.
" Zoll.
‴ Linien.
— bis.
= gleich oder identisch.
I, II, III, erster, zweiter u. dritter Rang.
I! sehr wichtig.
I!! noch wichtiger.
I!!! am allerwichtigsten.
T. Tafelfrucht.
W. Wirthschafts- oder Oekonomiefrucht, oder auch Wein.
M. Marktfrucht.

abw. abwärts.
Ad. Adern.
aufw. aufwärts.
B. Baum.
Baumsch. Baumschule.
Bl. Blatt.
bl. -blättrig, als: spitzblättrig etc.
Blstl. Blattstiel.
Br. Beere.
br. breit.
Brstl. Beerenstielchen.
d. dick.
Endsp. d. Szw. Endspitzen der Sommerzweige.
Endz. Endzahn.
f. -förmig, als: walzenförmig etc.
Fl. Fleisch.
Fr. Frucht.
gefl. gefleckt.
Geg. Gegenden.

gesp. -gespitzt, als: zugespitzt.
gestr. gestreift.
geth. getheilt.
gez. gezahnt.
gr. gross.
H. Haare.
h. hoch.
Halbst. als Halbstamm zu erziehen.
Hochst. taugt als Hochstamm.
K. Kern.
kl. klein.
l. lang.
mittelgr., mittelgross.
N. Nath.
Nab. Nabel.
Nabelgr. Nabelgrube.
p. punktirt.
Rbstck. Rebstock.
Rfzt. Reifzeit.
Samml. Sammlungen.
schw. schattenwärts, die Schattenseite.
seitw. seitwärts.
sp. später oder in der Reife.
st. -stehend, als: tiefstehend etc.
Stl. Fruchtstiel.
Str. Strauch.
sw. sonnenwärts, die Sonnenseite.
Szw. Sommerzweige.
Tr. Traube.
Trstl. Traubenstiel.
unp. unpunktirt.
versch. verschieden.
Zw. Zweige.

Berichtigungen.

3. Ordnung. Schalenobst.

1. (12.) Geschlecht. Mandeln.

Einleitung.

Die Mandeln gehören zu den ersten Früchten, welche die Menschen schätzen lernten. Schon der allererste Geschichtsschreiber, Moses, hat sie gekannt und erwähnt. Bis auf den heutigen Tag sind diese Früchte eine beliebte Speise und zu verschiedenem Gebrauche, namentlich zu medizinischen Zwecken, von grofsem Werthe. Der Baum selbst ziert den Garten, besonders während seiner Blüthe, weil sie die erste des Jahres ist, mehr als alle anderen Obstbäume.

Als eine Südfrucht, die zu ihrem vollkommenen Gedeihen ein milderes Klima verlangt, als das unsrige ist, können wir sie nie in solcher Menge erziehen, dass der grosse Bedarf gedeckt werden kann; immerhin werden wir gezwungen sein, den südlicheren Ländern diese Kultur zu überlassen.

Der Mandelbaum ist jedoch nichts weniger als zärtlich, wie wir Beweise genug haben, da er selbst in Norddeutschland gut fortkommt und sehr selten durch Kälte leidet, sogar dauerhafter ist, wie sein nächster Verwandter, der Pfirsichbaum. Nur durch sein sehr frühes Blühen leidet der Baum in manchen Gegenden in der Art, dass nicht immer vollständige Ernten erzielt werden.

Würde der Mandelbaum aus Samen, in möglichst nördlich gelegenen Gegenden gewonnen, vermehrt, und abermals wieder ausgesäet werden, so könnte es doch dahin kommen, diesen schönen und nützlichen Baum ganz an das deutsche Klima zu gewöhnen. Freilich können solche fortgesetzte Aussaaten kein so glänzendes Resultat liefern, dass gleich dem Stecken Aarons während einer Nacht Blätter, Blüthen und Mandeln wachsen; aber immer haben wir durch dieses Verfahren ein Mittel an der Hand, dauerhaftere Bäume mit später erscheinender Blüthe und demzufolge auch bessere Ernten zu erhalten. Werden solche härtere Sämlinge dann noch auf Pflaumen veredelt, so gedeihen sie auch in feuchterem Gartenboden, der dem Mandelbaum aufserdem nicht zusagen würde, wie uns Holland den Beweis liefert, wo er durchaus nicht fortkommen will.

Durch Samen-Aussaat kommen sehr viele Abänderungen zum Vorschein, die sich besonders durch Gröfse und Form der Frucht auszeichnen. Langjährige Erfahrungen haben aber gezeigt, dass sie nicht aus der Art schlagen. Schon der englische Gärtner Miller versichert, dass er aus ausländischen Krachmandeln eine Menge junger Bäume erzogen habe, die ihren Kennzeichen treu geblieben sind. Mehrere Botaniker haben daher auch statt nur einer Art, der Amygdalus communis; *L.*, deren mehrere angenommen und jedenfalls mit Recht.

Die übrigen Mandelarten, welche nicht wegen ihrer Früchte, sondern nur als Ziergehölze erzogen werden, bleiben von der Obstkunde ausgeschlossen.

Um die verschiedenen Mandelsorten zu ordnen, sind nach dem angenommenen Principe der Klassifikation jene Arten als Basis festgestellt worden, nämlich:

1. Pfirsichmandel.

Schale hart. Kern süss. Fruchthülle fleischig und saftig.
(Ur- oder Stammart: Amygdalus hybrida; *Dierb.*)

2. Steinmandel.

Schale hart. Kern süss. Fruchthülle trocken.
(Ur- oder Stammart: Amygdalus dulcis; *C. Bauh.*)

3. Krachmandel.

Schale weich. Kern süss.
(Ur- oder Stammart: Amygdalus fragilis; *Borkh.*)

4. Bittermandel.

Kern bitter.
(Ur- oder Stammart: Amygdalus amara; *Hayne.*)

1. Pfirsichmandel. Amygdalopsis.

Schale hart. Kern süss. Fruchthülle fleischig und saftig.
(Ur- oder Stammart: Amygdalus hybrida; *Dierb.*)

1. **Gemeine Pfirsichmandel**, Amygdalus hybrida; *Dierb.* 1.
Am. hortensis. Peach Almond; in England. Amygdalus communis hybrida, Amygdalus persicoides, Amygdalus compressa, Bastardmandel; in Cat. Pfirsichmandel, Amande-Pêche; *May.* in *Pom. franc.* 1. 71. *T.* 8. Pfirschenmandel, Amygdalus Persica, Amandier Pêcher; *Dttch.* Pfirsichmandelbaum, Amygdalus persica; *Kraft.* Mandelpfirsich; *S.* Amandier-Pêche; *Nois.* Persica amygdaloides; *C. Bauh.* Amygdalo-Persica; *Duh.* Amygdalus communis persica; *Risso.* Amygdalus Persico-Amygdala; *Dalech.* Amygdalus communis persicoides; *D. C.* Amygdalus communis Amygdalo-Persica; *Sp.* Amandier commun à feuille de pêcher, Amygdalus communis persicoides?! in Cat. — *Ser.* — Fr. gross, mit der Fruchthülle 2″ h., 1½″ br., ohne Fruchthülle 1½″ h., 1″ br., ½″ d., eiförmig, rothbraun u. rothfaserig, rauh, tief gefurcht, sehr dick- und hartschalig; Fruchthülle meistens pfirsichartig, gelbfleischig, inwendig roth, härtlich, geniefsbar, säuerlich-bitter, oft mandelartig, trocken und ungeniefsbar; K. sehr gross, sehr scharf gespitzt, hell gestr., süsslich. B. sehr gross, dauerhaft und fruchtbar. Blüthe sehr gross, röthlich. — Frankreich. 1641. *T. O.* 12. 260. *T.* 14. — *Dttch.* 3. 427. Mitte Okt. III T. II W. zum Einmachen. Sehr interessant! Bildet den Uebergang von dem Steinobst zu dem Schalenobst. Vermehrt sich ächt aus Samen. Hochst., Halbst., Zwerg und Spalier.

2. **Bastard-Pfirsichmandel**, Amandier Pêche hybride; *Sageret.*
2. Am. hybrida. — Fr. ähnlich der vorhergehenden; Fruchthülle fleischiger, weniger bitter. — Sämling aus Frankreich. II T. I W. Halbst., Zwerg und Spalier.

3. **Zwerg-Pfirsichmandel**; *Nois.* 3. Am. pumila. Zwerg-Pfirsichmandelbaum; *Nois. Gb.* — Aehnlich dem ehevorigen, nur durch schwächeren Wuchs des Baumes verschieden. — Sämling aus Frankreich. 1826. *Nois. Gb.* 238. Zwerg.

2. Steinmandel. Lithocarpa.

Schale hart. Kern süss. Fruchthülle trocken.
(Ur- oder Stammart: Amygdalus dulcis; *C. Bauh.*)

4. **Kleine Steinmandel**, Amandier à petit fruit; *Duh.* 1. L. communis. Gemeine Mandel, Amygdalus communis, Amygdalus

communis dulcis, Amygdalus sativa, Amygdalus dulcis, Amygdal
sylvcstris, Amandier ordinaire, Amandier petite, Petite Amande dou
Amandier à coque dure, Amandier à coque dure amande douce;
Cat. Amygdalus sativa fructu minori; *C. Bauh.* Amandier commu
Mandelbaum mit kleiner Frucht, gemeiner Mandelbaum; *Duh.* Klei
süsse oder gemeine Mandel, Petite Amande douce ou commune; *Mc*
in *Pom. franc.* 1. 67. *T.* 4. Steinmandel; *Fors.* Kleine süsse Ste
mandel; *Chr. p. H.* Amande douce; *Knp.* Doux à coque dure; *C*
Lond. Common, Common Sweet, Amande Commune; *Cat. Lon*
Amygdalus comunis dulcis; *DC.* Amygdalus armcniacaria; *Ok*
Amandier à fruit en paquet? in Cat. Amygdalus communis du
cina?! *Risso.* Amygdalus communis microcarpa?! *Dierb.* Amyg
lus communis stenocarpa? *Dierb.* Gemeine Mandel mit kleiner Fruch
Nois. Gb. — Fr. klein, länglich, 11—13''' h., 8—10''' br., 6—'
d., sehr hartschalig, etwas zahnkantig: Fruchthülle nicht leicht
löslich, sehr dicht bewollt. B. sehr gross, hoch, fruchtbar u. zie
lich dauerhaft. Blüthe sehr breitblättrig, fast weiss. — In
len südlicheren Ländern allgemein und an der Bergstrasse, am Haa
gebirge etc. ziemlich verbreitet. 1500 und viel früher. *Duh.* 1.
Sept. I! T. u. W. Vermehrt sich aus Samen ächt oder ändert
mit etwas längeren, kürzeren oder dünneren Früchten. Sämlinge
fern die besten Grundstämme für Mandeln und Pfirsiche. Hoch

5. **Rundliche Steinmandel**, zahmer Mandelbaum; *Nois.* 2.
subrotundata. Amandier à fruit rond; in Cat. Amygdalus c
munis sphaerica?! *Dierb.* Amygdalus communis subrotundata? *Ro*
— Fr. klein, rundlich, sonst wie die vorhergehende. Bl. schn
graugrün. — Frankreich, auch mit der vorigen, aber seltener
kommend. 1826. *Nois. Gb.* 236. I! T. u. W. Liefert sehr dauerh
Grundstämme. Hochst.

6. **Jaspisartige Steinmandel**, Amandier panaché; *Chr.* 3
jaspidea. Amygdalus jaspidea, Amygdalus communis jaspi
Amygdalus communis foliis aureo variegatis, Amandier commun ja
in Cat. Zwergmandelbaum mit gestreiftem Holze und schcckic
Blättern, Amygdalus nana foliis ex luteo variegatis, Amandier
à feuilles panachés; *Kraft.* Mandelbaum mit goldgeflecktem l
u. gestreiftem Holz; *Chr.* — Fr. ähnlich der ehevorigen, etwas l
ger, flach genarbt; K. gross. B. lebhaft, etwas kleiner, s
frühblühend; Szw. roth, gelb u. grün gestreift. Bl. g
gefleckt. Blüthe gr., weiss. — Zierbaum. 1792. *Pom. austr.*
T. 48. — . *Chr. v. P.* 266. I T. u. W. Zwerg.

7. **Weissbuntblättrige Steinmandel**, Amygdalus comn
foliis variegatis; in Cat. 4. L. variegata. Amygdalus foliis
gatis, Amandier à feuille panaché, Amandier à feuille panacl
blanc, Amandier à feuilles élégamment panachées; in Cat. —
Nr. 4 durch weissbunte Blätter verschieden. — Frankreich.
baum. I T. u. W. Zwerg.

8. **Gefülltblühende Steinmandel**, Amandier à gros fleur do
Kraft. 5. L. duplex. Amygdalus communis flore pleno, Ama

à fleur double; in Cat. Mandelbaum mit sehr grosser gefüllter Blume, Amygdalus flore pleno maximo; *Kraft.* Mandelbaum mit grosser gefüllter Blüthe; *Chr. p. H.* Mandelbaum mit gefüllter Blüthe; *Chr. v. P.* Gefülltblühende Mandel mit grosser Blüthe; *Walk.* Amygdalus communis duplex; *Roem.* Amygdalus communis flore duplici; *Risso.* Amandier de Corse à fleur double, Amygdalus corsica flore pleno? in Cat. — Fr. ähnlich Nr. 4, kürzer u. dicker, meistens 2kernig. B. sehr lebhaft, spätblühend, selten fruchtbar; Szw. blutroth. Blüthe dicht gefüllt, zuerst roth, später blass rosenfarbig. — Prachtvoller Zierbaum 1792. *Dttch.* 3. 434. — *Pom. austr.* 21. *T.* 43. Halbst. u. Zwerg.

9. **Grossblühende Steinmandel**, Amandier à grandes fleurs, Amygdalus grandiflora; *Poit. et Turp.* 6. L. grandiflora. Amandier à très grande fleur, Amandier à grande fleur blanche; in Cat. Gemeiner Mandelbaum mit grossen weissen Blüthen; *Nois. Gb.* Mandelbaum mit grosser Blüthe; *Dttch.* Amygdalus sativa flore albo, Mandel mit weisser Blüthe? *Müll. Gl.* Mandel mit weisser Blüthe? *Bechstdt.* — Fr. mittelgr., breitgedrückt, sehr hartschalig; Fruchthülle sehr wollig, 2furchig, nach unten gestreift, schw. fuchsröthlich. B. mittelgr., lebhaft u. breitästig, reichblühend. Bl. schifförmig gebogen. Blüthe vor dem Aufbrechen meistens hängend, weiss, 2″ breit. — Sämling aus Paris. Schöner Zierbaum! 1841. *Dttch.* 3. 435. I T. u. W. Halbst. u. Zwerg.

10. **Breitblättrige Steinmandel**, breitblättriger Mandelbaum; *Nois.* 7. L. latifolia. Amygdalus communis latifolia; *Roem.* Amygdalus communis duriuscula? *Risso.* — Fr. ähnlich der vorhergehengen, etwas grösser, länglich. B. mittelgr., weitästig. Bl. breiter. — Frankreich. 1826. *Nois. Gb.* 237. I T. u. W. Hochst., Halbst. u. Spalier.

11. **Grosse Steinmandel**, Amandier à gros fruit; *Duh.* 8. L. major. Grossfrüchtige Mandel, gemeine grosse süsse Mandel, grosse dickschalige süsse Mandel, Amandier commune à gros fruit doux, Amandier grosse, Grosse Amande douce, Amandier commune à gros fruit, Amandier à fleurs rouge, Amandier à grandes fleurs roses, Amandier rose, Amygdalus communis macrocarpa, Amygdalus grandiflora rubra, Amygdalus grandiflora rosea, Amygdalus rosea; in Cat. Amygdalus sativa fructu majore; *C. Bauh.* Mandelbaum mit grosser süsser Frucht; *Duh.* Mandelbaum mit grossen süssen Kernen; *du Roi.* Gemeine grosse Mandel; *Müll. Gl.* Gemeine grosse zahme Mandel; *Bechstdt.* Grosse süsse Steinmandel; *Chr. p. H.* Grosse süsse Mandel mit harter Schale; *Chr. v. P.* Grosse süsse Mandel, Amandier à gros fruit doux; *S.* Grosse Amande douce, Amygdalus dulcis fructu majori; *May.* in *Pom. franc.* 1. 66. *T.* 1. Gemeine Mandel mit grosser Frucht; *Nois. Gb.* Grosse süsse Mandel mit dicker Schale; *Gotth.* Amygdalus macrocarpa; *Poit. et Turp.* Amygdalus communis macrocarpa; *Ser.* Amygdalus sativa; *Burgsd.* Amygdalus corsica, Amandier de Corse à fruit double?! in Cat. Amygdalus communis rubra? *Risso.* — Fr. gross, fast 2″ h., 1—1¼″ br.,

³/₄″ d., röthlichbraun, dickschalig; Fruchthülle unten sehr dick, oben spitz oder warzig-kegelförmig, stielschief; K. sehr gross, hell- u. dunkelbraun gestr., sehr wohlschmeckend. B. sehr gross, aufrecht, doch weniger hoch, als Nr. 4 u. 5. Bl. grüner u. breiter. Szw. dick, sw. braunroth. Blüthe geschlossen schön hoch carminroth, offen weiss. — Frankreich. 1641. In Gärten bekannt. *T. O.* 15. 288. *T.* 15. — *Dttch.* 3. 425. I!! T. I! W. Die Sämlinge sind sehr brauchbar als Grundstämme. Hochst., Halbst. u. Spalier.

12. **Tourser Steinmandel,** Amandier de Tours; *Nois.* 9. L. turonensis. Amande de Tours; in Cat. Mandelbaum von Tours; *Nois. Gb.* Grosse Mandel von Tours; *Metzger.* Mandel von Tours; *Dttch.* Amygdalus communis turonensis; *Roem.* — Fr. ähnlich der vorhergehenden, noch grösser, länglich, weniger breitgedrückt, weichschaliger. B. mittelgross, schlaffästig. — Frankreich. 1826. *Nois. Gb.* 237. I!! T. I W. Halbst. u. Spalier.

13. **Herzförmige Steinmandel,** Amygdalus communis cordiformis: *Risso.* 10. L. cordiformis. — Fr. gr., fast herzförmiglänglich, ziemlich weichschalig; Fruchthülle bogig-breitgedrückt; K. fest eingeschlossen. B. aufrecht, hoch, dichtbelaubt. — Italien. I! T. u. W. Hochst. u. Halbst.

14. **Runzlige Steinmandel,** Amygdalus communis rugosa; *Risso.* 11. L. rugosa. — Fr. gr., eiförmig, körnig-runzelig, sehr hartschalig. — Italien. I! T. u. W. Hochst. u. Halbst.

15. **Niedrige Steinmandel,** Amygdalus communis nana; *Risso.* 12. L. nana. — B. niedrig. Bl. sehr lang, steif, lebhaft grün. — Italien. I T. u. W. Zwerg.

3. Krachmandel. Fragilla.

Schale weich. Kern süss.
(Ur- oder Stammart: Amygdalus fragilis; *Borkh.*)

16. **Gemeine Krachmandel,** Amandier à coque tendre; *Duh.* 1. Fr. mensalis. Krachmandel, Knackmandel, Damenmandel, Prinzessinmandel, süsse Papiermandel, süsse weichschalige Mandel, Coque molle, Amande à coque, Amandier fine, Amandier doux à coque tendre, Grosse à coque tendre, Amandier à coque tendre amande douce, Fine des Dames, Amandier des dames à coque tendre, Amandeprincesse, Amandier à la Princesse, Amande Princesse à coque tendre, Amandier à la Reine, Amande coque tendre à la reine, Amygdalus communis fragilis, Amygdalus communis dulcis, Amygdalus fructu dulci; in Cat. Amandier à noyau tendre, Amandier des Dames, Mandelnaum mit mürber Schale oder mit mürbem Stein, Frauenzimmermandelbaum; *Duh.* Amygdalus dulcis putamine molliore; *C. Bauh.* Amygdalus dulcis; *Burgsd.* Amygdalus fructu dulci, süsse Mandel mit zarter Schale; *Bechstdt.* Süsse Jordansmandel; *Fors.* Amande douce à la peau molle; *Knp.* Krachmandel mit mürber Schale oder

Stein, Jordans- u. Frauenzimmermandel, Amande à coque ou noyau tendre, Amande des Dames; *May.* Prinzessinmandel, Damenmandel; *Nois. Gb.* Krachmandelbaum; *du Roi.* Süsse Mandel mit mürber Schale, Krachmandel; *Chr. v. P.* Süsse Krachmandel, Valenziner; *Chr. p. H.* Grosse süsse Mandel mit dünner Schale; *Gotth.* Amygdalus communis fragilis; *Ser.* Amygdalus mensarum; *Poit. et Turp.* Amygdalus amygdalina; *Oken.* Amygdalus fragilis rugosa; *Roem.* Amygdalus communis maximus?! *Risso.* Amygdalus fragilis macrocarpa?! *Roem.* Kleine Krachmandel?! *S.* im *T. O.* 18. 96. *T.* 5 a. — Fr. ziemlich gross, 14—16''' h., 1'' br., eiförmig, hoch- u. scharfkantig, kurz- u. krummgespitzt, an alten Bäumen weniger weichschalig. B. ziemlich stark u. lebhaft, dichtbelaubt, spät mit dem Austreiben der Blätter blühend, fruchtbar. Bl. etwas kurz. Blumenblätter lang, ausgeschnitten, weiss u. fleischfarbig. — In Italien, Südfrankreich etc. gemein, in Deutschland ziemlich verbreitet u. bekannt. Vermehrt sich ächt aus Samen. 1641 u. viel früher. *Pom. franc.* 1. 68. *T.* 5. — *Dttch.* 3. 426. Anf. Sept. I!! T. u. W. Hochst., Halbst. u. Spalier.

17. **Sultansmandel**, Amandier à petit fruit et noyau tendre; *Duh.* 2. Fr. minor. Sultane, Amandier Sultane, Amande sultane, Amandier à coque tendre, Amygdalus communis fragilis; in Cat. Doux à coque tendre, Sultan à coque tendre; *Cat. Lond.* Amande Sultane, Mandelbaum mit kleiner Frucht und mürben Stein; *Duh.* (Sultanin; *Rbs.*) Sultaninmandel; *Nois. Gb.* Sultansmandelbaum mit kleiner Frucht u. mürbem Stein; *Kraft.* Mandelbaum mit kleiner süsser Frucht u. mürber Schale; *Chr. H. O.* Kleine süsse Krachmandel, Amandier à fruit doux et noyau tendre; *Dttch.* Amygdalus fragilis sphaerica?! *Roem.* — Wie die vorhergehende. Fr. kleiner u. kürzer. B. zärtlicher. Blumenblätter ganz. — Italien. In der Provence sehr verbreitet, im südlichen Deutschland einzeln vorkommend. 1768. *Duh.* 1. 90. I! T. I W. Halbst. in warme Lage. Zwerg u. Spalier.

18. **Pistazienmandel**, Amandier Pistache; *Poit. et Turp.* 3. Fr. Pistacia. Kleinste Krachmandel, kleine süsse Mandel, Amandepistache, Amandier à coque tendre pistache; in Cat. Pistacienmandelbaum; *Kraft.* Amygdalus fragilis Pistacia? *Roem.* Amandier aveline? in Cat. Amygdalus communis Pistacia? *Risso.* — Fr. ähnlich der vorhergehenden, noch kleiner, zugespitzt, etwas hartschalig; Fruchthülle fein behaart, stumpf gespitzt; K. weniger schmackhaft wie 16. B. zärtlich, kleiner, aufrechter; Szw. gelblichgrün, roth gesprenkelt. Bl. sehr klein u. schmal. Blüthe kleiner, breit- u. ganzblättrig. — Frankreich, in der Provence gemein; im südlichen Deutschland selten. 1768. *Dttch.* 3. 428. I T. u. W. Zwerg u. Spalier in warme Lage.

19. **Lange Krachmandel**, Amygdalus communis elongata; *Risso.* 4. Fr. elongata. Amygdalus fragilis elongata; *Roem.* Grosse Krachmandel? *S.* im *T. O.* 18. *T.* 5. b. — Fr. gross u. lang, breitgedrückt, scharf gespitzt; K. gross, lang zugespitzt.

B. **gross, frühblühend, grossblättrig.** — Italien. I! T. u. W. Zwerg u. Spalier in geschützte Lage.

20. **Späte Krachmandel,** Amygdalus communis serotina; *Risso.* 5. Fr. **serotina.** Amandier à fruit tardif; in Cat. Amygdalus fragilis serotina; *Roem.* — Fr. an den Astspitzen in Büscheln vereinigt, mittelgross, aschgrau, glatt, spätreifend. B. sehr gross. Bl. kurz. — Italien. I T. u. W. Hochst. u. Spalier in warme Lage.

21. **Hängästige Krachmandel,** Amygdalus communis tristis; *Risso.* 6. Fr. **pendula.** Amandier pleureur, Amygdalus pendula, Amygdalus communis pendula; in Cat. Amygdalus fragilis tristis, Trauermandel; *Roem.* — Fr. traubenartig vereinigt, gross, länglich, dünnschalig; K. sehr süss. B. klein, hängästig. Bl. lebhaft grün. — Italien. I T. u. W. Zierbaum. Hochst. u. Halbst. in geschützte Lage.

22. **Pyramiden-Krachmandel,** Amygdalus communis pyramidalis; *Risso.* 7. Fr. **pyramidalis.** Amygdalus fragilis pyramidalis; *Roem.* — Fr. entfernt u. einzeln, gross, länglich, etwas gespitzt; K. sehr süss. B. gerade u. aufrecht. Bl. klein, dünn, weisslichgrün. — Italien. I! T. u. W. Halbst. in geschützte Lage.

23. **Zarte Krachmandel,** Amygdalus communis tenuis; *Risso.* 8. Fr. **tenuis.** Amygdalus fragilis tenuis; *Roem.* — Fr. gross, länglich, scharf zugespitzt, glatt, bisweilen inwendig roth. Bl. langgestielt. — Italien. I ! T. u. W. Zwerg u. Spalier in warme Lage.

4. Bittermandel. Picrosperma.

Kern bitter.

(Ur- oder Stammart: Amygdalus amara; *Hayne.*)

24. **Gemeine Bittermandel,** Amygdalus amara; *Hayne.* 1. P. **communis.** Amygdalus communis! *L.* Bittermandel, kleine Bittermandel, kleine bittere Mandel, gemeine bittere Mandel, Amande amerc, Amandier à coque dure amande amère, Amygdalus communis amara; in Cat. Amère à coque dure; *Cat. Lond.* Bitter, Common Bitter; *Cat. Lond.* Gewöhnliche Mandel; *Fors.* Mandelbaum mit bitterer Frucht; *Duh.* Bittere Mandel, Amandier à fruit amèr; *S.* Kleine bittere Mandel, Petite Amande amere, Amygdalus amara, fructu minori; *May.* in *Pom. franc.* 1. 67. *T. 8.* Bittere Mandel mit mittelgrossen Früchten; *Nois. Gb.* Kleine bittere Steinmandel, Amandier à petit fruit amer; *Chr. p. H.* Mandelbaum mit bittern Kernen; *du Roi.* Mandelbaum mit kleinor bitterer Frucht; *Chr. H. O.* Amandier franc, Amygdalus genuina; *Poit. et Turp.* Amygdalus cerasina; *Oken.* — Fr. mittelgross, 14—15''' h., 7—8''' br., 5—6''' d., länglich u. zugespitzt, sehr hartschalig; K. fuchs-

roth u. gerippt. **B.** sehr lebhaft, hoch, fruchtbar u. dichtbelaubt.
Blüthe gross; Blumenblätter lang, tief herzf. eingeschnitten, schw.
geröthet. — Italien. Frankreich. In Süddeutschland mit Nr. 4 verbreitet. Vermehrt sich ścht aus Samen. 1641 u. viel früher. *T. O.*
16. 366. *T.* 19. — *Dttch.* 3. 428. Septbr. III T. I! W. Hochst.

25. **Grosse längliche Bittermandel**, Amygdalus amara, fructu
majori; *Duh.* 2. P. major. Amande commune à gros fruit amer;
in Cat. Amandier à gros fruit, dont l'Amande est amere, Mandelbaum mit grosser bitterer Frucht; *Duh.* Grosse bittere Steinmandel,
Amandier à gros fruit amer; *Chr. p. H.* Amygdalus amara major;
Roem. — Fr. von Nr. 11 durch den bitteren Kern verschieden. —
Frankreich. 1768. *Duh.* 1. 91. III T. I! W. Hochst. u. Halbst.

26. **Grosse runde Bittermandel**, bittere Mandel mit grosser
Frucht; *Nois.* 3. P. sphaerica. Amygdalus amara major; *Roem.*
— Fr. gross, rundlich, hartschalig. B. sehr hoch u. fruchtbar;
Stamm weisslich. — Frankreich. 1826. *Nois. Gb.* 238. III T. I! W.
Hochst.

27. **Mittelgrosse Bittermandel**, bittere Mandel mit mittel-
grosser Frucht; *Nois.* 4. P. media. Amygdalus amara media; *Roem.*
— Fr. ähnlich der vorhergehenden, nur kleiner. — Frankreich.
1826. *Nois. Gb.* 238. III T. I W. Hochst.

28. **Kleine Bittermandel**, bittere Mandel mit kleiner Frucht;
Nois. 5. P. minor. Amygdalus amara minor; *Roem.* — Fr. noch
kleiner. Blüthe grösser, schmalblättrig. — Frankreich. 1768.
Nois. Gb. 238. III T. I W. Hochst.

29. **Weichschalige Bittermandel**, Amygdalus amara, putamine molliori; *Duh.* 6. P. fragilis. Amandier à coque tendre
amande amère: in Cat. Amère à coque tendre; *Cat. Lond.* Amandier à noyau tendre et Amande amere, Mandelbaum mit bitterer
Frucht u. mürben Stein; *Duh.* Bittere Krachmandel, Mandelbaum
mit bitterer Frucht u. mürber Schale; *Chr. p. H.* Mandelbaum mit
grosser bitterer Frucht, Amandier à gros fruit amére; *Kraft* in *Pom.
austr.* 23. T. 49. Bittere Mandel mit zarter Schale; *Nois.* Amygdalus prunaria; *Oken.* Amygdalus amara fragilis; *Roem.* Amygdalus amara friabilis; *Roem.* Amygdalus communis amara; *Risso.* —
Fr. ziemlich gross, verschoben-eiförmig, etwas zusammengedrückt,
weichschalig: K. fast herzf. B. mittelgross, nicht sehr fruchtbar. Blüthe gr., breitblättrig, matt rosenfarbig. — Frankreich. 1768.
Duh. 1. 90. II T. I! W. Hochst. u. Halbst.

30. **Rothkernige Bittermandel**, Mandelbaum mit rothen Ker-
nen, Amygdalus fructu nucleo rubro, Amandier à noyau rouge;
Kraft. 7. P. rubra. — Fr. ähnlich der vorhergehenden, kleiner.
K. schön karmoisinroth. Blüthe kleiner. Bl. kürzer u. schma-
ler. — Frankreich? Oesterreich. 1792. *Pom. austr.* 23. T. 49. F. 2.
II T. I W. Halbst.

31. **Weidenblättrige Bittermandel**, Amandier à feuilles de
Saule, Amygdalus heterophylla; *Poit. et Turp.* 8. P. salicifolia.
Weidenblättriger Mandelbaum; *Nois. Gb.* Mandelbaum mit dem Wei-

denblatte; *Dttch.* Amygdalus communis salicifolia; *Roem.* — Fr. fast mittelgr., rundlich, nicht sehr hartschalig; K. meistens bitter, oft süss. B. aufrecht, dichtbelaubt, ungleich blühend. Bl. verschieden gestaltet, bald länglich u. flach, bald schmal-lanzettförmig, ungleich, tief gezahnt, hellgrün u. silberfarbig eingefasst, oft verbogen. Blüthe klein, leicht geröthet, flach u. schön gerundet; Blumenblätter verbogen. Kelchröhre dick, kurz, violettroth. — Frankreich. 1826. *Dttch.* 3. 429. Okt. III T. I W. Zierbaum u. Curiosität. Zwerg.

32. **Italienische Bittermandel,** Amandier d'Italie, Amygdalus decipiens; *Poit. et Turp.* 9. P. decipiens. Amygdalus communis amarula; *Risso.* Amygdalus amara amarula; *Roem.* — Fr. mittelgr., sehr wenig genarbt, ziemlich weichschalig; Fruchthülle stumpf u. platt, dünn, sw. geröthet u. karminroth p., deutlich u. eng 1furchig; K. etwas bitter. B. aufrecht, nach dem Austreiben der Blätter blühend; Rinde grau; Szw. dick u. kurz, roth marmorirt. Blüthe klein, sehr flach; Blumenblätter rosenfarbig: Kelchröhre dick, sehr kurz, dunkelroth. — Italien. Frankreich. 1841. *Dttch.* 3. 430. II T. I W. Zierbaum. Halbst. u. Spalier.

3. Ordnung. Schalenobst.

2. (13.) Geschlecht. Wallnüsse.

.

————

Einleitung.

Der Wallnussbaum ist der König unter den Obstpflanzen. In allen Gegenden mit gemäfsigtem Klima verbreitet, wird er überall geachtet und hoch geschätzt, theils wegen seiner Früchte und seines vortrefflichen Holzes, theils zur Zierde angepflanzt.

Die Anzahl seiner Varietäten wurde noch nicht gehörig gewürdigt und ist grösser, als man bisher glaubte. Dazu hat uns die neue Welt mit mehreren Arten beschenkt, welche zwar an Güte der Frucht dem europäischen Nussbaume weit nachstehen, aber wegen ihrer Dauerhaftigkeit und anderer Eigenthümlichkeiten dennoch unsere Beachtung verdienen.

Nicht alle Wallnussarten fallen aber der Obstkunde zu; unter diesen nordamerikanischen finden sich viele, deren Früchte zum Genusse nicht geeignet sind.

Der europäische Nussbaum bleibt stets die Majestät unter allen.

Von diesem ist übrigens eine besondere Art zu trennen, die Pferdsnuss, welche schon durch ihre grössere Zärtlichkeit ein wärmeres Vaterland verräth, aus Samen sich ächt vermehrt, ihre besonderen Varietäten hat und sich durch mehrere Kennzeichen auffallend unterscheidet.

Nach den Wallnussarten, welche der Pomologie angehören, ergiebt sich folgende Eintheilung der Gattungen.

Alle Wallnüsse sind:

- 2theilig.
  - Blatt ganzrandig.
    - Frucht grubig und aderig . . . 1. **Wallnuss.**
    - Frucht tiefgrubig und knopperig. . 2. **Pferdsnuss.**
  - Blatt gezahnt.
    - Frucht rundlich . . . . 3. **Butternuss.**
    - Frucht länglich . . . . 4. **Pechnuss.**
- 4theilig.
  - Frucht weiss . . . . 5. **Hikorynuss.**
  - Frucht braun . . . . 6. **Olivennuss.**

1. Stamm (Tribus).

• Wallnussartige. Juglandeae.

Frucht zweitheilig. Männliche Kätzchen einfach. Blüthe vielfädig.

1. Wallnuss. Juglans.

Frucht nussfarbig, grubig und aderig. Fruchthülle glatt und eben. Blatt kahl, ganzrandig.
(Ur- oder Stammart: Juglans regia; *L.*)

1. **Kleine Kriebelnuss**, kleine Steinnuss; *Chr.* 1. J. connata. Französische Wallnuſs; *Mill. Gl.* Juglans putamine durissimo; *Tourn.* Hard-shelled, Hard thick shelled Wallnut, harte dickschalige Wallnuſs, Steinnuss; *Ab.* Hartschalige Wallnuss; *Bechstdt.* Noix anguleuse, Juglans angulosa; *Bon Jard.* Kriebelnuss, Juglans regia angulosa, Noix à fruit anguleux; *Lipp.* Grübelnuss; *Chr.* Stein- oder Grübelnuss, Juglans regia fructu perduro; *Thon.* Winkelige Nuss; *Nois. Gb.* — Fr. in Büscheln, klein, rundlich, sehr hart- und dickschalig: K. fest in der Schale steckend, dauerhaft, sehr wohlschmeckend. B. sehr gross, sehr fruchtbar und äusserst dauerhaft. — Allgemein bekannt. Vermehrt sich immer ächt aus Samen. 1750. *Chr. v. P.* 287. II T. I! W. Liefert dauerhafte Grundstämme.

2. **Grosse Steinnuss**; *Chr.* 2. J. durissima. Mittlere Steinnuſs; in Cat. — Fr. ähnlich der vorhergehenden, grösser: K. voll. B. fruchtbar und dauerhaft. — Fast überall bekannt. Vermehrung durch Samen. 1789. *Chr. v. P.* 280. I T. I! W.

3. **Gemeine längliche Wallnuss**, Common Oval Wallnut; *Ab.* 3. J. oblonga. Deutsche Wallnuss, Noyer commun, Noyer commun à coque dure, Noyer ordinaire, Noyer royale, Noyer à fruit allongé; in Cat. Noix de Cologne; *Knp.* Gemeine längliche Baumnuss, Noix; *Chr. v. P.* Gemeine Nuss; *Lipp.* (Königswallnuss; *Thon*). Gemeine Wallnuss, welsche Nuss, Nussbaum, Wallnuss; *Dtch. L.* — Gemeiner Nussbaum; *Nois. Gb.* (Juglans regia oblonga; *Dttch.*) — Fr. mittelgr., 1¼—1½″ h., 1—1¼″ br.; etwas eif.-länglich, von der Seite spitz-eif., kurzgesp., hellfarbig, mittelmässig tief geadert und zerrissen,

aufrecht st., hartschalig: N. oben und unten flach, in der Mitte erhoben; Nab. erhöht; K. voll, stark höckerig. B. sehr gross und breit, fruchtbar u. dauerhaft. — Allgemein verbreitet. Aus Samen. 1771. *Chr. v. P.* 284. I! T. u. W.

4. Gemeine runde Wallnuss, Round Wallnut: *Ab.* 4. J. rotunda. Noix de pierre; *Knp.* Gemeine runde Nufs: *Chr.* (Juglans regia rotunda, Noix commun: *Dtch.*) — Fr. ähnlich der vorhergehenden, kugelig, weniger hartschalig. B. sehr fruchtbar u. dauerhaft. — Ziemlich verbreitet. Aus Samen. 1771. *Chr. v. P.* 286. I! T. u. W.

5. Frühe Wallnuss. 5. J. praecox. Noyer de la Madeleine?! in Cat. — Fr. wie die chevorige, hellfarbiger u. um 14 Tage bis 3 Wochen früher reif. B. zärtlicher. — Nicht sehr bekannt. I! T.

6. Kleine Wallnuss. 6. J. minor. Gemeine kleine Wallnufs; in Cat. Kleine runde Nufs? *Nois. Gb.* — Fr. klein, 1" h., ³/₄'" br., meistens oval, von der Seite eiförmig, ungleich geth, kurzgesp., fein und grob geadert, selten aufrecht st.; N. ringsum erhoben; K. voll. B. sehr fruchtbar. — Hier u. da vorkommend. Aus Samen. I!

7. Grosse Wallnuss. 7. J. major. Grosse Kugelnuss, dünnschalige runde Wallnuss; in Cat. — Fr. gross, 1¹/₄—1¹/₂" h., 1,1—1,3" d., stark 1" br., rund-eiförmig, von der Seite verkehrt-eif., an der Spitze gedrückt und beiderseits quer erhöht, stark gefurcht, nicht aufrecht st., dünnschalig; N. flach, in der Mitte erhöht, oben eingedrückt; K. ziemlich voll. — In Nussgegenden einzeln vorkommend. Aus Samen. I!

8. Kirschen-Wallnuss. 8. J. minima. Juglans regia microcarpa, Noyer à petit fruit, Noyer commun à petit fruit; in Cat. — Fr. sehr klein, kaum 6'" h. u. br., kugelig, flach gefurcht, sehr dünnschalig. — Selten, aber sehr interessant. Für Gärten, aus Samen. I.

9. Walzenförmige Wallnuss. 9. J. cylindrica. Grofse Walzennufs, Noyer à gros fruit longue; in Gärten. — Fr. gr., 1¹/₂" h., kaum 1" br., lang-oval, von der Seite elliptisch, kurzgesp., tief gefurcht und geadert, ungleich geth., nicht aufrecht st., dickschalig; N. erhoben, schmal, unten u. oben auf einer Seite gedrückt; K. voll. — Ziemlich verbreitet. I!

10. Lange Schlegelnuss. 10. J. elongata. — Fr. gr., 1¹/₂" h., stark 1" br., länglich, von der Seite spitz-eiförmig, oben etwas gebogen, kurz zugesp., tiefgrubig, nicht aufrecht st., dickschalig; N. in der Mitte erhöht; K. voll. — Bekannt. I!

11. Glatte Wallnuss. 11. J. laevis. — Fr. 1³/₄" h., 1" br., auch von der Seite elliptisch, sehr flachgrubig, fein geadert, fast eben, kurzgesp., nicht aufrecht st., hartschalig; N. schmal, in der Mitte erhöht. — Einzeln in Gärten vorkommend. I.

12. Gelbe Adernuss. 12. J. venosa. — Fr. mittelgr., 1¹/₄" h. u. br., meistens rundlich, von der Seite kurz-eiförmig, ungleich geth., wenig gefurcht, sehr dicht geadert, hellfarbig, sehr kurzgesp., aufrecht st., hartschalig; N. in der Mitte wenig erhoben, oben u. unten vertieft; K. voll. — Bekannt. Aus Samen. I!

13. Braune Wallnuss. 13. J. fusca. Fr. kaum mittelgr., 1" h. stark ³/₄" br., eiförmig, von der Seite elliptisch, glänzend, braun, ader-grubig, fein höckerig, kurzgesp., theilweise aufrecht st., hart-schalig; N. schmal u. erhöht, unten vertieft; K. voll. B. sehr frucht-bar. — Ziemlich verbreitet. Aus Samen. I.

14. Zugespitzte Wallnuss. 14. J. acutá. — Fr. gr., 1,5" h., 1,2" br., eiförmig und zugespitzt, braun, tief gefurcht, ziem-lich höckerig, aufrecht st., hartschalig; N. oberhalb der Mitte er-höht: K. voll. — Einzeln in Nussgärten vorkommend. I!

15. Lange Schnabelnuss. 15. J. rostrata. Schnabelnuss; im Odenwald. — Fr. gross, 1³/₄" h., 1" br., lang-elliptisch, bei-derseits zugespitzt, verbogen, krumm u. tief gefurcht, stel-lenweise höckerig, nicht aufrecht st.; N. fast fehlend. — In Fran-ken bekannt. I.

16. Grosse Beutelnuss. 16. J. elliptica. — Fr. gr., 15''' h., 13'''br., 12'''d., rund-elliptisch, beiderseits spitz, flachgrubig. — In Baden. I.

17. Gestreifte Astnuss. 17. J. sulcata. — Fr.gr., 16'''h., 14'''br. u. d., eiförmig, braun, ast- u. streifenartig gefurcht, mei-stens mehrtheilig durch nathartige Furchgruben. — Odenwald. I.

18. Blutwallnuss; Chr. 18. J. rubra. Noix commune au cerneau rouge; Knp. — K. rothhäutig. B. zärtlich. — Holland. Seltene Sorte. Aus Samen. 1771. Dttch. 3. 447. I.

19. Traubennuss; Ftl. 19. J. racemosa. Noix en grappe; Knp. Noyer à grappe, Juglans racemosa; Bon Jard. Juglans regia racemosa, Noix à grappes: Ftl. — Fr. kl., 1,2" h., 11'''br. u. d., in Trauben zu 15—20 Stück beisammen hängend, eiförmig, von der Seite mehr oval, mittelmässig gefurcht, sehr kurz- u. deut-lich 2spitzig, nicht aufrecht st., dickschalig; N. nur in der Mitte erhoben: K. voll. B. sehr fruchtbar. — In Nussgegenden einzeln vor-kommend. 1771. Ftl. 623. I.

20. Aehrenwallnuss, Noyer à chapelets; Sénéclauze. 20. J. spicata. Rispenfrüchtige Wallnuss, Noyer à fruit en chapelet, Noyer commun à épis, Noyer à longue épis, Noyer à épis, Noyer variété en chapelet, Noyer à grappes, Juglans regia spicata; in Cat. — Fr. in aufrechten Aehren zu 12—24 Stück beisammen hängend. — Frankreich. 1841. I.

21. Spätblühende Wallnuss, Late Walnut; Ab. 21. J. tardi-flora. Späte Wallnuss, Juglans serotina, Juglans regia serotina, Noyer tardif, Tardif de la St. Jean, Fertile de la St. Jean, Noyer de la St. Jean; in Cat. Late ripe, spätreife Wallnuss, Johannis-wallnuss; Ab. Späte Nuss: Nois. Gb. Spätreifende Wallnuss; Dtch. L. — (Johannisnuss, Juglans regia fructu serotina: Thon). Nux juglans fructu serotino?! C. Bauh. — Fr. mittelgr, 1¹/₄—1¹/₂'''h., 1—1¹/₄" br., verkehrt-eiförmig, von der Seite elliptisch, breitgedrückt, kurzgesp., grubig u. höckerig, nicht aufrecht st.: N. erhoben;

2*

unten auf einer Seite gedrückt; K. voll, frisch sehr wohlschmeckend.
B. erst im Juni austreibend. — Frankreich. 1778. I! Für kalte
Lagen.

22. **Späteste Wallnuss**, Tardif des miracles; *Sénéclauze*. 22.
J. serotissima. — B. im Juli erst austreibend. — Frankreich.
1841. I!

23. **Fruchtbare Wallnuss**, Juglans fertilis; *in Cat.* 23. J. prae-
parturiens. Strauchwallnuss, Zwerg-Wallnuss, zwergartige Wall-
nuss, ergiebigste Wallnuss, frühtragende Wallnuss, neuer fruchtbarer
Zwergnussbaum, neue fruchtbare deutsche Wallnuss, Fruchtbare von
Chatenay, Noyer fertile, Noyer commun fertile, Noyer cultivé hatif,
Fertile de Chatenay, Noyer fertile du Chatenay, Précocement fertile,
Juglans regia fertilis, Juglans regia praeparturiens; in Cat. Dwarf
Prolific Walnut, Noyer fertile of the French; in England. — Fr.
mittelgr., 1¼" h., stark 1" br. u. d., rund-oval, von der Seite
etwas eiförmig, flach gefurcht, tief geadert, nicht aufrecht st.,
dünnschalig; N. oben und unten flach, sonst stark erhoben;
K. ziemlich voll. B. mittelgross, sehr früh und überaus, oft
schon im dritten Jahre nach der Aussaat, tragbar. — Frankreich.
1844. Jetzt sehr verbreitet. Auf den gemeinen Nussbaum veredelt,
wird der Baum grösser. Vermehrung durch Samen. I! Für Gärten.

24. **Gemeine Meisennuss**, dünnschalige Wallnuss; *S.* 24. J.
fragilis. Dünnschalige Butternuss, kleine dünnschalige Wallnuss,
Meisennuss, Noyer mésange, Noyer à coque tendre, Noyer commun
à coque tendre, Noyer à fruit tendre; in Cat. Noix commune à
l'écorce mince; *Knp.* Tender-shelled, Tender thin-shelled Wallnut;
Ab. (Butternuss; *S.*) Zartschalige Nuss; *Nois. Gb.* Dünnschalige
Nuss; *Thon.* Dünnschalige Baumnuss, Juglans regia fragilis, Noix
mésange; *Dttch.* — Fr. gr., 1¼—1½" h., 1—1¼" br., oval, von
der Seite verkehrt-eiförmig, ziemlich tief und braun gesp., bräunlich, dicht grubig, aufrecht st., sehr dünnschalig; N. breit,
ziemlich hoch; K. voll; nicht dauerhaft. B. gross u. fruchtbar,
etwas zärtlich. — In Deutschland allgemein bekannt. 1771. *A. t. G. M.*
4. 498. *T.* 30. I!! T. u. W.

25. **Gelbe Meisennuss**. 25. J. pallida. Lange dünnschalige
Butternuss, dünnschalige längliche Wallnuss? in Cat. — Fr. gr.,
1½" h., stark 1" br., spitz-eiförmig, von der Seite verkehrt-
eiförmig, sehr lang zugespitzt, oben gebogen, weisslich-
gelb, tief geadert, flach grossgrubig, nicht aufrecht st., sehr
dünnschalig; N. bis zur Spitze stark erhoben. K. voll. — In
Franken stark verbreitet. I! T. u. W.

26. **Schalenlose Wallnuss**, Noyer Mésange; *in Cat.* 26. J.
membranacea. Juglans regia membranacea, Juglans regia mésange,
Noyer commun mésange, Mésange à très gros fruits; in Cat. — Fr.
sehr gross, fast schalenlos. — Frankreich. Sehr schöne und
merkwürdige Sorte. I!! Für Gärten.

27. **Veränderliche Wallnuss**, verschiedenblättrige Nuss; *Lipp.*
27. J. variabilis. Juglans heterophylla, Juglans regia heterophylla,

Juglans regia asplenifolia, Juglans regia filicifolia, Noyer hétérophylle, Noyer de Montbron, Noyer heterophylle Comte de Montbron, Hétérophylle de Montbron, Noyer cultivé à feuilles variées, Noyer commun à feuilles variées, Noyer à feuilles variées; in Cat.— Fr. rundlich, dünnschalig. B. hängästig, um 14 Tage bis 3 Wochen später austreibend, in der Art seiner Belaubung zwischen den beiden nachfolgenden stehend. Bl. verschieden gestaltet, theils ganz, theils eckig, theils zerrissen, oft fiedrig gespalten oder ganz gefiedert. — Frankreich. 1824. *Lipp.* 463. Vermehrung durch Pfropfen. I! Für Gärten.

28. **Verschiedenblättrige Wallnuss.** 28. J. heterophylla. Noyer hétérophylle, Noyer commun hétérophylle; in Cat. — Fr. ähnlich der vorhergehenden. Bl. verschieden gestaltet, nicht geschlitzt oder zerrissen. — Frankreich. Prachtvoller Zierbaum. I!

29. **Schlitzblättrige Wallnuss.** 29. J. laciniata. Juglans regia laciniata, Juglans regia laciniata vera, Juglans heterophylla laciniata, Juglans laciniata nova, Juglans regia heterophylla laciniata, Noyer commun hétérophylle lacinié, Noyer cultivé à feuilles laciniées, Noyer à feuilles laciniées, Noyer hétérophylle lacinié, Noyer commun à feuilles laciniées, Noyer commun à grandes feuilles laciniées, Noyer royal lacinié; in Cat. — Durch theilweise mehr geschlitzte, farrnkrautähnliche Blätter von den beiden vorhergehenden verschieden. — Frankreich. Prachtvoller Zierbaum. I.

30. **Hängästige Wallnuss.** 30. J. pendula. Trauernuss, Juglans regia pendula, Juglans pendula nova, Noyer pleureur, Noyer commun pleureur, Noyer cultivé pleureur, Noyer pendant, Noyau pleureur nouveau; in Cat. — Durch hängende Aeste ausgezeichnet. — Sehr schöner Zierbaum. I.

31. **Rundblättrige Wallnuss.** 31. J. rotundifolia. Juglans regia rotundifolia, Noyer cultivé à feuilles rondes; in Cat. — Durch runde Blätter verschieden. — Zierbaum. I.

32. **Einblättrige Wallnuss.** 32. J. monophylla. Juglans regia monophylla, Noyer monophylle, Noyer cultivé à une feuille, Noyer commun à une feuille; in Cat. — Blatt ganz, nicht gefiedert. — Schöner Zierbaum. I.

33. **Punktblättrige Wallnuss.** 33. J. adspersa. Juglans regia variegata, Juglans regia foliis argenteo-variegatis, Juglans foliis variegatis, Noyer à feuilles panachées, Noyer à bois strié, Noyer à feuilles poudrées, Noyer commun à feuilles panachées, Noyer cultiver à feuilles panachées, Noyer commun à feuilles condrées, Noyer à feuille panachée argentée, Noyer commun à feuilles argentées, Noyer à feuille sablée; in Cat. — Blatt durch gelbe Striche, Punkte oder Flecken gescheckt u. krankhaft aussehend. — Szw. oft gestreift. — Schöner Zierbaum. I.

34. **Buntblättrige Wallnuss.** 34. Juglans variegata. Juglans foliis variegatis, Juglans regia foliis variegatis, Noyer à feuille panachée, Noyer à feuilles argentées; in Cat. — Durch weissbunte Blätter ausgezeichnet. — Sämling aus Metz. 1844. Zierbaum. I.

Hierher gehören noch: Doppelttragende Wallnuss; *C.*
Bauh. — Noyer tardif; *Sénécl.* — Eyernuss, narbige Kugel-
nuss, flache Nuss, kleine Kugelnuss, gelbe flache
Wallnuss, mittlere Kugelnuss etc. *Pom.* 1856. 46.

2. Pferdsnuss. Hippocarya.

Frucht nussfarbig, gross, tiefgrubig, aderig und knopperig, meistens dünnschalig. Früchthülle dünn, glatt, meistens uneben. Blatt kahl, ganzrandig.
(Ur- oder Stammart: Juglans Hippocarya; *mihi*).

35. **Gemeine Pferdsnuss**; *Chr.* 1. Hipp. quadrangularis.
Schaafnuss, Polternuss, Rossnuss, Schlegelnuss, Pferdnuss, welsche
Wallnuss, grossfrüchtige Wallnuss, grosse welsche Wallnuss, doppelte
Wallnuss, Welschnuss: in verschiedenen Gegenden Deutschlands.
Noyer à Bijou, Noyer cultivé à bijoux, Noyer à cavernes, Noyer des
orfèvres, Noyer à fruit à bijou; in Frankreich. Juglans regia macro-
carpa; in Cat. Grande Noix double, Noix de Cheval; *Knp.* Large
Walnut, grosse Wallnuss; *Ab.* Noix à Bijoux; *Bon. Jard.* Schmuck-
nuss; *Nois. Gb.* (Juglans regia fructu maximo; *Thon.*). Large Fruited,
Double Walnut, French Walnut; *Cat. Lond.* Nux juglans fructu
maximo; *Dtch. L.* Pferdsnuss; *Chr.* Grosse Wallnuss oder Pferdenuss; *S.* Juglans fructu maximo?! *C. Bauh.* Runde Pferdsnuss,
Juglans regia major, Noix de Jauge? *Ftl.* — Fr. sehr gross, 1,7—
2" h., 1,6—2" br., 1,1—1½" d., 4eckig-rund, sehr breitgedrückt,
von der Seite oval, oben und unten eingedrückt, aufrecht st.,
dünnschalig; N. fast durchaus unten vertieft, 2theilig aussehend;
Nab. erhoben; K. nicht vollkommen, frisch wohlschmeckend.
B. zärtlich, selten u. meistens einzeln tragend. — Allgemein ver-
breitet, aber doch nur einzeln vorkommend. Vermehrt sich ächt aus
Samen. 1771. *A. t. G. M.* 4. 499. *T.* 31. I.
36. **Grösste Pferdsnuss**, Riesenwallnuss; *Chr.* 2. Hipp. gigan-
tea. Noix de Jauge, Noyer grosse jauge, Noyer à trés gros fruit,
Noyer à gants; in Frankreich. Juglans regia macrocarpa, Riesen-
Wallnuss, grösste Riesen-Wallnuss, gemeine Riesen-Wallnuss, grosse
Kugelnuss, Noyer à gros fruit, Noyer commun à gros fruit; *in Cat.*
Grande Noix Françoise; *Knp.* Pferdsnuss, Riesennuss, Largest French
Wallnut, sehr grosse französische Wallnuss; *Ab.* Riesennuss, Juglans
regia fructu giganteo; *Thon.* Noyer a gros fruit, Juglans maxima; *Bon.
Jard.* Grosse Nuss; *Nois. Gb.* (Juglans regia maxima; *Lipp.*) Grosse
französische Wallnuss; *Bechstdt.* (Grösste Wallnuss; *Chr. p. II.*) —
Fr. sehr gross, 1¾—2" h., 1½—1¾" br., 1¼—1½" d., oft viel
grösser, umgekehrt-eiförmig-rund, nur etwas 4eckig, breitgedrückt,
von der Seite oval, weniger knopperig als die vorhergehende, stark
geadert, aufrecht st., dünnschalig; N. oben flach, unten beiderseits vertieft; Nab. erhoben; K. nicht voll u. nicht dauerhaft.

B. dauerhaft, sehr fruchtbar. — In Frankreich sehr in Deutschland ziemlich verbreitet. Aus Samen. 1771. *Chr. p. II.* 311. I!

37. **Dünnschalige Pferdsnuss**, Pferdsnuss mit dünner Schale; *Chr.* 3. Hipp. fragilis. — Fr. wie die vorhergehende, etwas kleiner, nicht aufrecht st., sehr dünnschalig: N. unten weniger vertieft. — In Nussgegenden bekannt. 1802. *Chr. p. II.* 311. I!

38. **Gekörnelte Pferdsnuss**, lange Pferdsnuss; *Ftl.* 4. Hipp. granulata. Längliche Pferdenuss; *in Cat.* (Juglans regia major oblonga, Noyer à gros fruit longue; *Ftl.*) Grosse lange Nuss? *Lipp.* — *Nois. Gb.* — Fr. gross, 1¹/₂—1³/₄" h., 1,2—1,5" br., 1,1—1,4" d., oft viel grösser, spitz-eiförmig, wenig breitgedrückt, eng u. dicht tiefgrubig, gekörnelt, hellfarbig, deutlich 2spitzig, zum Theil aufrecht st., ziemlich dickschalig; N. unten nur etwas eingedrückt, nach oben stark erhöht; Nab. ziemlich flach: K. voll, schmackhaft, nicht dauerhaft. B. etwas zärtlich, sehr fruchtbar. — Ziemlich verbreitet. 1839. *Ftl.* 622. I!

39. **Lange Pferdsnuss**. 5. Hipp. elongata. Längliche Grubennuss; *in Cat.* — Fr. ähnlich der vorhergehenden, länger, lang spitz-eiförmig, oft oval, 1¹/₂—1³/₄" h., 1—1,3" br., 1" d., breiter gedrückt, dunkler gefärbt, länger geadert, sehr kurzgespitzt, nicht aufrecht st., dickschaliger; N. unten tiefer, oben nur etwas erhöht. — Mit der vorigen vorkommend. I!

40. **Aderige Pferdsnuss**. 6. Hipp. reticulata. Grosse Pferdsnuss, Runde Pferdsnuss; *in Cat.* — Fr. gr., 1¹/₃—1¹/₂" h., br. u. d., kugelig, etwas 4eckig gedrückt, von der Seite rund-oval, stark netzartig geadert, auf der Spitze aufrecht st., dünnschalig; N. breit, etwas gedrückt, oben lippenf.; Nab. sehr kurz, flach; K. voll. — Franken. I.

41. **Eckige Pferdsnuss**. 7. Hipp. angulata. Grösste Kriebelnuss, Runde Grubennuss; *in Cat.* — Fr. ähnlich der vorhergehenden, breitgedrückt, grubig-eckig, kaum etwas geadert, oben 2köpfig, zum Theil aufrecht st., dickschalig u. inwendig holzig: N. flach, sehr breit u. eben, unten einseitig vorgeschoben: K. klein, feinzackig. — Odenwald. Franken. I.

42. **Eyförmige Pferdsnuss**. 8. Hipp. ovata. — Fr. etwas kleiner wie 38, eiförmig, weniger gekörnelt, nicht breitgedrückt, löcherig-grubig u. tief geadert, dunkler gefärbt, nicht aufrecht st., dünnschalig; N. ringsum stark erhoben; Nab. sehr kurz u. flach; K. nicht ganz voll. — Franken. I.

43. **Mittlere Pferdsnufs**. 9. Hipp. intermedia. Kanten-Nuss; im Odenwald. — Fr. gr., 1¹/₂—1³/₄" h., 1¹/₄—1¹/₂" br., 1—1¹/₃" d., rundlich-4eckig, von der Seite kurz-eif., breitgedrückt, oben u. unten platt, der Länge nach tief gerieft, aufrecht st., dünnschalig; N. stark erhoben; Nab. kurz, erhöht: K. voll. — Odenwald. I.

44. **Zugespitzte Pferdsnuss**. 10. Hipp. acuminata. Zugespitzte Nuss?! *Nois. Gb.* — Fr. ziemlich gr., 1¹/₂" h., 1¹/₄" br., 1,1" d., 4eckig-elliptisch, oben 4köpfig u. conisch zuge-

spitzt, von der Seite spits-eif., besonders unten stark höckerig u. grubig, hellfarbig, schief aufrecht st., hartschalig; N. ziemlich flach; K. voll. — Franken. I.

3. Butternuss. Pericarya.

Frucht dunkelfarbig, netzförmig eingerissen, rauh, steinhart, rundlich. Fruchthülle rauh punktirt. Blüthen-kätzchen schlank. Blatt unten fein behaart, gezahnt. (Ur- oder Stammart: Juglans nigra: L.)

45. **Gemeine Butternuss**, Juglans nigra; *L.* 1. Per. nigra. Juglans americana nigra, Noyer d'Amerique noir, Noyer noir, Noyer noir d'Amerique, Noyer d'Amerique à fruit noir, Black Virginiana Walnut, Round black Walnut; *in Cat.* Noix de Virginie; *Knp.* Nux juglans Virginiana nigra; *Duh.* Runde schwarze nordamerikanische Wallnuss; *du Roi.* Schwarze virginische Wallnuss; *Fors.* Schwarze runde Wallnuss; *Burgsd.* Schwarze Wallnuss; *Dtch. L.* Schwarzer Nussbaum; *Lipp.* Schwarze virginische runde Wallnuss, schwarzer Wallnussbaum mit der runden Nuss, runde Butternuss, Juglans nigra rotunda; *Chr. r. P.* —- Fr. mittelgr., 1,3″ h., 1,4″ br, rundlich, etwas breitgedrückt, kurzgespitzt, kraus u. sehr rauh, dicht u. tief gefurcht: Fruchthülle nicht aufspringend, erhaben punktirt: N. nicht sichtbar; K. klein, süss, in Holz liegend. B. überaus dauerhaft. — Nordamerika. In grösseren Gärten sehr bekannt. Vermehrung durch Samen. Liefert vielleicht ausgezeichnete Unterlagen für Wallnüsse. 1640. *Chr. r. P.* 290. III. T. II. W.

46. **Grosse Butternuss**, Juglans nigra macrocarpa: *Nois.* 2. Per. macrocarpa. — Fr. ähnlich der vorhergehenden, noch einmal so gross. B. lebhafter. — Sämling aus Paris. 1826. *Nois. Gb.* 344. III. T. I. W.

4. Pechnuss. Pittocarya.

Frucht dunkelfarbig, runzelig u. tief gefurcht, steinhart, länglich. Fruchthülle haarig u. klebrig. Blüthenkätz-chen kurz u. dick. Blatt rauh, unten weichhaarig, dicht gezahnt, am Stiel klebrig. (Ur- oder Stammart: Juglans cinerea; *L.*)

47. **Graue Pechnuss**, Juglans cinerea: *L.* 1. Pitt. cinerea. Längliche Wallnuss, Butternuss, Butternussbaum, lange schwarze nordamerikanische Wallnuss; in Gärten. Oil Nut, Oil Apple, Butter Nut; in Nordamerika. Juglans nigra fructu oblonga, Cendré d'Amerique, Noyer cendré: *in Cat.* Juglans oblonga: *Mill.* Schwarze virginische Wallnuss mit langer Frucht: *Mill. Gl.* Lange schwarze

nordamerikanische Wallnuss: *Burgsd.* — *du Roi.* Graue Wallnuss;
Dtch. L. Juglans cathartica: *Mich.* Aschgrauer Nussbaum: *Lipp.*
Purgirende Wallnuss; *Dtch. L.* Lange Butternuss, schwarze virgini-
sche Wallnuss mit länglicher Frucht, Juglans regia oblonga; *Chr. v. P.*
— Fr. gross, höckerig, elliptisch, stark zugespitzt, sehr tief
u. der Länge nach gefurcht; Fruchthülle oval-eif., fast zizenf,
stumpf: K. süss, wohlriechend. B. sehr dauerhaft. — Nordamerika.
In englischen Anlagen bekannt. Vermehrung durch Samen. 1640.
Chr. v. P. 292. III T. II W.

II. Stamm (Tribus).

Hikorynussartige. Hicoriae.

Frucht viertheilig. Männliche Blüthenkätzchen zusammengedrückt. Blüthe 4fädig.

5. Hikorynuss. Hicoria.

Frucht weiss. Blatt aus 5—9 Blättchen bestehend.
(Ur- oder Stammart: Juglans alba; *L.*)

48. Gemeine Hikorynuss, Juglans alba acuminata: *Marsh.*
1. Hic. tomentosa. Hikery Nut, Oyly-Nut, Oelnuss: in England.
Noyer blanc, Noyer blanc d'Amérique, Noyer Hikory; in Frankreich.
Weisse amerikanische Hickery-Nuss, Juglans americana alba, Noyer
d'Amerique blanc, Noyer blanc ikori; *in Cat.* Nux juglans alba
virginiensis; *Park.* Carya alba; *Mill.* Juglans alba, weisse Hickery-
Wallnuss; *Burgsd.* Weisse nordamerikanische oder Hickery-Wallnuss;
du Roi. Weisser oder Hikory-Nussbaum: *Lipp.* Weisse Wallnuss,
Hickerybaum; *Dtch. L.* Juglans tomentosa; *Mich.* Carya tomentosa;
Nutt. Hickerynuss; *Fors.* (Höckerynuss; *Thon*). Hikery-Nuss, weisse
virginische Wallnuss, Nux juglans alba Virginiana; *Chr. v. P.* —
Fr. klein, 9—12''' h., 7—10''' br., verschieden gestaltet, elliptisch, meistens beiderseits zugesp., durch 4 scharfe Rippen fast 4eckig, glatt, fein linienförmig gestreift, sehr
hartschalig; Fruchthülle 4theilig aufspringend; K. klein, süsslich, ziemlich wohlschmeckend. B. überaus fruchtbar, genügsam u.
. sehr dauerhaft. Bl. gezahnt, in der Jugend weichhaarig. — Nordamerika. In englischen Anlagen bekannt. Dient vielleicht als dauerhafter Grundstamm für andere Wallnüsse. 1640. *Chr. r. P.* 293. III.

49. Grofse Hikorynuss. 2. Hic. maxima. Carya tomentosa maxima; *in Cat.* — Fr. wie die vorhergehende, viel grösser. — Sämling. II.

50. Weichhaarige Hikorynuss. 3. Hic. pubescens. Carya tomentosa pubescens; *in Cat.* — Fr. wie die ehevorige. Bl. weichhaariger. — III.

51. Zusammengedrückte Hikorynuss, Juglans alba ovata; *Marsh.* 4. Hic. compressa. Juglans compressa; *Gaertn.* Juglans alba; *Mich.* Juglans squamosa; *Mich.* Carya alba: *Nutt.* Zusammengedrückte Wallnuss; *Dtch. L.* Schuppige Wallnuss: *Dtch. L.* — Fr. ähnlich Nr. 48, kleiner, rundlicher, oben abgeflacht oder schief, zusammengedrückt, dünnschalig; Fruchthülle sehr dick; K. süss, wohlschmeckend. Baumrinde rauh, rissig u. schuppig. Bl. weich. — Nordamerika. 1785. *Dtch. L.* 5. 143. I.

6. Olivennuss. Pecania.

Frucht braun. Blatt aus 11 und mehr Blättchen bestehend.

(Ur- oder Stammart: Juglans Pecan; *L.*)

52. Schmalblättrige Olivennuss, Juglans Pecan; *L.* 1. Pec. angustifolia. Noyer Pacanier, Noyer des Illinois: in Frankreich. Pacanier d'Amerique, Noyer d'Amerique pacanier, Noyer à fruit en forme d'olive; *in Cat.* Pecan-Wallnuss; *Nois. Gb.* Olivenförmiger Nussbaum, Pacan-Nussbaum; *Lipp.* Schmalblättrige Wallnuss: *Dtch. L.* Canadische Wallnuss; *Dtch. L.* Illinoischer Wallnussbaum, Juglans illinoinensis; *Burgsd.* (Illinoische Wallnuss; *Thon*). Juglans rubra; *Gaertn.* Juglans cylindrica; *Lam.* Juglans Pecan; *Mühlenb.* Juglans angustifolia: *Ait.* Carya olivaeformis: *Nutt.* Juglans olivaeformis; *Mich.* — Fr. von der Gestalt u. Grösse der Oliven, länglichrund, viereckig, fast walzenf.; K. glatt, süss u. sehr wohlschmeckend. B. zärtlich, sehr spät tragbar. Bl. in der Jugend leicht wollig, später am Stiel u. Nerven fein behaart, sägezähnig. — Nordamerika. 1824. *Nois. Gb.* 344. I.

53. Doppelblättrige Olivennuss: Noyer pacanier à feuilles redoublées; *Sénéclauze.* 2. Pec. duplicata. — Bl. oben oft von einem zweiteren viel kleineren Blättchen gedoppelt; fast der vorhergehenden gleich. — Sämling aus Frankreich. 1850. I.

3. Ordnung. Schalenobst.

3. (14.) Geschlecht. Haselnüsse.

———

Einleitung.

Die Haselnüsse zählen mehr Liebhaber, und enthalten viel mehr eigenthümliche Sorten, als gewöhnlich angenommen wird.

Es ist sehr zu bedauern, dass die Kultur dieses Obstes bisher sich keiner grösseren Aufmerksamkeit zu erfreuen hatte. Als Kinder der Wildniss überall gedeihend, werden diese Sträucher höchstens in einen Winkel des Gartens verwiesen, wo sie keine angemessene Pflege finden.

Man hält wohl den Haselnussstrauch für nicht nutzbar genug, um Land und Mühe zu verwenden, zudem die gemeinen Haselnüsse fast überall und oft häufig in der freien Natur gesammelt und die edleren Sorten reichlich aus südlicheren Ländern eingeführt werden. Der Beweis dürfte aber nicht schwer fallen, dass die Haselnüsse bei gut getroffener Auswahl der Sorten, passendem Standorte und angemessener Kultur, namentlich mit Hülfe der Veredlung, eben so und oft mehr lohnen, als die anderen Obstgattungen, und in Deutschland dieselben edlen Früchte gewonnen werden können, wie sie das Ausland uns zusendet.

Dagegen ist aber auch seither in den pomologischen Schriften für dieses Obst nur Weniges geleistet worden; es herrscht noch eine grosse Verwirrung und Unkenntniss in den zahlreichen Sorten. Man vergleiche nur, was Burchardt in den Verhandlungen des Gartenbauvereins in den königlich preussischen Staaten, achtzehnte und dreissigste Lieferung, Berlin 1833 und 1840, unter der Ueberschrift: „Beiträge zur Geschichte der Kultur der Haselnüsse und ihrer Sorten" mitgetheilt hat.

Von diesem eifrigen Forscher, der einen grossen Theil seiner Lebenszeit der Kultur der Haselnüsse widmete, dessen Sammlungen und Aussaaten wir die ausgezeichnetsten Varietäten zu verdanken haben, erwartete das pomologische Publikum eine Monographie dieses Obstgeschlechts; aber — ungeachtet seines hohen Alters, das er erreichte, konnte er nicht dazu gelangen, weil der würdige Greis glaubte, immer noch sammeln, beobachten und prüfen zu müssen, um die höchstmöglichste Vollkommenheit zu erreichen. — Jedoch verdanken wir ihm sehr wichtige Notizen, die er, ausser den oben berührten, welche wohl das werthvollste Aktenstück bilden, was die Wissenschaft in diesem Fache aufzuweisen hat, an seine zahlreichen pomologischen Freunde, namentlich aber an den Verfasser dieses, der sich dessen besonderer Gunst zu erfreuen hatte, brieflich mittheilte. Dadurch wurden die meisten Früchte aus seiner grossen Sammlung, die mit ihm zerfallen, gerettet und in grössere Verbreitung gebracht. *)

Leider konnte der Held der Haselnüsse trotz mehrfacher und vielseitiger Aufforderungen und Bitten nicht dazu gebracht werden, seine Ansichten über die Klassifikation dieser Früchte mitzutheilen. Nachdem er in seinen oben berührten Mittheilungen die vorhandenen Systeme verworfen hatte, liess er sich nur einmal brieflich vernehmen: dass er den botanischen Arten folgen würde.

Da dieser Ausspruch den Grundsatz dieses Werkes identifizirt, so ist nach folgenden Haselnussarten, wie sie in der Botanik vorkommen oder vorkommen sollten, die nothwendige Klassifikation festzustellen.

1. Gemeine Haselnuss, Corylus Avellana; L.
Allgemein bekannt. — Von dieser ist aber zu trennen die

2. Zellernuss, Corylus pontica; *mihi,*
welche so auffallend verschieden ist, dass sie zu einer eigenen Art erhoben werden sollte. Die wenigsten Zellernüsse sind von der gemeinen Haselnuss entstanden und die meisten bleiben in der Aussaat ihrem Charakter treu. Uebrigens darf man nur die Corylus hispanica oder die Trebisond Funduk mit ihren Varietäten vergleichen, um sogleich zu erkennen, dass man eine ganz andere Art vor sich hat; — ja es scheint sogar, dass hier mehrere Arten sich finden, was die Zeit lehren wird. Alle sind im Morgenlande und in südlicheren Ländern zu Hause, zeigen sich übrigens bei uns auch sehr dauerhaft.

3. Lambertsnuss, Corylus tubulosa; *W.*
Mit diesem Namen wird gewöhnlich die rothe Lambertsnuss bezeichnet; es sollte aber die weisse so benannt und beschrieben werden, weil jene nur eine Varietät von dieser ist, wie die zahlreich angestellten Aussaaten bewiesen haben, da nemlich alle Sämlinge die weisse Lambertsnuss hervorbringen, die ausserdem, wenn auch jetzt allgemein verbreitet und fast verwildert, in Nordafrika ihr Vaterland hat.

4. Korknuss, Corylus Colurna; *L.*
Ein Baum aus dem Morgenlande, der lange Zeit hindurch nach

---

*) Die grössten Haselnuss-Sammlungen besitzen der Zeit die Herren: Schmidt, Oberförster in Blumberg bei Cassekow (Berlin-Stettiner Bahn), W. Vorster, Gutsbesitzer zu Haus Mark bei Hamm in Westphalen, A. Wilhelm, Handelsgärtnerei in der Vorstadt Clausen bei Luxemburg etc.

der Angabe eines Botanikers des sechszehnten Jahrhunderts für ein zwerghafter Strauch gehalten wurde und viel Verwirrung veranlasste.

5. Amerikanische Haselnuss, Corylus americana; *Mich.*

Die Haselnüsse der neuen Welt, obgleich nur wenige Arten, sind noch nicht genau unterschieden, wie Burchardt selbst eingesteht, der nicht in das Klare kommen konnte. Die Botaniker haben nur kurze Beschreibungen geliefert und dabei die Frucht, welche in diesem Pflanzengeschlechte die sichersten Unterscheidungsmerkmale bietet, zu wenig berücksichtigt. Dazu kommt noch, dass oft Pflanzen beobachtet worden sind, die in Europa aus amerikanischem Samen erzogen wurden und, wie die meisten Sämlinge der Haselnüsse, von denen abweichen, welche in ihrer Heimath wild wachsen. — Die obige wahre amerikanische, welche sich besonders durch die 2 — 3 kelchartigen Erhöhungen auf der erhabenen Fruchtspitze und durch ihr grosses und flaches Schild auszeichnet, ist nur selten ächt zu erhalten und wird meistens mit der folgenden verwechselt.

6. Schnabelnuss, Corylus americana seu humilis; *W.*

Durch einen auffallend schnabel- oder zungenförmig vorgeschobenen Fruchtschild und durch die platte Spitze verschieden. Zu dieser gehört die Corylus rostrata: *W.* und vieler Botaniker, aber nur als Varietät.

7. Zwergnuss, Corylus rostrata; *Mich.*

Ein Strauch, der selten über 3 Fuss hoch wird und sich von den vorhergehenden durch eine lange röhrig-walzige und hornförmige Fruchthülle auszeichnet.

Nach diesen 7 constant verschiedenen Arten*) bildet sich von selbst die folgende pomologische Eintheilung.

*) Alle hier beschriebenen Haselnüsse, wie auch die Wallnüsse, waren dem Verfasser in lebenden Exemplaren vorgelegen. Die Corylus intermedia; *Fing.* und die neue Corylus californica konnte er aber nicht erhalten. Die erstere gehört wohl zu der tubulosa und nicht, wie man oft angegeben findet, zu der Colurna. Einige fremde Burchardt'sche Haselnussorten haben noch nicht getragen, mehrere sind verloren gegangen.

Gattungen der Haselnüsse.

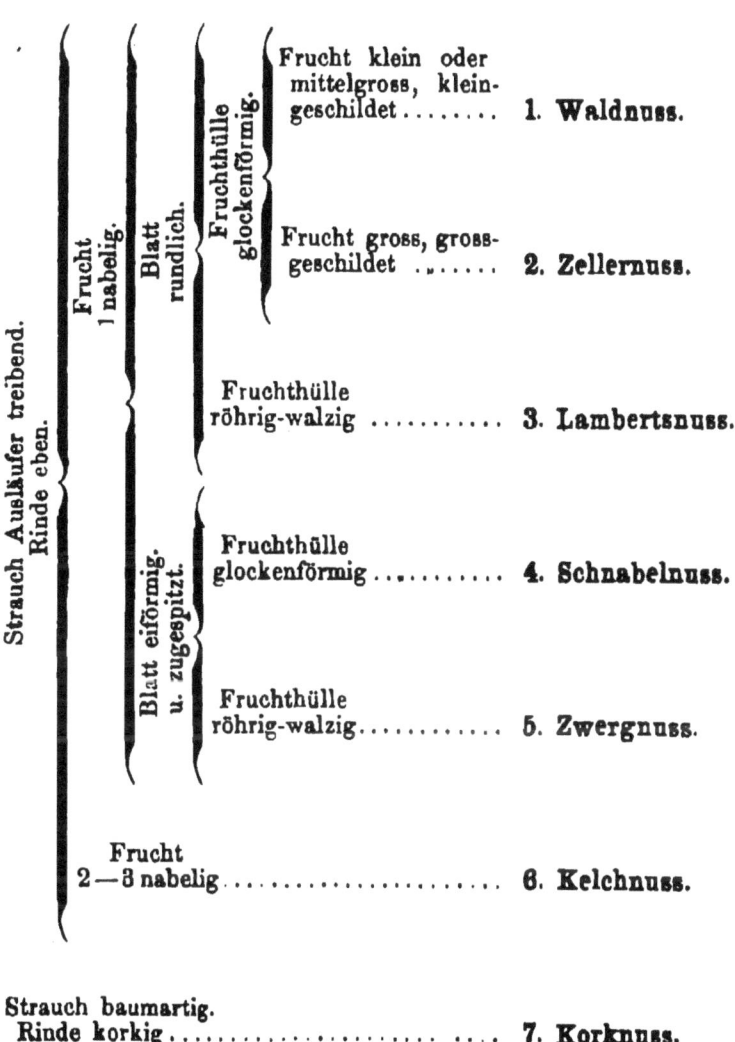

Strauch Ausläufer treibend. Rinde eben.

Frucht 1 nabelig.

Blatt rundlich.

Fruchthülle glockenförmig.

Frucht klein oder mittelgross, klein-geschildet........ 1. **Waldnuss.**

Frucht gross, gross-geschildet .... 2. **Zellernuss.**

Fruchthülle röhrig-walzig .... 3. **Lambertsnuss.**

Blatt eiförmig u. zugespitzt.

Fruchthülle glockenförmig.......... 4. **Schnabelnuss.**

Fruchthülle röhrig-walzig.......... 5. **Zwergnuss.**

Frucht 2—3 nabelig..................... 6. **Kelchnuss.**

Strauch baumartig. Rinde korkig..................... .... 7. **Korknuss.**

1. Waldnuss. Avellana.

Frucht klein oder mittelgross, kleingeschildet, meistens dickschalig. Kern dickhäutig. Nabelschnur gerade. Fruchthülle glockenförmig. Afterblätter länglich-eirund, stumpf. (Ur- oder Stammart: Corylus Avellana; *L.*)

1. Gruppe. Frucht rundlich.

1. Wilde runde Waldnuss, Corylus Avellana; *L.* 1. Av. globosa.

Hasel, Haselstrauch, Haselstaude, Haselnussstrauch, gemeiner u. wilder Haselstrauch, gemeiner wilder Haselstrauch, gemeiner wilder Haselnussstrauch, wilde Haselnuss, wilde Haselstaude, Waldhaselstaude, gemeine Haselnuss, Nussstrauch, gemeiner Haselstrauch, Hassel, Hässeln, Hesse, Klöterbusch, gemeine Haselstaude, Haselnussstaude; in verschiedenen Gegenden Deutschlands. Noisetier des bois, Noisetier sauvage, Coudrier; in Frankreich. Noisettier ordinaire, ordinäre Haselnuss, Corylus Avellana sylvestris; *in Cat.* Corylus sylvestris; *C. Bauh.* Gemeiner wilder Haselnussstrauch; *du Roi.* Common Wood Nut, Wild Hazel, Common Hazel, Nut Tree, wilde Hasel; *Ab.* Wilde Hasel; *Münchh.* Common Nut, Common Hazel, Wild Nut, Noisettier commun; *Cat. Lond.* Waldhaselnuss; *Nois. Gb.* Gemeine wilde Haselnuss; *Dttch.* Noisettier à fruit rond? in Cat. — Fr. klein, 5—6''' h. u. d., 6—7''' br., nach oben etwas gedrückt, plattrund, von der Seite eif.-rund, aufrecht st., hellfarbig, fein gestr.; Nabelgr. flach, mittelgr. Str. fruchtbar. — Europa, in Hecken u. Vorwäldern überall wildwachsend. 1500 u. viel früher. *Nois. Gb.* 370. III. Als Grundstamm brauchbar.

2. Weissbuntblättrige Waldnuss. 2. Av. albovariegata.

Corylus Avellana foliis albo variegatis, Noisetier à feuilles panachées blanc; *in Cat.* — Von der vorhergehenden u. von Nr. 20 durch weissbunte Blätter verschieden. — Zierstrauch.

3. Gelbbuntblättrige Waldnuss. 3. Av. aurovariegata.

Corylus Avellana foliis aureo variegatis, Corylus foliis aureo variegatis, Corylus foliis luteis, Corylus variegata, Noisetier commun à feuilles panachées, panachée jaune, à feuilles panachées dorées, à feuilles panachées de jaune et à feuilles panachées jaune; in Cat. — Von der ehevorigen u. von Nr. 20 durch gelbbunte Blätter verschieden. — Zierstrauch.

4. Rothbuntblättrige Waldnuss. 4. Av. rubrovariegata.

Corylus Avellana foliis rubro variegatis, Corylus foliis rubro variegatis, Noisetier à feuilles panachées rouges : in *Cat.* — Von 1 u. 20 durch rothbunte Blätter verschieden. — Zierstrauch.

5. **Nesselblättrige Waldnuss**, Corylus urticaefolia: *Nois.* 5. Av. urticaefolia. Corylus Avellana laciniata, Corylus laciniata, Haselnuss mit geschlitzten Blättern, Corylus quercifolia, Noisetier à feuilles laciniées, Noisetier commun à feuilles laciniées; in *Cat.* Nesselblättriger Haselnussstrauch; *Nois. Gb.* Corylus heterophylla; *Lodd.* — Fr. wie 1, broiter gedrückt u. weniger gestr., oft verkehrt-eif.-rund, von der Seite eif.-rund; Nabelgrube grösser u. weniger flach. Besonders durch tief eingeschnittene oder zerschlitzte Blätter ausgezeichnet. — Zierstrauch.

6. **Verschiedenblättrige ·Waldnuss**, Corylus heterophylla: *Booth.* 6. Av. heterophylla. Noisetier heterophylle: in *Cat.* — Von 1 u. 20 durch verschieden gestaltete theilweise zerschlitzte Blätter verschieden. — Zierstrauch.

7. **Eichenblättrige Waldnuss.** 7. Av. quercifolia. Corylus quercifolia, Corylus Avellana quercifolia, Noisetier à feuilles de chêne, Noisetier commun à feuilles de chêne; in *Cat* — Von 1 u. 20 durch ausgeschnittene Blätter verschieden. — Zierstrauch.

8. **Breitblättrige Waldnuss.** 8. Av. latifolia. Corylus latifolia, Corylus Avellana latifolia, Noisetier à larges feuilles; in *Cat.* — Bl. viel breiter wie bei 1 u. 20. — Zierstrauch.

9. **Lindenblättrige Waldnuss.** 9. Av. tiliaefolia. Corylus tiliaefolia, Noisetier à feuilles de tilleul; in *Cat.* — Bl. weniger gezahnt u. breiter wie bei 1 u. 20. — Zierstrauch.

10. **Mittelgrosse Waldnuss.** 10. Av. media. — Fr. ähnlich Nr. 1, grösser, 7—8''' h. u. br., 6—7''' d., wenig gestr., aufrecht st.; Nab. kl., sehr erhoben. Str. fruchtbar. — In Hecken wildwachsend. II.

11. **Büscheltragende Waldnuss.** 11. Av. glomerata. Büschelnuss: in *Cat.* — Fr. zu 7—10 in Büscheln, kl. u. mittelgr., 7—8''' h. u. br., 5—6''' d., rundlich, etwas gedrückt, schmutzigbraun, grau behaart, sehr wenig gestr., aufrecht st.; Nabelgrube vorgeschoben; Fruchthülle sehr kurz. Str. sehr fruchtbar. — Wildwachsend. Interessant. II.

12. **Frühe Aehren-Waldnuss**, Corylus spicata praecox: *hort.* 12. Av. spicata. Noisetier à épis précoce, Noisetier à grappes précoce; in *Cat.* — Fr. wie 1 u. in Büscheln wie 11, früher reifend. Str. sehr fruchtbar. — In Baumschulen verbreitet. Empfehlenswerth II.

13. **Trauben-Waldnuss.** Corylus racemosa; *hort.* 13. Av. racemosa. Noisetier à grappes, Noisetier commun à grappes; in *Cat.* — Fr. ähnlich 11, in traubenartigen Büscheln vereinigt. — Str. sehr fruchtbar. — In Baumschulen. II.

14. **Frühe Waldnuss**, frühe Frauendorfer Waldhaselnuss: *hort.* 14. Av. praecox. — Fr. wie 1, viel früher reifend. Str. sehr fruchtbar. — In Baumschulen. II.

15. **Grossnabelige Waldnuss.** 15. Av. scutellata. Kleine rundfrüchtige Haselnuss; in *Cat.* — Fr. fast mittelgr., 6—7''' h. u.

br., 6''' d., kugelig, sehr wenig breitgedrückt, hellfarbig, gerieft, aufrecht st.; Schild flach, meistens vertieft; Nabelgrube sehr gross, erhoben. Str. fruchtbar. — Wildwachsend. II.

16. Kirschkernförmige Waldnuss. 16. Av. cerasiformis. Grosse kirschkernförmige Haselnuss, Runde flache Haselnuss; *in Cat.* — Fr. fast mittelgr., 8''' h, 7—8''' br., 5—6'' d., rundlich oder verkehrt-eif.-rund, von der Seite spitz-eif., stark breitgedrückt, fast ringsum kantig erhöht, braun, gefurcht, nicht aufrecht st.; Schild mittelgr., halbkugelig; Schildkranz langzähnig; Nabelgrube gr., flach, nur kantig erhöht. Str. sehr fruchtbar. — Wildwachsend. II.

17. Haarige Waldnuss. 17. Av. hispida. Grosse flache Haselnuss mit haariger Hülle; *in Cat.* — Fr. mittelgr., 7—8''' h. u. br., 6''' d., rundlich, breitgedrückt, von der Seite eif., etwas eckig gerieft, oft einzeln hell gestr., graufilzig, aufrecht st.; Schild flach; Nab. vorgeschoben: Fruchthülle behaart. Str. ziemlich fruchtbar. — Wildwachsend. II.

18. Verkehrtspitze Waldnuss. 18. Av. inversa. Verkehrtspitze langhülsige Haselnuss; *in Cat.* — Fr. kl., oft mittelgr., 7''' h. u. br., 5—6''' d., verkehrt-eif.-rund, von der Seite oval, spitzplatt, unten schief spitz vorgeschoben, breitgedrückt oder 3eckig, scharfkantig, braun, wenig gerieft, nicht aufrecht st.; Schild spitz vorgeschoben, ungleich: Nab. kl., flach. Str. fruchtbar. — Wildwachsend. II.

19. Provencer Waldnuss, Noisetier du Provence; *Nois.* 19. Av. provincialis. Kleine Provencer Haselnuss; *in Cat.* Provencer Haselnuss; *Nois. Gb.* — Fr. wie 1, grösser, dick- u. hartschalig; K. weisshäutig, sehr schmackhaft. — Frankreich. 1826. *Nois. Gb.* 370. II.

2. Gruppe. Frucht länglich.

20. Wilde längliche Waldnuss, Corylus Avellana, *L.* 20. Av. oblonga. (Provinzialnamen u. Synonymen wie bei 1.) — Fr. klein, 7''' h., 5—6''' br., 4—5''' d., oval, von der Seite eiförmig, gedrückt oder 3eckig, hellfarbig, fein gestr., aufrecht st.; Schild erhöht u. ungleich; Nab. vorgeschoben. Im Uebrigen wie 1.

21. Kurzhüllige Waldnuss. 21. Av. brachychlamis. Breitrunde Haselnuss mit kurzer Hülle; *in Cat.* — Fr. mittelgr., 8—9''' h., 7''' br., 5—6''' d.. rund-oval, von der Seite conisch, etwas breitgedrückt, meistens 3eckig, bräunlich-grau, wenig gestr., zart u. filzig, aufrecht st.; Schild schief oder ungleich, meistens erhöht; Nabelgrube gross u. flach: Fruchthülle sehr kurz. — Wildwachsend. II.

22. Gedrückte Waldnuss. 22. Av. compressa. Längliche sehr flache Haselnuss; *in Cat.* — Fr. ähnlich der ehevorigen, fast mittelgr., 6—7''' h. u. br., 4—5''' d., verkehrt-rundeif., von der Seite spitz-eiförmig, sehr breitgedrückt, hellbraun, nicht aufrecht st.; Schild ziemlich eben, stark erhoben-rund; Nab. gross,

3*

zungenförmig vorgeschoben; Frnchthülle lang. — Wildwachsend. II.

23. **Kurze Eichelnuss.** 23. Av. glaniformis. — Fr. ziemlich kl., 7—8''' h., 5''' br., 4''' d., lang umgekehrt-eif., von der Seite fast elliptisch, stets breitgedrückt, kurz zugesp., bräunlich, nicht aufrecht st.; Nab. stark erhoben. — Wildwachsend. II.

24. **Lange Eichelnuss.** 24. Av. elongata. Liegel's Eichelnuss; in Cat. — Fr. mittelgr., 9—11''' h., 5—6''' br., 4—5''' d., sehr lang, oben dicker, von der Seite lang-elliptisch, breitgedrückt, unten braun, oben heller, nicht aufrecht st., Schild sehr stark u. ziemlich spitz erhoben, ungleichseitig; Nab. klein, erhoben; Nabelschnur meistens gekrümmt. Str. fruchtbar. — Wildwachsend u. in Baumschulen.

25. **Weissliche Waldnuss.** 25. Av. pallida. Lange spitze Haselnuss; in Cat. — Fr. fast mittelgr., 8''' h., 5—6''' br. u. fast eben so d., oval, von der Seite ziemlich eif., wenig gedrückt, kurzgesp., hellfarbig, wenig u. weisslich bewollt, nicht aufrecht st.; Schild uneben u. verschoben; Nab. stark erhoben. — Wildwachsend. II.

26. **Dickspitze Waldnuss.** 26. Av. prominea. Dickspitze Haselnuss; in Cat. — Fr. ähnlich der vorhergehenden, kürzer, 7—8''' h., 5—6''' br., 5''' d., kurz-oval, oft eif., von der Seite eif., auffallend vorgeschoben-dick-spitz, hellfarbig, nicht aufrecht st.; Schild sehr klein u. rund, in der Mitte braun; Nab. kl., stark erhoben. — Wildwachsend. II.

27. **Verkehrteiförmige Waldnuss.** 27. Av. obovata. Ovalfrüchtige Haselnuss; in Cat. — Fr. fast mittelgr., 8''' h., 6''' br., 5''' d., verkehrt-eiförmig, oft breitgedrückt, nicht aufrecht st.; Schild sehr klein, oval, in der Mitte weiss; Nab. kl., lippenförmig erhoben. — Wildwachsend. II.

28. **August-Waldnuss.** 28. Av. aestivalis. Ziemlich frühe sehr flache Haselnuss; in Cat. — Fr. fast mittelgr., 8''' h., 6''' br., 5''' d., etwas walzenförmig-oval, oft verkehrt-lang-eiförmig, von der Seite meistens eif., wenig gestr., nicht aufrecht st., sehr früh reifend; Schild erhöht; Nab. eben, nur etwas erhoben. — Wildwachsend. II.

29. **Dünnschalige Waldnuss.** 29. Av. tenuis. Dünnschalige späte Haselnuss mit langer Hülle; in Cat. — Fr. mittelgr., 8''' h., 6—7''' br., etwas weniger dick, verkehrt-eiförmig, von der Seite eiförmig, breitgedrückt, gerieft, braun, oben fein grau weissfilzig, weichschalig, fast nicht aufrecht st.; Schild mittelgr., fast halbkugelig gewölbt; Nab. vorgeschoben; Fruchthülle lang;-- Wildwachsend. I.

30. **Langhüllige Waldnuss.** 30. Av. longicollis. Grosse flache Haselnuss mit langer Hülle; in Cat. — Fr. fast mittelgr., 8''' h., 6—7''' br., 5—6''' d., verkehrt-eiförmig, von der Seite eiförmig, stark breitgedrückt, unten fast 3eckig, nicht

aufrecht st.; Schild schief abgeplattet: Nab. erhöht; Fruchthülle länger als die Frucht. — Wildwachsend. II.

31. Wollfrüchtige Waldnuss. 31. Av. lanuginosa. Dreieckige Haselnuss; *in Cat.* — Fr. ziemlich kl., 7—8''' h., 6''' br., 5''' d., verkehrt-eiförmig, von der Seite oval, etwas gedrückt, meistens 3eckig, fein gerieft, fast durchaus fein weisslich bewollt, nicht aufrecht st.; Schild stark erhöht u. ungleich: Nab. kl., vorgeschoben. — Wildwachsend. II.

32. Grossfrüchtige Waldnuss. 32. Av. major. Grossfrüchtige Haselnuss: *in Cat.* — Fr. ziemlich gross, 9''' h., 7''' br., 6''' d., verkehrt-eiförmig, von der Seite oval, breitgedrückt, sehr wenig gerieft, nicht aufrecht st.; Schild mittelgr., flach. Nab. gross, vorgeschoben. Str. fruchtbar. — Wildwachsend. I.

33. Taschenförmige Waldnuss. 33. Av. bursiformis. Verkehrtspitze langhüllige Haselnuss; *in Cat.* Fr. fast gross, 9''' h., 7''' br., 5''' d., taschenförmig, unten zugespitzt, gegen oben platt u. sehr breit, stark breitgedrückt, von der Seite verkehrt-eif., gerieft, nicht aufrecht st.; Schild klein, stark spitz erhoben: Nab. kl., flach, oft aufgesprungen. Fruchthülle lang; Wildwachsend. I.

34. Keulenförmige Waldnuss. 34. Av. clavulata. Grosse lange Haselnuss mit kurzer Hülle: *in Cat.* — Fr. fast gross, 11''' h., 7''' br., 6''' d., ähnlich der vorhergehenden, länger, weniger breitgedrückt, feinfilzig; Schild klein, halbkugelig; Fruchthülle kurz. — Wildwachsend. I.

35. Kopfförmige Waldnuss. 35. Av. capitata. Plumpe 3eckige Haselnuss; *in Cat.* — Fr. mittelgr., 8''' h., 7''' br., 6—7''' d., verkehrt-dick-eiförmig, unten schmal, oben platt u. fast höckerigoder 2köpfig-dick, oft etwas 3eckig, wenig breitgedrückt, etwas gestr., nicht aufrecht st.; Schild eben u. fast halbkugelig; Nab. gross, gedrückt. Str. sehr fruchtbar. — Wildwachsend. I.

36 Ovalfrüchtige Waldnuss. 36. Av. ovalis. Breitrunde Haselnuss mit langer Hülle; *in Cat.* — Fr. fast mittelgr., 8''' h., 7''' br., 6''' d., oval, oft etwas verkehrt-eif.-rund, von der Seite eiförmig, breitgedrückt, etwas kantig, wenig gestr., aufrecht st.; Schild ziemlich eben; Nab. kl., vorgeschoben; Fruchthülle lang. — Wildwachsend. II.

37. Gekräuselte Waldnuss, Frizzled Filbert; *Pom. Mag.* 37. Av. crispa. Krausblättrige Haselnuss, gekräuselte Filbertnuss, Corylus crispa, Corylus Avellana crispa, Noisetier frisée; *in Cat.* — (Frizzled Nut, Cape Nut; *Cat. Lond.*) — Fr mittelgr., 8—9''' h., 6—7''' br., 5—6''' d., verkehrt-eif., von der Seite elliptisch, breitgedrückt, wenig gerieft u. gestr., 2rinnig, dick- u. hartschalig, nicht aufrecht st.: Schild gross, hoch halbkugelig, oben; Schalenkranz grob gezahnt; Nab. mittelgr., vorgeschoben: Fruchthülle stark behaart, viel länger als die Nuss, sehr tief eingeschnitten, kraus u. offen ausgebreitet; K. weiss, voll. Str.

lebhaft, ausgebreitet, überaus fruchtbar. — England. 1841. *Dttch.*
3. 460. I.

Hierher gehört noch: Long Shippin; *Cat. Lond.* — Red
Wood-Nut; *Ab.*

2. Zellernuss. Clyperia.

Frucht gross, grossgeschildet, meistens dünnschalig. Kern
dünn- und zarthäutig. Nabelschnur gerade. Fruchthülle glockenförmig.

(Ur- oder Stammart: Corylus pontica; *mihi.*)

1. Gruppe. Frucht rundlich.

38. **Piemonteser Zellernuss**, grosse runde bunte Zellernuss;
Büttner. 1. Cl. Pedemontana. Aechte Piemonteser Haselnuss,
Piemonteser Haselstaude, Lyoner Nuss, Sizilianische Nuss, italieni-
sche Nuss, italienische Haselnuss, bunte Zellernuss, leonische Nuss;
in verschiedenen Gegenden Deutschlands. Noisetier du Piémont,
Grosse boule, Noisetier à gros fruits ronds, Avelline, Avelline gros,
Avelline ronde; in Frankreich. Large Cob Nut; in England. Corylus
Avellana Pedemontana, Corylus macrocarpa, Corylus macrocarpa Pie-
montesis, Corylus fructu striatis, Noisetier à fruit strié, Noisette à
gros fruit rond de Piémont, Grosse ronde du Piémont, Noisettier de
Piémont à gros fruit rond, Noisetier à gros de Piémont, Noisettier
à gros fruit rond, Aveline gros ronde du Piémont, Avelinier à gros
fruit rond, Aveline grosse ronde d'Espagne, Noisette avelline, eckige
römische; *in Cat.* Corylus italica, Corylus Lugdunensis, in alten
Werken. Corylus sativa fructu rotundo maximo; *C. Bauh.* — *Jonst.*
— *Park.* Maxima Hispanica; *Rajus.* Zellernuss, grosse holländische
oder spanische Nuss; *du Roi.* Grosse Zellernuss, Avellana Lugdunen-
sis; *Münchh.* Grande Noisette d'Espagne, de France ou de Lyons;
Knp. Zellernuss; *Borchmeyer.* Grosse Bamberger Haselnuss; *Reichardt.*
Grosse zahme Haselstaude; *Bechstdt.* Grosse spanische Nuss; *Hirschf.*
Corylus Avellana fructu rotundo maximo, Zellernuss: *Burgsd.* Cob
Nut, Large or Great Cob-nut, grosse Zellernuss, grosse, runde oder
lionische Haselnuss; *Ab.* Grosse runde spanische Nuss; *Chr. H. O.* —
Blotz. — Noisette Avelline, lionische Nuss, grosse holländische Haselnuss; *Chr. O.* Zellernuss, römische Nuss, Corylus sativa fructu
rotunda; *Thon.* Riesennuss; *Fors.* — Fr. gross, oft sehr gross,
8—9''' h., 9''' br., platt, oft 3eckig und kantig, unten schmäler,
etwas breit 4eckig-rund, von der Seite rundlich-conisch, breitgedrückt, 2rinnig, daher oft wie getheilt, hellfarbig, rogel-
mässig dunkelbraun gestreift, nicht riefig, aufrecht st.,
weichschalig, oben oft offen; Schild flach; Schalenzähne weiss;
Nab. erhoben; Fruchthülle länger als die Nuss, stark u. einseitig-
ungleich-eingeschnitten, weit geöffnet; K. voll, breit- und dünn-

gespitzt, süss und wohlschmeckend; Kernhaut ganz. Str. gerne Wurzel treibend, früh und sehr fruchtbar. — Italien. In Deutschland im Handel u. in Gärten bekannt. Vermehrt sich ziemlich ächt aus Samen. 1561. T. O. 12. 32. T. 3. Ende August. I!

39. Spanische Zellernuss, Corylus hispanica fructu majore anguloso: *Pluk.* 2. Cl. hispanica. Zellernuss; in Niedersachsen. Corylus barcelonica, Corylus Avellana barcelonensis, Corylus grandis, Corylus Avellana grandis, Corylus romana, grosse barcellonische Zellernuss, barcellonischer Haselnusstrauch, barcellonische grosse Zellernuss, viereckige Zellernuss, eckige grosse Zellernuss, römische Nuss, grosse spanische Nuss, grosse Eckennuss, grosse barcellonische Haselnuss, grosse eckige römische Haselnuss, eckige römische Nuss, barcellonische Nuss, Noisetier de Barcelone, Barcellonne de Loddiges, Noisetier à coque tendre, Cob Nut, Noisette d'Espagne, Noisettier à gros fruit carré, Noisettier à fruit carré, Blanche de Barcelone, Noisetier anguleuse; in deutschen u. französ. Cat. Spanische Haselnuss, Cellernuss; *Bechstdt.* Zélandoise, Angloise, Double Noisette; *Knp.* Grande noisette espagnole; *Gentilh. cult.* Spanische mit grosser eckiger Frucht: *Rohr.* Spanische Haselnuss mit grosser eckiger Frucht: *Mill.* Romanische Nuss; *Chr. O.* Römische Nuss, barcellonische Nuss, grosse spanische eckige Nuss: *Chr. v. P.* Grosse spanische Haselnuss, Corylus hispanica fructu maximo; *Thon.* (Spanische Nuss; *Fors.*) (Grosse spanische eckige Nuss; *Blotz.*) Avelinier d'Espagne à fruit carré ou anguleux; *Poins.* Grosse runde oder Lyonische Haselnuss?! *Elsh.* — Fr. sehr gross, 9''' h. u. br., 7''' d., viereckig-rundlich, von der Seite kurz-eiförmig, breitgedrückt, oben u. unten platt, gestr., riefig u. eckig, mit erhabener Rippe, unten dunkelbraun, über die Hälfte filzig, durch die erhobenen Kanten fast 2spitzig, schief aufrecht st.; Schild ungleich und verschoben-rundlich; Nabelgrube lang, in der Mitte sehr schmal; Nab. eingedrückt; K. riefig, stumpf, voll, sehr wohlschmeckend. Kernhaut zerrissen. Str. sehr fruchtbar. – Spanien. In deutschen Gärten selten ächt zu finden. 1601. *Burch.* 137. non *Dttch.* I!

40. Trapezunter Zellernuss, Trebisond Funduk, Trapezuntische Nuss: *Burch.* 3. Cl. castanea. Grosse runde Haselnuss aus der Krimm; *Dttch.* — Fr. gross, 9''' h., 9—11''' br., 8—9''' d., castanienförmig, platt, rund-conisch zulaufend, nur oben breitgedruckt, unten rund, fältig- u. kantig-breit-gespitzt, gelblichbraun und dunkelbraun gestr., mit vertiefter Rinne, flach aufrecht st., sehr dünnschalig; Schild sehr gross, flach; Nabelgrube gr. u. lang; Nab. flach; Fruchthülle um die Hälfte länger als die Nuss und bis zu dieser eingeschnitten; Lappen einzeln spitz gezahnt; K. unten sehr platt, kurzgesp. Str. schwach, sehr fruchtbar. — — Kleinasien. Aus Nikita. 1833. *Burch.* 107. I!

41. Dreieckige Zellernuss; *Chr.* 4. Cl. triangularis. — Fr. meistens in Büscheln, gross, platt, 3eckig, stumpf zugespitzt, braun gestreift, dünnschalig; Schild stark erhoben; Fruchthülle fransig, lang, bis an die Spitze der Nuss reichend: K. voll, hart, schmackhaft. — In Baumschulen. 1812. *Chr. v. P.* 304. I.

42. Späte Zellernuss, breitgedrückte späte; *Burch.* 5. Cl. serotina. — Fr. platt, 8''' h., 8—9''' br., 7—8''' d., ziemlich breit-oval, von der Seite rund-conisch, breitgedrückt, wenig faltig, stark kantig-breit-gespitzt, mit vertiefter Rinne, röthlichgelb, braun gestr., aufrecht st.; Schild mittelgross,' ungleich; Nabelgrube sehr ausgeprägt, gross u. breit, mundförmig u. schwarzlippig; Nab. etwas erhöht; K. weisslich, stark zugesp. — Aus Nikita. September. I.

43. Kurzhüllige Zellernuss, grosse späte mit ganz kurzer Hülle; *Burch.* 6. Cl. brachichlamis. — Fr. 8—9''' h., 8''' br., 7—8'''d., eckig-rund-eiförmig, von der Seite conisch, etwas breitgedrückt, oft rundlich-3eckig, wenig gestr., stark faltig- u. nur etwas kantig-breit-gespitzt, mit vertiefter Rinne, aufrecht st., dünnschalig; Schild mittelgr., dunkelfarbig, meistens etwas vertieft, flach; Nabelgrube klein; Nab. erhoben; Fruchthülle sehr kurz. — Aus Nikita. I.

44. Jahn's Zellernuss; *Burch.* 7. Cl. Jahni. Dessauer Jahn's Zellernuss? *Burch.* — Fr. ähnlich der ehevorigen, von der Seite eiförmig-rund, weniger breitgedrückt, weniger breit- u. mehr erhoben zugespitzt, oben grau-filzig, nicht röthlichgelb: Nabelgrube klein, doch ziemlich breit, undeutlich: Nab. erhoben; K. kurzgesp., eingedrückt. — Sämling von Burchardt. I.

45. Schüsselförmige Zellernuss, Nikitaner Nuss: *Burch.* 8. Cl. scutelliformis. — Fr. 8—9''' h. u. br., 7''' d., 4eckig-rund, von der Seite rund-conisch, eben und regelmässig geformt, wenig gedrückt, lebhaft braun, sanft gestr. u. sehr fein bewollt, aufrecht st.; Schild vertieft, flach, breit-oval; Nabelgrube unbedeutend, hellfarbig, ohne Lippen; Nab. sehr flach, fast gedrückt; K. voll, eben, kurzgesp. — Aus Nikita. I.

46. Frühe flache Zellernuss, frühe flache sehr schön aus Nikita; *Burch.* 9. Cl. orbiculata. — Fr. sehr gross, 7''' h., 10''' br., 9''' d., sehr platt, fast käsförmig, eckig-rundlich, kaum etwas breitgedrückt, oben röthlichgelb, nach oben gestr. u. gerieft, beiderseits aufrecht st., frühreifend, dickschalig; Schild sehr gross, meistens dunkelfarbig, vertieft, breit rund-4eckig; Nabelgrube sehr klein, fast fehlend, spitz; Nab. erhoben; K. eben. — Aus Nikita. I!!

47. Frühe dickbackige Zellernuss, frühe eckige; *Burch.* 10. Cl. incrassata. — Fr. ähnlich der vorhergehenden, 7—8''' h., 9—10''' br., 8—9''' d., mehr breitgedrückt, dickbackig-breitoval, von der Seite rund, fast ringsum kantig erhöht, gestr., nicht gerieft, oben grauer, beiderseits aufrecht st., frühreifend, dünnschalig; Schild rundlicher, erhöht, hellfarbig; Nabelgrube mittelgr., gedrückt auf der Kante st.; Nab. flach; K. käsförmig, oben eingedrückt. — Aus Nikita. II

48. Gubener Zellernuss, Zellernuss aus Guben: *Burch.* 11. Cl. Gubenensis. Gubener Barcelloner; *in Cat.* — Fr. ähnlich Nr. 39, 9—10''' h., 8—9''' br., 7''' d., rundlich-elliptisch, etwas verkehrt-eif.-rund, von der Seite eif.-kurz-elliptisch, oft rundlich-eckig, breit-gedrückt, oben faltig, hellbraun, 2rinnig, fein gestr. u. tief-riefig, wenig filzig, schief aufrecht st., hartschalig; Schild erhoben, meistens conisch; Nabelgrube gross; Nab. etwas erhoben; K. dünn zugesp. — Sämling (von Nr. 39?) I!

49. Mongolische Zellernuss, Corylus Mongolica: *Burch.* 12. Cl. mongolica. — Fr. 5—6''' h., 6¹/₃—8¹/₂''' br., 5¹/₂—8''' d., sehr platt, oft einseitig, beiderseits auf dem Schilde schräg aufrecht st., ohne Spitze, dünnschalig; Schild breit u. platt, meistens erhoben: Nabelgrube klein, länglich: Nab. flach. — Mittelasien. 1833. *Burch.* 108. I.

50. Englische Zellernuss. 13. Cl. anglicana. Cob Nut, Great Cob, Barcelona, Prolific, Dwarf Prolific, Pearson's Prolific, Glasgow Prolific, Saint Grisier, Downton Large?! *Cat. Lond.* — Fr. 8¹/₂''' h., 9''' br., 7''' d., plattrundlich, oft etwas eif., von der Seite rund-conisch, breitgedrückt, mit vertiefter Rinne, stark-oben schmutzig-filzig, eben, hell u. dunkel gestr., aufrecht st., dick-schalig; Schild etwas erhoben, ziemlich eben; Nabelgrube wie bei 42; Nab. erhoben; K. gelbhäutig, 2theilig, breit- u. dünn-gesp., unten etwas spitz erhöht; Nabelschnur gekrümmt. — England. I!

51. Gold-Zellernuss. 14. Cl. aurea. — Corylus aurea, Corylus Avellana aurea, Corylus foliis luteis, Noisetier doré, Noisetier à feuilles dorées luisantes, Aveline à feuilles dorées, Noisetier à fruit doré, Noisetier à feuilles dorées, gemeine goldfrüchtige Haselnuss: *in Cat.* — Fr. gross, rundlich, gelb, hartschalig. Bl. gelb. — In Baumschulen. Interessant auch als Zierbaum. I.

52. Grosse Provencer Zellernuss, grosse Provencer Haselnuss; *Nois.* 15. C. provincialis. Aveline à gros fruit rond de Provence: *in Cat.* — Fr. sehr gross, rund, dick- u. hartschalig; K. sehr schmackhaft; Kernhaut weisslich. — Frankreich. 1826. *Nois. Gb.* 370. I! (= mit Nr. 38?)

53. Einzelntragende Zellernuss, frühe einzeln tragende kegel-förmige; *Burch.* 16. Cl. solitaria. Einzelntragende kegelförmige Haselnuss; *in Cat.* — Fr. einzeln stehend, gr., 9''' h., 8—9''' br., 7''' d., rundlich, von der Seite conisch, unten dick u. platt, breitgedrückt, gelblichbraun, stark gerieft, kaum gestr., aufrecht st., dickschalig; Schild mittelgross, rund, flach, oft vertieft: Nab. gross, erhoben: K. dünngesp. — Aus Nikita. I.

54. Burchardt's Zellernuss: *Schmidt.* 17. Cl. Burchardti. Frühe mittlere grosse sehr volle Frucht? *Burch.* — Fr. gross, 10''' h., 9''' br., 8''' d., oft so h. als br., rundlich, oft umgekehrt-eif.-rund, von der Seite eif.-elliptisch, breitgedrückt, hellfarbig, braun gestr., oben los weisswollig, schief aufrecht st.; Schild mehl-weiss, schief erhoben, oft eben, in der Mitte gelblich; Nab. gr., erhoben; K. voll. — Aus Nikita. I! (Verschieden von 72??!)

55. **Grösste Zellernuss,** grösste runde Nuss aus Monza; *Burch.* 18. Cl. maxima. Grösste runde Nuss aus Italien; *in Cat.* — Fr. sehr gross, 8''' h., 11'' br., 9'' d., platt, breit-oval, von der Seite breit-conisch, kastanienförmig, bauchig-eckig u. gerinnelt, breitgedrückt u. kantig, nach oben höckerig u. riefig, ungleich gestreift, platt aufrecht st., Schild sehr gross, etwas erhaben, oft vertieft; Nab. kl., vorgeschoben. — Italien. I!!

Hierher gehört noch: Jeeves's Seedling; *Cat. Lond.*

2. Gruppe. Frucht länglich.

56. **Gemeine Zellernuss:** *Büttner.* 19. Cl. vulgaris. Gemeine weisse Zellernuss, weisse lange Zellernuss; *in Cat.* Gute lange Haselnuss, Zellernuss; *Hohb.* Grosse lange Nuss, grosse spanische, Corylus hispanica; *Münchh.* Grosse lange Zellernuss; *Burch.* Grosse lange Nuss; *Fors.* Grosse lange spanische Nuss; *Gotth* Grosse gemeine Zellernuss; *Dresd. Cat.* Cob-Nut?! in England. Aveline grosse blanche?! *in Cat.* Mandelnuss?! *Borchmeyer.* Gewöhnliche Zellernuss?! italienische Nuss, grosse Zellernuss?! lange Zellernuss?! *Chr. H. O.* Eirunde grosse Haselnuss, Corylus grandis, Noisetier à fruits ovales?! *Lipp.* Corylus sativa fructu albo majore, grosse Haselnuss, Mandelnuss?! *Dtch. L.* — Fr. sehr gross, 12—14''' h., 9—10'' br., lang-eiförmig, 4eckig-gerundet, hellfarbig, dünnschalig, nicht aufrecht st.; Schild lang-4eckig, erhoben; Fruchthülle länger als die Nuss, stark gefranzt, weit offen; K. voll, gr., wohlschmeckend. — Italien. In Deutschland selten. Vermehrt sich ziemlich ächt aus Samen. 1711. *T. O.* 17. 378. *T.* 18. Ende Septbr. I!

57. **Gunsleber Zellernuss:** *Henne.* 20. Cl. Gunslebensis. Gunsleber Riesennuss, grosse Gunsleber Zellernuss, Gunzelbeeren Zellernuss, grosse Gansleber Zellernuss; *in Cat.* Gunslebische Zellernuss; *Chr. v. P.* — Fr. weniger gross als die vorige, 10—11''' h., 8—9''' br., 6—7''' d., kürzer, verkehrt-eiförmig, oft etwas rundlich, von der Seite lang spitz-cif., breitgedrückt, hellfarbig, deutlich braun gestreift, riefig, nicht aufrecht st., dünnschalig; Schild 4eckig-rund, erhoben, in der Mitte hellfarbig; Nab. mittelgr., vorgeschoben. Fruchthülle fein gefranzt, anliegend, oben offen; K. voll, weich, unten rund- oben dünn u. breitspitz. — 1757 aus Samen. *T. O.* 17. 379. *T.* 19. 1!

58. **Hallische Riesennuss;** *Büttner.* 21. Cl. Halensis. Noisetier Géant de la Halle, hallische Riesen-Zellernuss; *in Cat.* Grosse Zellernuss, grosse runde spanische Nuss, Pfundnuss; *Gotth.* Riesennuss, Corylus Avellana grandis? *in Cat.* — Fr. meistens einzeln, sehr gross, 10—11''' h., 9—10''' br., 8''' d., kurz spitz-cif., oft conisch, von der Seite spitz-eif., etwas breitgedrückt u. eckig. 2rinnig, riefig, glänzend gelblichbraun, deutlich gestr., fein bewollt, aufrecht st., dünnschalig: Schild sehr gr., 4eckig-rund, ziemlich eben, in der Mitte gleichfarbig oder dunkler; Schalenkranz undeut-

lich oder fehlend; Nab. klein, erhoben; Fruchthülle fest anliegend u. geschlossen; K. lang, gebogen, röthlichgelb, nicht immer voll; Str. spätblühend. — 1788 gesät von der vorhergehenden. 1798. *T. O.* 10. 350. *T.* 20. I!

59. Geflügelte Riesennuss, längliche Riesennuss; *Chr.* 22. Cl. alata. Zellernuss; in Gärten. — Fr. meistens einzeln, nicht so gross wie die vorhergehende, länger, nach oben schmäler, stumpf, in der Mitte dick u. rund, nach unten etwas abnehmend; Schild platt; Fruchthülle stark gefranzt u. flatterig, bis zur Mitte der Nuss reichend, meistens vom Schild an flügelartig 2theilig offen; K. voll. — Sämling? 1802. *Chr. v. P.* 304. Ende Okt. I.

60. Frühe lange Zellernuss: *Büttner.* 23. Cl. praecox. Corylus Avellana praecox longa, Corylus Avellana praecox oblonga; *in Cat.* Grosse länglichte Zellernuss; *Dresd. Cat.* Corylus Avellana oblonga? *in Cat.* Mandelnuss? *du Roi.* — *Münchh.* — Longuette, lange Nuss? *Chr. O.* — Fr. sehr gross, 11—12''' h., 8''' br., 7''' d., langoval, von der Seite lang-eiförmig, ziemlich breitgedrückt, unten braun, nach oben gelblich, gestr., 2, 3 oder 4rinnig, nicht aufrecht st., dünnschalig; Schild mittelgr., ziemlich eben; Nab. gross, erhoben; Fruchthülle die Nuss nur halb bedeckend, kurz gefranzt; K. bräunlich, lang, voll, sehr wohlschmeckend. — Italien. 1802. *T. O.* 18. 402. *T.* 19. Ende August. I!!

61. Volle Zellernuss, italienische lange volle Zellernuss; *Büttner.* 24. Cl. farcta. — Fr. in Büscheln, gr., 10—11" h., 7—8'' br., 5—6''' d., verkehrt-lang-eif., von der Seite lang spitz-eif., oben stark breitgedrückt u. kantig, mit 2 sehr tiefen Rinnen, oft mit erhobener Rippe, braun, etwas gestr. oder gerinnelt, oben faltig, nicht aufrecht st., dünnschalig; Schild stark erhoben; Nab. gross, vorgeschoben; Fruchthülle länger als die Nuss, geschlossen, kaum etwas gefranzt, Str. sehr fruchtbar. — Aus Samen von 57. 1802. *T. O.* 18. 403. *T.* 20. I.

62. Seidenartige Zellernuss. 25. Cl. sericea. Sehr grosse englische, Noisetier à très gros fruit; *in Cat.* — Fr. ziemlich gr., 9—10" h., 6½—7''' br., 5—6''' d., verkehrt-eiförmig, von der Seite spitz-eiförmig, sehr breitgedrückt, stark seidenartig-filzig, riefig gestr., eben, meistens mit 1 Rinne, nicht aufrecht st.; Schild erhoben; Nab. gross, schwarzlippig, vorgeschoben; K. voll; Nabelschnur gekrümmt. — England. I.

63. Filzige Zellernuss. 26. Cl. tomentosa. Corylus nova species ex angliae; *in Cat.* — Fr. gr., 10''' h., 8''' br., 7''' d., oval, oben breitgedrückt, unten rundlich, 2rinnig, etwas streifig gerieft, hellfarbig, fast durchaus fein grau-filzig, schief aufrecht st.; Schild flach halbkugelig, in der Mitte hellfarbig, ziemlich eben, rundlich; Nab. deutlich, lippenförmig, erhoben. — England. I! (= mit der vorhergehenden?)

64. Riefige Zellernuss. 27. Cl. jugata. Grosse flache längliche; *in Cat.* — Fr. gross, 10—11''' h., 8''' br.. 6''' d., lang-verkehrt-eif., von der Seite.eiförmig, breitgedrückt, riefig u. 2rinnig, nicht aufrecht st.; Schild eben, halbkugelig, in der Mitte hellfarbig: Nab. klein, vorgeschoben. — Wild gefunden. I. (= mit 57?)

65. Wollige Zellernuss. 28. Cl. lanuginosa. Grosse lange; *in Cat.* — Fr. gross, 10—11''' h., 6—7''' br., 5—6''' d., verkehrt-eif.-lang, von der Seite verkehrt-eiförmig, unten breitgedrückt, oben eckig, grau bewollt, ohne Rinne, neben u. oben kantig, nicht aufrecht st.; Schild stark erhoben, ziemlich ungleich; Nab. klein, weiss-wollig, erhoben. — Wild gefunden. I.

66. Gerinnelte Zellernuss, runde späte Zellernuss: *Burch.* — 29. Cl. cannaliculata. — Fr. spätreifend, gr., 9—10''' h., 7—8''' br., 6—7''' d., oval, von der Seite spitz-eiförmig, breitgedrückt oder eckig-rund, lebhaft braun, gerieft, rinnig u. eckig, oben faltig, kaum etwas gestr., aufrecht st., dickschalig; Schild flach: Schalenkranz dunkelbraun; Nab. klein, lippenförmig, erhoben: K. voll, kurzgesp.: Nabelschnur gekrümmt. — Sämling. I.

67. Zwerg-Zellernuss, Zwergnuss; *Chr.* — 30. Cl. humilis. Noisetier nain, Corylus pumila, Corylus Avellana pumila; *in Cat.* (Zwillingnuss; *Chr. O.*) — Fr. ziemlich gr., 9—10''' h., 8''' br. 7''' d., rund-eiförmig, oft rundlich-3eckig u. so br. als d., von der Seite conisch, hellfarbig, fein gestreift, oben faltig, breitkantig, etwas eckig oder riefig, aufrecht st.; Schild flach, ziemlich eben; Nab. klein, flach: Str. niedrig. — In Baumschulen. 1791. *Chr. O.* II. 234. I. Interessant.

68. Mandel-Zellernuss, Mandelnuss; *Burch.* 31. Cl. amygdaloides. — Fr. sehr gross, 11—12''' h., 8—9''' b., 8''' d., oval, von der Seite conisch, etwas breitgedrückt, schwach gerinnelt, lebhaft braun u. deutlich gestreift u. gerieft, oben stark filzig, aufrecht st., dickschalig; Schild flach u. eben, in der Mitte gelblich; Nab. gross, undeutlich, flach: K. stumpf. — Sämling von 58. I!

69. Rieckchen's Zellernuss; *Burch.* 32. Cl. speciosa. — Fr. gross, 10—11''' h., 8—9''' br., 7''' d., verkehrt-eiförmig, von der Seite spitz-eiförmig, sehr breitgedrückt, stark riefig, gelblich, deutlich gestr., kaum u. schief aufrecht st.; Schild etwas erhoben, ungleich: Nab. mittelgr., vorgeschoben; K. dickhäutig, stumpf. — Sämling von 67. I!

70. Büttner's Zellernuss; *Burch.* 33. Cl. Büttneri. Fr. gross, 11''' h., 8''' br., 7''' d., verkehrt-eiförmig-oval, von der Seite eiförmig, etwas breitgedrückt, eckig u. riefig, braun, wenig bewollt, nicht aufrecht st., dünnschalig: Schild mittelgr., höckerig; Nab. gross, erhoben: K. weisslich, voll, lang, bohnenförmig; Nabelschnur gekrümmt. — Sämling von 61. I!

71. Bethe's Zellernuss: *Burch.* 34. Cl. Betheana. Fr. gr., 10—11''' h., unten 9''' br. u. d., conisch oder kurz zuckerhutförmig, unten rund-4eckig oder dickgedrückt, oben faltig u. kaum etwas breitgedrückt, streifig gerieft, aufrecht st.; Schild sehr gross, weiss, ziemlich flach; Nab. klein, flach. — Sämling. I! Sehr schön.

72. **Nikitaner Zellernuss**, frühe mittlere grosse sehr volle Frucht: *Burch.* 35. Cl. Nikitana. Frühe mittlere sehr grosse volle aus Nikita; *in Cat.* — Fr. gr., 9—10''' h., 8—9''' br., 7''' d., rund-eiförmig, sehr breitgedrückt, oft 3eckig, eckig u. gerinnelt, oben seidenartig bewollt, aufrecht st.; Schild flach, ungleich verschoben; Schalenkranz dunkelbraun; Nab. klein, erhoben; K. voll. — Aus Nikita. I.

73. **Gustav's Zellernuss**; *Burch.* 36. Cl. Gustaviana. — Fr. gr., 10—11''' h., 7—8''' br., 7''' d., ziemlich lang-oval, von der Seite spitz-eiförmig, oben etwas breitgedrückt, unten in die Dicke gedrückt u. breit 4eckig-rund, gelblich braun, kaum etwas gestreift, nicht aufrecht st.; Schild flach-halbkugelig; Nab klein, erhoben. — Sämling von 60. I!

74. **Burn's Zellernuss**, Burn Nut; *Cat. Lond.* 37. Cl. Burnii. Englische Haselnuss: *in Cat.* Burn's Nuss; *Dttch.* Corylus anglicana, Noisettier d'Angleterre? *in Cat.* — Fr. sehr gross, 11—12''' h., 8''' br., 6—7''' d., lang, umgekehrt-eiförmig, von der Seite lang-eif.-elliptisch, oben etwas breitgedrückt u. kantig, unten rund-lich, 2rinnig, eben, schön braun gestreift, nicht aufrecht st.; Schild mittelgr., halbkugelig-eben; Nabel klein, erhoben; K. sehr schmackhaft. — England. I!

75. **Rochol's Zellernuss**; *Burch.* 38. Cl. Rocholi. — Fr. gr., ähnlich Nr. 71, etwas kleiner, oft eyf. oder oval, von der Seite conisch, oben kürzer zugesp. u. etwas breitgedrückt, unten weniger dick u. in die Dicke gedrückt, 6—7''' br., 7—8''' d.; Nab. klein, erhoben. — Sämling von 70. I.

76. **Minna's Zellernuss**, Minna's grosse Zellernuss; *Burch.* 39. Cl. Minna. — Fr. sehr gross, 11—12''' h., 8—9''' br. u. d., dick-oval, von der Seite conisch, oben etwas breitgedrückt, unten dick gedrückt u. 4eckig-rund, 2rinnig, hellbraun, wenig gerieft u. gestr., aufrecht st.; Schild ziemlich flach, neben der Mitte schief erhoben; Nab. klein, erhoben. — Sämling von 58. II!

77. **Fichtwerder Zellernuss.** 40. Cl. Fichtwerderiensis. Fichtwerder's-, Fichtmanns-, Fechtwerdesche u. Fichtwerdsche Zeller-nuss; *) *in Cat.* — Fr. sehr gross, 11''' h., 9''' br., 7—8''' d., ver-kehrt-dick-eiförmig, oft oval, oft eif., von der Seite spitz-eiförmig, breitgedrückt, oben faltig u. filzig, unten breit-4eckig-rund, 2rinnig, riefig, braun gestr., schief aufrecht st.; Schild ziem-lich gleich, 4eckig-rund, erhoben, eben, in der Mitte braun; Schalenkranz dunkelbraun; Nab. klein, vorgeschoben. — In Baumschulen. II

78. **Lichtenstein's Zellernuss**; *Burch.* 41. Cl. Lichtensteini. — Fr. gr., 9—10''' h., 7—8''' br., 7''' d., eiförmig, zugespitzt, von der Seite conisch, oben etwas breitgedrückt, unten rund-lich, riefig u. eckig, gelbbraun, wenig gestr., aufrecht st.; Schild

---

*) Fichtwerder, ein Ort im Warthebruch.

mittelgr., flach; Nab. mittelgr., mundförmig, erhoben. — Sämling. I.

79. Stumpfe Zellernuss. 42. Cl. obtusata. Lange gerundete u. gerundete mittelgrosse Haselnuss: *in Cat.* — Fr. gr., 9—10''' h., 7''' br., 6''' d., verkehrt-eiförmig, von der Seite oval, oben fast halbkugelig, sehr wenig breitgedrückt u. fast kantenlos, nicht aufrecht st.; Schild mittelgr., halbkugelig, eben u. ziemlich gleich-rund; Nab. gross, vorgeschoben. — Wild gefunden. I.

80. Apoldaer Zellernuss: *Schmidt.* 43. Cl. Apoldana. — Fr. sehr gross, 10—11''' h., 7—8''' br. u. d., etwas umgekehrt-eiförmigoval, von der Seite spitz-eiförmig, oben breitgedrückt u. kantig, unten in die Dicke gedrückt u. breit-4eckig-rund, hellfarbig, gerieft u. gestr., aufrecht st.; Schild sehr gross, stark gewölbt u. rissig; Schalenkranz grob gezahnt; Nab. gross, vorgeschoben. — Sämling? I!

81. Dickschalige Zellernuss, hohe späte sehr dickschalige; *Burch.* 44. Cl. putaminata. Hohe späte dickschalige Frucht; *in Cat.* — Fr. gr., 9—10''' h., 7''' br. u. d., eiförmig, zugespitzt, von der Seite conisch, oben faltig u. etwas breitgedrückt, unten eckig-rund, riefig, wenig gestr., aufrecht st., dickschalig; Schild flach; Nab. mittelgr., erhoben. — Aus Nikita. I.

82. Walker's Zellernuss; *Burch.* 45. Cl. Walkeri. — Fr. sehr gross, 11'' h., 8—9''' br., 7''' d., oval, fast länglich-4eckig, von der Seite eiförmig, breitgedrückt, unten breitrundlich, hellfarbig, gerieft, undeutlich gestr., nicht aufrecht st.; Schild eben, halbkugelig, in der Mitte hellfarbig, ziemlich rund; Nab. mittelgr., stark vorgeschoben; K. sehr schmackhaft. — Sämling von 57. I!

83. Längste Zellernuss, lange Landsberger; *Burch.* 46. Cl. longissima. — Fr. sehr gross, 13—14''' h., 8''' br., 7''' d., sehr lang-umgekehrt-eiförmig, von der Seite lang-eiförmig, kurzgesp., oben breit- unten dick-gedrückt, 2rinnig, riefig gestreift, nicht aufrecht st.; Schild flach-halbkugelig, in der Mitte hellfarbig, 4eckig-rund; Schalenkranz dunkelbraun; Nab. gross, erhoben. — Sämling von 61. I!

84. Jeeves' Zellernuss, Jeeves' long Seedling; *Cat. Lond.* 47. Cl. Jeevesii. — Fr. gr., 11''' h., 8''' br., 7''' d., umgekehrteiförmig, von der Seite eiförmig u. zugespitzt, oben stark breit- unten dick-gedrückt, hellfarbig, etwas gerieft, braun gestr., nicht aufrecht st.; Schild halbkugelig, in der Mitte gelblich, ziemlich gleich; Nab. mittelgr., vorgeschoben. — Sämling aus England. I.

85. Volltragende Zellernuss, Corylus variet. maximo; *Nathusius Cat.* 48. Cl. fertilis. — Fr. gr., 10''' h., 6''' br., 5''' d., lang-umgekehrt-eiförmig, von der Seite lang-elliptisch, 2—3rinnig, braun, unten dunkelbraun, fast kahl, kaum gestr. u. wenig gerieft, nicht aufrecht st., dünnschalig; Schild eben, fast spitz-halbkugelig;

Nab. gross, lippenförmig, vorgeschoben: K. voll. Str. sehr fruchtbar. — In Baumschulen. I.

86. Wald-Zellernuss, Corylus Avellana sylvestris; *Schmidt.* 49. Cl. sylvatica. — Fr. gr., 10''' h., 7—8''' br., 6''' d., oval, oft umgekehrt-eif., von der Seite lang-eiförmig, kurzgespitzt, breitgedrückt u. kantig, hellfarbig, riefig u. gestr., aufrecht st., dickschalig; Schild mittelgr., etwas erhöht, eben, ungleich-rund; Nab. klein, erhoben: K. voll. — Wild aufgefunden. I.

87. Barr's Zellernuss, Barr's Spanish Nut; *Cat. Lond.* 50. Cl. Barri. Burn's spanische Zellernuss, Barr's espagnole; *in Cat.* Barr's spanische Haselnuss; *Dttch.* — Fr. 9—10''' h., 8''' br., 7''' d., oval, von der Seite eiförmig u. zugesp., breitgedrückt. oft 3eckig, braun gestr., zur Hälfte fein-filzig, schief aufrecht st.; Schild fast halbkugelig, ziemlich eben; Schalenkranz grob gezahnt; Nab. klein, erhoben. — England. I.

88. Eckige Zellernuss, eckige Barzelloner: *Schmidt.* 51. Cl. angulata. — Fr. gr. 9—10' h., 8—9''' br., 6—7''' d., verkehrtkurz-eiförmig, von der Seite eif., oft elliptisch, sehr breitgedrückt, oft 3eckig, meistens 2rinnig, kantig, eckig u. riefig, nicht aufrecht st., dickschalig; Schild sehr erhoben; Nabelgrube unmässig gross; Nab. erhoben: K. weisslich, an beiden Backen rinnenförmig eingedrückt, sehr schmackhaft. — Spanien? I!

89. Cosforder Zellernuss, Cosford Nut; *Pom. Mag.* 52. Cl. Cosfordensis. (Thin-shelled Nut, Miss Young's Nut; *Cat. Lond.*) Corylus Avellana tenuis, Corylus tenuis? *in Cat.* — Fr. gross, länglich, unten cylindrisch, etwas breiter u. wenig gedrückt, nach oben hell u. dunkelroth gestreift, dünn- u. weichschalig; Fruchthülle so lang als die Nuss, tief getheilt, rauh, nicht zurückgebogen; K. weiss, wohlschmeckend. Str. lebhaft, aufrecht, sehr fruchtbar. — England. 1841. *Dttch.* 3. 459. I.

Hierher gehören noch: Krachnuss; *Chr.* — Kleine Zellernuss; *Chr.* — Frühe Zellernuss; *Chr.* — Dicke Zellernuss; *Chr.* — Süsse Zellernuss; *Chr.* — Late Round; *Cat. Lond.* — Northampton; *Cat. Lond.* — Primley; *Cat. Lond.* — Jeeves' Seedling; *Cat. Lond.* —

3. Lambertsnuss. Lopima.

Frucht gross oder mittelgross, länglich, halbkugelig geschildet, dünnschalig. Kern fein- u. zarthäutig. Nabelschnur gekrümmt. Fruchthülle röhrig-walzig, oberhalb der Frucht verengt, wenig gezahnt. Strauch aufrecht. Afterblätter aufrecht, länglich, stumpf.

(Ur- oder Stammart: Corylus tubulosa (alba!); W.

90. Weisse Lambertsnuss, Corylus sativa alba pellicula; *C. Bauh.* 1. Lop. alba. Noisetier franc à fruit blanc, Noisetier franc amande blanche, Aveline blanche, Avelinier blanc; in Frankreich. White filbert; in England. Lambertsnuss mit weissem Kern, grosse weisse Lambertsnuss, Mandelnuss, weisse lange Lambertsnuss, gemeine weisshäutige Haselnuss, Aveline, Aveline blanche longue, Gros aveline blanche, Franc à fruit blanc, Noisetier Aveline blanche longue, Corylus avellana fructu albo, Corylus Avellana alba, Corylus Avellana tubulosa alba, Corylus tubulosa alba; in Cat. Noisette longue, Lambertsnuss, lombardische Nuss, Zellernuss; Chr. O. Lambertsnuss; Chr. II. O. Gemeine weisse Lambertsnuss; Chr. v. P. Zahmer Haselnussstrauch mit weissem Kern, Avellana sativa vulgaris; Nois. Gb. Corylus sativa, Lambertsnuss, Longuette; Burgsd. Noisette Lambertine blanche, Noisette de Zelle; Knp. Lombardische weisse Haselnuss; Hohberg. Noisetier franc à fruit blanc; Poins. (White skinned Filbert; Ab.) White Filbert, Avelinier Blanche, Wrotham Park; Cat. Lond. (Mandelnuss; Rbs.) Corylus sativa fructu oblongo albo; Bechstdt. Corylus fructu oblongo albo, weisse Lambernuss, weisse Lampertusnuss; Dtch. L. Lambartsnuss mit weissen Kernen; Fors. Zahmer Haselnussstrauch mit weisser Frucht; Dttch. Zahme weisskernige Haselnuss, Corylus sativa vulgaris; Lipp. Gemeine weisse Lambertsnuss; Hink. — Dttch. Corylus sativa fructu albo, Noisetier franc à fruit blanc; Poit. et Turp. Weisse grosse Lampertsnuss, weisse Haselnuss, Mandelnuss; Thon. Mandelnuss?! du Roi. Haselnussstrauch mit ovalen Früchten, Corylus grandis? Nois. Gb. Corylus algerica, Noisetier Algerienne blanche? in Cat. — Fr. 9—12''' h., 6—7''' br., 5—6''' d., lang-eiförmig, von der Seite lang spitz-eiförmig, oben breitgedrückt, 2rinnig, hellbraun, dunkelbraun gestr., nicht aufrecht st., dünnschalig; Schalenzähne gross u. deutlich, oft hellfarbig; Schild halbkugelig oder spitz erhöht; Nab. gross, oval, vorgeschoben, schmutzig; Fruchthülle sehr lang, gelblichgrün, oben bräunlich angelaufen; K. lang, gelbhäutig, fest, angenehm süss. Str. lebhaft, sehr fruchtbar; Aeste aschgrau. Bl. etwas länglich. Blüthenkätzchen gelblich. — Nordafrika. Ziemlich stark verbreitet. Vermehrt sich ächt aus Samen. 1561. Anf. Sept. Dttch. 3. 458 & 466. I!

91. **Rothe Lambertsnuss,** Corylus sativa fructu oblongo rubente; C. Bauh. Corylus tubulosa: W. 2. Lop. rubra. Blutnuss, Rothnuss, Bartnuss, Lambertsnuss, Ruhrnuss, Augustnuss, Hosennuss, Bluthaselnuss, rothe Rohrnues, grosse Haselnuss, römische Haselnuss, grosser Haselstrauch, röhrige Haselstaude, Lam- u. Langbartsnuss, Lamberts Haselstrauch, rothe Nuss, Königsnuss, rothe Augustnuss, rothe Augusthaselnuss, rothe Blutnuss, Rohrnuss, Rothhaselnuss, rothe Haselnuss, in verschiedenen Gegenden Deutschlands. Noisetier rouge, Noisetier à fruit rouge, Noisetier franc à amande rouge, Noisetier franc à fruit rouge, Avelinier, Aveline rouge; in Frankreich. Red Filbert, Red Kernel Filbert; in England. Corylus Avellana tubulosa, Corylus Avellana Lamberti, Corylus Lamberti, Corylus Avellana fructu rubro, Corylus Avellana fructu maximo, Corylus Avellana rubra, Corylus tubulosa varietas rubra, Gros aveline rouge, Franc à

fruit rouge, Aveline rouge longue, Noisetier à pellicule rouge, Aveline grosse rouge, Avelinier rouge, rothe lange Lambertsnuss, Lambertsnuss mit rothem Kern, Haselnuss mit rother Frucht, rothkernige Zellernuss, gemeine rothblättrige Haselnuss, grosse rothe Lambertsnuss; *in Cat.* Lombardische Nuss; *Gessner.* Corylus domestica oblonga; *Clus.* Nux avellana domestica oblonga rubra; *Math.* Lombardische rothe Haselnuss; *Hohberg.* Lombardische Nuss; *Reichardt.* Avellana sativa fructu oblongo rubente; *Jonst.* Lange rothe Haselnuss, Lombardische ü. Lampertische Haselnuss, *Elsh.* Corylus maxima; *Mill.* Rothe Nuss, Ruhrnuss, Lampertische Nuss; *Lonic.* Rechte Lambertsnuss, Zellernuss; *Münchh.* Noisette Lambertine rouge, Noisetier à cerneau rouge, Noisette bâtarde rouge; *Knp.* (Red skinned Filbert; *Ab.*) Blutnuss; *Walk.* Rothe Hasel; *Bechst. Fb.* Corylus rubra; *Borkh.* Red Filbert, Red Hazel, Landschippen, Langbartsnuss, Avelinier Rouge; *Cat. Lond.* Zahme rothkernige Haselnuss, Corylus sativa fructu rubente; *Lipp.* Corylus fructu rubento maximo; *Bon Jard.* Lambertsnuss mit rothen Kernen; *Fors.* Noisette rouge; *Chr. O.* Blutnuss; *Chr. H. O.* Rothe Lambartsnuss; *Chr. r. P.* Rothe Lambernuss, rothe Lampertusnuss; *Dtch. L.* Lamberts-Haselnuss; *Dtch L.* Avellane franche; *Fuchs.* Noisetier franc à fruit rouge; *Poins.* Rothe Haselnuss, Lambertshaselnuss; *Nois. Gb.* Haselnussstrauch mit rother Frucht, Avellana fructu rubente; *Nois. Gb.* Rothe grosse Lampertsnuss, grosse rothe Haselnuss, Corylus rubra maxima; *Thon.* Gemeine rothe Lambertsnuss; *Hink. — Dttch.* Zahmer Haselnussstrauch mit rother Frucht des Duhamel: *Dttch.* Noisetier franc à fruit rouge; *Poit. et Turp.* Noisetier Algérienne rouge, Noisetier Piémontaise rouge, Noisetier du Piémont à fruit rouge? *in Cat.* — Fr. ähnlich der vorhergehenden, etwas kürzer, meistens dunkler gefärbt; Nab. gelblich; Fruchthülle länger, etwas weiter geöffnet, grün, unten u. oben bräunlich angelaufen; K. rothhäutig. Str. niedrig, stark Ausläufer treibend u. sehr fruchtbar; Aeste u. Blüthenkätzchen braun. Bl. rundlich, bräunlichgrün. — Allgemein verbreitet u. bekannt. Vermehrt sich nicht ächt aus Samen. 1500 u. früher. Mitte Aug. *Dttch.* 3. 459 u. 466. I!!

92. **Dunkelrothe Lambertsnuss,** Noisetier pourpre; *Nois.* 3. Lop. atropurpurea. Corylus purpurea, Corylus Avellana purpurea, Corylus atropurpurea, Corylus atropurpurea nova, Corylus tubulosa atropurpurea, Corylus foliis atropurpurea, Corylus Avellana foliis purpurea, Corylus atrosanguinea, Noisetier à feuilles et à fruits pourpres, Noisetier à feuilles pourpres, Noisetier commun à feuilles et fruits pourpres, Noisetier franc à fruit rouge et à feuilles pourpres, Noisetier à fruit pourpre, Aveline à feuilles pourpres, Blutnuss mit blutrothen Blättern u. Kernen, Haselnuss mit blutrothen Früchten u. Blättern, Blutnuss mit rother Frucht u. rothem Blatt, rothblättrige Haselnuss, Haselnuss mit rother Frucht, Bluthaselnuss, wahre Blutnuss, blutrothe Lambertsnuss, blutrothblättrige Haselnuss, Purple Filbert; *in Cat.* Haselnussstrauch mit purpurrothem Laub: *Nois. Gb.* Purple leaved?! *Cat. Lond.* — Von der vorhergehenden durch rothe

Frucht u. prachtvoll rothe Blätter verschieden. — In Gärten bekannt. 1826. Zierstrauch. I.

93. **Englische Lambertsnuss,** Northamptonshire Prolific; *Cat. Lond.* 4. Lop. anglicana. Northamptonshire Seedling, Northampshire prolific, Nothinghams prolific; *in Cat.* Northamptonshire fruchtbare Haselnuss; *Dttch.* — Fr. gr., lang, nicht eiförmig, dickschalig, früh reifend. Fruchthülle rauhhaarig. — England. I.

94. **Spanische Lambertsnuss,** Spanish Nut; *Cat. Lond.* 5. Lop. hispanica. Noisetier d'Espagne, Aveline grosse longue d'Espagne; *in Cat.* (Cob, Great Cob, Large Cob, Large Bond Nut, Lamberts', Lamberts' Large, Sir John Aubreys', Toker; *Cat. Lond.*) — Fr. sehr gross, 11—12''' h., 7—8''' br., 6'''d., walzenförmigoval u. breitgedrückt oder eiförmig u. 3- oder 4eckig, von der Seite lang-eiförmig, rinnig u. kantig, braun gestr., nicht aufrecht st., dickschalig; Schild hoch erhoben, rostig; Schalenzähne grob u. ungleich; Nab. klein, stark ausgeprägt, mundf., erhoben; K. voll, auf beiden Backenseiten rinnenartig vertieft. Fruchthülle fast kahl. — Spanien. England. I!!

95. **Downtoner Lambertsnuss,** Downton long Nut; *Cat. Lond.* 6. Lop. Downtonensis. Downton's lange Haselnuss, Long Downton Nut; *Dttch.* — Fr. gr., 10—11''' h., 6—7''' br., 6''' d., verkehrt-eiförmig-lang, von der Seite lang-eiförmig, etwas breitgedrückt u. oben kantig, wenig gerieft u. kaum etwas gerinnelt, dunkelbraun gestr., nicht aufrecht st.; Schild schwach erhoben; Schalenzähne oft weisslich, kurz u. ungleich; Nab. sehr klein, fast geschlossen, höckerig, vorgeschoben; K. voll, lang, nach unten dünner; Fruchthülle fast kahl. — Sämling aus England. I.

96. **Bandartige Lambertsnuss,** Bond Nut; *Cat. Lond.* 7. Lop. vittata. Grosse Lambertsnuss, längliche Riesennuss, Large Bond Nut; *in Cat.* Band-Nuss; *Dttch.* — Fr. gr., lang-eiförmig. schön gestreift, dünnschalig; K. sehr schmackhaft. Fruchthülle rauhhaarig. — England. I.

97. **Mandelartige Lambertsnuss,** Badem Funduk; *Burch.* 8. Lop. amygdalacea. Mandel- oder Lambertsnuss, Budiem fundug der Krimm; *Dttch.* — Fr. mittelgr., 9—10''' h., 6''' br., 5''' d., oval, oft eif., von der Seite spitz-eiförmig, stark breitgedrückt, 2rinnig, seidenartig-filzig, nicht aufrecht st.; Schild kantig erhoben; Schalenzähne kurz u. ungleich, oft fehlerhaft; Nab. mittelgr., erhoben; K. voll, sehr schmackhaft. — Aus der Krimm. I.

98. **Blauschalige Lambertsnuss,** Blue-shelled Nut; *Cat. Lond.* 9. Lop. caesia. (Blue shelled Filbert; *Cat. Lond.*) — Fr. gr., eiförmig, bläulich, dickschalig; Fruchthülle fast kahl. — England. I.

99. **Hempel's Lambertsnuss;** *Burch.* 10. Lop. Hempelii. Hempel's Zellernuss; *in Cat.* — Fr. 11—12''' h., 5—6''' br., 4—5''' d., sehr lang, verkehrt-eiförmig-walzig, etwas gebogen, von der Seite lang-elliptisch, oben breitgedrückt, hellfarbig, nach

oben graufilzig, **riefig**, wenig gestr., **nicht** aufrecht st.; **Schild**
ziemlich kl., **hoch** halbkugelig; Schalenzähne sehr fein; Nab. **gross**
u. deutlich, erhoben. — Sämling von einer Blutnuss aus Nikita. **L**
Hierher gehören vielleicht noch: **Korassan** fundug; *Dttch.* —
Nikitaner Blutnuss; *Burch.* — Grossfrüchtige **Waterloo-**
nuss; *in Cat.* Corylus glomerata; *in Cat.* — **Walther's**
Lambertsnuss; *Burch.* Landsberger Lambertsnuss; *Burch.*
— Schmidt's Lambertsnuss; *Burch.* — Harrer's Lambertsnuss; *Burch.* — Bauhin's Lambertsnuss; *Burch.*

4. Schnabelnuss. Rostella.

Frucht **klein**, oben **platt**, dick- u. hartschalig. Schild **gross**,
dick, **schnabelförmig** vorgeschoben. Fruchthülle länger als die
Nuss, ungleich **gezahnt.** Blatt eiförmig u. zugespitzt. Afterblätter klein, ei- u. lanzettförmig.
(Ur- oder Stammart: Corylus americana; *W.*)

100 **Amerikanische Schnabelnuss**, Corylus americana; *W.*
— *Burch.* — non *Mich.* 1. R. americana. Corylus americana humilis serotina, Corylus humilis serotina, Corylus hamamelis, Corylus
cornuta, Noisetier des bois, amerikanische gehörnte Haselnuss; *in Cat.*
Corylus humilis; *Enum. hort. berol.* Corylus americana humilis;
Wang. Noisetier à longue fureau, American Cob-nut; *Burgsd.* Haselnuss mit dem länglichen u. zugespitzten Blatt; *Rohr.* Amerikanische Haselnuss, Corylus americana, Noisetier d'Amerique, Dwarf
Cuckold-Nut-Tree; *Lipp.* — Fr. kl., 6—7''' h., 5—6''' br., 3—4''' d.,
rundlich-4eckig, von der Seite **verkehrt-eiförmig**, **sehr stark**
breitgedrückt, verkehrt-taschenförmig, oben dick u. kantig,
braun, fein geriect u. bewollt, oben graufilzig, **nicht** aufrecht
st.; Schild etwas gebogen; Schalenzähne ungleich; Nab. kantig erhoben; K. röthlich, **oval**, wenig schmackhaft. — Nordamerika. In
Gärten bekannt. 1791 u. früher. *Burch.* 18. 101. III.
101. **Buntblättrige Schnabelnuss.** 2. R. variegata. —
Durch **bunte** Blätter verschieden. — Zierstrauch.
102. **Frühe Schnabelnuss**, Corylus rostrata; *W.* 3. R. praecox. Hahnreynuss: in England. Noisetier américaine; *in Cat.* Amerikanische Haselnuss; *W. B. B.* Geschnäbelte Haselnuss, Noisetier
à fruit en bec, Common Cuckold-Nut: *Lipp.* Noisetier d'Amerique;
Bon Jard. Geschnäbelte oder amerikanische Haselnuss; *Thon.* —
Fr. ähnlich der ehevorigen, etwas **grösser, heller** gefärbt, oben
dicker u. **nicht** filzig, durchaus fein seidenartig, um 14 Tage **frü-**
her reifend; Schalenzähne oft mangelhaft. Bl. im Herbste **früher**
u. **stärker geröthet.** — Canada. Florida. In Gärten bekannt.
1796. *W. B. B.* 80. III.
103. **Grosse Schnabelnuss.** 4. R. major. Corylus rostrata;
in Cat. — Fr. ähnlich Nr. 100, **grösser**, 7—8''' h., 6-7''' br.,

6''' d., 4eckiger, unten rundlich, von der Seite eiförmig, gerieft u. nicht filzig, fein seidenartig, wie die vorhergehende, schief
aufrecht st.; Schild weniger erhoben, 2seitig. — Sämling. Deutschland. II.

5. Zwergnuss. Calycera.

Frucht klein, oval, hartschalig. Fruchthülle röhrig-walzig, oberhalb der Frucht verengt, hornartig gekrümmt. Strauch
niedrig.
(Ur- oder Stammart: Corylus rostrata; *Mich.*)

104. **Wahre Zwergnuss,** Corylus rostrata; *Mich.* 1. Cal.
microphylla. Corylus nana, Corylus cornuta, Corylus angulata,
Noisetier nain, Noisetier à fruit carré, Beaked or Cuckold Hazel,
Spitzeckige Haselnuss; *in Cat.* Noisetier cornu; *Bon Jard.* Gehörnte
amerikanische Hasel; *Thon.* Gehörnte Haselnuss; *Dttch.* — Fr. glatt;
Fruchthülle 8—10zahnig, verschieden gefranzt, gerieft, an der Basis
wollig. Str. kaum 3' hoch; Szw. sehr dünn. Bl. klein, oval,
spitz, unten herzf., sehr fein u. scharf gez. — Alleghani-Gebirg u.
in Canada wild. Aus Samen. 1841. *Dttch.* 3. 463. III.

6. Kelchnuss. Trihilea.

Frucht klein, rundlich, unten breit, gross-geschildet,
kurz- u. scharf-gespitzt, 2—3nabelig, dick- u. hartschalig.
(Ur- oder Stammart: Corylus americana; *Mich.*)

105. **Amerikanische Kelchnuss,** Corylus americana; *Mich.* 1.
Tr. americana. Noisetier de Virginie; *in Cat.* Corylus virginen-
sis; *Park.* Corylus virginiana, Avellana Novae Angliae; *Pluk.* —
Fr. kl., 6''' h. u. br, 5''' d., platt, breit-oval, an der Basis breiter, von der Seite rund-elliptisch, braun gerieft, nur oben etwas bewollt u. kantig, breitgedrückt u. 2nabelig oder 3eckig u. 3nabelig
auf stark vorgeschobener Spitze, schief aufrecht st.; Schalenzähne gr., hellfarbig; Schild erhöht, 2seitig gedrückt; K. rundlich,
oben stumpf, 2—3rinnig, schmackhaft. Str. 5—8' h.; Szw. drüsen-
haarig. Bl. kurzgespitzt, im September schon abfallend. — Nordamerika. Aus Samen. 1640. *Dttch.* 3. 462. III.
106. **Grosse Kelchnuss.** 2. Tr. macrocarpa. — Fr. ähnlich
der vorhergehenden, grösser. — Sämling. Deutschland. II.

7. Korknuss. Colurna.

Frucht klein, platt, dick- u. hartschalig. Fruchthülle rundlich, 3mal länger als die Frucht, sehr tief eingeschnitten.
Str. baumartig, ohne Wurzeltriebe. Aeste aufrecht, die jün-

- 53 -

geron **korkartig** aufgerissen. Blatt glänzend. Afterblätter
gleichbreit u. zugespitzt.
(Ur- oder Stammart: Corylus Colurna; *L.*)

107. Glatte Korknuss, Corylus Colurna; *L.* 1. Col. glabka.
Noisetier à fruits en grappe; in Frankreich. Cluster Nut; in England. Corylus arborea, Corylus tubulosa arborescens, Corylus Colurna laciniata, Corylus Avellana glomerata, Corylus laciniata nova,
Noisetier en arbre, Byzantinischer Haselstrauch, türkische Haselnuss,
büschelfrüchtige Haselnuss; *in Cat.* Avellana peregrina humilis
(falsch); *C. Bauh.* Nux avellana Macedonia sive Byzantina, Filberts
of Macedonia or Constantinople: *Park.* Corylus indica; *Pluk.* Avellana Byzantina; *J. Bauh.* Noisette Turque ou de Constantinople;
Knp. Corylus arborescens; *Münchh.* Corylus macedonica; *Cordus.*
Noisetier du Levant; *Bon Jard.* Glatter Haselnussstrauch; *Nois. Gb.*
Baumartige Haselnuss; *du Roi.* Byzantinische Hasel; *Bechst. Fb.*
Baumartige Hasel: *Thon.* Baumhaselnuss; *Chr. v. P.* Corylus by-
zantina; *Herrm.* Haselbaum; *Burgsd.* Byzantische Haselnuss, le-
vantische Haselstaude; *Dtch. L.* Noisetter en grappe; *Chr. O.* Large
Cluster Wood Nut, grosse wilde Büschelnuss; *Ab.* Levantische Ha-
selnuss, Corylus colurna arborea; *Dttch.* Lamber'sche Nuss; *Colerus.*
Kachetische Haselnuss? in Werken. Traubennuss? *Lipp.* Hasel-
nussstrauch mit traubenförmigen Früchten, Corylus glomerata? *Nois.
Gb.* Avellana sativa fructu racemoso? *Jonst.* Noisette en grappe;
Knp. Corylus byzantina?! *Clusius.* Small Cluster? *Cat. Lond.*
Corylus glomerata? *in Cat.* — Fr. dick, oben abgeplattet, oft 3eckig;
Schild sehr gross; Fruchthülle gross, dick, fleischig, glänzend, sehr wenig behaart. K. fest u. trocken, wenig schmackhaft. B. pyramidalisch, 40—50' h.; Rinde weiss. Bl. gross, fast
kahl. — Im Morgenlande verbreitet. 1561. *Dttch.* 3. 463. Vermehrung durch Samen. III.

108. Behaarte Korknuss, Corylus Byzantina; *Poit.* 2. Col.
pubescens. Byzantinische Nuss, türkische Nuss, türkische Haselnuss, türkische Hasel, byzantinische Hasel; in Gärten. Noisetier de
Constantinople; in Frankreich. Constantinople Nut; in England.
Corylus Constantinopolitana, Constantinopelnuss; *in Cat.* Noisetier
de ·Bysance; *Bon Jard.* Byzantinische oder türkische Haselnuss;
Lipp. Byzantinische Haselnuss; *Nois. Gb.* Byzantinische Nuss;
Chr. v. P. Corylus byzantina? *Clusius.* Corylus Colurna arborescens?! *Fisch.* — Fr. ähnlich der vorhergehenden, nicht so dick
u. oben mehr erhöht; Fruchthülle weniger fleischig; Ein-
schnitte viel länger, rinnenförmig u. verschieden verbogen.
B. weniger hoch, früher u. reichlicher tragbar; Rinde grau.
Bl. unterseits behaarter. — Morgenland. 1826. *Nois. Gb.* 371. III.

3. Ordnung. Schalenobst.

4. (15.) Geschlecht. Kastanien.

———— —

Einleitung.

Der Kastanienbaum darf als würdiger Bruder des Wallnussbaumes betrachtet werden, denn er ist nicht weniger majestätisch und in südlicheren Ländern sogar noch nützlicher. Es giebt Gegenden, wo dessen Früchte die gewöhnliche und fast einzige Nahrung der Menschen ausmachen.

Um einen sicheren Ertrag zu liefern, bedarf dieser Baum eines milden Klima's; er kommt jedoch auch in den mittleren Gegenden Deutschlands, ja selbst im Norden noch gut fort. Wenn er einen hohen Standort gegen Mittag oder Abend, mit tiefem und fruchtbarem Boden erhält, ist sein Gedeihen in ganz Deutschland gewiss.

Am unempfindlichsten ist die nordamerikanische Kastanie, welche die höchste Aufmerksamkeit verdient, nicht allein wegen ihrer Früchte, die leider nicht gross, aber sehr dienlich sind, um härtere Sämlinge, vielleicht mit grösseren Früchten bei uns zu erziehen, sondern als Grundstamm, der mit den edleren Sorten veredelt, ungemein dauerhaft ist. — Viele Botaniker betrachten sie als Varietät der gemeinen Kastanie; sie ist aber sicher eine eigene Art.

Die Varietäten der Kastanien sind zwar nur in geringen Abänderungen unterschieden, aber in südlicheren Ländern sehr zahlreich. Wir können nur diejenigen berücksichtigen, welche in Deutschland bereits bekannt und verbreitet sind.

Alle lassen sich auf 3 Arten zurückführen und nach diesen in folgende Gattungen eintheilen:

1. Gemeine Kastanie.

Baum sehr hoch. Zweige eckig. Blatt kahl, beiderseits grün. Fruchthülle 4theilig, 1—3samig.
(Ur- oder Stammart: Castanea vesca; *Gaertn.*)

2. Igel-Kastanie.

Baum sehr hoch. Zweige eckig. Blatt in der Jugend unterseits weisslich u. fein behaart. Fruchthülle gross, dicht- u. langstachelig, 4theilig, 4samig.
(Ur- oder Stammart: Castanea americana; *Mich.*)

3. Zwerg-Kastanie.

Baum strauchartig, Ausläufer treibend. Zweige rund. Blatt unterseits weiss-filzig. Fruchthülle 2theilig, 1samig.
(Ur- oder Stammart: Castanea pumila: *W.*)

Kastanie. Castanea.

Baum sehr hoch. Zweige eckig. Blatt kahl, beiderseits grün. Früchthülle 4theilig, 1—3samig.
(Ur- oder Stammart: Castanea vesca; *Gaertn.*)

a. Durch die Frucht verschieden.

1. **Wald-Kastanie**, Châtaigue de bois; *Lipp.* 1. Cast. sylvestris. Keste, Kastenbaum, Köstenbaum, wilde Keste; in Süddeutschland. Châtaignier Sauvage; in Frankreich. Fagus Castanea; *L.* Castanea vesca; *Gaertn.* Castanea vulgaris; *Lam.* Castanea sylvestris; *C. Bauh.* Castanea; *Dod.* Wilder Kastanienbaum; *Duh. Abh.* Gemeine Kastanie; *Bechst. Fb.* Aechter Kastanienbaum; *Burgsd.* Kastanien-Buche; *W. B. B.* Wild or Smaller Chesnut, wilder oder kleiner Kastanienbaum; *Ab.* (Kästenbaum; *Chr. p. H.*) — Fr. klein, nicht sehr schmackhaft. B. sehr dauerhaft, nicht sehr tragbar. — Am vorderen Haardtgebirge wild. Samen. 1553 u. früher. *Lipp.* 444. Okt. III.

2. **Gemeine Kastanie**, Châtaigne ordinaire; *Lipp.* 2. Cast. sativa. Keste, süsse Köste, echte Kastanie, echte süsse Kastanie, gute Kastanie, süsse u. gemeine süsse Kastanie, süsse gewöhnliche Kastanie, Gartenkastanie, Marone, Marrenbaum, Maronenbaum; in verschiedenen Gegenden Deutschlands. Châtaignier commun, Châtaignier franc, Marronier ou Châtaignier privé du pays franc, Marronier ou Châtaignier privé du pays à gros fruits; in Frankreich. Castanea sativa; *C. Bauh.* (Zahme Kastanie; *Mill. Gl.*) Zahmer Kastanienbaum, Marronier, Maronen-Baum; *Duh. Abh.* Italienische Kastanie; *Walk.* Köstenbaum, zahmer oder europäischer Kastanienbaum; *Märt. O.* Gewöhnliche Kastanie; *Chr. H. O.* Gewöhnliche süsse Kastanie; *Chr. v. P.* Gemeine gute Kastanie; *S.* — Fr. wie die vorhergehende, grösser u. besser. B. dauerhaft, sehr fruchtbar. — Fast allgemein bekannt. Vermehrung durch Samen. 1641 u. früher. *T. O.* 21. 167. *T.* 15. I.

3. **Frühe Kastanie**, Châtaigne printannière; *Lipp.* 3. Cast. praecox. Früh-Kastanie, allerfrüheste Kastanie; in Süddeutschland. Avant-Châtaigne, Maronnier Avant-Châteigne; in Frankreich. Frühlingskastanie; *Lipp.* Frühkastanie; *Dttch.* — Fr. wie die vorhergehende, 14 Tage — 3 Wochen früher reifend. — 1789. *Chr. v. P.* 278. Durch Veredlung. I.

4. **Italienische Kastanie**, Marone; *Chr.* 4. Cast. italica. Spanische Kastanie, spanische grosse Kastanie, Lyoner Kastanie, Marone von Lyon; im Handel. Manured or Large Spanish Chesnut,

zahmer oder grosser Kastanienbaum, Marons; *Ab.* — Fr. **sehr gross,**
matt- oder **blassbraun, glanzlos.** B. zärtlich, nicht sehr fruchtbar. — Italien. Südfrankreich. In Deutschland selten. 1789 u. früher.
Chr. v. P. 274 **I!**
5. **Grosse Kastanie.** 5. Cast. macrocarpa. — Marone; am
Haardtgebirg. Gepfropfte oder veredelte Kastanie; *Chr.* — Fr. **sehr**
gross, dunkelbraun, glänzend. B. ziemlich dauerhaft. — In
Süddeutschland bekannt. Vermehrung durch Veredlung auf 1 oder 2.
1797 u. früher. *Chr. r. P.* 274. **I!!**
6. **Familien-Kastanie;** *Chr.* 6. Cast. polysperma. — Fr.
klein, meistens **eckig,** zu 6 — 7 Stück in einer Hülle. — 1809.
Chr. v. P. 278. I.
7. **Zwiebel-Kastanie;** *Chr.* 7. Cast. bulbiformis. — Fr. mittelgr., **rundlich, zwiebelförmig;** Fruchthülle 1—2samig. 1797.
Chr. v. P. 278. I.
8. **Klebrige Kastanie,** Royale-Helene; *Nois.* 8. Cast. glu-
tinosa. — Fr. **gross, platt, aussen klebrig, früh-reifend.** —
Frankreich. 1826. *Nois. Gb.* 363. I!
9. **Wollige Kastanie,** Gamaude; *Nois.* — 9. Cast. lanuginosa.
Fr. **sehr gross,** oben **bewollt,** sehr schmackhaft. — Frankreich.
1826. *Nois. Gb.* 364. I!
10. **Königliche Kastanie,** weisse Königskastanie; *Nois.* 10. Cast.
regalis. — Fr. **gross, gelblich,** ziemlich früh-reifend, schmackhaft. — Frankreich. 1826. *Nois. Gb.* 364. I!
11. **Langstachelige Kastanie,** grossstachelige; *Nois.* 11. Cast.
aculeata. — Von 2 durch **sehr lange Stacheln** der Fruchthülle
verschieden. — Frankreich. Haardtgebirg. 1826. *Nois. Gb.* 364. I.
12. **Gleichförmige Kastanie,** Egalade; *Nois.* 12. Cast. con-
formis. Châtaigne exalada; *Lipp.* — Fr. **sehr gross, platt, sehr**
wohlschmeckend. B. sehr fruchtbar, bald erschöpft. — Frankreich.
1824. *Nois. Gb.* 363. I!!
13. **Gestreifte Kastanie.** 13. Cast. vittata. — Fr. **gross,**
glänzend-braun, gelblich gestreift. — Rheinpfalz. I!
14. **Längliche Kastanie.** 14. Cast. oblonga; *Risso.* — Fr.
gross, länglich. — Italien. Süddeutschland. I!
15. **Rothe Kastanie.** 15. Cast. rubra; *Risso.* — Fr. **gross,**
roth. — Italien. Süddeutschland. I!
16. **Strauss-Kastanie.** 16. Cast. thyrsoidea; *Risso.* Büschel-
kastanie; am Haardtgebirg. — Fr. **in Büscheln, gross, rothbraun.**
— Italien. Süddeutschland. I.
17. **Schwarze Kastanie.** 17. Cast. nigra; *Risso.* — Fr.
gross, schwarzbraun. B. sehr fruchtbar. — Italien. Süddeutschland. I!
18. **Gelbe Kastanie.** 18. Cast. lutea; *Risso.* — Fr. **gross,**
braun-gelb. — Italien. Süddeutschland. I.
Hierher gehören noch: Castanea subalpina, domestica, veserbina,
hyacintha, sinia, computensie, dubia, garolia, tencata, corticata, affinis,
pilosa, triangularis; *Risso.* etc. etc.

b. Durch die Blätter verschieden.
(Zierbäume.)

19. **Weissbuntblättrige Kastanie**, gestreifte Kastanie; *Mill.*
19. Cast. albovariegata. Castanea elegans, Castanea variegata, Castanea vesca foliis argenteo-variegatis, Châtaignier à feuille panachée en blanc, à feuille panaché, à feuilles argentées, à feuilles élégamment panachées et à feuilles panachées argentées; *in Cat.* Zahmer Kastanienbaum mit scheckigen Blättern. *Duh. Abh.* Castanea sativa foliis eleganter variegatis; *Mill. Gl.* — Von 2 durch weissbunte Blätter verschieden.

20. **Gelbbuntblättrige Kastanie**, Kastanienbaum mit vergoldeten Blättern; *du Roi.* 20. Cast. aureovariegata. Castanea variegata, Castanea vesca foliis aureo variegatis, Castanea vesca foliis luteo maculatis, Castanea foliis aureo variegatis, Châtaignier à feuille panachée jaune et à feuilles panachées dorées; *in Cat.* Fagus Castanea foliis ex aureo variegatis, ächter Kastanienbaum mit gelbschäckigen Blättern; *Burgsd.* Gemeine Kastanie mit bunten Blättern; *Bechst. Fb.* — Bl. goldgelb marmorirt.

21. **Weissbandirte Kastanie**, Châtaignier à feuilles panachées bordées argentées; *Thiery.* 21. Cast. marginata. — Bl. weissbunt u. weiss eingefasst.

22. **Aucubablättrige Kastanie.** 22. Cast. aucubaefolia. Castanea vesca aucubaefolia, Châtaignier à feuille d'Aucuba; *in Cat.* — Bl. weiss punktirt.

23. **Goldblättrige Kastanie.** 23. Cast. chrysophylla; *Booth.* — Bl. goldgelb.

24. **Verschiedenblättrige Kastanie**, Castanea vesca asplenifolia; *Lodd.* 24. Cast. heterophylla. Castanea vesca heterophylla, Castanea heterophylla dissecta, Castanea heterophylla laciniata, Castanea salicifolia, Castanea laciniata, Fagus castanea heterophylla; *in Cat.* — Bl. verschieden gestaltet, schmal oder geschlitzt, ganz oder tief gezahnt.

25. **Veränderliche Kastanie.** 25. Cast. variabilis. Castanea heterophylla var. lutea, Castanea heterophylla foliis variegatis, Castanea vesca heterophylla aureo variegatis, Châtaignier doré, Châtaignier hétérophylle panaché, Châtaignier hétérophylle panachée doré; *in Cat.* — Wie die vorhergehende u. noch gelb panaschirt.

26. **Rothblättrige Kastanie.** 26. Cast. rubrifolia. Castanea purpurea, Châtaignier pourpre, Châtaignier à feuilles pourpres; *in Cat.* — Bl. röthlich.

27. **Korallen-Kastanie.** 27. Cast. corallina. Castanea vesca corallina, Castanea foliis viridis variegatis, Castanea vesca foliis viridis variegatis, Châtaignier à bois coreil feuilles panachées en vert; *in Cat.* — Szw. roth gestreift. Bl. grün panaschirt.

28. **Glanzblättrige Kastanie.** 28. Cast. lucida. Castanea vesca glaberrima; *in Cat.* — Bl. stark glänzend.

29. **Graugrüne Kastanie.** 29. Cast. glauca. Castanea vesca glauca; *in Cat.* — Bl. graugrün, wie mit Staub überzogen.
30. **Krausblättrige Kastanie.** 30. Cast. crispa. Castanea vesca crispa, Châtaignier crépu, Châtaignier à feuilles crispées; *in Cat.* — Bl. kraus.
31. **Duttenblättrige Kastanie.** 31. Cast. cucullata. Castanea vesca cucullata, Castanea heterophylla, Castanea bullata, Châtaignier à feuilles cucullées, Châtaignier à feuilles bulbées; *in Cat.* — Bl. hohl zusammengedreht oder bauschig.
32. **Krummblättrige Kastanie.** 32. Cast. cochleata. Castanea vesca cochleata; *in Cat.* — Bl. schneckenförmig verdreht.
33. **Rundblättrige Kastanie.** 33. Cast. rotundifolia. Châtaignier à feuille ronde; *in Cat.* — Bl. weniger lang u. breiter wie 1.

2. Igelkastania. Echinaria.

Baum sehr hoch. Zweige eckig. Blatt in der Jugend unterseits weisslich u. fein behaart. Fruchthülle gross, dicht- u. langstachelig, 4theilig, 4samig.
(Ur- oder Stammart: Castanea americana; *Mich.*)

34. **Amerikanische Igelkastanie**, Castanea americana; *Mich.*
1. Ech. americana. Castanea dentata, Castanea serratifolia, Fagus Castanea dentata, Châtaignier d'Amerique; *in Cat.* Castanea vesca americana; *Pers.* Castanea vesca; *Mill.* Amerikanische Kastanie; *Mill. Gl.* Fagus Castanea americana, nordamerikanischer süsser Kastanienbaum, grand Châtaignier de l'Amerique; *Burgsd.* — Fr. klein, oben bewollt, sehr süss. B. lebhaft, dauerhaft u. sehr fruchtbar, (nur nicht in nassem Boden). Bl. breit. — Nordamerika. — In Deutschland noch selten. 1758. II.
35. **Buntblättrige Igelkastanie.** 2. Ech. variegata. — Von der vorhergehenden nur durch bunte Blätter verschieden. — Zierbaum.
36. **Grossfrüchtige Igelkastanie.** 3. Ech. macrocarpa. — Aehnlich der ehevorigen. Fr. grösser, hellfarbiger. — Sämling. Deutschland. I.

3. Zwergkastanie. Chamaecastanea.

Baum strauchartig, Ausläufer treibend. Zweige rund. Blatt unterseits weiss-filzig. Früchthülle 2theilig, 1samig.
(Ur- oder Stammart: Castanea pumila; *W.*)

37. **Amerikanische Zwergkastanie**, Castanea pumila; *W.*
1. Cham. americana. Chinquapin, Dwarf Virginian Chesnut, Dwarf Chesnut; in England. Châtaignier nain de Virginie, Châtaignier chincapin; in Frankreich. Chincapin, Chinquapin, Chincapin d'Amerique, Chincapin aus Amerika, Châtaignier chincapin pumila, Châtaignier nain, Castanea serratifolia, Castanea americana; *in Cat.* Fagus

pumila, Fagus nana; *L.* Das châtaiguier de Virginie; *Knp.* Castanea humilis virginiana; *Pluk.* Fagus Castanea pumila, Zwergkastanien-Strauch, Châtaignier de Virginie; *Burgsd.* Zwergbuche, Zwergkastanienbaum, nordamerikanische Zwergkastanie; *Dtch. L.* Castanea pumilis virginiana virginische Zwergkastanie; *Mill. Gl.* Common Chinquapin; *Cat. Lond.* Zwergkastanie; *Ftl.* Chincapin, amerikanischer Kastanienbaum; *Nois. Gb.* Castanea humilis racemosa? *C. Bauh.* Aestige Zwergkastanie? *Mill. Gl.* Aehrenkastanie? *Lipp.* 1227. Castanea filipendula, Castanea vesca filipendula? *in Cat.* — Fr. klein, länglichrund, etwas zugesp. u. conisch, glatt, süsser u. weniger mehlig als Nr. 1. Str. in etwas feuchtem Boden lebhaft, dauerhaft u. fruchtbar, nur 10—12' hoch; Bl. eyrund-lanzettförmig, spitzig sägeartig gezähnt. Weibliche Blüthen in Büscheln zu 5—6. — Nordamerika. 1696. *Dtch. L.* 4. 140. II.

38. Kahlblättrige Zwergkastanie. 2. Cham. glabra. — Aehnlich der vorhergehenden. Bl. fast lanzettförmig, unterseits fast kahl.

39. Niedrige Zwergkastanie, Fagus nana; *du Roi*, non *L.* 3. Cham. nana. Castanea nana, Chataignier nain; *in Cat.* — Wie die ehevorige. Str. niedriger. —

. **40. Prince's Zwergkastanie**, Prince's Chinquapin: *Cat. Lond.* 4. Cham. Princii. Castanea vesca princii, Châtaignier princier, Châtaignier Princii: *in Cat.* — (Neue noch wenig verbreitete Sorte.)

4. Ordnung. Beerenobst.

1. (16.) Geschlecht. Feigen.

Feige. Carica.

Gattungs-Charakter: Blüthe unvollständig, eingeschlossen. Beere ganz.

(Ur- oder Stammart: Ficus Carica; *L.*)

1. Gruppe. Frucht gefärbt.

1. Rotte. Frucht rundlich.

1. **Violette Feige**, Figue violette; *Duh.* 1. C. violacea. Figuier rose; *in Cat.* Figuier à fruit violet; *Poins.* Runde Violette; *Münchh.* Violette; *Nois.* Dicke braune an der Spitze grüne Feige? *Chr. v. P.* 399. Little Blue Fig? *Hanb.* Kleine blaue Feige? *Ab.* — Fr. mittelgr., 18—20''' h. u. br., kugelig, erhaben gerippt, sp. eben, dunkel-violett, sehr feinhäutig, meistens aufgesprungen; Fl. unter der Haut weiss u. roth, innen dunkelroth, sehr schmackhaft. B. dauerhaft u sehr fruchtbar. Bl. mittelgr., sehr tief 5lappig. — Frankreich. 1768. *Duh.* 1. 158. *T.* 2. *F.* 1. 1!!

2. **Morellenfeige**, Morelle; *Fors.* 2. C. Morella. Brown Turkey, Jerusalem, Brown Naples, Italian, Brown Italian, Murrey, Lee's Perpetual, Early, Howick, Walton, Fleur Rouge, Ashridge Forcing, Blue, Blue Burgundy, Large Blue, Small Blue, Common Purple, Purple, Blue Ischia; *Cat. Lond.* Murray; *Loud.* Round brown Naples Fig, runde braune neapolitanische Feige; *Ab.* Large blue Fig, grosse blaue Feige; *Ab.* Great blue Fig; *Maw.* — *Hanb.* Large blue or Purple Fig; *West.* Murrey, brown Naples Fig; *Mill.* Round Naples Fig; *Hanb.* Grosse blaue; *Ftl.* Braune Neapolitanische; *Ftl.* Neapolitanische braune Feige; *Chr. v. P.* — Fr. gross u. dick, 2'' h. u. br., gebogen, rothbraun, schwach weiss gestr.; Stl. kurz, grün; Fl. blass röthlichbraun, sehr wohlschmeckend. B. mittelgr. Bl. ziemlich gr., 3lappig. — Italien. Türkei. England. 1750. *Chr. v. P.* 403. I!!

3. **Gemeine runde Feige**; *Chr.* 3. C. vulgaris. Kleine Bourjassotte, Verdale? *Nois. Gb.* Malta Fig? *Maw.* — *Hanb.* — *Mill.* Brown Malta Fig, braune Maltheser Feige? *Ab.* Maltheserfeige? *Fors.* — Fr. klein, 1'' h., 1,3'' br., plattrund, oben vertieft, braunroth; Stl. grün, 10''' l.; Fl. roth. B. lebhaft. Bl. 5lappig. — Frankreich. Deutschland. 1809. *Chr. v. P.* 400. I (= mit 1?)

4. **Schwarze Ischiafeige**; *Mill.* 4. C. aenaria. Black Ischia, Blue Ischia, Early Forcing; *Cat. Lond.* Schwarze von Ischia; *Ftl.*

— 66 —

— Fr. mittelgr., kurz, oben platt, dunkelbraun, sp. fast
schwarz; Fl. glänzend dunkelroth, sehr wohlschmeckend. B.
fruchtbar. Bl. tief getheilt. — Italien. 1750. Ab. 122. I!

5. **Schwarze Feige**; *Chr.* 5. C. nigra. Fico nero; in Italien.
Black Provence Fig? *West.* — Fr. mittelgr., 2" h. u. fast eben so
br., rundlich-dick, birnförmig, mittelbauchig, oben zugerundet u.
flach, unten kurzgespitzt, dunkel schwarz-violett; Fl.
dunkelroth. B. mittelgr. Bl. klein, nicht tief 3lappig. —
Italien. 1809. *Chr. v. P.* 400. I!

6. **Damascener Feige**: *Chr.* 6. C. damascena. — Fr. mittelgr., 2" h. u. fast eben so br., rundlich, sehr schön, goldgelb,
bräunlichroth überzogen u. dunkler gestreift, oben rothbraun: Stl. 3''' l.; Hals 4—5''' l., krumm gebogen, goldgelb; Fl.
röthlich. B. nicht lebhaft. Bl. mittelgr., 3lappig. — Türkei.
1809. *Chr. v. P.* 397. I!

7. **Istrische runde Feige**; *Chr.* 7. C. istriana. — Fr. mittelgr., 1,8" h. u. br., kugelig, goldgelb, sw. gelbbraun, oben
roth; Stl. fast ½" l., grün: Hals 1'2" l.; Fl. gelblichroth. B.
mittelstark. Bl. gross, 3theilig, fast 5lappig. — Italien. 1809. *Chr.
v. P.* 398. 1.

8. **Breite modenesische Feige**, istrische breite Feige aus Mo-
dena; *Chr.* 8. C. depressa. Bourjassotte Noire, Barnisotte, Belle-
garde; *Cat. Lond.* Barnissotte, grosse Bourjassotte; *Nois. Gb.* —
Fr. mittelgr., 1,4" h., 2" br., kurz u. dick, platt, oben flach,
gelblichroth, braunüberzogen, stark roth gestreift, oben
rundum dunkelfarbig u. stark weiss geflockt; Deckblättchen
lebhaft geröthet; Hals 5''' l., krumm gebogen, gelbroth;
Fl. gelbröthlich. B. mittelgr. Bl. 5lappig. — Italien. 1809. *Chr.
v. P.* 400. I!

9. **Grosse corinthische Feige**; *Chr.* 9. C. corinthia. — Fr.
sehr gross, 2,8" h., 2,5" br., kugelig, dick-rund u. kurz zugespitzt, grün, sw. rothbraun gestreift, oben röthlichweiss;
Deckblättchen dunkelroth; Stl. kurz; Fl. gelblichroth. B.
ziemlich stark, dickästig. Bl. gross, tief 5lappig. — Türkei.
1809. *Chr. v. P.* 399. I!

10. **Damenmundfeige**; *Chr.* 10. C. conciuna. Fico della
bocca di Dama; in Italien. — Fr. dick-rundlich-birnförmig,
mittelbauchig, oben gewölbt zugerundet, in der Mitte etwas vertieft,
unten kurz u. stumpf zugespitzt, schön violettroth, braunroth überzogen u. dunkel gestreift; Deckblättchen schön
roth u. weiss eingefasst; Stl. grün, 5''' l., dick u. stark; Fl.
stark geröthet. B. mittelgr. Bl. klein, fast ganz. — Italien.
1809. *Chr. v. P.* 401. I!

11. **Blaue frühe Feige**; *Chr.* 11. C. praecox. — Fr. fast
mittelgr., 1,7" h., 1,4" br., rundlich, kurz zugespitzt, schwarzblau, frühreifend. Fl. dunkelroth. B. schwächlich u. zärtlich. — Italien. 1809. *Chr. v. P.* 401. II.

12. **Rosenfeige**; *Chr.* 12. C. rosacea. Weissrothe; *Nois. Gb.*
— Fr. mittelgr., 2" h. u. br., kurz u. dick, oben vertieft, gelb, braunviolett u. roth gestreift; Hals kurz, gekrümmt, gelb; Fl. hochroth. Bl. ziemlich gross, 3lappig. — Italien. 1809. *Chr. v. P.* 402. I.

13. **Schwarzgrüne Feige**, runde schwarzgrüne Feige mit langem Stiel; *Chr.* 13. C. prasina. — Fr. mittelgr., 1³/₄" h. u. br., fast kugelig, oben flach, grasgrün, purpurroth gestreift u. weisslich gefleckt; Deckblättchen roth, in weisser Einfassung; Hals ¹/₂". l., zart grasgrün; Stl. gelblich, 7''' l.; Fl. meergrün. — Italien. 1809. *Chr. v. P.* 407. I.

Hierher gehören noch: Vernisingue Fig; *Hanb.* — Minion Fig; *Hanb.* — Kleine violette von Ile-de-France; *Nois. Gb.*

2. Rotte. Frucht länglich.

14. **Birnfeige**, Figue Poire; *Duh.* 14. C. pyriformis. Gemeine braune portugiesische, Figue grosse longue; *in Cat.* Gemeine lange Feige; *Chr. v. P.* (Figue de Bordeaux, Feige von Bordeaux; *Duh.*) Lange blaue Feige; *Mill. Gl.* Gewöhnliche blaue oder purpurfarbene Feige; *Fors.* Early long blue or purple Fig, frühe lange blaue oder purpurfarbige Feige; *Ab.* Bleue de pourpre longue; *Knp.* Common blue; *Mill.* Common Fig; *Maw.* — *Hanb.* Lange violette, Violette longue; *Münchh.* Birnenfeige, Bordeauxer Feige, kleine Aubique; *Nois. Gb.* Portugiesische, gemeine braune?! *Ftl.* — Fr. mittelgr., 32''' h., 22''' br., birnförmig, oben kugelig gewölbt, fein gerippt, dunkelviolett oder braunroth. fein gefl. oder hellgrün p.; Stl. 5''' l., dick, grün u. roth p.; Fl. unter der Haut sehr bleichroth, innen roth, sehr süss. B. lebhaft, sehr fruchtbar. Bl. sehr gross, tief 5lappig. — Frankreich. 1750. *Duh.* 1. 159. *T.* 2. *F.* 2. I!!

15. **Lange neapolitanische Feige**, Long Naples Fig; *Hanb.* 15. C. neapolitana. Long Brown Naples Fig, lange braune neapolitanische Feige; *Ab.* Grosse lange schwarze Feige; *Mill. Gl.* (Burgasotte; *Ftl.*) — Fr. gross, lang, oben etwas zusammengedrückt, schwarzbraun, langgestielt; Fl. röthlich, sehr wohlschmeckend; Kerne gross. Bl. tief eingeschnitten. — Italien. England. 1750. *Ab.* 124. I!

16. **Madonnafeige**; *Fors.* 16. C. Madonna. Braunschweiger Feige; *Mill. Gl.* Brunswick, Madonna, Hannover, Brown Hamburgh, Black Naples, Clémentine, Bayswater, Red; *Cat. Lond.* (Braunschweiger- und Hannoverfeige; *Chr. p. H.*) Brown Madonna or Brunswic Fig, braune Madonna oder braunschweigische Feige; *Ab.* Hannover Fig; *Hanb.* Servantine, Knotenschnurfeige?! *Nois. Gb.* — Fr. sehr gross, 3" h., 2¹/₄" br., pyramidalisch, oben eingedrückt, blass gelblichgrün, sw. braunroth, dicht u. fein blassbraun punktirt; Hals stark gekrümmt; Stl. kurz u. dick; Fl. fest, unter der Haut weiss u. röthlichbraun, innen blassroth,

5*

nicht sehr wohlschmeckend. B. lebhaft, dauerhaft u. fruchtbar. Bl. sehr tief 5lappig. — England. Deutschland. 1750. *Dttch.* 3. 483. I!!

17. **Kastanienfarbige Feige**, Chesnut Fig; *Hanb.* 17. C. spadicea. Brown Ischia, Chesnut-coloured Ischia; *Cat. Lond.* Brown Chesnut Fig; *Mav.* Brown or Chesnut-coloured Ischia Fig; *Mill.* Large brown Fig; *West.* Large brown or Chesnut Fig, grosse braune oder kastanienfarbige Feige; *Ab.* Brown Chesnut-coloured Ischia; *Loud.* Braune oder kastanienfarbige Ischiafeige; *Fors.* Grosse braune Feige; *Chr. v. P.* Grosse braune Feige von Ischia; *Ftl.* Schwarze Aubique, grosse lange violette?! *Nois. Gb.* — Fr. gross, 2³/₄" h., 1,10" br., pyramidalisch, kastanienbraun, oft aufgesprungen; Hals grün, etwas gekrümmt, 5''' l.; Stl. grün, 3''' l.; Deckblättchen rosenroth; Fl. weich, braunroth, erhaben süss; Kerne gross. B. lebhaft u. dauerhaft, dickästig. Bl. sehr gross, 3lappig. — Italien. England. Deutschland. 1750. *Chr. v. P.* 397. I!!

18. **Braune Ischiafeige**, brown Ischia Fig; *Hanb.* 18. C. ferruginea. Kleine braune Ischiafeige; *Fors.* Small Brown Ischia; *Ab.* — *Loud.* Kleine violette?! *Nois. Gb.* — Fr. klein, pyramidalisch, hellbraun, kurzgestielt; Fl. weich, dunkelroth, erhaben süss. B. sehr fruchtbar. Bl. wenig eingeschnitten. — Italien. England. 1750. *Ab.* 122. I! (= mit 10?)

19. **Dunkelrothe Genueser Feige**, Purple Genoa Fig; *Hanb.* 19. C. atropurpurea. Purpurfarbige Genueser Feige; *Ab.* Grosse schwarze Feige mit weissem Fleisch; *Mill. Gl.* Purpurrothe Genuesische; *Ftl.* — Fr. sehr gross, 2,3" h., 2" br., birnförmig, oben flach, dunkel purpurroth, dunkel rothbraun marmorirt, hell rothbraun gestr., oben dunkler gefärbt; Hals gleichdick, 10''' l., gelblich-grün; Stl. kurz u. dick; Fl. gelbgrünlich, sehr süss. B. mittelgr. Bl. 5lappig. — Italien. 1750. *Chr. v. P.* 404. I!

20. **Schwarze Genueser Feige**, black Genoa Fig; *Ab.* 20. C. genuensis. Large Genoa Fig; *Maw. Kal.* Schwarze Genuesische Feige, Noire Languedoc; *Ftl.* — Fr. gross, lang, oben dick, unten sehr dünn, birnförmig, dunkelpurpurroth, fast schwarz, stark blauduftig, frühreifend; Fl. glänzend hochroth, sehr wohlschmeckend. B. lebhalt u. dauerhaft. Bl. tief eingeschnitten. — Italien. 1779. *Ab.* 123. I!!

21. **Lange schmale Feige**, schmale lange rothbraune Feige; *Chr.* 21. C. elongata. Sehr lange braune von Smyrna; *Ftl.* — Fr. gross, 2,4" h., 1,6" br., oben breiter, pyramidalisch, braunröthlich, dunkelbraun gestreift, oben stark eingezogen u. dicht weiss punktirt; Hals gerade, 6''' l., weisslich-gelb; Stl. 8''' l., grün; Fl. gelblichroth. — Türkei. 1809. *Chr. v. P.* 398. I!

22. **Cyprische Feige**; *Chr.* 22. C. Cypria. Cyprian Fig? *Maw. Kal.* — Fr. mittelgr., 2" h., 1¹/₂" br., länglich-rund, dunkelgrün, braun marmorirt u. gestreift, gerippt, oben vertieft u. braun; Hals kurz zugespitzt, stark gekrümmt; Fl. dunkelroth, saftvoll, angenehm säuerlichsüss. Bl. mittelgr., 5lappig. — Türkei. 1809. *Chr. v. P.* 399. I!

23. **Lange violettblaue Feige**, grosse lange violettblaue Feige; *Mill.* 23. C. a z u r e a. Lange grosse von Lissabon; *Ftl.* Violette longue; *Knp.* — Fr. g r o s s, b r e i t, s t i e l s p i t z, v i o l e t t b l a u; Fl. h e l l g e l b u. r o t h, sehr angenehm süss. B. lebhaft. Bl. g r o s s, breit u. dick. — Spanien. 1750. *Ftl.* 685. I !

24. **Riesenfeige**, Rosenfeige; *Mill.* 24. C. g i g a n t e a. Rosenfeige von Aleppo, Rosenfeige von Damasco; *Ftl.* — Fr. s e h r g r o s s, lang, o v a l, h e l l b r a u n, oft aufgesprungen; Fl. röthlichgelb, sehr erhaben säuerlichsüss. B. lebhaft. Bl. g r o s s, t i e f eingeschnitten; Blstl. s e h r d i c k u. f l e i s c h i g. — Türkei. 1750. *Ftl.* 685. I !

25. **Klöppelfeige**, istrische lange Feige; *Chr.* 25. C. r h o p a - lis. Fr. 2″ h., 1,10″ br., g l o c k e n s c h w e n g e l f ö r m i g, g o l d g e l b, d u n k e l r o t h b r a u n ü b e r z o g e n u. g e s t r e i f t, unten goldgelb, oben e r h o b e n u. r o t h; Stl. grün, 9‴ l.; Fl. g r ü n l i c h g e l b. B. lebhaft, dünnästig. Bl. k l e i n, 5lappig. — Italien. 1809. *Chr. r. P.* 464. I.

Hierher gehören noch: S c h w a r z r o t h e, H e i l i g e n - G e i s t s - f e i g e, B l a v e t t e, B a r n i s s e n q u e, B r a u n g r ü n e, B e l l o n n e, Feige v o n B e r g a m o n, P e r r o q u i n e, N e g r o n e, B r a y a s q u e, b r a u n e C o u c o u r e l l e, M o n r e n a o u; *Nois. Gb.*

2. Gruppe. Frucht hellfarbig.

1. Rotte. Frucht rundlich.

26. **Grosse weisse Feige**, Figue blanche; *Duh.* 26. C. a l b i d a. Sehr grosse platte, Marseillaise; *in Cat.* Marseilles, White Marseilles, White Naples, Pocock, Ford's Seedling, White Standard; *Cat. Lond.* Figuier à fruit blanc; *Poins.* Grosse runde weisse Feige; *Mill. Gl.* Weisse runde, Blanche ronde; *Münchh.* Blanche ronde grande; *Knp.* Weisse runde oder grosse weisse Herbstfeige, Figue blanche ronde ou grosse blanche d'automne; *Lipp.* Weisse Feige; *Chr. H. O.* (Grosse runde weisse; *Nois. Gb.*) — Fr. g r o s s, 2,4″ h., 2,2″ br., rundlich, oben d i c k u. p l a t t, etwas gerippt, g e l b l i c h h e l l g r ü n, unten s t r o h g e l b; Stl. 3—4‴ l.; Fl. g l ä n z e n d h e l l f a r b i g, sehr süss u. schmelzend. B. mittelgr. Bl. g r o s s, 5lappig. — Frankreich. Italien. 1750. *Duh.* 1. 157. *T.* 1. — *Chr. v. P.* 408. I ! !

27. **Kleine weisse Feige**, Small white Fig; *Hanb.* 27. C. f u g a x. Marseilles Fig; *Maw.* Early white Marseilles Fig; *West.* Small white early Fig; *Mill.* Frühe weisse Feige; *Mill. Gl.* Early white Fig; *Ab.* Kleine weisse Frühfeige; *Fors.* — Fr. k l e i n, 1,8″ h. u. br. r u n d, w e i s s l i c h - g r ü n, sp. weisslich-gelb, oben f l a c h u. w e i s s, frühreifend; Stl. ½″ l., grün; Fl. g e l b l i c h w e i s s, schmackhaft. B. niedrig. Bl. k l e i n, 3lappig. — Frankreich. England. 1750. *Chr. v. P.* 407. I.

28. **Marseiller Feige**, Marsilische Feige; *Mill.* 28. C. Massiliensis. Blanche ronde petite: *Knp.* — Fr. k l e i n, rundlich, blassgrün oder weisslich, an der Spitze oft aufgesprungen, s p ä t r e i -

fend; Fl. roth, vortrefflich. — Südfrankreich. 1750. *Nois. Gb.*
349. I.

29. **Türkische Feige**, grosse weisse türkische Feige mit tief
eingeschnittenen Blättern; *Mill.* 29. C. turcica. Large White Turkey; *Cat. Lond.* Large white Genoa, grosse weisse Genueser Feige;
Ab. Grosse weisse Genuesische Feige; *Fors.* Weisse türkische, weisse
Genuesische; *Ftl.* — Fr. sehr gross, fast rund, stielspitz, gelblich-weiss, dünnhäutig; Fl. roth, schmackhaft. B. lebhaft, nicht
sehr fruchtbar. Bl. dick, dunkelgrün, tief ausgeschnitten. — Italien. Türkei. 1750. *Ftl.* 687. I!

30. **Königsfeige**; *Chr.* 30. C. regalis. (Weisse frühe Feige;
Chr.) Königsfeige, Versaillerfeige?! *Nois. Gb.* Rundliche weissgestreifte Feige?! *Mill. Gl.* — *Tourn.* — Fr. mittelgr., 1,10'' h. u.'br.,
rundlich-bergamottartig, oben fast flach, unten gerade u.
kurz abgerundet-zugespitzt, gelb, oft braun gefl.; Stl. kurz u. dick;
Fl. hochroth, vorzüglich. B. mittelgr., zärtlich. Bl. sehr gross
u. sehr tief 7lappig. — Italien. 1809. *Chr. v. P.* 402. I!

31. **Gelbe Feige**: *Mill.* 31. C. flavescens. Figue d'or, Drap
d'or; *in Cat.* Yellow Ischia, Cyprus; *Cat. Lond.* Yellow Ischia
Fig; *Hanb.* Gelbe Ischia-Feige; *Ab.* — *Fors.* Gelbe Feige von
Ischia, runde weisse alexandrinische, *Ftl.* Jaune grande; *Knp.*
Grosse gelbe Feige, weisse Aubique? *Nois. Gb.* — Fr. gross, rund-
lich-pyramidalisch, gelb, spätreifend; Fl. dunkelroth, weich, sehr
süss. B. schwach, früh austreibend, nicht sehr fruchtbar. Bl. sehr
gross, wenig eingeschnitten. — Italien. 1750. *Ab.* 125. I.

32. **Liparische Feige**, Feige von Lipari; *Nois.* 32. C. Lipariana. Liparé, Petite Blanche ronde; *Cat. Lond.* (Kleine runde
weisse; *Nois. Gb.*) Kleinste weisse Feige von Ischia?! *Mill. Gl.* —
Fr. sehr klein, 6—8''' h. u. br., fast kugelrund, weisslich; Fl.
sehr süss- — Frankreich. 1826. *Nois. Gb.* 349. I.

33. **Edelfeige**, Gentile Fig; *Hanb.* 33. C. nobilis. — Fr.
mittelgr., kugelig, gelb, sehr spätreifend; Fl. gelb, wohlschmeckend; Kerne gross. B. selten fruchtbar. — Frankreich. England.
1779. *Ab.* 125. I.

Hierher gehören noch: Candiafeige; *Mill. Gl.* — Feige
von Argenteuil, von Salerno, von Grasse, Graissane;
Nois. Gb.

2. Rotte. Frucht länglich.

34. **Gelbe Engelfeige**, Figue angélique; *Duh.* 34. C. ango-
lica. Angélique blanche, Angélique de Housel, weisse Feige, Ango-
licafeige; *in Cat.* Angélique, Mélitte, Coucourelle blanche; *Cat.
Lond.* Jaune angélique; *Bon Jard.* Kleine braune Feige: *Mill. Gl.*
Figuier à fruit jaune; *Poins.* (Feigenbaum mit kleiner fahler inwendig rother Frucht; *Duh.*) (Engel-Honigfeige, Figue jaune, angélique,
mélitte; *Lipp.*) Weisse Coucourelle, Angelikafeige, Melette; *Nois.
Gb.* Frühe Smyrner Feige; *Chr. v. P.* — Fr. gross, 20—24''' h., 18
—20''' br., oft breitgedrückt, erhaben geadert, gelb, lang weiss-

grünlich punktirt; Fl. weiss, unter der Haut u. um die Samen
röthlich, sehr wohlschmeckend. B. lebhaft, sehr fruchtbar. Bl.
mittelgr., länger als breit, nicht tief 3lappig, kurzgestielt. —
Frankreich. 1750. *Duh.* 1. 157. I!!
    35. **Lange weisse Feige**; *Mill.*'35. C. oblonga. Large white
Fig; *Hanb.* Weisse lange, Blanche longue; *Münchh.* — *Knp.* Lange
Marseiller, grosse weisse Feige; *Nois. Gb.* — Fr. ähnlich Nr. 26,
länger, 25''' h., 14—16''' br., weiss, dünnhäutig, kurzgestielt; Fl.
weiss u. mehr oder weniger geröthet, sehr wohlschmeckend. —
Frankreich. 1750. *Nois. Gb.* 350. I!
    36. **Grüne Ischiafeige**; *Mill.* 36. C. tinctoria. Green Ischia;
Maw. — *Hanb.* — *Ab.* White Ischia; *Cat. Lond.* Grüne Feige;
Mill. Verte à longue queue; *Kup.* Grüne Feige, Damenfeige; *Nois.
Gb.* Grüne Feige von Ischia, Grüne von Damasco; *Ftl.* — Fr. mittelgr., 24—26''' h., 18—20''' br., birnförmig, oben kugelig, sehr
langgestielt, grünbraun oder grün u. röthlichbraun durch-
schimmernd-gefleckt, dünnhäutig; Fl. sehr weich, dunkel-
roth.färbend, sehr süss. Bl. nicht tief eingeschnitten. — Ita-
lien. Frankreich. England. 1750. *Ab.* 122. I!
    37. **Kleine Smyrnaer Feige**, kleine lange Smyrnaer Feige;
Chr. 37. C. rosulans. Little green Fig, kleine grüne Feige? *Ab.*
Cotignacenquos?! *Nois. Gb.* Feige von Smyrna? *Ftl.* — Fr. klein,
krumm 2'' h., 1,2'' br., länglich-birnförmig, oben eiförmig
zugerundet, unten etwas eingebogen zugespitzt, durchaus grün;
Deckblättchen u. Umgebung roth; Stl. 3''' I.; Fl. grünlich-weiss.
B. lebhaft, dünnästig. Bl. mittelgr., 3lappig. — Türkei. 1809.
Chr. v. P. 405. I.
    38. **Grüne Smyrnaer Feige**; *Chr.* 38. C. viridis. — Fr.
ähnlich der vorhergehenden, birnförmig, etwas grösser, heller
gefärbt, hellgrün; Fl. blassgrünlich. B. lebhaft, dünnästig.
Bl. sehr gross, 5lappig. — Türkei. 1809. *Chr. v. P.* 405. I.
    39. **Tropffeige**; *Chr.* 39. C. stillativa. (Wintereierfeige,
Fico dello cocco d'Inverno; *Chr.* Grosse gelbe Feige, weisse Aubique? *Nois. Gb.* — Fr. gipfelständig, sehr gross, 3¹/₂'' h., 2,3''
br., oft 5'' h. u. 2¹/₂'' br., birnförmig, stark gebogen, zart,
gelbgrün, grün gestreift, spätreifend, während der Reife an
der Mündung einen Tropfen rothen Zuckersaft ausschwitzend;
Fl. weissgrünlich. B. sehr lebhaft; Szw. lang, von unten kahl.
Bl. petersilienblattähnlich, 7—8theilig. — Italien. 1809. *Chr.
v. P.* 406. I!
    40. **Haarige Feige**; *Nois.* 40. C. pubescens. (Perouas; *Nois.
Gb.* — Fr. mittelgr., 24—26''' h., 14—16''' br., hellgrün, fein
weiss punktirt u. behaart, dickhäutig. B. sehr fruchtbar u.
dauerhaft. — Frankreich. 1826. *Nois. Gb.* 351. I!

    Hierher gehört vielleicht noch: Seirolle; *Nois. Gb.* — Weisse
Barnissotte; *Nois. Gb.*

4. Ordnung. Beerenobst.

2. (17.) Geschlecht. Maulbeeren.

Maulbeere. Morus.

Gattungs-Charakter: Blüthe unvollständig, frei. Beere zusammengesetzt.

1. **Schwarze Maulbeere.** 1. M. nigra, *L.* Aechte Maulbeere, gemeiner Maulbeerbaum, schwarzer Maulbeerbaum; in Gärten. Mûrier noir, Mûrier à fruit noir; in Frankreich. Garden Mulberry, Black Mulberry, Common black Mulberry; ia England. Schwarzfrüchtiger Maulbeerbaum, grosse schwarze fruchttragende Maulbeere, grosse schwarze Maulbeere, Maulbeerbaum mit grosser schwarzer Frucht, schwarze grosse Maulbeere, schwarzer Maulbeerbaum mit grosser Frucht, Mûrier noir à gros fruit, Mûrier noir de présent, Noir à très-gros fruit, Mûrier à gros fruit noir, Mûrier à gros fruit noir d'Espagne; *in Cat.* Morus; *Dod.* Morus celsa officinis; *Lob.* Morus fructu nigro; *C. Bauh.* Mure noire; *Knp.* Gemeine schwarze Maulbeere; *Mill. Gl.* Aechter schwarzer Maulbeerbaum, Mûrier Rose à gros fruit noir; *Burgsd.* Gemeiner schwarzer Maulbeerbaum; *Fors.* Common Mulberry, Black, Female; *Cat. Lond.* Grosse schwarze Maulbeere; *Kraft.* — Fr. gross, 1¼—1½" h., ½" br., glänzend violettschwarzroth, sehr saftvoll u. sehr angenehm aromatisch-weinsäuerlich-süss; Stl. ¼ — ½" l. B. 25 — 30′ h., etwas zärtlich. Blüthe eiförmig. Bl. rauh. — Persien. Fast allgemein bekannt. 1500 u. viel früher. *Pom. austr.* 34. *T.* 67. — *Dttch.* 3. 470. Anf. Aug. 6 Wochen. I!!

2. **Buntblättrige Maulbeere,** Morus fructu nigro folio eleganter variegato; *Duh. Abh.* 2. M. variegata. Maulbeerbaum mit schwarzer Frucht u. scheckigen Blättern; *Duh. Abh.* — Von dem vorhergehenden durch bunte Blätter verschieden. — Frankreich. 1763. Zierbaum.

3. **Schlitzblättrige Maulbeere.** 3. M. laciniata. *Mill.* Morus nigra laciniata: in Gärten. Kleiner schwarzer Maulbeerbaum mit schön ausgezackten Blättern; *Mill. Gl.* Maulbeerbaum mit kleiner schwarzer Frucht und stark ausgeschnittenen Blättern; *Duh. Abh.* Petite Mure noire; *Knp.* Zerschlitzter Maulbeerbaum, kleiner schwarzer Maulbeerbaum; *Dtch. L.* — Aehnlich dem chevorigen. Fr. kleiner, weniger schmackhaft. Bl. handförmig geschlitzt. — Sizilien. 1750. Zierbaum. I.

4. **Rothe Maulbeere.** 4. M. rubra; *L.* Virginischer Maulbeerbaum, rothe fruchtbare amerikanische Maulbeere, Morus virginica; in Gärten. Mûrier rouge, Mûrier de Virginie, Mûrier rouge de

Virginie, Mûrier à fruit rouge; in Frankreich. Rothfrüchtige Maulbeere, Rouge fertile d'Amerique, Rouge du Canada, Mûrier du Canada; *in Cat.* Breitblättriger virginischer Maulbeerbaum mit langer rother Frucht; *Mill. Gl.* Virginischer Maulbeerbaum mit sehr grossen Blättern; *Duh. Abh.* Virginischer rother Maulbeerbaum; *Burgsd.* Virginischer Maulbeerbaum mit rother Frucht; *du Roi.* (Virginianische Maulbeere; *Fors.*) (Morus fructu rubro: *Kraft.*) Rother Maulbeerbaum; *Chr. p. II.* Rothe amerikanische Maulbeere; *Ftl.* Morus virginiana, breitblättriger virginischer Maulbeerbaum mit rother langer Frucht; *Bechstdt.* Morus virginiensis; *Pluck.* Morus pensylvanica; *Nois.* Morus libra rubra, Morus libero-rubro, Mûrier à libère rouge? *in Cat.* — Fr. mittelgr., länglich-rund, dunkelroth oder rothbraun, wenig saftig, angenehm säuerlich-süss. B. 40—50' h., sehr lebhaft u. dauerhaft. Blüthe lang-walzenförmig. Bl. fast kahl. — Canada. Florida. In Gärten bekannt. 1696. *Pom. austr.* 35. *T.* 69. — *Dttch.* 3. 472. Aug. Sept. I.

NB. Die übrigen Maulbeeren sind von der Pomologie ausgeschlossen, weil sie nicht ihrer Früchte wegen erzogen werden.

4. Ordnung. Beerenobst.

3. (18.) Geschlecht. Himbeeren.

———

Einleitung.

„Diese köstliche Frucht gehört zu den edelsten Schätzen für Küche, Conditorei und Vorrathskammer," sagt eine Schriftstellerin über Obstbenutzung. Und welcher Obstfreund wird die Himbeeren zum frischen Genusse verschmähen?

Den grossen Werth dieser Früchte hat man eigentlich erst in neuester Zeit erkannt, und dabei gefunden, dass deren Zucht mehr lohnt, als die jeder anderen landwirthschaftlichen Kulturpflanze.

Dieses Obstgeschlecht hat daher auch in sehr kurzer Zeit bedeutende Unterstützungen erhalten und grosse Fortschritte gemacht; während früher nur einige Sorten in Kultur sich befanden, kann man gegenwärtig deren über 40 zählen!

Die vielseitige und häufigere Anwendung der Himbeeren wird ferner einen grossen Einfluss ausüben, sowohl auf die weitere Verbreitung, als auch auf die Kenntniss der zahlreichen Sorten, welche bisher noch nicht wie bei anderen ähnlichen Beerenfrüchten vorhanden war.

Der Verfasser dieses war es besonders, welcher mit grosser Vorliebe für das Beerenobst, seit 15 Jahren alle Himbeersorten zur Untersuchung und Prüfung sammelte, mehrere wichtige Sorten einführte oder in grössere Verbreitung brachte.

Gewöhnlich werden auch die Brombeeren beigezogen, als fruchttragende Arten des Rubus-Geschlechtes. Diese Berücksichtigung ist aber nicht so weit auszudehnen, um alle bekannten Arten und Varietäten derselben aufzunehmen, wie z. B. die 50 Arten von Weihe und Nees von Esenbeck, weil solche, wild wachsend, selten in den Gärten kultivirt werden. Es sind nur wenige Sorten, welche als Obst oder zur Weinbereitung einen gewissen pomologischen Werth haben. Ebenso fallen die krautartigen Rubusarten der besonderen Pomologie nicht zu.

Die Arten des Rubus-Geschlechts sind daher folgende:

1. Rubus Idaeus; *L.* Himbeerstrauch.

Von diesem trennen wir ab, als Art oder wenn man will, als Varietät:

2. Rubus Idaeus alpinus, Alpenhimbeer- oder Honigbeerstrauch,

welcher in allen seinen Theilen von jenem verschieden ist, nicht in jenen übergeht und sich besonders dadurch unterscheidet, dass er an den einjährigen Stengeln Blüthen und Früchte trägt, während jener nur an dem zweijährigen Holze fruchtbar ist, und, wie der Brombeerstrauch, im ersten Jahre nur unfruchtbare, sogenannte Blätterstengel treibt.

3. Rubus occidentalis; _L._ Hohlbeerstrauch.

4. Rubus fruticosus; _L._ Brombeerstrauch.

5. Rubus caesius; _L._ Thaubeerstrauch.

Auf diesem Grunde entsteht folgende Eintheilung:

Alle Himbeeren sind:	roth oder hellfarbig. Strauch aufrecht.	**I. Himbeerartige.**	Nur am 2jährigen Holze tragend .... **1. Himbeere.**
			Am 1 und 2jährigen Holze tragend .... **2. Honigbeere.**
	schwarz.	**II. Brombeerartige.**	Strauch aufrecht. Beere hohl, (dem Fruchtboden nicht angewachsen) ..... **3. Hohlbeere.**
			Strauch kriechend. Beere voll, (dem Fruchtboden anhängend). — Beere kahl.. **4. Brombeere.**
			Beere bereift **5. Thaubeere.**

I. Stamm (Tribus).

Himbeerartige. Framboesiaceae.

Frucht roth oder hellfarbig. Strauch aufrecht.

1. Himbeere. Framboesia.

(Ur- oder Stammart: Rubus Idaeus; *L.*)

Gattungs-Charakter: Blätterstengel im ersten Jahre unfruchtbar, nur am zweijährigen Holze tragend. Frucht sammtig, hohl, dem Fruchtboden nicht angewachsen.

1. Gruppe. Frucht roth.

1. Rotte. Warzbeerchen ganz.

1. Wald-Himbeere, Rubus Idaeus; *L.* 1. Fr. sylvestris. Himbeerstrauch, Himbeerstaude, Himbeckbeere, Hind-, Hom-, Hund-, Hor-, Himmel-, Himpel-, Hohl-, Holl-, Haar-, Hinde-, Made-, Hink-, Hüng-, Hunk- u. Honigbeere, Himmelbreme, Himbreme, Himpelbreme, Hohlbeeren- u. Haarbeerstrauch, rothe Brombeere, rothe gemeine, grosse rothe u. gemeine rothe Himbeere; in versch. Geg. Deutschlands. Framboise, Ronce du Mont Ida; in Frankreich. Prickly Raspberry, Hindberry; in England. Framboisier commun, Commun à fruit rouge, Ordinaire à fruit rouge; *in Cat.* Common Red, Old Red, Wild Red; *Cat. Lond.* Rothe Himbeere; *S. — Chr. v. P.* Rothe Hohlbeere; *Duh.* Framboise rouge ordinaire; *Knp.* Rothe gemeine Himbeere; *Nois. Gb.* Framboisier commun à fruit rouge; *Pvins.* Himbeerstrauch mit rother Frucht, Rubus Idaeus fructu rubro, Framboisier à fruit rouge; *Kraft.* Himbeerstrauch; *W. u. N.* Himbeertragender Brombeerstrauch; *Fl. Wett.* Gemeine Brombeere; *Bechst. Fb.* Officinelle Brombeere; *Borkh.* Gemeine Himbeere, wohlschmeckende Himbeere; *Dtch. L.* Gemeine rothe Himbeere; *Ab. — Dttch.* Rubus Idaeus spinosus; *C. Bauh.* Rubus Idaeus vulgaris, gemeiner Himbeerstrauch; *Döll.* Rubus frambaisianus: *Lam.* Rubus Idaeus hircinus: *Frank.* — Fr. klein u. mittelgross, wohlriechend u. wohlschmeckend. Blätterstengel graugrün; Fruchtstengel röthlich. Stacheln kurz, gerade, gefurcht, röthlich oder hellgrün. Bl. unterseits weissfilzig. — In Wäldern wildwachsend u. allgemein bekannt. 1500 u. viel früher. — *T. O.* 16. 104. *T.* 6. — *Bechst. Fb.* 762. II. T. I! W.

2. **Kahlblättrige Himbeere,** Rubus Idaeus viridis; *Döll.* 2. Fr. glabrescens. Grüner Himbeerstrauch: *Döll.* Rubus Idaeus laevis? *C. Bauh.* Smooth Cane? *Cat. Lond.* Rohr- oder glattstenglige Himbeere? *Loud.* Himbeerstrauch ohne Dornen? *Duh. Abh.* Rubus Idaeus glaber, Rubus Idaeus inermis? *in Cat.* — Aehnlich der vorhergehenden. Kelch kahl. Bl. unterseits grün. — Einzeln in Wäldern. II.

3. **Kleinblättrige Himbeere,** Rubus Idaeus microphyllus; *Wallr.* 3. Fr. microphylla. — Gleich der ehevorigen. Bl. kleiner. — Einzeln in Wäldern. II.

4. **Nierenblättrige Himbeere,** Himbeere mit dem nierenförmigen Blatt; *Bechst.* 4. Fr. renifolia. — Bl. einfach, nierenförmig. Str. meistens unfruchtbar. — Wild, aber selten. III.

5. **Buntblättrige Himbeere,** Rubus Idaeus foliis variegatis; *W. u. N.* 5. Fr. variegata. Himbeerstrauch mit weissen gelbbunten Blättern; *W. u. N.* — Von 1 durch bunte Blätter verschieden. — Zierstrauch.

6. **Schlitzblättrige Himbeere.** 6. Fr. laciniata. Rubus Idaeus laciniatus; in Gärten. — Von 1 durch geschlitzte Blätter verschieden. — Wild vorkommend, aber selten. Zierstrauch. III.

7. **Rothe Antwerpener Himbeere,** Red Antwerp: *Cat. Lond.* 7. Fr. Antwerpiensis. Rothe holländische, lange holländische, holländische rothe langfrüchtige, rothe holländische lange, grosse rothe Antwerper, brabanter Himbeere, Framboisier à très-gros fruit rouge, de Hollande, de Hollande rouge, à gros fruit rouge oblong, d'Anvers, d'Anvers à gros fruit rouge allongé, de Hollande à gros fruits rouges et d'Anvers rouge longue; *in Cat.* Red Antwerp, Burley, Late Bearing Antwerp, Knevett's Antwerp, Framboisier Rouge à Gros Fruit; *Cat. Lond.* Antwerp Red, New Red Antwerp, True Red Antwerp, Howland's Red Antwerp, Burley's Red Antwerp; *Th.* Grösste rothe Antwerpner; *Loud.* Grosse rothe aus Antwerpen; *Fors.* Rothe Himbeere mit grossen Früchten; *Nois. Gb.* Grosse rothe Himbeere; *Walk.* Lange rothe holländische Himbeere; *Rh. Z.* Rothe grosse Himbeere, Framboisier rouge à gros fruit: *Lipp.* (Englische zweimaltragende rothe Himbeere; *Dttch.*) Anglais grosse rouge, englische grosse rothe Himbeere, englische zweimaltragende, Grosse rouge allongé, grosse rothe längliche?! *in Cat.* Grosse rothe?! *Loud.* — *Fors.* — Fr. ähnlich Nr. 1, sehr gross, länger u. spitzer, conisch, dunkelroth, sehr wohlschmeckend. Str. weniger hoch, früh u. sehr fruchtbar. Blätterstengel lang u. dick, gelblich-grün, etwas bläulich oder purpurroth angelaufen, sehr früh braun werdend. Stacheln abwärts stehend, dunkelbraun. Fruchtstengel ziemlich

glatt. Bl. gr., etwas runzelig, dunkelgrün. — Holland. Ziemlich verbreitet. 1826. *Rhein. Z. f. L.* 172. Nr. 10. I!

8. Runde holländische Himbeere. 8. Fr. capitata. Rothe holländische runde, neue brabanter Himbeere, holländische rothe rundfrüchtige, Framboisier de Hollande, d'Anvers, d'Anvers à gros fruit rouge arrondi, d'Anvers rouge rond et de Brabant, Grosse variété de Hollande; *in Cat.* Runde rothe holländische Himbeere; *Rh. Z.* Grosse Sorte von Holland, holländische grosse Himbeere, grosse rothe Cabus, Framboisièr à gros fruit rouge Cabus?! *in Cat.* — Fr. sehr gross, kugelig, schön roth, sehr wohlschmeckend. Warzbeerchen noch einmal so gross als an 1 u. 7. Str. niedrig, wenig wuchernd, monströs, sehr fruchtbar. Bl. runzelig oder kraus. — Holland. Noch ziemlich selten. 1849. *Rhein. Z. f. L.* 172. Nr. 11. I!!

9. Kleine saure Himbeere. 9. Fr. acida. Kleine saure rothe von Gent; *in Cat.* Kleine saure rothe Himbeere; *Rh. Z.* — Fr. klein, an üppigen Aesten manchmal gross, sauer. Str. sehr lebhaft u. hoch, stark wuchernd, von unten bis oben dicht derbbedornt, gelblich, wenig fruchtbar. — Holland. 1849. *Rhein. Z. f. L.* 172. Nr. 6. III.

10. Chilische Himbeere; *S.* 10. Fr. chilensis. Riesen-Himbeere, rothe Chili-Himbeere, chilische Riesenhimbeere, grosse rothe von Chili, Himbeere von Chili, chilischer Himbeerstrauch, chilesische Riesenhimbeere, Riesenhimbeere von Chili, Framboisier du Chili, Grand Framboisier du Chili, Framboisier du Chili à gros fruits rouges, Framboisier Chilienne; *in Cat.* Rothe grosse Himbeere aus Chili; *Chr. p. H.* Rothe Riesenhimbeere aus Chili; *Chr. v. P.* — *Fll.* Grosse rothe Himbeere aus Chili; *Dttch.* — Fr. sehr gross, (ohne Würmer), kurz-eiförmig, dunkelroth, sehr aromatisch: Warzbeerchen ungleichgross. Str. sehr lebhaft u. hoch, dickholzig, etwas zärtlich, sehr fruchtbar. Blätterstengel grün: Stacheln nicht zahlreich, schwarz. Bl. stark, lang, kraus. — Aus Chili. In Gärten bekannt, jedoch selten seit. 1807. *A. t. G. M.* 4. 107. T. 6. I!

11. Königliche Himbeere, Barnet: *Cat. Lond.* 11. Fr. regalis. Anglais nouveau, grosse nouvelle et nouveau à très-gros fruit; *in Cat.* Barnet, Cornwall's Prolific, Cornwall's Seedling, Cornwall's Red, Large Red, Lord Exmouth's; *Cat. Lond.* Barnet-Himbeere; *Dttch.* Queen Victoria Cornwell, Königin Viktoria (Cornwall's)?! *in Cat.* — Fr. gross, etwas kleiner als 7 u. 12, kugelig, conisch zulaufend, eiförmig, dunkel-purpurroth, etwas durchsichtig, gross-borstig, nicht dauerhaft, sehr angenehm säuerlich-süss. · Str. mittelgross, gedrängt, sehr schwach wuchernd, weniger fruchtbar als 7. Blätterstengel am Grunde gedrängter beisammen, lang, gelblich-grün, sw. oft purpurroth. Stacheln weitläufiger, dünner, länger, heller geröthet, nach oben dick, Ende Sommers dunkelbraun. Fruchtstengel schmutzig-gelbbraun, stark u. glatt. Bl. gr., runzelig. — England. Sämling. 1841. *Dttch.* 3. 624. I!!

12. **Fastolff's-Himbeere**; *Youell.* — 12. Fr. Fastolffii.
Fastolff-Himbeere, neue Fastolff, Falstoff, Falstoff Seedling, Falstaf,
Superb, superbe englische, Framboisier Anglais, Youell's Fastolff
Raspberry; *in Cat.* Framboisier Falstoff: *Biv.* Fastolff Raspberry;
Gard. Chron. — Fr. sehr gross, 10'" h. u. br., festsitzend, rundlich-conisch, glänzend purpurroth, dauerhaft u. festfleischig, sehr
wohlschmeckend; Warzbeerchen 2'" br. u. d. Str. sehr lebhaft u.
fruchtbar, bläulich-grün. Stengel gelblich-braun, röthlich-derb-
stachelig. Bl. unterseits stark filzig, tief-gesägt. — England. In
Gärten bekannt. 1843. *Alb. de Pom.* 4. T. 87. I!! T. I! W.
13. **Vorster's Himbeere.** 13. Fr. Vorsteri. Vorster's rothe,
Vorster's grosse rothe Himbeere; *in Cat.* — Fr. ähnlich der vorhergehenden, gr., rund, dunkelroth. Str. lebhaft u. sehr fruchtbar.
Stengel schmutzig- oder dunkelgrau. Stacheln zahlreicher,
zärter, brauner. Bl. unterseits heller weiss. — Aus Metz. 1849.
Rhein. Z. f. L. 173. Nr. 13. I!
14. **Masson's Traubenhimbeere.** 14. Fr. Massoniana. Mas-
son's rothe gewürzte Trauben-Himbeere, Framboisier à grappes de
Masson; *in Cat.* — Fr. ähnlich Nr. 1, grösser, in Büscheln,
eigenthümlich gewürzt, weniger schmackhaft als Nr. 28. Str. sehr
lebhaft u. fruchtbar, dorniger. Stacheln violett. Bl. lang u. spitz.
— England? In Baumschulen bekannt. 1849. *Rhein. Z. f. L.* 173.
Nr. 15. I.
15. **Brentforder Himbeere**, Brentford Cane; *Th.* 15. Fr.
Brentfordensis. — Fr. mittelgr., oval-conisch, dunkelroth.
Stengel stark, verästet. Stacheln purpurroth. — England. 1842. I.
16. **Cretaner Himbeere**, Cretan Red; *Pom. Man.* 16. Fr.
Cretana. Cretanische rothe Himbeere; *in Cat.* — Fr. mittelgr.,
kugelig, conisch auslaufend, tief purpurroth, süss-säuerlich,
spätreifend, 14 Tage später als 7. Stengel dunkelgrau, wenig u.
schwach bedornt. Bl. etwas schmal, dunkelgrün. — Nordamerika.
1858. *Downing.* I.
17. **Frühe Himbeere**, Wilmot's Early Red; *Cat. Lond.* 17. Fr.
praecox. — Fr. etwas grösser als 1, aber viel früher reifend.
— England. 1842. I.
18. **Fränkische Himbeere**; Franconia; *Downing.* 18. Fr.
Franconia. — Fr. sehr gross, stumpf-conisch, dunkel-purpurroth, säuerlich, dauerhaft, 8—10 Tage später reifend als 7. Str.
sehr fruchtbar. Bl. etwas schmal, tiefgrün. — Nordamerika. I T. I! W.
19. **Knevett's Himbeere**, Knevett's Giant; *Maurer.* 19. Fr.
Knevetti. Knevett's Riesen-Himbeere, Giantesque, Gigantesque; *in
Cat.* — Fr. ähnlich Nr. 7, gross, conisch, tief-roth, sehr wohlschmeckend u. sehr frühreifend. Str. sehr stark u. kräftig. —
England. 1858. *Maurer*, 106. I!
20. **Scharlach-Himbeere**, Nottingham Scarlet; *Downing.* 20.
Fr. coccinea. Scharlach-Himbeere von Nottingham; *in Cat.* — Fr.
mittelgr., stumpf-conisch, lebhaft roth, sehr wohlschmeckend. —
England. 1858. *Maurer*, 107. I.

21. **Lange Himbeere.** 21. Fr. elongata. Gambon, rothe Gambon; *in Cat.* — Fr. sehr lang. Str. sehr fruchtbar. — Frankreich. I.
22. **Souchet's Himbeere.** 22. Fr. Souchetii. Framboisier Souchetii, rothe Souchetii: *in Cat.* — Fr. ziemlich gross, rund, hellroth. — Str. lebhaft, fruchtbar. — Frankreich. 1857. I.
23. **Paragon-Himbeere.** 23. Fr. Paragon. Framboisier de Paragon, Himbeere aus Paragonien; *in Cat.* Taylor's Paragon, Scarlet Pargon?! *Cat. Lond.* — Fr. grösser als 12, aber weniger fruchtbar, sehr dunkelroth; Warzbeerchen sehr gross. — England. In Baumschulen. 1846. I!
24. **Woodward's Himbeere,** Woodward's Red Globe; *Cat. Lond.* 24. Fr. Woodwardi. Globe Red; *in Cat.* — Fr. gross, rund. Str. fruchtbar. — England. 1842. I.
25. **Wespen-Himbeere.** 25. Fr. pedunculata. Hornet; *in Cat.* — Fr. sehr gross, langgestielt. Str. fruchtbar. — Neu. In Baumschulen. 1855. I!

2. Rotte. Warzbeerchen gespalten.

26. **Amerikanische hellrothe Himbeere,** American Red; *Downing.* 26. Fr. cardinalis. Common Red, Euglish Red; *in Cat.* —.Fr. mittelgross, rundlich, hellroth, frühreifend, angenehm säuerlich. Str. kräftig, 6—10' h. Stengel glänzend-braun. Stacheln purpurroth. Bl. schmal, hellgrün. — In allen Mittelstaaten Amerika's sehr gemein. 1858. *Maurer.* I.
27. **Amerikanische braune Himbeere.** 27. Fr. atropurpurea. Amerikanische dunkelrothe, amerikanische Himbeere, Framboisier d'Amérique, d'Amérique acide, d'Amerique à fruit acide et d'Amérique brune; *in Cat.* Amerikanische Himbeere mit säuerlicher Frucht; *Rhein. Z.* Plat de bierre? *Duh. Abh.* 2. 183. — Fr. ähnlich Nr. 9, Str. weniger bedornt. Fr. bräunlich, säuerlich. — Nordamerika. In Gärten bekannt. 1849. *Rhein. Z. f. L.* 172. Nr. 7. I.
28. **Rothenburger Traubenhimbeere.** 28. Fr. racemosa. Grosse Traubenhimbeere, Framboisier de Rothenbourg, Turban; *in Cat.* — Fr. in kurzen, runden Büscheln, mittelgr., kurzgestielt, gewürzhaft. Str. üppig, dorniger als der vorhergehende, überaus fruchtbar. Stacheln violett. — In Baumschulen. 1849. *Rhein.Z.f.L.* 173. Nr. 14. I! T. u. W.

2. Gruppe. Frucht hellfarbig.

29. **Weisse Himbeere,** Rubus Idaeus fructu albo; *C. Bauh.* 29. Fr. albida. Weissfrüchtige Himbeere, Rubus Idaeus leucocarpa, Framboisier commun à fruit blanc et ordinaire à fruit blanc; *in Cat.* Old White; *Cat. Lond.* Himbeerstrauch mit weisser Frucht, Rubus Idaeus spinosus fructu albo, Framboisier à fruit blanc; *Duh.* Framboise blanche; *Knp.* Himbeere mit weissen Früchten; *Nois. Gb.* Common white, Himbeerenstrauch mit weissen Früchten; *Ab.* Frühe weisse Himbeere?! *Fors.* Frühzeitige kleine weisse?! *Loud.* — Fr.

kleiner wie 1, kaum mittelgr., spitzer, weniger gewürzt, rein weissgelb, ohne Röthe. Stengel weisslich-grün. — Mit 1 wild, aber
selten. In Gärten verbreitet. 1500 u. früher. *T. O.* 16. 104. *T.* 6. II.

30. **Bernstein-Himbeere**, Himbeere mit weissen amberfarbigen
Früchten; *Nois.* 30. Fr. succinea. Englische Bernstein-Himbeere,
Anglais à fruit blanc : *in Cat.* Grosse weisse Himbeere; *Loud.* Grosse
gemeine weisse; *Fors.* Ambrafarbige Himbeere; *Thon.* — Fr. mit-
telgr., grösser u. besser als die vorhergehende, gelblicher.
England. Frankreich. 1826. *Nois. Gb.* 234. I.

31. **Kleine spitze Himbeere.** 31. Fr. acuta. Spitze Himbeere, holländische fleischfarbige, fleischfarbige kleine spitze bedornte,
kleine spitze holländische, Framboisier de Hollande petite conique,
commun à fruit couleur de chair et ordinaire couleur de chair: *in
Cat.* Fleischfarbige holländische Himbeere; *Rhein. Z.* — Fr. kleiner
als 1, zuckerhutförmig zugespitzt, fleischfarbig, sehr wohlschmeckend, weniger gewürzhaft, früher reifend. Str. klein, von
unten bis oben dicht bedornt. — Belgien. 1849. *Rhein. Z. f. L.*
172. Nr. 3. II.

32. **Grosse fleischfarbige Himbeere**; *Nois.* 32. Fr. carnea.
Französische fleischfarbige, sehr grosse fleischfarbige, neue französische
fleischfarbige, Framboisier à fruit couleur de chair, rose française, à
très-gros fruit jaune et à gros fruits couleur de chair; *in Cat.* Fleischfarbige Himbeere mit grossen Früchten; *Nois. Gb.* Rosenrothe Himbeere, Framboisier à fruit rose? *in Cat.* — Fr. gross, fleischfarbig, sehr wohlschmeckend. — Frankreich. Sämling. 1826. *Nois.
Gb.* 234. I!

33. **Gelbe Himbeere**: *Chr.* 33. Fr. aurea. Gelbe holländische,
grosse gelbe Himbeere, gelbe Antwerpener Himbeere, grosse gelbe
Antwerper, gelbe holländische grosse, gelbe brüssler Himbeere, grosse
weisse von Antwerpen, Framboisier de Hollande, d'Anglettere, d'Anvers à fruit jaune, de Hollande à gros fruit jaune, à fruit jaune, de
Hollande blanc et jaune d'Anvers, Antwerp Yellow, Rubus Idaeus
fructu luteo; *in Cat.* Yellow Antwerp, White Antwerp, Double
Bearing Yellow: *Cat. Lond.* Grosse englische gelbe Himbeere; *Ftl.*
Grosse weisse Himbeere, Framboisier à fruit blanc; *Walk.* Grosse
weisse aus Antwerpen: *Fors.* Englische gelbe Himbeere, Rubus Idaeus
fructu aureo magno Antwerpiana; *Chr. II. O. 4. Aufl.* Framboisier
de Hollande à fruit jaune: *Bir.* — Fr. gross, fast conisch oder
oval, goldgelb, zarthäutig, süsser als 1, weniger aromatisch u.
nicht dauerhaft. Str. üppig, wenig bedornt. Stengel hellgelb. Bl.
hellgrün. — Bekannt. In Belgien sehr verbreitet. 1802. *Alb. de Pom.*
4. 87. I!!

34. **Malteser Himbeere**, Himbeere von Malta; *S.* 34. Fr. Me-
litensis. Grosse gelbe von Malta, grosse gelbe Malteser, grosse
gelbe Himbeere, weisse Himbeere, Himbeerstrauch mit gelber Frucht,
Jaune de Malte, Framboisier de Malthe, à fruit blanc et à fruit jaune;
in Cat. — Fr. gross, kugelig, blassgelb, süsssäuerlich, nicht

dauerhaft. Stacheln einzeln, abwärts st. Blstl. rund, fein-rinnenf.
— In Gärten ziemlich bekannt. 1807. *A. t. G. M.* 4. 110. *T.* 6. I!
35. **Weissgelbe Himbeere**, Blanche nouvelle; *Cookson*. 35. Fr.
flavescens. Cookson's weisse Himbeere, Blanche de Cookson, New
white Cookson; *in Cat.* — Fr. sehr gross, weiss-gelb, sehr
wohlschmeckend, grösser u. besser als 33. Str. sehr lebhaft u. fruchtbar. Bl. ausgezeichnet. — Belgien. 1853. I!!
36. **Strauss-Himbeere**, Cox's Honey; *Cat. Lond.* 36. Fr. thyrsoidea. — Fr. in Trauben längs des Stengels stehend,
gross, gelblich-weiss. — England. 1842. I!
37. **Gelbe Riesen-Himbeere**. 37. Fr. grandis. Gelbe chilische
Himbeere, gelbe chilische Riesen-Himbeere, Framboisier du Chili,
du Chili à fruit blanc, à très-gros fruit blanc, à très-gros fruit jaune,
du Chili à gros fruit jaune et du Chili blanc: *in Cat.* — Fr. sehr
gross, weniger zugespitzt als 33, schön hellorange-gelb.
Str. sehr fruchtbar. — Selten. I!!
Hierher gehören noch: Schwärzliche Himbeere, César
rouge, César blanche, Orange, Magnum bonum, Duc de
Brabant, Lemercier, Marquis of Douglas, Mograppa,
Ratler's new geant, Soucheti blanc, Belle d'Orléans,
Blanche de Bagnolet, Framboisièr commun fruit noir,
Framboisiér à très gros fruits noirs, Blanche de Rockler,
New white, Fine white: *in Cat.* — Red Cane, Rough Cane,
Cornish, Jilliard's Seedling, Red Malta, Spring Grove;
Cat. Lond.

2. Honigbeere (Monat-Himbeere). Lampiona.

(Ur- oder Stammart: Rubus Idaeus alpinus; *mihi.*)

Gattungs-Charakter: Blätterstengel im ersten Jahre im
Sommer oder gegen den Herbst fruchtbar, am 1- u. 2jährigen
Holze tragend, immer- oder zweimaltragend. Frucht roth
oder hellfarbig, sammtig, hohl, dem Fruchtboden nicht angewachsen.

1. Gruppe. Frucht roth.

1. Rotte. Am 1- u. 2jährigen Holze tragend.

38. **Rothe Alpen-Honigbeere**, zweimaltragende Alpen-Himbeere;
Nois. 1. Lamp. alpina. Alpenhimbeere, Monatshimbeere ohne Sta-
cheln, gemeine u. gewöhnliche Monathimbeere, gute Monatshimbeere
ohne Stacheln, Framboisier des quatre saisons, de tous les mois et de
quatre saisons sans épine, Rubus Idaea inermis; *in Cat.* Alpen- oder
Monatshimbeere, Framboisier des Alpes ou de tous mois; *Lipp.*
Zweimal tragender rother Himbeerstrauch; *Chr. v. P.* Stachellose
Monat-Himbeere: *Rhein. Z.* Glattröhrige zweimaltragende? *Loud.*
Zweimaltragende glattstielige? *Fors.* Framboisier de deux saisons?

Poins. Himbeerstrauch ohne Dornen? *Duh. Abh.* Rubus Idaeus glaber, Rubus Idaeus inermis? *in Cat.* Rubus Idaeus laevis? *C. Bauh.* — Fr. ähnlich Nr. 1, etwas heller, weniger gewürzt, nach u. nach riefend, weich, nicht dauerhaft. Str. im September nochmals tragend, überaus fruchtbar. Fruchtsträuse meistens in den Blättern versteckt. Stengel überhängend, fast stachellos. Bl. lang-gespitzt, fast seicht-gesägt. — In Gärten verbreitet, jedoch nicht überall. 1824. *Rhein. Z. f. L.* 172. Nr. 5. I!

39. **Hohe Honigbeere**, englischer zweimal tragender rother Himbeerstrauch; *Chr.* 2. Lamp. elata. Monathimbeere, Himbeere der 4 Jahreszeiten, Framboisier de deux saisons, de tous mois et de quatre saison, Perpétuel, de Deux fois l'an; *in Cat.* Zweimaltragende rothe: *Loud.* Grosse englische zweimaltragende rothe Himbeere; *Ftl.* Herbst-Framboisier? *Duh. Abh.* — Fr. ähnlich Nr. 1, früh reifend; Julifrucht mittelgr.; Herbstfrucht etwas grösser u. weniger schmackhaft. Stengel 6—8', oft 10' hoch, röthlich, starkstachelig. — England. 1817. *Chr. v. P.* 413. I.

40. **Wunderbare Honigbeere**, Merveille des quatre saisons; Simon-Louis. 3. Lamp. admirabilis. Wunder der vier Jahreszeiten, Merveille des quatre saisons à fruit rouge, des Alpes, Perpetuelle, Miracle de quatre saisons, Gloire de quatre saisons, Framboisier de quatre saison nouveau; *in Cat.* Grosse 4 Jahreszeiten-Himbeere? *in Cat.* — Fr. gross, kugelig, dunkelroth, weich, wohlschmeckend. Str. sehr kräftig u. fruchtbar, bis November an langen Hängästen tragend. Stacheln schön roth. Bl. gross, länglich, fast seicht-gesägt. — Sämling von Nr. 12 aus Metz. 1847. *Alb. de Pom.* 2. 61. I!! T. I! W.

41. **Dichtgedrängte Honigbeere**, Belle de Fontenay; *Gontier.* 4. Lamp. coarctata. Schöne von Fontenay, Zwerghimbeere, Framboisier nain, Framboisier nain et perpetuelle, Framboisier de Fontenay aux Roses, Framboisier des quatre saisons, Superbe d'Angleterre, Superb; *in Cat.* Viktoria; in Frankreich u. in Cat. — Fr. sehr gross, oval, dunkel-purpurroth, bläulich beduftet, etwas säuerlich, sp. sehr wohlschmeckend. Str. sehr lebhaft, sehr dicht u. gedrungen, selten verästet, sehr fruchtbar, im Herbst weniger volltragend, als die vorhergehende; Stengel dick, dicht und fein bräunlich-roth bedornt: Augen gedrängt. Bl. eben, lang-gespitzt, grannig-gesägt. — Frankreich. 1858. *Maurer,* 109. I!!

42. **Schöne Honigbeere**, Double Bearing; *Th.* 5. Lamp. amoena. Red Double Bearing, Perpetual Bearing, Siberian, Late Cane; *Cat. Lond.* Framboisier quatre saisons, quatre saisons nouveau, de quatre saisons à gros fruit, de quatre saisons à gros fruit rouge, bifère et de tous les mois à très gros fruit rouge, Perpétuelle de Rivers, Large fruited Monthly, Perpétuel à gros fruit rouge; *in Cat.* — Fr. mittelgross, rundlich, lebhaft roth, sehr schön, spätreifend, sehr wohlschmeckend. Str. sehr fruchtbar, im Juli u. im Sept. bis Mitte Okt. tragend. — England. 1842. I!

43. **Weiche Honigbeere**, William's Double Bearing Red: *Cat.*

Lond. 6. L a m p. mollis. Pitmaston; *Cat. Lond.* — Fr. ähnlich der vorhergehenden, weicher. — England. 1842. I!

44. **Sprossende Honigbeere**, Early prolific; *Cat. Lond.* 7. Lamp. prolifera. Immertragende Himbeere, Sprossende perpetuelle, Prolifère; *in Cat.* — Fr. ähnlich Nr. 40, gross, sehr frühreifend. Str. wuchernd, weniger kräftig u. nicht so fruchtbar als 40. — England. 1842. I!

2. Rotte. Nur am 1jährigen Holze tragend.

45. **Königin Viktoria**, Queen Victoria; *Rogers.* 8. Lamp. Victoria. Rogers Victoria; *in Cat.* Framboise Victoria: *Bavay.* — Fr. ähnlich Nr. 1, etwas grösser, wenig behaart, süss-säuerlich, sehr wohlschmeckend. Str. von Mitte August bis in den Winter tragend. Stengel hellgrün, sw. bräunlich, später durchaus dunkelbraun, wenig bedornt. Bl. runzelig, dunkelgrün. — England. 1849. *Rhein. Z. f. L.* 172. Nr. 9. — *Annal de Pom.* 1—3. 8. I!! (Alle Stengel müssen im Frühjahre am Boden weggeschnitten werden. Bildet den Uebergang zu den Erdfrüchten).

2. Gruppe. Frucht hellfarbig.

46. **Weisse Alpen-Honigbeere.** 9. Lamp. alba. Weisse Monathimbeere, Perpetuel des Alpes à fruit blanc, Framboisier des Alpes à fruit jaune; *in Cat.* — Fr. wie 38, etwas kleiner, gelblichweiss. Str. wie 38, hellgrüner. — Frankreich. 1858. I.

47. **Weissliche Honigbeere**, Twicebearing white; *Ab.* 10. Lamp. albicans. Zweimaltragende weisse Himbeere; *Chr. r. P.* — *Fors.* Englischer zweimaltragender weisser Himbeerstrauch; *Chr. H. O.* — Fr. ähnlich Nr. 29, zweimaltragend. Str. ähnlich Nr. 39, hellgrüner. — England 1781. *Chr. r. P.* 413. I.

48. **Gelbe Honigbeere**, Framboisier de quatre saisons à fruits jaunes; *Bertin.* 11. Lamp. luteola. Gelbe Monathimbeere, gelbe zweimaltragende, zweimaltragende gelbe; *in Cat.* — Fr. mittelgross, rundlich, gelb. Str. gegen den Herbst sehr fruchtbar. — Frankreich. 1853. I!

49. **Fruchtbare Honigbeere**, Merveille de quatre saisons à fruit blanc; *Simon-Louis.* 12. Lamp. fertilis. Weisses Wunder der vier Jahreszeiten, weisse Wunderhimbeere, zweimaltragende weisse Himbeere, Framboisier de quatre saisons à fruit blanc, Merveille de quatre saisons à fruit jaune, Merveille de quatre-saisons blanc; *in Cat.* — Fr. gross, blassgelb, süss u. wohlschmeckend. Str. mittelgross, auch im Herbste sehr fruchtbar. Stengel schmutziggelbgrau. Bl. hellgrün. — Aus Metz. 1858. I!

50. **Bavay's Honigbeere**, Perpétuel à fruit blanc; *Bavay.* 13. Lamp. Bavayana. — Fr. gelblich-weiss. Str. stark remontirend. — Belgien. 1854. I. (= mit 46?)

Hierher gehört noch: Möhring's bis in den Herbst tragende neueste Himbeere; *in Cat.*

11. Stamm (Tribus).

Brombeerartige. Rouchaceae.

Frucht schwarz.

3. Hohlbeere. Coelocarpa.

(Ur- oder Stammart: Rubus occidentalis; *L.*)

Gattungs - Charakter: Strauch aufrecht. Stengel rund,
glatt, krummstachelig, blauduftig. Frucht schwarz, selten roth,
sammtig, hohl, dem Fruchtboden nicht angewachsen, süsslich.
Blattstiel rund.

51. **Abendländische Hohlbeere**, Rubus occidentalis; *L.* 1. C.
occidentalis. Framboisier à fruit noir, d'Amérique et de Virginie;
in Frankreich. American Raspberry, Virginia Raspberry, Virginian
Bramble; in England. Abendländische u. westliche Brombeere, nord-
amerikanische Himbeere u. Brombeere, Rubus virginianus; *in Cat.*
Nordamerikanischer schwarzer Himbeerstrauch; *Hirschf.* — *Burgsd.*
Abendländische Brombeere: *Bechst. Fb.* Nordamerikanische schwarze
Himbeere; *Chr. v. P.* — *Dttch.* Abendländische Himbeere, schwarze
amerikanische Brombeere: *Thon.* Schwarze Himbeere; *Pfälz. G. Z.*
Schwarzfrüchtige Himbeere: *Rhein. Z.* Rubus Idaeus fructu nigro;
Dillen. American Red Raspberry, Black American Raspberry, Long
Island Raspberry: *Cat. Lond. a.* Rubus americanus? *Pluck.* — Fr.
mittelgr., halbkugelig, roth, sp. glänzend schwarz, gewürzlos,
ziemlich wohlschmeckend. Warzbeerchen klein. Str. lebhaft u.
fruchtbar, 3—5' h. Blätterstengel mit der Spitze zur Erde gebogen
u. Wurzeln treibend. — Nordamerika. 1696. *Pfälz. G. Z.* 1848. 1.
Ende Aug. u. Sept. Interessant! I.

52. **Immertragende Hohlbeere**; Ohio-Everbearing; *Downing.*
2. C. bifera. Ohio-Raspberry; in Nordamerika. Double Bearing
American Raspberry; *Cat. Lond.* — Fr. ähnlich der vorhergehenden,
bis spät in den Herbst tragend. — Vom Ohio. 1858. *Maurer,*
110. I.

53. **Rothfrüchtige Hohlbeere.** 3. C. rubra. Fr. roth, sonst
der chevorigen gleich. — In Gärten. 1859. I.

4. Brombeere Roncha..

(Ur - oder Stammart: Rubus fruticosus; *L.*)

Gattungs-Charakter: Strauch kriechend oder stark bogig
überhängend. Stengel meistens eckig, derb-stachelig. Frucht meistens
schwarz, glatt u. glänzend, voll, dem Fruchtboden anhängend.

54. **Gemeine Brombeere,** Rubus fruticosus; *L.* 1. R. vulgaris.
Brombeere, Brummbeere, Brom-, Broom-, Bromm- u. Brumbeerstrauch,
Bremen, Bromen, Brum, Bramerken, Kratz-, Krassel-, Rham-, Rabet-,
Maul- u. Rahmbeere, schwarze Kratzbeere, Kratzbeerstrauch, Fuchs-
Maulbeere, gemeiner, grosser, hoher, strauchartiger u. polnischer
Brombeerstrauch, grosse schwarze Brombeerstaude: in versch. Geg.
Deutschlands. Ronce, Ronce ordinaire, Mûres de Renard; in Frank-
reich. Common Bramble; *Cat. Lond. a.* Ranken; *C. E. Mayer.* Hohe
Brombeere; *Bechst. Fb.* Brombeerstrauch, Bremenstrauch, Brommer,
Kratzbeerenstrauch; *du Roi.* Teutsche Brombeere; *S.* Gemeine Brom-
beere; *Nois. Gb.* Strauchartige Himbeere; *Thon.* Gemeine schwarze
Himbeere, Brombeere, Rubus vulgaris fructu nigro; *Dttch.* Gemeiner
Brombeerstrauch mit schwarzor Frucht, Rubus vulgaris, Rubus fructu
nigro; *Chr. p. H.* Rubus major fructu nigro; *J. Bauh.* Rubus vulgaris fructu nigro; *C. Bauh.* Rubus sulcatus; *Köhl.* — Ueberall
wildwachsend, selten kultivirt: allgemein bekannt. Kommt in vielen
Varietäten vor. 1500 u. viel früher. *Bechst. Fb.* 785. — *A. t. G. M.*
13. 241. *T.* 31. — *Pom. austr.* 32. *T.* 61. II.

55. **Grünfrüchtige Brombeere,** Rubus leucocarpus; *Mill.* 2 R.
leucocarpa. Brombeere mit weisser Frucht, gelb- u. weiss-früchtige
Brombeere, Rubus fruticosus fructu albo et fructu viride; *in Cat.*
Gemeiner Brombeerstrauch mit weisser Frucht; *Duh. Abh.* Brombeerstrauch mit weisser Frucht: *Chr. p. H.* Gemeiner Brombeerstrauch mit weissen Früchten; *W. u. N.* Rubus vulgaris major fructu
albo; *Mill. Gl.* White fruited Bramble, Rubus fruticosus albus; *Cat.*
Lond. a. — Aehnlich dem vorhergehenden. Fr. hellfarbig, grünlich. Stengel u. Bl. schön grün. — England. 1751. *Mill. Gl.* 2.
211. Interessant I.!

56. **Grossfrüchtige Brombeere.** 3. R. macrocarpa. Beste
cultivirte Brombeere; *in Cat.* Fr. grösser wie 54, sonst gleich. —
In Gärten. I.

57. **Armenische Brombeere,** Rubus armeniacus fructu maximo:
Booth's Cat. 4. R. armeniaca. Armenische grossfrüchtige u. arme-
nische grosse Brombeere; *in Cat.* — Fr. sehr gross, schwarz. —
In Gärten. I!

58. **Buntblättrige Brombeere,** Rubus vulgaris major folio
eleganter variegato; *Mill.* 5 R. variegata. Grösserer Brombeer-

strauch mit zierlich gestreiften Blättern; *Mill. Gl.* Gemeiner Brombeerstrauch mit scheckigen Blättern, Rubus vulgaris major folio variegato: *Duh. Abh.* Brombeere mit weiss- u. gelbgescheckten Blättern; *Bechst. Fb.* Brombeerstrauch mit sckeckigen Blättern: *Chr.
p. H.* Gemeiner Brombeerstrauch mit gelb gefleckten Blättern: *W.
u. N.* Brombeerstrauch mit dem gescheckten Blatt; *Dttch.* — Von
54 nur durch b u n t e Blätter verschieden. — Zierstrauch.

59. **Schlitzblättrige Brombeere,** Rubus foliis eleganter dissectis;
Pluck. 6. R. l a c i n i a t a. Petersilienblättrige Brombeere, Brombeere
mit Petersilienblättern; *in Cat.* Rubus spinosus foliis et flore eleganter laciniatis, stachlicher Brombeerstrauch mit zierlich eingeschnittenen Blättern u. Blumen: *Mill. Gl.* Cut-leaved Bramble: *Cat.
Lond. a.* Stachliger Brombeerstrauch mit Petersilienblättern, Rubus
spinosis foliis laciniatis; *Chr. p. H.* Zerschlitztblättrige Himbeere:
Thon. Schlitzblättrige Himbeere; *Dttch. L.* Brombeere mit zerissenen
Blättern; *Bechst. Fb.* Brombeerstrauch mit Stacheln u. dem Petersilienblatt; *Dttch.* Gemeiner Brombeerstrauch mit zerschlitzten Blättern; *W. u. N.* Rubus laciniatus; *W.* — Von 54 durch g e s c h l i t z t e
Blätter verschieden. — Zierstrauch.

60. **Stachellose Brombeere,** Rubus vulgaris spinis carens: *Mill.*
7. R. i n e r m i s. Gemeiner Brombeerstrauch ohne Dornen; *Mill. Gl.*
Spineless Bramble: *Cat. Lond. a.* Gemeiner Brombeerstrauch mit
stachellosem Stamm; *W. u. N.* Rubus fruticosus inermis: *Ser.* —
Str. o h n e Dornen, sonst wie 54. — Zierstrauch. 1751. *Mill. Gl.*
2. 211. I.

61. **Grossblühende Brombeere,** Rubus Schlechtendali; *W. u. N.*
8. R. g r a n d i f l o r a. Schlechtendal's Brombeere; *W. u. N.* — Fr.
s e h r g r o s s, w a l z e n f ö r m i g, sehr wohlschmeckend. Stengel r u n d-
l i c h. Blüthen s e h r g r o s s, a p f e l b l ü t h e n f ö r m i g, weiss, mit
rosenrothen Staubfäden. — Wild u. kultivirt. 1822. *W. u. N.* 35.
T. 11. I!

62. **Polnische Brombeere.** *Mill.* 9. R. p o l o n i c a. Rubus polo-
nicus; *Duh. Abh.* Polnischer Brombeerstrauch ohne Dornen: *Chr.
p. H.* — Fr. gross. Str. d o r n e n l o s. — Polen. In Englands Gärten
sehr gemein. 1751. *Mill. Gl.* 2. 211. I!

5. Thaubeere. Capria.

(Ur- oder Stammart: R u b u s c a e s i u s; *L.*)

G a t t u n g s - C h a r a k t e r: Strauch k r i e c h e n d. Stengel r u n d,
bereift. Frucht matt, schwarz-blau, b l a u b e r e i f t, voll, dem Fruchtboden anhängend.

63. **Gemeine Thaubeere,** Rubus caesius; *L.* 1. C. a r v e n s i s.
Brombeere, Bocksbeere, Bocksbeerstrauch, blassblaue Brombeere,
blaue Krotz-, Kratzel- u. Kratzbeere, blaue Krotzelbeere, blaue Bran-
beere, Ackerbeere, Ackerbrane, Ackerbrame, Ackerbrommer, Acker-

brombeere, Ackerbreme, Fuchs-, Tauben-, Kratz-, Than-, Thau- u. Traubeere, Traubenbreme, kriechende Himbeere, kriechende blaue u. wilde kriechende Brombeere, Bramranke, Ackerbeerstrauch, blauer Kratzelbeerenstrauch, blaue Brombeere; in versch. Geg. Deutschlands. Ronce rampant, des champs et de haies; in Frankreich. Dew-berry, Dwarf Bramble; in England. Blaue Brombeere; *Chr. p. H.* — *Nois. Gb.* Ackerbrombeere: *Bechst. Fb.* Ackerbeere; *du Roi.* Blaue Himbeere: *Dttch.* Bocksbeerstrauch; *W. u. N.* Bläulicher Brombeerstrauch; *Fl. Wett.* Kriechende Himbeere; *W. B. B.* Ackerhimbeere, kriechende Brombeere: *Thon.* Dewberry, Blue Bramble; *Cat. Lond. a.* Rubus tertius; *Val. Cord. u. Diosc.* Humilis Rubus; *Trag.* Rubus humilis belgicus; *Clus. Panon.* Chamaerubus spinosus; *Jonst.* Rubus minor; *J. Bauh.* Rubus repens: *C. Bauh.* Rubus reptans: *Lob.* Rubus arvensis; *Schwenkf.* Rubus saxatilis; *Wil. Werth. non L.* Rubus glaudulosus; *Hell.* Rubus caesius aquaticus; *W. u. N.* — Fr. sehr saftig. — Allbekanntes Unkraut auf Aeckern. 1500 u. viel früher. *Bechst. Fb.* 789. III. Vortrefflich zur Weinbereitung.

64. **Buntblättrige Thaubeere**. 2. C. variegata. Rubus caesius foliis variegatis; *hort.* — Von der vorhergehenden durch bunte Blätter verschieden. — Zierstrauch.

65. **Schlitzblättrige Thaubeere**. 3. C. laciniata. Rubus caesius laciniatus; *hort.* — Durch geschlitzte Blätter von der ehevorigen verschieden. — Zierstrauch.

66. **Grossblühende Thaubeere**. 4. C. grandiflora. Rubus caesius grandiflorus; *Sering.* — Blüthe grösser als an 63. — III.

67. **Kleinblättrige Thaubeere**. 5. C. parvifolia. Rubus caesius parvifolius; *Wallr.* — Bl. kleiner als an 63. — III.

68. **Runzelige Thaubeere**. 6. C. rugosa. Rubus caesius agrestis; *W. u. N.* — Von 63 durch einen etwas dichter bewehrten Stengel u. durch mehr abgerundete, runzelige, unten sammtartige Blätter verschieden. — Wildwachsend. III.

4. Ordnung. Beerenobst.

4. (19.) Geschlecht. Hanbutten.

Hanbutte. Rosa.

Gattungs-Charakter: Blüthe vollständig. Beere ganz, fleischig-saftig, einfächerig, gekelcht. Samen borstig.

1. **Hunds-Hanbutte.** 1. R. polymorpha; *Schimp.* Rosa canina; *L.* Hage-, Hagedorn-, Heck-, Feld-, Dorn-, Zaun-, Korn-, Haid-, Buttel-, Hahn-, Hagebutzen- u. Hornrose, wilde u. gemeine wilde Rose, Rosenwildling, Hagebutze, grosse Hagebutten, wilde Hagebutze, Hage-, Horn-, Han- u. Hainbuttenstrauch, Hunds- u. Rosendorn, wilder Rosenstock, Heckenrose, Hagedornrose, Hagebutten, Hagebotten, Hagebüttchen, Hagehüften, Haynhüften, Hahnklöschen, Hahnehödchen, Hahnehüften, Hagehieften, Hissen, Hiefen, Hiesen, Hüsen, Hüften, Hiften, Buttelhüfen, Haynhecken, Wirbchen, Wiegenstrauch, Feldwiegenstrauch, Wieken, Wipen, Wiepken, Hanewüpten, Heinzerlein, Arschkitzeln, Arschkratzeln, Hetschepetsch, Hiefen- u. Hüftenstrauch, Kunz, Schlafkunz- u. Schlafkauzstrauch, Hatschepetz, Hetscherl, Kippen, Museln; in versch. Geg. Deutschlands. Rosier sauvage, Rose de Chien, Gratte-cu: in Frankreich. Smooth-leaved Dog Rose; *Cat. Lond. a.* Hunds-Rose; *Bechst. Fb.* Spätblühende Gartenhainbutte; *Chr. v. P.* Gemeine Hainbutte, Heckenrose, Hundsrose; *Chr. H. O.* Rosenhundsdorn, Hambuttenstrauch; *Bechstdt.* — Fr. gr., eiförmig, glänzend-glatt, schön hochroth; Stl. kahl. Stengel u. Blattstiel krumm-stachelig. Blättchen eif., unbehaart. — Wild. Ueberall verbreitet u. allgemein bekannt. Kommt in vielen Abänderungen vor. 1500 u. früher. *Bechst. Fb.* 631. Ende Sept. Okt. I.

2. **Hecken-Hanbutte.** 2. R. dumalis; *Bechst.* Gemeine wilde Rose, Heckenrose, Hundsrose, Hagerose, Hagedorn, Rosa canina; *du Roi.* Hecken-Rose; *Bechst. Fb.* Trailing Dog Rose; *Cat. Lond. a.* Rosa canina glandulosa; *Bluff et Fing.* Rosa stipularis; *Merat.* Rosa Sarmentacea; *Woods.* — Fr. sehr gross, eirund, bauchig, unten zuweilen abgerundet, oben wenig zugesp., glatt, braunroth, etwas bläulich angelaufen, meistens mit ausgebreiteten Kelchabschnitten versehen. — Wildwachsend. Varietät der vorhergehenden. 1772. *Bechst. Fb.* 636. Mitte Sept. I!

3. **Feld-Hanbutte.** 3. R. arvensis; *L.* Grosse Hundsrose; grosse Hagebuttenrose, grosse Hagebutze, bläuliche u. eisengraue Rose, Ackerrose; in versch. Geg. Deutschlands; (Ackerliebende Rose; *Dtch. L.*) Trailing Field Rose; *Cat. Lond. a.* Feldrose, Rosa glaucina; *Bechst. Fb.* — Fr. ähnlich der ehevorigen, grösser u. bauchiger, rund-eiförmig, bläulichroth oder kirschbraun, mit frischen und festen Kelchabschnitten versehen. — Wild u. kultivirt. 1764. *Bechst. Fb.* 633. Oktober. I!

4. **Zottige Hanbutte.** 4. R. villosa; *L.* Weichhaarige u. rauhe Rose, wilde, rauhe u. grosse Hage- oder Hanebuttenrose, grosse Hagebutze, grosse äpfeltragende Heckrose, Wiepen, grosser rauhblättriger Wiepenstrauch, rauhe, haarige u. grosse Hüfften; in versch. Geg. Deutschlands. Rosier hispide ou velu, Grand Rosier à gros fruit épineux; in Frankreich. Rosa sylvestris, pomifera major; *C. Bauh.* Apple-bearing Rose; *Cat. Lond. a.* Zottige oder äpfeltragende Rose; *Bechst. Fb.* Haarige Rose; *Lipp.* (Grosse Hahnbutte, Apfelrose, Rosenapfel: *Dttch. L.*) Filzige Rose: *Nois. Gb.* Spanische Rose; *Dierb.* Grosse Hanebuttenrose; *Ab.* Rosa pomifera; *Borkh.* Rosa tomentosa b.: *Lindl.* Rosa villosa vulgaris; *Bluff et Fing.* Rosa hispanica; *Mill.* Rosa mollis: *Sm.* Rosa heterophylla; *Woods.* Rosa pulchella: *Woods.* Hanebuttenstrauch mit grossen rauhen Früchten?! *Bechstdt.* — Fr. sehr gross, kugelig, mit dem Stiel fein u. zerstreut drüsen-stachel-borstig, dunkel-purpurroth. Str. mit zerstreuten fast geraden Stacheln. Blättchen beiderseits fein u. dicht behaart. — Wild u. kultivirt. Variirt. 1641 u. früher. *Bechst. Fb.* 639. Aug. Sept. I!!

5. **Apfel-Hanbutte.** 5. R. pomifera. Rosa villosa pomifera; *Des.* Hagebutte, grossfrüchtige Hagebutte, grosse gemeine Hainbutte, grosse Garten-Hanbutte, grosse Hagebutzo, Apfel-Hagebutze, Rosenäpfelstrauch; *in Cat.* Rosa villosa, English Apple-bearing Rose; *Cat. Lond. a.* Runde grosse Gartenhainbutte, Rosier à gros fruit épineux; *Chr. v. P.* Behaarte oder apfeltragende Rose; *Nois. Gb.* Grosse äpfeltragende wilde Rose; *Bechstdt.* Rosa villosa; *Lindl.* Rosa hispida; *Poir.* Rosa gracilis; *Woods.* Zottige Rose mit grosser Frucht, Rosenapfel! *Bechst. Fb.* Grosse Hagebuttenrose, grosse Hanebutten?! *du Roi.* Rosa mollissima?! *W. B. B.* — *Borkh.* Rosa villosa mollissima? *Bluff et Fing.* Rosa pomifera? *Herm.* — Fr. wie die vorhergehende, viel grösser. Str. höher u. robuster. — Kultivirt u. wild. England. Grössere Varietät der vorhergehenden. 1772. *Bechst. Fb.* 640. I!!!

6. **Filzige Hanbutte.** 6. R. tomentosa;. *Sm.* Wald-Rose; *Bechst. Fb.* Downy-leaved Rose; *Cat. Lond. a.* Filzige Rose; *Dtch. L.* Rosa villosa: *Ehrh.* Rosa dubia; *Wibel.* Rosa villosa b.; *Huds.* Rosa mollissima? *Borkh.* Rosa villosa mollissima? *Bluff et Fing.* — Fr. ähnlich der ehevorigen, fast kahl, hochroth. Blättchen graugrün, beiderseits fein weiss-filzig. — Wildwachsend. 1796. *Bechst. Fb.* 694. Anf. Sept. I!

7. **Mehl-Hanbutte.** 7. R. farinosa; *Bechst.* Mehl-Rose; *Bechst.* — Fr. gross, rundlich-eiförmig, bauchig, glatt u. glänzend, dunkelroth, sp. schwarz; Stl. glatt. Blättchen sammtig, fast filzig, grün-grau, wie gepudert. — Wild. 1821. *Bechst. Fb.* 706. I!

8. **Rauhe Hanbutte.** 8. R. hispida; *Borkh.* Rauhe Rose; *Bechst. Fb.* — Fr. gross, eiförmig, borstig, später kahl, braunroth, sp. schwarz. Stl. borstig u. rauh. Blättchen beiderseits dicht weichhaarig. — Wild. 1800. *Bechst. Fb.* 705. I!

4. Ordnung. Beerenobst.

5. (20.) Geschlecht. Stachelbeeren.

.

———

Einleitung.

Unter den in neuester Zeit so sehr geschätzten und wichtigen Beerenfrüchten nimmt die Stachelbeere eine der ersten Stellen ein. Durch ihren herrlichen Geschmack, ihre zahlreichen Abänderungen, wie sie kein anderes Beerenobst bietet, und durch ihren grossen Nutzen, den sie überhaupt, namentlich aber im Haushalte und seit Kurzem in der Weinbereitung gewährt, geht diese deutsche Frucht besonders in nördlich gelegenen Gegenden einer bedeutenden Zukunft entgegen. Dauerhaft und überall fortkommend, hat auch die Stachelbeere bereits eine weite Verbreitung gefunden, ja in jedem auch noch so kleinen Bauerngärtchen ihren Wohnsitz aufgeschlagen.

Die Kultur der Stachelbeeren steht seit vielen Jahren am Höchsten in England, wo mit vielem Eifer zur Erzeugung der grössten Früchte um den Preis gerungen wird. Von England kommen die schönsten Varietäten, dort wurde auch der erste gelungene Versuch gemacht, dieselben zu klassifiziren, und daher stammen auch die bisherigen eigenthümlichen Namen, welche von deutschen Gärtnern oft so sehr verstümmelt werden, dass sie kaum noch erkannt werden können.

Uebrigens ist Deutschland in der pomologischen Behandlung dieses Beerenobstes nicht zurückgeblieben. In dem Versuch einer Monographie der Stachelbeeren von Dr. Lorenz von Pansner, Jena 1852, besitzen wir ein Werk, dem alle derartigen Arbeiten in England nachstehen. Leider entspricht dessen neue Nomenklatur keiner Regel irgend eines Faches der Wissenschaft. Der Verfasser sprach jedoch in seiner Vorrede, Seite XII, den Wunsch aus, mit Hinweisung auf die Leistungen des thätigen und gelehrten Oken als Muster, dass eine bessere und vollkommenere Anordnung mit einer entsprechenderen Terminologie endlich festgestellt werden möge.

Abgesehen davon, bleibt die Aufgabe der Züchter: dem deutschen Stachelbeerkönig zu folgen, auf seinem Werke fortzubauen, d. h. alle Sorten auf die Pansner'schen zurückzuführen. Das Bestimmen ist mit keinen Schwierigkeiten verbunden. Erst nach genauen und umfassenden Vergleichen darf eine Frucht als neu oder noch nicht beschrieben im Systeme aufgenommen und entsprechend benannt werden.

Die Klassifikation der Stachelbeeren soll sich auf folgende botanische Arten gründen:
a. **Ribes reclinata**: *L.* (Zweige aufrecht, nur oben zurückgebogen; Frucht roth, kahl),
b. **Ribes Grossularia**; *L.* (Zweige aufrecht; Frucht hellfarbig, haarig),
c. **Ribes uva crispa**; *L.* (Zweige hängend; Frucht hellfarbig, kahl oder wollig),
weil alle Varietäten der Stachelbeere von diesen abstammen. Und in der That zeigt auch eine jede ihren Urtypus, entweder welcher Art oder welcher Zwischenform sie angehört.

Ganz botanisch-richtig, natürlich und umfassend wäre daher folgende Eintheilung:

I. **Frucht roth, kahl. Zweige aufrecht: reclinata.**
II. **Frucht roth, haarig. Zweige aufrecht: reclinata-Grossularia.**
III. **Frucht roth, wollig. Zweige aufrecht: reclinata-uva crispa.**
IV. **Frucht hellfarbig, haarig. Zweige aufrecht: Grossularia.**
V. **Frucht hellfarbig, haarig. Zweige hängend: Grossularia-uva crispa.**
VI. **Frucht roth, haarig. Zweige hängend: Grossularia-reclinata.**
(Bildet den Uebergang zu den folgenden.)
VII. **Frucht hellfarbig, kahl oder wollig. Zweige hängend: uva crispa.**
VIII. **Frucht hellfarbig, kahl oder wollig. Zweige aufrecht: uva crispa-Grossularia.**
IX. **Frucht roth, kahl oder wollig. Zweige hängend: uva crispa-reclinata.**

Da aber die Ribes reclinata auch nur eine Kultur-Art ist, selten wildwachsend vorkommt, eine pomologische Eintheilung, wenn möglich, nach der Frucht allein gebildet werden soll, und gerade hier charakteristische und leicht zu unterscheidende Merkmale hinreichend zu Gebote stehen, besonders aber die eigenthümliche Richtung der Zweige selten ganz treffend bestimmt werden kann, so wurde auf dem Grunde jener zwei wahren wildwachsenden Arten, die durch kahl und haarig getrennt worden sind, (wie auch **Pansner** in seiner Einleitung Seite 5 bemerkte, dass die Wolle zu den Haaren gehöre, überdiess die wolligen Beeren meistens auch einzelne und längere Haare tragen), folgende einfachere und übersichtlichere Eintheilung festgestellt.

Stämme und Gattungen der Stachelbeeren.

Alle Stachelbeeren sind:	**haarig. I. Krausbee-renartige.**	Frucht grün.	Frucht länglich	1. **Krausbeere.**
			Frucht rundlich	2. **Grasbeere.**
		Frucht hell-farbig, (gelb oder weiss-lich).	Frucht länglich	3. **Glasbeere.**
			Frucht rundlich	4. **Agatbeere.**
		Frucht dun-kelfarbig, (roth).	Frucht länglich	5. **Stickbeere.**
			Frucht rundlich	6. **Wendelbeere.**
	kahl. II. Grosselbee-renartige.	Frucht grün.	Frucht rundlich	7. **Grosselbeere.**
			Frucht länglich	8. **Rahmbeere.**
		Frucht hell-farbig, (gelb oder weiss-lich).	Frucht rundlich	9. **Goldbeere.**
			Frucht länglich	10. **Zungenbeere.**
		Frucht dun-kelfarbig, (roth).	Frucht rundlich	11. **Klosterbeere.**
			Frucht länglich	12. **Rauchbeere.**

I. Stamm (Tribus).

Krausbeerenartige. Spinellaceae.

Frucht kahl.
(Ur- oder Stammart: Ribes Uva crispa; *L.*)

1. Krausbeere. Spinella.

Frucht grün, länglich.

1. Rotte. Frucht elliptisch.

1. Gemeine Krausbeere, Ribes Uva crispa; *L.* 1. Sp. vulgaris. Hecken-Stachelbeere, wilder, glatter, grüner und wilder kleiner Stachelbeerstrauch, Hecken-Stachelbeerstrauch, kleiner glattblättriger Stachelbeerstrauch, haarige u. glatte Johannisbeere, kleiner glattbeeriger Stachelbeerstrauch, grüner u. glattbeeriger Stachelbeerstrauch, krause Stachelbeere, Grunsel-, Grussel-, Grasel-, Grassel-, Kräsel-, Kräusel-, Kraus-, Grün-, Kluster-, Kristohren- u. Stichbeere, Grunzeln, wilde Stickbeere, wilde Klosterbeere, Stech- u. Wegdorn, Stich-, Stick-, Krist-, Kraus-, Kreusel-, Kreuz-, Kreuzel-, Hecken-u. Grünbeerenbusch, Spinellen, Spunellen; in versch. Geg. Deutschlands. Groseille lisse, Gadelier épineux, Grosseiller épineux sauvage à fruits lisses; in Frankreich. Smooth Gooseberry, Uva crispa, Smooth-fruited-Gooseberry-bush; in England. Glatte Stachelbeere; *Bechst. Fb. — Nois. Gb. — W. B. B. — Lipp. — Dtch. L..* Wilde Stachelbeere; *Mössl.* Wilde oder kleine Stachelbeere; *Ab. — Chr. H. O.* Wilder Stachelbeerstrauch; *Burgsd.* Wilder Stachelbeerenbusch; *du Roi.* Glattfrüchtige Johannisbeere; *Fl. Wett.* Ribes uva crispa; *L.* Ribes Grossularia pubescens, feinhaarige Stachelbeere; *Koch.* Grossularia Uva crispa; *Mill.* Grossula glabra; *Seutter.* Grossularia glabra; *Thon.* Ribes Grossularia Uva crispa; *Dec.* Ribes Uva crispa sylvestris; *Berlandier.* — Fr. klein, doch grösser als 267, länglich-rund, grün, glatt, selten etwas behaart, durchsichtig. Zw. hängend. — Wild in Hecken u. Gebüschen. Juli. 1764 u. viel früher. *Bechst. Fb.* 655. III.

2. Gefleckte Krausbeere: 2. Sp. maculata. Melchior; *P.* — Fr. ziemlich gr., 1,10″ h., 0,97″ br., apfelgrün, sw. roth ge-

fleckt, ziemlich durchscheinend, dünnhäutig, säuerlich-süss; Ad.
grünlich-gelb, sehr wenig grün p. Zw. seitw. — Mitte u. Ende Juli.
P. 401. I.

3. Hellgrüne Krausbeere. 3. Sp. diluta. Kornel; *P.* —
Fr. ziemlich gr., 1,12″ h., 0,93″ br., licht apfelgrün, etwas durchscheinend u. dickhäutig, fleischig, süss; Ad. grünlich-weiss,
weiss punktirt. Zw. seitw. — Ende Juli. *P.* 402. I.

4. Weissliche Krausbeere. 4. Sp. albida. Non descrive,
Nunno; *P.* — Fr. gr., 1,17″ h., 1,02″ br., weisslich apfelgrün,
durchscheinend, etwas dickhäutig, fleischig, süss; Ad. grünlich-
weiss, wenig weisslich-grün punktirt. Zw. seitw. — Ende
Juli. Anf. Aug. *P.* 403. I.

5. Glasige Krausbeere. 5. Sp. hyalina. Northern Ocean,
Normann; *P.* — Fr. ziemlich gr., 1,17″ h., 0,86″ br., am Stiele beiderseits eingedrückt, weisslich apfelgrün, sehr stark durchscheinend, dünnhäutig, sehr angenehm süss; Ad. lichter, grünlich-weiss punktirt. Zw. abw. — Anf. Aug. *P.* 404. I!

6. Apfelgrüne Krausbeere. 6. Sp. melina. Ludwig; *P.* —
Fr. gr., 1,16″ h., 1,00″ br., schön apfelgrün, weisspunktig durch
die Haut scheinend, glänzend glatt, sehr durchscheinend, oft
roth gefl., dünnhäutig, sehr süss; Ad. grünlich weiss. Zw. aufw. —
Ende Juli, Anf. Aug. *P.* 405. I!

7. Geglättete Krausbeere. 7. Sp. laevigata. Wirning's
Green, Matthäus; *P.* — Fr. mittelgr., 1,03″ h., 0,76″ br., apfelgrün,
glänzend glatt, sehr durchscheinend, dünnhäutig, sehr angenehm
süss; Ad. gelblich-grün, weisslich-gelb p. Zw. seitw. — Ende
Juli. I.

8. Durchscheinende Krausbeere. 8. Sp. pellucida. Smiling
Mary, Kandidus; *P.* — Fr. sehr gr., 1,36″ h., 1,03″ br., apfelgrün,
stark durchscheinend, sehr dünnhäutig, süss; Ad. gelblich-
grün, sehr wenig grün p. Zw. abw. — Mitte u. Ende Juli. *P.* 407. I!

9. Dickhäutige Krausbeere. 9. Sp. crassiuscula. Gauntlet,
Lips; *P.* — Fr. sehr gr., 1,35″ h., 0,91″ br., apfelgrün, sehr durchscheinend, dickhäutig, angenehm süss; Ad. grünlich-weiss, sehr
wenig grün p. Zw. seitw. — Mitte Juli, Anf. Aug. *P.* 408. I!

10. Brown's Krausbeere. 10. Sp. Brownii. Brown's Jolly
Gardener, Karsten; *P.* — Fr. gr., 1,37″ h., 0,99″ br., apfelgrün, oben
grünlich-weiss, ziemlich durchscheinend und dünnhäutig, süss;
Ad. lichter, wenig grün p. Zw. abw. — Ende Juli. *P.* 409. I.

11. Wenigpunktirte Krausbeere. 11. Sp. paucipunctata.
Lupin; *P.* — Fr. mittelgr., 1,28″ h., 0,88″ br., oft auch birnf.,
apfelgrün, sw. etwas roth punktirt, sehr durchscheinend, dünnhäutig, sehr süss; Ad. lichter, wenig grünlich-weiss p. Zw. abw. —
Ende Juli, Anf. Aug. *P.* 410. I.

12. Veränderliche Krausbeere. 12. Sp. polymorpha. Chisel; *Th.* Kilian; *P.* — Fr. mittelgr., veränderlich geformt,
oft rundlich, oft spulenf., manchmal eif., 1,07″ h., 0,83″ br., apfel-

grün, ziemlich durchscheinend, etwas dickhäutig, säuerlich; Ad. lichter, grünlich-weiss p. Zw. seitw. — Mitte Juli, Anf. Aug. *P*. 411. II.

13. Fleischige Krausbeere. 13. S p. carnosa. Majoran; *P*. — Fr. gr., 1,12″ h., 0,95″ br., apfelgrün, oben grünlich-weiss, grünlich-weiss-fleckig durch die Haut scheinend, sw. etwas roth gefleckt, ziemlich durchscheinend, dünnhäutig, sehr fleischig, süss; Adern lichter, sehr wenig weisslich p. Zw. seitw. — Ende Juli. *P*. 412. I.

14. Angenehme Krausbeere. 14. S p. grata. Marius; *P*. — Fr. ziemlich gr., 1,04″ h., 0,91″ br., apfelgrün, sehr durchscheinend, sehr dünnhäutig, sehr süss; Ad. weisslichgrün, weisslich p. Zw. aufw. — Ende Juli. *P*. 413. I!

15. Cato's Krausbeere. 15. S p. Catoni. Kato: *P*. — Fr. gr., 1,28″ h., 1,01″ br., licht apfelgrün, oben gelblich-weiss, stark durchscheinend, ziemlich dünnhäutig, angenehm süss; Ad. zeisig-grün, wenig gelb punktirt. — Anf. Aug. *P*. 414. I!

16. Grasgrüne Krausbeere. 16. S p. prasina. Ludolf; *P*. — Fr. gr., 1.20″ h., 0,99″ hr., schön grasgrün, glatt u. glänzend, sehr durchscheinend, sehr dünnhäutig, sehr süss; Ad. apfelgrün, weisslich-grün p. Zw. seitw. — Ende Juli, Anf. Aug. *P*. 415. I!

17. Dorringtoner Krausbeere. 17. S p. Dorringtonensis. Green Dorrington, Maximus; *P*. — Fr. sehr gr., 1,36″ h., 1,01″ br., grasgrün, ziemlich durchscheinend, fleischig, sehr süss; Ad. apfelgrün, wenig weisslich p. Zw. abw. — Ende Juli. *P*. 416. I!

18. Grosselbeerenartige Krausbeere. 18. S p. Grossularia. Brigg's Independant; *Th*. Kassian; *P*. — Fr. fast gr., 1,29″ h., 0,89″ br., oft birnf., apfel-grasgrün, glatt u. glänzend, oft etwas fein bewollt, stark durchscheinend, dünnhäutig, sehr angenehm süss; Ad. licht apfelgrün, wenig gelblich-grün p. Zw. seitw. — Mitte u. Ende Juli. *P*. 417. I!

19. Beduftete Krausbeere. 19. S p. pruinosa. Wainman's Green Ocean, Ingham's Green Ocean; *Th*. Lukrez; *P*. — Fr. gr., 1,29″ h., 1,97″ br., oft eif. oder birnf., grasgrün, oben grünlich-weiss, roth gefleckt, glatt, weiss beduftet, durchscheinend, dünnhäutig, süss; Ad. licht-grasgrün, wenig hellgrün p. Zw. abw. — Mitte Juli, Anf Aug. *P*. 418. I.

20. Wilhelm's Krausbeere. 20. S p. Wilhelmii. King William, Kolumbus; *P*. — Fr. ziemlich gr., 1,15″ h., 1,93″ br., grasgrün, stark durchscheinend, etwas dickhäutig, süss; Ad. lichter, gelb punktirt. Zw. abw. — Ende Juli, Anf. Aug. *P*. I.

21. Grossblühende Krausbeere. 21. S p. grandiflora. Nixon's Green Myrtle; *Th*. Myron; *P*. — Fr. mittelgr., 1,03″ h., 0,86″ br., grasgrün, etwas durchscheinend, dünnhäutig, gewürzhaft; Ad. lichter, besonders oben dicht u. schwefelgelb punktirt. Str. grossblühend; Zw. abw. — Mitte u. Ende Juli. *P*. 420. I!

22. Haartragende Krausbeere. 22. S p. pilifera. Livius; *P*. — Fr. mittelgr., 0,97″ h., 0,77″ br., grasgrün, etwas behaart, glatt u. glänzend, sehr durchscheinend, dünnhäutig, sehr angenehm süss; Ad. lichter, weisslich-gelb p. Zw. seitw. — Ende Juli. P. 421. I.

23. **Bunte Krausbeere.** 23. Sp. vittata Hague's Evander, Maurin; *P.* — Fr. mittelgr., 0,98″ h., 0,82″ br., grasgrün, roth gefleckt, sehr durchscheinend, dünnhäutig, sehr süss; Ad. lichter, weisslich punktirt. Zw. seitw. — Ende Juli, Anf. Aug. *P.* 422. I.

24. **Champagner Krausbeere.** 24. Sp. Campana. Champaigne Green; *Th.* Liberalis; *P.* — Fr. mittelgr., 1,01″ h., 0,87″ br., oft eif., grasgrün, sehr durchscheinend, dickhäutig, fleischig, säuerlichsüss; Ad. weisslich-grün, gelblich-weiss p. Zw. aufwärts. — Ende Juli. *P.* 423. II.

25. **Glänzende Krausbeere.** 25. Sp. splendens. Jone's Seedling, Malchus; *P.* — Fr. ziemlich gr., 1,18″ h., 0,89″ br., weisslich-grasgrün, glatt u. glänzend, stark durchscheinend, dünnhäutig, fleischig, gewürzhaft; Ad. grünlich-weiss, weiss p. — Ende Juli. *P.* 424. I.

26. **Wundervolle Krausbeere.** 26. Sp. admirabilis. Sarder's Red Wonderful, Magnus; *P.* — Fr. sehr gross, 1,41″ h., 1,08″ br., unten beiderseits eingedrückt u. ungleich getheilt, blassgrün, mehr oder weniger kirschroth gesprenkelt, wenig durchscheinend, dünnhäutig, sehr süss; Ad. weisslich-grün, gelblich p. Zw. aufwärts. — Ende Juli. *P.* 425. I!!

27. **Wohlschmeckende Krausbeere.** 27. Sp. gratissima. Korbinian; *P.* — Fr. kaum mittelgr., 0,93″ h., 0,80″ br., blass grasgrün, roth gefleckt, sehr durchscheinend, sehr dünnhäutig, gewürzhaft süss; Ad. grünlich-gelb, gelblich-weiss p. u. roth gefleckt. Zw. abw. — Mitte Juli. *P.* 426. I.

28. **Dünnflüssige Krausbeere.** 28. Sp. deliquescens. Boardman's Green Oak, Lobegott; *P.* — Fr. mittelgr., 0,99″ h., 0,83″ br., licht-grasgrün, sw. roth gefl., glatt u. glänzend, stark durchscheinend, dünnhäutig, wässerig, sehr süss; Ad. licht-grüngelb. sehr wenig weisslich p. Zw. aufw. — Anf. Aug. *P.* 427. I.

29. **Liebliche Krausbeere.** 29. Sp. amabilis. Bates' Favorite; *Th.* Maximilian; *P.* — Fr. gr., 1,23″ h., 1,04″ br., lichtgrasgrün, oben grünlich-weiss, sw. etwas roth gefl., durchscheinend, ziemlich dünnhäutig, angenehm süss; Ad. licht-grasgrün, sehr wenig grün p. Zw. seitw. — Mitte Juli, Anf. Aug. *P.* 428. I!

30. **Netzartige Krausbeere.** 30. Sp. reticulata. Kosmus; *P.* — Fr. ziemlich gr., 1,24″ h., 0,84″ br., licht-grasgrün, oben weisslich, weisslich netzfleckig durch die Haut scheinend, sehr dünnhäutig, sehr süss; Ad. grünlich-weiss, fast weiss punktirt. Zw. aufw. — Ende Juli. *P.* 429. I.

31. **Dunkelgrüne Krausbeere.** 31. Sp. atrovirens. Medardus; *P.* — Fr. fast gr., 1,13″ h., 0,90″ br., dunkelgrasgrün, etwas durchscheinend, dickhäutig, sehr süss; Ad. grünlich-gelb, wenig gelblich-weiss p. Zw. seitw. — Anf. Aug. P. 430. I.

32. **Saftgrüne Krausbeere.** 32. Sp. smaragdina. Lubin;
P. — Fr. stark mittelgr., 1,08″ h., 0,86″ br., schön dunkel-
grasgrün, etwas roth gefl., glatt u. glänzend, wenig durchscheinend,
dünnhäutig, aromatisch süss; Ad. wenig sichtbar, weisslich p. Zw.
seitw. — Mitte Juli. *P.* 431. I!
33. **Weinige Krausbeere.** 33. Sp. vinosa. Hopley's Shan-
non; *Th.* Lucian: *P.* — Fr. gr., 1,29″ h., 0,98″ br., spargelgrün,
oben grünlich-weiss, durchscheinend, ziemlich dünnhäutig, weinsäuerlich-süss; Ad. lichter, grün u. gelb punktirt. Zw. seitw.
— Ende Juli, Anf. Aug. *P.* 432. II.
34. **Garten-Krausbeere.** 34. Sp. hortensis. Koriolan; *P.*
— Fr. ziemlich klein, 0,98″ h., 0,76″ br., spargelgrün, etwas durchscheinend, dünnhäutig, sehr süss; Ad. lichter, wenig grünlich-gelb
p. Zw. seitw. — Mitte u. Ende Juli. *P.* 433. I.
35. **Schmutziggrüne Krausbeere.** 35. Sp. sordida, Longin;
P. — Fr. fast gr., 1,29″ h., 0,90″ br., dunkel-faulgrün, oben
weisslich, unten oft roth gefl., ziemlich durchscheinend, sehr dünnhäutig, sehr süss; Ad. schmutzig-apfelgrün, weisslich p. Zw.
seitw. — Ende Juli. *P.* 435. I.
36. **Früheste Krausbeere.** 36. Sp. praecocissima. Kunds-
mann; *P.* — Fr. ziemlich klein, 0,93″ h., 0,76″ br., zeisiggrün,
fast gelb, sehr wenig durchscheinend, fast undurchsichtig, dünnhäutig, süss, mehlig; Ad. schwefelgelb, dicht grün p. Str. sehr
frühblühend; Zw. aufrecht. — Anfangs Juli. *P.* 436. I.
37. **Traubenbeerenartige Krausbeere.** 37. Sp. acinacea.
Leonhard; *P.* — Fr. ziemlich gr., 1,18″ h., 0,89″ br., weisslich-
grün, gelblich-grün netzartig-fleckig u. punktig durch die Haut scheinend, glatt, beduftet, stark durchscheinend, dünnhäutig, saftvoll, sehr angenehm süss; Ad. gelblichgrün. Zw. seitw. —
Ende Juli. *P.* 438. I!
38. **Saftvolle Krausbeere.** 38. Sp. succosa. Mamertus; *P.*
— Fr. mittelgr., 0,99″ h., 0,89″ br., weisslich-grün, sehr durchscheinend, dünnhäutig, angenehm süss, sehr saftvoll; Ad. grünlich-
weiss, gelblich-weiss p. Zw. seitw. — Ende Juli. 439. I!
39. **Dünnhaarige Krausbeere.** 39. Sp. glabriuscula.
Gooseberry Early Lincolm, Liebhard; *P.* — Fr. sehr gross, 1,25″ h.,
1,11″ br., weisslich-grün, oben fast weiss, glatt, sehr wenig weiss
behaart, etwas durchscheinend, dickhäutig, sehr süss; Ad. gelblich-weiss, grünlich p. Zw. seitw. — Ende Juli. *P.* 440. I!
40. **Fruchtbare Krausbeere.** 40. Sp. fertilis. Massey's Heart
of Oak; *Th.* Kulmin; *P.* — Fr. gross, grün, glatt, sehr wohlschmeckend. Str. sehr fruchtbar; Zw. abw. — Aug. *P.* 449. I.
41. **Längliche Krausbeere.** 41. Sp. elongata. Trop's
Beautiful Betty, Narciss; *P.* — Fr. länglich, fast walzenförmig, meergrün, sw. stark geröthet, glatt u. glänzend, etwas dickhäutig. angenehm säuerlich; Ad. grüngelb. — Ende Juli, Anf. Aug.
P. 453. II.

Hierher gehören noch: Admiral Rodney, Bassa, Coquet, Culash, Contect, Fanny, Green Chancellor, General Wolf, Green Joseph, Cucumber, Wrigley's Favorite, Gilt-head, Lee's Victory, Fine Spaniard, Kloken's Victory, Lizard, Marbourg's Green, Large Thompson, Large Heary Crown: *P.* — Reformer, Minerva; *Th.*

2. Rotte. Frucht eiförmig.

42. Wallnuss-Krausbeere. 42. Sp. juglandis. Green Walnut, Belmont's Green, Smooth Green, Nonpareil; *Th.* Markolf: *P.* — Fr. ähnlich Nr. 22, gross, rundlich u. elliptisch, 1,01" h., 0,92" br. oder eif. u. 1,20" h., 0,88" br., grasgrün, fast glatt, ziemlich stark durchscheinend, dünnhäutig, angenehm süss; Ad. licht-grasgrün, gelblich u. grünlich-weiss p. Str. gross, sehr fruchtbar; Zw. seitwärts. — Mitte Juli, Anf. Aug. *P.* 464. I!

43. Bratherton's Krausbeere. 43. Sp. Brathertoni. Bratherton's Brikstone? Niels; *P.* — Fr. sehr gross, 1,44" h., 1,01" br., licht-grasgrün, oben weisslich-grün, weiss-netzfleckig durch die Haut scheinend, dünnhäutig, sehr angenehm süss; Ad. weisslich-grün, gelblich-weiss p. Zw. aufw. — Ende Juli. *P.* 463. I!!

44. Gezeichnete Krausbeere. 44. Sp. notata. Krescentius; *P.* — Fr. gr., 1,37" h., 0,96" br., licht-grasgrün, oben gelblich-weiss, sw. roth gefleckt, wenig durchscheinend, dickhäutig, fleischig, süss; Ad. grünlich-weiss, grünlich u. gelblich-weiss punktirt. Zw. seitw. — Anf. Aug. *P.* 465. I.

45. Ungefelderte Krausbeere. 45. Sp. exareolata. Leupold; *P.* — Fr. gr., 1,26" h., 0,96" br., licht-grasgrün, oben heller, wenig durchscheinend, sehr dünnhäutig, saftvoll, süss; Ad. gelblich-weiss, grün p. Zw. aufw. — Ende Juli. *P.* 466. I!

46. Krachende Krausbeere. 46. Sp. crepitans. Prince of London, Norbert; *P.* — Fr. gross, 1,34" h., 1,00" br., weisslichgrün, oben gelblich-weiss, sw. roth gefl., sehr wenig durchscheinend, dickhäutig, sehr fleischig-süss; Ad. lichter, wenig weisslich p. Zw. abw. 1. — Anf. Aug. *P.* 467. 1.

47. Gefelderte Krausbeere. 47. Sp. areolata. Newman's Favorite, Libertin; *P.* — Fr. sehr gross, 1,43" h., 1,10" br., schön grasgrün, theilweise weisslich-grün, durchaus weisslich-grün netzartig gefeldert, durchscheinend, dickhäutig, süss, mehlig; Ad. gelblich-grün, grünlich-weiss p. Zw. aufrecht. — Ende Juli. Mitte Aug. *P.* 468. I.

48. Perring's Krausbeere. 48. Sp. Perringi. Perring's Evergreen; *Th.* Menno; *P.* — Fr. sehr gross, 1,42" h., 1,05" br., grasgrün, durchscheinend, dickhäutig, süss; Ad. lichter, sehr wenig grünlich-weiss p. Zw. seitw. — Mitte u. Ende Juli. *P.* 469. I.

49. Wässerige Krausbeere. 49. Sp. aquosa. Koron; *P.* — Fr. gr., 1,24" h., 1,00" br., grasgrün, ziemlich durchscheinend, dickhäutig, wässerig, süss; Ad. weisslich-grün, wenig licht p. Zw. seitw. — Anf. Aug. *P.* 470. II.

50. Kleine Krausbeere. 50. Sp. minor. Pitmaston Green Gage: *Th.* Methusala: *P.* — Fr. klein, glatt, wenn lang hängend u. zusammengeschrumpft sehr süss u. vortrefflich. Zw. aufrecht. — Aug. *P.* 479. I!

Hierher gehören noch: Bell's Peover Pecher, Elgin's Fame, Tortlow's Lord Hood, Smooth Green Large, Edwards Jolly Tart, Taylor's No-bribery, Merry Lass, Grundy's High Sheriff of Lancashire, Northern Hero, London Rifleman; *Th.* — Czarina, Emy, Grand Duke, Czar, Green Fig; *P.*

3. Rotte. Fr. birnförmig.

51. Vielfarbige Krausbeere. 51. Sp. multicolor. Morning Star, Moritz; *P.* — Fr. gross u. 1,56" h., 0,89" br., oft sehr gross, 1,60" h. u. 1,04" br., gelblich-grün, oben fast weiss, sw. roth gefleckt, stark durchscheinend, dünnhäutig, süss, sehr wohlschmeckend; Ad. lichter, grünlich-weiss p. Zw. seitw. — Anf. Aug. *P.* 487. I!!

52. Gewürzhafte Krausbeere. 52. Sp. aromatica. Konstantin: *P.* — Fr. fast gr., 1,22" h., 1,02" br., apfelgrün, wenig durchscheinend, etwas dickhäutig, gewürzhaft süss; Ad. licht apfelgrün, wenig röthlich p. — Anf. Aug. *P.* 488. I!

53. Blutige Krausbeere. 53. Sp. sanguinolenta. Lukas; *P.* — Fr. kaum mittelgr., 0,82" h., 1,78" br., apfelgrün, oben grünlich-weiss, dunkel-blutroth gefleckt, durchscheinend, dünnhäutig, angenehm süss; Ad. blass apfelgrün, röthlich punktirt. — Anf. Aug. *P.* 489. I.

54. Säuerliche Krausbeere. 54. Sp. acidula. Laures-hees Seedling, Michael; *P.* — Fr. sehr gross, 1,55" h., 1,09" br., grasgrün, wenig durchscheinend, etwas dickhäutig, fleischig, säuerlich-süss; Ad. apfelgrün, grünlich-weiss p. Zw. seitw. — Mitte u. Ende Juli. *P.* 490. I.

55. Täuschende Krausbeere. 55. Sp. decipiens. Taylor's Nimrod, Nimrod; *P.* — Fr. gross, 1,63" h., 0,90" br., oft sehr gross u. 1,46" h., 1,05" br., schön grasgrün, sehr durchscheinend, dünnhäutig, nicht sonderlich süss; Ad. gelblich-grün, sehr wenig weisslich p. Zw. abw. — Ende Juli. Anf. *P.* 491. I.

56. Weiden-Krausbeere. 56. Sp. salicina. Johnson's Green Willow, Lebrecht; *P.* — Fr. sehr gross, 1,53" h., 1,00" br., dunkel-grasgrün, glatt u. glänzend, durchscheinend, dünnhäutig, weinsäuerlich-süss; Ad. lichtgrün, wenig grün p. Zw. seitw. — Ende Juli, Anf. Aug. *P.* 492. II.

57. Durchsichtige Krausbeere. 57. Sp. diaphana. Allen's Glory of Ratcliff; *Th.* Nathan; *P.* — Fr. gr., 1,18" h., 1,02" br., oft 1,87" h. u. 0,95" br., spargelgrün, sw. etwas roth gefl., sehr stark durchscheinend, ziemlich dünnhäutig, angenehm süss; Ad. lichtgrün, fast gelb, gelb punktirt. Zw. seitw. — Mitte u. Ende Juli. *P.* 494. I!

58. Mehlstaubige Krausbeere. 58. Sp. farinosa. Bang of Green, Kuno; *P.* — Fr. gross; 1,54″ h., 1,00″ br., schön grasgrün, glatt, beduftet, durchscheinend, dünnhäutig, sehr angenehm süss; Ad. grünlich-gelb, wenig gelblich-weiss p. Zw. aufrecht. — Ende Juli. *P.* 493. I!

Hierher gehören noch: Green Froy, Vulture; *P.*

2. Grasbeere. Agresta.

Frucht grün, rundlich.

1. Rotte. Frucht kugelig.

59. Gesprengelte Grasbeere. 1. Agr. adspersa. Bumper, Kamill; *P.* — Fr. kaum mittelgr., 0,87″ h. u. br., apfelgrün, sw. dunkelroth gefleckt u. punktirt, durchscheinend, dünnhäutig, angenehm gewürzhaft süss; Ad. zeisiggrün. Anf. Aug. *P.* 343. I!

60. Zweitheilige Grasbeere. 2. Agr. bipartita. Balloon, Lorenz; *P.* — Fr. ziemlich gr., 1,11″ h., 1,02″ br., unten beiderseits vertieft, apfelgrün, stark durchscheinend, etwas dickhäutig, süss; Ad. lichtgrün, grünlich-weiss p. Zw. seitw. — Anf. Aug. *P.* 344. I.

61. Zitronen-Grasbeere. 3. Agr. citrea. Plat's Lord Byron; Karl; *P.* — Fr. kl., 0,80″ h. u. br., gelblich-apfelgrün, glatt u. glänzend, sehr durchscheinend, dünnhäutig, säuerlich-süss; Ad. citronengelb, weisslich-grün p. — Ende Juli. *P.* 345. II.

62. Ansehnliche Grasbeere. 4. Agr. spectabilis. Makar; *P.* Fr. mittelgr., 0,80″ h. u. br., blass apfelgrün, weisspunktig durchscheinend, etwas dickhäutig, sehr süss; Ad. gelblich-weiss. Zw. aufrecht. — Ende Juli. *P.* 346. I!

63. Wenigkernige Grasbeere. 5. Agr. oligosperma. Kasimir; *P.* — Fr. klein, 0,75″ h., 0,44″ br., licht-grasgrün, sw. oft roth gefl., ziemlich durchscheinend, sehr dünnhäutig, sehr süss, wenigkernig; Ad. grünlich-gelb, etwas gelblich-weiss p. Zw. seitw. — — Anf. Aug. *P.* 347. I!

64. Schöne Grasbeere. 6. Agr. superba. Leipold; *P.* — Fr. gr., 1,00″ h., 0,94″ br., schön grasgrün, gelblich-weiss kleinfleckig durch die Haut scheinend, roth gefleckt, dickhäutig, sehr süss; Ad. weisslich-grün, wenig gelblich-weiss p. Zw. seitw. — Anf. Aug. *P.* 348. I!

65. Netzartige Grasbeere. 7. Agr. reticulata. Rawlinson's Alexander, Klemens; *P.* — Fr. mittelgr., 0,90″ h., 0,85″ br., lichtgrasgrün, oben weisslich, netzartig grünlich-weiss-fleckig durch die Haut scheinend, dickhäutig, sehr angenehm süss; Ad. lichtgrün, grünlich-weiss p. Zw. seitw. — Anf. Aug. *P.* 349. I!

66. Weissfleckige Grasbeere. 8. Agr. albo-maculata. Adam's White Green, Martin; *P.* — Fr. mittelgr., 0,95″ h., 0,89″ br., grasgrün, weisslich gefleckt, glatt u. glänzend, sehr durchscheinend, dünnhäutig, sehr süss; Ad. lichtgrün, grünlich-weiss p. Zw. aufrecht. — Ende Juli. *P.* 350. I!

67. Zweifarbige Grasbeere. 9. Agr. bicolor. Shelmardine's Gently Green, Max; *P.* – Fr. mittelgr., 0,90" h. u. br., grasgrün, sw. roth gefleckt, ziemlich durchscheinend, dünnhäutig, angenehm süss; Ad. lichtgrün, grünlich-weiss p. Zw. seitw. — Ende Juli, Anf. Aug. *P.* 351. I!

68. Dünnhaarige Grasbeere. 10. Agr. glabriuscula. Markus; *P.* — Fr. klein, 0,63" h. u. br., grasgrün, oben lichter, etwas behaart, glänzend u. glatt, sehr durchscheinend, sehr dünnhäutig, sehr süss; Ad. licht-grün, wenig grünlich-weiss p. Zw. aufrecht. — Ende Juli. *P.* 352. I!

69. Punktirte Grasbeere. 11. Agr. punctata. Taylor's Green Lined, Linus; *P.* – Fr. mittelgr., 0,89" h., 0,82" br., grasgrün, durchaus weisslich-grün-punktig durch die Haut scheinend, etwas roth gefleckt, dünnhäutig, nicht sonderlich süss; Ad. gelblich-grün, sehr wenig grünlich-gelb p. Zw. aufw. — Anf. Aug. *P.* 353. II.

70. Glasartige Grasbeere. 12. Agr. vitrea. Lucius; *P.* — Fr. klein, 0,61" h., 57" br., grasgrün, glänzend u. glatt, sehr wenig kurz-weisshaarig, sehr durchscheinend, glasartig, dünnhäutig, sehr angnehm süss; Ad. weisslich-grün, wenig licht p. Zw. seitw. — Anf. Aug. *P.* 354. I!

71. Braungrüne Grasbeere. 13. Agr. olivacea. Lippy's Hardy, Manfred; *I'.* — Fr. mittelgr., 0,91" h., 0,85" br., schmutzig-bräunlich-grasgrün, etwas roth gefl., glänzend, sehr durchscheinend, dünnhäutig, sehr angenehm süss; Ad. lichtgrün, gelb punktirt. Zw. abw. — Ende Juli. *P.* 355. I!

72. Dunkelgrüne Grasbeere. 14. Agr. obscura. Kajetan; *P.* – Fr. klein, 0,79" h., 0,76" br., dunkelgrasgrün, wenig durchscheinend, dünnhäutig, gewürzhaft süss; Ad. weisslich-grün, gelblich p. — Ende Juli. *P.* 356. I!

Hierher gehören noch: Pomme Water, Grey, Green Sugar, Bald Head, Gore-belly, Muscadel, General Howe, Jacey, Gloss-globe, Carriage Away, Gray's Dragon, Green Gooseberry, Green Seedling; *P.* — Boardman's Green Oak, Sabine's Green, Green Globe; *Th.* —

2. Rotte. Frucht rundlich.

73. Wohlschmeckende Grasbeere. 15. Agr. gratissima. Marquard; *P.* — Fr. mittelgr., 0,92" h., 0,82" br., licht apfelgrün, weisslich-punktig durch die Haut scheinend, roth gefleckt, glatt u. glänzend, sehr durchscheinend, dünnhäutig, ausserordentlich wohlschmeckend; Ad. grünlich-gelb, sehr wenig weisslich p. Zw. aufrecht. — Ende Juli, Anf. Aug. *P.* 373. I!

74. Betropfte Grasbeere. 16. Agr. guttata. Kaspar; *P.* — Fr. ziemlich gr., 1,04" h., 0,93" br., apfelgrün, etwas roth gefleckt, sehr durchscheinend, dickhäutig, sehr angenehm süss; Ad. grünlich-weiss, gelblich-weiss p. — Mitte Juli. Anf. Aug. *P.* 374. I!

75. **Abortirende Grasbeere.** 17. Agr. subabortiva. Need-ham's Glory of Kingston, Lātus; *P.* — Fr. sehr gross, 1,15″ h. u. br., oft birnf., apfelgrün, glatt u. glänzend, sehr durchscheinend, dünnhäutig, süss; Ad. grünlich-weiss, wenig gelblich-weiss p. Str. selten fruchtbar; Zw. seitw. — Mitte Juli. *P.* 375. I.

76. **Aufrechte Grasbeere.** 18. Agr. erecta. Klotar; *P.* — Fr. klein, 0,74″ h., 0,69″ br., apfelgrün, ziemlich durchscheinend, dünnhäutig, sehr süss; Ad. gelblich-weiss, weiss p.; Aeste aufrecht. — Ende Juli. *P.* 376. I.

77. **Weissgrüne Grasbeere.** 19. Agr. albovirens. Larion; *P.* — Fr. klein, 0,69″ h., 0,66″ br., blass apfelgrün, fast grünlich-weiss, etwas durchscheinend, ziemlich dünnhäutig, nicht sonderlich süss: Ad. lichtgrün, weiss p. Zw. seitw. — Anf. Aug. *P.* 377. II.

78. **Gefärbte Grasbeere.** 20. Agr. colorata. Coe's Diogenes, Martin; *P.* — Fr. stark mittelgr., 0,99″ h., 0,96″ br., apfelgrün, oben heller, weisslich-fleckig durch die Haut scheinend, unten ringsum stark roth gefleckt, ziemlich durchscheinend, sehr wohlschmeckend; Ad. grünlich-weiss, weisslich p. Zw. seitw. — Ende Juli. *P.* 378. I!

79. **Königliche Grasbeere.** 21. Agr. regalis. Nixon's Royal George, Novatus; *P.* — Fr. fast mittelgr., 0,86″ h., 0,82″ br., apfelgrün, grünlich-weiss gefleckt, sw. etwas roth gefleckt, schön, sehr durchscheinend, dünnhäutig, sehr süss; Ad. lichtgrün, grünlich-weiss p. Zw. seitw. — Ende Juli. *P.* 379. I!

80. **Renklodenartige Grasbeere.** 23. Agr. claudiacea. Horsefield's Green Gage; *Th.* Montan; *P.* — Fr. fast mittelgr., 0,84″ h., 0,79″ br., grasgrün, glatt, kaum etwas dünn weiss-haarig, sehr durchscheinend, dünnhäutig, dickfleischig, wenigkernig, angenehm süss; Ad. apfelgrün, wenig u. fein weisslich-gelb p. Zw. seitw. — Ende Juli. *P.* 381. I.

81. **Bendoe's Grasbeere.** 24. Agr. Bendoena. Bendoe's Seed-ling, Konstant; *P.* — Fr. fast mittelgr., 0,90″ h., 0,80″ br., oft gross, 1,06″ h., 1,05″ br., oft birnf., grasgrün, sw. roth gefleckt, ziem-lich durchscheinend, ziemlich dünnhäutig, säuerlich-süss; Ad. licht-grün, grün p. Zw. seitw. — Ende Juli, Anf. Aug. *P.* 382. I.

82. **Grossfrüchtige Grasbeere.** 25. Agr. macrocarpa. Lovat's Peacock, Nicetas; *P.* — Fr. sehr gross, 1,25″ h., 1,15″ br., gras-grün, oben grünlich-weiss, roth gefleckt, etwas durchscheinend, dickhäutig, süsslich; Ad. lichtgrün, wenig grün p., roth gefleckt. Zw. abw. — Mitte Juli, Anf. Aug. *P.* 383. II.

83. **Gleichfarbige Grasbeere.** 26. Agr. concolor. Liberius; *P.* — Fr. mittelgr., 0,81″ h., 0,70″ br., grasgrün, sehr durchschei-nend, dickhäutig, nicht wohlschmeckend; Ad. lichtgrün, grünlich-weiss p. Zw. seitw. — Ende Juli. *P.* 384. II.

84. **Beduftete Grasbeere.** 27. Agr. pulverulenta. Moderat; *P.* — Fr. mittelgr., 0,96″ h., 0,85″ br., grasgrün, glatt, beduftet, stark durchscheinend, dünnhäutig, süss, sehr wohlschmeckend: Ad. weisslich-grün, gelblich-weiss p. Zw. abw. — Ende Juli. *P.* 385. I!

85. **Hellgrüne Grasbeere.** 28. Agr. viridis. Lionell; *P.* — Fr. fast mittelgr., 0,89″ h., 0,78″ br., schön grasgrün, ziemlich durchscheinend, dünnhäutig, gewürzhaft süss; Ad. weisslich-grün, grünlich-weiss p. Zw. aufrecht. — Anf. Aug. *P.* 386. I!

86. **Gelbliche Grasbeere.** 29. Agr. chrysophaena. Berlow's Pearmain, Kunz; *P.* — Fr. mittelgr., 0,91″ h., 0,81″ br., gelblich-grasgrün, sw. roth gefleckt, stark durchscheinend, dünnhäutig, sehr süss; Ad. weisslich-gelb, sehr wenig hell p. Zw. aufw. — Anf. Aug. *P.* 387. I!

88. **Zierliche Grasbeere.** 30. Agr. elegans. Nikomor; *P.* — Fr. ziemlich gross, 0,99″ h., 0,91″ br., licht grasgrün, glatt, oft etwas einzeln behaart, sehr durchscheinend, dünnhäutig, sehr angenehm süss; Ad. lichtgrün, stark gelb punktirt. Zw. aufrecht. — Ende Juli. *P.* 388. I!!

89. **Hautlose Grasbeere.** 31. Agr. membranacea. Prince Ernest, Modest; *P.* — Fr. mittelgr., 0,96″ h., 0,88″ br., weisslich-grün, glatt u. glänzend, sehr durchscheinend, glasartig, sehr dünnhäutig, süss, wässerig; Ad. gelblich-weiss, wenig gelblich p. Zw. aufw. — Ende Juli. *P.* 389. I.

90. **Weissliche Grasbeere.** 32. Agr. albicans. Down's Plantagenet, Krispin; *P.* — Fr. mittelgr., 0,95″ h., 0,85″ br., weisslich-grün, oben fast weiss, dünnhäutig, sehr wohlschmeckend; Ad. grünlich-weiss, wenig weisslich p. Zw. aufw. — Ende Juli. *P.* 390. I!

91. **Thompson's Grasbeere.** 33. Agr. Thompsonii. Thompson's Delight, Nikander; *P.* — Fr. stark mittelgr., 1,00″ h., 0,88″ br., weisslich-grün, oben heller, fast weiss, netzartig weissfleckig durch die Haut scheinend, glatt, oft mit einzelnen dünnen u. sehr langen Haaren besetzt, ziemlich durchscheinend, dünnhäutig, sehr angenehm süss; Ad. grünlich-weiss, wenig grünlich p. Zw. aufw. — Anf. Aug. *P.* 391. I!

92. **Gutedelartige Grasbeere.** 34. Agr. eugeniacea. Mirus; *P.* — Fr. fast mittelgr., 0,87″ h., 0,82″ br., spargelgrün, gelblich-weiss punktig durch die Haut scheinend, glatt u. glänzend, sehr durchscheinend, sehr dünnhäutig, gewürzhaft süss; Ad. weisslich-grün, gelb punktirt. — Ende Juli. *P.* 392. I!!

93. **Buntfrüchtige Grasbeere.** 35. Agr. versicolor. Kunibert; *P.* — Fr. mittelgr., 0,98″ h., 0,87″ br., bräunlich dunkelgrün, oben ochergelb, oft roth gefleckt, glatt u. glänzend; etwas durchscheinend, dünnhäutig, fleischig, nicht sonderlich süss; Ad. erbsgelb, grün punktirt. Zw. abw. — Ende Juli. *P.* 393. II.

Hierher gehören noch: Light Green, Creping's Germings, Grape, Tornout, Jove, Amazon, Green Vicar; *P.* — Midsummer; Th. —

3. Glasbeere. Gadelia.

Fr. hellfarbig, länglich.

1. Gruppe. Frucht gelb.

1. Rotte. Frucht elliptisch.

94. Wahre Glasbeere. 1. G. vera. Artemisia; *P.* — Fr. mittelgr., 0,96″ h., 0,83″ br., oft rundlich, goldgelb, sehr durchscheinend, dünnhäutig, sehr süss; Ad. schön erbsgelb, weiss p. Zw. seitw. — Ende Juli. *P.* 681. I!

95. Fruchtbarste Glasbeere. 2. G. fertilis. Abundantia; *P.* — Fr. klein, 0,87″ h., 0,70″ br., dunkel goldgelb, oben heller, erbsgelb gefl., sw. etwas roth gefl., glatt, ziemlich durchscheinend, sehr dünnhäutig, sehr angenehm säuerlich-süss, wenigkernig; Ad. erbsgelb, am Stl. grün p. Str. sehr fruchtbar: Zw. seitw. — Ende Juli. *P.* 683. I!

96. Gewürzhafte Glasbeere. 3. G. Ambrosia. Stafford's Nerv, Aquilino; *P.* — Fr. ziemlich gr., 1,13″ h., 0,91″ br., oft etwas rundlich, goldgelb, wenig roth gefl., sehr durchscheinend, schön, dünnhäutig, sehr gewürzhaft angenehm süss; Ad. erbsgelb, gelblich-weiss p. Zw. aufw. — Mitte Juli. b. 684. I!!

97. Fleischige Glasbeere. 4. G. carnosa. Aspasia; *P.* — Fr. gross, 1,23″ h., 1,12″ br., schmutzig-goldgelb, stark durchscheinend, etwas dickhäutig, fleischig, süss; Ad. erbsgelb, grünlich u. gelblich-weiss p. Zw. abw. — Ende Juli. *P.* 685. I.

98. Limonen-Glasbeere. 5. G. Limonia. Klokcn's Lemon, Bortha; *P.* — Fr. mittelgr., 1,11″ h., 0,83″ br., grünlich-goldgelb, oben heller, wenig roth gefl., sehr durchscheinend, sehr dünnhäutig, gewürzhaft süss; Ad. hellgelb, weisslich-gelb p. Zw. aufw. — Anf. Aug. *P.* 686. I!

99. Feinhaarige Glasbeere. 6. G. pubescens. Anna; *P.* — Fr. mittelgr., 0,94″ h., 0,77″ br., oft gross, 1,26″ h. u. 0,99″ br., schmutzig-goldgelb, oben weisslich-gelb, glatt, wenig kurz u. dünn behaart, ziemlich durchscheinend, dünnhäutig, sehr süss; Ad. lichtgelb, weisslich-gelb p. Zw. aufw. — Ende Juli. *P.* 687. I!

100. Verschiedenförmige Glasbeere. 7. G. diversiformis. Beggar Lad, Begga; *P.* — Fr. fast mittelgr., elliptisch u. 0,94″ h., 0,76″ br., oft rundlich u. 0,83″ h. u. 0,82″ br., schmutzig-goldgelb, sehr durchscheinend, dünnschalig, sehr süss; Ad. lichtgelb, weiss p. Zw. aufw. — Mitte Juli. *P.* 688. I!

101. Wässerigsüsse Glasbeere. 8. G. insipida. Shaw's Golden Scepter, Antonie; *P.* — Fr. gross, 1,22″ h., 0,98″ br., schmutzig-grünlich-gelb, sw. oft etwas roth gefl., durchscheinend, etwas dickhäutig, wässerig-süss; Ad. lichtgelb; Samenstränge grünlich. Zw. aufw. — Ende Juli. *P.* 689. II.

102. **Gelbaderige Glasbeere.** 9. G. venosa. Ware's Fly, Albertine; *P.* — Fr. mittelgr., 0,94" h., 0,77" br., grünlich-gelb, oben gelblich-weiss, durchscheinend, etwas dickhäutig, angenehm weinsäuerlich-süss; Ad. citronengelb. Anf. Aug. *P.* 690. I.

103. **Spätreifende Glasbeere.** 10. G. serotina. Egyptian, Asterie; *P.* — Fr. sehr gross, grünlich-gelb, sehr wohlschmeckend; Ad. hellgelb. — Ende August, bis Ende Sept. dauernd. *P.* 691. I!

104. **Schöne Glasbeere.** 11. G. bella. Blanke; *P.* — Fr. sehr gross, 1,25" h., 1,02" br., ganz fahl dunkel-ochergelb, einzeln hellgelb-punktig durch die Haut scheinend, mattglänzend, sehr dünnhäutig, dickfleischig, sehr süss; Ad. lichtgelb, wenig apfelgrün p. Zw. abw. — Ende Juli. *P.* 695. I!

105. **Mirabellenartige Glasbeere.** 12. G. mirabellacea. Anunciade; *P.* — Fr. kaum mittelgr., 0,90" h., 0,75" br., schmutzig-grünlich-ochergelb, etwas roth gefl., wenig durchscheinend, dünnhäutig, fleischig, gewürzhaft süss; Ad. lichtgelb, dicht grünlich-weiss p. Zw. seitw. — Ende Juli. *P.* 696. I!

106. **Lederartige Glasbeere.** 13. G. coriacea. Gradwell's Ville de Paris; *Th.* Amöne; *P.* — Fr. ziemlich gr., elliptisch, 1,27" h., 0,92" br., oft rundlich, 1,11" h., 1,01" br., oft birnf. u. 1,03" h., 0,82" br., schmutzig-grünlich-ochergelb, sw. stark roth gefl., durchscheinend, sehr dickhäutig, fleischig, nicht sonderlich süss; Ad. weisslich-gelb, grünlich-weiss p. Zw. abw. — Ende Juli. *P.* 697. II.

107. **Markige Glasbeere.** 14. G. medullosa. Dudson's Shuttle, Babette; *P.* — Fr. sehr gross, elliptisch u. 1,43" h., 1,00" br., oft birnf. u. 1,54" h. u. 1,05" br., grünlich-ochergelb, oben goldgelb, sw. roth gefl. u. p., ziemlich durchscheinend, ziemlich dünnhäutig, sehr fleischig, gewürzhaft süss; Ad. lichtgelb, weisslich-grün p. Zw. abw. — Anf. Aug. *P.* 698. I!

108. **Ochergelbe Glasbeere.** 15. G. ochracea. Long Yellow; *Th.* Akoste; *P.* — Fr. mittelgr., schmutzig-grünlich-ochergelb, oben erbsgelb, durchscheinend, dünnhäutig, fleischig, nicht sonderlich süss; Ad. lichtgelb, gelblich-weiss punktirt. Zw. seitw. — Ende Juli. *P.* 699. II.

109. **Rundliche Glasbeere.** 16. G. globulosa. Athanasie; *P.* — Fr. gross, rundlich u. 1,07" h., 0,95" br., oft sehr gross u. elliptisch, 1,28" h., 1,10" br., schmutzig-ochergelb, sw. sehr wenig roth gefl., ziemlich durchscheinend, dünnhäutig, sehr süss; Ad. lichtgelb, gelblich p. Zw. seitw. — Ende Juli. *P.* 700. I!

110. **Glänzende Glasbeere.** 17. G. nitida. Dixon's Golden Yellow; *Th.* Aurea; *P.* — Fr. gross, 1,20" h., 0,98" br., grünlich-ochergelb, roth gefleckt, glänzend, durchscheinend, dickhäutig, sehr süss; Ad. citronengelb, grünlich-weiss p. Zw. seitw. — Mitte u. Ende Juli. *P.* 701. I.

111. **Gelbfleischige Glasbeere.** 18. G. pulposa. Farbes's Golden Chain; *Th.* Aurelie; *P.* — Fr. gross, 1,28" h., 1,04" br., lichtochergelb, ziemlich stark roth gefl., glänzend, stark durchscheinend,

— 118 —

sehr dünnhäutig, sehr fleischig, säuerlich-süss; Ad. citronengelb, grün u. weiss p. Zw. seitw. — Mitte u. Ende Juli. *P.* 702. II.
112. **Riesen-Glasbeere.** 19. G. gigantea. Costerdine's Goliath
Champion, Andromache; *P.* — Fr. sehr gross, 1,50″ h., 1,08″ br.,
schwefelgelb, stark netzartig weissfleckig durch die Haut scheinend, etwas roth gefl., dünnhäutig, säuerlich-süss; Ad. citronengelb,
sehr wenig gelb p. Zw. hängend. — Mitte u. Ende Juli. *P.* 703. I.
113. **Citronen-Glasbeere.** 20. G. citrina. Whittaker's Two to
one, Beatrix; *P.* — Fr. mittelgr. u. rundlich, 1,00″ h., 0,88″ br.,
oft gross u. elliptisch, 1,19″ h., 0,97″ br., oft sehr gross u. walzenf., 1,43″ h., 1,08″ br., dunkel-citronengelb, roth gefl., glatt,
sehr wenig gelb u. röthlich behaart, ziemlich durchscheinend, dünnhäutig, säuerlich-süss; Ad. lichtgelb, wenig grünlich-weiss p. Zw.
seitw. — Mitte u. Ende Juli. *P.* 704. I.
114. **Wachsgelbe Glasbeere.** 21. G. cerina. Alia; *P.* —
Fr. ziemlich gr., elliptisch u. 1,07″ h., 0,89″ br., oft rundlich u.
0,97″ h. u. br., wachsgelb, sw. roth punktirt u. gefleckt,
gross gelbpunktig u. kleinfleckig durch die Haut scheinend, ziemlich dünnhäutig, sehr angenehm süss; Ad. citronengelb,
gelb p. Zw. seitw. — Anf. Aug. *P.* 705. I!
115. **Honig-Glasbeere.** 22. G. mellea. Edleston's Plantagenet,
Anemunde; *P.* — Fr. mittelgr., 1,03″ h., 0,77″ br., schmutzig-dunkelgelb, sw. etwas roth gefl., sehr durchscheinend, sehr dünnhäutig,
sehr aromatisch süss; Ad. lichtgelb, wenig weisslich p. Zw.
seitw. — Ende Juli. *P.* 706. I!!
116. **Hellgelbe Glasbeere.** 23. G. flavescens. Bell's Yellow
Willow, Chloe; *P.* Fr. ziemlich gr. u. elliptisch. 1,14″ h., 0,96″ br.,
oft klein u. rundlich, 0,83″ h., 0,73″ br., lichtgelb, wenig roth
gefl., ziemlich durchscheinend, dünnhäutig, säuerlich-süss; Ad. citronengelb, wenig gelblich-weiss punktirt. Zw. aufrecht. —
Ende Juli. *P.* 707. II.
117. **Dunkelgefleckte Glasbeere.** 24. G. atropunctata.
Shelmardine's Cheshire Stag, Ambrosie; *P.* — Fr. sehr gross,
länglich u. rundlich, weissgelb, sw. sehr stark ganz dunkelroth gefleckt, dünnhäutig, sehr wohlschmeckend; Ad. gelb. Str.
sehr fruchtbar. — Mitte Juli. *P.* 709. I!
118. **Amberfarbige Glasbeere.** 25. G. succinea. Amber,
Amber Yellow, Smooth Amber; *Th.* Amberte; *P.* — Fr. klein,
ziemlich rundlich, gelb, wohlschmeckend; Ad. weiss. Zw. seitw.
— Anf. Aug. *P.* 708. I.
Hierher gehören noch: Lord Clive, Flora, Adelberge, Klute's
Phytagoras, Klute's Tibullus; *P.* — Clegg's Tim Bobbin, Gibraltar,
Cook's Conqueror; *Th.*

2. Rotte. Frucht eiförmig.

119. **Bamford's Glasbeere.** 26. G. Bamfordi. Bamford's
Golden Purse, Barnford's Golden Purse; *Th.* Aurora; *P.* — Fr.

sehr gross, 1,39" h., 1,06" br., grünlich-gelb, oben gelb-lich-weiss, oft roth gefl., ziemlich durchscheinend, dünnhäutig, angenehm süss: Ad. lichtgelb, wenig grünlich u. gelblich-weiss p. Zw. abw. – Anf. Aug.; *P.* 714. I!!

120. **Verkehrt-eiförmige Glasbeere.** 27. G. obovata. Bullock's Yellow, Atalic; *P.* – Fr. ziemlich gr., verkehrt-eiförmig, 1,09" h., 0,97" br., schmutzig-grünlich-ochergelb. sehr wenig roth gefl., sehr wenig u. dünn weisshaarig, wenig durchscheinend, ziemlich dickhäutig, süss; Ad. weingelb, wenig weiss p. Zw. seitw. – Mitte u. Ende Juli. *P.* 717. I.

121. **Trop's Glasbeere.** 28. G. Tropiana. Trop's Top, Chloris; *P.* – Fr. mittelgr., 1,05" h., 0,79" br., schmutzig-ochergelb, oben weisslich-gelb, sw. etwas roth gefl., ziemlich durchscheinend, säuer-lich-süss; Ad. lichtgelb, weisslich-gelb p. Zw. seitw. – Anf. Aug. *P.* 718. II.

122. **Wachsartige Glasbeere.** 29. G. ceracea. Buerdsill's Duk Wing; *Th.* Agathe: *P.* – Fr. sehr gross, eif., 1,46" h., 1,14" br., oft birnf. u. 1,50" h. u. 1,13" br., schwefel- oder schön wachs-gelb, sw. selten etwas roth gefl., glänzend, sehr wenig durch-scheinend, wachsartig, etwas dickhäutig, weinsäuerlich-süss; Ad. lichtgelb, wenig weisslich-grün u. gelb p. Zw. aufrecht. – Ende Juli, Anf. Aug. *P.* 719. I!

123. **Hängende Glasbeere.** 30. G. pendula. Albino; *P.* – Fr. mittelgr., 1,10" h, 0,79" br., wachsgelb, oben goldgelb, goldgelb p. u. gefl., sehr schön, stark durchscheinend, dünnhäutig, sehr wohlschmeckend süss; Ad. goldgelb, gelb p. Str. lang- u. hängästig. – Ende Juli, Anf. Aug. *P.* 720. I!!

124. **Horton's Glasbeere.** 31. G. Gortoni. Gorton's Viper; *Th.* Basilie; *P.* – Fr. mittelgr. u. eif., 0,95" h., 0,87" br., oft gr. u birnf., 1,16" h., 0,99" br., wachsgelb, sw. roth gefl., glatt, sehr wenig gelblich behaart, durchscheinend, dünnhäutig, angenehm süss; Ad. citronengelb. Zw. seitw. – Anfang Aug. *P.* 721. I.

125. **Prächtige Glasbeere.** 32. G. superba. Hopley's Cheshire Cheese; *Th.* Amande; *P.* – Fr. sehr gross, 1,38" h., 1,15" br., oft birnf., weingelb, von den Adern aus citronengelb netzartig u. sw. roth gefleckt, wenig durchscheinend, dickhäutig, süss; Ad. citronengelb. Zw. seitw. – Ende Juli, Anf. Aug. *P.* 722. I!

126. **Anis-Glasbeere.** 33. G. anisata. Bell's Bright Farmer, Anisia; *P.* – Fr. fast gr., 1,11" h., 0,99" br., licht-goldgelb, oben weisslich-gelb, glatt, selten etwas fein behaart, wenig durch-scheinend, dünnhäutig, gewürzhaft süss; Ad. lichtgelb, gelblich-weiss u. wenig grünlich p. Zw. seitw. – Ende Juli, Anf. Aug. *P.* 723. I!

127 **Vielkernige Glasbeere.** 34. G. polysperma. Rider's Lemon, Beate; *P.* – Fr. gross, länglich, fast glockenförmig, schön hochgelb, helladerig, etwas dickhäutig, vielkernig u. etwas zähfleischig, angenehm säuerlich-süss. Str. sehr fruchtbar. – Ende Juli. *P.* 725. I.

Hierher gehören noch: Witwal, Alexander de Great, Mason's Jolly Gipsey, Golden Wreen, Ananas; *P.* — Haywoold's Lord Suffield, Large Yellow, Diggles's Bonny Bonny Roger, Forester's Lord Combermere, Mather's Victory, Saunder's Napoleon; *Th.* —

3. Rotte. Frucht birnförmig.

128. Wohlriechende Glasbeere. 35. G. suaveolens. Broom Girl, Amata; *P.* — Fr. sehr gross, 1,79″ h., 1,03″ br., oft oval, manchmal rundlich, schwefelgelb, sw. wenig roth gefl. u. p., durchscheinend, gewürzhaft riechend, etwas dünnhäutig, angenehm süss; Ad. grünlich-gelb, grünlich u. gelb p. — Ende Juli, Anf. Aug. *P.* 734. I!!

129. Helle Glasbeere. 36. G. hyalina. Mason's Wellington's Glory, Auguste; *P.* — Fr. gr., grünlich-lichtgelb, sehr durchscheinend, glasartig, etwas dickhäutig, sehr angenehm süss; Ad. gelblich-weiss, wenig grünlich p. — Anf. Aug. *P.* 735. I!

Hierher gehören noch: Creding's Cereus, Withington's Golden Scepter, Gregory's Conqueror, Crosier, Winnings, Green Dragon; *P.*

2. Gruppe. Frucht weisslich.

1. Rotte. Frucht elliptisch.

130. Apfelartige Glasbeere. 37. G. pomacea. Yates's Thrasher; *Th.* Marie; *P.* — Fr. sehr gross, 1,50″ h., 1,11″ br., oft etwas rundlich, grünlich-weiss, oben lichter, roth gefleckt, sehr durchscheinend, etwas dickhäutig, sehr fleischig, nicht sonderlich süss; Ad. hellfarbig, wenig grün u. gelblich-weiss p. Zw. seitw. — Mitte Juli. *P.* 846. I.

131. Elfenbeinweisse Glasbeere. 38. G. eborina. White Freedom, Louise; *P.* — Fr. sehr gross, oft etwas oval, seltner walzenf., 1,43″ h., 1,02″ h., oft 1,72″ h., 0,92″ br., gelblich u. grünlich-weiss, oben elfenbeinweiss, sw. roth gefl. u. p., ziemlich stark durchscheinend, dünnhäutig, süss; Ad. grünlich-weiss, grün p. — Ende Juli. *P.* 847. I.

132. Grünpunktirte Glasbeere. 39. G. chlorophaena. Large Hairy, Maura; *P.* — Fr. stark mittelgr., 1,08″ h., 0,85″ br., grünlich-weiss, oben weiss, auf den Samensträngen apfelgrün punktirt, sehr durchscheinend, dünnhäutig, sehr süss: Ad. gelblich-weiss. Zw. aufrecht. — Ende Juli. *P.* 849. I!

133. Gebräunte Glasbeere. 40. G. adusta. White Rock Getter, Klothilde; *P.* — Fr. ziemlich gr., 1,11″ h., 0,96″ br, grünlich-gelblich-weiss, sonnenwärts stark roth gefleckt, sehr durchscheinend, dickhäutig, sehr süss; Ad. weisslich-gelb, grün u. weiss p. Zw. aufrecht. — Ende Juli, Anf. Aug. *P.* 850. I.

134. Birnartige Glasbeere. 41. G. pyracea. Sir Sydney Smith, Laura; *P.* — Fr. gross, oft etwas rundlich oder birnf., 1,16″ h.,

1,06" br., oft 1,32'h., 1,09" br., gelblich-weiss, schwach durchscheinend, etwas dickhäutig, dickfleischig, wenigkernig, angenehm süss; Ad. fast weiss, sehr wenig gelb p. Zw. seitw. — Ende Juli. P. 851. I!

135. **Ward's Glasbeere.** 42. G. Wardii. Ward's Lovely white, Lolla; P. — Fr. mittelgr., 1,10" h., 0,81" br., gelblich-weiss, oft roth gefl., glatt, selten etwas kurz weisshaarig, sehr durchscheinend, sehr dünnhäutig, süss; Ad. hellfarbig, weiss u. etwas grün p. Zw. aufw. — Ende Juli. P. 852. I.

136. **Zuckerige Glasbeere.** 43. G. sacharina. Jakson's Green John, Klementine; P. — Fr. gross u. schön, lang u. conisch, grün-weisslich, weissaderig, sehr glatt, durchsichtig, trefflich süss. — Juli. P. 857. I!
Hierher gehören noch: Barley-sugar; P. Great Britain, Wild's Lady Delamare, Leigh's Fudler, Lord Valentin; Th.

2. Rotte. Frucht eiförmig.

137. **Grünliche Glasbeere.** 44. G. viridula. Cook's white Eagle; Th. Marianne; P. — Fr. gross, oft rundlich, 1,35" h., 1,01" br., oft 1,44" br. u. 1,11" br., grünlich-weiss, durchscheinend, dünnhäutig, sehr angenehm süss; Ad. grünlich, grün punktirt. Zw. aufrecht. — Ende Juli, Anf. Aug. P. 862. I!

138. **Königin Caroline.** 45. G. Regina. Lovart's Queen Caroline; Th. Karoline; P. — Fr. sehr gross, oft etwas rundlich, 1,27" h., 1,17" br., grünlich-weiss, gelblich weiss-fleckig durch die Haut scheinend, etwas dickhäutig, sehr süss; Ad. grünlich-gelb, gelblich-weiss p. Zw. aufrecht. — Ende Juli. P. 863. I!

139. **Feinpunktirte Glasbeere.** 46. G. puncticulosa. Kloken's Hercul Club, Magdalene; P. — Fr. ziemlich gr., oft etwas elliptisch oder walzenf., 1,27" h., 0,87" br., gelblich-weiss, oft sehr fein roth gefleckt, ziemlich durchscheinend, etwas dickhäutig, etwas wässerig-süss; Ad. weisslich, sehr fein apfelgrün u. weiss punktirt. Zw. seitw. — Ende Juli. P. 866. I.

140. **Albentraubenartige Glasbeere.** 47. G. albuelacea. Wyat's Winter White, Konstanze; P. — Fr. ziemlich gr., oft birnf. oder walzenf., 1,23" h., 0,86" br., oft 1,28" h., 0,96" br., gelblich-weiss, sehr durchscheinend, dünnhäutig, sehr süss; Ad. weisslich, stark weisslich-grün p. Zw. aufrecht. — Ende Juli. P. 867. I.

141. **Pansner's Glasbeere.** 48. G. Pansneri. Leopoldine; P. — Fr. sehr gross, oft eif., 1,35" h., 1,00" br., oft rundlich 1,17" h. u. 1,15" br. u. unten beiderseits eingedrückt, gelblich-weiss, oben elfenbeinweiss, sehr schön, unter der Haut sehr fein weiss netz-aderig, roth gefleckt, glatt, selten einzeln lang weisshaarig, durchscheinend, sehr dünnhäutig, angenehm süss; Ad. licht grasgrün, gelblich-grün u. weiss p. Zw. aufrecht. — Ende Juli. Sämling v. Pansner. P. 868. II!

142. **Glockenförmige Glasbeere.** 49. G. c a m p a n u l a t a. Nield's white Stag, Konkordie; *P.* — Fr. ziemlich gr., sehr schön, glockenförmig, hellweiss, sehr durchsichtig, zart u. saftvoll, angenehm süss. Str. sehr fruchtbar. — Mitte Juli. *P.* 870. I!

. 143. **Feigenartige Glasbeere.** 50. G. f i c o i d e s. White Fig; *Th.* Natalie; *P.* — Fr. klein, sehr wohlschmeckend. Str. sehr fruchtbar, etwas zärtlich; Zw. seitwärts. — *P.* 873. I! Hierher gehören noch: Begging Boy; *P.* Denny's Victoria, Stringer's Dusty Miller, white Walnut, Cranshaw's Ambush, Fennyhaugh's Lioness, Parkinson's First Rate, Brundrett's white Rock: *Th.*

3. R o t t e. F r u c h t b i r n f ö r m i g.

144. **Spillingartige Glasbeere.** 51. G. b r a b y l a c e a. Lätitia; *P.* — Fr. gross, 1,37″ h., 1,02″ br., oft 1,47″ h. u. 0,99″ br., grünlich-weiss, oben weiss, durchaus fein netzartig-fleckig durchscheinend, nicht durchsichtig, dünnhäutig, wenig-kernig, sehr fleischig, säuerlich-süss; Ad. weiss, am Stiel sehr wenig grünlich p. Zw. seitw. Anf. Aug. *P.* 877. I.
Hierher gehören noch: Mill's white Campion, Johnson's white Globe; *P.*

4. Agatbeere. Klockea. *)

F r u c h t h e l l f a r b i g, r u n d l i c h.

1. Gruppe. Frucht gelb.

1. R o t t e. F r u c h t k u g e l i g.

145. **Goldfarbene Agatbeere.** 1. Kl. a u r e a. Blackley's Eclipse, Adelheid; *P.* — Fr. mittelgr., oft rundlich, 0,93″ h., 0,87″ br., schön goldgelb, oben lichter, etwas stark durchscheinend, dünnhäutig, fleischig, nicht sonderlich süss; Ad. licht goldgelb, gelblich-weiss p. Zw. seitw. — Ende Juli. *P.* 634. II.

146. **Hellgelbe Agatbeere.** 2. Kl. f l a v a. Thorpe's Lamb, Arnoldine; *P.* — Fr. klein, 0,70″ h., 0,70″ br., oft fast mittelgr. u. 0,89″ h., 0,77″ br., hell goldgelb, durchscheinend, etwas dickhäutig, nicht sonderlich süss; Ad. gelblich, gelblich-weiss punktirt. Zw. seitw. — Ende Juli. *P.* 635. II.

147. **Coë's Agatbeere.** 3. Kl. Coëi. Coë's Washington, Berenice; *P.* — Fr. mittelgr., 0,82″ h., 0,80″ br., oft 0,91″ h. u. 0,88″ br., goldgelb, auf den Samensträngen grün p., oft nach unten etwas roth gefl., durchscheinend, etwas dickhäutig, sehr süss; Ad. erbsgelb, gelblich-weiss p. Zw. aufw. — Mitte Juli. *P.* 636. I.

---

*) Eckhard K l o c k e in Hessen-Cassel, berühmter Stachelbeerzüchter.

148. **Drüsenhaarige Agatbeere.** 4. Kl. glandulosa. Simington's Miter, Betty; *P.* — Fr. fast mittelgr., 0,85" h., 0,80" br., goldgelb, glatt, sehr wenig lang u. lichtgelb drüsen-haarig, sehr durchscheinend, dünnhäutig, sehr süss; Ad. citronengelb, wenig weisslich-gelb p. Zw. seitw. — Anf. Aug. *P.* 637. I.

149. **Weinige Agatbeere.** 5. Kl. vinosa. Cäcilie; *P.* — Fr. mittelgr., 0,93" h., 0,84" br., schmutzig-goldgelb, oben erbsgelb, ziemlich durchscheinend, etwas dickhäutig, säuerlich-süss; Ad. erbsgelb, weisslich-gelb p. Zw. seitw. — Anf. Aug. *P.* 638. II.

150. **Muskirte Agatbeere.** 6. Kl. muscata. Lee's Golden Conqueror, Brigitte; *P.* — Fr. mittelgr., 0,80" h. 0,77" br., oft 0,84" h. u. br., goldgelb, weisslich-gelb geadert, etwas roth p., sehr durchscheinend, dickhäutig, aromatisch süss. — Zw. aufw. Ende Juli. *P.* 639. I!

151. **Bemalte Agatbeere.** 7. Kl. picta. Yellow Seedling, Artemie: *P.* — Fr. mittelgr., 0,85" h., 0,83" br., oft 1,01" h., 0,92" br., schmutzig-grünlich-ochergelb, roth gefleckt, sehr durchscheinend, dickhäutig, süss; Ad. lichtgelb, besonders nach oben gelblich-grün punktirt. Zw. aufrecht. — Anf. Aug. *P.* 645. II.

152. **Glänzende Agatbeere.** 8. Kl. lucida. Stampf, Agrippine; *P.* — Fr. mittelgr., 0,87" h., 0,82" br., schmutzig-grünlich-ochergelb, glänzend, sehr durchscheinend, süss; Ad. lichtgelb, weisslich-grün p. Zw. abw. — Ende Juli. *P.* 646. I.

153. **Honigführende Agatbeere.** 9. Kl. mellifera. Agnes; *P.* — Fr. klein, 0,75" h., 0,67" br., schmutzig-ochergelb, licht goldgelb fleckig u. punktig durch die Haut scheinend, glänzend, dünnhäutig, sehr angenehm süss; Ad. licht-goldgelb, grün u. gelblich-weiss p. Zw. aufw. — Anf. Aug. *P.* 647. I!

154. **Pflaumenartige Agatbeere.** 10. Kl. prunacea. Long yellow, Benjamin; *P.* — Fr. mittelgr., 0,86" h., 0,85" br., schmutzig-grünlich-ochergelb, durchscheinend, dünnhäutig, fleischig, nicht sonderlich süss: Ad. lichtgelb, oben erbsgelb, grünlich u. gelblich-weiss p. — Ende Juli. *P.* 648. II.

155. **Dünne Agatbeere.** 11. Kl. tenuis. Lee's Yellow John, Adolphine; *P.* — Fr. klein, 0,78" h., 0,72" br., schmutzig-grünlich-ochergelb, oben lichter, fast erbsgelb, sehr durchscheinend, sehr dünnhäutig, sehr angenehm süss; Ad. erbsgelb, gelblich-weiss p. Zw. aufrecht. — Ende Juli. *P.* 649. I!

156. **Schwefelgelbe Agatbeere.** 12. Kl. sulphurea. Thinling's Tom, Brunhilde; *P.* — Fr. ziemlich gr., 1,05" h. u. br., schwefelgelb, citronengelb geadert, roth gefl. u. p., stark durchscheinend, ziemlich dünnhäutig, angenehm süss. — Anf. Aug. *P.* 651. I!

Hierher gehören noch: Mason's Golden Conqueror, Earl Chatham, Hony Comp, Large Amber, Taylor's Goldfinch, Bird Lime, Gray's white Wreen, Ore-Gold, Stanley's Golden Ball; *P.* — Blithfield; *Th.*

2. Rotte. Frucht rundlich.

157. **Ochergelbe Agatbeere.** 13. Kl. ochroleuca. Ferdinand IV., Achilleis; *P.* — Fr. kl. u. rund, 0,81" h. u. br., oft fast mittelgr. u. elliptisch, 0,93" h., 0,78" br., ochergelb, schwefelgelb geadert, durchscheinend, ziemlich dickhäutig, nicht sonderlich süss. — Anf. Aug. *P.* 656. II.

158. **Stielgrüne Agatbeere.** 14. Kl. chloropes. Cölestine; *P.* — Fr. ziemlich gr., 1,03" h., 0,92" br., schmutzig-ochergelb, auf schmutzig-grünem Grunde gelb geadert, am Stiel grün, oben lichter, durchscheinend, dünnhäutig, sehr süss. Zw. seitw. — Ende Juli. *P.* 657. I!

159. **Fahlgelbe Agatbeere.** 15. Kl. gilva. Piggot's Leader, Adele; *P.* — Fr. gross, rund u. 1,03" h. u. br., oder rundlich u. 1,05" h., 0,96" br., oft 1,16" h. u. 1,06" br., schmutzig-olivengrünlich-ochergelb, ganz fahl, sw. roth gefl., wenig durchscheinend, dünnhäutig, sehr süss; Ad. lichter, wenig sichtbar, gelblich-weiss p. Zw. abw. — Ende Juli. *P.* 658. II

160. **Punktirte Agatbeere.** 16. Kl. punctata. Suchson's Dogisling(?), Amalgunde; *P.* — Fr. ziemlich kl., 0,84" h., 0,77" br., schmutzig-grünlich dunkel-ochergelb, roth gefleckt, ziemlich durchscheinend, dünnhäutig, sehr süss; Ad. etwas lichter, stark gelblich-weiss punktirt. Zw. abw. — Ende Juli. *P.* 659. I!

161. **Erbsgelbe Agatbeere.** 17. Kl. pisina. Bear white, Babille; *P.* — Fr. stark mittelgr., 1,01" h., 0,87" br., grünlichochergelb, oben lichter, fast erbsgelb, sw. roth gefl., durchscheinend, dickhäutig, sehr angenehm süss; Ad. erbsgelb, wenig grün p. Zw. seitw. — Ende Juli. *P.* 660. I!

162. **Rieder's Agatbeere.** 18. Kl. Rideriana. Rider's Lemon, Ariadne; *P.* — Fr. klein, 0,72" h., 0,66" br., schmutzig-ochergelb, ziemlich durchscheinend, sehr dünnhäutig, sehr süss; Ad. lichter, weisslich u. wenig grünlich p. Zw. abw. — Anf. Aug. *P.* 661. I!

163. **Netzfleckige Agatbeere.** 19. Kl. retimaculata. Smiling Mary, Benigne; *P.* — Fr. fast gr., 1,15" h., 0,97" br., dunkel-goldgelb, oben heller, durchaus eigenthümlich netzartig-hell-fleckig durch die Haut scheinend, wie beduftet, etwas roth gefl., dünnhäutig, sehr süss; Ad. lichter, schwefelgelb p. Zw. abwärts. — Anf. Aug. *P.* 663. I!

164. **Melonenartige Agatbeere.** 20. Kl. melonacea. Wrigley's Melon, Achazie; *P.* — Fr. kl., 0,74" h., 0,76" br., oft ziemlich gr., 1,11" h., 1,00" br., schmutzig-ochergelb, durchscheinend, etwas dickhäutig, sehr angenehm süss; Ad. erbsgelb, stark gelblich-weiss punktirt. Zw. seitwärts. — Anf. Aug. *P.* 662. I!

165. **Gebräunte Agatbeere.** 21. Kl. lentiginosa. Apollonie; *P.* — Fr. klein, 0,67" h., 0,67" br., oft gross, 1,11" h., 1,02" br., schmutzig-goldgelb, sw. stark roth gefleckt, ziemlich durchscheinend, dünnhäutig, sehr süss; Ad. citronengelb, weisslich-gelb p. Zw. aufrecht. — Anf. Aug. *P.* 664. I!

166. Ranson's Agatbeere. 22. Kl. Ransonii. Ranson's Bonny Highlander; *P.* — Fr. klein, 0,66" h. u. br., oft mittelgr., 0,94" h., 0,82" br., schmutzig-grünlich-ochergelb, ziemlich durchscheinend, dickhäutig, sehr süss; Ad. citronengelb, weiss p. Zw. seitw. — Ende Juli. *P.* 665. I.

167. Härtliche Agatbeere. 23. Kl. duriuscula. Charlotte; *P.* — Fr. ziemlich gr., 1,12" h., 0,92" br., meistens rundlich, licht goldgelb, netzartig schwefelgelb fleckig u. punktig durch die Haut scheinend, durchscheinend, dickhäutig, fleischig, nicht sehr süss; Ad. erbsgelb, schwefelgelb p. Zw. seitw. — Ende Juli. *P.* 666. II.

168. Kay's Agatbeere. 24. Kl. Kayana. Kay's Golden Queen, Lay's Golden Queen; *Th.* Angelika; *P.* — Fr. gr., 1,15" h, 0,99" br., schmutzig-grünlich-gelb, oben erbsgelb, wenig roth gefl., ziemlich durchscheinend, ziemlich dünnschalig, süss; Ad. erbsgelb, wenig grün p. Zw. abw. — Ende Juli. *P.* 668. I.

169. Durchsichtige Agatbeere. 25. Kl. diaphana. Arminie; *P.* — Fr. kl., 0,96" h., 0,76" br., schmutzig-grünlich-gelb, oben weisslich-gelb, gelblich-weiss geadert, glatt, etwas einzeln behaart, stark durchscheinend, dünnhäutig, sehr süss. Zw. aufrecht. — Ende Juli. *P.* 669. I!

170. Bekleckste Agatbeere. 26. Kl. liturata. Liptrot's Duke of Bedfurt, Bernhardine; *P.* — Fr. sehr gross, schmutzig-grünlich-gelb, sw. stark kirschroth gefleckt, durchscheinend, sehr dünnhäutig, angenehm süss; Ad. citronengelb, weisslich p. — Mitte u. Ende Juli. *P.* 670. I!

171. Mirabellenartige Agatbeere. 27. Kl. mirabellacea. Radcliff's Seedling, Christine; *P.* — Fr. ziemlich gr., rund, 0,95" h. u. br., oft rundlich u. 1,07" h. u. 0,93" br., grünlich-wachsgelb, oben heller, roth gefleckt u. punktirt, ziemlich durchscheinend, dickhäutig, fleischig, süss; Ad. lichtgelb, sehr wenig gelblich-grün p. Zw. abw. — Ende Juli. *P.* 672. II.

172 Hellfarbige Agatbeere. 28. Kl. diluta. Albane; *P.* — Fr. ziemlich gr., 1,11" h., 0,94" br., licht erbsgelb, durchscheinend, dünnhäutig, süss; Ad. schwefelgelb, sehr wenig licht punktirt. Zw. seitw. — Ende Juli. *P.* 673. I.

Hierher gehören noch: Prince of Hessen, Stanley's Dolphin, Miscarriage, Belle, Yellow Lily; *P.* — Yellow Ball, Capper's Bunkers Hill, Beardsell's Smuggler, Old Dark Yellow; *Th.*

2. Gruppe. Frucht weisslich.

173. Blasse Agatbeere. 29. Kl. pallida. Little Johann, Littegarde; *P.* — Fr. ziemlich gr., rundlich, grünlich-weiss, oben lichter, sehr durchscheinend, etwas dickhäutig, säuerlich-süss; Ad. gelblichweiss, auf den Samensträngen grün p. Zw. aufrecht. — Ende Juli. *P.* 835. II.

174. **Weissgefleckte Agatbeere.** 30. Kl. albomaculata. Kunigunde; *P.* — Fr. ziemlich gross, rundlich, oft kugelig, 1,09″ h., 0,93″ br., grünlich-weiss, weissfleckig durch die Haut scheinend, stark durchscheinend, etwas dickhäutig, sehr süss; Ad. licht-gelblich-weiss, auf den Samensträngen grün p. Zw. abwärts. — Anf. Aug. *P.* 836. I!

175. **Unpunktirte Agatbeere.** 31. Kl. puncticulata. Fair Rosamond, Mechtilde; *P.* — Fr. fast mittelgr., 0,84″ h., 0,78″ br., rundlich, oft elliptisch, grünlich-weiss, sehr durchscheinend, dünnhäutig, angenehm süss; Ad. lichter, wenig grün p. — Ende Juli. *P.* 837. I!

176. **Robuste Agatbeere.** 32. Kl. robusta. Christal: *Th.* Krispine; *P.* — Fr. klein, rundlich, hellweiss, sehr wohlschmeckend. Str. sehr gross, sehr fruchtbar; Zw. seitw. — Mitte Aug. u. später. *P.* 839. II

Hierher gehören noch: Jackson's white, Saphir, Mermaid, Jenny, Lee's Seedling, Mather white Mogul, Grawood's white, Neill's white Rose, Cleopatra, Nayden's Rule alv: *P.* — White Rasp, Diggles's Wanton, Damson's white, Haslam's Smiling Girl, white Honey; *Th.*

5. Stickbeere. Pansneria.*)

Frucht dunkelfarbig, (roth), länglich.

1. Rotte. Frucht elliptisch.

177. **Hyazinthen-Stickbeere.** 1. P. hyacinthina. Arnim; *P.* — Fr. gr., 1,26″ h., 0,99″ br., oft sehr gross u. rundlich u. 1,27″ h., 1,14″ br., hyacinthroth, oben pfirsichblüthroth, sehr wenig durchscheinend, etwas dickhäutig, süss; Ad. etwas lichter, sehr wenig röthlich-weiss p. Zw. seitw. — Ende Juli. *P.* 34. I.

178. **Rothgeaderte Stickbeere.** 2. P. rubrovenosa. Laureltres (?), Arend; *P.* — Fr. mittelgr., 1,03″ h., 0,82″ br., scharlachroth, roth geadert, stark durchscheinend, dünnhäutig, süss; Ad. lichter, gelb punktirt. — Anf. Aug. *P.* 36. 1.

179. **Buntaderige Stickbeere.** 3. P. vittata. Metellus, Anian; *P.* — Fr. fast mittelgr., 0,88″ h., 0,79″ br., scharlachroth, verschiedenfarbig geadert, durchscheinend, etwas dickhäutig, nicht sonderlich süss. Ad. lichter, klein gelb p. — Anf. Aug. *P.* 37. II.

180. **Rosenrothe Stickbeere.** 4. P. rosea. Audomar; *P.* — Fr. gr., 1,20,″ h., 0,96″ br., rosenroth, dunkel geadert u. p., stark durchscheinend, etwas dickhäutig, süss; Ad. röthlich-weiss, gelblichweiss u. Zw. seitw. — Anf. Aug. *P.* 39. I.

181. **Pfirsichartige Stickbeere.** 5. P. persicoides. Leigh's Defiance, Amalrich; *P.* — Fr. fast gr., 1,13″ h., 0,94″ br., weisslich-roth, sw. dunkel-purpurroth, oben pfirsichblüthroth, wo-

*) Dr. Lorenz v. Pansner in Arnstadt.

nig durchscheinend, ziemlich dünnhäutig, sehr fleischig, weinsäuerlich-süss; Ad. röthlich-weiss, weisslich-gelb p. Zw. seitw. —
Ende Juli, Anf. Aug. *P*. 40. II.

182. Nektarinenartige Stickbeere. 6. P. nectarina. Jolly
Pavier, Amos; *P*. — Fr. gr, 1,16″ h., 0,99″ br., purpurroth gesprengelt auf durchscheinendem goldgelbem Grunde,
sehr durchscheinend, dünnhäutig, sehr süss; Ad. weisslich-gelb, fast
weiss p. Zw. aufw. — Anf. Aug. *P*. 41. I!

183. **Purpurrothe Stickbeere.** 7. P. purpurea. Edleston's
Plantagenet, Antiochus; *P*. — Fr. gr., 1,30″ h., 0,97″ br., schön
purpurroth, durchaus sehr dicht u. fein purpurroth gesprengelt, schön durchscheinend, etwas dickhäutig, sehr angenehm
süss; Ad. lichter, apfelgrün u. weisslich p. Zw. aufw. — Anf. Aug.
P. 42 I!!

184. **Virginische Stickbeere.** 8. P. virginica. Smith's Black
Virgin, Beda; *P*. — Fr. mittelgr., 0,99″ h., 0,80″ br., schön carmoisinroth, glatt, sehr wenig kurz u. fein behaart, sehr durchscheinend, dünnhäutig, säuerlich-süss; Ad. dunkler, sehr wenig
weisslich p. Zw. aufw. — Ende Juli. *P*. 43. II.

185. **Helladerige Stickbeere.** 9. P. dilute-venosa. Logan's
Highlander, Belisar; *P*. — Fr. ziemlich gr., 1,09″ h., 0,88″ br., car-
moisinroth, auf grünlich-gelbem Grunde roth sprenkelig-fleckig, glatt,
oft etwas wenig kurz behaart, durchscheinend, dünnhäutig, sehr süss;
Ad. grünlich-gelb, gelb punktirt. Zw. abw. — Ende Juli,
Anf. Aug. *P*. 44. I!

186. **Walker's Stickbeere.** 10. P. Walkeri. Walker's Delight, Adonis; *P*. — Fr. klein, 0,80″ h., 0,70″ br., carmoisinroth,
über grünlich-ochergelbem Grunde roth gesprengelt, sehr durchscheinend, süss; Ad. gelblich-roth, grünlich u. weiss p. — Ende
Juli. *P*. 45. I.

187. **Königliche Stickbeere.** 11. P. regalis. Boardman's
Royal Oak, Alban; *P*. — Fr. gross, 1,27″ h., 0,99″ br., carmoisinroth, gelb-röthlich-weiss durch die Haut scheinend, dickhäutig,
angenehm süss; Ad. röthlich-gelb, gelblich u. grünlich-weiss p. Zw.
abw. — Ende Juli. *P*. 46. I!

188. **Black's Stickbeere.** 12. P. Blackii. Black's Seedling,
Agilhardt; *P*. — Fr. kl., 0,84″ h., 0,75″ br., carmoisinroth, glatt,
sehr wenig kurz rothhaarig, sehr wenig durchscheinend, dünnhäutig, sehr süss; Ad. lichtroth, weisslich-gelb p. Zw. abw. — Ende
Juli. *P*. 47. I!

189. **Undurchsichtige Stickbeere.** 13. P. impellucida.
Lord Spencer's Favorite, Adelhold; *P*. — Fr. ziemlich gr., 1,13″ h.,
0,88″ br., dunkel-carmoisinroth, nicht durchscheinend, dickhäutig, sehr fleischig, sehr wenig-kernig, säuerlich-süss; Ad. etwas
hellroth, wenig sichtbar, wenig grünlich-weiss p. Zw. aufrecht.
— Anf. Aug. *P*. 48. II.

190. **Orleaner Stickbeere,** 14. P. orleana. Red Orleans,
Albin; *P*. — Fr. fast gross, 1,08″ h., 0,94″ br., mordoréroth, et-

was durchscheinend, dünnhäutig, angenehm süss; Adern hellroth, stark röthlich u. gelblich-weiss punktirt. Zw. seitw. — Anf. Aug *P.* 49. I!

191. **Marmorirte Stickbeere.** 15. *P.* marmorata. Great Briton, Aaron; — Fr. gross, 1,32'' h., 0,99'' br., mordoréroth, roth punktirt u. geadert, durchscheinend, etwas dickhäutig, säuerlichsüss; Ad. dunkel-pfirsichblüthroth, grünlich-gelb p. Zw. seitw. — Ende Juli, Anf. Aug. *P.* 50. II.

192. **Säuerliche Stickbeere.** 16. *P.* acerba. Hulsworth, Agrippa; *P.* — Fr. gr., 1,13'' h., 0,97''br., oft 1,23'' h. u. 1,00'' br., mordoréroth, oben lichter, fast dunkel-pfirsichblüthroth, sehr wenig durchscheinend, ziemlich dünnhäutig, säuerlich, etwas wässerig; Ad. lichter, wenig gelb p. Zw. seitw. — Anf. Aug. *P.* 51. II.

193. **Weinige Stickbeere.** 17. *P.* vinosa. Liberty, Albert; *P.* — Fr. gross, 1,30'' h., 1,01'' br., oft sehr gross, 1,50'' h., 1,14'' br., mordoréroth, wenig durchscheinend, etwas dickhäutig, weinsäuerlich; Ad. lichter, gelb p. Zw. seitw. — Ende Juli, Anf. Aug. *P.* 52. II.

194. **Pfirsichblüthfarbige Stickbeere.** 18. *P.* persicolor. Knight's Scarlet Seedling, Bertram; *P.* — Fr. gr.; schön pfirsichblüthroth, sw. dunkler, durchaus dicht u. fein roth punktirt, ziemlich durchscheinend, dünnhäutig, sehr süss; Ad. weisslich-roth, grünlich u. gelblich-weiss p. Zw. abw. — Ende Juli. *P.* 53. I!

195. **Howley's Stickbeere.** 19. *P.* Howleyana. Howley's Lord Wellington; *Th.* Aeneas; *P.* Agathon? *P.* 55. — Fr. sehr gross, 1,36'' h., 1,04'' br., schmutzig-kirschroth, durchscheinend, dünnhäutig, sehr süss; Ad. dunkler, wenig gelblich-weiss p. Zw. aufw. — Ende Juli. *P.* 54. I!

196. **Rothgefärbte Stickbeere.** 20. *P.* rubicunda. Axel; *P.* — Fr. mittelgr., 0,99'' h., 0,86'' br., schmutzig-kirschroth, lichtroth durch die Haut scheinend, sehr wenig durchscheinend, dünnhäutig, sehr süss; Ad. carmoisinroth, gelblich-weiss p. Zw. abw. — Anf. Aug. *P.* 56. I!

197. **Zwillings-Stickbeere.** 21. *P.* didyma. Red Wonderful, Baptist; *P.* — Fr. gross, 1,33''h., 1,05''br., oft rundlich u. 1,11'' h., 0,99'' br., am Stiel beiderseits eingedrückt, fast 2theilig, schmutzig-dunkelkirschroth, sw. fast schwarzbraun, grünlich durch die Haut scheinend, sehr durchscheinend, dickhäutig, sehr süss; Ad. apfelgrün u. grünlich-weiss p. Zw. abw. — Ende Juli. *P.* 58. I!

198. **Schmutzigrothe Stickbeere.** 22. P. lurida. Harreis (?), Boduin; *P.* — Fr. ziemlich gr., 1,20'' h., 0,92'' br., schmutzig-kirschroth, schmutzig-grün-fleckig durchscheinend, wenig durchsichtig, dünnhäutig, sehr süss; Ad. lichter, apfelgrün u. grünlich-weiss p. Zw. aufrecht. — Ende Juli. *P.* 57. I!

199. **Pflaumenartige Stickbeere.** 23. *P.* prunacea. Artemisius; *P.* — Fr. sehr gross, 1,35'' h., 1,15'' br., oft 1,48'' h., 1,07'' br., schmutzig-dunkelkirschroth, schmutzig ocher-

gelb durch die Haut scheinend, undurchsichtig, dickhäutig, fleischig, säuerlich-süss; Ad. lichter u. dunkler, wenig sichtbar, grünlich-weiss p. Zw. abw. — Ende Juli. *P.* 59. I.

200. Buntfarbige Stickbeere. 24. *P.* variegata. Eckersley's Jolly Printer, Eckersley's Jolly Painter; *Th.* Arthur; *P.* — Fr. sehr gr., 1,31" h., 1,09" br., schmutzig-grünlich-gelb, sw. kirschroth, durchaus besonders sonnenwärts dicht kirschroth punktartig gefleckt, sehr durchscheinend, dickhäutig, fleischig, sehr angenehm süss; Ad. grünlich-gelb, grünlich p. Zw. abw. — Ende Juli, Anf. Aug. *P.* 60. I!

201. Wenigkernige Stickbeere. 25. *P.* oligosperma. Roaring Lion, Benignus; *P.* — Fr. sehr gross, 1,49" h., 1,15" br., oft birnf. u. 1,74" h, 1,08" br., auf grasgrünem Grunde schmutzigkirschroth gesprengelt, ungleich rothbraun gefleckt, dickhäutig, wenigkernig, säuerlich-süss; Zw. abw. — Anf. Aug. *P.* 61. I.

202. Glänzende Stickbeere. 26. *P.* lucida. Farrow's Great Chance, Anselm; *P.* — Fr. sehr gross, 1,45" h., 1,18" br., mordoréroth u. dunkel hyacinthroth, sw. dunkler, glatt u. glänzend, sehr wenig durchscheinend, ziemlich dünnhäutig, angenehm weinsäuerlich-süss; Ad. lichter, gelblich p. Zw. seitw. — Ende Juli, Anf. Aug. *P.* 62. I!

203. Trübe Stickbeere. 27. *P.* opaca. Logan's Greedy, Alfried; *P.* — Fr. gr., 1,17" h., 0,94" br., dunkel-kirschroth, oben pfirsichblüthroth, schmutzig-grün durch die Haut scheinend, undurchsichtig, dünnhäutig, fleischig, säuerlich-süss; Ad. gelblich-roth, grünlich-weiss p. Zw. aufrecht. — Anf. Aug. *P.* 63. II.

204. Kaiserliche Stickbeere. 28. *P.* imperialis. Rival's Emperor Napoleon, Benedikt; *P.* — Fr. sehr gross, 1,37" h., 1,12" br., dunkelkirschroth, oben pfirsichblüthroth, sehr wenig durchscheinend, etwas dickhäutig, säuerlich-süss; Ad. heller u. dunkler, erbsgelb p. Zw. abwärts. — Ende Juli, Anf. Aug. *P.* 64. I.

205. Gefurchte Stickbeere. 29. *P.* sulcata. Royal Ann, Amatus; *P.* — Fr. gr., 1,17" h., 1,01" br., über den Samensträngen gefurcht, dunkel-kirschroth, oben heller, schmutzig-gelb durch die Haut scheinend, wenig durchscheinend, sehr dünnhäutig, dickfleischig, sehr wenigkernig, nicht sehr süss; Ad. wenig sichtbar, grünlich-gelb p. Zw. aufw. — Ende Juli. *P.* 65. II.

206. Wässerigsüsse Stickbeere. 30. P. aquosa. Duke Kent, Anthimius; *P.* — Fr. gr., 1,19" h., 1,02" br., dunkel-kirschroth, oben heller, wenig durchscheinend, dickhäutig, fleischig, wässerig-süss; Ad. pfirsichblüthroth, weisslich-gelb p. Zw. aufw. — Ende Juli. *P.* 66. II.

207. Gezuckerte Stickbeere. 31. P. sacharata. Elliot's Bright Venus, Asman; *P.* — Fr. mittelgr., 0,92" h., 0,75" br., kirschroth, sw. dunkler, durchscheinend, sehr dünnhäutig, recht süss; Ad. dunkler, wenig weisslich-roth p. Zw. abw. — Ende Juli. *P.* 67. I!!

208. **Knorpelkirschenartige Stickbeere.** 32. P. Lutetiana; Cromley (?), Cyrin; P. — Fr. mittelgr., 1,02" h., 0,81" br., oft birnf. u. gross, 1,49" h., 0,98" br., kirschroth, sw. ganz dunkel, undurchsichtig, dickhäutig, sehr fleischig, gewürzhaft-süss; Ad. wenig sichtbar, sehr wenig gelblich-weiss p. Zw. aufrecht. — Ende Juli, Anf. Aug. P. 68. I!!

209. **Riesen-Stickbeere.** 33. P. grandis. Cyprian; P. — Fr. sehr gross u. sehr schön, 1,54" h., 1,24" br., oft 1,60" h., 1,22" br., kirschroth, sehr wenig durchscheinend, dickhäutig, ziemlich süss; Ad. dunkler, blassgelb u. gelblich-weiss p. Zw. abw. — Ende Juli. P. 69. I.

210. **Gewürzhafte Stickbeere.** 34. P. aromatica. Hague's Beauty Lanking (?), Burkhard; P. — Fr. fast mittelgr., 0,88" h., 0,78" br., kirschroth, wenig durchscheinend, dickhäutig, sehr gewürzhaft süss; Ad. lichter, gelblich-weiss p. Zw. aufw. — Ende Juli. P. 70. I!!

211. **Traminerartige Stickbeere.** 35. P. traminacea. Bonifaz; P. — Fr. fast gr., 1,16" h., 0,94" br., kirschroth auf schmutzig-grünem Grunde, oben pfirsichblüthroth, wenig durchscheinend, sehr dünnhäutig, fleischig, säuerlichsüss; Ad. pfirsichblüthroth, weisslich-gelb p. Zw. aufw. — Ende Juli. P. 71. II.

212. **Rider's Stickbeere.** 36. P. Rideri. Rider's Black Prince, Brutus; P. — Fr. fast gr., 1,15" h., 0,89" br., kirschroth, oben pfirsichblüthroth, wenig durchscheinend, ziemlich dickhäutig, süss; Ad. pfirsichblüthroth, wenig grünlich-weiss p. Zw. abw. — Ende Juli, Anf. Aug. P. 72. I.

213. **Dreifarbige Stickbeere.** 37. P. tricolor. Jolly Coppes, Celsus; P. — Fr. sehr gr., 1,23" h., 1,06" br., kirschroth, ganz dunkelroth fleckig-gesprengelt, ziemlich durchscheinend, dickhäutig, sehr fleischig, süss; Ad. apfelgrün, weisslich-gelb p. Zw. abw. — Anf. Aug. P. 73. I.

214. **Brüchige Stickbeere.** 38. P. fragilis. Aristides; P. — Fr. fast sehr gr., 1,23" h., 1,02" br., auf schmutzig-grünem Grunde kirschroth gesprengelt, sehr wenig durchscheinend, fast undurchsichtig, dickhäutig, fleischig, wenigkernig, säuerlich-süss; Ad. pfirsichblüthroth, wenig sichtbar, gelblich-weiss p. Zw. abw. — Anf. Aug. P. 74. II.

215. **Bemalte Stickbeere.** 39. P. picta. Anserich; P. — Fr. fast mittelgr., 0,97" h., 0,76" br., auf schmutzig-grünem Grunde kirschroth gefleckt, wenig durchscheinend, sehr dünnhäutig, sehr angenehm süss; Ad. pfirsichblüthroth, gelblich-weiss p. u. roth gefleckt. Zw. seitw. — Mitte Juli. P. 75. I!

216. **Kirschrothe Stickbeere.** 40. P. cerasina. Jolly Fellow, Amalfried; P. — Fr. sehr gross, 1,31" h., 1,19" br., schön kirschroth, glänzend-glatt, wenig durchscheinend, etwas dickhäutig, sehr fleischig, sehr angenehm süss; Ad. dunkler, wenig sichtbar, sehr wenig gelblich p. Zw. abw. — Ende Juli. P. 76. I!

217. **Schöne Stickbeere.** 41. P. formosa. Berend; *P.* — Fr. ziemlich gr., 1,27″ h., 0,95″ br., schön purpurroth, sw. dunkler, stark durchscheinend, ziemlich dünnhäutig, sehr angenehm weinsäuerlich-süss; Ad. weisslich-roth, gelblich-weiss p. Zw. abw. — Ende Juli, Anf. Aug. *P.* 77. I!

218. **Weissliche Stickbeere.** 42. P. albicans. Armigius; *P.* — Fr. ziemlich gr., 1,02″ h., 0,89″ br., weisslich purpurroth, gelblich-roth durch die Haut scheinend, ziemlich durchsichtig, dünnhäutig, sehr angenehm süss; Ad. lichter, grünlich- u. gelblich-weiss p. Zw. aufrecht. — Anf. Aug. *P.* 78. I!!

219. **Dunkelbraune Stickbeere.** 43. P. fuscata. Mader's Black Lady, Amandus; *P.* — Fr. mittelgr., 0,99″ h., 0,81″ br., dunkel-kirschbraun, wenig durchscheinend, etwas dichhäutig, fleischig, säuerlich-süss; Ad. wenig sichtbar, stark gelblich-weiss p. Zw. aufw. — Ende Juli. *P.* 79. II.

220. **Schwarzrothe Stickbeere.** 44. P. atropurpurea. Balduin; *P.* — Fr. ziemlich gr., 1,09″ h., 0,95″ br., dunkelbraunroth, fast schwarz, undurchsichtig, etwas dickhäutig, angenehm weinsäuerlich-süss; Ad. lichter, röthlich-weiss u. gelblich p. Zw. abw. — Ende Juli, Anf. Aug. *P.* 80. I.

Hierher gehören noch: Wilmot's Seedling Red, Hooper's Great Captain, Ambersley Hero, Bratherton's Whipper-in, Pollet's Seedling, Whitton's Glory, Dudley and Ward, Johnson's Ringleader; *Th.* — Long red, Adulator, Matadore, Adventine, Smooth red, Bradshaw's Red Top, Rider's Free Bearer, Wild's Red Walnut, Platt's Black, Fox's Royal, Pythagoras, Jack-Pudding; *P.*

2. Rotte. Frucht eiförmig.

221. **Bogige Stickbeere.** 45. P. reclinata. Ribes reclinatum; *L.* Rothe Stachelbeere, rother Stachelbeerstrauch, Stachelbeerstrauch mit bogigen Zweigen, rothe Grosselbeere; in versch. Geg. Deutschlands. Grosseiller épineux à fruit rouge; in Frankreich. Rothe Stachelbeere; *Mössl.* Rothe oder braune Stachelbeere; *Ab.* Rothe oder rothbraune Stachelbeere; *Chr. H. O.* Ribes glabrum, glatte Stachelbeere; *Koch.* Grossula reclinata; *Seutter.* Grossularia reclinata; *Müll.* Ribes Grossularia reclinata; *Berl.* Ribes Grossularia fructu rubro; *Burgsd.* — Fr. sehr klein, dunkelroth, fast schwarz, oft etwas behaart, süss. Str. wenig stachelig; Zw. aufrecht, oben übergebogen. Bl. glänzend lauchgrün. — Im mittleren u. südlichen Deutschland in Hecken u. Waldungen verwildert. Juli. 1764 u. viel früher. *Bechst. Fb.* 657. III.

222. **Wunderbare Stickbeere.** 46. P. mirabilis. Red Wonderfull, Amaldus; *P.* — Fr. sehr gross, 1,48″ h., 1,07″ br., oft 1,49″ h., 1,20″ br., blutroth, oben pfirsichblüthroth, wenig durchscheinend, etwas dickhäutig, angenehm säuerlich-süss; Ad. lichter, röthlich u. gelb p. — Mitte Juli, Anf. Aug. *P.* 99. I.

9*

223. Blutrothe Stickbeere. 47. P. sanguinea. Grundy's Plough-boy, Armand; *P.* — Fr. ziemlich gr., 1,11" h., 0,89" br., blutroth, glatt, sehr wenig dunkelroth behaart, etwas durchscheinend, etwas dickhäutig, süss; Ad. lichter, röthlich-gelb p. Zw. seitw. — Mitte Juli, Anf. Aug. *P.* 100. I.

224. Gelbsaftige Stickbeere. 48. P. chrysosarca. Walker's Bank of England; *Th.* Arnold; *P.* — Fr. gross, 1,28" h., 1,06" br., mordoréroth, sehr wenig durchscheinend, fast undurchsichtig, ziemlich dünnhäutig, gelbsaftig, weinsäuerlich-süss ; Ad. lichter, gelb p. Zw. seitw. — Ende Juli, Anf. Aug. *P.* 101. I.

225. Unvergleichliche Stickbeere. 49. P. incomparabilis. Incomparable, Amamus; *P.* — Fr. gross, 1,18" h., 0,99" br., mordoréroth, wenig durchscheinend, etwas dickhäutig, säuerlich-süss: Ad. lichter, sehr wenig gelb p. Zw. seitw. — Mitte Juli, Anf. Aug. *P.* 102. I.

226. Chadwick's Stickbeere. 50. P. Chadwickii. Chadwick's Sportsman; *Th.* Cyrill; *P.* — Fr. sehr gross, 1,34" h., 1,05" br., mordoréroth, sehr wenig durchscheinend, etwas dickhäutig, angenehm süss; Ad. lichter, zeisiggrün punktirt. Zw. aufrecht. — Ende Juli, Anf. Aug. *P.* 104. I!

227. Mehligsaftige Stickbeere. 51. P. farinacea. Busso; *P.* — Fr. gross, 1,28" h., 0,97" br., purpurroth, röthlich-weiss durch die Haut scheinend, hell- u. dunkelroth-fleckig durch die Haut gesprengelt, wenig durchscheinend, sehr dickhäutig, nicht sonderlich süss, mehlig; Ad. hellroth u. gelblich-weiss, weisslich-grün p. Zw. seitw. — Anf. Aug. *P.* 105. II.

228. Verschiedenfarbige Stickbeere. 52. P. discolor. Adam's Cheshire Sheriff, Bruno; *P.* — Fr. gr., 1,23" h., 0,99" br., auf röthlich-gelbem Grunde fein purpurroth gesprengelt, ziemlich durchscheinend, dünnhäutig, sehr angenehm süss; Ad. hellroth u. citronengelb, wenig grünlich-weiss p. Zw. seitw. — Ende Juli. *P.* 106. I!!

229. Gelblichrothe Stickbeere. 53. P. rutila. Cicero; *P.* — Fr. gr., 1,21" h., 0,98" br., gelblich-roth, sw. purpurroth, oben weisslich purpurroth, etwas durchscheinend, dickhäutig, fleischig, angenehm süss; Ad. röthlich-weiss, gelb punktirt. Zw. abw. — Mitte Juli. *P.* 107. I!

230. Zweifarbige Stickbeere. 54. P. bicolor. Brunehild; *P.* — Fr. fast mittelgr., 0,96" h., 0,76" 3r., dunkel-pfirsichblüthroth, etwas durchscheinend, dickhäutig, süss; Ad. gelblichweiss, wenig gelblich-weiss p. Zw. seitw. — Anf. Aug. *P.* 108. I.

231. Dickfleischige Stickbeere. 55. P. cellulosa. Borromeo; *P.* — Fr. fast gr., 1,14" h., 0,98" br., carmoisinroth, sehr wenig durchscheinend, dickhäutig, fleischig, angenehm süss; Ad. grünlich-gelb, wenig lichtgrün p. Zw. aufw. — Ende Juli. *P.* 109. I;

232. Carmoisinrothe Stickbeere. 56. P. coccinea. Alexander; *P.* — Fr. ziemlich gr., 1,11" h., 0,89" br., schön carmoisinroth, auf durchscheinendem grünlich-gelben Grunde gesprengelt, sehr durchscheinend, dünnhäutig, sehr süss; Ad. grünlich-gelb, weisslich-gelb. p. Zw. seitw. — Anf. Aug. P. 110. I!!

233. **Renetten - Stickbeere**. 57. P. renetta. Stadtholder, Bovis; P. — Fr. sehr gross, 1,37" h., 1,09" br., oft elliptisch oder birnf., dunkel-kirschroth, stellenweise dunkel-grasgrün, glatt, sehr wenig kurz rothhaarig, nicht durchscheinend, etwas dickhäutig, sehr fleischig, gewürzhaft-süss; Ad. wenig sichtbar, gelb u. roth punktirt. Zw. abw. — Ende Juli, Anf. Aug. P. 111. I!!

234. **Papageyen-Stickbeere**. 58. P. psittacina. Collin's British Hero, Christian; P. — Fr. sehr gross, 1,36" h., 1,08" br., oft elliptisch, auf schmutzig-grünem Grunde kirschroth, oben pfirsichblüthroth, glatt, wenig kurz rothhaarig, wenig durchscheinend, etwas dickhäutig, sehr angenehm süss; Ad. lichter, gelblich-weiss u. einzeln roth punktirt. Zw. seitw. — Mitte Juli, Anf. Aug. P. 112. I!!

235. **Leuchtende Stickbeere**. 59. P. fulgens. Bartholomäus; P. — Fr. mittelgr., 0,92" h., 0,77" br., schön kirschroth, lichtgrünfleckig durch die Haut scheinend, glatt u. glänzend, ziemlich durchscheinend, etwas dickhäutig, sehr süss; Ad. wenig sichtbar, pfirsichblüthroth, grün u. gelblich-weiss p. Zw. seitw. — Anf. Aug. P. 113. I!

236. **Getigerte Stickbeere**. 60. P. tigrida. Royal Tiger, Amabilis; P. — Fr. ziemlich gr., 1,10" h., 0,92" br., auf weisslich-rothem Grunde schön kirschroth gesprengelt, einzeln dunkelroth-fleckig durch die Haut scheinend, dickhäutig, nicht sonderlich süss, mehlig; Ad. lichter, gelblich-weiss p. Zw. abw. — Anf. Aug. P. 114. II.

237. **Engel-Stickbeere**. 61. P. angelica. Angelus; P. —. Fr. ziemlich gr., 1,13" h., 0,89" br., auf röthlich-gelbem Grunde durchaus schön kirschroth gesprengelt, sw. dicht p., stark durchscheinend, dünnhäutig, fleischig, nicht sonderlich süss; Ad. lichter, grünlich-gelb p. Zw. seitw. — Anf. Aug. P. 115. II.

238. **Hartfleischige Stickbeere**. 62. P. durissima. Worthington's Conqueror; Th. Apollonius; P. — Fr. sehr gross, 1,35" h., 1,02" br., oft elliptisch, kirschroth, sehr wenig durchscheinend, dünnhäutig, sehr hartfleischig, angenehm süss; Ad. lichter, gelblich-weiss p. Zw. seitw. — Ende Juli. P. 116. I.

239. **Nelson's Stickbeere**. 63. P. Nelsoni. Lord Nelson's Monument, Balderich; P. — Fr. sehr gross, 1,42" h., 1,00" br., kirschroth, schmutzig-gelb durch die Haut scheinend, glatt, wenig kurz rothhaarig, dünnhäutig, angenehm süss; Ad. gelblich-roth, weisslich-gelb p., auf den Samensträngen grün p. Zw. aufrecht. — Ende Juli. P. 117. I!!

240. **Schmutzfarbige Stickbeere**. 64. P. sordida. Greaves's Smolensko; Th. Aristobul; P. — Fr. sehr gross, 1,45" h., 1,14" br., schmutzig-kirschroth, auf schmutzig-grünem Grunde, wenig durchscheinend, dünnhäutig, säuerlich-süss; Ad. dunkelroth,

gelblich-weiss p., oft schmutzig-gelb u. unpunktirt. Zw. abw. — Mitte u. Ende Juli. *P.* 118. I.

241. **Bell's Stickbeere.** 65. P. Belli. Bell's Glorious, Ambrosius; *P.* — Fr. sehr gross, 1,33″ h., 1,08″ br., schmutzigkirschroth, schmutzig-grün durch die Haut scheinend, etwas durchsichtig, etwas dickhäutig, sehr süss; Ad. dunkel-kirschroth, wenig gelblich-weiss p. Zw. abw. — Mitte u. Ende Juli. *P.* 119. I!

242. **Marzipan-Stickbeere.** 66. P. condita. Augustin; *P.* — Fr. gr., 1,28″ h., 0,98″ br., oft elliptisch, dunkelkirschroth, wenig durchscheinend, dünnhäutig, sehr fleischig, gewürzhaft-süss; Ad. hellroth, einzeln weiss p. Zw. seitw. — Mitte u. Ende Juli. *P.* 120. I!

243. **Verwischte Stickbeere.** 67. P. obsoleta. Aristodemus. *P.* — Fr. gr., 1,19″ h., 0,97″ br., dunkel-kirschroth, oben ų. an den Adern lichter, undurchsichtig, dünnhäutig, angenehm süss; Ad. wenig sichtbar, etwas gelblich-weiss p. Zw. seitw. — Ende Juli. *P.* 121. I!

Hierher gehören noch: Houghton's Boggart, Hillward's Richmond, Royal Duke, Trimmer, Rider's Scented Lemon, Rival's Emperor Napoleon, Shaw's Billy Dean, Titlotson's Saint John, Red Turkey, Nutmeg; *Th.* — Black King, Fox whelp the East: *P.*

B. Rotte. Frucht birnförmig.

244. **Rothköpfige Stickbeere.** 68. P. atrocephala. Adelbert; *P.* — Fr. sehr gross, 1,50″ h., 1,14″ br., oft elliptisch u. eif., mordoréroth, oben stark roth geadert u. getüpfelt, gegen unten wenig punktirt, wenig durchscheinend, etwas dickhäutig, weinsäuerlich; Ad. hellroth, gelb p. Zw. abw. — Mitte Juli, Anf. Aug. *P.* 133. I.

245. **Berberizenförmige Stickbeere.** 69. P. berberiformis. Abälard; *P.* — Fr. gr., 1,25″ h., 0,73″ br., oft walzenförmig, am Stiel dünner, berberizenformähnlich, schön purpurroth, durchscheinend, dickhäutig, sehr fleischig, süss; Ad. hellroth, weisslich-gelb p. Zw. seitw. — Mitte Juli, Anf. Aug. *P.* 134. I.

246. **Muskateller-Stickbeere.** 70. P. moschata. Agrikola; *P.* — Fr. klein, 0,69″ h., 0,58″ br., oft etwas grösser, scharlachroth, sp. kirschroth, glatt u. glänzend, ziemlich durchscheinend, dünnhäutig, müskirt-süss; Ad. hellroth, sehr fein gelblich u. röthlich p. Zw. seitw. — Anf. Aug. *P.* 135. I!

247. **Eingedrückte Stickbeere.** 71. P. impressa. Alfred; *P.* — Fr. sehr gross, 1,33″ h., 1,04″ br., oft 1,59″ h., 1,06″ br., oft rundlich u. eif., über den Samensträngen furchenartig eingedrückt, fast 2theilig, kirschroth, ziemlich durchscheinend, dünnhäutig, gewürzhaft-säuerlich-süss; Ad. lichter, röthlich-weiss u. etwas gelb p. Zw. seitw. — Ende Juli. *P.* 186. I!

248. **Gewürzlose Stickbeere.** 72. P. inaromatica. Singleton's Mogul, Ahasver; *P.* — Fr. klein, 0,78″ h., 0,61″ br., ganz

dunkel-kirschroth, undurchsichtig, sehr dünnhäutig, wässe-
rig; Ad. lichter, wenig sichtbar, röthlich-weiss p. Zw. aufw. — Anf.
Aug. *P.* 137. II.
    249. **Balsamische Stickbeere.** 73. P. balsamica. Adolph;
P. — Fr. gross, 1,58"h., 1,05" br., oft eif., dunkel-kirschroth, sehr
wenig durchscheinend, dünnhäutig, fleischig, sehr gewürzhaft;
Ad. wenig sichtbar, besonders oben u. an den Samensträngen dicht
gelblich-weiss p. Zw. abw. — Ende Juli. *P.* 138. I!!
    250. **Härtliche Stickbeere.** 74. P. duriuscula. Greenbalgh's
Jolly Miner: *Th.* Bassianus; *P.* — Fr. sehr gross, 1,54" h.,
1,17" br., oft elliptisch, schmutzig-kirschroth, schmutzig-grün durchscheinend, oben pfirsichblüthroth, undurchsichtig, wenigkernig,
hartfleischig, süss; Ad. weisslich-apfelgrün, unten grün- nach
oben dicht gelblich-weiss punktirt. Zw. abw. — Ende Juli, Anf.
Aug. *P.* 139. I.
    251. **Haslam's Stickbeere.** 75. P. Haslami. Haslam's Bri-
ton, Alarich; *P.* — Fr. sehr gross, 1,40" h., 1,05" br., kirschroth, etwas durchscheinend, dünnhäutig, süss, etwas wässerig;
Ad. lichter, wenig grünlich p. — Anf. Aug.. *P.* 140. II.
Hierher gehört noch: Coë's Hannibal; *P.*

6. Wendelbeere. Grisella.

Frucht dunkelfarbig, (roth), rundlich.

    252. **Carminrothe Wendelbeere.** 1. Gr. coccinea. Abra-
ham; *P.* — Fr. klein, 0,64" h. u. br., kugelig, carminroth, durchscheinend, ziemlich dünnhäutig, säuerlich-süss; Ad. lichter, gelb
punktirt. — Anf. Aug. *P.* 1. II.
    253. **Scharlachrothe Wendelbeere.** 2. Gr. cardinalis. Lord
Hill, Adrian; *P.* — Fr. klein, 0,67" h. u. br., kugelig, scharlachroth, stark durchscheinend, dünnhäutig, süss; Ad. lichter,
gelblich p. — Anf. Aug. *P.* 2. I.
    254. **Breitgedrückte Wendelbeere.** 3. Gr. compressa.
Devonshire Delight, Bernhard; *P.* — Fr. fast gr., 0,95" h. u. br.,
kugelig, oft eiförmig, unten breitgedrückt, dunkel-hyazinth-
roth, sehr wenig durchscheinend, ziemlich dickhäutig, nicht sonderlich süss, weinsäuerlich; Ad. lichter, röthlich-weiss p. — Anf. Aug.
P. 3. II.
    255. **Starkglänzende Wendelbeere.** 4. Gr. splendens.
Aureus; *P.* — Fr. mittelgr., 0,89" h., 0,84" br., kugelig, schön
kirschroth, sehr stark u. lebhaft glänzend, wie lakirt,
glatt, sehr wenig lang- u. dunkelroth-haarig, etwas durchscheinend,
dickhäutig, sehr angenehm süss; Ad. gelblich-roth, wenig gelb p.
Zw. abw. — Ende Juli. *P.* 4. I!
    256. **Gefärbte Wendelbeere.** 5. Gr. colorata. Black's Hardy,
Athanasius; *P.* — Fr. etwas kl., 0,78" h., 0,75" br., kugelig, weiss-

lich-carmoisinroth, auf schmutzig röthlich-weissem Grunde roth gesprengelt, ziemlich durchscheinend, dünnhäutig, sehr süss; Ad. röthlich-gelb, gelblich-weiss punktirt. Zw. aufrecht. — Anf. Aug. P. 5. I!

257. **Weinsäuerliche Wendelbeere**. 6. Gr. acidula. August; P. — Fr. mittelgr., 0,96" h., 0,89" br., ruudlich, schmutzig-kirschroth, grünlich durch die Haut scheinend, oben pfirsichblüth-roth, sehr wenig durchscheinend, etwas dickhäutig, säuerlich-süss; Ad. pfirsichblüthroth, gelblich-weiss p. Zw. scitw. — Anf. Aug. P. 18. I.

258. **Dunkelrothe Wendelbeere**. 7. Gr. atropurpurea. Gorton's Emperor, Cäsar; P. — Fr. klein, 0,66" h., 0,62" br., rund-lich, dunkel-kirschroth, wenig durchscheinend, etwas dickhäutig, fleischig, süss: Ad. dunkler, wenig sichtbar, gelblich-weiss p. Zw. aufrecht. — Ende Juli. P. 19. II.

259. **Hartfleischige Wendelbeere**. 8. Gr. dura. Stafford's Conqueror, Bogislaus; P. — Fr. mittelgr., 0,94" h., 0,86" br., rund-lich, dunkel-kirschroth, ziemlich durchscheinend, etwas dickhäutig, sehr hartfleischig, aromatisch, nicht sehr süss; Ad. lich-ter, grünlich-weiss p. Zw. scitw. — Ende Juli, Anf. Aug. P. 20. I.

260. **Dickhäutige Wendelbeere**. 9. Gr. crassiuscula. Grave's Rifleman, Arkadius; P. — Fr. klein, 0,83" h., 0,77" br., rundlich, kirschroth, oben carmoisinroth, schmutzig-dunkelgelb durch die Haut scheinend, dickhäutig, sehr fleischig, gewürzhaft-süss: Ad. lichter, weisslich-gelb p., — Anf. Aug. P. 21. I.

261. **Ansehnliche Wendelbeere**. 10. Gr. conspicua. At-kinson's Black Prince, Antonin; P. — Fr. mittelgr., 0,96" h., 0,87" br., rundlich, licht-kirschroth, durchscheinend, dünnhäutig, sehr süss; Ad. lichter, weisslich-gelb p. Zw. seitw. — Ende Juli, Anf. Aug. P. 22. I!

262. **Wässerigsüsse Wendelbeere**. 11. Gr. insipida. As-mus; P. — Fr. mittelgr., 0,94" h., 0,84" br., rundlich, kirschroth, fein dunkel gefleckt u. punktirt, etwas durchscheinend, etwas dickhäutig, wässerig: Ad. lichter, gelblich p. Zw. abw. — Anf. Aug. P. 23. II.

263. **Prinzen-Wendelbeere**. 12. Gr. princeps. Boardman's Prince Regent, Boardman's British Prince; Th. Aristarch; P. — Fr. mittelgr., 0,75" h., 0,67" br., oft sehr gross, rundlich, dunkel-scharlachroth, durchscheinend, ziemlich dünnhäutig, sehr ange-nehm süss; Ad. lichter, wenig gelb p. Zw. seitw. — Anf. Aug. P. 24. I!

264. **Spätreifende Wendelbeere**. 13. Gr. serotina. Clyton's Britannia, Basil; P. — Fr. gross, rundlich, schön dunkelroth, weiss geadert, glatt, sehr wenig dick-haarig, sehr wohlschmeckend. — Mitte u. Ende August. P. 25. I!

265. **Frühreifende Wendelbeere**. 14. Gr. praecox. Wil-mot's Early Red; Th. Atto; P. — Fr. ziemlich gross, rundlich,

dunkelroth, sehr wohlschmeckend. Zw. abwärts. — Anfang und Mitte Juli. *P.* 27. I!

266. Starkgewürzte Wendelbeere. 15. Gr. acricula. Small Red Globe, Smooth Scotch: *Th.* Benno; *P.* — Fr. klein, rundlich, glatt, angenehm scharf riechend u. schmeckend. Str. sehr fruchtbar; Zw. aufrecht. — Aug. *P.* 30. I!!

Hierher gehören noch; Tinker, Jared's Achilles, Electoral Crown, Worthington's Emperor of Morocco, Fiery-Ball, Mason's Hercules, Chrystal red, Evening star, Red Orland, Red Bellemond, Thenskind Marmor, Cook's Defiance, Plum, Worthington's Hero; *P.* — Rider's Old England, Jagg's Red, Gerard's Ajax, Claret; *Th.*

II. Stamm (Tribus).

Grosselbeerenartige. Grossulariae.

Frucht haarig.

(Ur- oder Stammart: Ribes Grossularia; *L.*)

7. Grosselbeere. Grossula.

Frucht grün, rundlich.

1. Rotte. Frucht haarig.

267. **Wilde Grosselbeere.** Ribes Grossularia; *L.* 1. G r. du-
m a l i s. Weisse, kleine, rauhe, gemeine weisse, wilde u. kleine wilde
Stachelbeere, Stachelbeerstrauch, gemeiner und wilder Stachelbeerstrauch, haarige Krausbeere, stachlige u. haarige Johannisbeere, gemeine Gartenstachelbeere, Heckenbeere, Hecken- oder Zaunstachel-
beere, Rauh-, Rauch-, Stachel-, Kloster-, Kluster-, Christ-, Christoph-,
Christoren-, Grossel-, Grusel-, Grassul-, Grasel-, Kraus-, Kräusel-,
Kruschel-, Erbsen-, Grussel-, Stick-, Stich-, Grün-, Laus-, Russerl-,
Agrest- u. Fleischbeere, Grünzel, Grunzel, Stechaberle, Agras, Agres,
Ackras, Agresch, Eiterbotzen, Aiterbutzen, Oaterbatze, Mauchel, Mo-
rusel, Mukeze, Muenetze, Christ-, Weg- u. Stechdorn, Rauchbeer-
strauch, wilde Erbsen; in versch. Geg. Deutschlands. Groseille hé-
rissée, Groseiller épineux à fruit velus; in Frankreich. Common
Gooseberry-bush, Pear Gooseberry; in England. Stachelbeere; *Dtch.*
L. Garten-Stachelbeere; *du Roi.* Gartenstachelbeerstrauch mit rauher
Frucht; *Burgsd.* Rauhe Stachelbeere; *Becht.* Fb. Gemeine Stachelbeere; *Mössl.* Weisse oder Gartenstachelbeere, Klosterbeere, Rauchbeere; *Ab.* Haarige Stachelbeere; *Nois.* Gb. Borstige Stachelbeere;
Lipp. Ribes Grossularia; *L.* Ribes Grossularia glanduloso-setosum,
rauhhaarige Stachelbeere; *Koch.* Grossularia hirta, Grossularia hir-
suta; *Mill.* Grossula communis; *Seutter.* Ribes Uva crispa; *Oed.*
Fl. Dan. Grossularia Uva crispa; *Scop.* Grossularia vulgaris s. communis; *Thon.* Ribes Uva crispa var. s. sativa; *Dec.* — Fr. s e h r
k l e i n, erbsengross, r u n d, grünlich, d i c h t w e i s s b e h a a r t. Zw.
a u f r e c h t. — Ueberall wildwachsend u. allgemein bekannt. Juli.
1764 u. viel früher. *Becht.* Fb. 654. III.

268. Weinsäuerliche Grosselbeere. 2. Gr. acidula. Flower of Chester, Sophokles; *P.* — Fr. mittelgr., 0,89" h. u. br., kugelig, apfelgrün, stark durchscheinend, ziemlich dünnhäutig, weinsäuerlich-süss; Ad. lichter, oft zeisiggrün; H. zahlreich, weiss, lang, ziemlich stark. — Anf. Aug. *P.* 540. II.

269. Wenigbehaarte Grosselbeere. 3. Gr. subglabra. Fox's Green, Theodor; *P.* — Fr. ziemlich gr., 0,94" h.. 0,87" br., apfelgrün, beinahe glatt, ziemlich durchscheinend, etwas dickhäutig, süss; Ad. lichter, grünlich-weiss p.; H. sehr wenig, weiss, kurz u. steif: Zw. aufw. — Anf. Aug. *P.* 541. I.

270. Glänzende Grosselbeere. 4. Gr. nitens. Knight's Annibal, Trajan: *P.* — Fr. mittelgr., 0,84" h., 0,81" br., apfelgrün, oben grünlich-weiss, roth gefleckt, glänzend, ziemlich durchscheinend, etwas dickhäutig, angenehm süss; Ad. grünlichgelb, weisslich p.: H. ziemlich zahlreich, lang, dünn, steif, drüsig. Zw. seitw. — Anf. Aug. *P.* 542. I!

271. Weissliche Grosselbeere. 5. Gr. albicans. Blackley's Greenfinch, Uranius; *P.* — Fr. mittelgr., 0,82" h., 0,81" br., kugelig, apfelgrün, sehr durchscheinend, dünnhäutig, aromatisch-süss; Ad. besonders oben weisslich-gelb, stark weisslich gefleckt u. punktirt; H. zahlreich, weiss, lang, fein u. steif. Zw. aufw. — Ende Juli. *P.* 543. I!!

272. Rothfleckige Grosselbeere. 6. Gr. sanguinolenta. Rider's Matchless, Vincenz; *P.* — Fr. mittelgr., 0,84" h., 0,82" br., kugelig, apfelgrün, roth gefleckt, durchscheinend, dünnhäutig, sehr süss; Ad. lichter, weisslich p.: H. zahlreich, weiss, lang u. steif, drüsig. Zw. aufw. — Ende Juli. *P.* 544. I!

273. Feinhäutige Grosselbeere. 7. Gr. subtilis. Whiteley's Diogenes, Sokrates; *P.* — Fr. fast klein, 0,82" h., 0,76" br., kugelig, licht-apfelgrün, sehr durchscheinend, sehr dünnhäutig, angenehm süss: Ad. grünlich-weiss, weiss p.; H. zahlreich, weiss, lang u. steif. Zw. aufrecht. — Ende Juli. *P.* 545. I!

274. Gewürzhafte Grosselbeere. 8. Gr. grata. Wenzel; *P.* — Fr. mittelgr., 0,82" h. u. br., kugelig, licht-apfelgrün, durchscheinend, dünnhäutig, gewürzhaft-süss; Ad. lichter; A. wenig, grünlich. — Anf. Aug. *P.* 546. I!

275. Grasgrüne Grosselbeere 9. Gr. prasina. Down's British Farmer, Trofim; *P.* — Fr. mittelgr., 0,90" h., 0,84" br., kugelig, schön grasgrün, stark durchscheinend, sehr dünnhäutig, angenehm süss; Ad. weisslich-grün, dicht weisslich p.: H. zahlreich, lang, steif, weiss, drüsig. Zw. aufrecht. Ende Juli. *P.* 547. I!

276. Langbehaarte Grosselbeere 10. Gr. crinita. Diane white, Zephyrin; *P.* — Fr. mittelgr., 0,87" h., 0,81" br., kugelig, licht-grasgrün, oben weisslich, gelblich-weiss-punktig durch die Haut scheinend, etwas durchscheinend, dickhäutig, angenehm süss; Ad. lichter, wenig gelb p.: H. sehr zahlreich, sehr lang, weiss, fein, steif, stachelähnlich, drüsig. Zw. aufrecht. — Anf. Aug. *P.* 548. I!

277. **Netzfleckige Grosselbeere.** 11. Gr. reticulata. Tacitus; *P.* — Fr. ziemlich gr., 1,05″ h., 0,95″ br., kugelig, licht-grasgrün, oben fast weiss, netzartig-weissfleckig durch die Haut scheinend, wenig durchsichtig, dünnhäutig, fleischig, nicht sonderlich süss; Ad. grünlich-weiss, sehr wenig grün p.; H. sehr zahlreich, grünlich-weiss, lang u. stark, stachelähnlich. Zw. aufw. — Ende Juli. *P.* 549. II.

278. **Crystall-Grosselbeere.** 12. Gr. crystallina. Pope's Seedling, Speradus; *P.* — Fr. sehr klein, kugelig, grasgrün, sehr durchscheinend, sehr dünnhäutig, sehr angenehm aromatisch-süss; Ad. lichter, grünlich-weiss p.; H. zahlreich, weiss, schwach, lang u. steif. Zw. seitw. — Ende Juli. *P.* 550. I!!

279. **Hellgeaderte Grosselbeere.** 13. Gr. dilute-venosa. Salomo; *P.* — Fr. mittelgr., 0,93″ h., 0,85″ br., kugelig, dunkel-grasgrün, etwas durchscheinend, dünnhäutig, sehr süss; Ad. grünlich-weiss, vom Grunde scharf abstechend, gelblich p.; H. zahlreich, grünlich-weiss, sehr lang, steif, drüsig. Zw. seitw. — Ende Juli. *P.* 551. I!

280. **Gesternte Grosselbeere.** 14. Gr. stellata. Thorpe's Beautiful Betty, Samuel; *P.* — Fr. mittelgr., 0,84″ h., 0,79″ br., dunkel-grasgrün, stark durchscheinend, dünnhäutig, sehr fleischig, nicht sonderlich süss; Ad. weisslich-grün, grünlich-weiss punktirt, vom dunkeln Grunde stark abstechend; H. zahlreich, grünlich-weiss, lang u. steif, drüsig. Zw. aufrecht. — Anf. Aug. *P.* 552. II.

281. **Gasconische Grosselbeere.** 15. Gr. aquitana. Gascoigne Green, Till; *P.* — Fr. fast mittelgr., 0,78″ h. u. br., kugelig, dunkel-grasgrün, ziemlich durchscheinend, nicht sonderlich süss; Ad. lichter, grünlich-weiss p.; H. zahlreich, grünlich-weiss, lang u. steif. Zw. aufw. — Mitte u. Ende Juli. *P.* 553. II.

282. **Früheste Grosselbeere.** 16. Gr. praecocissima. Early Green Hairy, Early Green, Green Gascoigne; *Th.* Lee's Early Green, Mill's Green Gascoigne, Tobern; *P.* — Fr. klein, kugelig, stark behaart, sehr angenehm süss. Str. sehr fruchtbar; Zw. seitw. Bl. dunkelgrün, wenig behaart. — Anfang Juli! *P.* 554. I!!

283. **Borstige Grosselbeere.** 17. Gr. setacea. Sergius; *P.* — Fr. fast mittelgr., 0,84″ h. u. br., kugelig, weisslich-spargelgrün, unter der Haut weisslich gefleckt u. punktirt, durchscheinend, dickhäutig, süss; Ad. lichter, grün p.; H. zahlreich, lang, borstenähnlich. Zw. aufrecht. — Ende Juli. *P.* 556. I.

284. **Kaiserliche Grosselbeere.** 18. Gr. imperialis. Fox's Green Goosberry, Severin; *P.* — Fr. sehr gross, kugelig, weisslich-grün, sehr stachelhaarig, dünnhäutig, sehr süss u. sehr wohlschmeckend. — Anfang Juli. *P.* 558. I!!

285. **Kugel-Grosselbeere.** 19. Gr. globosa. Green Globe; *Th.* Salvator; *P.* — Fr. gross, 0,89″ h., 0,87″ br., oft 0,97″ h., 0,85″ br., rundlich, schön grasgrün, sehr durchscheinend, etwas angenehm säuerlich; Ad. apfelgrün, wenig gelb p.; H. sehr wenig, weiss, lang, fein, steif. Zw. aufrecht. — Ende Juli. *P.* 572. I.

286. **Wolkige Grosselbeere.** 20. Gr. nebulosa. Orland White, Uriel; *P.* — Fr. mittelgr., 0,91" h., 0,83" br., rundlich, schön grasgrün, stark netzartig weisslich geflockt u. punktirt durchscheinend, undurohsichtig, dickhäutig, sehr süss; Ad. grünlich-weiss, weisslich p.; H. zahlreich, weiss, sehr lang, dünn, steif, drüsig. Zw. aufrecht. — Ende Juli. *P.* 573. I!

287. **Knight's Grosselbeere.** 21. Gr. Knightiana. Knight's Seedling, Valerian; *P.* — Fr. mittelgr., 0,91" h., 0,83" br., rundlich, blass-grasgrün, wenig durchscheinend, dünnhäutig, fleischig, sehr süss; Ad. grünlich-weiss, weiss punktirt; H. wenig, weiss, lang u. steif. Zw. seitw. — Mitte u. Ende Juli. *P.* 574. I!

288. **Stechende Grosselbeere.** 22. Gr. pungens. Saul; *P.* — Fr. fast gross, 0,99" h., 0,94" br., oft 1,12" h. u. 0,95" br., rundlich, weisslich-spargelgrün, oben fast weiss, ziemlich durchscheinend, etwas dickhäutig, fleischig, sehr süss; Ad. lichter, wenig grünlichweiss p.; H. sehr zahlreich, weiss, lang, stark u. steif. Zw. aufrecht. — Ende Juli. Anf. Aug. *P.* 575. I!

289. **Saftvolle Grosselbeere.** 23. Gr. deliquescens. Walter; *P.* — Fr. ziemlich gr., 1,09" h., 0,99" br., rundlich, weisslich-grün, weiss netzartig-fleckig durchscheinend, sehr durchsichtig, dünnhäutig, sehr saftig, sehr angenehm aromatisch-süss; Ad. lichter, fast weiss; H. zahlreich, günlich-weiss, lang, sehr stark. Zw. seitw. — Ende Juli. *P.* 576. II!

Hierher gehören noch: Imperial Globe, Fox-grape, Hony-apple, Bellona, Governor, King of Prussia, Vaulter, Country Squire, Muscat, Large-paunch, Champion Goliath, Davius nescio, Astlet's Green, Loat-star, Clyton's Canary, Mercury, Cygnet, American, Admiral, Molly, Herald; *P.* — Green Rumbullion, Sabine's Green, Lovart's Elisha, Hebburn's green prolific, Greensmith, Gerrard's Hairy Green, Mignonette, Movre's Troubler; *Th.*

2. Rotte. Frucht wollig.

290. **Zweifelhafte Grosselbeere.** 24. Gr. ambigua. Nield's Freeranger, Otto; *P.* — Fr. mittelgr., 0,88" h., 0,85" br., kugelig, licht grasgrün, fein bewollt, mehr oder weniger durchscheinend, etwas dickhäutig, nicht sonderlich süss; Ad. lichter, gelblich-weiss, wenig gelblich-weiss p.; H. wenig, weiss, lang. — Anf. Aug. *P.* 497. II.

291. **Vielgestaltige Grosselbeere.** 25. Gr. polymorpha. Parkinson's Laurel, Green Laurel, Green Willow; *Th.* Olaf; *P.* — Fr. gross, 1,10" h., 1,08" br., 0,99" br., oft 1,18" h., 0,99" br., veränderlich geformt, bald kugelig, bald elliptisch, oft eiförmig, apfelgrün, stark durchscheinend, dünnhäutig, sehr angenehm süss; Ad. lichter, grün p. Str. sehr fruchtbar; Zw. aufrecht. — Ende Juli. *P.* 499. II!

292. **Farblose Grosselbeere.** 26. Gr. decolor. Rüdiger; *P.* — Fr. gr., 1,08" h. u. br., oft 1,17" h., 1,05" br., rundlich, licht-

apfelgrün, sehr feinwollig, stark durchscheinond, dünnhäutig, sehr wohlschmeckend; Ad. licht-apfelgrün, gelblich-grün p. Zw. seitw. — Mitte Juli, Anf. Aug. P. 500. I!!

293. Muskat-Grosselbeere. 27. Gr. muscata. WillScheckby (?), Paul; P. — Fr. klein, 0,77" h., 0,69" br., rundlich, licht-grasgrün, sehr fein weisswollig, oft etwas steif u. weiss behaart, etwas durchscheinend, dünnhäutig, sehr aromatisoh-süss; Ad. grünlichgelb, weisslich p. Zw. seitw. — Anf. Aug. P. 501. I!!

294. Abweichende Grosselbeere. 28. Gr. anomala. Ovid; P. — Fr. mittelgr., 0,91" h., 0,85" br., oft 0,95" h., 0,82" br., rundlich, zeisig-grün, sehr feinwollig, fast glatt, durchscheinend, etwas dickhäutig, süss; Ad. gelb, sehr wenig weiss p. Zw. aufw. — Mitte u. Ende Juli. P. 502. I.

295. Glasartige Grosselbeere. 29. Gr. vitrea. Quirin; P. — Fr. ziemlich gr., 1,00" h., 0,91" br., rundlich, weisslich-grün, glänzend, sehr fein weiss-bewollt, stark durchscheinend, glasartig, sehr dünnhäutig, sehr süss; Ad. weisslich, lichter p. Zw. abw. — Ende Juli. P. 503. I!!

Hierher gehören noch: Small Green, Gregory's Perfection, Hodkinson's Pilot; P. — Joke; Th.

8. Rahmbeere. Thompsonia. *)

Frucht grün, länglich.

1. Gruppe. Frucht haarig.

1. Rotte. Frucht elliptisch.

296. Hopley's Rahmbeere. 1. Th. Hopleyana Hopley's Nettle Green, Sigismund; P. — Fr. sehr gross, 1,46" h., 1,06" br., weisslich-apfelgrün, sehr durchscheinend, dickhäutig, sehr süss; Ad. grünlich-weiss, grün oben weisslich-grün p.; H. wenig, grünlich-weiss, steif. Zw. aufrecht. — Mitte Juli, Anf. Aug. P. 591. I!

297. Täuschende Rahmbeere. 2. Th. decipiens. Hopley's Nobleman Green, Theobald; P. — Fr. gr., 1,15" h., 0,97" br., oft 1,35" h., 0,94" br., apfelgrün, stark durchscheinend, dünnhäutig, nicht sonderlich süss; Ad. lichter, grün p.; H. zahlreich, grün, lang u. steif. Zw. aufrecht. — Mitte u. Ende Juli. P. 592. II.

298. Verschiedenhaarige Rahmbeere. 3. Th. heterotricha. Stanislaus; P. — Fr. gross, 1,23" h., 1,02" br., oft 1,40" br., 1,05" br., apfelgrün, sw. stark roth gefleckt, durchscheinend, etwas dickhäutig, sehr angenehm süss; Ad. lichter, gelblich-grün, grünlich u. weiss p. u. roth gefl.; H. nicht zahlreich, weiss u. roth, durch-

---

*) Robert Thompson in London.

sichtig, lang, steif, stachelähnlich. Zw. abw. — Mitte Juli, Anf. Aug. P. 593. I!!

299. Renklodenartige Rahmbeere. 4. Th. Claudiana. Stanley's Reine Claude, Trautlieb; *P.* — Fr. ziemlich gr., 1,18" h., 0,92" br., apfelgrün, oben weisslich-grün, weisslich fleckig durchscheinend, einzeln roth gefl., glatt u. glänzend, ziemlich durchscheinend, sehr dickhäutig, sehr fleischig, nicht sonderlich süss; Ad. lichter, sehr wenig grünlich-weiss p.; H. wenig, weiss, kurz, breitgedrückt. Zw. seitw. — Mitte Juli, Anf. Aug. P. 594. II.

300. Wässerigsüsse Rahmbeere. 5. Th. aquea. Thorpe's white wreen, Wolfgang; *P.* — Fr. mittelgr., 1,00" h., 0,84" br., grasgrün, gelblich gefleckt u. punktirt durchscheinend, wenig durchsichtig, dünnhäutig, wässerig-süss; Ad. grünlich-weiss, gelblichweiss p.; H. nicht zahlreich, gelblich-weiss, lang u. steif. Zw. seitw. — Anf. Aug. P. 595. II.

301. Seidentraubenartige Rahmbeere. 6. Th. sericacea. Monk's Tup, Tuber; *P.* — Fr. fast kl., 0,85" h., 0,73" br., schön apfelgrün, glatt u. glänzend, stark durchscheinend, sehr dünnhäutig, sehr süss; Ad. lichter, grünlich-weiss p.; H. wenig, weiss, lang u. steif. Zw. aufrecht. — Mitte Juli, Anf. Aug. P. 596. I!!

302. Prinzen-Rahmbeere. 7. Th. princeps. Green Prince, Thuiskon; *P.* — Fr. gross, 1,25" h., 0,99" br., grasgrün, ziemlich durchscheinend, dünnhäutig, süss; Ad. hell gelblich-grün, grünlich-weiss p.; H. wenig, weiss, kurz, etwas steif. — Mitte Juli, Anf. Aug. *P. 597.* I.

303. Mill's Rahmbeere. 8. Th. Millii. Mill's Langley Green, Thomas; *P.* — Fr. klein, 0,78" h., 0,65" br., grasgrün, ziemlich durchscheinend, dünnhäutig, sehr angenehm süss; Ad. lichter, gelblich p.; H. ziemlich zahlreich, weisslich-grün, lang, dünn, steif. Zw. aufrecht. — Anf. Aug. *P. 598.* I!

304. Mittlere Rahmbeere. 9. Th. intermedia. Wladimir; P. — Fr. gross, 1,86" h., 1,02" br., grasgrün, etwas durchscheinend, ziemlich dünnhäutig, süss; Ad. lichter, grünlich-weiss p.; H. ziemlich zahlreich, grünlich, lang, etwas steif. Zw. seitw. — Anf. Aug. *P. 599.* I.

305. Rothaderige Rahmbeere. 10. Th. rubrovenosa. Werner; *P.* — Fr. mittelgr., 1,04" h., 0,81" br., dunkel-grasgrün, stellenweise roth geadert u. punktirt, durchscheinend, ziemlich dünnhäutig, süss; Ad. hellgrün, wenig gelblich p.; H. sehr wenig, kurz u. steif. — Anf. Aug. *P.* 600. I.

306. Gleichfarbige Rahmbeere. 11. Th. concolor. Siegfried; *P.* — Fr. ziemlich gr., 1,09" h., 0,95" br., grasgrün, ziemlich durchscheinend, etwas dickhäutig, angenehm süss; Ad. apfelgrün, wenig weisslich-gelb p.; H. nicht zahlreich, weiss, lang, steif, drüsig. Zw. seitw. — Ende Juli. P. 601. I!

307. Wallnussartige Rahmbeere. 12. Th. juglandis. Black's Walnut, Waltmann; *P.* — Fr. klein, 0,76" h., 0,63" br., oft gross, gelblich-grasgrün, oben heller, gelblich-weiss netzfleckig durch die Haut scheinend, glänzend, stark durchscheinend, dünnhäutig, säuerlich-süss; Ad. weisslich-grün, sehr wenig weisslich p.; H. sehr wenig, weisslich, dünn, nicht sehr lang, steif. Zw. aufrecht. — Anf. Aug. *P.* 602. II.

308. **Betropfte Rahmbeere.** 13. Th. guttata. Elgin's Fame, Stephan; *P.* — Fr. ziemlich gr., 1,23″ h., 0,96″ br., spargelgrün, oben weiss, sw. kirschroth gefleckt, durchscheinend, dünnhäutig, sehr süss-weinsäuerlich; Ad. grünlich-weiss, dicht gelblich-weiss p.; H. wenig, weiss, lang u. steif. Zw. abw. — Mitte Juli, Anf. Aug. *P.* 603. I!

309. **Weissliche Rahmbeere.** 14. Th. albida. Traugott; *P.* — Fr. mittelgr., 0,96″ h., 0,79″ br., weisslich-grün, oben weiss, weiss netzfleckig durchscheinend, sehr dünnhäutig, recht angenehm süss; Ad. gelblich-weiss, grün p.; H. zahlreich, weiss, lang u. dünn. Zw. abw. — Ende Juli. *P.* 604. I!!

310. **Krautartige Rahmbeere.** 15. Th. herbacea. Ulrich; *P.* — Fr. mittelgr., 1,12″ h., 0,79″ br., weisslich-grün, durchaus weiss netzfleckig u. punktig gesprengelt, wenig durchscheinend, dünnhäutig, sehr angenehm süss; Ad. lichter, fast weiss, oben grün punktirt; H. zahlreich, grün, lang u. steif. Zw. scitw. — Ende Juli. *P.* 605. I!

311. **Graugrüne Rahmbeere.** 16. Th. glaucescens. Warminster, (?)Warnefried; *P.* — Fr. gross, 1,21″ h., 1,02″ br., oft eif. u. 1,17″ h., 1,07″ br., schmutzig-graulich-grün, oben weisslich, roth gefl. u. p., sehr wenig behaart, fast glatt, wenig durchscheinend, ziemlich dickhäutig, sehr süss; Ad. wenig sichtbar, etwas grünlich-weiss p. Zw. seitw. — Mitte Juli, Anf. Aug. *P.* 606. I!

312. **Schwache Rahmbeere.** 17. Th. debilis. Beaumont's Smiling's Beauty: *P.* — non *Th.* Smaragd; *P.* — Fr. sehr gross, 1,44″ h., 1,23″ br., oft rundlich u. 1,30″ h., 1,20″ br., unten beiderseits eingedrückt, zeisiggrün, oben ochergelb, durchscheinend, ziemlich dünnhäutig, sehr angenehm süss; Ad. ochergelb, grün p.; H. wenig, grünlich-weiss, plattgedrückt, lang u. steif. Str. sehr fruchtbar, dünnästig; Zw. hängend. — Mitte Juli, Anf. Aug. 607. I!!

313. **Haarblättrige Rahmbeere.** 18. Th. pubescens. Glenton Green, York Seedling; *Th.* Ursin; *P.* — Fr. mittelgr., stark behaart, sehr wohlschmeckend. Zw. abw. Bl. fein behaart. — Aug. *P.* 616. I!!

314. **Bauern-Rahmbeere.** 19. Th. rusticaria. Green Seedling; *Th.* Zeno; *P.* — Fr. klein, stark behaart, sehr wohlschmeckend. Str. sehr fruchtbar; Zw. abw. — Ende Juli, Anf. Aug. *P.* 618. I!

Hierher gehören noch: Small Hairy Green, Hopley's Lord Crew, Bratherton's Wistaton Hero, Anson's Colonel, Chipendale's Conquering Prelat, Hero; *Th.* — Proud, Huntress, Infant, Jewl, wehite Orland; *P.*

2. Rotte. Frucht eiförmig.

315. Bastard-Rahmbeere. 20. Th. hybrida. Companion white, Spiridion; *P.* — Fr. gr., 1,30" h., 1,01" br., oft 1,44" h., 0,89" br., weisslich-spargelgrün, auf den Samensträngen roth gefleckt, unten stark behaart, oben kahl, glasartig, durchscheinend, sehr dünnhäutig, süss: Ad. lichter, dicht grün u. wenig weiss p.; H. unten zahlreich, weiss, kurz u. steif. Zw. aufrecht. — Mitte u. Ende Juli. *P.* 621. I!

316. Gefleckte Rahmbeere. 21. Th. maculata. Old Briton Goosberry, Ulfila; *P.* — Fr. ziemlich gr., 1,18" h., 0,91" br., weisslich-grün, stark roth gefleckt, ziemlich durchscheinend, dünnhäutig, sehr süss; Ad. lichter, gelblich-weiss p.; H. sehr wenig, weiss, lang u. fein. Zw. aufrecht. — Anf. Aug. *P.* 622. I!!

317. Gelbliche Rahmbeere. 22. Th. flavescens. Early Royal George (?), Tycho; *P.* — Fr. sehr gross, 1,33" h., 1,16" br., gelblich-grün, durchscheinend, etwas säuerlich-süss; Ad. schwefelgelb, gelb punktirt; H. ziemlich zahlreich, grünlich-gelb, lang u. steif. Zw. seitw. — Ende Juli. *P.* 623. I.

318. Fade Rahmbeere. 23. Th. insipida. Taylor's Yellow Hornet, Wolfram; *P.* — Fr. fast mittelgr., 0,82" h., 0,76" br., gelblich-grün, fast glatt, stark durchscheinend, dünnhäutig, fade; Ad. weisslich-grün, grün p.; H. sehr wenig, fein u. kurz. Zw. aufw. — Anf. Aug. *P.* 624. II.

Hierher gehören: Large Smooth Green; *P.* — Lovart's Moses, Rider's Triumph, Williams Audley Lass, Sandiford's Green Mountain, Monck's Charles Fox; *Th.*

3. Rotte. Frucht birnförmig.

319. Blassgrüne Rahmbeere. 24. Th. pallida. Elliot's Fire Ball(?), Xaver; *P.* — Fr. ziemlich gr., 1,49" h., 0,98" br., oft 1,30" h., 0,92" br., weisslich-gelbgrün, oben heller, wenig durchscheinend, dickhäutig, sehr fleischig, angenehm süss; Ad. weiss-grün, grünlich-weiss p.; H. am Stiel dichter, weiss, sehr lang, steif. — Ende Juli. *P.* 631. I.

320. Zeisiggrüne Rahmbeere. 25. Th. luteola. Royal George; *Th.* Wulf; *P.* — Fr. ziemlich gross, 1,21" h., 0,93" br., oft rund, zeisiggrün, durchscheinend, etwas dickhäutig, wohlschmeckend säuerlich-süss; Ad. schwefelgelb, wenig gelb punktirt; H. ziemlich zahlreich, steif, zeisiggrün. — Anf. Aug. *P.* 632. II

Hierher gehört noch: Green Peak; *P.*

2. Gruppe. Frucht wollig.

1. Rotte. Frucht elliptisch.

321. Gaskel's Rahmbeere. 26. Th. Gaskeli. Gaskel's Brougham, Richard; *P.* — Fr. ziemlich gr., 1,08" h., 0,91" br., apfelgrün, sehr feinwollig, sehr durchscheinend, dünnhäutig, sehr süss; Ad. weisslich-grün, grünlich p. — Ende Juli. *P.* 507. I.

322. Renettenartige Rahmbeere. 27. Th. renettacea. Holt's Fair Play, Rudolph; *P.* — Fr. ziemlich gr., 1,18″ h., 0,94″ br., oft eif. u. 1,26″ h., 1,02″ br., apfelgrün, etwas feinwollig, wenig durchscheinend, dickhäutig, säuerlich-süss: Ad. lichter, grün punktirt. Zw. seitw. — Ende Juli, Anf. Aug. *P.* 508. II.

323. Zweifelhafte Rahmbeere. 28. Th. ambigua. Darling's Prize, Optatus; *P.* — Fr. gross, 1,43″ h., 1,09″ br., oft rundlich u. nur 1,11″ h. u. 1,04″ br., apfelgrün, fast glatt, sehr feinwollig, durchscheinend, etwas dickhäutig, säuerlich-süss: Ad. lichter, weisslich-grün p. Zw. abw. — Ende Juli, Anf. Aug. *P.* 509. II.

324. Durchsichtige Rahmbeere. 29. Th. pellucida. Philipp; *P.* — Fr. sehr gross, 1,34″ h., 1,10″ br., apfelgrün, roth gefleckt, dicht u. fein weisswollig, sehr durchscheinend, etwas dickhäutig, sehr süss; Ad. grünlich-gelb, grünlich-weiss p. Zw. seitw. — Mitte Juli. *P.* 510. I!

325. Gedoppelte Rahmbeere. 30. Th. duplicata. Romanus; *P.* — Fr. sehr gross, 1,38″ h., 1,21″ br., oft 1,40″ h., 1,18″ br., 2theilig, apfelgrün, wenig roth gefl., dicht u. fein weisswollig, ziemlich durchscheinend, dünnhäutig, aromatisch-angenehm süss; Ad. lichter, grünlich-weiss p. Zw. seitw. — Mitte u. Ende Juli. *P.* 511. I!!

326. Bezeichnete Rahmbeere. 31. Th. notata. Quintin; *P.* — Fr. ziemlich gr., 1,29″ h., 0,81″ br., apfelgrün, sw. roth gefleckt u. punktirt, dicht u. fein weisswollig, durchscheinend, sehr dünnhäutig, sehr süss; Ad. lichter, dicht grün u. grünlich-weiss p. Zw. aufrecht. — Mitte Juli. *P.* 512. I!

327. Geleckte Rahmbeere. 32. Th. lamba. Hassal's Providence, Prahor; *P.* — Fr. sehr gross, 1,30″ h., 1,18″ br., oft 1,36″ h., 1,10″ br., apfelgrün, oben grünlich-weiss, sw. roth gefleckt u. punktirt, wenig fein weisswollig, sehr durchscheinend, dünnhäutig, sehr angenehm süss; Ad. lichter, grasgrün u. grünlich-weiss p. Zw. seitw. — Ende Juli, Anf. Aug. *P.* 513. I!!

328. Seidenartige Rahmbeere. 33. Th. sericea. Raphael; *P.* — Fr. ziemlich gr., 1,25″ h., 0,97″ br., oft 1,19″ h., 1,00″ br., weisslich-apfelgrün, dicht u. sehr fein weisswollig, durchscheinend, etwas dickhäutig, sehr süss; Ad. lichter, gelblich-weiss p. Zw. abw. — Mitte Juli. *P.* 514. I!

329. Schwachbehaarte Rahmbeere. 34. Th. pilosiuscula. Andrew's Nelson's Waves; *Th.* Pomian; *P.* — Fr. sehr gross, 1,49″ h., 1,13″ br., oft etwas walzenf., gelblich-apfelgrün, sehr wenig u. fein weisswollig, etwas weiss behaart, etwas dickhäutig, nicht sonderlich süss; Ad. weisslich-gelb, weisslich-grün p. Zw. abw. — Mitte Juli. *P.* 515. II.

330. Braterthon's Rahmbeere. 35. Th. Brathertoni. Bratherton's Invicible, Rinald; *P.* — Fr. gr., 1,38″ h., 0,96″ br., apfelgrün, weisslich-gelb gefleckt, dicht u. fein weisswollig, etwas durchscheinend, dickhäutig, sehr angenehm süss; Ad. lichter, weisslich-gelb p. — Ende Juli. *P.* 516. I!

331. Fruchtbare Rahmbeere. 36. Th. fertilis. Berry's Greenwood; *Th.* Polycarp; *P.* — Fr. sehr gross, 1,54" h., 1,07" br., grasgrün, sehr wenig roth gefleckt, etwas wollig, stark durchscheinend, dünnhäutig, sehr angenehm süss; Ad. lichter, fein grün u. gelblich p. Str. sehr fruchtbar; Zw. seitw. — Mitte Juli, Anf. Aug. *P.* 517. I!!

332. Pansner's Rahmbeere. 37. Th. Pansneri. Raul; *P.* — Fr. ziemlich gr., 1,22" h., 0,92" br., licht-grasgrün, fein weisswollig, etwas durchscheinend, dickhäutig, säuerlich-süss; Ad. weisslich-grün, grünlich-weiss p. Zw. seitw. — Mitte Juli. Sämling von Pansner. *P.* 518. II.

333. Schlanke Rahmbeere. 38. Th. gracilis. Robert; *P.* — Fr. gross, 1,24" h., 0,99" br., oft etwas rundlich, grasgrün, stark durchscheinend, dünnhäutig, säuerlich-süss; Ad. lichtgrasgrün, sehr wenig grün p. Zw. aufrecht. — Mitte u. Ende Juli. *P.* 519. II.

334. Weissgefleckte Rahmbeere. 39. Th. albo-maculata. Renatus; *P.* — Fr. sehr gross, 1,36" h., 1,96" br., spargelgrün, weiss-fleckig durchscheinend, fein weisswollig, durchsichtig, sehr dünnhäutig, süss; Ad. weisslich-grün, grün p. Zw. aufrecht. — Mitte Juli. *P.* 520. I.

335. Champagner Rahmbeere. 40. Th. Campana. Large Pale Champagne; *Th.* Pretiosus; *P.* — Fr. ziemlich gr., 1,10" h., 0,91" br., oft etwas rundlich, spargelgrün, dicht u. fein weisswollig, stark durchscheinend, dickhäutig, fleischig, angenehm süss; Ad. grünlich-weiss, wenig grün p. Zw. hängend. — Mitte Juli. *P.* 524. I!

336. Stippige Rahmbeere. 41. Th. labeculosa. Reinhold; *P.* — Fr. gr., 1,33" h., 0,93" br., spargelgrün, stark gelblich-weiss-punktirt, durchscheinend, stippig, dicht u. fein weiss bewollt, sehr wenig weiss u. lang behaart, sehr durchscheinend, dickhäutig, sehr süss; Ad. grünlich-weiss, wenig grün p. — Ende Juli. *P.* 522. I!

Hierher gehören noch: Bell's Robin Hood, Angler's Jolly, Prophet's Profit, Holt's Beauty; *Th.*

2. Rotte. Frucht eiförmig.

337. Grasgrüne Rahmbeere. 42. Th. smaragdina. New Jolly Angler, Peter: *P.* — Fr. sehr gr., 1,34" h., 1,02" br., grasgrün, sehr fein weisswollig, durchscheinend, ziemlich dünnhäutig, angenehm süss; Ad. lichter, gelblich, wenig gelblich p. Zw. seitw. — Mitte Juli, Anf. Aug. *P.* 530. I!

338. Lovely's Rahmbeere. 43. Th. Lovelyi. Lovely Anne; *Th.* Oswald; *P.* — Fr. gross, 1,19" h., 1,04" br., oft 1,39" h., 1,09" br., apfelgrün, oft etwas fein roth gefleckt, dicht u. fein

10*

weiswollig, etwas durchscheinend, dickhäutig, angenehm süss; Ad. lichter, stark grün punktirt. Zw. scitw. — Mitte Juli. *P.* 531. I!

339. Glatte Rahmbeere. 44. Th. glabriuscula. New Devonshire Seedling, Oliver; *P.* — Fr. sehr gross, 1,47″ h., 1,11″ br., oft elliptisch u. nur 1,13″ h. u. 0,91″ br., licht-apfelgrün, wenig fein roth gefl., feinwollig, fast kahl, stark durchscheinend, dickhäutig, angenehm süss: Ad. lichter; Samenstränge grün, weiss punktirt. Zw. abw. — Mitte Juli, Anf. Aug. *P.* 532. I!

340. Gestickte Rahmbeere. 45. Th. phrygiana. Paracelsus; *P.* — Fr. sehr gr., 1,35″ h., 1,07″ br., weisslich-grün, gelblich-weissfleckig u. punktig durch die Haut scheinend, dicht u. fein weiss bewollt, etwas dickhäutig, sehr angenehm süss; Ad. lichter, wenig grünlich-weiss p. Zw. scitw. — Anf. Aug. *P.* 533. I!!

Hierher gehören noch: Nuts's Merryman, Late Green, Chupis Unicorn; *Th.*

3. Rotte. Frucht birnförmig.

341. Weinige Rahmbeere. 46. Th. vinosa. Chapman's Jolly Farmer, Prince of Wales, Farmer; *Th.* Ruben; *P.* — Fr. ziemlich gr., 1,29″ h., 0,87″ br., oft etwas rundlich, apfelgrün, roth gefleckt, sehr fein weisswollig, stark durchscheinend, ziemlich dünnhäutig, weinsäuerlich-süss; Ad. lichter u. grün p. u. grünlichweiss u. weiss p. Zw. seitw. — Ende Juli, Anf. Aug. *P.* 537. I.

342. Calvillartige Rahmbeere. 47. Th. calvillacea. Ralph; *P.* — Fr. gross, 1,12″ h., 0,91″ br., oft eif. u. 1,26″ h. u. 1,03″ br., apfelgrün, stark weiss gefleckt, hell geadert, sehr feinwollig, stellenweise glatt, etwas durchscheinend, dünnhäutig, sehr dickfleischig, süss. Zw. seitw. — Ende Juli. *P.* 538. I.

343. Weingebende Rahmbeere. 48. Th. vinifera. Pipin; *P.* — Fr. gross, 1,17″ h., 1,06″ br., oft eif. u. 1,31″ h., 0,94″ br., apfelgrün, stark durchscheinend, dünnhäutig, angenehm süss; Ad. lichter, grün p. Zw. scitw. — Mitte Juli, Anf. Aug. *P.* 539. I!!

9. Goldbeere. Chryseria.

Frucht hellfarbig, rundlich.

1. Gruppe. Frucht gelb.

1. Rotte. Frucht haarig.

344. Langhaarige Goldbeere. 1. Chr. hispida. Wrigley's Eclipse, Ida; *P.* — Fr. klein, 0,75″ h. u. br., kugelig, grün weisslich-gelb, oft etwas roth gefl., durchscheinend, dickhäutig, süss; Ad. weisslich-gelb, wenig grünlich p.; H. zahlreich, weiss, lang u. fein, drüsig. Zw. aufrecht. — Anf. Aug. *P.* 780. II.

345. Kurzhaarige Goldbeere. 2. Chr. hirtella. Hebburn Yellow Aston; *Th.* Gordiane; *P.* — Fr. klein, 0,67″ h. u. br., kugelig, schwefelgelb, sehr durchscheinend, dünnhäutig, feinschmeckend; Ad. citronengelb; H. zahlreich, weiss, kurz. Zw. aufw. — Anf. Aug. *P.* 782. I!

346. Zierliche Goldbeere. 3. Chr. tenella. Lord Swentford Favorite, Henriette; *P.* — Fr. klein, 0,73″ h. u. br., kugelig, wachsgelb, stark durchscheinend, sehr dünnhäutig, sehr angenehm süss; Ad. schwefelgelb; H. wenig, gelb, kurz. — Anf. Aug. *P.* 783. I!

347. Wachsgelbe Goldbeere. 4. Chr. cerina. Güntherine; *P.* — Fr. gross, 1,13″ h., 1,10″ br., kugelig, wachsgelb, oben fast gelblich-weiss durchscheinend, ziemlich dünnhäutig, angenehm weinsäuerlich-süss; Ad. citronengelb, gelb p.; H. ziemlich zahlreich, gelblich-weiss, kurz. Zw. seitw. Ende Juli, Anf. Aug. *P.* 784. I!

348. Wenighaarige Goldbeere. 5. Chr. glabrata. Bradshaw's Yellow Top, Hermine; *P.* — Fr. mittelgr., 0,80″ h. u. br., kugelig, schmutzig-ochergelb, oben erbsgelb, sw. etwas roth gefl., wenig behaart, fast kahl, etwas durchscheinend, dünnhäutig, sehr angenehm süss; Ad. lichter, grünlich-weiss u. einzeln apfelgrün p. Zw. seitw. — Mitte u. Ende Juli. *P.* 785. I!!

349. Champagner Goldbeere. 6. Chr. Campana. Champagne Yellow, Hedwig; *P.* — Fr. ziemlich gr., 1,06″ h., 0,90″ br., rundlich goldgelb, lichter geadert, stark durchscheinend, dünnhäutig, aromatisch, sehr wohlschmeckend; H. ziemlich zahlreich, weiss, durchsichtig, etwas lang, drüsig. Zw. aufrecht. — Mitte u. Ende Juli. *P.* 788. I!!

350. Ausgezeichnete Goldbeere. 7. Chr. insignis. Jacobine; *P.* — Fr. gross, 1,00″ h., 0,93″ br., rundlich, oft elliptisch u. 1,18″ h. u. 0,99″ br., schön dunkelgelb, ziemlich durchscheinend, dünnhäutig, sehr angenehm süss; Ad. citronengelb, weisslich-gelb p.; H. wenig, weiss, sehr lang, drüsig. Zw. aufrecht. — Ende Juli. *P.* 790. I!!

351. Schwefelgelbe Goldbeere. 8. Chr. sulphurea. Isabelle; *P.* — Fr. ziemlich gr., 1,05″ h., 0,96″ br., rundlich, schwefelgelb, etwas roth gefl. u. p., stark durchscheinend, dünnhäutig, angenehm süss; Ad. citronengelb; H. wenig, grünlich. — Anf. Aug. *P.* 791. I!

352. Lichtgelbe Goldbeere. 9. Chr. fulgens. Lord Douglas, Hortensie; *P.* — Fr. gross, 1,19″ h., 1,09″ br., rundlich, oft birnf. u. nur 0,90″ h. u. 0,79″ br., licht-wachsgelb, gelblichweiss punktirt durchscheinend, sehr wenig roth gefl., ziemlich durchscheinend, etwas dickhäutig, sehr süss; Ad. weisslich-gelb, lichter punktirt; H. ziemlich zahlreich, weisslich-gelb, lang u. stark. Zw. aufrecht. — Ende Juli, Anf. Aug. *P.* 792. I!

353. Ungleichgetheilte Goldbeere. 10. Chr. subdimiata. Goldsmith, Goldine; *P.* — Fr. mittelgr., 0,92″ h., 0,90″ br., rundlich, oft elliptisch u. 1,04″ h., 0,81″ br., durch eine Furche ungleich getheilt, licht-ochergelb, oben weiss u. grün p., sw. wenig roth gefl., durchscheinend, dünnhäutig, sehr süss; H. sehr wenig, gelb, kurz u. dünn, drüsig. Zw. seitw. — Ende Juli. *P.* 793. I!

354. **Haarblättrige Goldbeere.** 11. Chr. pilifolia. Early Sulphur, Golden Ball, Golden Bull, Moss's Seedling; *Th.* Herlinde; *P.* — Fr. mittelgr., rundlich, wohlschmeckend. Str. sehr fruchtbar; Zw. aufrecht. Bl. fein behaart. — Anfang Juli. *P.* 795. I!

355. **Markt-Goldbeere.** 12. Chr. forensis. Ward's Yellow Lion, Gratiane; *P.* — Fr. mittelgr., 0,85″ h., 0,78″ br., oft 0,89″ h., 0,82″ br., rundlich, oft etwas elliptisch, erbsgelb, oben goldgelb, goldgelb geadert u. punktirt, stark durchscheinend, sehr dünnhäutig, sehr wohlschmeckend; H. ziemlich zahlreich, weiss u. durchsichtig, lang u. stark, drüsig. Zw. aufrecht. — Mitte u. Ende Juli. *P.* 796. I!! (= mit der vorhergehenden?)

356. **Kahlblättrige Goldbeere.** 13. Chr. leiophylla. Sulphur, Rough Yellow; *Th.* Sulphur Apollon, Hersilie; *P.* — Fr. klein, 0,79″ h., 0,74″ br., rundlich, oft elliptisch u. 0,91″ h., 0,64″ br., erbsgelb, durchscheinend, dünnhäutig, sehr wohlschmeckend; Ad. citronengelb, grün p.; H. weiss, drüsig. Zw. aufrecht. Bl. unbehaart. — Mitte u. Ende Juli. *P.* 797. I!

357. **Liebliche Goldbeere.** 14. Chr. amoena. Poper Kumpellet (?), Hildegarde; *P.* — Fr. klein, 0,64″ h., 0,59″ br., rundlich, schön erbsgelb, netzartig weisslich-gelb gefleckt durch die Haut scheinend, ziemlich dünnhäutig, süss; Ad. weisslich-gelb, wenig grün u. weiss p.; H. wenig, weiss, kurz u. fein. Zw. aufrecht. — Anf. Aug. *P.* 798. I.

Hierher gehören noch: Beauty-spot, Till's Victory, Julie, Mulato, Liberator, Kershaw's Citron, Yellow Ball; *P.* — Hopley's Globe, Bratherton's Golden Sovereign, Ranger; *Th.* —

2. Rotte. Frucht wollig.

358. **Kaiserliche Goldbeere.** 15. Chr. imperialis. Imperial, Emporie; *P.* — Fr. klein, 0,69″ h., 0,71″ br., kugelig, goldgelb, wenig roth gefl., dicht u. fein weiss bewollt, stark durchscheinend, sehr dünnhäutig, gewürzhaft süss; Ad. schön dunkel-erbsgelb, sehr wenig lichter punktirt. — Anf. Aug. *P.* 742. I!!

359. **Trauernde Goldbeere.** 16. Chr. tristis. Dulcibelle; *P.* — Fr. ziemlich gr., 0,97″ h., 0,90″ br., kugelig, schmutzig-goldgelb, oben lichter, nicht sehr stark fein weiss bewollt, undurchsichtig, etwas dickhäutig, sehr angenehm süss. Str. lang-, dünn- u. hängästig. — Anf. Aug. *P.* 743. Sämling. I!!

360. **Ochergelbe Goldbeere.** 17. Chr. ochroleuca. Prophets Regulator; *Th.* Elise; *P.* — Fr. gross, rundlich, ochergelb, oben lichter, wollig, sehr wenig kurz u. weiss behaart, durchscheinend, dünnhäutig, wohlschmeckend; Ad. erbsgelb, wenig weisslich p. Zw. aufrecht. — Ende Juli. *P.* 746. I!

361. **Weingebende Goldbeere.** 18. Chr. vinifera. Rumbullion, Yellow Globe, Round Yellow: *Th.* Emerentie; *P.* — Fr. klein, rundlich, blassgelb, wohlschmeckend, (sehr brauchbar zu Wein). Str. sehr fruchtbar; Zw. aufrecht. — *P.* 748. I!
Hierher gehören noch: Yolk; *P.* — Nixon's Golden Eagle; *Th.*

2. Gruppe. Frucht weisslich.

1. Rotte. Frucht haarig.

362. **Veränderliche Goldbeere.** 19. Chr. variabilis. Stella; *P.* — Fr. mittelgr., 0,94" h. u. br., kugelig, grünlich-weiss, oben hellweiss, sehr wenig durchscheinend, dünnhäutig, süss; Ad. lichter, grün p.; H. an der unreifen Fr. dicht u. fein, scharlachroth, später grünlich-weiss, lang, durchsichtig, stachelähnlich. Zw. seitw. — Ende Juli, Anf. Aug. *P.* 901. Sämling von Pansner. I.
363. **Kugelige Goldbeere.** 20. Chr. globosa. Gibston's Apollo, Zaire; *P.* — Fr. ziemlich gr., 1,07" h. u. br., kugelig, gelblich-weiss, stark durchscheinend, sehr dünnhäutig, sehr angenehm süss; Ad. citronengelb, gelb p.; H. zahlreich, gelblich. Zw. aufrecht. — Ende Juli. *P.* 902. I!!
364. **Getiegerte Goldbeere.** 21. Chr. tigrida. Theone; *P.* — Fr. klein, 0,70" h. u. br., oft rundlich, mittelgr. u. 0,95" h., 0,86" br., kugelig, grünlich-weiss, stark roth gefleckt, schön durchscheinend, etwas dickhäutig, süss; Ad. lichter, sehr wenig apfelgrün p.; H. sehr wenig, weiss, kurz u. steif. Zw. aufrecht. — Anf. Aug. *P.* 903. I
365. **Irisartige Goldbeere.** 22. Chr. iridea. Irish White Raspberry, Henderson's Porcupine, Hedge Hog; *Th.* Ursine; *P.* — Fr. sehr gross, 1,14" h., 1,11" br., kugelig, grüngelblich-weiss, stark roth gefleckt, sehr durchscheinend, sehr dünnhäutig, sehr süss: Ad. grün, weiss p.; H. zahlreich, weiss, lang, drüsig. Zw. seitw. — Ende Juli. *P.* 904. I!!
* 366. **Glasartige Goldbeere.** 23. Chr. vitrea. Christal Thinscind, Simplicie: *P.* — Fr. fast mittelgr., 0,79" h., 0,78" br., kugelig, schmutzig-weiss, oft etwas roth gefl., sehr stark durchscheinend, glasartig, dünnhäutig, süss; Ad. gelblich-weiss, wenig grünlich-weiss p.: H. wenig, weisslich, lang u. dünn, drüsig. Zw. aufrecht. — Anf. Aug. *P.* 905. I!
367. **Wenigkernige Goldbeere.** 24. Chr. oligosperma. Long rouge yellow (?), Thekla: *P.* — Fr. mittelgr., 0,86" h. u. br., kugelig, grünlich-weiss, weiss gefleckt, sehr durchscheinend, dünnhäutig, sehr dickfleischig, wenigkernig, süss; Ad. gelblich-weiss, wenig weiss p.; H. sehr einzeln, weiss. Zw. seitw. — Ende Juli. *P.* 906. I!
368. **Röthliche Goldbeere.** 25. Chr. rubella. Johnson's white Ball, Sigmunde: *P.* — Fr. mittelgr., 1,00" h., 0,85" br., rundlich,

röthlich-weiss, dicht purpurroth punktirt u. fleckig gesprengelt, stark durchscheinend, sehr dünnhäutig, sehr süss; Ad.
röthlich-weiss, gelb p.; H. zahlreich, lang u. dünn, roth. Zw.
seitw. — Ende Juli. *P.* 913. I!!

369. Eisartige Goldbeere. 26. Chr. glacialis. Fox's Cheshire
Sheriff, Virginie; *P.* — Fr. klein, grünlich-weiss, sehr durchscheinend, glasartig, sehr dünnhäutig, wässerig-süss;
Ad. weiss, grün p.; H. ziemlich zahlreich, weiss, lang. Zw. aufrecht. — Ende Juli. *P.* 914. I.

370. Mehrfarbige Goldbeere. 27. Chr. multicolor. Chapman's Highland White, Theodore; *P.* — Fr. klein, 0,83" h., 0,66"
br., rundlich, grünlich-weiss, roth gefleckt, stellenweise rein
weiss, ziemlich durchscheinend, sehr dünnhäutig, sehr süss;
Ad. apfelgrün, weisslich p.; H. zahlreich, weiss, lang u. dünn,
drüsig. Zw. aufw. — Anf. Aug. *P.* 915. I!

371. Zottige Goldbeere. 28. Chr. villosa. Dickenson's Sophie,
Sophie; *P.* — Fr. ziemlich kl., 0,85" h., 0,75" br., rundlich, grünlich-weiss, einzeln lichtpunktig durchscheinend, ziemlich durchsichtig,
sehr dünnhäutig, sehr süss; Ad. blass apfelgrün; H. dicht,
weiss, lang, drüsig. Zw. aufw. — Ende Juli. *P.* 916. I!

372. Blutfleckige Goldbeere. 29. Chr. sanguinolenta. Uns-
worth's Primrose, Wilfriede; *P.* Joye's White Greate, Sempronie?!
P. 920. — Fr. sehr gross, 1,26" h., 1,14" br., rundlich, grüngelblich-weiss, oben weisser, sw. blutroth gefleckt u. punktirt, unten wenig gelblich-weiss behaart, nach oben kahl, stark
durchscheinend, dünnhäutig, gewürzhaft-säuerlich-süss; Ad. weisslich-gelb, grün u. wenig gelb p. Zw. abw. — Ende Juli. *P.* 921. I!!

373. Geschmückte Goldbeere. 30. Chr. ornata. Zenobie; *P.*
— Fr. sehr gross, 1,17" h., 1,15" br., rundlich, oft oval, unten
furchenartig eingedrückt u. 1,33" h., 1,03" br., gelblich-weiss,
oben fast ganz weiss, roth gefleckt, durchscheinend, sehr
dünnhäutig, sehr süss; Ad. weiss, grün u. weiss p.; H. nicht
zahlreich, weiss, lang. Zw. aufrecht. — Ende Juli. *P.* 922. I!!

374. Taylor's Goldbeere. 31. Chr. Taylori. Taylor's Plantagenet, Sidonie; *P.* — Fr. fast gr., 1,06" h., 0,94" br., rundlich,
gelblich-weiss, oben heller, wenig roth gefl., ziemlich durchscheinend, dickhäutig, sehr angenehm süss; Ad. lichter, gelblich
p.; H. zahlreich, gelblich-weiss, lang u. dünn. Zw. aufw. — Anf.
Aug. *P.* 923. I!

375. Weinige Goldbeere. 32. Chr. vinosa. Old Jubilee,
Viktoria; *P.* — Fr. gr., 1,09" h., 1,00" br., rundlich, gelblich-weiss,
sehr wenig roth gefl., stark durchscheinend, dickhäutig,
säuerlich-süss; Ad. heller, lichtgelb punktirt; H. nicht sehr
zahlreich, weiss, lang, drüsig. Zw. seitw. — Ende Juli. *P.* 924. I.

376. Kurzhaarige Goldbeere. 33. Chr. puberula. Tom of
Lincolm, Thomainn; *P.* — Fr. klein, 0,76" h., 0,72" br., rundlich,
gelblich-weiss, stark durchscheinend, angenehm süss; Ad. citronen-

gelb, gelblich-weiss p.; H. wenig, weiss, kurz. Zw. seitw. — Anf. Aug. *P.* 925. I.

377. Elfenbeinweisse Goldbeere. 34. Chr. eburnea. Atkinson's Evander, Swanhilde: *P.* — Fr. ziemlich gr., 1,13" h., 0,90" br., rundlich, schön elfenbeinartig-weiss, sehr durchscheinend, etwas dickhäutig, sehr süss; Ad. lichter, weiss p.; H. einzeln, weiss. Zw. seitw. — Ende Juli. *P.* 927. I!

378. Bemalte Goldbeere. 35. Ch. picta. Allan's Jubilee, Wulfhild; *P.* — Fr. mittelgr., 0,94" h., 0,83" br., rundlich, gelblichweiss, fast elfenbeinfarbig, milchweiss-fleckig durch die Haut scheinend, sw. roth gefleckt, etwas durchsichtig, dickhäutig, fleischig, süss; Ad. heller, wenig grün u. gelblich-weiss p.; H. ziemlich zahlreich, gelblich-weiss, lang u. dünn. Zw. aufrecht. — Anf. Aug. *P.* 926. I.

Hierher gehören noch: Musk-ball, Buffalo, Agasse, Jenny-wreen, Sweet Amber, Wandula, Betty, white Olive; *P.* — Royal white, Bratherton's Governess, Platt's White, Bromley's Jolly Nailer, Hopley's Lady of the Manor, Smith's Radical, Adam's Snow-ball; *Th.*

2. Rotte. Frucht wollig.

379. Kristall-Goldbeere. 36. Chr. adamantina. White Chrystal: *Th.* Olga; *P.* — Fr. klein, 0,72" h. u. br., kugelig, oft etwas rundlich, grünlich-weiss, sehr durchscheinend, sehr dünnhäutig, sehr angenehm süss; Ad. lichter, grünlich-gelb p.; H. sehr wenig, weiss u. drüsig. Zw. seitw. — Ende Juli. *P.* 880. I!!

380. Eingedrückte Goldbeere. 37. Chr. impressa. Stringer's Maid of the Mill; *Th.* Pauline; *P.* — Fr. mittelgr., 0,89" h., 0,87" br., kugelig, oft rundlich, beiden Samensträngen eingedrückt, grüngelblich-weiss, sw. wenig roth gefl., dicht u. fein weiss bewollt, stark durchscheinend, dünnhäutig, fleischig, wenig-kernig, nicht sehr süss; Ad. gelblich-weiss, dicht grünlich-punktirt; H. sehr wenig, fein u. steif. Zw. aufw. — Ende Juli. *P.* 881. I.

381. Weinbeerenartige Goldbeere. 38. Chr. acinacea. White Champagne; *Th.* Rudolphine; *P.* — Fr. mittelgr., rundlich, 0,93" h., 0,83" br., grünlich-weiss, dicht u. fein weiss bewollt, sehr durchscheinend, sehr dünnhäutig, angenehm süss: Ad. gelblich-weiss, weisslich-grün p.; H. wenig, weiss, lang u. fein, drüsig. Zw. aufrecht. Bl. feinhaarig. — Ende Juli. *P.* 882. I!

Hierher gehört noch: Early white; *P.* —

10. Zungenbeere. Trichoglotta.

Frucht hellfarbig, länglich.

1. Gruppe. Frucht gelb.

1. Rotte. Frucht haarig.

382. Schöne Zungenbeere. 1. Tr. pulcherrima. Boardman's Lord Nelson, Gertrude; *P.* — Fr. gross, elliptisch, 1,13" h., 0,94"

br., u. unten eingedrückt, oft birnförmig, 1,29" h., 0,82" br.,
schmutzig-grünlich-gelb, oben weisslich oder licht goldgelb,
dicht weisslich netzartig-fleckig durchscheinend, einzeln
roth gefleckt, sehr schön, nach oben kahl u. glänzend,
ziemlich durchscheinend, dünnhäutig, sehr angenehm süss; Ad.
gelblich-weiss, lichter p.; H. nicht zahlreich, weiss, lang, breitgedrückt. Zw. aufrecht. — Anf. Aug. P. 804. II!

383. Vertiefte Zungenbeere. 2. Tr. concava. Johnson's
Ferret(?) Yellow, Johanne: P. -- Fr. mittelgr., 1,05" h., 0,95" br.,
elliptisch, oft eif., ungleichgetheilt, am Stiel vertieft, schmutzig-
grünlich-gelb, etwas durchscheinend, dünnhäutig, sehr süss; Ad.
lichter, gelblich-weiss p.: H. wenig, gelblich-weiss, kurz. Zw. aufw.
— Ende Juli. P. 805. I!

384. Grosse Zungenbeere. 3. Tr. maxima. Heap's Cottage
Girl; Th. Gustavine; P. — Fr. sehr gross, 1,42" h., 1,12" br.,
elliptisch, grünlich-gelb, etwas durchscheinend, ziemlich dünnhäutig,
säuerlich-süss; Ad. lichter, grünlich weiss p.; H. sehr wenig, einzeln stehend, grünlich-weiss, nicht lang. Zw. aufw. — Anf. Aug. P.
806. II.

385. Breithaarige Zungenbeere. 4. Tr. latipilosa. — Blackley's Chisel, Juliane; P. — Fr. stark mittelgr., 1,09" h., 0,88" br.,
elliptisch, grünlich-ochergelb, durchscheinend, dickhäutig, sehr angenehm süss; Ad. erbsgelb, oben lichter, weisslich p.; H. sehr wenig,
weiss, lang u. breit. Zw. aufw. — Ende Juli. P. 807. I!

386. Gefärbte Zungenbeere. 5. Tr. colorata. Prophet's
Rockwood; Th. Hulda: P. — Fr. gr., 1,27" h., 0,95" br., elliptisch,
wachsgelb, ziemlich stark roth gefleckt, stark durchscheinend, dünnhäutig, weinsäuerlich-süss; Ad. schwefelgelb u. citronengelb, grünlich-weiss u. gelblich-weiss punktirt; II.
wenig, gelb, durchsichtig, schwach u. kurz. Zw. aufw. — Mitte
u. Ende Juli. P. 808. I.

387. Herrliche Zungenbeere. 6. Tr. gloriosa. Josephine;
P. — Fr. gross, 1,18" h., 0,99" br., elliptisch, schön dunkel-
goldgelb, ziemlich durchscheinend, dünnhäutig, sehr angenehm
süss; Ad. citronengelb, gelblich-weiss p.; H. wenig, weiss, sehr
lang, drüsig. Zw. seitw. — Ende Juli. P. 809. I!!

388. Kurzzottige Zungenbeere. 7. Tr. villosiuscula. Hard-
castle's Jolly Gunner, Royal Gunner; Th. Gundhild; P. — Fr. mittelgr., 1,08" h., 0,78" br., elliptisch, licht goldgelb, sehr durchscheinend, sehr dünnhäutig, nicht sonderlich süss; Ad. lichter, sehr
wenig gelblich-weiss p.; H. dichtstehend, weiss, fein u. kurz,
drüsig. Zw. aufw. — Ende Juli. P. 810. II.

389. Hellgelbe Zungenbeere. 8. Tr. flava. Justine; P. —
Fr. gross, 1,20" h., 1,00" br., elliptisch, licht-erbsgelb, durchscheinend, sehr dünnhäutig, fleischig, süss: Ad. gelblich-
weiss, unten grün punktirt; H. zahlreich, weiss, lang, drüsig.
Zw. aufrecht. — Mitte u. Ende Juli. P. 811. I.

390. **Erbsgelbe Zungenbeere.** 9. Tr. pisina. Hilarie; *P.* — Fr. ziemlich gr., 1,02" h., 0,92" br., elliptisch, erbsgelb, etwas durchscheinend, dickhäutig, nicht sonderlich süss; Ad. citronengelb, wenig grünlich-weiss p.; H. zahlreich, weiss, lang, drüsig. Zw. aufw. — Ende Juli. *P.* 812. II.

391. **Stachelborstige Zungenbeere.** 10. Tr. centrota. Bumper, Jenny; *P.* — Fr. sehr gross, 1,31" h., 1,07" br., eiförmig, oft etwas rundlich, schmutzig-grünlich-ochergelb, einzeln gelblich-weiss-fleckig u. punktig durch die Haut scheinend, dickhäutig, fleischig, gewürzhaft-süss; Ad. erbsgelb, weisslich p.: II. zahlreich, weiss, sehr lang u. stark, stachelähnlich. Zw. aufw. — Anf. Aug. *P.* 822. I!

392. **Undurchsichtige Zungenbeere.** 11. Tr. impellucida. Catlow's Conquering Hero; *Th.* Hermelinde; *P.* — Fr. sehr gross, 1,60" h., 1,04" br., eif., oft birnf., schmutzig-grünlich-gelb, oben ochergelb, undurchsichtig, etwas dickhäutig, fleischig, nicht sonderlich süss; Ad. grünlich-gelb, stark grünlich-weiss p.; H. wenig, weiss. Zw. aufw. — Ende Juli. *P.* 823. II.

393. **Fleischige Zungenbeere.** 12. Tr. carnosa. William's Surprice, Ilse; *P.* — Fr. mittelgr., birnf. u. 1,29" h., 0,93" br., oft nur 0,93" h., 0,78" br. u. eif., weisslich-gelb, oben fast weiss, sw. etwas roth gefl. u. p., wenig durchscheinend, etwas dickhäutig, sehr fleischig, nicht sonderlich süss; Ad. lichter, grünlich-weiss p.: H. wenig, einzelnstehend, weiss, lang. Zw. seitw. — Anf. Aug. *P.* 824. II.

394. **Birnförmige Zungenbeere.** 13. Tr. pyriformis. Weedham's Delight, Needham's Delight; *Th.* Helene: *P.* — Fr. ziemlich gr., 1,23" h., 0,92" br., birnförmig, oft etwas eif., schmutzig ochergelb, wenig durchscheinend, dünnhäutig, ziemlich süss; Ad. lichter, grünlich-weiss p.; H. nach unten zu zahlreich, weiss, lang. Str. nicht sehr fruchtbar; Zw. seitw. — Ende Juli, Anf. Aug. *P.* 825. II.

Hierher gehören noch: Hallow's Trafalgar, Hamlet's Kilton, Hill's Golden Gourd, Jackson's Golden Orange, Part's Golden Fleece; *Th.* — Ambrosia, Green Plover, Fallow-buck, Golden Lion, Vestal, Master Piece, Golden Lined; *P.* —

2. Rotte. Frucht wollig.

395. **Goldgelbe Zungenbeere.** 14. Tr. aurea. Golden Clock, Eleonore; *P.* — Fr. ziemlich kl., 0,92" h., 0,74" br., elliptisch, schön goldgelb, erbsgelb gefleckt u. punktirt durchscheinend, wenig fein bewollt, glänzend, fast glatt, ziemlich durchscheinend, etwas dickhäutig, sehr fleischig, nicht sonderlich süss; Ad. erbsgelb, oben grün p. Zw. seitw. — Ende Juli. Anf. Aug. *P.* 749. II.

396. **Gestreifte Zungenbeere.** 15. Tr. striata. Fanny; *P.* — Fr. mittelgr., 0,98" h., 0,84" br., elliptisch, licht-goldgelb, fein gelblich-weiss bewollt, etwas durchscheinend, dickhäutig, sehr gewürzhaft-süss; Ad., Samenstränge u. Flecken auf schmutzig-gelbem Grunde

schön lichtgelb-streifenartig durchscheinend. Zw. aufrecht.
— Ende Juli. *P.* 750. I!

397. Glasbeerenartige Zungenbeere. 16. Tr. Gadellacea.
Golden Drop, Golden Lemon; *Th.* Jackson's Golden Drop, Friede-
rike; *P.* — Fr. mittelgr., 1,02″ h., 0,81″ br., elliptisch, goldgelb,
etwas roth gefl., wenig wollig, fast glatt, stark durchscheinend, dünnhäutig, ziemlich wohlschmeckend; Ad. citronengelb, gelb
u. grünlich p. Zw. abw. — Mitte Juli. *P.* 751. I.

398. Schmutzige Zungenbeere. 17. Tr. lurida. Elmire;
P. — Fr. klein, 0,84″ h., 0,67″ br., elliptisch, schmutzig-goldgelb, sehr fein u. dicht weisswollig, ziemlich durchscheinend,
dünnhäutig, sehr angenehm süss; Ad. citronengelb, grünlich p. Zw.
abwärts. — Ende Juli. *P.* 752. I!

399. Kahle Zungenbeere. 18. Tr. glabriuscula. Pope's
Yellow, Dominika; *P.* — Fr. mittelgr., 1,18″ h., 0,76″ br., elliptisch, dunkel-ochergelb, etwas roth gefl., wenig bewollt, fast glatt,
etwas durchscheinend, etwas dickhäutig, sehr süss; Ad. citronengelb,
wenig grün u. grünlich-weiss p. Zw. aufrecht. — Mitte u. Ende
Juli. *P.* 753. I!

400. Ochergelbe Zungenbeere. 19. Tr. ochracea. Yellow
James Dawson, Damiane; *P.* — Fr. mittelgr., 0,99″ h., 0,84″ br.,
elliptisch, ochergelb, sehr fein weiss bewollt, stark durchscheinend, etwas dickhäutig, süss; Ad. erbsgelb, wenig grün u. gelblich-weiss p. Zw. aufw. — Mitte u. Ende Juli. *P.* 754. I.

401. Feine Zungenbeere. 20. Tr. subtilis. Smooth Yellow;
Th. Ransleben's Smooth Yellow, Epiphanie; *P.* — Fr. fast kl.,
0,97″ h., 0,72″ br., elliptisch, oft birnf. u. 0,91″ h. u. 0,78″ br.,
grünlich-ochergelb, fein weiss geadert, wenig bewollt, ziemlich glatt, ziemlich stark durchscheinend, sehr dünnhäutig, sehr angenehm süss; Ad. gelblich-weiss, grünlich-weiss u. gelblich-weiss p.
Zw. aufw. — Mitte u. Ende Juli. *P.* 755. I!

402. Weisswollige Zungenbeere. 21. Tr. incana. Feliciane;
P. — Fr. mittelgr., elliptisch, 1,03″ h., 0,80″ br., elliptisch, grün-
lich-dunkelgelb, stark u. sehr schön weiss bewollt u. etwas
behaart, ziemlich durchscheinend, dünnhäutig, fleischig, sehr süss;
Ad. citronengelb, grünlich p. Zw. aufw. — Ende Juli. *P.* 756. I!

403. Wachsgelbe Zungenbeere. 22. Tr. cerina. Sampson,
Emilie; *P.* — Fr. klein, 0,84″ h., 0,70″ br., elliptisch, wachsgelb, sehr fein weiss bewollt, stark durchscheinend, dünnhäutig, sehr angenehm süss; Ad. citronengelb, gelb punktirt. Zw.
aufrecht. — Anf. Aug. *P.* 757. I!

404. Schwefelgelbe Zungenbeere. 23. Tr. sulphurea.
White's Prize, Eulalie; *P.* — Fr. fast gr., 1,13″ h., 0,97″ br., elliptisch, schwefelgelb, fein bewollt, stark durchscheinend,
dünnhäutig, sehr angenehm süss; Ad. citronengelb, stark grünlich u. gelblich-weiss punktirt; H. wenig, gelblich-weiss,
lang, breitgedrückt. Zw. abwärts. — Mitte u. Ende Juli. *P.* 758. I!!

405. Grünliche Zungenbeere. 24. Tr. viridula. Danae; *P.* — Fr. klein, 0,93" h., 0,74" br., cif., oft birnf. u. 1,12" h., 0,64" br., grünlich-gelb, oben gelblich-weiss, wenig roth gefl., etwas fein-wollig, durchscheinend, etwas dickhäutig, süss; Ad. citronengelb, sehr wenig grünlich-gelb punktirt. Zw. aufrecht. — Ende Juli. *P.* 766. I.

406. Helle Zungenbeere. 25. Tr. diaphana. Rider's Goliath; *Th.* Eva; *P.* — Fr. mittelgr., 0,97" h., 0,80" br., cif., lichtochergelb, einzeln roth gefl., dicht u. fein bewollt, sehr hell durchscheinend, dünnhäutig, sehr angenehm süss; Ad. schön weisslich-gelb, grünlich-weiss p. Zw. aufrecht. — Mitte u. Ende Juli. *P.* 767. I!!

407. Weingelbe Zungenbeere. 26. Tr. vinacea. Printer, Daphne; *P.* — Fr. ziemlich gr., 1,17" h., 0,99" br., cif., öft rundlich u. nur 0,97" h., 0,89" br., weingelb, citronengelb fein geadert, etwas gelb behaart, stark durchscheinend, dünnhäutig, sehr angenehm süss: Ad. citronengelb, wenig grün u. gelb punktirt. — Ende Juli, Anf. Aug. *P.* 768. I!!

408. Mehrförmige Zungenbeere. 27. Tr. multiforma. Darie: *P.* — Fr. gross, 1,27" h., 0,99" br., birnförmig, oft rundlich u. 0,99" h., 0,93" br., schwefelgelb, sw. roth gefl. u. p., ziemlich durchscheinend, etwas dickhäutig, süss; Ad. citronengelb, wenig gelb p. Zw. seitw. — Ende Juli, Anf. Aug. *P.* 775. I.

409. Trübe Zungenbeere. 28. Tr. opaca. Heywood's Invincible; *Th.* Invincible, Eveline; *P.* — Fr. gross, birnf., feinwollig, nicht durchscheinend, dickhäutig, sehr süss; Ad. lichter, besonders nach oben dicht weiss punktirt. Zw. seitw. — Ende Juli. *P.* 776. I!

Hierher gehören noch: Princess Coronet, Beauty Millers Wife; *P.* — Bell's Prince of Orange, Horsfield's Highlander, Kelk's Yellow, Golden Bees, Smith's Sparklet, Blomerley's John Bull, Capper's Bottom Sawyer, Lister's Brittania, Glory of England, Waverham's Yellow, Williamson's Yellow Hornet; *Th.* .

2. Gruppe. Frucht weisslich.

1. Rotte. Frucht haarig.

410. Capper's Zungenbeere. 29. Tr. Capperiana. Capper's Bonny Lass; *Th.* Silvie; *P.* — Fr. gross, 1,13" h., 1,01" br., elliptisch, grünlich-weiss, weissfleckig durchscheinend, sehr durchsichtig, dünnhäutig, süss; Ad. lichter, grün u. grünlich-weiss p.; H. wenig, weiss, lang u. dünn. Zw. aufw. — Ende Juli. *P.* 934. I.

411. Milchartige Zungenbeere. 30. Tr. emulsiva. Therese; *P.* — Fr. fast mittelgr., 0,96" h., 0,73" br., elliptisch, grünlich-weiss, weissfleckig durchscheinend, undurchsichtig, milchig, sehr dünnhäutig, nicht sonderlich süss; Ad. lichter, gelblich-weiss p.;

H. zahlreich, weiss, sehr lang, nicht sehr stark, drüsig. Zw. seitw.
— Anf. Aug. *P.* 935. II.

412. **Prächtige Zungenbeere.** 31. T r. formosa. Long Rouge
white, Vigilie; *P.* — Fr. sehr gross, 1,36″ h., 1,18″ br., elliptisch,
schön grünlich-weiss, oben weiss, etwas roth gefleckt,
milchig durchscheinend, dickhäutig, angenehm süss: Ad. gelblich-
weiss, oben grün p.; H. nach unten zu stehend, nicht zahlreich,
weiss, sehr lang. Zw. seitw. — Ende Juli. *P.* 936. I!

413. **Gutedelartige Zungenbeere.** 32. T r. eugeniacea.
Sophronie; *P.* — Fr. gr., 1,25″ h., 0,98″ br., elliptisch, gelblich-
weiss, roth gefleckt, sehr durchscheinend, sehr dünnhäutig, süss: Ad. citronengelb, grün p.; H. wenig, weiss, lang.
Zw. aufrecht. — Ende Juli *P.* 940. I.

414. **Dickstielige Zungenbeere.** 33. T r. crassipes. Monkey,
Tullie; *P.* — Fr. nicht sehr gross, elliptisch, gelblich-weiss, wohlschmeckend: Ad. weiss; H. zahlreich, weiss, fein. Stl. sehr
dick. — Mitte Juli. *P.* 939. I!

415. **Zweifarbige Zungenbeere.** 34. T r. bicolor. Hague's
Fleur de Lys, Salome; *P.* — Fr. gross, 1,46″ h., 0,95″ br., oft
sehr gross, 1,36″ h., 1,13″ br., elliptisch, gelblich-weiss, oben
weisser, blutroth gefleckt u. punktirt, stark durchscheinend,
dickhäutig, fleischig, süss; Ad. licht-gelblich-weiss, grün u. gelblich-weiss p.: H. lang, gelb, an der Spitze roth. Zw. abw. —
Ende Juli. *P.* 941. I.

416. **Dattel-Zungenbeere.** 35. T r. dactyla. Kloken's Dato,
Valerie; *P.* — Fr. fast gr., 1,26″ h., 0,95″ br., elliptisch, grüngelblich-weiss, roth gefleckt, sehr durchscheinend, dünnhäutig,
weinsäuerlich-süss; Ad. gelblich-weiss, licht p.; H. wenig,
einzeln stehend, weiss u. fein. Zw. seitw. — Anf. Aug. *P.* 942. II.

417. **Elfenbeinfarbige Zungenbeere.** 36. T r. eburnea. Oliver Cromwell's Seedling, Ulrike; *P.* — Fr. fast gr., 1,11″ h., 0,88″
br., elliptisch, elfenbeinfarbig-weiss, sw. roth gefleckt, milchig durchscheinend, sehr dünnhäutig, fleischig, süss; Ad. lichter,
grünlich-weiss p.; H. sehr wenig, weiss u. dünn. Zw. aufrecht.
— Ende Juli. *P.* 943. I.

418. **Wohlschmeckende Zungenbeere.** 37. T r. gratissima.
Tally-Ho, Seraphine; *P.* — Fr. sehr gross, 1,67″ h., 1,12″ br.,
eif., grünlich-weiss, sw. gelblich-weiss u. roth gefleckt, stellenweise elfenbein-weiss, durchscheinend, etwas dickhäutig, fleischig,
angenehm gewürzhaft-süss; Ad. citronengelb, gelb u. grün p.;
H. ziemlich zahlreich, weiss, lang, durchsichtig. Zw. seitw. — Ende
Juli. *P.* 954. I!!

419. **Baumartige Zungenbeere.** 38. T r. arborescens. Princesse Royale; *Th.* Bratherton's Princesse Royale, Selma; *P.* — Fr.
mittelgr., 0,91″ h., 0,81″ br., eif., grünlich-weiss, sehr durchscheinend,
dünnhäutig, sehr süss, etwas weinsäuerlich: Ad. grünlich-weiss, wenig
licht p.; H. dicht, weiss, fein und kurz, wollähnlich. Str.
gross u. fruchtbar. Zw. aufrecht. — Ende Juli. *P.* 955. I!!

420. Riesen-Zungenbeere. 39. Tr. gigantea. Large Seedling, Sabine; *P.* — Fr. sehr gross, birnf., 1,88" h., 1,02" br., oft eif. u. 1,57" h., 1,11" br., gelbgrünlich-weiss, oben weisslich-gelb, wenig durchscheinend, dickhäutig, nicht sehr süss; Ad. gelblich-weiss, weisslich-gelb p.; H. wenig, weiss, lang. Zw. seitw. — Ende Juli. *P.* 965. I.

421. Walzenförmige Zungenbeere. 40. Tr. cylindrica. Billington's Ostrich White, Zephyrine; *P.* — Fr. gr., 1,34" h., 0,96" br., walzenförmig, oft 1,59" h., 0,82" br. u. birnf., gelblich-weiss, etwas roth gefl., ziemlich durchscheinend, sehr dünnhäutig, sehr süss; Ad. lichter, weiss u. sehr wenig apfelgrün p.; H. sehr wenig, weiss, fein, kurz, drüsig. Zw. seitw. — Ende Juli. *P.* 966. I!

Hierher gehören noch: Peer's Queen Charlotte, Taylor's Speedwell, Monkey, Jackson's Abraham Newland, Bonny Landlady, Marchioness of Devonshire, Moore's white Bear, Trueman, white Lion, Taylor's Bright Venus, Pigeon's Egg, Early Rough white, Nixon's white Heart; *Th.* — White Lamb, Lady, Belly bonne, Abbatess, Button's Silver-heels, Belmont's White, Great Mogul, Stafford's white Imperial, Rider's white Hellebore; *P.*

2. Rotte. Frucht wollig.

422. Bespritzte Zungenbeere. 41. Tr. adspersa. Olympia; *P.* — Fr. gr., 1,24" h., 1,06" br., elliptisch, oft rundlich u. 0,86" h., 0,78" br., grünlich-weiss, weissfleckig durchscheinend', am Stiel stark roth gefleckt, dicht weisswollig, sehr durchscheinend, sehr dünnhäutig, süss; Ad. weisslich, sehr wenig grün p. Zw. aufrecht. — Ende Juli. *P.* 884. I.

423. Feinfilzige Zungenbeere. 42. Tr. tomentosula. Neclon's chromatelle Gooseberry (?), Philippine; *P.* — Fr. gr., 1,22" h., 0,95" br., elliptisch, oft rundlich u. 1,02" h., 0,85" br., grüngelblich-weiss, etwas roth gefl., dicht u. sehr fein weisswollig, sehr durchscheinend, sehr dünnhäutig, angenehm süss; Ad. lichter, grün u. weiss p. Zw. aufw. — Ende Juli. *P.* 885. I!

424. Feinriechende Zungenbeere. 43. Tr. suaveolens. Woodward's Whitesmith, Whitesmith, Sir Sidney Smith, Hall's Seedling, Lancashire Lass, Grundy's Lady Lilford; *Th.* Pelagie; *P.* — Fr. ähnlich Nr. 291, gross, 1,16" h., 1,06" br., oft 1,27" h., 1,08" br., oft auch sehr gross u. 1,32" h., 1,09" br., elliptisch, gelblich-weiss, etwas roth gefl., feinwollig, schwach durchscheinend, sehr wohlriechend, etwas dickhäutig, dickfleischig, wenigkernig, gewürzhaft-süss; Ad. citronengelb, sehr wenig gelblich-weiss p. Zw. seltwärts. — Anf. Aug. *P.* 889. I!!

425. Starkriechende Zungenbeere. 44. Tr. fragrans. Wellington's Glory: *Th.* Mason's Wellington Glory, Optate; *P.* — Fr. ziemlich gr., 1,06" h., 1,06" br., elliptisch, gelblich-weiss, etwas roth gefl., lichter geadert, sehr feinwollig, durchscheinend, stark gewürzhaft riechend, etwas dickhäutig, gewürzhaft-süss. Zw. aufrecht. — Ende Juli. *P.* 888. I!!

426. Lichtweisse Zungenbeere. 45. Tr. alutacea. Saunder's Cheshire Lass, Rahel; *P.* — Fr. fast gr., 1,20″ h., 0,95″ br., elliptisch, gelblich-weiss, wenig roth p., feinwollig, sehr wenig steif weiss-haarig, sehr durchscheinend, sehr dünnhäutig, sehr süss; Ad. lichter, gelb p. Zw. aufw. — Mitte u. Ende Juli. *P.* 890. I!

427. Aufrechte Zungenbeere. 46. Tr. erecta. Crompton's Sheba Queen, Compton's Sheba Queen; *Th.* Olivie; *P.* — Fr. sehr gross, eiförmig, wollig u. etwas haarig, sehr wohlschmeckend. Str. aufrecht, sehr fruchtbar. — Aug. *P.* 894. I!!

428. Sampson's Zungenbeere. 47. Tr. Sampsoni. Sampson's Queen Ann, Simpson's Queen Ann; *Th.* Sampson's white Queen Ann, Ottilie; *P.* — Fr. ziemlich gr., eif., 1,17″ h., 0,93″ br., oft nur 1,11″ h., 0,88″ br., grünlich-weiss, oft etwas roth gefl., sehr wenig lang weiss-haarig, sehr durchscheinend, dünnhäutig, sehr süss; Ad. gelblich-weiss, wenig grünlich p. Zw. aufw. — Ende Juli. *P.* 899. I!

429. Königliche Zungenbeere. 48. Tr. regia. Morris's Queen Mary; *Th.* Regina: *P.* — Fr. sehr gross, 1,40″ h., 1,06″ br., oft 1,52″ h., 1,07″ br., cif., oft etwas rundlich, oft elliptisch, grünlich-weiss, sw. etwas blutroth gefleckt u. punktirt, oft glatt, stark durchscheinend, dünnhäutig, angenehm süss; Ad. lichter, grün u. weiss p. Zw. seitw. — Ende Juli. *P.* 900. I!

Hierher gehören noch: Counseller Brougham, Leigh's Toper, Large Early white, Cleworth's white Lion, Saunder's Royal Rock Getter, white Lily, Grundy's Towler, Pearson's Royal, Large White; *Th.* —

11. Klosterbeere. Adenaea.

Frucht dunkelfarbig, (roth), rundlich.

1. Gruppe. Frucht haarig.

430. Scharlachrothe Klosterbeere. 1. Ad. cardinalis. Allcock's King: *Th.* Gabriel; *P.* — Fr. klein, 0,63″ h. u. br., kugelig u. rundlich, scharlachroth, durchscheinend, dünnhäutig, sehr süss, sehr wohlschmeckend; Ad. lichter, wenig gelblich p.; H. ziemlich zahlreich, rothbraun. Zw. aufrecht. — Anf. Aug. *P.* 170. I.

431. Dunkeladrige Klosterbeere. 2. Ad. atrovenosa. Clyton's Canaan; *Th.* Galba; *P.* — Fr. klein, 0,80″ h., 0,75″ br., kugelig, carmoisinroth, etwas durchscheinend, dünnhäutig, sehr angenehm aromatisch; Ad. dunkler, röthlich-weiss p.; H. zahlreich, roth, lang. Zw. aufw. — Ende Juli. *P.* 175. I!

432. Zweifarbige Klosterbeere. 3. Ad. bicolor. Heinrich; *P.* — Fr. klein, 0,84″ h., 0,77″ br., rundlich, carmoisinroth,

oben pfirsichblüthroth, ziemlich durchscheinend, sehr dünnhäutig, fleischig, süss; Ad. lichter, weisslich-roth p.; H. ziemlich
zahlreich, roth, kurz. Zw. aufw. — Anf. Aug. P. 176. I.

433. Schottische Klosterbeere. 4. Ad. scotica. Scotch
Nutmeg, Justus; P. — Fr. mittelgr., 0,88" h. u. br., kugelig, oft
rundlich, mordoréroth, undurchsichtig, dünnhäutig, sehr gewürzhaft-süss; Ad. etwas lichter, röthlich-weiss p.; H. zahlreich,
ganz dunkelroth, lang, ziemlich stark. Zw. seitw. — Ende Juli,
Anf. Aug. P. 177. I!!

434. Braunhaarige Klosterbeere. 5. Ad. atropilosa. Plumper Red, Galen; P. — Fr. gr., 1,11" h., 1,07" br., kugelig, dunkel-pfirsichblüthroth, etwas durchscheinend, dünnhäutig, sehr
angenehm süss; Ad. lichter, röthlich-weiss p.; H. ziemlich lang,
dunkelrothbraun. — Ende Juli. P. 178. I!

435. Beduftete Klosterbeere. 6. Ad. pruinosa. Rawlinson's
Victory, Hannibal; P. — Fr. ziemlich kl., 0,85" h., 0,77" br., rundlich, dunkel-kirschroth, fast schwarz, weiss beduftet, ziemlich durchscheinend, dünnhäutig, sehr aromatisch-süss; Ad. pfirsichblüthroth, röthlich-weiss p.; H. ziemlich zahlreich, roth, lang. Zw.
seitw. — Ende Juli. P. 179. I!!

436. Weinige Klosterbeere. 7. Ad. vinosa. Julius; P. —
Fr. kl., 0,77" h. u. br., kugelig, dunkel-kirschroth, etwas durchscheinend, sehr dünnhäutig, gewürzhaft-säuerlich-süss; Ad. lichter, oben pfirsichblüthroth, röthlich-weiss p.; H. zahlreich, dunkelroth, lang, stachelartig. Zw. seitw. — P. 180. I!

437. Schwärzliche Klosterbeere. 8. Ad. nigricans. Honoratus; P. — Fr. ziemlich gr., 0,96" h., 0,92" br., kugelig, ganz
dunkel-kirschroth, fast schwarz, undurchsichtig, sehr
dünnhäutig, gewürzhaft-süss; Ad. wenig sichtbar, gelblich-weiss
oben pfirsichblüthroth p.; H. zahlreich, dunkelroth, lang u. stark.
Zw. abwärts. — Ende Juli. P. 181. I!!

438. Braunrothe Klosterbeere. 9. Ad. rubiginosa. Kloken's
Black-bird, Jason; P. — Fr. ziemlich gr., 1,00" h., 0,99" br., kugelig, ganz dunkel-kirschroth, fast braun, stellenweise lichter, nicht durchscheinend, sehr dünnhäutig, sehr süss; Ad. weisslich-roth, gelblich p.; H. zahlreich, dunkelroth, lang u. steif. Zw.
seitw. — Endn Juli. P. 182. I!

439. Scheckige Klosterbeere. 10. Ad. variegata. Logan's
Greedy, Hiob; P. — Fr. klein, 0,69" h. u. br., kugelig, sehr
dunkel u. lichter kirschroth, oben lichter, ziemlich durchscheinend, ziemlich dickhäutig, säuerlich-süss; Ad. weisslich-roth,
gelblich-weiss punktirt; H. wenig, dunkelroth, lang u. steif. Zw.
seitw. — Ende Juli. P. 183. I.

440. Wenighaarige Klosterbeere. 11. Ad. paucipilosa.
Smooth Early, Joachim; P. — Fr. klein, 0,70" h. u. br., kugelig,
kirschroth, ziemlich durchscheinend, dünnhäutig, sehr süss; Ad. pfirsichblüthroth, röthlich-weiss p.; H. sehr wenig, roth, kurz u. steif.
— Anf. Aug. P. 184. I!

441. **Borstige Klosterbeere.** 12. Ad. setosa. Gustav; *P.* — Fr. klein, 0,73″ h., 0,72″ br., kugelig, kirschroth, ziemlich durchscheinend, dünnhäutig, gewürzhaft-süss: Ad. pfirsichblüthroth, weisslich p.; H. dicht, roth, steif, sehr lang. Zw. seitw. — Ende Juli. *P.* 185. I!

442. **Black's Klosterbeere.** 13. Ad. Blackii. Black's Gooseberry, Götz; *P.* — Fr. ziemlich kl., 0,76″ h., 0,78″ br., kugelig, kirschroth, ziemlich durchscheinend, etwas dickhäutig, sehr süss; Ad. pfirsichblüthroth, gelblich-weiss punktirt; H. nicht zahlreich, roth, lang. Zw. aufw. — Ende Juli, Anf. Aug. *P.* 186. I!

443. **Glatte Klosterbeere.** 14. Ad. glabrescens. Williamson's Queen Mab (?), Innocenz; *P.* — Fr. klein, 0,80″ h. u. br., kugelig, kirschroth, fast glatt, wenig durchscheinend, dünnhäutig, nicht sehr süss; Ad. lichter, stark gelb punktirt; H. sehr wenig, roth, kurz u. steif. Zw. seitw. — Anf. Aug. *P.* 187. I.

444. **Dünne Klosterbeere.** 15. Ad tenuis. Jonathan; *P.* — Fr. klein, 0,51″ h. u. br., kugelig, schmutzig-kirschroth, auf schmutzig-grünem Grunde, durchscheinend, sehr dünnhäutig, nicht sonderlich süss; Ad. grünlich, weisslich-gelb p.; H. zahlreich, roth, sehr lang, dünn u. steif. Zw. aufrecht. — Ende Juli. *P.* 189. II.

445. **Blutrothe Klosterbeere.** 16. Ad. sanguinea. Glory of Euler, Günther; *P.* — Fr. klein, 0,73″ h. u. br., kugelig, blutroth, fast braunroth, durchscheinend, dünnhäutig, nicht sonderlich süss; Ad. dunkler, pfirsichblüthroth p.; H. ziemlich zahlreich, dunkelbraunroth, kurz. — Anf. Aug. *P.* 190. II.

446. **Wohlschmeckende Klosterbeere.** 17. Ad. sapida. Gumal; *P.* — Fr. klein, 0,83″ h., 0,79″ br., kugelig, auf röthlich-weissem Grunde roth gesprengelt, sehr durchscheinend, dünnhäutig, sehr wohlschmeckend-süss; Ad. gelblich-weiss, grünlich-weiss p.; H. zahlreich, roth, lang u. steif. Zw. aufw. — *P.* 206. I!!

447. **Geflammte Klosterbeere.** 18. Ad. flammea. Royal scarlet, Gideon; *P.* — Fr. gr., 1,09″ h., 1,03″ br., rundlich, oft kugelig u. elliptisch, dunkel-scharlachroth, roth geflammt u. geadert, wenig durchscheinend, etwas dickhäutig, süss; Ad. lichter, gelblich p.; H. zahlreich, dunkelroth, kurz u. steif. Zw. seitw. — Mitte u. Ende Juli. *P.* 215. I.

448. **Weissliche Klosterbeere.** 19. Ad. albida. Dale's Seedling, Guiskard; *P.* — Fr. ziemlich gr., 1,04″ h., 0,92″ br., weisslich-purpurroth, rothpunktig, grünlich-weiss durchscheinend, dickhäutig, süss; Ad. weisslich-gelb, grün p.; H. zahlreich, roth, steif, sehr lang. — Mitte Juli. *P.* 216. I.

449. **Purpurrothe Klosterbeere.** 20. Ad. purpurea. Red Napoleon, Herkulian; *P.* — Fr. gross, 1,14″ h., 1,07″ br., schön purpurroth, durchscheinend, dünnhäutig, sehr süss; Ad. lichter, gelblich-weiss p.; H. zahlreich, roth, lang u. steif. Zw. aufrecht. — Ende Juli. *P.* 217. I!

450. **Edle Klosterbeere.** 21. Ad. nobilis. Hague's Queen Mab (?), Gutmann; *P.* — Fr. mittelgr., 0,92" h., 0,83" br., purpurroth auf schmutzig-röthlich-weissem Grunde aufgesprengelt, sehr stark durchscheinend, dünnhäutig, sehr süss; Ad. weisslich-roth, grünlich-gelb p.; H. zahlreich, purpurroth, lang u. dünn. Zw. seitw. — Ende Juli. *P.* 218. I!

451. **Lichtrothe Klosterbeere.** 22· Ad. diluta. Red Chrystal, Gotthold; *P.* — Fr. mittelgr., 0,99" h., 0,87" br., licht-carmoisinroth auf röthlich-gelbem Grunde gesprengelt, oben pfirsichblüthroth, ziemlich durchscheinend, sehr dünnhäutig, sehr süss; Ad. lichter, weisslich-gelb punktirt; H. ziemlich zahlreich, dunkelroth, lang u. stark. Zw. aufrecht. — Anf. Aug. *P.* 219. I!

452. **Eingedrückte Klosterbeere.** 23. Ad. impressa. Atkinson's Bery-Shepherd, Gerson; *P.* — Fr. stark mittelgr., 0,99" h., 0,89" br., unten über den Samensträngen eingedrückt, carmoisinroth, etwas durchscheinend, dünnhäutig, aromatisch-süss; Ad. lichter, röthlich-weiss p.; H. zahlreich, roth, steif, lang u. dünn. Zw. seitw. — Ende Juli. *P.* 220. I!!

453. **Drüsenhaarige Klosterbeere.** 24. Ad. glandulosa. Hermann: *P.* — Fr. fast mittelgr., 0,85" h., 0,80" br., carmoisinroth, wenig durchscheinend, dünnhäutig, sehr süss; Ad. pfirsichblüthroth, gelblich-weiss p.; H. zahlreich, roth, lang u. steif, drüsig. Zw. aufw. — Ende Juli. *P.* 221. I!

454. **Glanzhaarige Klosterbeere.** 25. Ad. rutilans. Oliver Cromwell, Hero; *P.* — Fr. klein, 0,80" h., 0,74" br., dunkel-carmoisinroth, grünlich-gelb durchscheinend, wenig durchsichtig, dünnhäutig, gewürzhaft-süss; Ad. lichter, röthlich-weiss p.; H. zahlreich, schön roth, lang u. steif. Zw. seitw. — Ende Juli. *P.* 222. I!

455. **Wohlriechende Klosterbeere.** 26. Ad. odorata. Hopley's Companion, Gaudanz; *P.* — Fr. sehr gross, 1,27" h., 1,21" br., oft rund, oft elliptisch, oder auch birnf. u. 1,28" h, 1,18" br., mordoréroth, oben pfirsichblüthroth, sehr wenig durchscheinend, gewürzhaft-riechend, dünnhäutig, sehr süss; Ad. kirschroth, wenig sichtbar, wenig röthlich-weiss p.; H. zahlreich, dunkelroth, lang u. steif. Zw. seitw. — Mitte u. Ende Juli. *P.* 223. I!!

456. **Geschminkte Klosterbeere.** 27. Ad. fucata. Down's Nero, Hadrian; *P.* — Fr. klein, 0,74" h., 0,66" br., kirschroth, sonnenwärts lichter, sehr durchscheinend, dünnhäutig, sehr süss; Ad. lichter, grünlich-weiss p.: H. wenig, roth, lang u. schwach. Zw. seitw. — Ende Juli. *P.* 224. I!

457. **Leuchtende Klosterbeere.** 28. Ad. fulgens. Gillis; *P.* — Fr. fast mittelgr., 0,84" h., 0,78" br., licht-kirschroth, oben heller, etwas durchscheinend, dünnhäutig, sehr süss; Ad. pfirsichblüthroth, gelblich-weiss punktirt; H. zahlreich, kirschroth, sehr lang, steif. Zw. aufrecht. — Ende Juli. *P.* 225. I!

458. **Kirschfarbige Klosterbeere.** 29. Ad. cerasicolor. Large Damson, Guntram: *P.* — Fr. mittelgr., 0,91" h., 0,80" br., schön kirschroth, ziemlich durchscheinend, sehr dünnhäutig, sehr

süss; Ad. pfirsichblüthroth, weisslich p.; H. zahlreich, roth, lang u. stark. Zw. aufw. — Ende Juli. P. 226. I!

459. Balsamische Klosterbeere. 30. Ad. balsamica. Heimeran; *P.* — Fr. mittelgr., 0,91″ h., 0,78″ br., kirschroth, schmutziggrün durchscheinend, ziemlich durchsichtig, dünnhäutig, sehr angenehm eigenthümlich-aromatisch; Ad. dunkel-pfirsichblüthroth, gelblich-weiss p.; H. zahlreich, roth, lang. Zw. seitw. — Ende Juli. *P.* 227. I!!

460. Schneidbare Klosterbeere. 31. Ad. sectilis. Knight's Marquis of Stafford; *Th.* Haubold; *P.* — Fr. mittelgr., 0,89″ h., 0,85″ br., dunkel-kirschroth, oben lichter, nicht durchscheinend, dickhäutig, sehr fleischig, nicht sonderlich süss; Ad. pfirsichblüthroth, grünlich-weiss p.; H. wenig, roth, kurz u. steif. Zw. aufw. — Ende Juli, Anf. Aug. *P.* 228. II.

461. Weintraubenartige Klosterbeere. 32. Ad. acinacea. Hegesipp; *P.* — Fr. klein, 0,78″ h., 0,70″ br., ganz dunkel-kirschroth, sehr durchscheinend, sehr dünnhäutig, recht angenehm süss; Ad. lichter, gelblich-weiss p.; H. zahlreich, roth, sehr lang, steif. Zw. aufw. — Ende Juli. *P.* 230. I!

462. Dunkelrothe Klosterbeere. 33. Ad. atropurpurea. Helfrecht; *P.* — Fr. ziemlich kl., 0,85″ h., 0,75″ br., ganz dunkel-kirschroth, oben schön dunkel-pfirsichblüthroth, ziemlich durchscheinend, dünnhäutig, sehr angenehm süss; Ad. lichter, weisslich-roth p.; H. zahlreich, roth, lang u. steif. Zw. seitw. — Ende Juli. *P.* 231. I!

463. Feigenartige Klosterbeere. 34. Ad. ficoides. Little John; *Th.* Hänschen; *P.* — Fr. klein, 0,78″ h., 0,71″ br., ganz dunkel schmutzig-kirschroth, durchscheinend, dünnhäutig, sehr fleischig, angenehm aromatisch-süss; Ad. wenig sichtbar, weisslich-gelb p.; H. roth, lang, steif u. dünn. Zw. seitw. — Ende Juli. *P.* 232. I!

464. Wollblättrige Klosterbeere. 35. Ad. lanifolia. Ironmonger, Hairy Black; *Th.* Irenus; *P.* — Fr. klein, sehr wohlschmeckend, runder u. dunkler als Red Champagne. Zw. seitwärts. Bl. feinwollig. — Mitte Juli, Anf. Aug. *P.* 248. I!

Hierher gehören noch: Johnson's Twig'em, Rough Red, Small Dark Rough Red, Small Red, Cardinal, Wilmot's Late Superb, Hopley's Jubilee, Irish Plum, Beaumont's Red, Transparent Scarlet, Scotch Best Jam, Braterthon's Lord of the Manor, Shakespear, Lovart's Elijah, Large Red Globe, Lovard's Squire Hammond, Smith's Favorite, Schole's Red Mogul, Barton's Hairy Red; *Th.* — Whiteley's Plentiful, Hippad's Attractor, Carneol, Livesey's Duke Willialm, Black Tom, Elliot's Red Hot Ball, Pine Apple, Richmond's Raspe, Red Dragoon, Malkin Wood, Ashton's Red Globe, Proctor's Scarlet non Such, Fairfax, High Sheriff, Red Smal-Duck Rough, Down's Cheshire Round, Hulton's Great Caesar, Richardson's Seedling, Damson, Falthead, Hobthurst, Black Eagle, Balliff, Bragger, Non Such, Elector; *P.*

2. Rotte. Frucht wollig.

465. Fremde Klosterbeere. 36. Ad. peregrina. Late red, Daniel; *P.* — Fr. klein, 0,71″ h., 0,69″ br., kugelig, ganz dunkel-kirschroth, fast schwarz, fein weiss bewollt, undurchsichtig, dünnhäutig, angenehm u. eigenthümlich-gewürzt; Ad. wenig sichtbar, sehr wenig u. sehr fein grünlich-weiss punktirt. Zw. aufrecht. — Ende Juli. *P.* 142. I!

466. Rosenartige Klosterbeere. 37. Ad. rosacea. Pendleton's Red Rose, Florens; *P.* Shelmardine's Red Rose, Taylor's Red Rose? *in Cat.* — Fr. klein, 0,74″ h., 0,70″ br., schön carmoisinroth, fein weiss bewollt u. etwas roth behaart, ziemlich durchscheinend, aromatisch-riechend, dünnhäutig, angenehm säuerlichsüss: Ad. röthlich-weiss, weiss punktirt. Zw. aufw. — Ende Juli, Anf. Aug. *P.* 143. I!

467. Himbeerartige Klosterbeere. 38. Ad. lramboesia. Raspberry, Old Preserver, Nutmeg; *Th.* Demetrius; *P.* — Fr. klein, 0,70″ h., 0,61″ br., kirschroth, weisslich bewollt, wenig kurz u. steif behaart, wohlriechend, dünnhäutig, sehr angenehm gewürzhaft: Ad. pfirsichblüthroth, gelblich-weiss p. Zw. seitw. — Mitte Juli. *P.* 145. I!!

468. Schmutzige Klosterbeere. 39. Ad. sordida. Miss Bold, Pigeon's Egg; *Th.* Dietrich; *P.* — Fr. klein, 0,76″ h., 0,67″ br., schmutzig-kirschroth auf schmutzig-grünem Grunde gesprengelt, wollig, wenig u. lang dunkelroth behaart, wenig durchscheinend, sehr wohlschmeckend. Zw. seitw. — Mitte Juli. *P.* 146. I!

Hierher gehören noch: Lomas's Victory; *Th.*. — Heremit; *P.*

12. Rauchbeere. Capneola.

Frucht dunkelfarbig, (roth), länglich.

1. Gruppe. Frucht haarig.

1. Rotte. Frucht elliptisch.

469. Boardman's Rauchbeere. 1. C. Boardmani. Boardman's Transparent, Harduin; *P.* — Fr. ziemlich gr., 1,14″ h., 0,84″ br., hyacinthroth durchscheinend, ziemlich dünnhäutig, sehr angenehm süss; Ad. pfirsichblüthroth, gelblich-weiss p.; H. zahlreich, braunroth, kurz, ziemlich stark. Zw. seitw. — Anf. Aug. *P.* 250. I!

470. Frühreifende Rauchbeere. 2. C. praecox. Early Rough Red; *P.* non *Th.* Heliodor; *P.* — Fr. ziemlich gr., 1,23″ h., 0,83″ br., hyacinthroth, undurchsichtig, etwas dickhäutig, nicht sonderlich süss; Ad. lichter, fast pfirsichblüthroth, schwefelgelb punktirt; H. ziemlich zahlreich, roth, lang. Zw. aufrecht. — Mitte Juli. *P.* 251. II.

471. Mehlfleischige Rauchbeere. 3. C. farinacea. Guido Red, Guido; *P.* — Fr. sehr gross, 1,57″ h., 1,21″ br., oft etwas walzenf., dunkel-hyacinthroth, stellenweise grün durchscheinend, undurchsichtig, wohlriechend, etwas dickhäutig, nicht süss, gewürzhaft-mehlig; Ad. lichter, nur oben sichtbar, dicht u. fein gelb p.; H. zahlreich, roth, kurz u. steif. Zw. scitw. — Ende Juli. *P.* 252. II.

472. Wenighaarige Rauchbeere. 4. C. oligotricha. Red Two Warrior, Gutmund; *P.* — Fr. sehr gross, 1,84″ h., 1,04″ br., oft fast spulenförmig, mordoréroth, etwas durchscheinend, ziemlich dünnhäutig, süss; Ad. lichter, grünlich-gelb p.; H. sehr wenig, einzeln, roth, steif. Zw. abw. — Anf. Aug. *P.* 253. I.

473. Vielförmige Rauchbeere. 5. C. polymorpha Capper's Top Sawyer, Helfrade; *P.* — Fr. gr., 1,25″ h., 0,93″ br., oft rundlich, oft oval, oft auch fast birnförmig, cochenillroth, oben pfirsichblüthroth, wenig durchscheinend, dünnhäutig, gewürzhaft-süss; Ad. pfirsichblüthroth, grünlich u. gelblich p.; H. zahlreich, rothbraun, lang, ziemlich stark. Zw. abw. — Ende Juli. *P.* 254. I!

474. Purpurrothe Rauchbeere. 6. C. purpurea. Harrison's Caesar; *P.* — Fr. mittelgr., 0,92″ h., 0,80″ br., schön purpurroth, ziemlich durchscheinend, dünnhäutig, sehr angenehm süss; Ad. lichter, wenig sichtbar, röthlich-weiss p.; H. zahlreich, purpurroth, lang u. steif. Zw. aufrecht. — Anf. Aug. *P.* 255. I!

475. Thompson's Rauchbeere. 7. C. Thompsoni. Thompson's Eclipse, Jeremias; *P.* — Fr. stark mittelgr., 1,07″ h., 0,87″ br., purpurroth, ziemlich durchscheinend, etwas dickhäutig, süss; Ad. lichter, stark gelblich punktirt; H. ziemlich zahlreich, roth, steif. Zw. seitw. — Anf. Aug. *P.* 256. I.

476. Gewürzhafte Rauchbeere. 8. C. aromatica. Humprecht; *P.* — Fr. mittelgr., 0,93″ h., 0,77″ br., purpurroth, ziemlich durchscheinend, dünnhäutig, sehr aromatisch; Ad. pfirsichblüthroth, gelblich-weiss p.; H. ziemlich zahlreich, purpurroth, lang u. steif. Zw. aufw. — Ende Juli. *P.* 257. I!!

477. Mittlere Rauchbeere. 9. C. intermedia. Hyacinth; *P.* — Fr. mittelgross, 0,89″ h., 0,77″ br., purpurroth, durchscheinend, dünnhäutig, sehr süss; Ad. weisslich-roth, gelblich-weiss p.; H. zahlreich, roth, lang u. steif. Zw. aufrecht. — Mitte u. Ende Juli. *P.* 258. I!

478. Rosenfarbige Rauchbeere. 10. C. rosea. Jonas; *P.* — Fr. fast gr., 1,14″ h., 0,93″ br., schön rosenroth, schön durchscheinend, sehr dünnhäutig, sehr wohlschmeckend süss; Ad. lichter, gelblich p.; H. zahlreich, purpurroth, lang u. steif. Zw. scitw. — Anf. Aug. u. noch später. *P.* 259. I!!

479. Netzartige Rauchbeere. 11. C. reticulata. Prince Regent, Hiero; *P.* — Fr. gr., 1,22″ h., 0,97″ br., weisslich-purpurroth, durchaus weiss netzartig durch die Haut scheinend, durchsichtig, etwas dickhäutig, fleischig, angenehm süss; Ad. röthlich - weiss, gelblich - weiss p.; H. zahlreich, roth, nicht sehr lang, steif. Zw. abw. — Mitte Juli. *P*. 260. I!

480. **Blasse Rauchbeere.** 12. C. pallida. Teltz's Seedling, Galaktion; *P*. — Fr. mittelgr., 1,03" h., 0,86" br., weisslich-purpurroth, oben heller, weisslich durchscheinend, ziemlich durchsichtig, sehr dünnhäutig, sehr süss; Ad. lichter, weiss punktirt: H. ziemlich zahlreich, roth, kurz u. steif. Zw. seitw. — Anf. Aug. *P*. 261. I!

481. **Bratherton's Rauchbeere.** 13. C. Brathertoni. Bratherton's Sir John Cotgrave; *Th*. Johann; *P*. — Fr. sehr gross, 1,30" h., 1,13" br., oft rundlich, weisslich-purpurroth, durchscheinend, ziemlich dünnhäutig, ziemlich süss; Ad. lichter, gelblich-grün p.; H. zahlreich, roth, kurz u. steif. Zw. seitw. — Ende Juli, Anf. Aug. *P*. 262. I.

482. **Muskat-Rauchbeere.** 14. C. muscata. Nutmeg; *in Cat.* — Honorius; *P*. — Fr. fast gr., 1,24" h., 0,95" br., licht-blutroth, stark durchscheinend, dünnhäutig, angenehm gewürz-haft-süss; Ad. dunkler, fein grünlich-weiss p.; H. ziemlich zahlreich, dunkelroth, etwas lang, stark. — Anf. Aug. *P*. 263. I!!

483. **Dunkelblutrothe Rauchbeere.** 15. C. atrosanguinea. Grey Lion, Hartwig; *P*. — Fr. ziemlich gr., 1,12" h., 0,97" br., oft 1,14" h., 1,01" br., blutroth, fast bräunlich-schwarz, sehr wenig durchscheinend, ziemlich dünnhäutig, süss; Ad. lichter, gelblich-weiss p.; H. ziemlich zahlreich, nicht sehr lang, braun, steif. Zw. abw. — Mitte u. Ende Juli. *P*. 264. I.

484. **Grosse Rauchbeere.** 16. C. grandis. Lions Provider, Ignaz; *P*. — Fr. sehr gross, 1,38" h., 1,14" br., oft 1,54" h., 1,09" br., blutroth, stellenweise scharlachroth, sehr wenig durchscheinend, etwas dickhäutig, angenehm säuerlich-süss; Ad. heller, grünlich- u. gelblich-weiss p.: H. ziemlich zahlreich, dunkelroth, kurz u. stark. — Ende Juli. *P*. 265. I.

485. **Unvergleichliche Rauchbeere.** 17. C. incomparabilis. Red Warrington, Aston, Aston Seedling, Volunteer; *Th*. Jovian; *P*. — Fr. ziemlich gr., 1,04" h., 0,90" br., oft 1,08" h., 0,85" br., scharlachroth, stark durchscheinend, ziemlich dünnhäutig, hellsaftig, sehr angenehm süss; Ad. lichter, röthlich-weiss p.; H. zahlreich, braunroth, ziemlich stark. Zw. abwärts. — Mitte Juli, Anf. Aug. *P*. 266. I!!

486. **Champagner Rauchbeere.** 18. C. campana. Red Champagne, Red Turkey, Dr. Davis's Upright, Countess of Errol, Iron-monger; *Th*. Hilarion; *P*. — Fr. klein, 0,83" h., 0,70" br., dunkelscharlachroth, durchscheinend, ziemlich dünnhäutig, hellsaftig, gewürzhaft-süss; Ad. heller, röthlich-weiss p.; H. zahlreich, blutroth, ziemlich lang, steif. Str. u. Zw. aufrecht, sehr fruchtbar. — Mitte Juli, Anf. Aug. *P*. 267. I!!

487. **Prinzen-Rauchbeere.** 19. C. princeps. Prince Adolphus, Juventus; *P*. — Fr. ziemlich gross, 1,14" h., 0,87" br., schön carmoisinroth, wenig durchscheinend, sehr süss; Ad. pfirsich-

blüthroth, dicht röthlich-weiss p.: H. zahlreich, roth, stark u. steif. Zw. seitw. Anf. Aug. P. 268. I!

488. Rothgesprengelte Rauchbeere. 20. C. pyrrhopoecila. Georg; *P.* — Fr. ziemlich gr., 1,13″ h., 0,92″ br., carmoisinroth gesprengelt auf röthlich-weissem Grunde, sehr durchscheinend, dünnhäutig, fleischig, angenehm süss; Ad. pfirsichblüthroth, gelblich-weiss p.; H. zahlreich, roth, lang u. steif. Zw. aufrecht. — Ende Juli. *P.* 269. I!

489. Glasartige Rauchbeere. 21. C. vitrea. Gamaliel; *P.* — Fr. mittelgr., 1,00″ h., 0,79″ br., oft rundlich, oft eif., schön hellcarmoisinroth gesprengelt auf ganz gelblich-weissem glasartigem Grunde, sehr hell durchscheinend, dünnhäutig, sehr süss: Ad. dunkler, gelblich-weiss p.: H. zahlreich, roth, lang u. steif. Zw. seitw. — Ende Juli. P. 270. I!

490. Schöne Rauchbeere. 22. C. speciosa. Jackson's Beau Sarmont(?), Hartwin; *P.* — Fr. mittelgr., 0,97″ h., 0,77″ br., schön carmoisinroth, ziemlich durchscheinend, sehr dünnhäutig, sehr angenehm süss; Ad. dunkler, wenig sichtbar, wenig u. sehr fein gelblich-weiss p.; H. sehr wenig, roth, kurz u. steif. Zw. aufrecht. — Ende Juli. P. 271. I!!

491. Hellrothhaarige Rauchbeere. 23. C. rufa. Coë's Black Lady, Gutmar; *P.* — Fr. ziemlich gr., 1,08″ h., 0,90″ br., carmoisinroth, fein roth-fleckig gesprengelt, sehr durchscheinend, dünnhäutig, gewürzhaft-süss; Ad. gelblich-weiss, wenig weiss p.; H. zahlreich, hellroth, sehr lang, steif. Zw. aufrecht. — Ende Juli, Anf. Aug. *P.* 272. I!

492. Doppelte Rauchbeere. 24. C. duplex. Gebhard; *P.* — Fr. gross, 1,25″ h., 1,04″ br., oft rundlich, unten eingedrückt und 2theilig, carmoisinroth, stellenweise besonders oben etwas weisslich-roth, wenig durchscheinend, ziemlich dickhäutig, dickfleischig, nicht süss, doch wohlschmeckend; Ad. dunkler, weisslich-gelb p.; H. wenig, roth, lang u. steif. Zw. seitw. — Ende Juli. P. 273. II.

493. Wunderbare Rauchbeere. 25. C. admirabilis. Leigh's Rifleman, Allcock's Duke of York, Yates's Royal Anne, Grange's Admirable; *Th.* Gotthard; *P.* — Fr. gr., 1,19″ h., 0,96″ br., weisslich-carmoisinroth, sonnenwärts schön purpurroth, netzartig rothfleckig durchscheinend, wenig durchsichtig, dünnhäutig, sehr süss; Ad. röthlich-gelb, dicht grünlich-gelb p.; H. zahlreich, dunkelroth, lang u. steif. Zw. aufrecht. — Mitte Juli. *P.* 274. I!!

494. Hohlkehlige Rauchbeere. 26. C. cuniculata. Ramsey Seedling, Helfrich; *P.* — Fr. gr., 1,21″ h., 1,01″ br., oft 1,34″ h., 0,93″ br., unten etwas eingedrückt, hohlkehlig, weisslich-carmoisinroth, sw. dunkler, oben heller, ziemlich durchscheinend, dünnhäutig, sehr süss. Ad. weisslich-roth, dicht gelblich-weiss p.: H. zahlreich, roth, lang u. steif. Zw. seitw. — Ende Juli, Anf. Aug. P. 275. I!

495. **Melling's Rauchbeere.** 27. C. Mellingii. Melling's Crown Bob, Geminian; *P.* — Fr. sehr gross, 1,50" h., 0,99" br., oft etwas cif., carmoisinroth, etwas durchscheinend, dünnhäutig, angenehm süss; Ad. lichter, gelblich-weiss p.; H. ziemlich zahlreich, dunkelroth, lang u. steif. Zw. seitw. — Mitte Juli, Anf. Aug. *P.* 276. I!!

496. **Veränderliche Rauchbeere.** 28. C. variabilis. Prince Boy, Gotthelf; *P.* — Fr. gross, 1,11" h., 0,96" br., oft eiförmig u. 1,46" h., 1,05" br., dunkel-carmoisinroth, oben etwas heller, etwas durchscheinend, sehr dünnhäutig, dickfleischig, sehr süss; Ad. dunkler, weisslich-gelb p.; H. wenig, roth, lang u. steif. Zw. abw. — Mitte Juli, Anf. Aug. *P.* 277. I!

497. **Pfirsichartige Rauchbeere.** 29. C. persicoides. Godomar; *P.* — Fr. gross, 1,19" h., 1,00" br., oft rundlich, hell-pfirsichblüthroth, sw. dunkler, auf weisslich-roth netzartig dunkelroth gefleckt, etwas durchscheinend, sehr angenehm süss; Ad. weisslich-roth, dicht weisslich-grün p.; H. zahlreich, roth, lang u. steif. Zw. abw. — Mitte Juli. *P.* 278. I!!

498. **Augenfällige Rauchbeere.** 30. C. conspicua. Hellmuth; *P.* — Fr. klein, 0,95" h., 0,65" br., schön pfirsichblüthroth, sehr stark durchscheinend, ziemlich dünnhäutig, säuerlichsüss; Ad. lichter, gelblich-weiss p.; H. ziemlich zahlreich, roth, kurz u. steif. Zw. aufrecht. — Mitte Juli. *P.* 279. II.

499. **Zwillings-Rauchbeere.** 31. C. didyma. Bratherton's Huntsman, Speechley's Rough Robin; *Th.* Henibert; *P.* — Fr. sehr gross, 1,21" h., 1,08" br., oft 1,29" h., 1,05" br., durch eine Furche 2theilig, am Stiel vertieft, dunkel-pfirsichblüthroth, oben heller, dicht dunkelroth punktirt u. geadert, etwas durchscheinend, dünnhäutig, angenehm gewürzhaft-süss; Ad. lichter, gelblich-weiss p.; H. ziemlich zahlreich, dunkelroth, etwas lang, steif. Zw. seitw. — Mitte u. Ende Juli. *P.* 280. I!!

500. **Spätreifende Rauchbeere.** 32. C. serotina. Boardman's Red, Guidobald; *P.* — Fr. sehr gross, 1,29" h., 1,07" br., kirschroth, oben pfirsichblüthroth, ziemlich durchscheinend, sehr dünnhäutig, sehr angenehm süss; Ad. pfirsichblüthroth, ziemlich stark röthlich-weiss p.; H. zahlreich, dunkelroth, lang u. steif. Zw. abw. — Anfangs August u. später. *P.* 281. I!

501. **Grösste Rauchbeere.** 33. C. maxima. Schoolmaster, Goliath; *P.* — Fr. sehr gross, 1,57" h., 1,12" br., kirschroth auf schmutzig-grünem Grunde, oben purpurroth, sehr wenig durchscheinend, etwas dickhäutig, fleischig, sehr süss; Ad. dunkler, gelblich-weiss p., schw. gelblich-weiss; H. zahlreich, roth, lang u. steif. Zw. aufrecht. — Mitte Juli, Anf. Aug. *P.* 282. I!

502. **Gesprenkelte Rauchbeere.** 34. C. adspersa. Bullfinch, Habakuk; *P.* — Fr. sehr gross, 1,36" h., 1,09" br., kirschroth gesprengelt auf grünlich-gelbem Grunde, sehr wenig durchscheinend, dickhäutig, fleischig, sehr süss; Ad. heller, gelblich-weiss p.; H. wenig, roth, lang u. steif. Zw. seitw. — Ende Juli. *P.* 283. I.

503. **Punktirte Rauchbeere.** 35. C. punctata. Beauty of Orkney, Gentilis; *P.* — Fr. gross, 1,25″ h., 1,05″ br., durchaus fein u. dicht kirschroth auf grasgrünem Grunde punktirt, ziemlich durchscheinend, dünnhäutig, sehr süss; Ad. grünlich-gelb, gelblich-weiss p.; H. ziemlich zahlreich, roth, kurz u. steif. Zw. abw. — Ende Juli, Anf. Aug. *P.* 284. I.

504. **Kahlköpfige Rauchbeere.** 36. C. clava. Hartshorn's Lancashire Lad, Hermengild: *P.* — Fr. sehr gross, 1,37″ h. 1,04″ br., oft 1,25″ h., 1,09″ br., oft rundlich, kirschroth gesprengelt auf röthlich-gelbem Grunde, oben glatt, wenig durchscheinend, dickhäutig, fleischig, säuerlich-süss; Ad. etwas heller, wenig sichtbar, grünlich-weiss p.; H. wenig, roth, lang u. steif. Zw. aufrecht. — Mitte u. Ende Juli. *P.* 285. II.

505. **Verschiedenfarbige Rauchbeere.** 37. C. versicolor. Gotemar; *P.* — Fr. sehr gross, 1,43″ h., 0,97″ br., oft rundlich u. 1,19″ h., 1,09″ br., oft etwas eif., kirschroth, schmutziggrün netzartig-fleckig durchscheinend, undurchsichtig, dünnhäutig, sehr fleischig, sehr angenehm süss: Ad. dunkler, weiss punktirt; H. zahlreich, roth, lang u. steif. Zw. seitw. — Ende Juli. *P.* 286. II

506. **Königliche Rauchbeere.** 38. C. regalis. Helisäus; *P.* — Fr. sehr gross, 1,31″ h., 1,12″ br., kirschroth, unten etwas eingedrückt, wenig durchscheinend, dünnhäutig, sehr süss; Ad. heller, grünlich-weiss p.; H. zahlreich, roth, lang u. steif. Zw. aufrecht. — Mitte u. Ende Juli. *P.* 287. I!

507. **Zierliche Rauchbeere.** 39. C. venusta. Royal Forrester, Grimald; *P.* — Fr. ziemlich gr., 1,14″ h., 0,95″ br., oft birnf. u. 1,40″ h., 0,96″ br., schön kirschroth, auch carmoisinroth, etwas durchscheinend, ziemlich dünnhäutig, angenehm gewürzhaftsüss; Ad. lichter, gelb u. gelblich-grün punktirt; H. zahlreich, roth, ziemlich lang, steif. Zw. seitw. — Ende Juli. *P.* 288. I!!

508. **Geglättete Rauchbeere.** 40. C. laevigata. Long red, Harpalus; *P.* — Fr. sehr gross, 1,40″ h., 1,07″ br., oft birnf. u. 1,56″ h., 0,91″ br., kirschroth, gelblich-roth durchscheinend, fast glatt u. undurchsichtig, sehr dickhäutig, sehr süss; Ad. gelblich-roth, weisslich-grün p.; H. sehr wenig, roth, steif. Zw. abw. — Mitte Juli, Anf. Aug. *P.* 289. I!

509. **Gezeichnete Rauchbeere.** 41. C. notata. Gerfried; *P.* — Fr. sehr gross, 1,48″ h., 1,18″ br., schmutzig-kirschroth, sonnenwärts ganz dunkel, auf durchscheinendem schmutzig-grünem Grunde adernartig roth gezeichnet, sehr wenig durchsichtig, dickhäutig, sehr süss; Ad. lichter, dicht grünlich-weiss punktirt; H. zahlreich, roth, lang u. steif. Zw. seitw. — Mitte Juli, Anf. Aug. *P.* 290. I!

510. **Grünliche Rauchbeere.** 42. C. viridula. Hektor; *P.* — Fr. fast gr., 1,12″ h., 0,97″ br., schmutzig-kirschroth, grün durchscheinend, wenig durchsichtig, etwas dickhäutig, sehr süss: Ad.

dunkler, dicht gelblich-weiss p.; H. ziemlich zahlreich, dunkelroth, lang u. steif. Zw. seitw. — Mitte u. Ende Juli. *P.* 291. I!

511. Geflammte Rauchbeere. 43. C. flammea. Hamlet's Beauty of England; *Th.* Gustavian; *P.* — Fr. gr., 1,26″ h., 0,97″ br., oft birnf. u. nur 1,05″ h., 0,90″ br., dunkel-kirschroth, braun gefleckt u. geflammt, schattenwärts hellroth geflammt u. geadert, glänzend, fast kahl u. undurchsichtig, etwas dickhäutig, nicht sonderlich süss; Ad. lichter, wenig sichtbar, wenig grünlich-gelb p.: H. wenig, dunkelroth, kurz. Zw. seitw. — Ende Juli, Anf. Aug. *P.* 292. II.

512. Olivenartige Rauchbeere. 44. C. olivacea. Gorgon; *P.* — Fr. ziemlich gr., 1,09″ h., 0,87″ br., dunkel-kirschroth, schmutzig-olivengrün durchscheinend, undurchsichtig, dünnhäutig, fleischig, sehr süss; Ad. heller, gelblich-weiss p.; H. roth, lang u. steif. Zw. seitw. — Ende Juli. *P.* 293. I!

513. Stechende Rauchbeere. 45. C. pungens. Gelasius; *P.* — Fr. mittelgr., 1,08″ h., 0,85″ br., unten oft etwas eingedrückt, dunkel kirschroth, undurchsichtig, dickhäutig, sehr fleischig, süss; Ad. heller, wenig sichtbar, wenig weiss p.; H. nicht zahlreich, roth, sehr steif u. stachelartig. Zw. seitw. Mitte Juli. — *P.* 294. I.

514. Feinpunktirte Rauchbeere. 46. C. puncticulata. Red Captain, Ibrahim; *P.* — Fr. mittelgr., 0,92″ h., 0,81″ br., dunkelkirschroth, sehr wenig durchscheinend, sehr dünnhäutig, recht angenehm süss; Ad. lichter, sehr wenig weiss punktirt; H. zahlreich, roth, lang u. steif. Zw. aufw. — Mitte Juli. *P.* 295. I!

515. Borstige Rauchbeere. 47. C. setacea. Hippolyt; *P.* — Fr. fast gr., 1,16″ h., 0,94″ br., oft rundlich, dunkel-kirschroth auf schmutzig-grünem Grunde, wenig durchscheinend, dickhäutig, sehr angenehm süss; Ad. grünlich-gelb, gelblich-weiss p.; H. zahlreich, roth, lang u. stark. Zw. seitw. — Anf. Aug. *P.* 296. I!

516. Fleischige Rauchbeere. 48. C. carnosa. Goose Leb(?), Isack; *P.* — Fr. gross, 1,29″ h., 1,02″ br., dunkel-kirschroth, schmutzig-grün durchscheinend, wenig durchsichtig, dickhäutig u. fleischig, sehr angenehm süss; Ad. dunkler, wenig sichtbar, gelblich-weiss p.; H. ziemlich zahlreich, roth, steif u. stark. Zw. aufrecht. — Anf. Aug. *P.* 297. I!

517. Stachelborstige Rauchbeere. 49. C. centrota. Herkules; *P.* — Fr. mittelgr., 1,00″ h., 0,85″ br., dunkel-kirschroth, undurchsichtig, dünnhäutig, sehr süss; Ad. dunkler, wenig sichtbar, wenig gelb p.; H. zahlreich, roth, lang u. stachelartig. — Ende Juli. *P.* 298. I.

518. Braunrothe Rauchbeere. 50. C. Xerampelina. Ildephons; *P.* — Fr. gr., 1,16″ h., 0,90″ br., oft 1,19″ h., 1,02″ br., braunroth, undurchsichtig, dünnhäutig, angenehm gewürzhaftsüss; Ad. heller, gelblich p.; H. nicht sehr zahlreich u. lang, braunroth, steif. Zw. abw. — Ende Juli. Anf. Aug. *P.* 299. I!!

Hierher gehören noch: Boardman's Royal Oak, Rewarder, Redfinch, Red Wolf, Duke of Lancaster, Agate, Kloken's Seedling,

Thorpe's Master Wolfe, Red Joseph, Hep, Goggl-eyed, Alchimist, Willmot's Red Seedling, Late Damson, Platt's Red: *P*. Pollet's Seedling, Cornwall, Wright's Malchless, Bratherton's Overall, Cheshire Lady, Glory of Oldham; *Th.*

2. Rotte. Frucht eiförmig.

519. Atlas-Rauchbeere. 51. C. bombycina. Brundrett's Atlas, Brundit's Atlas; *Th.* Helvetius; *P.* — Fr. gross, 1,32″ h., 1,03″ br., oft kugelig u. rundlich, scharlachroth, etwas dickhäutig, ziemlich durchscheinend, angenehm süss; Ad. heller, wenig gelblich p.: H. wenig, roth, kurz u. steif. Zw. abw. — Mitte u. Ende Juli. *P.* 321. I.

520. Schleimige Rauchbeere. 52. C. mucosa. Tyrer's Bangup; *Th.* Gottlieb; *P.* — Fr. klein, oft gross, 0,88″ h., 0,73″ br., carminroth, durchscheinend, ziemlich dünnhäutig, nicht sonderlich süss; Ad. heller, gelblich p.; H. roth, kurz. Zw. abw. — Anf. Aug. *P.* 322. II.

521. Dunkelrothe Rauchbeere. 53. C. atropurpurea. Glycerius: *P.* — Fr. ziemlich gr., 1,23″ h., 0,85″ br., oft rundlich, dunkel-purpurroth, roth geadert, stark durchscheinend, ziemlich dünnhäutig, süss; Ad. heller, wenig gelb p.; H. zahlreich, purpurroth, ziemlich lang, stark. Zw. seitw. — Mitte Juli, Anf. Aug. *P.* 323. I.

522. Gelbpunktirte Rauchbeere. 54. C. luteo-punctata. Gero; *P.* — Fr. ziemlich gr., 1,28″ h., 0,87″ br., oft birnf. u. 1,03″ h., 0,85″ br., mordoréroth, etwas durchscheinend, etwas dickhäutig, süss; Ad. pfirsichblüthroth, stark gelb punktirt; H. zahlreich, roth, steif. Zw. seitw. — Ende Juli, Anf. Aug. *P.* 324. I.

523. Gelbliche Rauchbeere. 55. C. rufula. Thorpe's Matchlefs, Hellwig; *P.* — Fr. ziemlich kl., 0,88″ h., 0,78″ br., kirschroth gesprengelt auf röthlich-gelbem Grunde, durchscheinend, dickhäutig, fleischig, süss; Ad. gelblich-roth, grünlich-weiss p.; H. zahlreich, roth, lang u. steif. Zw. aufrecht. — Ende Juli. *P.* 325. I.

524. Variirende Rauchbeere. 56. C. varians. Gundebert; *P.* — Fr. gross, 1,25″ h., 0,90″ br., oft 1,24″ h., 1,02″ br., kirschroth, dunkler u. heller, dünnhäutig, sehr süss; Ad. dunkelkirschroth, grünlich-weiss p.; H. zahlreich, roth, lang u. steif. Zw. seitw. — Mitte u. Ende Juli. *P.* 326. II

525. Afterblättrige Rauchbeere. 57. C. stipulata. Bratherton's Pastime; *Th.* Hermanfried; *P.* — Fr. gross, 1,33″ h., 0,97″ br., oft am Stiel mit Deckblättchen versehen, kirschroth etwas durchscheinend u. dickhäutig, säuerlich-süss; Ad. dunkler, grünlichgelb p.; H. wenig, roth, kurz u. steif. Zw. seitw. — Ende Juli, Anf. Aug. *P.* 327. II.

526. Dattelartige Rauchbeere. 58. C. dactyloides. Commander, Geiselbrecht: *P.* — Fr. gross, 1,28″ h., 1,05″ br., braunroth, oben pfirsichblüthroth, undurchsichtig, etwas dickhäutig,

sehr angenehm süss; Ad. dunkler, sehr fein grau u. roth p.;
H. wenig, braun, etwas stark, kurz. — Anf. Aug. *P.* 328. I!
527. Dreifarbige Rauchbeere. 59. C. tricolor. Bratherton's
Foxhunter, Heineccius; *P.* — Fr. gross, 1,34 h., 1,01" br., sonnen-
wärts braunroth, schattenwärts carmoisinroth, oben dunkel-
pfirsich-blüthroth, sehr wenig durchscheinend, ziemlich dünn-
häutig, säuerlich-süss: Ad. heller, dicht grünlich-weiss p.; H. zahl-
reich, rothbrauu, ziemlich lang, stark. Zw. seitw. — Mitte Juli, Anf.
Aug. *P.* 329. II.
Hierher gehören noch: Nabob, Floramour, Descendent: *P.* —
Large Red Oval, Specchley's Yaxley Hero, Rob Roy, Mellor's Sir
Francis Burdett, Alexander, Denny's Triumphant, Worthington's
Defiance, William's Conqueror; *Th.*

3. Rotte. Frucht birnförmig.

528. Zähfleischige Rauchbeere. 60. C. tenax. Boardman's
British Crown; *Th.* Ismael: *P.* — Fr. gross, dunkel-kirschroth,
wenig durchscheinend, sehr dünnhäutig, sehr zähfleischig, süss;
Ad. dunkler, wenig sichtbar, gelblich-weiss p.; H. sehr wenig,
fast fehlend. Zw. seitw. — Ende Juli. *P.* 341. I.
529. Dichtpunktirte Rauchbeere. 61. C. densi-punctata.
Peace Maker Oliver, Iraklion; *P.* — Fr. gross, 1,24" h., 1,09" br.,
oft etwas rundlich, kirschroth, apfelgrün-gefleckt durchscheinend, etwas durchsichtig, sehr dünnhäutig, sehr angenehm süss; Ad.
lichter, sehr dicht gelblich u. röthlich-weiss punktirt;
H. zahlreich, roth, kurz u. steif. Zw. seitw. — Anf. Aug. *P.* 342. I!!

2. Gruppe. Frucht wollig.

530. Dunkle Rauchbeere. 62. C. obscura. Keens's Seedling,
Keens's Seedling Warrington; *Th.* Donat; *P.* — Fr. sehr gross,
1,47" h., 1,17" br., oft 1,58" h. u. 1,06" br., elliptisch, oft rundlich,
unten etwas eingedrückt, purpurroth, sw. ganz dunkel-kirschroth,
oben pfirsichblüthroth, fein weiss bewollt, wenig durchscheinend,
etwas dickhäutig, sehr angenehm süss; Ad. heller, kaum sichtbar,
gelblich-weiss p.; H. zahlreich, stachelähnlich, ganz dunkelroth.
Zw. abwärts. — Mitte u. Ende Juli. *P.* 148. I!!
531. Geschwärzte Rauchbeere. 63. C. atrata. Shipley's Black
Prince, Friedrich; *P.* — Fr. fast gr., 1,17" h., 0,96" br., elliptisch,
dunkel-mordoréroth, sw. fast schwarz, dicht ü. fein weiss bewollt,
undurchsichtig, dünnhäutig, nicht wohlschmeckend; Ad. nicht
sichtbar. Zw. abw. — Ende Juli. *P.* 149. II.
532. Schwarze Rauchbeere. 64. C. nigra. Muffcy's Blak
Prince, Erasmus; *P.* — Fr. mittelgr., 0,94" h., 0,86" br., elliptisch,
ganz dunkel-kirschroth, fast schwarz, ziemlich stark fein u.
weisslich bewollt, sehr durchscheinend, dickhäutig, gewürzhaft-
süss; Ad. schön pfirsichblüthroth, gelblich-weiss p. Zw. aufrecht.
— Anf. Aug. *P.* 150. I!!

533. **Zweifarbige Rauchbeere.** 65. C. bicolor. Franz; *P.*
— Fr. mittelgr., 0,99″ h., 0,83″ br., elliptisch, kirschroth, oben
pfirsichblüthroth, dicht u. sehr fein weisswollig, wenig durchscheinend, dickhäutig, gewürzhaft, nicht sehr süss; Ad. wenig
sichtbar, besonders nach oben dicht röthlich-weiss punktirt; II. sehr
wenig, roth, ziemlich lang, steif. Zw. seitw. — Ende Juli. *P.* 151. I.
●534. **Bartlose Rauchbeere.** 66. C. imberbis. Eduard; *P.* —
— Fr. mittelgr., 0,94″ h., 0,73″ br., elliptisch, dunkel-kirschroth,
oben weisslich-roth, fein bewollt, wenig durchscheinend, dünnhäutig, sehr süss; Ad. pfirsichblüthroth, dicht gelblich-weiss
punktirt; H. nicht sehr zahlreich, lang, unten weiss, an der
Spitze roth. Zw. aufrecht. — Ende Juli. *P.* 152. I!
535. **Glänzende Rauchbeere.** 67. C. nitens. Edmund; *P.* —
Fr. ziemlich gr., 1,09″ h., 0,89″ br., elliptisch, dunkel-kirschroth,
schw. schmutzig-gelb, glänzend, fein weisswollig, schwach
durchscheinend, dünnhäutig, süss; Ad. wenig sichtbar, fein grünlichweiss p. Zw. abw. — Ende Juli. *P.* 153. I.
536. **Redyard's Rauchbeere.** 68. C. Redyardi. Redyard's
Woodman, David; *P.* — Fr. gross, 1,33″ h., 1,01″ br., elliptisch,
schmutzig-kirschroth, grün durchscheinend, dicht u. sehr fein
weisswollig, undurchsichtig, etwas dickhäutig, gewürzhaft-süss;
Ad. lichter, stark gelblich-weiss punktirt. Zw. aufw. — Ende
Juli, Anf. Aug. *P.* 154. I!
537. **Eyförmige Rauchbeere.** 69. C. oviformis. Knight's
Warrior; *Th.* Friedemann; *P.* — Fr. sehr gross, 1,48″ h., 1,04″
br., eiförmig, sw. kirschroth, schw. grünlich-ochergelb, wenig durchscheinend, dünnhäutig, sehr süss; Ad. lichter, grünlichweiss p.; H. wenig, roth, lang u. steif. Zw. abw. — Ende Juli,
Anf. Aug. *P.* 166. I!
538. **Oekonomische Rauchbeere.** 70. C. domestica. Red
Walnut, Murrey, Eckersley's Double Bearing, Red Ashton; *Th.*
Ferdinand; *P.* — Fr. mittelgross, eiförmig, wohlschmeckend, frühreifend. Zw. seitwärts. — *P.* 162. I! (besonders
zum Einmachen).
539. **Ribesartige Rauchbeere.** 71. C. ribesia. Lucelle, Ernst;
P. — Fr. klein, 0,95″ h., 0,68″ br., birnf., oft eif., dunkel-kirschroth, fein weiss bewollt, wenig durchscheinend, dünnhäutig, fleischig,
nicht süss, sehr gewürzhaft; Ad. lichter, wenig grünlich-weiss
p. — Ende Juli. *P.* 168. I!
540. **Weinsäuerliche Rauchbeere.** 72. C. acidula. Florian;
P. — Fr. mittelgr., 1,11″ h., 0,77″ br., birnförmig, kirschroth,
ziemlich stark durchscheinend, dünnhäutig, weinsäuerlich; Ad.
dunkler, grünlich-gelb p. Zw. seitw. — Mitte Juli. *P.* 169. II.
Hierher gehören noch: Diggle's Magistrate, Berry's Farmer's
Glory, Earl Grosvenor, Hampson's Tantararara, Waverham's Black,
Jackson's Slim, Murrey, Acherley's Rodney, Redsmith; *Th.* —
Forester; *P.* —

4. Ordnung. Beerenobst.

6. (21.) Geschlecht. Johannisbeeren.

Einleitung.

— — —

Die Johannisbeere steht in mehrfacher Beziehung zwischen der Stachelbeere und der Weintraube, und ist wirklich eine Weintraube im Kleinen für alle Länder. Als liebliche angenehme Frucht, in der Küche vorzüglich zu Delikatessen verwendet, wird sie überall gerne aufgenommen, in neuester Zeit zur Weinbereitung aber am Höchsten geschätzt.

Die grossen Vorzüge, welche dieses Beerenobst auszeichnen, haben Veranlassung gegeben, dass man sich in den Zuchtgärten seit mehreren Jahren bemühte, grossbeerigere Sorten zu gewinnen.

Das Ziel, welches Christ schon im Jahre 1806 *) im Auge hatte, durch vereinigte Kräfte eine Riesen-Johannisbeere hervorzubringen, dürfte beinahe erreicht sein, da die neuesten Sorten dieses Obstgeschlechtes in Bezug auf Grösse allen billigen Wünschen entsprechen, auch allgemein bewundert werden.

Um diese Früchte in ihrer vollkommenen Ausbildung zu erhalten, bedarf aber der Strauch einer zweckmässigen Behandlung, fruchtbaren Boden, viele Düngung, junge Nachzucht und öfteren Wechsel des Standorts.

Es hält daher auch sehr schwer, solche treffende Charakteristiken der Sorten zu geben, dass sie später, in anderer Lage und in anderem Boden wieder erkannt werden können. Nur die genauesten und umfassendsten Beschreibungen, wie sie der Verfasser früher gegeben hat, **) können hier zu dem gewünschten Ziele führen.

Wenn je ein Pomolog sich berechtigt fühlt, ein so wandelbares Obstgeschlecht in allen seinen Unterschieden umfassend darzustellen, so ist es der Verfasser, der in den Johannisbeeren wie noch kein anderer vor ihm gewirkt hat. Seine Sammlungen vereinigten Alles, was das In- und Ausland zu Tage förderte, die Prüfungen geschahen in gleicher Lage, in gleichem Boden, mit der grössten Sorgfalt, seine Beschreibungen sind die vollständigsten, welche die Pomologie in diesem Fache aufweisen kann. Und nur dadurch wurde es ihm möglich, viele Sorten in ihren besonderen Vorzügen bekannt zu geben, mehrere neu einzuführen oder zu verbreiten und alle in ihren feinsten Unterschieden genau kennen zu lernen und sachgemäss zu ordnen.

---

*) Allgemeines deutsches Garten-Magazin, II. Band, Seite 166.
**) Pfälzische Garten-Zeitung, 1847.

Zur Feststellung der pomologischen Gattungen sind aus der Ribes rubrum drei Arten hervorgegangen: die wahre rothe, die weisse, (um nicht die Lächerlichkeit Ribes rubrum album zu geben), und die Korallenbeere, welche wegen ihrer bedeutenden Unterschiede vielleicht als botanische Art, Ribes corallinum, aufgenommen werden kann. Die neue rothe mit schwarzer Frucht vom Caucasus bedarf noch näherer Prüfung und wird wohl zu einer eigenen Gattung erhoben werden müssen, weil sie weder zu Ribes rubrum, noch zu den anderen Arten gehört. Die übrigen sind auf den bereits bestehenden Arten basirt. Verschiedene andere, wie Ribes alpinum, aureum, triste, recurvatum, sanguineum etc., welche wegen ihrer Früchte nicht angepflanzt werden, bleiben ausgeschlossen; dagegen wurde Ribes pensylvanicum, petraeum und fragrans aufgenommen, weil sie essbare Früchte tragen und fernerer Veredlung noch fähig sein mögen.

Folgende Eintheilung wird das Nähere ergeben.

Gattungen der Johannisbeeren.

Blatt rundlich, stielbuchtig, 5lappig.	Beeren roth	1. **Johannisbeere.**	
	Beeren weisslich	2. **Perlbeere.**	
Blatt länglich, am Stiel breit, vorgeschoben 3lappig		3. **Korallenbeere.**	
Blatt balsamisch, unterseits drüsig-punktirt...................		4. **Gichtbeere.**	
Blatt geruchlos, ober- und unterseits punktirt		5. **Ahlbeere.**	
Blatt geruchlos. Blüthe röthlich.......		6. **Straussbeere.**	
Blatt balsamisch. Blüthe weisslich		7. **Alantbeere.**	

Bracket labels (left side):
Alle Johannisbeeren haben:
hängende Blüthentrauben. — Blüthenstiel kahl. Blatt geruchlos. / Blüthenstiel haarig.
aufrechte Blüthentrauben.

1. Johannisbeere. Ribesia.

Gattungs-Charakter: Blüthentrauben hängend, kahl. Blüthe schüsselförmig. Blatt geruchlos, rundlich, am Stiel tiefbuchtig, 5lappig, verbogen, bläulich-grün. Stiel-Lappen-Hauptnerv nach hinten gerichtet oder rechtwinkelig. Beeren roth, geadert, dünnhäutig, sauer.

(Ur- oder Stammart: Ribes rubrum; *L.*)

1. Rotte. Frucht carmoisinroth.

1. Wald-Johannisbeere, Ribes rubrum; *L.* 1. R. sylvestris.

Johannisbeere, Johannistraube, Johannisträubchen, Johannisbeerstrauch, wilder und rother Johannisbeerstrauch, rothe Johannestraube, Straussbeerenstrauch, Kraussbeere, rothe Johannisbeere, rothe Zeitbeere, St. Johannisträubel, St. Johannstraube, St. Johannsbeere, rothe Trauben, Weinbeerstrauch, falscher Gichtstock, Ribisel, Ribesel, Ribeselstrauch, Rubitzel, Rubitzel- u. Rübizelstaude, Rübsel, Kossberten, Jibeere, Fürwitzlein, Johannisbeerstrauch mit rothen Beeren, Kanz- u. Kauztrauben, rothe gewöhnliche Johannisbeere; in versch. Geg. Deutschlands. Groseiller à grappes, ordinaire à grappes, à grappe rouge et à fruit rouge, Castillet, Groseille d'outre mer; in Frankreich. Groseiller ordinaire rouge, à grappes fruit rouge ordinaire, à fruit rouge ordinaire et ordinaire à fruit rouge; *in Cat.* Common Red, Groseiller Rouge à Petit fruit, Groseiller Ordinaire à Fruit Rouge; *Cat. Lond. c.* Wild Red, Ribes rubrum sylvestre; *Cat. Lond. a.* Common Red Currant; *Ab.* Groseille rouge ordinaire; *Knp.* Johannisbeerenstrauch mit rothen Beeren; *du Roi.* Wilder rother Johannisbeerstrauch; *Burgsd.* Gemeiner Johannisbeerenstrauch; *Suck.* Rother Johannisbeerstrauch; *Hirschf.* Gemeine Johannisbeere; *Bechst. Fb. — Walk.* Gemeine Krausbeere, Johannisbeere, Groseiller ordinaire; *Lipp.* (Groseiller à fruit rouge, Groseiller à petit ordinaire fruit rouge; *Kraft*). Gemeine rothe Johannisbeere; *Pfälz. G. Z.* Gewöhnliche Johannisbeere; *Nois. Gb.* Ribes vulgaris fructu rubro, gemeine rothe Johannisbeere; *Bechstdt.* Ribes officinarum; *C. Bauh. — Berger.* Ribes vulgaris acidus ruber; *J. Bauh.* Ribes arabum; *Lob.* Ribesium fructu rubro; *Dod.* Grossularia rubra; *Scop.* Ribes sylvestre; *Wallr.* Ribes vulgare; *Borkh. — Tr.* ziemlich lang, gleich- u. vollbeerig; Br. klein, oft fast mittelgross, kugelig,

12*

sauer; K. länglich, dick, bräunlich-gelb. Str. hoch. Bl. von verschiedener Grösse, schön roth-nervig. — Wildwachsend u. kultivirt. Allgemein bekannt. 1500 u. früher. *Bechst. Fb.* 648. — *Pom. austr.* 15. *T.* 34. *F.* 1. — *Pfälz. G. Z.* 1847. 118. Ende Juni bis Mitte Juli. II.

2. **Ahornblättrige Johannisbeere.** 2. R. acerifolia. Rothe ahornblättrige, Groseiller feuille d'Erable, Groseiller ordinaire à feuilles d'érable, Groseiller à fruit rouge à feuille d'érable, Groseiller à grappes et à feuilles d'érable, Ribes acerifolium, Ribes rubrum acerifolium; *in Cat.* — Br. mittelgross, süsslich-sauer. Str. mittelgr., etwas schwächlich, wenig verästet. Bl. scharf eingeschnitten. — Als Zierstrauch in Gärten bekannt. II.

3. **Traubenblättrige Johannisbeere.** 3. R. vitifolia. Ribes rubrum vitifolium, Groseiller à fruit rouge à feuille de vigne, à grappe à feuille de vigne et ordinaire à feuille de vigne; *in Cat.* — Aehnlich der ehevorigen. Bl. viel grösser, weniger gelappt. — Zierstrauch. II.

4. **Buntblättrige Johannisbeere**; *Lipp.* Johannisbeere mit gelb eingefassten Blättern; *Kraft.* 4. R. variegata. — Rothe mit gelb eingefasstem Blatte, holländische mit bunten Blättern, rothe buntblättrige, panaschirte, rothe mit gestreiften Blättern, rothe gelbbunte, Groseiller à feuilles panachées, Groseiller à grappes rouges et feuilles panachées, Groseiller à fruit rouge à feuille panachée, Ribes rubrum variegatum, Ribes rubrum foliis variegatis, Ribes rubrum foliis luteovariegatis, Ribes rubrum foliis aureo variegatis; *in Cat.* Variegated Leaved; *Cat. Lond.* Rother Johannisbeerstrauch mit scheckigen Blättern, Groseiller rouge à feuilles panachées; *Burgsd.* (Groseiller à feuilles Jaunes panachées et à feuilles panachées de jaune; *Kraft*). Johannisbeerstrauch mit scheckigen Blättern; *Thon.* Johannisbeere mit gelb gestreiften Blättern?! *Mill.* — Durch gelb-bunte Blätter ausgezeichnet. — Zierstrauch. 1791. *Pom. austr.* 16. *T.* 37. *F.* 1.

5. **Weissbandirte Johannisbeere.** Johannisbeere mit weiss eingefassten Blättern; *Kraft.* 5. R. albo-marginata. Buntblättrige, Weissbandirte, rothe buntblättrige, Groseiller argenté, à feuilles bordées argentées, ordinaire à feuilles marginées, à fruit rouge à feuille bordé, commun à fruit rouge ordinaire à feuilles bordées de blanc et à grappes et à feuilles panachées, Ribes rubrum foliis variegatis, Ribes rubrum foliis albo variegatis; *in Cat.* Striped Leaved; *Cat. Lond.* (Groseiller à feuilles blanches panachées et à feuilles panachées de blanc; *Kraft*). Gemeine Johannisbeere mit grün u. weiss gescheckten Blättern?! *Mill.* — Von 1 durch weiss eingefasste Blätter verschieden: — Zierstrauch. 1792. *Pom. austr.* 16. *T.* 37. *F.* 2.

6. **Kernlose Johannisbeere.** 6. R. apyrena. Groseiller à grappes sans pepins; *in Cat.* — Br. oft ohne Kerne, sonst wie 1. — Seltenheit.

7. **Eyatt's Johannisbeere.** 7. R. Eyatti. Groseiller nouveau d'Eyatt, Ribes Eyatts nova, Ribes rubrum Eilat's, Eucatt's nova,

Ribes macrobotrys Eycatt's nova; *in Cat.* — Tr. ziemlich lang; Br.
sehr klein, glänzend dunkelroth. Str. sehr fruchtbar. —
Neu. Interessant. II. (= mit Nr. 2?)

8. **Holländische Johannisbeere**; non *Maurer.* Grosciller à
gros fruit rouge; *Duh.* 8. R. hollandica. Rothe holländische, holländische grossfrüchtige, holländische rothe, rothe englische, sehr
grosse rothe englische, sehr grosse rothe von Gent, Groseiller à très
gros fruit rouge d'Angleterre, de Hollande, rouge de Hollonde à
grandes grappes, de Hollande à fruit gros, à grappes d'Holland à
gros fruit rouge, de Hollande à gros fruit rouge, de Hollande à fruit
rouge, de Hollande à grosses grappes et fruit rouge, à grandes grappes rouges et rouge à gros fruit; *in Cat.* Red Dutch, Large Red
Dutch, New Red Dutch, Large Red, Large Bunched Red, Long Bunched Red, Morgan's Red, Red Grappe; *Cat. Lond.* Johannisbeerstrauch mit grosser rother Frucht; *Duh.* — *Thon.* Large Dutch
Currant, grosse holländische; *Ab.* Grosse deutsche Johannisbeere;
Mill. Gl. Grosse rothe Johannisbeere; *Kraft.* Grosse rothe Johannisbeere, holländische rothe Johannisbeere; *Chr. v. P.* Grosse rothe
holländische Johannisbeere, Groseiller d'Hollande à grandes grappes
rouges; *Lipp.* Johannisbeere mit grossen rothen Früchten; *Nois. Gb.*
Grosse holländische rothe Johannisbeere; *Walk.* Ribes domesticum;
Wallr. Ribes rubrum macrocarpa; *Dierb.* Red Courrants? *in Cat.*
— Tr. lang, vollbeerig; Br. gross, 5''' h. u. br., schön hellroth, angenehm sauer; Saft etwas gefärbt. Str. lebhaft u. hoch,
dichtbelaubt, dickästig, sehr fruchtbar. Bl. gross. — Holland. Deutschland. Allgemein verbreitet, aber nicht überall bekannt; wird oft mit
der holländischen Korallenbeere Nr. 48 verwechselt. 1768. *Pom. austr.*
15. *T.* 32. — *T. O.* 15. 220. *T.* 11. Anf. Juli. I!

9. **Kirsch-Johannisbeere**. 9. R. cerasifera. Groseiller Cerise, à grappes cerise et à très gros fruit, Groseille-cerise, Cerise
à fruit rouge, Queen Victoria, Cherry, kirschenförmige, süsse Kirsch-
Johannisbeere, Ribes cerasifera, Ribes rubrum cerasiferum, Ribes
macrocarpum, Ribes rubrum cerasiforme, Ribes macrobotrys cerasiforme; *in Cat.* — Tr. gr., 3'' l., fest- u. gleich- aber selten vollbeerig; Br. sehr gross, schön kirschroth, kugelig, sauer; K.
zahlreich, dick, rundlich, gelb; Saft stark färbend. Str. sehr lebhaft, starkbelaubt, nicht sehr fruchtbar. Bl. gross, undeutlich
5lappig, länger als breit, unterseits rauhhaarig, stumpf-gesp.; untere
Blattnerven dicht weisshaarig; hintere Seitenlappen am Stiel fast
zusammenlaufend u. herabhängend. Bl. u. Blstl. selten geröthet. — Frankreich. 1846. *Pfälz. G. Z.* 1847. 117. u. 1846. 200.
Abbildung. Anf. bis Mitte Juli. I!! Verlangt kräftigen Boden u.
reichliche Düngung.

10. **Milde Johannisbeere**. 10. R. mitis. Holländische süsse
beste; *Pfälz. G. Z.* — Tr. gr., 3'' l., voll- u. ziemlich gleichbeerig;
Br. gross, kugelig, lebhaft roth, sehr angenehm säuerlich-
süss; K. länglich, gelb; Saft bläulich färbend. Str. hoch, aufrecht, sehr fruchtbar. Bl. gr., unterseits feinhaarig, untere Blattner-

ven fast kahl. — Aus Metz, unter gemeinen rothen gefunden. 1847. *Pfälz. G. Z.* 1847. 117. Anf. Juli. I!

11. Weinige Johannisbeere, Knight's Sweet Red Currant; *Cat. Lond.* 11. R. vinosa. Knight's süsse; *in Cat.* Knight's süsse rothe; *Ftl.* — Br. mittelgross, angenehm säuerlich-süss. Str. sehr fruchtbar. — England. I!

12. Hochrothe Johannisbeere. 12. R. cardinalis. Hochrothe sehr frühe, Hochrothe frühe aus Hamburg, Ribes rubrum praecox; *in Cat.* — Br. mittelgross, lebhaft hochroth, früh schon Mitte Juni reifend. — Aus Hamburg. I! Für kalte Lagen.

13. Ansehnliche Johannisbeere. 13. R. spectabilis. La Hâtive, Hative de Bertin, frühe Johannisbeere; *in Cat.* — Tr. sehr vollkommen; Br. ziemlich gross, feuerig-roth durchscheinend, sehr wohlschmeckend, nach Mitte Juni reifend; Kelch klein; K. nicht zahlreich, strohgelb; Saft schwach färbend. Str. gr. u. fruchtbar. — Frankreich. Sämling von *Bertin.* I!

14. Frühreifende Johannisbeere, Knight's Early Red; *Cat. Lond.* 14. R. praecox. Knight's frühe rothe Johannisbeere; *in Cat.* (Knight's Nr. 7; *Cat. Lond.*) — Aehnlich Nr. 8, um 10—14 Tage früher reifend. — England. I!

15. Mittlere Johannisbeere. 15. R. media: Frühreifende; *Pfälz. G. Z.* — Br. mittelgross, gegen Ende Juni reifend. — Rheinpfalz. I.

16. Viktoria-Johannisbeere. 16. R. Victoria. Königin Viktoria, Queen Victoria, May's Victoria, May's Viktoria-Johannisbeere, Houghton Castle, Ruby castle, May Victoria, Goliath, Ribes macrobotrys Queen Victoria; *in Cat.* Langtraubige Kirsch-Johannisbeere, Groseiller Cerise à longues grappes?! *Dauvesse's Cat.* — Tr. sehr lang, oft 6" messend, vollkommen; Br. ziemlich gross, stark glänzend, sehr dauerhaft u. wohlschmeckend. — England. I!!

17. Caucasische Johannisbeere. 17. R. caucasica. Ribes caucasicum, Groseiller de Caucase, Johannisbeere vom Kaukasus; *in Cat.* — Tr. gross, oft 3—4" l.; Br. sehr gross, glänzenddunkelroth, süss-säuerlich. Str. ähnlich Nr. 9, ziemlich fruchtbar. — I!!

18. Knight's Johannisbeere, Knight's Large Red; *Cat. Lond.* 18. R. Knightii. — Knight's grosse rothe Johannisbeere, Groseiller à gros fruit rouge de Knight, Knight's Large Red des Anglais; *in Cat.* (Knight's Nr. 8; *Cat. Lond.*) — Aehnlich Nr. 8. Br. grösser. — England. I!!

19. Versailler Johannisbeere. 19. R. Versalliensis. La Versaillaise, Johannisbeere aus Versailles; *in Cat.* — Tr. gross, 3—4" l., vollbeerig; Br. gross, dunkel durchscheinend, sehr mild u. wohlschmeckend; K. mittelgr., zahlreich, gelb. Str. sehr kräftig u. fruchtbar. — Frankreich. Sämling von *Bertin?!* — I!!

20. Fruchtbare Johannisbeere. 20. R. fertilis. La Fertile; *in Cat.* — Tr. gross u. vollbeerig; Br. gross, oben etwas platt, dunkel geadert, gelb durchscheinend, sehr wohlschmeckend; Kelch

2farbig. Str. überaus fruchtbar. — Frankreich. Sämling von *Bertin.* I!
21. **Spätreifende Johannisbeere.** 21. R. serotina. Rothe späte sehr saure neue, Ribes rubrum acerbum; *in Cat.* Späte saure rothe; *Pfälz. G. Z.* — Tr. ziemlich lang, vielbeerig; Br. gross, fast kugelig, ähnlich Nr. 1, sehr sauer; K. rundlich, gelb; Saft färbend. Str. niedrig, starkbelaubt, nicht sehr fruchtbar. Bl. runzelig, breiter als lang, unterseits feinhaarig; Blstl. braun-grün, nach vorn schön roth. — Aus Hamburg. 1847. *Pfälz. G. Z.* 1847. 118. Gegen Ende Juli. II T. I! W.
22. **Dochnahl's Johannisbeere.** 22. R. Dochnahli. Dochnahl's grosse rothe; *in Cat.* — Tr. sehr lang, stufig, vollbeerig; Br. sehr gross, etwas platt, schön glänzend-roth, sauer; K. dick, gelb. Str. hoch, nicht sehr fruchtbar. Bl. fast eben, etwas breiter als lang, unterseits dicht behaart. — Rheinpfalz. Sämling. 1847. *Pfälz. G. Z.* 1847. 118. Anf. Juli. I!
23. **Grösste Johannisbeere.** 23. R. maxima. Sehr grosse rothe, ganz grosse rothe, rothe ganz grosse extra, Groseiller à tres gros fruit rouge, Macrocarpa, Ribes macrocarpum, Ribes rubrum fructu maximo; *in Cat.* — Tr. sehr gross u. vollbeerig; Br. grösser als Nr. 9, kugelig, schön dunkelroth, schwärzlich geadert, orangegelb durchscheinend, sehr wohlschmeckend. Str. gross u. sehr fruchtbar. — In Handelsgärten. I!!
24. **Prächtige Johannisbeere,** Belle de St. Gilles; *de Jonghe.* 24. R. formosa. — Aehnlich der vorhergehenden, heller roth. — Sämling aus Brüssel. I!!
25. **Leuchtende Johannisbeere** 25. R. fulgens. *Bretonneau;* *in Cat.* Fertile de Paluau? *in Cat.* — Tr. gross u. vollbeerig; Br. sehr gross, schön roth, roth durchscheinend, angenehm weinsäuerlich; K. gelb. Str. sehr fruchtbar. — Frankreich. I!!
26. **Gutedelartige Johannisbeere.** 26. R. eugeniacea. Chasselas; *in Cat.* — Tr. gross u. vollbeerig; Br. gross, schön hellroth, dunkler geadert, gelb durchscheinend, sehr wohlschmeckend; Kelch schwarz; K. zahlreich, gelb. Str. sehr fruchtbar. — Frankreich. I!
. 27. **Kaiserliche Johannisbeere.** 27. R. imperialis. Impérial rouge; *in Cat.* — Tr. sehr lang, 4—6" messend; Br. sehr gross. — Frankreich. I!!
28. **Willmot's Johannisbeere.** 28. R. Willmoti. Willmot's Grappe; *in Cat.* — Tr. gross; Br. gross, dunkelroth. Str. ziemlich fruchtbar. — England. I!

Hierher gehören noch: Rothe bessere süsse, Königin Marie, rothe süsse Regensburger, Précoce de Tours, Attractor, Bonum magnum, Fox new red, Gondouin à gros fruit, Pourpre rouge très-hatif, Willmot's large red, Willmot's surprise, Rouge de Lecocq, Fertile précoce; *in Cat.*

2. **Rotte.** Frucht fleischfarbig oder schmutzig-hellroth.

29. **Fleischfarbige Johannisbeere,** grosse fleischfarbige Champagner! *Pfälz. G. Z.* 29. R. carnea. Blassrothe, hellrothe u. rosenrothe Johannisbeere, grosse holländische gelbe, Groseiller couleur de chair, à grappe rose, à grappes couleur de chair, à grappes fruit couleur de chair, à grappes fruit rose couleur de chair, à fruit couleur de chair, à fruit couleur de chair ordinaire, ordinaire couleur de chair et commun à fruit rose, Ribes rubrum fructu carneo, Ribes rubrum fructibus incarnatis; *in Cat.* Ribes fructu carneo, Johannisbeerstrauch mit fleischfarbenen Beeren; *Burgsd.* Johannisbeere mit fleischfarbener Frucht; *Mill. Gl.* — *Nois. Gb.* Fleischfarbige oder blassrothe Johannisbeere, Grossularia fructu carneo, Groseiller à fruit de chair; *Chr. p. H.* Gemeine fleischfarbene Johannisbeere; *Chr. H. O.* Groseiller à petit fruit Couleur de Chair; *Gotth.* Groseiller à gros fruit couleur de chair; *Duh.* — *Kraft.* Ribes rubrum carneum; *Berl.* Grosse fleischfarbige Champagner-Johannisbeere?! *Maurer.* — Tr. lang, voll u. ungleichbeerig; Br. mittelgross, rund, etwas platt, schmutzig-roth, sauer; K. kl., gelb-braun. Str. etwas niedrig, ziemlich fruchtbar. Bl. grasgrün; Blstl. fast länger als das Blatt. — Allgemein bekannt. 1620 u. früher. *Pom. austr.* 16. T. 36. — *Pfälz. G. Z.* 1847. 121. I.

30. **Champagner Johannisbeere,** fleischfarbige! *Pfälz. G. Z.* 30. R. campana. Grosse fleischrothe, Groseiller de Champagne, Groseiller à gros fruits couleur de chair, Groseiller à grappes à fruit rose, Pleasants Eye; *in Cat.* Champagne, Groseiller à Fruit Couleur de Chair; *Cat. Lond.* Champagne large pale-red Currant; *Ab.* Ribes rubrum carnea, Champagner-Johannistraube; *Dierb.* Fleischfarbene u. blassrothe Johannisbeere; *Chr. H. O.* Fleischfarbene Champagner Johannisbeere; *Lgl. Anl.* Grosse fleischfarbige Johannisbeere, Champagner Johannisbeere; *Rbs.* Champagner grosse blassrothe; *Fors.* Johannisbeerstrauch mit grossen fleischfarbigen Beeren; *Thon.* Grosse fleischfarbige Johannisbeere; *Ftl.* Rosenrothe durchscheinende, Groseiller à fruit rose transparente? *in Cat.* — Tr. etwas kurz-gestielt; Br. gross, platt-rund, gelb-roth, sauer; K. dick, gelb. Str. ziemlich hoch, fruchtbar. Bl. dick, dunkelgrün, ader-runzelig. — Frankreich. England. 1779 u. früher. *T. O.* 9. 283. T. 24. — *Pfälz. G. Z.* 1847. 122. Mitte Juli. I!!

31. **Trübrothe Johannisbeere,** englische grosse blassrothe! *Pfälz. G. Z.* 31. R. rubella. Holländische fleischfarbige, fleischfarbige holländische, grosse holländische rosarothe Johannisbeere, blassrothe englische, Groseiller de Hollande à gros fruit couleur de chair, Knight's large red; *in Cat.* Grosse blassrothe holländische; *Fors.* — *Loud.* Grosse blassrothe Johannisbeere; *Chr. v. P.* Grosse holländische fleischfarbene; *Walk.* Groseille de couleur de chair, Bigarré, Ribes fructu rubente; *Knp.* Grosse holländische rosarothe Johannisbeere, grosse holländische gelbe? *Maurer.* — Aehnlich der chevorigen. Tr. gleichbeeriger, lang-gestielt; Br. gross, dunk-

ler roth, mild-sauer; K. gelb. Str. ziemlich hoch, nicht sehr
fruchtbar. Bl. dunkelgrün. — Holland. 1771 u. früher. *Pfälz.*
G. Z. 1847. 121. I!
   32. **Rosenrothe Johannisbeere**, Groseiller à fruit rose; *Le-*
cocq. 32. R. rosea. Rouge de Lecocq? *in Cat.* — Tr. gross; Br.
sehr gross, rosenroth. — Neu. I!!

2. Perlbeere. Margaris.

Gattungs-Charakter: Blüthentrauben hängend, kahl.
Blüthe schüsselförmig. Blatt geruchlos, rundlich, am Stiel tief-
buchtig, 5lappig, verbogen. Stiel-Lappen-Hauptnerv nach hinten
gerichtet oder rechtwinkelig. Beeren weisslich oder bunt, geadert, dünnhäutig, sauer.
   (Ur- oder Stammart: Ribes rubrum album; *Desf.*)

1. Rotte. Frucht weisslich.

   33. **Gemeine Perlbeere**, Ribes rubrum album; *Desf.* 1. M.
albida. Gemeine weisse, ganz weissfrüchtige, weisse gemeine, Groseiller à fruit blanc, ordinaire à fruit blanc, à grappes fruit blanc
ordinaire, à grappes blanche, commun à fruit blanc et à grappes
blanches, Ribes rubrum fructu albo; *in Cat.* (u. fast denselben Trivialnamen wie 1). White currant; in England. Groseille blanche;
Knp. Gemeine weisse Johannisbeere; *Mill. Gl.* Gemeine weisse
kleine Johannisbeere, Groseiller fruit blanc; *Kraft.* White Currant,
weisse oder perlfarbene; *Ab.* Perlfarbige Johannisbeere; *Chr. v. P.*
Weisse oder perlfärbige Johannisbeere, Ribes alba; *Chr. p. II.* Johannisbeerstrauch mit perlenähnlicher Frucht, Groseiller à fruit blanc
et à fruit perlé; *Duh.* Ribes fructu albo, Groseiller perlé; *Burgsd.*
Johannisbeerstrauch mit weissen Beeren; *Thon.* Johannisbeere mit
kleinen weissen Früchten; *Nois. Gb.* Common White; *Cat. Lond.*
Gewöhnliche weisse Johannisbeere; *Pfälz. G. Z.* Ribes rubrum
alba; *Dierb.* — Tr. lang, ziemlich viel- u. gleichbeerig, dick-gestielt;
Br. mittelgross, kugelig, vorn ziemlich platt, etwas stielspitz,
gelblich, sehr sauer; K. rundlich, gelbbraun. Str. hoch,
stark belaubt, ziemlich fruchtbar. Bl. ziemlich kl., rauh. — Ueberall
in Gärten verbreitet u. bekannt. 1500 u. früher. *Pom. austr.* 15. *T.*
34. *F.* 2. — *Pfälz. G. Z.* 1847. 113 u. 181. Anf. Juli. II.
   34. **Buntblättrige Perlbeere**. 2. M. variegata. Weisse buntblättrige, Ribes rubrum fructu albo foliis variegatis; *in Cat.* Weisse
Johannisbeere mit gestreiften Blättern?! *Mill.* — Von der vorhergehenden durch bunte Blätter verschieden. — Zierstrauch. II.
   35. **Garten-Perlbeere**, perlfarbene Johannisbeere; *Nois.* 3.
M. hortensis. Weisse Perle, perlfarbige Johannisbeere, Johannisbeerstrauch mit perlfarbigen Beeren, Commun à fruit jaune; *in Cat.*
Pearl White, Blanc Perlé; *Cat. Lond.* Groseiller perlée; *Lipp.* Ge-

meine perlfarbene Johannisbeere; *Chr. H. O.* Weisse perlfarbige;
Pfälz. G. Z. Blanche ambrée? *in Cat.* — Tr. **kurz,** ziemlich voll-
u. gleichbeerig; Br. **mittelgross, kugelig,** vorn etwas **platt, grün-
oder gelblich - weiss,** oft etwas **blass - röthlich,** schön durchscheinend,
härtlich, etwas scharf süss - sauer; Kelch **gross;** K. rundlich, **roth-
gelb.** Str. ziemlich hoch, stark belaubt, nicht sehr fruchtbar. Bl.
ziemlich kl., weich; Nerven **sehr eng vertieft;** Zahnaufsätzchen
lang, weissgelb. — Frankreich. In Gärten bekannt. 1620. *Pfälz. G. Z.*
1847. 114. Anf. Juli. I.

36. **Englische Perlbeere,** englische grosse weisse Johannisbeere;
Chr. 4. M. **anglicana.** Weisse englische, sehr grosse weisse englische, sehr grosse weisse von Gent, grosse weisse französische, weisse
holländische, Groseiller d'Angleterre à fruit blanc, d'Anglettere à
gros fruit blanc, à gros fruit blanc d'Angletere et à très gros fruit
blanc d'Angleterre, Blanc à gros fruit; *in Cat.* Englische Johannisbeere mit grossen weissen Früchten; *Nois. Gb.* — Tr. fast 3" **lang,**
ziemlich **voll-** u. **ungleichbeerig;** Br. **stark mittelgross, platt,**
gelblich, dauerhaft, etwas gewürzt süss-sauer; Kelch **mittelgross;** K. rundlich, **gelb.** Str. **mittelgr., aufrecht,** sehr fruchtbar. Bl. gr., weich. — England. 1802. *Pfälz. G. Z.* 1847. 114. Anf.
bis Mitte Juli, oft bis **Ende August. I!** (Nach Bavay = mit der
folgenden).

37. **Holländische Perlbeere,** Groseiller à gros fruit blanc; *Duh.*
5. M. **hollandica.** Holländische weisse, weisse holländische, Groseiller de Hollande à gros fruit blanc, à gros fruit blanc d'Hollande,
à gros fruit blanc, blanche de Hollande à grandes grappes, à grande
grappe blanche de Hollande, et de Hollande à grosses grappes et
fruit blanc; *in Cat.* Johannisbeerstrauch mit grosser weisser Frucht;
Duh. Grosse deutsche weisse Johannisbeere; *Müll. Gl.* Large white
Dutch Currant; *Ab.* Schöne neue weisse holländische; *Fors.* Grosse
neue weisse holländische: *Loud.* Grosse weisse Johannisbeere; *Bechstdt.*
— *Kraft.* — Grosse holländische weisse Johannisbeere; *Walk.* White
Dutch, New White Dutch, Jeeves's White, Morgan's White, White
Chrystal, White Leghorn, Pearl White; *Cat. Lond.* Grosse weisse
holländische Johannisbeere; *Chr. v. P.* Ribes album; *Lipp.* Sehr
grosse weisse: *Pfälz. G. Z.* 1847. 115. — Tr. oft über 4" **lang,**
voll- u. fast gleichbeerig; Br. fast **sehr gross, platt, weiss, sehr**
hell durchscheinend, weich, sehr angenehm süss-sauer; K. länglich, dunkelgelb. Str. mittelgr., **ausgebreitet,** sehr fruchtbar.
Bl. mittelgr., weich, kurz-gestielt. — Holland. Sehr verbreitet u. geschätzt. 1768. *Pom. austr.* 15. T. 33. — T. O. 99. 282. T. 24. —
Pfälz. G. Z. 1847. 113. I!!

38. **Esperen's Perlbeere.** 6. M. **Espereni.** Groseiller blanc
d'Esperen; *in Cat.* — Tr. gr., vollbeerig; Br. etwas **weniger gross**
als die vorhergehende, zwischen 33 u. 37 stehend, **gelblich - weiss,**
etwas zimmtrostig gestr., angenehm süss-säuerlich; K. **gelb.** Str.
sehr fruchtbar. — Belgien. 1857. I!

39. **Kirsch-Perlbeere.** 7. M. cerasifera. Weisse Kirsch-Johannisbeere, Cerise à fruit blanc, Groseiller ceriso blanc; *in Cat.* — Tr. gross, sehr vollkommen; Br. sehr gross, gelblichweiss, fleischig, erhaben süss-weinsäuerlich; K. mittelgr., schön gelb. Str. fruchtbar. — Frankreich. 1857. I!!

40. **Eiförmige Perlbeere.** 8. M. ovoïden. White Courrants, Groseiller Grap white Courrants: *in Cat.* — Tr. vollbeorig: Br. ziemlich gross, länglich-rund, weissgelb, hell- u. dunkel-fleckig durchscheinend, angenehm säuerlich: K. zahlreich, gelb. Str. gross, sehr fruchtbar. — England. 1857. I!

41. **Champagner Perlbeere.** 9. M. campana. Weisse Champagner, Champagner-Johannisbeere; *in Cat.* — Tr. 3" lang, dicht; Br. mittelgross, sehr wohlschmeckend. Str. ähnlich Nr. 36, sehr fruchtbar. — Frankreich. I!

42. **Durchsichtige Perlbeere.** 10. M. hyalina. Weisse durchsichtige, weisse durchscheinende, Blanc Transparent, Transparent White, Blanche transparente, Groseiller à fruit blanc transparente et à gros fruit blanc transparent; *in Cat.* Blanche ambrée? *in Cat.* — Tr. lang: Br. gross, amberfarbig, sehr hell durchsichtig, sehr angenehm süss-weinsäuerlich. — Frankreich. I!

43. **Viktoria-Perlbeere.** 11. M. Viktoria. Victoria blanc; *in Cat.* — Tr. sehr lang, oft $^3/_1$' messend, vollbeerig; Br. stark mittelgross, gelblich-weiss, braun gefleckt, hellgelb durchscheinend, erhaben süss-weinsäuerlich. Str. sehr fruchtbar. — Frankreich. I!!

44. **Grossfrüchtige Perlbeere,** Macrocarpa; *Maurer.* 12. M. macrocarpa. Weisse grosse extra, grossfrüchtige Johannisbeere: *in Cat.* — Tr. 3" lang, sehr schön; Br. sehr gross, sehr wohlschmeckend. Str. aufrecht u. sehr lebhaft. Bl. gross, in der ersten Zeit weisslich-gelb bordirt. — *Maurer,* 80. I!

45. **Kaiserliche Perlbeere.** 13. M. imperialis. Impérial jaune; *in Cat.* — Tr. 4—6" lang; Br. sehr gross. — Frankreich. I!!

Hierher gehören noch: Chasselas, de Bar blanc, Knight's large white: *in Cat.* — Speary's White: *Cat. Lond.*

2. Rotte. Frucht bunt.

46. **Gestreifte Perlbeere,** grosse weiss gestreifte Johannisbeere: *Kraft.* 14. M. striata. Buntfrüchtige, gestreiftfrüchtige, rothgestreifte Johannisbeere, grosse weiss u. roth gestreifte Johannisbeere, kleinbeerige gestreifte, Ordinaire strié, Striata, Rubro-striata, Ribes rubrum variegatum, Ribes rubrum fructu striato: *in Cat.* Striped fruited; *Cat. Lond.* (Groseiller à gros fruit rouge et blanc panaché; *Kraft*). Grossbeerige gestreifte Johannisbeere; *Chr. p. H.* Weisse grossbeerige Johannisbeere mit purpurrothen Linienstreifen; *Chr. H. O. B.* Buntbeerige Johannisbeere, Groseiller à fruit panaché; *Dresd. Cat.* Grosse weisse mit rothen Linien; *Ftl.* — *Rbs.* — Tr. fast 3" l., dicht; Br. gross u. mittelgross, platt, weissgelb, sehr schön blut-

roth gestreift, oft ganz roth, oft ganz weiss u. in 35 übergehend, hell durchsichtig, angenehm sauer; K. wenig, rund, gelb; Saft nicht färbend. Str. ziemlich gr., aufrecht, licht belaubt, oft abortirend, in fettem Boden sehr fruchtbar. Bl. mittelgr. — Frankreich. 1792. *Pom. austr.* 16. *T.* 35. — *Pfälz. G. Z.* 1847. 122. Anf. Juli. I! Sehr interessant!

47. **Strahlenförmige Perlbeere,** Perle rayonnée; *Lecocq.* 15. M. radiata. Perle striée?! *Morren.* — Aehnlich der vorhergehenden. Br. grösser, regelmässiger oder strahlenförmig gestreift. — Neu. I! (nach Maurer = mit der vorhergehenden).

Hierher gehört noch: Gloire de Sablons; *Hort. franç. Sept.* 1856.

3. Korallenbeere. Triacila.

Gattungs-Charakter: Blüthentrauben hängend, kahl. Blatt geruchlos, länger als breit, lang-gestreckt, 3lappig, fast 4eckig u. aufgesetzt vorgeschoben-3spitzig, am Stiel breit abgeschnitten, oft stielschmal, concav, runzelig u. der Länge nach faltig, dunkel-saftgrün. Stiel-Lappen-Hauptnerv nach vorn gerichtet. Beeren roth oder weisslich, geadert, dünnhäutig, sauer. (Ur- oder Stammart: Ribes corallinum; *mihi.*)

1. Rotte. Frucht roth.

48. **Holländische Korallenbeere.** 1. Tr. hollandica. Holländische Johannisbeere, grosse rothe holländische, holländische rothblühende, dunkelblühende Johannisbeere, blassrothe, Prinz Albert, Prince Albert; *in Cat.* Grande Groseille rouge avec des fleurs rouges; *Knp.* Johannisbeere mit sehr grossen rothen Früchten; *Nois. Gb.* Englische grosse blassrothe; *Pfälz. G. Z.* Grosse rothe holländische; *Maurer, excl. syn.* Red Grape? *in engl. Cat.* Ribes flore rubente? *J. Bauh.* Rothe perlartige Johanisbeere, Groseiller perlée à fruit rouge?! *Lipp.* 1229. — Tr. am jährigen Holze stehend, sehr lang, 3—6″ messend, dicht u. ungleichbeerig; Br. sehr gross, kugelig, lebhaft hellroth, undeutlich weissroth geadert, sehr feinhäutig, sauer; Kelch gr., hellbraun; K. gross, länglich, gelb; Saft wenig färbend. Str. gedrungen, robust, aufrecht, starkbelaubt, sehr fruchtbar; Szw. braungelb. Blüthe bräunlich. — Holland?! In Franken allgemein verbreitet; am Rheine selten. 1771. *Pfälz. G. Z.* 1847. 115. u. 178. Nr. 1. Anf. Juli. I!! T. u. W.

49. **Hellblühende Korallenbeere.** 2. Tr. diluteflora. Holländische hellblühende Johannisbeere; *in Cat.* — Aehnlich der vorhergehenden. Br. dunkelroth, gelb durchscheinend, angenehm weinsauer; Kelch dunkelbraun; K. klein, gelb. Str. sehr fruchtbar. Blüthe hellfarbig, gelblich, wie 1. — Mittelfranken. I!!

50. **Plattfrüchtige Korallenbeere.** 3. Tr. depressa. Platte holländische, rothe süsse platte holländische; *in Cat.* — Tr. ziem-

lich gross, vollbeerig; Br. mittelgross, platt-rund, hellroth, dunkler geadert, gelb durchscheinend. Str. wie 48. — Mittelfranken. I!

51. Dunkelrothe Korallenbeere, Gondouin; *in Cat.* 4. Tr. atropurpurea. Gonduin, grosstraubige rothe Gondouin, Gonduanische
Johannisbeere, Macrocarpa; *in Cat.* — Tr. 2—3″ lang; Br. gross,
sehr dunkelroth, sehr spätreifend. Str. wie 48, sehr robust
u. fruchtbar; Szw. kurz u. kräftig. — Frankreich. 1858. I!!

2. Rotte. Frucht weisslich.

52. Weisse Korallenbeere. 5. Tr. alba. Aechte weisse Gondouin, Weisse Gonduin, Gondouin blanc; *in Cat.* — Tr. gross, voll-
u. gleichbeerig; Br. gross, rund-oval, weisslich-gelb, grünlich-
weiss geadert, gelb durchscheinend, angenehm weinsäuerlich; Kelch
gelblich-braun; K. kl., gelb. Str. wie 48. — Mittelfranken. 1857. I!

4. Gichtbeere. Coricarpa.

Gattungs-Charakter: Blüthentrauben hängend, haarig.
Blüthe glockenförmig. Blatt balsamisch, unterseits drüsig-
punktirt. Beeren schwarz, grünlich oder braun, punktirt, dickhäutig, schleimig, süsslich, eigenthümlich gewürzt.
(Ur- oder Stammart: Ribes nigrum; *L.*)

53. Wilde Gichtbeere, Ribes nigrum; *Dod. — Lob. — L.*
1. C. vulgaris. Schwarze Johannisbeere, schwarze Johannestraube,
schwarze Johannisträubchen, schwarze gewöhnliche u. gemeine schwarze
Johannisbeere, schwarze St. Johannisträubel, schwarzer Johannisbeerstrauch, schwarze falsche Stachelbeere, Gichtbeerenbusch, Bocks-
beerenbusch, Gichtbaum, Gichtstrauch, Gichtstock, Ahlbeerstrauch,
Ahlbeerenbusch, Wendelbeerstrauch, Wendelbeerbusch, Zeit-, Wendel-,
Brenn-, Jungfern-, Gicht-, Bräun-, Stink-, Bocks-, Pfeffer-, Pfaffen-,
Braun-, Wanzen-, Alant-, Alat-, Gewürz-, Jut-, Juden-, Ahl-, Aal-
u. Alabeere, schwarze Zeitbeere, braune Beere, Wanzen- u. Pfaffen-
stock, Pfaffenstrauch, Pfaffenbusch, Alant, Aalbesinge, Aalbesin,
Jungfraubaum, Stink- u. Jungfernbaum, Pfefferbaum, Pfefferbeer-
strauch, schwarze Riebisel; in versch. Geg. Deutschlands. Cassis,
Groseiller Cassis, Cassis à fruit noir, Groseiller à fruit noir, Poivrier;
in Frankreich. Wild Black; *Cat. Lond.* Johannisbeerstrauch mit
schwarzer Frucht; *Duh.* Gichtbeerenstrauch; *du Roi..* (Solterbeere;
Bechstdt.) Ribes olidum: *Moench.* — Br. erbsengross, kugelig,
schwarz. — Wildwachsend. Allgemein bekannt. 1500 u. früher.
Bechst. Fb. 650. Juli. III.

54. Garten-Gichtbeere. 2. C. hortensis. Schwarze u. grosse
schwarze Johannisbeere, Cassis noir ordinaire, Noir à cassis, Groseiller à grappe noir et gros à fruit noir, Commun à fruit noir; *in Cat.*
u. denselben Trivialnamen wie bei der vorhergehenden. Common

Black; *Cat. Lond.* Gichtbeerstrauch, schwarzer Johannisbeerstrauch; *Hirschf.* Grosse schwarze Johannisbeere, Groseiller à gros fruit noir; *Walk.* Groseille noire; *Knp.* Groseiller d'Amerique à gros fruit noire: *Kraft in Pom. austr.* 17. *T.* 38. *F.* 2. Gemeine schwarze; *Pfälz. G. Z.* — Grössere Varietät der vorhergehenden. Tr. kurz, wenig- u. ungleich-beerig; Br. gross, platt, schwarz, mit einer Nath; Kelch gr., sehr lang, gelbbraun; K. dunkelbraun. Str. hoch, starkbelaubt, ziemlich fruchtbar. Bl. hart. — In Gärten überall bekannt. 1500 u. früher. *Pfälz. G. Z.* 1847. 123. Mitte Juli. II.

55. Buntblättrige Gichtbeere, schwarze Johannisbeere mit gestreiften Blättern; *Mill.* 3. C. variegata. Punktblättrige, schwarze punktblättrige, weissbuntblättrige schwarze, panaschirte, schwarze mit bunten Blättern, schwarze gepuderte, schwarze mit gestreiftem Laubschwarze mit dem gefleckten Blatt, Cassis à feuilles panachée, Groseiller noir à feuille d'argentée, Groseiller noir à feuille panachée, Cassis à feuilles poudrées, Cassis à feuilles poudrées en blanc, Cassis ordinaire à feuilles panachées argentées, Cassis ordinaire à feuilles argentées, Groseiller noir à feuille marbrée, Groseiller noir à feuille panachée blanc, Groseiller à grappes noir et feuilles panachées, Ribes nigrum foliis variegatis, Ribes nigrum foliis albo variegatis, Ribes nigrum variegatum; *in Cat.* Ribes fructu nigro foliis variegatis; *Mill. Gl.* Schwarze Johannisbeere mit dem makulirten Blatt; *Chr. v. P.* Schwarze Johannisbeere mit dem gescheckten Blatt; *Rbs.* Schwarze weissbuntblättrige; *Pfälz. G. Z.* — Aehnlich der vorhergehenden. Br. fast länglich-rund, ohne Nath, später reifend; K. weniger. Bl. bunt, weiss, gelb, dunkelgrün u. hellgrün panaschirt. Zierstrauch. 1751. *Pfälz. G. Z.* 1847. 123. III.

56. Gelbrandige Gichtbeere. 4. C. marginata. Gelbbuntblättrige, schwarze gelbbunte, gelbbuntblättrige schwarze, schwarze mit gelben oder gelbbunten Blättern, schwarze mit bordirtem Laub, Cassis à feuilles panachées d'orées, Cassis à feuilles d'orées, Cassis ordinaire à feuilles d'orées, Groseiller noir à feuille panachée, Cassis ordinaire à feuilles panachées d'orées, Ribes nigrum aureo marginatis, Ribes nigrum foliis aureo variegatis, Ribes nigrum foliis variegatis; *in Cat.* Schwarze gelbbuntblättrige; *Pfälz. G. Z.* — Aehnlich der ehevorigen. Br. kugelig, ohne Nath, mehr punktirt u. ungleicher reifend; Kelch weissgelb; K. hellbraun. Bl. gelb eingefasst oder gelb-bunt. — Zierstrauch. 1847. *Pfälz. G. Z.* 1847. 125. III.

57. Gelbfleckige Gichtbeere. 5. C. spectabilis. Neue gelbbunte schwarze, Cassis remarquable, Ribes spectabilis, Ribes nigrum spectabilis; *in Cat.* — Aehnlich Nr. 54. Bl. goldgelb gefleckt. — Schöner Zierstrauch. Neu. III.

58. Schlitzblättrige Gichtbeere. 6. C. laciniata. Geschlitztblättrige, schwarze mit geschlitzten Blättern, ahornblättrige schwarze, Cassis à feuille d'érable, Cassis à feuille de fougère, Groseiller noir à feuille découpée, Ribes nigrum var. acerifolium, Ribes nigrum dissectum, Ribes nigrum foliis laciniatis, Ribes nigrum asplenifolium;

in Cat. — Von 54 durch zerschlitzte Blätter verschieden. — Zierstrauch. III.

59. Nierenblättrige Gichtbeere, schwarze Johannisbeere mit nierenförmigen Blättern; *Nois.* 7. C. renifolia.— Wie 53. Bl. nierenförmig, dicht behaart. — Zierstrauch. 1826. *Nois. Gb.* 228. III.

60. Verschiedendlättrige Gichtbeere. 8. C. heterophylla. Ribes nigrum heterophyllum; *in Cat.* — Bl. verschieden gestaltet, mehr oder weniger geschlitzt, oft lappig. — Zierstrauch III.

61. Neapolitanische Gichtbeere. 9. C. neapolitana. Schwarze Neapel'sche, Schwarze aus Neapel, neapolitanische schwarze, Black Neapel, Ribes nigrum neapolitanum, Cassis royal de Naples; *in Cat.* Black Naples, New Black; *Cat. Lond.* Grosse schwarze Johannisbeere von Neapel: *Fil.* Schwarze Neapolitanische; *Rbs.* Schwarzfrüchtige grosse Gichtbeere?! *in Cat.* Englische schwarze Johannisbeere?! *Nois. Gb.* — Tr. gross u. vollbeerig, oft kurz u. wenig-beerig; Br. sehr gross, oft ³/₄" br., schwarz, später als 54 reifend. Str. früher austreibend, nicht sehr hoch, aufrecht. Bl. gross. — Italien. England. 1841. *Dttch.* 3. 598. I.

62. Ogden's Gichtbeere. 10. C. Ogdeni. Ribes nigrum Ogdenii; *in Cat.* Black Grape, Ogden's Black Grape; *Cat. Lond.* Ogdens schwarze, schwarze Ogden's; *Pfälz. G. Z.* Englische schwarze Johannisbeere? *Nois. Gb.* Grosse schwarze Aalbeere mit vollen Trauben?! *Fil.* — Tr. lang, vollbeerig; Br. sehr gross, rund, ohne Nath, schwarz, fein p., angenehmer schmeckend wie 54; Kelch gelbbraun: K. grünlich-dunkelbraun. Str. sehr hoch, fast pyramidalisch, nicht sehr fruchtbar. Bl. sehr gross u. breit, weintraubenartig, weich. — England. 1847. *Pfälz. G. Z.* 1847. 125. u. 179. I.

63. Viktoria-Gichtbeere. 11. C. Victoria. Ribes nigrum var. Victoria, Ribes nigrum verticillatum; *in Cat.* Schwarze Viktoria; *Pfälz. G. Z.* — Tr. kurz, büschelig, fast quirlförmig beisammen stehend, wenig- u. ungleichbeerig; Br. mittelgross, oft gross, schwarz, wenig punktirt, süsslich-sauer: Kelch sehr lang, gelb; K. dunkelbraun. Str. hoch, aufrecht, gedrängt u. starkbelaubt, ziemlich fruchtbar. Bl. mittelgross, rund, weich, ader-runzelig, fast blasig, unterseits selten geröthet. — England. 1847. *Pfälz. G. Z.* 1847. 126. I!

64. Braune Gichtbeere. 12. C. lurida. Gelbfrüchtige, schwarze grünlichweisse, schwarze mit grünlichweisser Frucht, schwarze mit gelber Frucht, grünfrüchtige, schwarze mit grüner Frucht, Cassis à fruit jaune, Groseiller noir à fruit jaune, Groseiller à fruit jaune, Groseille à cassis à fruit jaune, Cassis ordinaire à fruit blanc, Cassis à fruit gris, Ribes nigrum fructu albo, bruneo, flavo, luteo et viride, Ribes nigrum baccis flavidis; *in Cat.* Cassis hybride: *in Cat.* Braune; *Pfälz. G. Z.* — Tr. 2" lang, voll- u. ungleich-beerig; Br. gross, ohne Nath, grünlich-braun oder schmutzig braun-gelb, fein gelb punktirt, stinkend süsslich-sauer; Kelch sehr lang, gelb; K. braun; Saft grüngelb, ohne Röthe. Str. etwas niedrig, starkbelaubt, kräftig u. gedrängt, sehr fruchtbar. Bl. gr., hart, sehr breit, ohne Röthe,

unterseits wollhaarig. — Frankreich. 1847. *Pfälz.* *G. Z.* 1847. 126.
I. Sehr interessant!
65. **Bastard-Gichtbeere**, Cassis hybride; *Lecocq.* 13. C. hy-
brida. Hybride; *in Cat.* — Br. gross, kastanienbraun. —
Neu. I. Sehr interessant! (= mit der vorhergehenden?)
Hierher gehören noch: Green Fruited Black, Russian Green;
Cat. Lond. — Black Bang up; *in Cat.* •

5. Ahlbeere. Phalerocarpa.

Gattungs-Charakter: Blüthentrauben hängend, haarig.
Blüthe cylindrisch. Blatt geruchlos, beiderseits punktirt,
3lappig, unterseits fast kahl. Beeren schwarz, etwas dünnhäutig,
schleimig, säuerlich-süss, eigenthümlich gewürzt.
(Ur- oder Stammart: Ribes pensylvanicum; *Lam.*)

66. **Amerikanische Ahlbeere**, Ribes pensylvanicum; *Lam.* 1.
Ph. americana. Schwarze amerikanische, hängende pensylvanische,
Groseiller de Floride à feuille d'érable, Groseiller de Pensylvanie,
Cassis pleureur, Groseiller de pensylvanie pleureur, Ribes floridum
pendulum; *in Cat.* Grossularia americana fructu nigro, Groseiller
d'Amérique à fruit noir, Groseiller de Virginie, amerikanischer Johannisbeerstrauch mit schwarzer Frucht, virginischer Johannisbeerstrauch; *Duh.* Schwarze virginische Johannisbeere, amerikanische
schwarze Johannistraube, Groseiller de Virginie, Ribes campanulatum;
Chr. v. P. Pensylvanische Johannisbeere; *W. B. B.* Amerikanische
schwarze Johannisbeere; *Kraft.* Ribes americanum fructu nigro,
nordamerikanische schwarze Johannisbeere; *Burgsd.* Amerikanische
Johannisbeere; *Suck.* (Vielblumige schwarze Johannisbeere; *Dtch. L.*)
Schönblühende Johannisbeere; *Thon.* Pensylvanian Currant, American Black Currant; *Cat. Lond. a.* Ribes americanum; *Mill.* Ribes
americanus fructu nigro; *Mill. Gl.* Ribes floridum; *l'Herit.* Ribes
americanum nigrum; *Moench.* — *Wang.* Ribes nigrum pensylvanicum; *Marsh.* — *Dill.* Ribes nigrum var. 2. L. Ribes Dillenii; *Me-
dicus.* Ribes recurvatum? *Mich.* — Br. klein, länglich-rund.
Str. ausgebreitet, langästig. Bl. klein. — Nordamerika. 1751.
W. B. B. 296. — *Pom. austr.* 17. T. 38. F. 1. II.
67. **Grossblühende Ahlbeere**. 2. Ph. grandiflora. Ribes
floridum grandiflorum; *hort.* — Wie die vorhergehende. Blüthe grösser. — Zierstrauch. II.
68. **Kleinblühende Ahlbeere**. 3. Ph. parviflora. Ribes
floridum parviflorum; *hort.* — Gleich der ehevorigen. Blüthe kleiner. Str. niedriger. — Zierstrauch. III.
69. **Buntblättrige Ahlbeere**. 4. Ph. variegata. Amerikanische buntblättrige, Ribes floridum variegatum: *in Cat.* — Von 66
durch bunte Blätter verschieden. — Zierstrauch. III.

6. Straussbeere. Stachybotrya.

Gattungs-Charakter: Blüthentrauben aufrecht. Blüthe
röthlich, schüsselförmig. Blatt geruchlos, unterseits behaart.
Trauben hängend.
(Ur- oder Stammart: Ribes petraeum; *Wulf.*)

70. **Gemeine Straussbeere**, Ribes petraeum; *Wulf.* 1. St.
petraea. Felsen-Johannisbeerstrauch, rothblühender Johannisbeerstrauch, herbe Johannisbeere, Groseiller des rochers, Ribes acidum;
in Cat. Rock Currant, Woolly-leaved Currant, Red Marsh Mallow-
leaved Currant; *Cat. Lond.* Rothblühende Johannisbeere; *Mössl.*
Steinjohannisbeere; *Bechst. Fb.* Stein- u. Felsenjohannisbeere; *Thon.*
Ribes rubrum sylvestre; *Scop.* Ribes alpinum; *Delab. non L.* Ribes
flore rubente? *J. Bauh.* — Br. gross, glänzend dunkelroth,
herb-sauer. Bl. lang-gespitzt. — In Kärnthen wildwachsend.
In Gärten selten. 1760. *Bechst. Fb.* 653. III.

7. Alantbeere. Helenita.

Gattungs-Charakter: Blüthentrauben aufrecht. Blüthe
weisslich, glockenförmig. Blatt balsamisch, kahl. Trauben
aufrecht.
(Ur- oder Stammart: Ribes fragrans: *Pall.*)

71. **Wohlriechende Alantbeere**, Ribes fragrans; *Pall.* 1. Hel.
fragrans. Wohlriechende Johannisbeere; *Dtch. L.* Wohlriechende
schwarze Johannisbeere; *Seutter.* — Br. ziemlich gross, dunkelroth, wohlschmeckend. Str. ausgebreitet. Blüthe wohlriechend. — Sibirien, Mongolei. 1784. *Bechst. Fb.* 984. II.

4. Ordnung. Beerenobst.

7. (22.) Geschlecht. Weintrauben.

———

„Der Wein ist geschaffen, dass er Menschen fröhlich soll machen."

Sirach 32. 34.

Einleitung.

„Die ganze Menschheit ward vertilgt,
Nur Noah blieb mit seinem Haus.
Der Herr sprach: weil du Wein gebaut,
Sollst du mein Knecht, mein treuer sein."
Mirza - Schaffy.

Der Weinstock, das edelste Gewächs der Erde, wurde gleich nach der Sündfluth dem ersten Menschen zinsbar. Und Noah verstand es in der That, nicht allein der erste Weingärtner, sondern auch durch den Wein sich bald des Lebens zu freuen und der erste brave Mann zu werden, denn
> wer niemals einen Rausch gehabt,
> der ist kein braver Mann.

Vom grauesten Alterthume bis zur Stunde wird dieser Göttertrank besungen. Selbst Christus segnete den Wein, als ein Mahl der Treue. Keiner anderen Pflanze werden so viele Feste bereitet, als dem Weinstocke. Es giebt aber auch kein Gewächs, welches bei so ungleicher Behandlung, selbst unter den ärgsten Misshandlungen, eine so grosse Verbreitung erlangte, so dauerhaft und ergiebig ist.

Der Weinbau hat zwar eine hohe Stufe der Vollkommenheit und Verbreitung erreicht, geht aber durch die neuen Ergebnisse der Oenochemie noch einer grösseren Zukunft entgegen, da er nicht mehr an gewisse Gegenden gebannt bleibt, sondern fast überall, in allen Lagen und Klimaten möglich wird. *) Die Vortheile des Gallisirens sind so bedeutend, dass sie bis jetzt noch gar nicht ermessen werden können. Wenn die Trauben auch nicht zu der nothwendigen Reife gelangen, um einen guten Wein zu geben, so kann durch einen Wasser- und Zuckerbeisatz, ganz der Natur gemäss, das ersetzt werden, was der höheren Reife abgeht, das Klima nicht gewährte. Dabei ist nur Rücksicht zu nehmen, dass in kälteren Gegenden solche Weintraubensorten ausgewählt und angepflanzt werden, welche nicht empfindlich auf Lage, überhaupt sehr dauerhaft sind.

---

*) Katechismus des Weinbaues in seinem ganzen Umfange von **Friedr. Jak. Dochnahl**. Mit 86 in den Text gedruckten Abbildungen. Leipzig, 1855. Verlagsbuchhandlung von J. J. **Weber**. Preis ¹/₃ Thlr. oder 36 kr.

— 198 —

Es ist bekannt, dass der Weinstock unter allen Gewächsen die grösste Anzahl Varietäten aufzuweisen hat, welche in Hinsicht ihres Gedeihens und Nutzens eine grosse Mannigfaltigkeit bieten und jeden Wunsch befriedigen können. Die Länder, welche eigene Sorten besitzen, tauschten solche gegen andere, welche oft dauerhafter oder besser waren, aus. Die Ampelographie hat sich dadurch so gehoben, dass der Wirrwarr in den verschiedenen Benennungen täglich abnimmt und Alles klarer sich darstellt. Chaptal, Metzger, Babo, Gok, Trummer, Bronner und Andere haben darin Vorzügliches geleistet und die Mit- und Nachwelt zu grossem Danke verpflichtet.

In vorliegendem Werke sind alle vorhandenen Resultate gesammelt und alle Berichtigungen benützt worden, auch viele Synonymen hinzugekommen. Da der Verfasser früher eine der bedeutendsten Rebschulen Deutschlands mit 800 Nummern unterhielt und alle literarischen Hilfsmittel besitzt, so wurde es ihm möglich, noch viele Beiträge zu liefern, besonders aber die richtigsten Citate anzugeben. Dabei ergaben sich oft die merkwürdigsten Resultate, z. B. Weintrauben, welche bisher nur in Steiermark vorkamen, fanden sich unter französischen Sorten, oft unter mehreren Namen vor.

Die Weinrebensorten, welche in neuester Zeit bekannt geworden sind, namentlich die Sämlinge aus Frankreich, die nordamerikanischen und wildwachsenden, müssen der Zukunft zur Aufnahme überlassen bleiben.

In vielen Ländern mit mildem Klima findet sich der Weinstock wildwachsend, und zwar in so zahlreichen Abänderungen, dass sie der menschliche Verstand nicht zu fassen vermag. Gewöhnlich kommt er wild an Flüssen vor, in Deutschland am Rheine, zwischen Mannheim und Rastadt, auch jenseits in derselben Gegend, wo wir früher viele Varietäten beobachteten, (die erst kürzlich der bekannte Oenologe Bronner in einer besonderen höchst beachtenswerthen Schrift *) berücksichtigte, in welcher 36 Arten derselben beschrieben sind), in den Donaugegenden, in Vorderösterreich und unterhalb Wien's, auch an der Theise, an der Save, an der Etsch gegen Verona hin, ferner in Nordamerika, wo viele Hunderte von Varietäten gesammelt werden können, (Rafinisque-Schmalz beschrieb 41 Arten mit vielen Varietäten **)), in Spanien, Griechenland, Frankreich, namentlich in Burgund an den Ufern der Saone etc. etc.

Nach den neuesten Forschungen steht fest, dass diese wildwachsenden Weinreben nicht von den edeln entstanden oder, wie man sagt, durch Samen an jene Orte gelangt und dadurch verwildert sind, sondern ursprünglich in den betreffenden Ländern vorhanden waren, der Flora jener Gegenden angehören, also umgekehrt, viele edle Traubensorten aus den wildwachsenden entnommen wurden. Den treffendsten und einfachsten Beweis

---

*) Die wilden Trauben des Rheinthales. Heidelberg, 1857.
**) Medical Flora and Botany of the United States. Philadelphia, 1830. Pag. 121—130.

finden wir in Nordamerika, wo, wie schon bemerkt, viele Weinreben in den zahlreichsten Formen wild wachsen, in Gegenden, die noch kein menschlicher Fuss betreten hat, aus welchen die besten zur Kultur ausgewählt werden. Auch lässt sich bei vielen Sorten nachweisen, dass sie nicht eingeführt wurden, sondern dem Lande von jeher angehört haben, anderwärts auch nicht leicht oder gar nicht mit Vortheil erzogen werden können.

Diese zahlreichen wildwachsenden und kultivirten Varietäten können daher auch nicht von einer Urart, der Vitis vinifera, wie viele Botaniker angeben, allein abstammen, so wenig die 50 Rubusarten, welche Weihe und Nees von Esenbeck beschrieben haben, von dem Rubus fruticosus, oder die 300 Pflaumensorten von der gemeinen Schlehe entstanden sind, sondern es müssen deren mehrere vorhanden gewesen und noch erkennbar sein. Welche es sind, konnte bis jetzt noch nicht vollkommen mit Gewissheit bestimmt werden. Ohne Zweifel lassen sich mehrere solcher vermuthen, aber nicht einzeln oder feststehend, sondern nur in gewissen Typen erkennen, denen die Varietäten zufallen, weil die seit Jahrhunderten freiwillig geschehenen gegenseitigen Befruchtungen die ersten Arten verwischt haben, alle untereinander sich verbastardirten. — Eine systematische Eintheilung nach solchen natürlichen·Familien wäre das Meisterstück eines Ampelographen!

Bis jetzt ist in dieser Hinsicht noch gar nichts geschehen, und vielleicht aus dem Grunde, weil die Botaniker diese Abänderungen nicht beachtet und die Ampelographen dieselben nur zu ihren praktischen Zwecken berücksichtigt und geordnet haben. Und oft wird auch gesagt, dass diese Varietäten wieder abändern, bei verändertem Standorte sich nicht gleich bleiben würden. Wie wenig aber diese Behauptung gegründet ist, kann nicht nur der erfahrene Pomologe und Oenologe, sondern auch jeder Weinzüchter und Gärtner bezeugen. Eine Ausartung der Weinrebensorten hat nach allen Beobachtungen und Erfahrungen, mit weniger Ausnahme, noch nie stattgefunden, — bei Vermehrung durch Samen ausgenommen. Wir besitzen heute noch dieselben Trauben, z. B. den Elbling, Gutedel, Gänsfüsser, die Muskateller etc., wie sie vor Jahrhunderten bekannt waren. Zwar haben Klima und Boden einen Einfluss auf das Gedeihen des Weinstocks, auf die Güte der Frucht — das Produkt, — auch theilweise momentan auf den Habitus, nicht aber auf Veränderung der Pflanze selbst. Die allbekannte Gutedelrebe z. B. wird auf der ganzen Erde nach Jahrhunderten wieder als dieselbe erkannt werden, verpflanze man sie nach Norwegen oder nach Italien, in Treibhäusern, auf Berge oder in Ebenen.

Gegenwärtig erfordert die Wissenschaft noch eine Classifikation, welche am Sichersten für die praktischen Zwecke zum Ziele führt.

Die zur Anordnung und Erkennung der Weintraubensorten von den Pomologen und Ampelographen festgestellten und theilweise durchgeführten Systeme sind zahlreich und verschieden, jedoch bekannt genug, um jede Kritik hier zu vermeiden. Näheres hierüber findet sich in der Pomona, vierter Jahrgang, 1855, Seite 153 u. f. Wir hatten früher bei unserer bedeutenden Rebsammlung die scheinbar vorzüglichsten angewendet und geprüft, und endlich gefunden, dass wir einen neuen Weg zu gehen haben, um unseren Zweck zu erreichen. Wir folgten zuerst der Botanik nach ihrem gegenwärtigen Standpunkte bezüglich des Artikels Vitis, indem wir, wie bei den anderen Obstsorten, Urarten angenommen haben, hier demnach drei:

1. Vitis vulpina,
2. Vitis vinifera und
3. Vitis Labrusca,

weil wir uns überzeugten, dass eine solche Grundlage nothwendig sei, und alle bekannten Weinreben sich auf diese zurückführen lassen, d. h. sich mehr oder weniger zu einer von diesen hinneigen, wenn auch nicht alle direkt von solchen abstammen. Auch alle besseren Ampelographen haben diesen auf die Art der Blattbekleidung begründeten Unterschied hervorgehoben oder vorgezogen. Dann haben wir, wie alle früheren Systematiker, die Beerenform berücksichtigt. Endlich folgten wir durch die Annahme der Farbe ganz der Ansicht Hlubek's, obgleich dadurch, wie bei den Pflaumen und einigen anderen Obstgattungen, viele Familien zerrissen worden sind. Die Farbe der Trauben ist aber unter allen Merkmalen am auffallendsten und kennbarsten, und die wenigen Ausnahmen der Abänderungen konnten uns nicht veranlassen, davon abzugehen, zudem solche bei allen anderen Kennzeichen in viel höherem Grade stattfinden, wie z. B. die Gestalt der Blatt-Endzähne, welche Freiherr von Babo angewendet hat.

Durch diese einfache Eintheilung wurden wir immer in den Stand gesetzt, die Namen fremder Rebsorten zu finden. Besondere Vortheile bei Untersuchungen und Prüfungen gewähren noch die Unterabtheilungen, welche hier mit eingeschlossenen Zahlen bezeichnet sind.

Im Grunde genommen, sind alle diese künstlichen Systeme im Werthe gleich, und so lange brauchbar, bis einmal das natürliche, (an welches der Verfasser sich später vielleicht wagen wird), alle, — sammt der Nomenklatur — umgestossen haben wird.

Zu merken ist endlich, dass diejenigen Blätter bei stattfindenden Untersuchungen gewählt werden müssen, welche den Früchten gegenüber stehen, weil oft die oberen von den unteren ganz abweichen. Nach Freiherrn von Babo ist ein Blatt

a) kahl, wenn die untere Fläche keine oder nur wenige Haare zeigt, während jedoch die grösseren Nerven mit Haaren und Borsten versehen sein können,

b) wollig oder zottig, wenn ohne Rücksicht auf die Behaarung der Nerven, die untere Fläche mit dünnen, mehr oder weniger langen, weichen (wolligen), manchmal auch harten und borstigen Haaren überzogen ist, die jedoch nicht ineinander gefilzt erscheinen, sondern die Blattfläche durchsehen lassen, und

c) filzig, wenn die Haare lang, spinnwebartig, und durch einander gewirkt über die untere Blattfläche verbreitet sind und solche dicht überkleidet ist.

Die vorausgeschickte analytische Methode, deren Benützung und Gebrauch sich von selbst ergiebt, wird in vielen Fällen das Bestimmen der Traubensorten sehr erleichtern.

Stämme und Gattungen der Weintrauben.

Alle Weintrauben sind:				
kahlblättrig.	I. Fuchsweinrebenartige.	Beeren rundlich.	Traube hellfarbig...	1. Eugenia.
			Traube roth........	2. Babonia.
			Traube schwarz.....	3. Corvina.
		Beeren entschieden lang.	Traube hellfarbig...	4. Oleagnina.
			Traube dunkelfarbig	5. Blussarda.
wollblättrig.	II. Süssweinrebenartige.	Beeren rundlich.	Traube hellfarbig...	6. Sapidusia.
			Traube roth........	7. Allemanda.
			Traube schwarz.....	8. Ornithia.
		Beeren entschieden lang.	Traube hellfarbig...	9. Malvasia.
			Traube dunkelfarbig	10. Trummeria.
filzblättrig.	III. Wildweinrebenartige.	Beeren rundlich.	Traube hellfarbig...	11. Clementea.
			Traube roth........	12. Bronnera.
			Traube schwarz.....	13. Haematia.
		Beeren entschieden lang.	Traube hellfarbig...	14. Bumastos.
			Traube dunkelfarbig	15. Digitaria.

Analytische Methode

zum

Bestimmen der Weintrauben.

I. Blatt kahl.

1. Beeren rund oder etwas länglich.

a. Traube hellfarbig, gelb, grünlich oder weiss.

Beeren klein. 1. Beeren mittelgross. 6. Beeren gross. 10.

1. Traube mittelgross oder lang. 2.
   Traube klein oder kurz. 4.

2. Beeren säuerlich. (4).
   Beeren süss. 3.

3. Traube locker. (14).
   Traube dicht. (8).

4. Beeren säuerlich. (7).
   Beeren süss. 5.

5. Beeren dickhäutig. (5).
   Beeren dünnhäutig. (9).

6. Traube ungleichbeerig. 7.
   Traube gleichbeerig. 9.

7. Beeren harthäutig. 8.
   Beeren dünnhäutig. (12).

8. Blatt klein. (1).
   Blatt gross. (10).

9. Traube gross. (3).
   Traube mittelgross. (2).

10. Mit Muskatgeschmack. (13).
    Ohne Muskatgeschmack. 11.

11. Traube meist gleichbeerig. (6).
    Traube ungleichbeerig. 12.

12. Traubenstiel kurz. (11).
    Traubenstiel lang. (10).

b. Traube roth, blauroth, rauchgrau oder roth gestreift.

Beeren gross. 1.
Beeren mittelgross. 8.

1. Mit Muskatgeschmack. (20).
   Ohne Muskatgeschmack. 2.

2. Beeren harthäutig. (17).
   Beeren feinhäutig. (18).

3. Beerenhaut dünn. (19).
   Beerenhaut dick. 4.

4. Beeren sehr süss. (15).
   Beeren säuerlich-süss. (16).

c. Traube blau, schwarz, röthlichblau oder blau gestreift.

Beeren mittelgross. 1.
Beeren gross. 5.

1. Beeren dünnhäutig. (26).
   Beeren dickhäutig. 2.

2. Mit Muskatgeschmack. (27).
   Ohne Muskatgeschmack. 3.

3. Blatt tief eingeschnitten. (25)
   Blatt wenig eingeschnitten. 4.

4. Traube ungleichbeerig, dicht. (29).
   Traube gleichbeerig, locker. (22).

5. Traube gleichbeerig. 6.
   Traube ungleichbeerig. 7.

6. Traube und Beeren sehr gross. (23).
   Traube und Beeren gross. (21).

7. Blatt tief eingeschnitten. (28).
   Blatt wenig eingeschnitten. 8.

8. Mit Muskatgeschmack. (27).
   Ohne Muskatgeschmack. (24).

2. Beeren entschieden lang.

a. Traube hellfarbig, gelb, grünlich oder weiss.

Beeren dickhäutig. 1.
Beeren dünnhäutig. 5.

1. Blatt tief eingeschnitten. 2.
   Blatt nicht tief eingeschnitten. (30).

2. Traubenstiel lang. 3.
Traubenstiel kurz. 4.

3. Booren sehr gross. (34).
Beeren gross. (36).

4. Beeren sehr gross. (35).
Beeren gross. (31).

5. Blatt gross. (32).
Blatt klein. 6.

6. Traubenstiet lang. (33).
Traubenstiel kurz. (37).

b. Traube roth, blau, schwarz oder röthlichblau.

Traube roth. (38).
Traube schwarz. 1.

1. Blatt tief eingeschnitten. 2.
Blatt kurz eingeschnitten. 5.

2. Traubenstiel kurz. (43).
Traubenstiel lang. 3.

3. Traube gross. 4.
Traube mittelgross. (39).

4. Beeren dickhäutig. (41).
Becren dünnhäutig. (44).

5. Beeren mittelgross. (40).
Becren gross. 6.

6. Traube dicht. (45).
Traube locker. (42).

II. Blatt wollig oder zottig.

1. Beeren rund oder etwas länglich.

a. Traube hellfarbig, gelb, grünlich oder weiss.

Beeren gross. 1. Beeren mittelgross. 8. Beeren klein. 19.

1. Beeren dünnhäutig. 2.
Beeren dickhäutig. 6.

2. Traubenstiel kurz. 3.
Traubenstiel lang. 4.

3. Traube locker. (55).
Traube dicht. (68).

4. Beeren säuerlich. (66).
Beeren wässerig. 5.

5. Traube dicht. (52).
Traube locker. (71).

6. Traube einfach. (67).
Traube ästig. 7.

7. Beeren säuerlich. (51).
Beeren süss. (57).

8. Beeren dünnhäutig. 9.
Beeren dickhäutig. 16.

9. Mit Muskatgeschmack. (48).
Ohne Muskatgeschmack. 10.

10. Traubenstiel kurz. 11.
Traubenstiel lang. 14.

11. Beeren säuerlich. (70).
Beeren süss oder wässerig. 12.

12. Beeren wässerig. (55).
Beeren süss. 13.

13. Blatt mittelgross. Beeren sehr süss. (47).
Blatt gross. Beeren süss. (60).

14. Traube meist ungleichbeerig. (58).
Traube gleichbeerig. 15.

15. Traube wenig ästig. (50).
Traube langästig. (65).

16. Beeren süss. 17.
Beeren säuerlich. (67).

17. Traubenstiel lang. (54).
Traubenstiel kurz. 18.

18. Blatt kurz eingeschnitten. (72).
Blatt weit eingeschnitten. (69).

19. Beeren dünnhäutig. 20.
Beeren dickhäutig. 26.

20. Traube klein. 21.
Traube gross oder mittelgross. 25.

21. Traube gleichbeerig. (62).
Traube ungleichbeerig. 22.

22. Traube dicht. 23.
Traube locker. 24.

23. Blatt nicht eingeschnitten. (59).
Blatt ziemlich tief eingeschnitten. (64).

24. Beeren säuerlich. (63).
    Beeren süss. (73).

25. Traube ungleichbeerig. (49).
    Traube gleichbeerig. (56).

26. Traube ungleichbeerig. (61).
    Traube gleichbeerig. 27.

27. Traube klein. (46).
    Traube mittelgross. (53).

b. Traube roth, blauroth, rauchgrau oder roth
   gestreift.

Beeren klein. 1. Beeren mittelgross. 2. Beeren gross. 5.

1. (74).

2. Beeren dickhäutig. 3.
   Beeren dünnhäutig. 4.

3. Traube klein. (74).
   Traube gross. (75).

4. Traube gross, locker. (78).
   Traube mittelgross, dicht. (76).

5. Blatt wenig eingeschnitten. (77).
   Blatt tief eingeschnitten. 6.

6. Traube locker. (80).
   Traube dicht. 7.

7. Beeren süss. (79).
   Beeren säuerlich. (81).

c. Traube blau, schwarz, röthlichblau oder blau
   gestreift.

Beeren klein. 1. Beeren mittelgross. 14. Beeren gross. 30.

1. Beeren dünn- und feinhäutig. 2.
   Beeren dick- oder harthäutig. 6.

2. Blatt wenig eingeschnitten. 3.
   Blatt tief oder verschieden eingeschnitten. 5.

3. Traube dicht. (85).
   Traube locker. 4:

4. Traube gleichbeerig. 87).
   Traube ungleichbeerig. (83).

5. Traubenstiel lang. (84).
   Traubenstiel kurz. (106).

6. Blatt wenig eingeschnitten. 7.
   Blatt tief eingeschnitten. 12.

7. Traube meist gleichbeerig. 8.
   Traube ungleichbeerig. 10.

8. Beeren meist säuerlich. (103).
   Beeren süss. 9.

9. Traube locker. (87).
   Traube dicht. (88).

10. Traubenstiel lang. (108).
    Traubenstiel kurz. 11.

11. Traube dicht. (105).
    Traube locker. (100).

12. Traubenstiel kurz. (104).
    Traubenstiel lang. 13.

13. Beeren säuerlich. (107).
    Beeren süss. (86).

14. Beeren dünn- oder feinhäutig. 15.
    Beeren dick- oder harthäutig. 22.

15. Blatt wenig eingeschnitten. 16.
    Blatt tief oder ungleich eingeschnitten. 18.

16. Beeren säuerlich. (113).
    Beeren süss. 17.

17. Traube klein. (114).
    Traube mittelgross. (116).

18. Traube gross. 19.
    Traube mittelgross. 20.

19. Traubenstiel lang. (109).
    Traubenstiel kurz. (113).

20. Traube locker. (112).
    Traube dicht. 21.

21. Traube ästig. (101).
    Traube einfach. (117)

22. Traube meist dicht. 23.
    Traube meist locker. 25.

23. Blatt wenig eingeschnitten. (88).
    Blatt tief eingeschnitten. 24.

24. Traubenstiel kurz. (89).
    Traubenstiel lang. (115).

25. Blatt tief eingeschnitten. 26.
    Blatt wenig eingeschnitten. 28.

26. Traube walzenförmig. (86).
    Traube pyramidalisch. 27.

27. Traube klein. (111).
    Traube mittelgross. (82).

28. Traubenstiel lang. (118).
    Traubenstiel kurz. 29.

29. Traube gleichbeerig. (90).
    Traube ungleichbeerig. (110).

30. Blatt wenig eingeschnitten. 31.
    Blatt tief eingeschnitten. 40.

31. Beerenhaut dünn. 32.
    Beerenhaut dick. 37.

32. Traube walzenförmig. 33.
    Traube pyramidalisch. 36.

33. Beeren süss. 34.
    Beeren säuerlich. 35.

34. Traube kurz. (91).
    Traube lang. (94).

35. Traube gross. (92).
    Traube klein. (95).

36. Traube sehr gross. (99).
    Traube gross. (93).

37. Traubenstiel kurz. (102).
    Traubenstiel lang. 38.

38. Traube dicht. (92).
    Traube locker. 39.

39. Traube mittelgross. (97).
    Traube gross. (96).

40. Blatt glatt. (98).
    Blatt blasig oder runzelig. (91).

2. Beeren entschieden lang.

a. Traube hellfarbig, gelb, grünlich oder weiss.

Beeren dickhäutig. 1.
Beeren dünnhäutig. 2.

1. Traubenstiel kurz. (119).
   Traubenstiel lang. (122).

2. Traubenstiel lang. (*120*).
   Traubenstiel kurz. 8.

3. Traube dicht. (*121*).
   Traube locker. (*123*).

b. Traube blau, schwarz oder röthlichblau.

Beeren klein oder mittelgross. 1.
Beeren gross oder sehr gross. 8.

1. Traube ungleichbeerig. (*127*).
   Traube gleichbeerig. 2.

2. Beeren klein. (*129*).
   Beeren mittelgross. (*130*).

3. Traube klein. (*126*).
   Traube gross oder sehr gross. 4.

4. Blatt sehr tief eingeschnitten. (*124*).
   Blatt mitteltief eingeschnitten. 5.

5. Traube lang. (*125*).
   Traube kurz. (*128*).

III. Blatt filzig.

1. Beeren rund oder etwas rundlich.

a. Traube hellfarbig, gelb, grünlich oder weiss.

Beeren klein. 1. Beeren mittelgross. 5. Beeren gross. 13.

1. Blatt tief oder verschieden eingeschnitten. 2.
   Blatt kurz eingeschnitten. 4.

2. Traube locker. (*150*).
   Traube dicht. 8.

3. Traube sehr gross. (*146*).
   Traube mittelgross. (*133*).

4. Traube locker. (*134*).
   Traube dicht. (*139*).

5. Beeren meist dünnhäutig. 6.
   Beeren dickhäutig. 12.

6. Traube klein. (*145*).
   Traube gross oder mittelgross. 7.

7. Traube dicht. 8.
   Traube meist locker. 11.

8. Traubenstiel lang. (*143*).
   Traubenstiel kurz. 9.

9. Traube ästig. (*144*).
   Traube wenig ästig. 10.

10. Traube ziemlich gleichbeerig. (*135*).
    Traube ungleichbeerig. (*140*).

11. Traube lang. (*141*).
    Traube kurz. (*142*).

12. Traube dicht. (*146*).
    Traube locker. (*132*).

13. Beerenhaut dick. 14.
    Beerenhaut dünn. 15.

14. Traubenstiel lang. (*148*).
    Traubenstiel kurz. (*137*).

15. Traube gross. 16.
    Traube mittelgross. 19.

16. Traubenstiel lang. (*131*).
    Traubenstiel kurz. 17.

17. Blatt kurz eingeschnitten. (*135*).
    Blatt tief eingeschnitten. 18.

18. Traube einfach. (*136*).
    Traube ästig. (*149*).

19. Blatt tief eingeschnitten. (*136*.)
    Blatt kurz eingeschnitten. 20.

20. Traube dicht. (*147*).
    Traube locker. (*138*).

2. Traube roth, blauroth, rauchgrau oder rothgestreift.

Beeren dünnhäutig. (*152*).
Beeren dickhäutig. 1.

1. Traubenstiel lang. 2.
   Traubenstiel kurz. 3.

2. Blatt sehr tief eingeschnitten. (*153*).
   Blatt nicht tief eingeschnitten. (*155*).

3. Traube gross. (*151*).
   Traube mittelgross. (*154*).

3. Traube blau, schwarz, röthlichblau oder blau gestreift.

Traube dicht. 1.
Traube locker. 8.

1. Traubenstiel lang. 2.
   Traubenstiel kurz. 6.

2. Traube klein oder fast mittelgross. 3.
   Traube gross. 4.

3. Beeren süss. (165).
   Beeren sauer. (170).

4. Blatt wenig eingeschnitten. (172).
   Blatt tief eingeschnitten. 5.

5. Rebstock sehr stark. (173).
   Rebstock stark. (176).

6. Traube einfach. (162).
   Traube ästig. 7.

7. Beeren mittelgross. (164).
   Beeren gross. (171).

8. Beerenhaut dick, zäh oder krachend. 9.
   Beerenhaut dünn. 19.

9. Beeren sehr gross. (178).
   Beeren klein oder mittelgross. 10.

10. Beeren klein. 11.
    Beeren mittelgross. 14.

11. Traube klein. (166).
    Traube gross oder mittelgross. 12.

12. Traubenstiel kurz. (168).
    Traubenstiel lang. 13.

13. Traube ästig. (167).
    Traube einfach. (169).

14. Traube walzenförmig. 15.
    Traube pyramidalisch. 18.

15. Traube meist ungleichbeerig. (156).
    Traube gleichbeerig. 16.

16. Traube klein. (165).
    Traube gross oder mittelgross. 17.

17. Traube mittelgross. (157).
    Traube gross. (163).

18. Blatt tief eingeschnitten. (159).
    Blatt nicht tief eingeschnitten. (160).

19. Blatt tief eingeschnitten. 20.
    Blatt wenig eingeschnitten. 21.

20. Traubenstiel lang. *(175)*.
    Traubenstiel kurz. *(177)*.

21. Beeren sehr gross. *(174)*.
    Beeren klein oder mittelgross. 22.

22. Traube einfach. *(158)*.
    Traube ästig. *(161)*.

2. Beeren entschieden lang.

a. Traube hellfarbig, gelb, grünlich oder weiss.

Beeren dünnhäutig. *(180)*.
Beeren dickhäutig. 1.

1. Traube dicht. 2.
   Traube locker. 3.

2. Traube gross. *(179)*.
   Traube sehr gross. *(181)*.

3. Beeren süss. *(182)*.
   Beeren säuerlich. 4.

4. Traube mittelgross. *(183)*.
   Traube sehr gross. *(184)*.

b. Traube blau, schwarz, röthlichblau oder blau
   gestreift.

Traube dicht. 1.
Traube locker. 3.

1. Blatt klein. *(189)*.
   Blatt gross. 2.

2. Traubenstiel lang. *(186)*.
   Traubenstiel kurz. *(188)*.

3. Beeren mittelgross. 4.
   Beeren gross oder sehr gross. 5.

4. Blatt kurz eingeschnitten. *(190)*.
   Blatt tief eingeschnitten. *(185)*.

5. Geschmack auffallend gewürzt. *(190)*.
   Geschmack gewöhnlich. 6.

6. Traubenstiel kurz. *(188)*.
   Traubenstiel lang. 7.

7. Beeren gross. *(187)*.
   Beeren sehr gross. *(186)*.

I. Stamm (Tribus).

Fuchsweinrebenartige. Vulpinariae.

Blatt kahl.
(Ur- oder Stammart: Vitis vinifera; *L.*, aber zu Vitis
vulpina, *L.* sich hinneigend).

1. Eugenia.

Beeren rund oder etwas länglich, hellfarbig, gelb, grünlich
oder weiss.

(1). Rebstock mitttelstark. Traube mittelgross, etwas locker,
oben ästig, ungleichbeerig. Traubenstiel dünn. Beeren
mittelgross, harthäutig, dünnsaftig, süss. Blatt
klein.

1. **Petersilientraube**, Vitis folio api; *J. Bauh.* 1. Eug. apiifolia. Spanischer Gutedel, spanische Traube, Gutedelart, Schlitzer,
Schlitzrebe; am Haardtgebirge u. im Breisgau. Peterlirebe; in der
Schweiz. Jerusalemstraube; bei Offenburg. Schlitzeredel, östreichi-
scher Süssling; in Würtemberg. Wälsche, Halbwälsche, Ganz Wälscher,
Wälsche mit Petersilienblättern, Petersilien-Weinstock; in Oesterreich.
Grosse spanische Traube, Spanische, Spaninger, Spanier, Spania, Spani-
ger, Wälsche, Kremitscher, Petersilienwein, Lockerwein, unächte Peter-
silienrebe, Africana; in Steiermark. Erabski, Petrzzélowè; in Böhmen.
Peterselyem Szöllö; in Ungarn. Gänsfüssler, östreichischer Süssling;
im Elsass. Oestreichische, Vigne laciniée, Ciotat, Cioutat, Cicutat,
Chiotat, Cicautad, Ciodat, Raisin de Canada, Raisin d'Autriche, Raisin
à feuilles de Persil; in Frankreich. Citrudat, Sitrudad; in Spanien.
Canadian, White Parsley-leaved, Parsley-leaved vine, Parsley-leaved
Muscadine; in England. Uva di Spagna, de Spagna veronese, Spag-
niola dei Toscani, Uva d'Egitto, de Jerusáleme; in Oberitalien. Wein
mit Petersilien- oder Eppichblättern; *J. Bauh.* Ciotat, Parsley-leaved;
Cat. Lond. Parsley-leaved Grape, Wein mit dem Petersilienblatt;
Ab. Cioutat, Ciotat, östreichische Traube; *Duh.* Weisse petersilien-

blättrige Traube; *Fors.* Malmsey Muscadine, Malvoisie musquée; *Loud.* Cicutal, Petersilienweinstock; *Spr.* Petersilien-Wein, schlitzblättriger Weinstock; *Dtch. L.* (Cicoutad, Spanninger; *Htl.*) Spanische Traube mit zerkerbtem Blatte; *Rth.* Raisin de Canada, Cioutad; *Salzm.* Cicontad, Tardace; *Chr. Wb.* Petersilienwein, Vitis apiana; *Chr. p. H.* (Griechische weisse mit Petersilienblatt; *Chr. v. P.*) Wälsche; *Hilt.* — *Hölbl.* Gutedel Cioutat; *Nois. Gb.* Weisse grüne Petersilientraube, Uva laciniosa, Laciota; *Ht.* Geschlitztblättriger Gutedel; *B.* — *Clwtz.* — *Gk.* Geschlitzter Gutedel; *Ftl.* Vitis laciniosa; *L.* — *Vst.* Vitis folio laciniato; *Roz.* Chaptalia apiifolia; *Hlbk.* Chaptalia apiifolia, Petersiltraube; *Burg.* Vitis vinifera var. laciniosa; *Schübl.* Vitis laciniata; *Dierb.* Vitis turbinata, Ciotat Grape; *Raf.* Vitis palmata et laciniata; in Gärten. — Tr. u. Br. wie 16. Brstl. kurz, gleich-dick. Endsp. d. Szw. kahl, hellgrün. Bl. dünn, ganz zerschlitzt; Endz. spitz; Blstl. kahl. Rfz. mittlere. — Spanien. In allen Ländern verbreitet u. bekannt. 1620. *B. u. M.* 33. *T.* 10. — *Gk.* 56. *T.* 16. — *B.* 652. I!! T. Interessant. Spalier. Behandlung wie 15.

2. **Halbgeschlitzter Gutedel**; *Hlbk.* 2. Eug. hybrida. Wälsche; in Oesterreich. Spanische, kleine spanische Traube, grosser Spanier, grosse Spanische, doppelt Spanische, Wälsche, grosse Petersilientraube, Spaniger, Spanico; in Steiermark. Virgilia hybrida, bastardirte Virgilsrebe; *Vst.* Virgilia laciniata, geschlitztblättrige Virgiliustraube; *Burg.* Chaptalia hybrida; *Hlbk.* Halbgeschlitztblättriger Gutedel; *Tr.* — Der vorhergehenden gleich. Bl. weniger tief geschlitzt. — Steiermark. 1826. *Tr.* 80. I! T.

(2). Rebstock mittelstark. Traube mittelgross, dicht, einfach u. ästig, gleichbeerig. Beeren mittelgross, saftig, süss. Blatt fast ganz.

3. **Früher Sylvaner**, Oestreicher; *Brchl.* 8. Eug. Sylvania. Oestreicher, Franke, Frankenriefsling, Fränkischer; am Haardtgebirge, im Rheingau u. in Rheinhessen. Oestreicher, Salviner, grüner Salvaner, Frankenriesling, grüner Riesling; an der Bergstrasse, im Brurhein u. im Kraichgau. Sylvaner, grüner Sylvaner, Salviner; im Neckarthale u. in Würtemberg. Sylvaner, grüner Sylvaner, Bötzinger, Riesling, grüner Riesling, Grün, Grünes, Elblinger; im badischen Oberlande. Sylvaner, grüner Sylvaner, Oestreicher, weisser u. grüner Oestreicher, Grünedel; im Main- u. Tauberthale. Grüner Riesling, grüner Schwäbler, Salviner; im Elsass. Zierfahlner, Gutblanc, Schönfeilner, Schönfeiler; in Sachsen. Scharvaner; in Schlesien. Zierfandler, Zierfandel; in Oesterreich. Zierfahndler, Zierfahlner, Zierfahnler, weisser Augustiner, Tschafahndler, Oestreicher, weisser Oestreicher, Hoschze, Fliegentraube, Selenzhiz, Seleni Kleshez, Mushka, Mushza, Mischka, Musza, Muschza, Ranfoliza, Lipava; in Steiermark. Zierfahnler, Zierifandler, Zierinfandel, Zirifandel; in Ungarn. Zinifal, Ziehenfädl, grüner Zimphal, Zirifandel, Cynifal zeleny, Morawka; in Böhmen. Mourlon, Silvain, Silvain verd, L'Auxerrois; in Frank-

reich. Grüner Silvaner; *Chr. p. II.* u. *v. P.* Grüner Zierfahnler, Zierfahndel, Cynobotris viridis, weisser Raifler, Cyrikraton; *Htl.* Grüne Honigtraube; *Rth.* Grün Zierfahlner; *Frg.* Grüner Zierfahnler, Zirifandel, Cyribotron, Bourguignon blanc, Mourlon, white Morillon; *Chr. Wb.* — *S. Wb.* Grünlich gelber Sylvaner; *Gk.* Grüner Zierfahnler, Silvaner, Oestreicher, Cyrobotris viridis, Cyribotron, mourlon; *Ht.* Grüner Sylvaner; *M.* — *B.* Vitis austriaca; *Dierb.* Vitis vinifera var. austriaca; *Schübl.* Ximenesia cynobotrys, frühreife Simonstraube; *Vst.* Frühreife Ximenestraube; *Burg.* Frühreife Simonsrebe; *Hlbk.* Sylvania cynobotris, frühreifer Sylvaner; *Dochn. W.* — Trstl. kurz, dick u. steif. Br. rundlich, gelbgrün, hellgrau beduftet, schwarz punktirt, grossnarbig; Brstl. etwas dick. Rbstck. sehr fruchtbar. Endsp. d. Szw. grün, loswollig. Bl. mittelgr., dünn, tafftartig, eben, rund, glatt u. glänzend; Endz. kuppelförmig; Blstl. kurz u. dick, hellgrün, borstig. Rfzt. ziemlich früh. — Oesterreich. In allen Weinländern bekannt. 1781. *B.* u. *M.* 104. *T.* 26. — *Gk.* 2. 49. *T.* 13. — *B.* 304. I!! T. u. I! W. Gedeiht in etwas trockenem Boden überall. Schnitt ziemlich kurz.

4. Lockerer Sylvaner. 4. Eug. Sylvania var. laxa. Rammelter, gelber Oestreicher, Zuckeröstreicher, kränkelnder Oestreicher, Sandstock; am Haardtgebirge. — Aehnlich dem vorhergehenden. Tr. lockerer. Br. gelber u. süsser. Rbstck. weniger fruchtbar.

5. Gelbe Papiertraube, gelber Fié; *B.* 5. Eug. acuminata. Maurillon blanc, Sucrin, Sauvignon, Servignon, Savagnien, Survin, Servonien, Suevin, Fié, Fié jaune; in Frankreich. Sauvignon; *Chapt.* — Trstl. lang u. steif, oben dicker. Br. rundlich, bräunlichgrün, weiss-grau beduftet, kleinnarbig; Brstl. dünn. Endsp. d. Szw. fast kahl. Bl. gross, länglich, kraus gefaltet; Endz. spitz; Blstl. kurz. Rfzt. spät. — Frankreich. 1844. *B.* 330. III.

(3). Rebstock stark. Traube gross, dicht, auch locker, einfach u. ästig, gleichbeerig. Traubenstiel lang. Beeren mittelgross, dünnhäutig, saftig u. süss.

6. Langstieliger Legler, grüner Legler; *B.* 6. Eug. pedunculata. Bordeaux; in Frankreich. Riesling, gelber Gutedel, Beli Vranik, Hruftez? in Steiermark. Weisser Portugieser? *Tr.* — Trstl. dünn. Br. etwas länglich, hellgrün, schwach grau beduftet, schwarz p., gross- u. hart-narbig; Brstl. lang u. dünn. Endsp. d. Szw. kahl, wenig wollig, röthlich überlaufen. Bl. gross, 5lappig, steif, glatt, sehr ausgeschnitten; Endz. halbkuppelförmig; Blstl. lang u. dünn. Rfzt. ziemlich spät. — Frankreich. 1844. *B.* 822. I. T. Bogreben-Schnitt.

7. Pariser Gutedel; *M.* 7. Eug. parisiensis. Chasselas de Fontainebleau, Chaselas de Thomery; in Frankreich. Gutedel von Fontainebleau, goldgelbe Champagner-Traube; *Nois. Gb.* Weisser Pariser Gutedel; *Tr.* — *Gk.* Französischer Gutedel; *Clwts.* — Trst. ziemlich dick. Br. kugelig, weiss, schwach beduftet, sw. oft gebräunt, rostnarbig; Brstl. sehr kurz, in der Mitte dünner. Endsp. d. Szw. kahl, hellgrün, im Frühjahr roth. Bl. klein, dünn u. weich, eben, nicht stark eingeschnitten; Endz. spitz; Blstl. dünn, kahl. Rfzt. früh. — Frankreich. 1826. *B.* 689. I! T. In geschützte Lage u. guten Boden. Langer Schnitt.

(4). Traube lang, sehr locker, ästig, meistens ungleich-beerig. Beeren klein, dünnsaftig, säuerlich.

8. **Dickhäutige Weidletraube,** weisse Weidletraube; *B.* 8. Eug. crassiuscula. Weisser Lindauer? am Bodensee. — Tr. ungleichbeerig; Trstl. dünn u. sehr lang. Br. rundlich, gelbgrün, weiss be-duftet, grossnarbig, dick- u. zähhäutig. Bl. klein, dünn, tief gespalten, eben u. flach; Endz. halbkuppelförmig. Rfzt. spät. — Würtemberg. 1844. *B.* 324. III.

9. **Dünnhäutige Clarette,** weisse Mema Clarette; *B.* 9. Eug. membranacea. Mema Clarette blanche; in Frankreich. — Tr. oft ziemlich gleichbeerig; Trstl. kurz u. dick. Br. rundlich, gelbgrün, wenig punktirt, gross rostnarbig, dünn- u. feinhäutig. Brstl. kurz u. dick. Bl. gross, dünn, schlaff, nicht tief eingeschnitten; Endz. lang-gespitzt. Rfzt. sehr spät. — Frankreich. 1844. *B.* 335. III.

(5). Rebstock stark, baumartig. Trauben klein, kurz, ästig. Beeren dickhäutig, süss. Blatt klein.

10. **Fruchtbarer Nöthab,** weisser Nöthab; *B.* 10. Eug. fertilis. Nöthab; in Rheinhessen. Lämmerschwanz; bei Coblenz. — Rbstck. sehr fruchtbar. Trstl. lang u. dick. Br. etwas oval, grünlich, wenig punktirt, vertieft- u. sehr kleinnarbig; Brstl. kurz u. dünn. Endsp. d. Szw. wenig wollig. Bl. dick, ziemlich tief eingeschnitten, glatt u. flach, grossgezahnt; Endz. spitz; Blstl. dünn u. ziemlich lang. Rfzt. mittlere. — Rheinhessen. 1844. *B.* 326. I! W. In gute Lage.

(6). Traube gross, ästig, oft einfach. Traubenstiel dünn. Beeren gross. Blatt gross.

11. **Malvoisier-Gutedel,** weisser Gutedel-Malvoisier; *B.* 11. Eug. malvasia. Gelber Malvoisier; bei Leipzig. — Tr. locker, walzen-förmig, gleichbeerig; Trstl. sehr lang. Br. rundlich, gelb-lich, sehr durchsichtig, etwas p., braun rostfleckig, süss, etwas dickhäutig; Brstl. lang u. dünn. Endsp. d. Szw. kahl. Bl. dünn, scharfzahnig; Endz. spitz; Blstl. lang u. dünn. Rfzt. mittlere. — Sachsen. 1844. *B.* 333. I! T.

12. **Weisser Trollinger;** *Gk.* 42. Eug. grandis. Weisser Mal-vasier; am Haardtgebirge. Weisser Imperial, weisse Aegyptische; in Steiermark. Wälscher; *Brchl.* Virgilia grandis; *Vst.* Platonia maxima, grosse Platosrebe; *Hlbk.* — Tr. sehr gross, dicht, pyra-midalisch, ungleichbeerig; Trstl. kurz. Br. breitgedrückt, sw. schwarz-fleckig, grossnarbig, süss-sauer. Rfzt. spät. — Steiermark. Haardtgebirge. 1781. *Gk.* 70. — *B.* u. *M.* 11. I. T. Spalier.

(*7*). Traube klein u. kurz, locker, einfach. Traubenstiel kurz. Beeren klein, dünnhäutig, säuerlich. Blatt tief eingeschnitten.

13. **Grüner Kanigl**; *Tr.* 13. Eug. viridis. Weisse Geissdutte; bei Wien. Grünheimer, Kremler, Eisbröckler, Lichtlabler, Lichtler, grüner u. kleiner Kracher, grüner Ohainer, schnöder Fleugler, grüner Ranfler, Schmalztraube, Geschmalzene, Muskeln, Kirhlihkovez, Muhavez (Fliegentraube), Mali Kerhlihkovez, Javorovters (fauler Stock), Beli Vranek, Ribola, Maslovna, Verbika (Weidenrebe), Hrustez, Krustel, Hrusel, Jashovez, Movhavez, Siviza; in versch. Geg. Steiermarks. Virgilia serotina, spätreife Virgilstraube; *Vst.* — Tr. walzenförmig, meistens gleichbeerig; Trstl. steif. Br. kugelig, gelbgrün, fast unpunktirt, vertieft-narbig, etwas harthäutig; Brstl. kurz u. dick. Endsp. d. Szw. kahl, grün. Bl. sehr saftig- u. glänzend-grün, mittelgr., dünn u. weich; Endz. spitz. Rfzt. ziemlich spät. — Steiermark. 1826. *B.* 622. III.

(*8*). Traube einfach, lang u. dicht. Beeren klein, dünnhäutig, süss. Blatt ziemlich tief eingeschnitten.

14. **Weisser Kanigl**; *Tr.* 14. Eug. albida. Ungeschickte; in Steiermark. — Trbstl. kurz u. dick, ober dem Knoten holzig. Br. weiss-gelb, fein p. u. rostig besprengt; Brstl. dünn. Bl. dünn, papierartig, mattgrün; Endz. spitz; Blstl. dick, kahl. Rfzt. ziemlich früh. — Niederungarn. 1841. *Tr.* 235. III.

(*9*). Traube klein, oben ästig, ungleichbeerig. Beeren klein, dünnhäutig, süss. Blatt klein, ziemlich tief eingeschnitten.

15. **Heller Semilon**, weisser Semilon; *B.* 15. Eug. pellucida. Semillon; bei Bordeaux. — Trstl. holzig, ziemlich lang u. dünn. Br. kugelig, gelbgrün, grau beduftet, wenig punktirt, sehr durchsichtig, kleinnarbig; Brstl. lang u. dick. Endsp. d. Szw. kahl, hellgrün. Bl. dünn u. weich, glatt; Endz. spitz; Blstl. dünn. Rfzt. mittlere. — Frankreich. 1844. *B.* 628. II.

(*10*). Traube meistens gross, oben ästig, dicht u. locker, etwas ungleichbeerig. Traubenstiel lang. Beeren meistens gross, süss. Blatt mittelgross.

16. **Gemeiner Gutedel**, Chasselas; *Duh.* 16. Eug. grata. Gutedel, weisser u. grüner Gutedel; in Süddeutschland. Süssling, Most, Moster, Mostmatt; im Elsass. Silberling, Silberweiss, Silberwissling, Silberwissli, Grauedel, Frauentraube; im Breisgau. Junker, weisser Junker; im Mainthale. Schönedel; in Sachsen u. Norddeutschland. Edelwein, Edelwayn, Debrorozne; in Böhmen. Weisser Burgunder, grüner u. weisser Muskateller, Wälsche, Ganzwälsche; in Oesterreich u. Ungarn. Gutedel, weisser u. grüner Gutedel, Schönedel, grosse Spanische, grosser Spaniger, grossblättrige Spanische,

doppelte Spanische, Rheinrebe, weisser Tokayer; in Steiermark. Dach-
traube (an Lauben), weisser Elsasser (in den Weinbergen), Gutedel,
Muskateller, Wälsche, Rosmarintraube; in der Schweiz. Marzemina
bianca, Tribianco tedesco; in Oberitalien. Chasselas, Chasselas doré,
blanc et verd, Bar sur Aube, Gentil blanc et vert, Raisin de Champagne, Mornan blanc, Mourlanche blanche, Narbonne, Mourland,
Notre Dame; in Frankreich. Royal Muscadine, Amber Muscadine,
Common Muscadine; in England. Schöner Edel, Muscadin-Gutedel,
gelber Gut-Edel, Gut-Adel, gelber Junker, Schönedel vom Rhein;
in Gärten. Weisse Chasselas, Chasselas blanc, königliche Muskadine,
Royale muscadine; *Mill. Gl.* White Muscadine Royale, weisse königliche Muscadine; *Ab.* Golden Chasselas; *West.* Muscadine; *Maw.*
White sweet Water, Royal Muscadine, Pareyl druif, Pearl drop;
Loud. Chasselas, Chasselas doré, Bar-sur-Aube blanc, vergoldete Chasselas, weisse Bar-sur-Aube; *Duh.* Chasslas d'oré, vergoldeter Edelschön, Edelschön vom Rhein; *Chapt.* Gutedel von Bar-Sür-Aube;
Nois. Gb. Grüner Gutedel, Uva apiana viridis; *Ht.* Weisser Gutedel; *Gk. — Tr. — B.* (Weisser Junker; *Mhr.*) Gelber Gutedel;
Klb. Grosse Spanische; *Rth.* Weisser Gut-Edel; *Frg.* Grüner oder
weisser Muskateller; *Hilt. — Som.* Grüner Gutedel; *M. —* Vitis Euge-
nia; *Cato. — Columella.* Vitis aminea; *Plinius. — Dierb.* Vitis
vinifera var. Aminea; *Schübl.* Vitis v. edulis, Chasselas Grape; *Raf.*
Virgilia grata, wohlschmeckende Virgiliustraube; *Vst. — Burg.*
Virgilia grata, wohlschmeckende Virgiliusrebe; *Hlbk.* Bonnobila
grata, wohlschmeckender Gutedel; *Dochn. W.* d'Arbois, d'Arboyce,
white Chasselas, Pearl, Raisin de Champagne, Amiens, Early White
Teneriffe, Chasselas Doré, Chasselas de Fontainebleau?! *Cat. Lond.*
— Tr. lang, pyramidalisch; Trst. dünn. Br. kugelig, gelbgrün, nicht stark beduftet, sw. oft braun gefleckt, grossnarbig. Endsp.
d. Szw. kahl, grün, im Frühjahre roth. Bl. meistens tief eingeschnitten; Endz. spitz. Rfzt. früh. — Spanien. Allgemein verbreitet
u. überall bekannt. Vor Christi Geburt schon angepflanzt. *B. u. M.* 28.
T. 9. — *B.* 633. I!!! T. I! W. Sehr dauerhaft u. nicht empfindlich.

17. **Gelber Gutedel**; *Spr.* 17. Eug. grata var. xantho-
carpa. Weisser Gutedel, kleiner weisser Gutedel, Meutzer, gelber
u. weisser Junker, Weissedel, Bernstein-Gutedel; in Süddeutschland.
Chasselas d'oré, Chasselas hâtif; in Frankreich. Uva d'oro; in Italien.
Weisser Gutedel, Uva apiana alba; *Ht.* Weisser Gutedel; *M. —*
Varietät des vorhergehenden. Tr. kleiner, lockerer. Br. gelber.
— In Weinbergen unter dem vorhergehenden. 1766. *B.* 638.

18. **Kleiner Gutedel**; *Som.* 18. Eug. grata var. minor.
Weissholzer; bei Rüdesheim. Ungar; im badischen Oberlande. Ungar,
Ungerlein; *Spr.* — In allen Theilen kleinere Varietät. — 1766.
B. 639.

19. **Lappiger Gutedel**, grosser spanischer Gutedel; *Tr.* 19. Eug.
grata var. anserifolia. Mittlere, doppelte u. grosse Spanische,
Spaniger, Velka Spaniger; in Steiermark. Virgilia anserifolia, gäns-
fussblättrige Virgilsrebe; *Hlbk.* — Varietät, zwischen 1 u. 16 stehend.

Tr. mittelgross. Bl. tiefer eingeschnitten, 5lappig. — 1841.
B. 656.

20. **Krach-Gutedel**; *M.* 20. Eug. fragoris. Krachen, Krack-
muss, Krachmost, Krachmoster, Kracher; im badischen Oberlande.
Krachmost, Krächelnder, krächelnder Süssling, Gutedler, Krachlampe;
im Elsass. Krachmost; in der Schweiz. Chasselas, Chasselas croquant,
crognant et dur, Bar sur Aube, Fil d'argent; in Frankreich. Krachmost; *Somm.* Krähmost; *Walth.* (Krackmus; *Frg.*) Weisser Krach-
gutedel: *Gk.* Virgilia Zaehringia; *Schams.* Vitis duracina; *Dierb.*
Bonnobila fragoris; *Dochn. W.* — Aehnlich Nr. 16. Trstl. sehr
lang, dick, steif u. holzig. Br. hart u. krachend; Brstl. lang
u. dünn. Endsp. d. Szw. kahl, rothbraun, im Frühjahre roth. Bl.
von allen Seiten zurückgerollt; Endz. spitz. Rfzt. ziemlich früh.
— Oberrhein. 1786. I!! T. u. W. In feuchten Boden.

21. **Kleiner Krachgutedel**, kleiner spanischer Gutedel; *Tr.*
21. Eug. grata var. minor. Grosse Spanische; bei Grätz. —
Varietät des vorhergehenden. Tr. kleiner u. gedrängter. Bl. sehr
tief eingeschnitten. — Steiermark. 1841. *B.* 656.

(11). Rebstock stark. Traube gross, lang, locker, ästig,
ungleichbeerig. Beeren gross, süss. Traubenstiel
kurz u. dick.

22. **Weisse Vanilletraube**; *B.* u. *M.* 22. Eug. aromatica.
Malvoisier; in Samml. — Tr. sehr locker. Br. kugelig, braun
punktirt u. rothfleckig, wenig durchscheinend, grossnarbig,
harthäutig, gewürzt; Brstl. kurz u. dick. Endsp. d. Szw.
kahl, grün. Bl. gr., glatt, wenig eingeschnitten; Endz. spitz.
Rfzt. spät. — Frankreich. 1836. *B.* u. *M.* 114. *T.* 29. — *B.* 630.
I!! T. Spalier.

23. **Früher Gutedel**; *M.* 23. Eug. acstivalis. Perltraube,
Diamanttraube, Diamant-Gutedel, Diamand, Perle diamand, Perle,
Perle blanche, Krystalltraube; in Gärten. Perle, Diamant, Rin de
Ponse; in Frankreich. Muscadine Diamand, Pearl-Drop; in England.
Weisse Frühtraube; *Spr.* Muscatine-Diamant, Fendant blanc; *Salzm.*
Perlwein; *Kolb.* Diamanttraube; *Chr. v. P.* Diamantenwein; *Chr.
v. P.* Muscadin-Diamant; *Dttch.* Weissgrüner früher Gutedel; *Gk.*
Früher weisser Gutedel; *B.* Vitis aestivalis; *Dierb.* White Sweet-
water, Stillward's Sweetwater, Dutch Sweetwater, Water Zoete Blanc,
Chasselas précoce, Chasselas Royale? *Cat. Lond.* — Tr. sehr locker.
Br. sehr gross, weissgrün, hell, sp. braun gefleckt, dünnhäutig,
einkernig; Brstl. sehr dick. Bl. verschieden eingeschnitten; Endz.
spitz; Blstl. kahl. Rfzt. früh. — Frankreich. 1766. *B.* 642. I!!
T. Spalier, in fetten Boden.

(12). Rebstock schwach. Traube ziemlich gross, locker, ungleichbeerig. Beeren mittelgross, dünnhäutig u.
dünnsaftig, süss. Traubenstiel lang u. dünn.

24. **Weisser Muskat-Gutedel**; *B.* 24. Eug. muscata. Muska-
teller-Gutedel, Bisam-Gutedel, Chasselas musqué; in Gärten. Bisam

Chasselas, Cour grape, Frankendal; in England. White le Cour
Grape, Musk Chasselas, Frankindal, Musky Chasselas; *Ab*. Bisam
Chaselas; *Mill. Gl.* Chasselas musqué, Bisamschönedel; *Chapt.* Weissgelber Muskatgutedel; *Gk.* Muskatgutedel; *B.* u. *M.* Muskateller-
gutedel; *M. — Mhr.* — Tr. pyramidalisch. Br. kugelig, gelb, schwach
beduftet, wenig punktirt, in voller Reife müskirt; Brstl. lang u.
glatt. Rbstck. nicht sehr fruchtbar; Endsp. d. Szw. kahl, grün. Bl.
wenig eingeschnitten; Endz. spitz.| Rfzt. mittlere. — Frankreich.
1750. *B.* 657. I!! T. Spalier, in fetten Boden.

(*13*). Rebstock stark. Traube gross, dicht, fast einfach,
oben etwas ästig, sonst cylindrisch, ziemlich gleichbeerig.
Beeren gross, fleischig, müskirt.

25. Gelber Muskateller; *Tr.* 25. Eug. Muscatella. Weisser
u. grüner Muskateller; in Süddeutschland. Muskatentraube, weisse
Muskatentraube, Muskateller aus Spanien; im Breisgau u. Elsass.
Katzenseicheler; in der Schweiz. Weihrauch, gemeiner u. weisser
Weihrauch, Muskateller, Katzentraube, Katzendreckler; in Würtemberg. Weisse Schmeckende, Schmackander, Schmeckette; in Oesterreich. Weisser Muskateller, gemeine u. weisse Muskatellertraube,
weisse Wanzenweinbeer, Ranfler, Beli Muscat; in Steiermark. Bily
Muscatcl; in Böhmen. Weisser Weyrauch, Weiher, Weyerer, Weihrauch, Téjér, Muscatéli, Bela dinka, Muscat beli; in Ungarn. Frontignac, Frontignan blanc, Muscat frontignac, Raisin et Muscat de Frontignan, Muscat blanc. Muscat rond blanc, Muscat blanc d'Orleans; in
Frankreich. Moschata, Muscatélla bianca, Muscata bianca, Moscata
bianca, Moscat bianca, Muscado bianco, Moscato bianco, Moscatello
bianco; in Italien. Gemeine Moscatel, Moscatel menudo blanco, Moscatol
menudo bianco, Moscatel commun, Moscatel morisco, Moscatel fino,
Zoruna; in Spanien. Muscato; im griechischen Archipel. Bela Dinka; in
Sirmien. Kattepiss; in Holland. Vitis apiana alba, Traube von Frontignan, Frontiniac, Muskateller von Frontignac, Moscatella, weisser
runder Muskateller; in Gärten etc. White Frontignan, white Constantia, Nepean's Constantia, Raisin de Frontignan, Muscat blanc de
Jura, Moschata Bianca, Moscat Bianco, Moscatel Commun, Muskateller, Muscatály, Muscat Beli, Zoruna; *Cat. Lond.* Muscatel; *Her-
rera.* Moscatel castellano; *Fuente Duena.* Moscatel morisco fino;
La Lena. Moscatel commun; *Valcarcel.* Moscatel, menudo blanco,
Apiana Generosa; *Cl.* White Frontinac, weisser Frontignac; *Ab.* —
Mill. Gl. White Muscat; *West.* White Frontignac; *Loud.* Muskateller; *Brchl.* Grüner Muskatcller; *Spr. — Ros.* — *Hölbl.* Weisser Muskateller; *M. — Mhr.* Weissgelber Muskateller; *Gk.* Gemeine weisse
Muskatellertraube; *Rth.* Weisser Muskateller, Uva thurea; *Ht.* Grosse
Muskateller, weisse schmeckende; *Hölbl.* Weisser Muskateller Wein;
S. Frontignac, Muscat blanc; *Salzm.* Schmeckende; *Lgl. s. A.* Muscata bianca, weisser Weihrauch; *Somm.* Vitis apiana; *Plinius.* Moscatella generosa; *Burg.* Moscatella Isidori; *Vet.* Vitis apiana, Muscatel Grape; *Raf.* Vitis apiana; *Dierb.* Vitis vinifera var. apiana;

Schübl. **Sapiduaia** crassiuscula, dickhäutige Schmeckrebe; *Hlbk.* — Trstl. kurz u. dick. Br. kugelig, grün-gelb, sw. oft kastanienbraun, grossnarbig, dickhäutig; Brstl. kurz, dünn, warzig. Endsp. d. Szw. hellgrün, zottig überlaufen. Bl gr., dick, glatt, faltig, nicht sehr tief eingeschnitten, scharf-gezahnt. Rfzt. etwas spät. — Spanien. Allgemein verbreitet u. überall bekannt. Vor Christi Geburt schon angebaut. *T. O.* 20. 22. *T.* 4. — *B.* u. *M.* 72. *T.* 17. — B. 662. I!! T. Spalier, in fruchtbaren trockenen Boden.

26. **Weisser Muskateller**; *Ilölbl.* 26. Eug. Moscatella alba. — Varietät des vorhergehenden. Br. etwas kleiner, rein weiss, weniger müskirt. — Oesterreich. 1777. *Tr.* 122.

27. **Grüner Muskateller**; *Tr.* 27. Eug. Moscatella viridis. Grüner Muskateller aus Ungarn; *Walth.* — *Ilt.* — Varietät des chevorigen. Br. fast schmutzig-gelbgrün, widrig-sauer. Rfzt. spät. — Oesterreich, selten. 1788. *Tr.* 123. III.

28. **Früher Muskateller.** 28. Eug. Moscatella praecox. Muscat blanc hâtif, Muscat de Piémont; *Demerson.* — Aehnlich Nr. 25. Tr. länger. Br. weniger gedrückt, weicher, früher reifend. — Frankreich.

(14). Traube mittelgross, locker, ästig. Beeren klein, dünnhäutig. Blatt wenig oder ziemlich tief eingeschnitten.

29. **Triester Pikolit**; *Hlbk.* 29. Eug. tergestana. Weisser Blaustingl, weisse Wisellertraube, weisser Ranful; in Steiermark. Kek nyclü, Balofant, Blaustiel; in Ungarn. Weisser Pikolit; *Tr.* Italica tergestana; *Ilbk.* — Trstl. kurz u. dünn, roth. B. gelbweis, sw. braun, fein punktirt, süss, ohne Aroma; Brstl. lang u. dünn. Bl. rund, eben, nicht tief eingeschnitten; Endz. spitz; Blstl. kahl, blauroth. Rfzt. früh. — Steiermark. Ungarn. 1841. *B.* 675. I. W.

30. **Italienischer Pikolit.** 30. Eug. italica. Pikolit; in Italien. Weisser Pikolit; in Steiermark. — Aehnlich dem vorhergehenden. Br. etwas länglicher, hellgelb, durchsichtig. Bl. tiefer eingeschnitten. — Italien. I. W.

2. Babonia.

Beeren rund oder etwas länglich, roth, blauroth, rauchgrau oder roth gestreift.

(15). Rebstock ziemlich stark. Traube klein oder mittelgross, dicht, ästig u. einfach. Beeren mittelgross, dickhäutig, süss. Blatt gross, kurz eingeschnitten.

31. **Rother Sylvaner**; *M.* 1. Bab. Sylvania. Rother u. schwarzer Oestreicher, Rother; in Franken. Rother Oesterreicher; *Fisch.* Rother Oestreicher, Silvaner; *Ht. Setzr.* — Tr. kurz, meistens einfach, wenig ungleichbeerig; Trstl. kurz, dick u. steif.

Br. rundlich, stielschmal, hellroth, sp. dunkelroth, blau beduftet, stielspitz, sehr süss; Brstl. lang u. dünn, sehr warzig. Endsp. d. Szw. hellgrün, kahl. Bl. flach, sehr kurz, stumpf u. ungleich gezahnt; Endz. kuppelförmig; Blstl. kurz, borstig. Rfzt. früh. — Oesterreich. 1775. B. 310. I! T. u. W. In fetten Boden u. gute Lage.

32. **Rauchfarbige Zimmettraube**; *Tr.* 2. Bab. fuliginosa. Rauchler, Rauchter, Aschfarbe, Russfarbe, Rauchfarbe, Sivez (Graustock) Dimnik (Raucher), Kershlikovcz; in Steiermark. Ximenesia fuliginosa, rauchfarbe Simonstraube; *Vst.* Cassia (Cinnamomia) fuliginosa; *Hlbk.* — Tr. ästig; Trst. dick, gelbgrün. Br. rauchfarbig, lichtbraun oder röthlichgrün, fleischig; Brstl. dick, sehr warzig. Bl. dunkelgrün, glänzend, glatt u. eben; Blstl. kahl, halbroth. Rfzt. mittlere. — Steiermark. 1826. *Tr.* 146. I! T.

33. **Rother Portugieser**; *Tr.* 3. Bab. lusitanica. Königstraube, Ariavina, weibliche Ariavina, Sariavina, Sabnina, Kralovina, Mavrona, Imbrina; in Steiermark. Herera ariavina, weissholzige Hercratraube; *Vst.* Herera praecox, frühe Hererarebe; *Hlbk.* — Tr. meistens einfach; Trstl. meistens lang, stark, röthlichbraun, mit rothen Seitenstielen; Br. rundlich, hellroth, wenig schwarz p., grossnarbig, fleischig; Brstl. dick u. feinwarzig. Bl. dünn; Endz. halbkuppelförmig; Blstl. lang u. dünn, kahl, rothgestreift. Rfzt. spät. — Steiermark. *B.* 316. II.

(*16*). Traube walzenförmig, gleichbeerig, meistens einfach. Traubenstiel dünn. Beeren mittelgross, säuerlichsüss, dick- u. harthäutig. Blatt meistens tief cingeschnitten.

34. **Weissholziger Römer**; *B.* 4. Bab. albomalleola. Rbstck. stark. Tr. ziemlich gross, dicht, doppelbeerig; Trstl. kurz. Br. fast gross, etwas länglich, blauroth, schön hellblau beduftet; Brstl. fast dünn, feinwarzig. Endsp. d. Szw. röthlich, kahl; Rebholz weisslich-braun, silberfarbig schimmernd. Bl. klein, kraus, dünn, steif, glatt; Nerven borstig; Endzahn halbkuppelförmig; Blstl. dünn, rothgestreift, unterscits borstig. Rfzt. mittlere. — Baden. 1844. *B.* 318. I. T. Schön!

35. **Rothholziger Römer**; *B.* 5. Bab. rubromallelola. Römer; in Würtemberg. Schlehenschwarze, Schlehentraube, Blaue, Prorok, blaue Porzhin; in Ungarn. Uherka, Purchinok, Uhernieze; in Böhmen. Römer; *Spr.* Blauer Römer; *M.* Süsser Römer; *B. u. M.* Vitis accrba; *Dierb.* — Rbstck. schwach. Tr. klein u. kurz; Trstl. sehr lang. Br. mittelgr., rundlich, etwas stielschmal, blauroth, grau beduftet, hartnarbig; Brstl. kurz, dünn u. kahl. Endsp. d. Szw. roth, kahl; Rebholz schön satt-braun. Bl. klein, dünn, steif, eben u. glatt; Endz. halbkuppelförmig; Blstl. lang u. dünn, roth überlaufen, etwas borstig. Rfzt. mittlere. — Ungarn. 1766. *B.* 320. I. T. Schön!

36. **Blaurothe Montpelliertraube**; *B.* 6. Bab. monspes-
sulana. Raisin de Montpellier; *in Cat.* Rothe Montpelliertraube;
B. u. M. — Rbstck. schwach. Tr. mittelgross, lang, dicht;
Trstl. lang. Br. roth, sp. blau-roth, blau beduftet, schön punktirt. Endsp. d. Szw. hellgrün, kahl. Bl. mittelgr., dünn u. eben;
Endz. spitz; Blstl. glatt, kurz u. dick. Rfzt. spät. — Frankreich.
1836. *B.* 328. III.

(*17*). Rebstock stark. Traube sehr gross, locker, oben
  ästig, gleichbeerig. Traubenstiel kurz und dick. Beeren gross, süss, harthäutig. Blatt sehr gross.

37. **Rother Trollinger**; *Gk.* 7. Bab. macrocarpa. Rother
Malvasier; am Haardtgebirge. Raisin uni-rose; in Frankreich. —
Tr. meistens pyramidalisch; Trstl. loswollig. Br. kugelig, hellroth, bläulich beduftet, kleinnarbig; Brstl. lang u. dünn, feinwarzig. Endsp. d. Szw. hellgrün, etwas wollig. Bl. ziemlich tief eingeschnitten; Endz. halbkuppelförmig; Blstl. kahl. Rfzt. mittlere. —
Würtemberg. 1836. *B.* 611. I!

(*18*). Traube gross, locker, manchmal dicht, ästig, pyramidalisch, gleichbeerig. Traubenstiel lang u. dünn. Beeren
  gross, süss, dünn- u. feinhäutig. Blatt wenig eingeschnitten.

38. **Rother Gutedel**, Chasselas rouge; *Duh.* 8. Bab. eugeniacea. Rother Süssling, Rothmost, rother Most, rother Moster, rother Silberling, rother Krachmost, Rothedel, rothe Frauentraube,
Frankentraube; im Elsass u. Oberbaden. Rother Elsasser, Tramünd-
ler; in der Schweiz. Rother und brauner Junker; in Sachsen, im
Main- und Tauberthale. Rother Tokayer, rother spanischer Gutedel;
in Steiermark. Red Muscadine; in England. Malvasier-Gutedel, Malvoisier-Gutedel; *in Cat.* Rother Edelschön; *Chapt.* Rother spanischer
Gutedel; *Spr.* Rothe Chasselas; *Duh.* Red Chasselas, Chasselas
Red; *Cat. Lond.* Chasselas rouge d'Espagne, rothe spanische Muscadine; *Salzm.* Marzemina glabriuscula, kahlblättrige Marzemina-
rebe; *Hlbk.* — Tr. ziemlich lang; Trstl. oben dünner, kahl, warzig, schwarz punktirt. Br. kugelig, hellroth, oft braunroth, weisslich beduftet, grossnarbig, sehr süss; Brstl. kurz u. dick, warzig.
Endsp. d. Szw. kahl, grün u. braun. Bl. mittelgr., dick u. weich;
Blstl. lang, roth gestr. u. überlaufen. Rfzt. ziemlich früh. — Frankreich. Fast allgemein verbreitet. 1755 u. früher. *Gk.* 55. *T.* 16. —
B. 644. I!!! T. I W. In kräftigen und feuchten Boden.

39. **Geschlitzter rother Gutedel**, Persillade; *Chapt.* 9. Bab.
eugeniacea laciniata. Persilade, Ciotat, Ciotat rouge; in Frankreich. Ganze Welsche; *Chapt.* Echte Petersilientraube; *Vst.* Rother
geschlitztblättriger Gutedel; *B.* Vitis turbinata, Ciotat Grape (3)
apifolia; *Raf.* Vitis arborea?! *L.* Ampelopsis bipinnata a?! *Mich.*
— *Roem. et Schult.* — Aehnlich dem vorhergehenden. Bl. tief geschlitzt, ähnlich Nr. 1. — Frankreich. 1804. *B.* 656. Interessant!

(*19*). Rebstock an allen Theilen geröthet. Traube gross, lang, walzenförmig, ungleichbeerig. Traubenstiel kurz und dünn. Beeren mittelgross, dünnhäutig.

40. **Königlicher Gutedel**; *M.* 10. Bab. regalis. Königsgutedel, rother Gutedel, Chasselas royal; im Elsass u. in Gärten. Royale rouge, Chasselas rouge, Chasselas royale, Chasselas Royal, Chasselas royal rose, Chasselas rose; in Frankreich. Rother königlicher Gutedel; in Steiermark. Ochio de Pernice; in Italien. Rother Königsgutedel; *Gk.* Königsgutedel; *B. u. M. — Mhr. — Tr.* Königsedel, Chasselas du Roi; *Chr.* Frührother Krachgutedel; *B.* Vitis rubra, rother Gutedel, Königsgutedel; *Dierb.* Sanquinaria incarnata, fleischrother Rothstock; *Hlbk. —* Trstl. steif, oben dünner, warzig. Br. gleich nach der Blüthe sich roth färbend, sp. bräunlich, kugelig, kleinnarbig, unter der Haut rothfleischig, krachend, weichhäutig, sehr süss; Brstl. lang u. dünn, glatt. Endsp. d. Szw. kahl, roth. Bl. nicht stark eingeschnitten, mit rückwärts gekehrten Rändern; Endz. spitz; Blstl. schön roth. Rfzt. ziemlich früh. — Spanien. Frankreich. 1802. *B.* 650. I!! T. Sehr interessant! In feuchten u. fetten Boden als Spalier.

(*20*). Traube gross, dicht, walzenförmig, meistens einfach, ziemlich gleichbeerig. Traubenstiel kurz u. dünn. Beeren gross, dick- und harthäutig, gewürzt. Blatt gross, tief eingeschnitteu.

41. **Rother Muskateller,** Muscat rouge; *Duh.* 11. Bab. Moscatella. Kümmeltraube; an der Bergstrasse u. im Breisgau. Brauner Muskateller; am Main. Schmeckende, Schmeckete, rothe Schmeckete; in Oesterreich. Moscado rosso; in Italien. Moscatel menudo morado; in Spanien. Red Frontignan; in England. Cerverna Dinka; in Ungarn. Grizzly Frontignan, Muscat Gris, Moscatel Menudo, grauer Muskateller, rother Schmeckende, rother Weihrauch, Grizeline, Red Constantia; *Cat. Lond.* Rother Frontinac; *Mill. Gl.* Red Frontinac; *Ab.* Red Muscat; *West.* Red or Grizly Frontinac; *Maw.* Rother Frontignac; *Fors.* Red Frontignac, Muscat rouge de Frontignac; *Loud.* (Muscat de Corail; *Spr.*) Rother Weihrauch, Schmeckende, Uva thurea rubra; *Ht.* Rother Weihrauch; *Chr. p. H.* Roth-Muskatcller; *Frg.* Rothe Muskateller Traube; *Rth.* (Rother spanischer Muskaller; *Hkt.*). Apiana moschata; *Cl.* Vitis apiana (2) rosea; *Ilaf.* Moscatella rubra; *Burg.* Moscha aromatica, wohlschmeckende Bisamrebe; *Hlbk. —* Tr. oben etwas ästig; Trstl. bis an den Knoten dicker. Br. kugelig, braunroth, grau beduftet, kleinnarbig, stark müskirt; Brstl. dick u. kurz, glatt. Endsp. d. Szw. hellgrün, etwas weisswollig. Bl. flach, eben und glatt; Endz. spitz; Blstl. in der Mitte dünner. Rfzt. fast spät. — Spanien. Frankreich. Deutschland. Fast allgemein bekannt. 1755. *Jard. fruit.* 2. 165. *T.* 64. — *B.* 666. I!! T. Spalier, in fruchtbaren Boden.

42. **Grauer Muskateller**; *Salsm.* 12. Bab. Moscatella cinerea. Muscat gris; in Frankreich. Grauer Frontignac; *Fors. —*

Aehnlich dem vorhergehenden. Br. weniger geröthet, grau. — Frankreich. 1793. *B.* 669.

3. Corvina.

Beeren rund oder etwas länglich, blau, schwarz, röthlich-blau oder blau gestreift.

(21). Traube gross, gleichbeerig, walzenförmig, mei-stens locker u. ästig. Traubenstiel kurz. Beeren gross, dick- u. harthäutig. Blatt ziemlich tief eingeschnitten.

43. **Blauer Portugieser,** früher blauer Portugieser; *Tr.* 1. Corv. lusitanica. Oporto-Rebe; in Gärten. Blaue Fesslauertraube, blauer Burgunder, Oberfelder, Lashka Modrina (blaue Wälsche), Vranik; in Steiermark. Garidelia monopyrena; *Vst.* Catonia nitida, glänzend-blättrige Catorebe; *Hlbk.* — Trstl. glatt, steif u. holzig. Br. rund-lich, etwas stielschmal, dunkel schwarz, stark hellblau beduftet, hartnarbig, dünnsaftig, sehr süss; Brstl. hellroth, lang u. sehr dünn. Endsp. d. Szw. gelbgrün, kahl. Bl. gross, glänzend u. eben; Endz. halbkuppelförmig; Blstl. lang u. dünn, kahl. Rfzt. sehr früh. — Portugal. Steiermark. 1826. *B.* 313. I!! T. I! W.

44. **Violetter Muskateller,** Muscat violet; *Duh.* 2. Corv. violacea. Blauer Weihrauch; in Ungarn. Raisin noir de Con-stance; auf dem Cap. Muscat violet noir; *Somm.* Blauer oder violett-blauer Weyhrauch aus der Provence; *Chr. p. II.* Blauer Muskatel-ler; *Spr.* — *M.* Veilchenblaue Muskatellertraube; *Chapt.* Blue Fron-tignan, Violet Frontignan, Black Constantia; *Cat. Lond.* — Aehnlich Nr. 41. Br. kugelig, oft etwas länglich gedrückt, rothblau, stark beduftet, etwas müskirt, etwas vertieft-kleinnarbig, nicht sonderlich süss. Endsp. d. Szw. kahl. Rfzt. fast spät. — Frank-reich. 1766. *B.* 669. I T.

(22). Traube klein oder mittelgross, ästig, locker, gleich-beerig. Traubenstiel lang u. dünn. Beeren klein u. mittelgross, dick- u. harthäutig. Blatt fast nicht ein-geschnitten.

45. **Wilde Ahorntraube.** 3. Corv. acerifolia. Mapleleaf Grape, Longs, Longs vom Caucasus, Varietät aus Arkansas; *in Cat.* Vitis acerifolia; *Raf.* — Rbstck. sehr stark wuchernd, lang-gestreckt, kriechend. Tr. klein. Br. klein, sehr rothsaf-tig, unschmackhaft. Bl. 3spaltig u. lang 3spitzig, oft ver-schieden, gross-, spitz- u. ungleich-gezahnt, bläulich-grün; Blstl. sehr kurz, haarig, röthlich, gestreift. Rfzt. spät. — Von den Oregonbergen aus Nordamerika. 1830. III. Sehr dauerhaft. Seltenheit!

46. **Späte Papiertraube,** blauer Fié; *B.* 4. Corv. serotina. — Tr. mittelgross; Trstl. kahl. Br. etwas länglich, mittel-gross, schwarzblau, hellblau beduftet, dünnsaftig, säuerlich; Brstl. kurz u. dick, warzig. Bl. dünn, papierartig, steif u. glatt;

Endz. **spitz**; Blstl. **dick**, **kahl**. Rfzt. **sehr spät**. — Frankreich. 1844. *B.* 332. III.

(23). Rebstock **sehr gross**. Traube **gross, pyramidalisch, gleichbeerig**, oben **ästig**, locker u. dicht. Traubenstiel **lang** u. **dünn**. Beeren **sehr gross, dick**-, aber weichhäutig. Blatt ziemlich tief eingeschnitten.

47. **Blauer Trollinger**; *M.* 5. Corv. macrobotrys. Fleischtraube, Wälscher; im Rheingau, im Mosel- u. Nahethale. Bocksaugen; bei Coblenz. Bilsenroth; bei Trier. Blauer Traminer, Bacheracher; bei Winterthur in der Schweiz. Bockshoden, Malwesier, Malvasier, Malvoisier, Hammelshode, Fleischtraube; am Haardtgebirge u. in Rheinhessen. Trollinger, Troller, Hammelshoden, Hammelsohlen, Zottel- u. Schwarzwälscher, schwarzer Gutedel; an der Bergstrasse u. am Neckar. Hammelshoden, Hudler; im Brurhein. Languedoc, Straihntraube, Trollinger, Mohrentutten, spanische Mohrentutte, rother Maltheser, Hudler, schwarzer Hudler, Schwarzwälscher, Grossroth, Rothelbener; in Oberbaden. Trollinger, weissholziger Trollinger, Trollerer, Panmerer, Bommerer, Bammerer, Schwarzwälscher, schwarzer Wälscher: in Würtemberg. Grobes Süsschwarz; bei Würzburg. Trollinger, Fleischtraube, rothe Fleischtraube, Bocksbeutel, Bockstraube, grosser Burgunder; im Mainthale; Blauer Wingertshäuser; bei Gelnhausen. Malvoisier, Bockshoden, Schliege; im Elsass. Aegyptische, grosser Burgunder, blauer Rheinwein; in Steiermark. Mansard, Damour, Grand-noir, Verd-gris; in Frankreich. Welke Burgundske, welko modre; in Böhmen. Cenerente; in Italien. Raisin de Frankenthal, Vite Orcellina, Raisin bleu recharché, Baccaria, Morokin barbarou, Gros noir, Salisbury violette, Languedoc, Frankenthaler, blauer Frankenthaler, blauer Malvasier, Hüttler, blauer Rheinwein, Italienisch Schwarz; in deutschen u. französ. Rebsammlungen. Black Hamburgh, Warner's black Hamburgh, Purple Hamburgh, Brown Hamburgh, Dutch Hamburgh, Hampton, Court Vine, Valentines, Gibraltar, Black Gibraltar, Black Portugal, Black Teneriffa, Salisbury violet, Victoria, Admiral, Frankendale, Frankenthaler, Frankenthaler Gros Noir, Trollinger, Blue Trollinger, Palewooded Trollinger, gelb- u. weissholziger Trollinger, schwarzblauer Trollinger, Bocksaugen, Lugiana nera; *Cat. Lond.* Schwarzer Hamburger, Warnertraube; *Spr.* — *Salzm.* Blauer Malvasier; *Fors.* Schwarze Warnertraube: *Chr. p. H.* Schwarz Hamburger; *Frg.* Black Hamburgh Grape, schwarze Hamburger Traube, Warner Grape; *Ab.* Black Hamburgh, Old Hamburgh; *Loud.* Black Muscadine, blacke Frankendale; *Loud.* Gedrungener Schwarzwälscher; *Fisch.* Grosser blauer Rheinwein von Frankendahl; *Salzm.* Mansard: *Chapt.* Fleischtraube, blauer Drollinger; *Ht. Setzr.* Fleischtraube; *Ht.* Dickschwarze, Schwarzwelsche, Trollinger, Veronesertraube, Trussiaux; *Hkt.* Schwarz-Wälsche; *Frg.* Blauer Frankenthaler; *Ftl.* Dickschwarzer, Trussiaux, Schwarzwelsche; *Chr. v. P.* Schwarzwelsch; *Clwtz.* Malvasier; *Brchl.* Schwarzblauer gelbholziger Trollinger; *Gk.*

Schwarzwelsche, Trollinger, Drollinger, Troller; *Spr.* Schwarzwelsche, Hudler, Frankenthaler; *Mhr.* Grosser gelbholziger Trollinger; *Br. Vers.* Weissholziger Trollinger; *Klb.* Vitis vinifera crassifolia, Mansard Grape; *Raf.* Vitis macrocarpa; *Dierb.* Franconia
macrocarpa, grosstraubige Frankenthalerrebe; *Hlbk.* Vitis vinifera
var. macrocarpa; *Schübl.* Catonia macrobotrys, grosse Katotraube;
Vst. — Tr. sehr gross. Br. kugelig, dunkel schwarzblau,
hellblau beduftet, kleinnarbig, süss; Brstl. lang u. dünn. Endsp.
d. Szw. hellgrün, etwas wollig. Bl. sehr gross; Endz. halbkuppelförmig; Blstl. kahl. Rfzt. etwas spät. — Italien. Deutschland. In
Gärten bekannt. 1766. *Gk.* 68. *T.* 21. — *B. u. M.* 1. *T.* 1. — *B.* 606.
I!! T. I! W. In Gärten zu Lauben u. als Spalier für jeden Boden.

48. Blauer rothholziger Trollinger; *B.* 6. Corv. macrobotrys rubra. Schwarzwelscher; *Klb.* Schwarzblauer rothholziger
Trollinger; *Gk.* Kleiner rothholziger Trollinger; *Br. Vers.* — Aehnlich dem vorhergehenden. Rebholz etwas röthlich. Trstl. roth
werdend. Br. u. Bl. kleiner. — Würtemberg. 1836. *B.* 616. I! T. u.W.

(24). Traube gross, dicht, ästig, oft einfach, meistens ungleichbeerig. Traubenstiel kurz u. dünn. Beeren gross, dick-,
aber weichhäutig. Blatt wenig eingeschnitten.

49. Schwarzer Trollinger; *Tr.* 7. Corv. arborescens.
Grosser blauer Burgunder, blaue Aegyptische; in Steiermark. —
Rbstck. baumartig, sehr fruchtbar. Trstl. braunroth. Br. gross
u. sehr klein untermengt, etwas platt, schwarz, wenig beduftet, kleinnarbig, süss; Brstl. kurz u. dick. Bl. gross, glatt; Blstl.
lang u. dünn, borstig; Endz. halbkuppelförmig. Rfzt. mittlere. —
Steiermark. 1841. *B.* 612. I!! T. I W.

(25). Traube gross, lang, walzenförmig, oben etwas ästig,
locker u. dicht, meistens gleichbeerig. Traubenstiel sehr
lang u. dick. Beeren mittelgross, dickhäutig.
Blatt weit u. tief eingeschnitten.

50. Blauer Gänsfüsser; *Brchl.* 8. Corv. chenopodia. Gäns-
füsser, Gänsfüssler, schwarzer Gänsfüsser; am Haardtgebirge, in Würt-
temberg u. Baden. Erlenbacher, Grossroth; in der Schweiz. Gänsfüssler; in Böhmen. Grosser Schwarzer; in Oesterreich. Lud Talpu
(Gansfuss); in Ungarn. Hivet hinsch; im Elsass. Spargelrebe; in
Tyrol. Raisin rouge; in Frankreich. Gänsfüssler, Gros noir; *Spr.*
Grosse schwarze Gänsfüssler; *Chr. Wb.* — *Htl.* Grosser blauer
Boromeo: *Chr. v. P.* Gännssfüssler, Gannssfüssler von Lindau; *Frg.*
Grosser blauer von Boromeo, Bockshorn; *Salem.* Blauer Gänsfüssler, Blauer von Boromeo, Bockshorn, grosser blauer Ungar, Raisin
rouge de Cantal; *Dttch.* Gänsfüsser; *S. Wb.* Gänsefüssler; *Rth.*
Gänssfüsserstock, Vitis chenopodina; *Tabern.* Vitis chenopodia;
Dierb. Vitis vinifera var. chenopodia; *Schübl.* Garidelia acuminata,
spitzblättrige Garidelitraube; *Burg.* — *Hlbk.* — Rbstck. sehr stark,
baumartig, sehr fruchtbar. Tr. sehr gross, schlaff hängend.
15 *

Br. kugelig, dunkel schwarz, blau beduftet, grossnarbig, scharf-
süss; Brstl. kurz, oben sehr dick u. warzig. Endsp. d. Szw.
hellgrün, kahl. Bl. gross, sehr glatt u. glänzend, dick u. steif,
breit- u. tief-buchtig, meistens einwärts gebogen; Endz. halbkuppelförmig; Blstl. lang u. dick, kahl. Rfzt. mittlere. — Italien. Deutschland. Frankreich. 1588. *B. u. M.* 90. *T.* 20. — *B.* 613. I T. I! W.
Für hohe Lauben u. Hausspaliere.

(26). Traube locker oder etwas dicht, einfach, auch ästig, pyramidalisch, ziemlich gleichbeerig. Traubenstiel lang.
Beeren mittelgross, dünn- u. zarthäutig. Blatt mittelgross, ziemlich tief eingeschnitten.

51. Blaue Zimmettraube; *Tr.* 9. Corv. cinnamomea.
Blauer Hainer, Kölner, Blaukölner, Kleinkölner, Grossblaue, Früh-
blau, Spätblaue, Kleinmilcher, rothe Wisellertraube, Brevimonter,
Zhernila, Zhernina, Posna Zhernina (spätreife Schwarzbeere), Restre-
shena Zhernina (zersauste Schwarze), Drobna Zhernina (kleinbeerige
Schwarze), Mala Modrina (kleine Blaue), Vranek (Krähentraube),
Zherna Morshina, Velka Kafka (grosse Dole), Drobna Sipa; in versch.
Geg. Steiermarks. Zimmet- oder kleine Wälschtraube; *Rth.* Catonia
corvina; *Vst.* Corvina nitida, glänzendblättrige Krähenrebe; *Hlbk.*
— Rbstck. stark. Tr. mittelgross, ziemlich dicht, ästig, oft
knotenästig u. daher doppelt u. 3fach; Trstl. dünn, blauroth.
Br. oft klein, etwas oval, rothblau, sp. schwarzblau, kleinnar-
big, sternförmig punktirt, süss u. gewürzt; Brstl. dünn, feinwarzig, blauroth-wulstig. Bl. rund, eben u. glatt, sehr dunkelgrün u. glänzend, im Herbste braun; Blstl. kahl, halbroth.
Rfzt. spät. — Steiermark. 1826. *Tr.* 143. I T. u. W.

52. Schwarzblaue Frankentraube; *Gk.* 10. Corv. franconica. Süssrothe, Süssschwarze; am Main u. an der Tauber.
Schwarzer Häusler; in Würtemberg. Süssschwarze; *Fisch.* Blaue
Frankentraube; *B.* Vitis vinifera var. franconica; *Schübl.* — Rbstck.
mittelgr. Tr. locker, fast mittelgr.; Trstl. dünn, rothgestreift u.
warzig. Br. kugelig, dunkelblau, stark hellblau oft weiss marmorartig beduftet, klein- u. hartnarbig, süss; Brstl. lang u. dick. Endsp.
d. Szw. kahl. Bl. steif, glänzend, glatt u. eben; Endz. halbkuppelförmig; Blstl. kurz u. dick, warzig, kahl. Rfzt. ziemlich früh. —
Franken. 1775. *Gk.* 62. *T.* 14. — *B.* 619. I! W.

53. Schwarzer Hängling; *M.* 11. Corv. pendula. Häussler,
blauer Hängling; in Würtemberg. Rother Elsässer; in Samml. Rother Hängling; *Spr.* — *Walth.* Schwarzblauer Hängling; *Gk.* Blauer
Hängling; *B. u. M.* Schwarzer Zapfner; *Htl.* Blauer Elsässer; *B.*
Vitis vinifera var. pendula; *Schübl.* — Rbstck. stark. Tr. gross,
locker, schlaff hängend; Trstl. ober dem Knoten kurz. Br.
schwarzblau, oft rostig, grossnarbig, süss; Brstl. dünn. Endsp. d.
Szw. kahl. Bl. dünn, flach u. eben; Endz. spitz; Blstl. dünn,
etwas borstig. Rfzt. früh. — Würtemberg. 1766. *B. u. M.* 215.
T. 69. — *B.* 626. I! W.

(27). Traube mittelgross, meistens locker, ziemlich einfach, etwas ungleichbeerig. Traubenstiel kurz. Beeren gross oder mittelgross, dick- u. harthäutig, müskirt. Blatt mittelgross, wenig eingeschnitten.

54. **Schwarzer Muskat-Gutedel**; *B. u. M.* 12. Corv. aromatica. Schwarzer Gutedel; in Würtemberg. Blauer u. schwarzer Gutedel u. Junker; in Gärten. Marzemina nera; in Oberitalien. Muscat violet, Chasselas noir; *in Cat.* Schwarzer Gutedel; *Spr. — Gk. — M.* Chasselas noir; *Mhr.* Black Chasselas, schwarze Chasselas-Traube, Black Muscadine Grape; *Ab.* Schwarz Gut-Edel; *Frg.* Chasselas noir, schwarze Muscadine; *Salzm.* Muskat-Gutedel; *Br. Vers.* Blauer Muskat-Gutedel; *B. —* Rbstck. schwach. Tr. länglich; Trstl. warzig, dünn u. steif. Br. mittelgross, schwarz, stark grau-blau beduftet u. einzeln hell punktirt, etwas schleimig, sehr fein müskirt; Brstl. oben verdickt, unten dünn. Endsp. d. Szw. etwas wollig. Bl. dünn u. steif; Endz. spitz; Blstl. zottig. Rfzt. mittlere. — Italien. Deutschland. 1766. *B. u. M.* 47. *T.* 10. — *B.* 659. I! T. An Spaliere in sehr kräftigen Boden.

55. **Schwarzer Muskateller**, Muscat noir; *Duh.* 13. Corv. moschata. Schwarze Schmeckende, schwarze Schmeckete; in Oesterreich. Schwarze Muskatentraube; im Elsass. Zberni Muscat; in Steiermark. Muscat noir; in Frankreich. Alcatico, Leatico, Greco o Moscato nero, Vernacolo; in Italien. Black Frontignac, violet Frontignan; in England. Muscat noir ordinaire; *Spr.* Schwarzer Weihrauch; *Somm. — Chr. p. H.* Schwarze Frontinac, black Frontinac; *Mill. Gl.* Black Frontinac Grape, schwarzer Frontignac; *Ab. — Fors.* Schwarzer Gutedel, schwarzer Weihrauch, Schwarzwelsche, Drollinger, Uva thurea nigra; *Ht.* Blauer Muskateller; *S. — Mhr.* Schwarze Schmeckende; *Htl. — Lgl. Anwsg.* Schwarzblauer Muskateller; *Gk. — B.* Black Frontignan, Muscat noir, Sir William, Rowley's Black, Purple Frontignan, Purple Constantia, Black Constantia, Red Frontignan, Boudales des Hautes Pyrenées, Muscat rouge, Muscat Noir de Jura; *Cat. Lond.* Vitis vinifera moschata, Muscat Grape; *Raf.* Moschatella macrodentata, grosszähnige Muskatellerrebe; *Hlbk.* Moschatella nigra; *Vst.* Moscatella nigra; *Burg.* — Rbstck. mittelgr. Tr. walzenförmig; Trstl. dick, glänzend dunkelgrün. Br. gross, schwarz, stark hellblau beduftet, kleinnarbig, fein müskirt, sehr süss; Brstl. kurz u. dick. Endsp. d. Szw. hellgrün, fast kabl. Bl. gross-gezahnt, eben u. glatt; Endz. spitz; Blstl. kurz u. dünn, kahl. Rfzt. ziemlich früh. — Spanien. Frankreich. In Gärten nicht selten. 1731. *T. O.* 19. 18. *T.* 1. — *B.* 669. II! T. An Spaliere in kräftigen Boden.

(28). Rebstock sehr stark. Traube sehr gross, selten locker, etwas ungleichbeerig. Traubenstiel kurz. Beeren sehr gross, dick- u. harthäutig. Blatt gross, tief eingeschnitten.

56. **Blauer Muskat-Trollinger**; *Gk.* 14. Corv. grandis. Blauer u. schwarzer Muskateller, rother u. schwarzer Muskat-Gutedel, Muskat-Trollinger; in Samml. Malvasier-Muskateller; *Salem.* Malvasier-Muskateller aus Provence; *Walth.* Blauer Muskattrollinger; *B. u. M.* Blauer Trollinger-Muskateller; *B.* — Tr. oben ästig, dann walzenförmig; Trstl. dünn, warzig, hellgrün. Br. blauschwarz, röthlich-blau beduftet, kleinnarbig, süss, schleimig, etwas müskirt; Brstl. lang u. dick. Endsp. d. Szw. gelbgrün, kahl. Bl. sehr langzahnig, unterseits etwas nervenzottig; Endz. spitz; Blstl. kurz u. dünn. — Italien. 1798. *B. u. M.* 8. *T.* 1. — *B.* 673. I! T. An hohe heisse Mauerspaliere.

(*29*). Traube gross, dicht, einfach u. ästig, lang, ungleichbeerig. Traubensticl lang u. dick. Beeren mittelgross, dickhäutig. Blatt wenig eingeschnitten.

57. **Blaue Schaftraube**; *B. u. M.* 15. Corv. rotundifolia. Grosse schwarze; in Samml. Guilard; in Frankreich. — Rbstck. schwach. Trstl. knoten-früchtig. Br. rothblau, hellblau beduftet, grossnarbig, säuerlich; Brstl. dünn, warzig. Endsp. d. Szw. hellgrün, fast kahl. Bl. wachsartig, eben u. flach, rund, fast lappenlos; Endz. halbkuppelförmig; Blstl. kahl, kurz u. dick. Rfzt. spät. — Frankreich. 1836. *B. u. M.* 167. *T.* 48. — *B.* 617. III.

4. Oleagnina.

Beeren entschieden lang, hellfarbig, gelb, grünlich oder weiss.

(*30*). Rebstock stark. Traube mittelgross, dicht, manchmal ziemlich locker, gleichbeerig. Traubensticl dick, kahl. Beeren hartfleischig. Beerenstielchen lang. Blatt gross, nicht tie eingeschnitten. Endspitzen der Sommerzweige kahl.

58. **Gelber Orleans**; *Gk.* 1. Ol. aurea. Harthengst, Orleanzer, Orlänisch, Orleans, Orlänzsch; im Rheingau. Hartheingst, Harthengst, Hartheinsch, Hartheisch, gelber Harthengst, weisser Hartheinisch; am Haardtgebirge u. an der Bergstrasse. Weisser Welscher; im Elsass. Orleaner, Raisin d'Orléans; im Breisgau. Weisser Rheingauer; bei Ehrenbreitstein. Rüdesheimer Bergtraube, Orleans, Orleaner; in Oberbaden. Orleanzer; *Spr.* Harthenisch; *Brchl.* Weisser Orleaner; *Somm.* — *Mhr.* Rudesheimerberg; *Cat. Lond.* Weisser Orleans; *M.* Orleanstraube, Rüdesheimer Bergtraube; *Ht.* Vitis vinifera aurea, Golden Grape; *Raf.* Vitis callosa; *Dierb.* — Tr. einfach, etwas ästig; Trstl. kurz, roth gestreift. Br. gross, länglich, zugespitzt, gelb, gelbgrün geadert, schwach grau beduftet, schwarz p., dick- aber feinhäutig, kleinnarbig, süss; Brstl. dünn. Bl. grob, eben, glänzend, unterseits nerven-borstig u. ro-

stig; Endz. halbkuppelförmig; Blstl. warzig. Rfzt. spät. — Frank-reich. Rheinpfalz. Rheingau. 1766. *Gk.* 64. *T.* 19. — *B.* 97. I! T. u. W. In hoisse trockene Spalierlage.

59. Grüner Orleans; *M.* 2. Ol. viridis. Orlänisch, Orlen-zer, Orleans, Orleanzer; im Rheingau. Schlechter u. unzeitiger Hart-hengst, grüner Hartheinsch u. Harthengst; an der Haardt u. bei Hei-delberg. Harthengst; in Rheinhessen. Hartheigst; an den Vógesen. Rüdesheimer Orleans; im Breisgau. Vitis duracina major, Harthe-nisch; *Tabern.* Grüner Hartheimisch, Burgauer; *Mhr.* — Tr. üstig, pyramidalisch; Trstl. ziemlich lang, gebogen, ober dem Knoten sehr kurz, schmutzig-roth überlaufen. Br. mittelgross, gelb-grün, weiss beduftet, durchscheinend, stark braun punktirt, dick- u. harthäutig, grossnarbig, säuerlich; Brstl. dick. Endz. halbkuppelförmig. Rfzt. sehr spät. — Frankreich. Wenig verbrei-tet. 1588. *B.* 100. II.

(31). Traube gross, meistens locker, ziemlich gleichbeerig, ästig, pyramidalisch. Traubenstiel dick u. kurz. Beeren gross, krachend. Blatt stark eingeschnitten.

60. Verjustraube, Bourdelas; *Duh.* 3. Ol. burdigalensis. Verjus, Vicanne; in Frankreich. Grey, Bicanne, Engregoire; in Samml. Burdigalensis dicta; *Duh.* Weisse Geistute; *Hölbl.* Pandalou, Rin de Panso; *Garidel.* Verjus, Grünsaft, Bourdelais, Agyras; *Lipp.* Bordeleser, Sauertraube; *Nois. Gb.* Verjus; *Chapt.* Weisse oder gelbe Geisdutte, Lämmerschweif, Uva bumastos alba, Bordelas, Vergus, Bicanné; *Ht.* Weisser Verjus; *M.* Vitis omphacina; *Diorb.* — Reb-holz stark stufig. Trstl. oben dünner, steif, grünlich-gelb, rothbraun p. u. überlaufen. Br. lang, zugespitzt, gelbgrün, weiss-lich beduftet, etwas p., aderig, kleinnarbig, dickhäutig, säuer-lich-süss; Brstl. warzig. Endsp. d. Szw. wollig, zottig. Bl. mittelgr., glänzend, tief.u. scharf ausgezackt, unterseits ner-ven-zottig; Endz. halbkuppelförmig; Blstl. dünn u. glatt. Rfzt. sehr spät. — Frankreich. 1715. *B. u. M.* 175. *T.* 52. — *B.* 102. I T. Sehr schön! Unreif in der Küche brauchbar. An kräftige heisse Spa-lierlage.

(32). Rebstock stark. Traube gross, meistens dicht, ästig, pyramidalisch, gleichbeerig. Traubenstiel kurz und dick. Beeren gross, feinhäutig. Blatt gross, dick, flach u. eben. Endzahn spitz.

61. Gelbe Seidentraube; *B. u. M.* 4. Ol. sericea. Früh-weisse u. Frühweisser; am Haardtgebirge. Frühleipziger; in Nord-deutschland. Weisse Zibebe, Frühtraube, wälsche Frühtraube; in Franken. Früher Orleans; am Rhein. Seidentraube; an der Berg-strasse; Früher Kienzheimer u. Kienheimer, Lindauer, Kilianer, Lu-giana bianca; in Gärten. Zibebe, Rosinentraube, früher weisser Mal-vasier, Augusti Traube, weisse Rabolina, Augustana, Agostna, Lu-giane; in Steiermark. Vigiriega; in Spanien. Melier blanc, Melier

blanc hâtif, Madeleine, Meslier, Mornain blanc, Morna Chasselas,
Blanc de Bonelle; in Frankreich. Frühtraube; *Spr.* Meslier, Mornain blanc, Lindauer, frühe Leipziger-Traube; *Chapt.* Früh-Leipzige; *Frg.* Kilianer; *S.* Frühleipziger, Raisin de Lindau, Melier
blanc; *Chr. p. H.* Weisse Zibebe, Kilianer, weisser Frühleipziger;
Chr. v. P. Frühleipziger; *S. Wb.* — *Mhr.* Raisin de Lindau, früher Leipziger, Melier blanc; *Salzm.* Frühweisser♦ *Brchl.* Gelber
grösserer früher Malvasier; *Gk.* Früher Orleans; *M.* Rosinentraube,
frühe Geissdutte; *Rth.* Früher Leipzig; *Dttch.* Gelbe Seidetraube;
B. u. M. — *Tr.* Early White Malvasia, Grove End Sweetwater,
White Melier, Le Melier, Blanc de Bonneuil, grösser früherer Malvasier, Frühtrauben; *Cat. Lond.* Oleagnina sapida, schmackhafte
Oliventraube; *Vst.* Vigiriega commun, gemeine Vigiriega, prostrata;
Cl. Vitis aureliana; *Dierb.* Malvasia sapida, wohlschmeckender Malvasier; *Hlbk.* — Rbstck. nicht sehr fruchtbar. Tr. dicht-beerig.
B. cylindrisch, oben etwas eingedrückt, weiss-gelb, unpunktirt, dünnsaftig, süss, ohne Aroma; Brstl. feinwarzig, lang u.
dünn. Endsp. d. Szw. fast kahl. Bl. 5lappig, tief eingeschnitten;
Blattnerven am Grunde schön röthlich überlaufen; Blstl. kahl,
los-wollig. Rfzt. sehr früh. — Spanien. Frankreich. In Gärten.
Fast allgemein verbreitet, aber selten. 1766. *T. O.* 19. 81. *T.* 5. —
B. 109. I!! T. In geschützte Lage u. fetten Boden, an Spaliere.

62. **Grüne Seidentraube**; *B. u. M.* 5. Ol. sericea viridis.
Yeux épars, Kilian blanc, Kilianer, weisser Languedoc: in Frankreich u. Samml. Welscher Frühjunker; bei Würzburg. Bianca Capello; in Gärten am Rheine. Perltraube; bei Ehrenbreitstein. Früher weisser Malvasier; *M.* — Aehnlich der vorhergehenden. Tr. einfacher, oft ziemlich dicht. Br. weisslich-grün. Bl. weniger
eingeschnitten; Blattrippen weniger geröthet. Rfzt. etwas später.
— Frankreich. 1827. *Tr.* 254. I! T.

63. **Weisser Picardin**; *B.* 6. Ol. punctata. Picardin doux;
in Frankreich. Grain oval délicieux; in Samml. Weisser Blussard;
B. u. M. (Blussard blanc; *Dttch.*) Weisser Bloussard; *Fll.* — Trstl.
rothbraun punktirt u. überlaufen, unter dem Knoten sehr warzig. Br. meistens mittelgross, durchscheinend, geadert, dunkelbraun punktirt u. rostfleckig, stark weissgrau beduftet, sehr
grossnarbig; Brstl. warzig, kurz u. dick. Rbstck. sehr fruchtbar. Endsp. d. Szw. weisswollig. Bl. 5eckig, gross-zahnig,
nicht tief eingeschnitten; Blstl. los-haarig. Rfzt. mittlere. —
Frankreich. 1836. *B. u. M.* 203. *T.* 64. — *B.* 114. I! T.

(*33*). Traube gross, locker, selten dicht, meistens ästig, gleichbeerig. Traubenstiel lang u. dünn. Beeren gross,
dünn- u. feinhäutig. Blatt klein.

64. **Späte Seidentraube**; *B.* 7. Ol. Claretta. Clarette blanche,
Mema Clarette blanche; in Frankreich. — Rbstck. schwach. Trstl.
zart u. biegsam, hellgrün, etwas röthlich, warzig. Br. eiförmig,
durchsichtig u. geadert, schwarz p., wenig beduftet, hart- und

grossnarbig, sehr süss; Brstl. lang u. dick, hellgrün, bläulich beduftet. Endsp. d. Szw. fast kahl. Bl. dünn, tief eingeschnitten, unterseits nerven-zottig, ohne Röthe; Endz. spitz; Blstl. sehr dünn, kahl, warzig. Rfzt. spät. — Frankreich. 1844. B. 112. I! T. In guten Boden an das Spalier.

(34). Rebstock stark. Traube gross, lang, locker, ästig, auch einfach, pyramidalisch, ungleichbeerig. Traubenstiel lang. Beeren sehr gross, harthäutig. Blatt mittelgross, tief eingeschnitten.

65. **Früher Damascener**, früher weisser Damascener; M. 8. Ol. damascena. Früher gelber, Muskat, weisser Muskat, Malagatraube; in Gärten. Spillichentraube; bei Leipzig. Laska; in Steiermark. Malvasia; Spr. Weisser Griechischer; Somm. (Grosser, gelber oder weisser Muskat, Malvasier; Dttch.) Oleagnina Damascenis, Damascener; Hlbk. — Tr. sehr locker; Trstl. dick, warzig u. braun p. Br. mirabellenartig, oval, zugespitzt, hellgelb u. grünlich, wenig beduftet u. punktirt, kleinnarbig, fleischig, süss; Brstl. kurz u. dick. Endsp. d. Szw. kahl. Endz. spitz; Blstl. dünn, glänzend, kahl. Rfzt. mittelfrüh. — Griechenland. 1766. B. u. M. 180. T. 60. — B. 131. I! T. In geschützte Spalierlage u. guten Boden, bei langem Schnitt.

66. **Weisse Gurkentraube**, Cornichon blanc; Duh. 9. Ol. cucumerina. Horntraube; bei Coblenz. Hirschbollen; im Brurhein. Dattola, Oliva, Uva ciolinna, Pisutelli, Bisutelli, Pizutello bianco; in Italien. Cornichon, Pinquant Paul; in Frankreich. Uva de Vaca, Santa Paula, Teta de Vaca, weisse Teta de Vaca, Carazon de cabrito, Zeta de Voca, Vegiga de pez (Fischblase); in Spanien. Doigts de Donzelle; in Marocco. Galetta; in Toscana. Buttuna di Gattu, Corniola; in Sizilien. Weisse Cornichon; Duh. Bec d'oiseau pinquant Paul; Spr. Piquant Paul, Vogelschnabel; Salzm. Santa Paula, Bumasti longissima; Cl. Teta de Vaca blanca; Boutelou. Teta de Vaca; Fuente Duena. ;White cucumber Grape; West. White Cornichon; Loud. (Finger: Cat. Lond.) Sevillische Zibebe, Kümmerlingstraube; Chr. v. P. Vogelschnabel; Chr. p. H. Bockshorntraube, Cornichon grape; Fors. Cornichon, Kümmerling-Traube; Chapt. Weisse Essiggurkentraube; Nois. Gb. Weisser Spitzwälscher; M. Weisser Lagler (Dactylus); Gk. Eicheltraube; Klb. Essiggurkentraube; Dierb. Weisse Eicheltraube; B. Uva ciolinna; Ac. Vitis cylindrica, Long Grape; Raf. Vitis cucumerina; Presl. — Dierb. — Tr. sehr lang; Trstl. dick. Br. sehr lang, unreif stark zugespitzt, grün, grau beduftet, grossnarbig, fleischig, säuerlich; Brstl. grün, lang, warzig. Bl. meistens 3lappig; Blstl. lang u. dick. Rfzt. sehr spät. — Spanien. Italien. Frankreich. In deutschen Gärten selten. 1758. II T. Curiosität! In die geschützteste Spalierlage.

67. **Muskat-Damascener**, Muscat d'Alexandrie; Duh. 10. Ol. muscata. Zibeben-Muskateller, Alexandriner Muskateller; in Gärten.

Schmeckende Geistutte; in Oesterreich. Muskateller-Geisdutte; in Steiermark. Passe musqué, Pâle musqué, Muscat blanc, Raisin d'Alogo et de Jerusalem, Muscat long, Muscat pâle musqué, Muskat-Zibebe, alexandrinischer Frontignac; in Frankreich. Musket; in Sympheropol. Salamanna, lange astrakanische Muskatellertraube; in Toscana. Moscatel, Moscatel gordo blanco, Moscatel romano, Moscatel romano blanco, Moscatel real, Moscatel Flamenco, Moscatelon; in Spanien. Boumasti (Ochsenauge); in Griechenland. Cibibbo muscato di Lipari, Muskat-Zibebe aus den Liparischen Inseln; in der Rebschule zu Grinzing. Muskatellercibebe, weisse Muskatcller von Alexandria; *Mill. Gl.* Alexandrinische Frontinac, Alexandrian Frontinac, Muskateller von Jerusalem, Muscat of Jerusalem; *Mill. Gl.* (Passe longue musquée, Muskateller von Alexandrien, Muskateller-Passe-Longue; *Duh.*) Muscat à gros grains, Muskateller von Alexandria, Muskatcller Zibebe; *Spr.* Muscatella à gros Grains; *Somm.* Muscat d'Alexandrie de Jerusalem, passe musqué etc.; *Salsm.* Apianae Isidori, Moscatel gordo blanco; *Cl.* Moscatel romana: *Valcarcel.* Moscatellon, Moscatel Flamenco; *La Lena.* White Muscat of Alexandria; *Ab.* Muscat of Alexandria; *Maw.* Alexandrian Muscat; *West.* Muskatcller aus Alexandrien: *Nois. Gb.* — *Lipp.* Jerusalemstraube; *Chapt.* Weisser Alexander; *Chr. v. P.* Grossbeerigter Muskateller; *Chr. Wb.* Zibeben-Muskateller von Alexandrien, Muscat à gros grains d'Alexandrie; *Chr. p. H.* Grosser gelber Muskateller; *S. Wb.* Weissgelber Muskateller mit grossen länglichen Beeren; *Gk.* Wcisser Muskat-Damascener; *B. u. M.* — *Tr.* — *B.* Schmeckende Geisdutte; *Rth.* Liparische Traube; *Dierb.* Zibebenmuskateller von Jerusalem oder Alexandrien: *Ht.* Weisser Zibeben-Muskatcller: *M.* Muscatella à gros grains aus Alexandrien; *Walth.* Alexandrinischer Muskateller; *Br. Verz.* Zibeben-Muskateller; *Cltots.* Weisser alexandrinischer Muskateller; *Dttch.* Weisser Muskateller aus Alexandrien; *Rbs.* White Muscat of Alexandria, Alexandrian Frontignan, Muscat of Jerusalem, White Muscat, Tottenham Park Muscat, White Tokay, Lunel, White Muscat of Lunel, Malaga, Passe-Musquée, White Passe-Musquée, Passe-longue Musquée, Muscat-Eschoolota, Zebibo, Round Muscat of Alexandria: *Cat. Lond.* Vitis liparica; *Presl.* Vitis alexandrina; *Risso.* — *Dierb.* Vitis vinifera Zibiba, Muscatel Grape, Raisin Grape; *Raf.* Vitis malacensis, Malagatraube, Malaga, passe-longue-musquée; *Dierb.* — *Trstl.* holzig, ober dem Knoten dicker. Br. lang, stielschmal, gelb-grün, dünn grau beduftet, hartnarbig, sehr krachend, süss, stark müskirt; Brstl. kurz u. dick, warzig. Endsp. d. Szw. wenig wollig. Bl. klein u. spitz gezahnt; Endz. spitz. Rfzt. mittlere. — Syrien. In allen südlicheren Ländern verbreitet. In deutschen Gärten ziemlich selten. 1752. u. früher. *B.* 185. I I I T. In sehr geschützte Spalierlage.

68. **Malagatraube;** *Br. Verz.* 11. Ol. malacensis. Piquepoule; in Frankreich. Bourgelas; in den Vogesen. Spanische Traube; in Samml. Späte Lahntraube; *B. u. M.* — *Dttch.* Weisser Bour-

gelas; *B*. Whithe Hamburgh, White Lisbon, White Portugal, White
Raisin? *Cat. Lond.* — Rebholz fast 4kantig. Trstl. ober dem Knoten kurz u. dicker, knoten-früchtig. Br. lang, gelb-grün, schwach
beduftet, grossnarbig, hartfleischig, säuerlich-süss; Brstl. kurz
u. dick, sehr warzig. Endsp. d. Szw. wollig. Bl. steif, dünn,
flach; Endz. spitz; Blstl. dünn, kahl, warzig. Rfzt. sehr spät.
— Spanien. Frankreich. 1836. *B. u. M.* 186. *T.* 57. — *B.* 138. I !
T. Prachtvoll! In die wärmste Spalierlage, bei langem Schnitt.

(*35*). Traube gross, dicht, auch locker, gleichbeerig.˙ Traubenstiel kurz. Beeren sehr gross, dick- u. harthäutig. Blatt tief eingeschnitten.

69. **Büschel-Damascener**, später weisser Damascener; *Gk.*
12. Ol fasciculata. Mutter mit den Kindern, Verdat, Gros Damas
blanc, Raisin de Montpellier, Raisin de Montpellier à grandes grappes;
in Samml. u. in Frankreich. Mader Betsich; in Persien. Cibebo
bianco; *Spr.* Weisser Damascener: *Clotz.* Weisser Damascener, Big-
gel, Mutter mit den Kindern: *Mhr.* Weisser später Damascener; *M.*
— Tr. sehr langästig; Trstl. dünn, knoten-früchtig. Br. länglich-eiförmig, etwas zugespitzt, hellgrün geadert, schwarz p.,
weissgrau beduftet, kleinnarbig, krachend, säuerlich; Brstl. kurz u.
dick, feinwarzig. Endsp. d. Szw. fast kahl. Bl. mittelgr.; Blstl.
kahl, narbig, oben gefurcht. Rfzt. sehr spät. — Persien. Italien.
Frankreich. 1766. *B. u. M.* 181. *T.* 55. — *B.* 133. II. Interessant.

(*36*). Traube gross, sehr locker, einfach, mit langen Seiten-
ästen. Traubenstiel lang. Beeren gross, dickhäutig.
Blatt 5lappig, mitteltief eingeschnitten.

70. **Weisse Schirastraube**; *Tr.* 13. Oleagnina Schiras;
Mbk. Schiras Zuli; in Samml. Schiras; *Mbk.* — Rbstck. sehr frühblühend. Br. birnförmig, fein p., weichfleischig, süss; Brstl.
dünn u. lang. Bl. nerven-borstig; Blstl. kahl, roth gestreift.
Rfzt spät. — Persien. 1841. *B.* 122. III.

(*37*). Traube gross, dicht, einfach, manchmal ästig, lang-
walzenförmig, gleichbeerig. Traubenstiel kurz u.
dick. Beeren gross, dünn- u. feinhäutig. Blatt
klein, tief eingeschnitten.

71. **Weisser Blussardt**; *Tr.* 14. Oleagnina incisa; *Hlbk.*
Weisser Blüssardt; *B.* Tief geschlitzte Oliventraube; *Hlbk.* — Rebholz
gelb, kurz gegliedert. Trstl. steif u. holzig. Br. süss; Brstl. kurz.
Endsp. d. Szw. kahl. Bl. gelb gerandet, regelmässig eingeschnitten; Blattrippen geröthet; Mittellappen lang zugespitzt; Blstl.
sehr kurz, kahl. Rfzt. früh. — Steiermark. 1841. *B.* 121. I! T.
Sehr empfindlich.

5. Blussarda.

Beeren entschieden lang, roth, blau, schwarz oder röthlichblau.

(38). Traube gross, einfach, etwas ästig, meistens dicht. Beeren sehr gross, dickhäutig. Bl. kurz eingeschnitten.

72. **Rother Korsikaner**; *B. u. M.* 1. Bl. corsicana. Navarre; in Frankreich. Blaurother Corsikaner; *B.* — Trstl. meistens kurz. Br. blauroth, weisslich-grau beduftet, säuerlich. Endsp. d. Szw. hellgrün, kahl. Bl. mittelgr., sehr grosszahnig, dünn u. weich, rückwärts gebogen; Endz. halbkuppelförmig; Blstl. gerade, lang u. dünn, kahl. Rfzt. spät. — Frankreich. 1836. *B.* 105. III.

(39). Rebstock stark. Traube mittelgross, ästig, locker. Traubenstiel lang. Beeren gross, zähhäutig, säuerlich. Blatt gross, tief eingeschnitten.

73. **Später Blussard**, später blauer Blussardt; *Tr.* 2. Bl. scrotina. Tinta, Digmuri; in Samml. Damascena aperta, offenbuchtiger Damascener; *Hlbk.* — Trstl. dünn u. holzig. Br. eichelförmig, dunkelblau, wenig p., unter der Haut blaufleischig, weichsaftig; Brstl. dünn. Bl. faltig, offenbuchtig; Endz. spitz; Blstl. lang, dunkelroth, feinzottig. Rfzt. spät. — Georgien. 1841. *B.* 119. III.

(40). Traube gross, ästig, locker. Traubenstiel lang. Beeren mittelgross, dickhäutig, süss. Blatt kurz eingeschnitten.

74. **Blaue Risaga**; *Tr.* 3. Bl. Risaga. Damascena crispata, kräuselblättriger Damascener; *Hlbk.* — Rbstk. stark. Trstl. dick, gelbgrün. Br. oval, schwarzblau, kleinnarbig, weichhäutig u. weichfleischig; Brstl. dünn, feinwarzig. Bl. fast rund, sehr dünn, verbogen, oft kraus; Endz. spitz; Blstl. lang u. dick, kahl. · Rfzt. mittlere. — Aus Sympheropol. 1841. *B.* 125. II T. Spalier bei langem Schnitt.

(41). Traube gross, ästig, locker. Traubenstiel lang. Beeren gross, dickhäutig, süss. Bl. tief eingeschnitten.

75. **Blauer Damascener**; *B.* 4. Bl. damascena. Cornichon violet; in Frankreich. Blaue Zwetschgentraube, blaue Geisedutte, Kosyak zherni; in Steiermark. Violettblaue Gurkentraube; *in Cat.* Später blauer Damascener; *Tr.* — Br. lang, oft vorn etwas gekrümmt, rothblau, ohne Punkte, grossnarbig, hartfleischig; Brstl dick, warzig. Bl. rund, weitbuchtig, lang u. scharf gezahnt, unterseits nerven-borstig; Endz. spitz; Blstl. roth, etwas behaart. Rfzt. spät. — Südfrankreich. 1802. *Jard. fruit.* 2. 165. *T.* 66. — *B.* 129. III. Curiosität! In die heisseste Spalierlage.

(*42*). Traube **gross**, **dicht**, **einfach**. Traubenstiel **dünn**,
Beeren **gross**, **dickhäutig**, **süss**. Blatt **kurz** eingeschnitten.

76. **Blaue Cypertraube**; *Tr.* 5. Bl. cypria. Schwarzer Malvasier; in Steiermark. Damascena glabra, kahlblättriger Damascener;
Hlbk. — Tr. selten ästig u. locker. Br. stieldick, zugespitzt,
sp. eichelförmig, dunkelblau, wenig p., kleinnarbig, weichfleischig u. dünnsaftig; Brstl. warzig, lang u. dünn. Bl.
sehr dünn, mehr 3lappig; Endz. halbkuppelförmig; Blstl. glatt,
lang u. dünn. Rfzt. mittlere. — Steiermark. 1841. *B*. 95. II T.
Schön. Spalier.

(*43*). Traube **gross**, **einfach**, **locker**, **gleichbeerig**, lang
walzenförmig. Traubenstiel **kurz** u. **dick**. Beeren
gross, **dünn**- u. feinhäutig, **süss**. Blatt **tief** eingeschnitten.

77. **Wahrer Blussard**, blauer IBlussardt; *B*. u. *M*. 6. Bl.
genuina. Fendant rouge, Blussard, Blusard; in Samml. Schwarzer
Malvasier; am Rhein. Moulas, Blussard noir; in Frankreich. Schwarzer Malvasier; *M*. Blauer Blüssardt; *B*. Früher blauer Blussardt; *Tr*.
Blauer Bloussard; *Ftl*. Blauer Blusart; *Klb*. — Tr. selten ästig; Trstl.
steif u. holzig. Br. länglich-eiförmig, zugespitzt, schwarzblau,
hellblau beduftet, grossnarbig, dünnsaftig, 1kernig, etwas scharf-
süss; Brstl. kurz, hellgrün. Endsp. d. Szw. fast kahl. Bl. klein,
gross- u. langzahnig, flach, unterseits ohne Röthe, stark nerven-
borstig; Endz. spitz; Blstl. dünn, kurz, kahl. Rfzt. mittlere. —
Frankreich. 1827. *B*. u. *M*. 201. *T*. 64. — *B*. 117. II T.

(*44*). Traube **gross**, **ästig**, **pyramidalisch**, **gleichbeerig**.
Traubenstiel **lang** u. **dünn**. Beeren ziemlich gross, dünn-
u. zarthäutig, säuerlich. Blatt **tief** eingeschnitten.

78. **Blaue Butachera**; *B*. 7. Bl. composita. Butachera; am
Comersee. — Tr. stark-ästig, fast mehrfach. Br. blauschwarz,
wenig p., stark hellblau beduftet, kleinnarbig, wässerig-saftig;
Brstl. dick, grün, sehr warzig. Endsp. d. Szw. rothbraun, wol-
lig. Bl. gross, kahl u. glänzend, hin u. her gefaltet; Endz. spitz;
Blstl. kahl, gefurcht, unten stark keulenförmig. Rfzt. sehr spät.
— Italien. 1844. *B*. 123. III.

(*45*). Traube **sehr gross**, **dicht**, **ästig**, **pyramidalisch**,
gleichbeerig. Traubenstiel **kurz**. Beeren gross, dickhäutig, süss. Blatt fast **nicht** eingeschnitten.

79. **Rundblättriger Korsikaner**, blauer Korsikaner; *B*. u. *M*.
8. Bl. rotundifolia. Raisin de Corse; in Frankreich. Blauer Bernardi; *B*. — Tr. gedrängt; Trstl. dick u. steif, hellgrün, knoten-
früchtig. Br. oval, schwarzblau, hellblau beduftet, gross- u. rostig-
narbig, unter der Haut röthlich, weichfleischig, aromatisch; Brstl.
kurz u. dick. Endsp. d. Szw. hellgrün, kahl. Bl. gross, rund,

jung stark glänzend; Endz. scharf-gespitzt; Bldt. kurz u. dick, borstig. Rfzt. fast spät. — Frankreich. 1836. *B. u. M.* 198. *T.* 62. *B.* 127. I.!! T.

II. Stamm (Tribus).

Süssweinrebenartige. Ornithariae.

Blatt wollig oder zottig.

(Ur- oder Stammart: Vitis vinifera; *L.*)

6. Sapidusia.

Beeren rund oder etwas länglich, hellfarbig, gelb, grünlich oder weiss.

(*46*). Traube klein, einfach oder ästig, dicht u. locker, gleichbeerig. Traubenstiel meistens kurz. Beeren klein, dick- u. hart- selten dünnhäutig. Blattendzahn nicht zugespitzt.

80. Kleiner Riesling; *Somm.* 1. Sap. pusilla. Riessling; im ganzen Rheinthale, am Main, an der Mosel u. in Würtemberg. Weisser Riessling, Klingelberger, Krauses, Rössling; am Main. Rieslinger, Riesler, rothstieliger Riesling u. Rissling, Rössling; an der Mosel Rössling; an der Bergstrasse. Oberkircher, Gewürztraube, Klingenberger, Klingelberger, ächter Klingelberger, Niederländer; in Oberbaden. Feinriesling; in Rheinhessen. Grüner Keisler, Rissling; in Würtemberg. Johannisberglcr; bei Winterthur in der Schweiz. Dürensteiner; an der Enz. Rheingauer, Hochheimer, Oberländer neu Gewächs, grosser u. kleiner Riesling, Riessling, Rissling, petit Rissling; im Elsass. Grünelbling; bei Mündelheim am Nekar. Rüssel; an der Aar. Rösslinger; bei Erfurt. Krausses, Weiss Riesling, Rössling; bei Würzburg. Riessler, Rieslinger; in Oesterreich. Kleiner Samen, Riesling; in Mähren. Pfefferl, weisser kleiner Riesling, weisser Stock, weisser u. kleiner Muskateller; in Steiermark. Grachevina; in Illyrien. Clairette de Limaux et Limoux, Russing, Rissling, petit Rissling; in Frankreich. Gewürzriesling, grosser Riesling, Gröbriesling; in Gärten. White Rissling, Schloss Johannisberg, Rüdesheimerberg, Gräfenberger, grüner Reissler; *Cat. Lond.* Rüssling; *Spr.* — *Fränk. Samml.* Gelber Riesling; *Brchl.* Kleiner Riesling aus dem Rheingau; *Walth.* Grüner Reisler; *Hölbl.* Riesling; *Chr. p. II.* Kleiner weisser. Rissling; *Fisch.* Weisser Riesler; *Lgl. s. A.* Weisser Rissling; *Gk.* Weisser Riesling; *B.* Weisser kleiner Riessling; *M.* Kleiner Riess-

ling, Reissler, Uva pusilla; *Ht.* Weisser Riesslinger, Riessler; *Htl.*
Rheingauer Riessling: *Mhr.* Kleiner Rüssling, Rossschwänzl; *Frg.*
Plinia rhenana, rheinische Pliniustraube: *Burg.* Vitis pusilla; *Dierb.*
Vitis vinifera var. pusilla; *Schübl.* Pusillaria rhenana, rheinländischer
Kleinstock; *Hlbk.* Rheinischer Riessling; *Dochn. W.* — Rbstck. klein.
Tr. kurz, meistens ästig; Trstl. dick, steif u. holzig, sp. sehr
brüchig. Br. kugelig, grünlich-hellgelb, schwarz punktirt,
schwach weissgrau beduftet, fleischig, scharf süss-sauer, sp.
scharf-süss u. sehr aromatisch; Brstl. kurz u. dick, grob-
warzig. Bl. dick, rauh, runzelig u. blasig, zum Theil tief eingeschnitten; Blstl. dick, zottig u. rauhborstig. Rfzt. spät. —
Rheingau. Schon über 500 Jahre daselbst angebaut. 1766 u. früher.
B. u. *M.* 154. *T.* 46. — *B.* 466. I. T. I!!! W. in passender Lage.
   81. **Grosser Riesling**; *Spr.* 2. Sap. pusilla major. Grüner
u. grosser Riessling; an der Mosel. · Grosser oder Grobriessling; am
Rhein. Grober Rüssling u. Rössling; am Main. Grüner oder Grob-
Riesling; *Brchl.* Grosser weisser Riessling; *M.* — Aehnlich dem vorhergehenden. Rbstck. weniger fruchtbar. Tr. grösser. Bl. stum-
pfer gezahnt; Blstl. etwas grüner. — Vom Rheine. 1766. *M.* 87.
II. T. II W.
   82. **Gelber Riesling**; *B.* 3. Sap. pusilla lutea. Merler Reis-
ling: an der Mosel. — Aehnlich dem ehevorigen. Rebholz u. Br.
gelber. Rfzt. etwas früher. — Von der Mosel. 1844. *B.* 475. II
T. I!!! W.
   83. **Grüner Riesling**; *B.* 4. Sap. pusilla viridis. — Aehnlich Nr. 80. Br. länger grün bleibend u. weniger gewürzhaft.
Rfzt. später. — Rheingau. 1844. *B.* 475. II. T. I! W.
   84. **Rothstieliger Riesling**; *B.* 5. Sap. pusilla rubripes. —
Ueppigere Varietät von 80. Rebholz geröthet. Blstl. roth. —
Rheingau. 1844. *B.* 476. III. T. I. W.
   85. **Wilder Riesling**; *B.* 6. Sap. pusilla spontanea. —
Aehnlich Nr. 80. Rebstock sehr fruchtbar. Tr. geringhaltig.
— Von der Mosel. 1844. *B.* 476. III. T. I. W.
   86. **Schütterbeeriger Riesling**; *B.* 7. Sap. pusilla inanis.
— Verkrüppelte Varietät von 80. Tr. lockerer. — Vom Rheine.
1844. *B.* 476. III. T. II. W.
   87. **Fränkischer Grünling**, weisser Grünling; *B.* 8. Sap. franconica. Grünling, Edelfranke, Adelfranke; in Franken. Grünfränki-
sche; in Sachsen. — Rbstck. sehr lebhaft u. fruchtbar. Tr. einfach, walzenförmig; Trstl. oben dick. Br. rundlich, gelbgrün, durchscheinend, braun punktirt, grau beduftet, kleinnarbig,
süss; Brstl. lang u. sehr dünn. Endsp. d. Szw. grün, weisswollig. Bl. oberseits dunkelgrün, unterseits gelbgrün, rund, ziemlich tief eingeschnitten, flach; Blstl. einzeln fein-borstig. Rfzt. mittlere. — Franken. 1844. *B.* 183. II. T. I! W.
   88. **Weisser Traminer**; *M.* 9. Sap. traminea. Grosser u.
weisser Traminer, Gänsfuss, Trummerer, Dreimänner, Dreipfennigholz, Franke, Fränkisch, Fränkischer, Franken; am Rheine u. bei

Würzburg. **Fräntsch, weisser** Dreimänner, Tramäner u. Trumänner; am Haardtgebirge. Gänsfuss, weisser u. blanker Burgunder; in Sachsen. Grünedel, Fräntsch; im Elsass. Schleitheimer, Grünedel; am Bodensee. Printsch‚ grauer Printsch, Bily Trumin, bjla Liworá; in Böhmen. Auvernat blanc; in Frankreich. Forment, Formentin blanc; *Spr.* Weiss- oder Gutblanc; *Elss.* Trummerer; *S. Wb.* Weisser Ungarischer; *Dttch.* Traminea oblongata, länglichbeeriger Traminer; *Hlbk.* — Tr. **kurz**; Trstl. dick, steif u. holzig. Br. etwas länglich, **hellgrün** durchscheinend u. geadert, **stark grau beduftet,** klein **rostnarbig**; Brstl. **kurz** u. **dick**. Endsp. d. Szw. gelbgrün u. röthlich. Bl. **rauh** u. **blasig, wenig** eingeschnitten, oberseits **dunkelgrün** u. loswollig, unterseits bläulich graugrün, **sehr zottig, fast** filzig; Blstl. warzig, **geröthet**. Rfzt. ziemlich früh. — Franken. Rheingau. 1766. *B.* u. *M.* 238. *T.* 72. — *B.* 193. I. T. I!! W.

89. **Weisser Kleinedel**; *B.* u. *M.* non *M.* 10. Sap. **nobilis.** Weissedel, Grünedel, Weissklävner; im Elsass. Kleinedel; in Oberbaden. Gros blanc, Burot, Auvernas blanc; in Frankreich. Weisser Clävner; *Walth.* Auvernas blanc; *Spr.* — Rbstck. **stark.** Tr. **kurz,** walzenförmig; Trstl. **dick** u. **zart**, ober dem Knoten **dünner.** Br. rundlich, **gelblich, schwarz** punktirt, **schwach grau** beduftet, tiefnarbig, etwas **wässerig-süss**; Brstl. **kurz, gleichdick,** dunkelgrün u. beduftet. Endsp. d. Szw. hellgrün, **wollig**. Bl. **wenig** eingeschnitten, oft **blasig**; Blstl. **dick, borstig**. Rfzt. mittlere. — Oberrhein. 1766. *B.* u. *M.* 216. *T.* 70. — *B.* 253. I! W.

(47). Traube ziemlich gross, oben **ästig,** dick, **gleichbeerig.** Traubenstiel **kurz** u. **dick.** Beeren **dünn-** u. **feinhäutig,** saftvoll u. **süss.** Blatt **mittelgross,** fast **ganz.**

90. **Weisse Wilhelmstraube**; *B.* 11. Sap. **Wilhelmea.** — Br. **gelblich, weiss** beduftet, **punktirt, kleinnarbig, sehr süss**; Brstl. **kurz** u. **dick, warzig** u. **punktirt.** Endsp. d. Szw. **kahl,** weisslich. Bl. rundlich, etwas runzelig, oberseits **hellgrün** u. neben **hellgelblich** gefleckt; Endz. kuppelförmig; Blstl. **dick** u. **sehr kurz,** hellgrün, meistens glatt. Rfzt. **früh**. — Frankreich. 1844. *B.* 197. I! T. I. W. Spalier.

(48). Traube **mittelgross, dicht, kurz, ästig, gleichbeerig.** Traubenstiel **kurz.** Beeren **mittelgross, dünn-** u. **feinhäutig.** Blatt **gross, wenig** eingeschnitten.

91. **Muskat-Sylvaner,** weisser Muskat-Sylvaner; *B.* u. *M.* 12. Sap. **moschata.** Feigentraube, Muskose, Olivette, Muskat Olivette; in Samml. Heremitage; in Franken. Clairet de Limoux; in Frankreich. — Tr. **doppelbeerig** gedrängt; Trstl. **sehr kurz,** dick. **steif** u. **holzig, dunkelgrün, schwarz** p., knoten-früchtig. Br. rundlich, etwas stielspitz, hellgrün, **stark grau** beduftet, **schwarz** punktirt, kleinnarbig, **müskirt**; Brstl. **kurz** u. **dick, hellgrün, stark warzig.** Endsp. d. Szw. **dunkelgrün, wollig.** Bl. **hin** u. **her gebogen,**

oft duttenförmig; Endz. halbkuppelförmig. Rfzt. mittlere. — Frankreich. 1836. *B. u. B.* 113. *T.* 28. — *B.* 199. I!! T. L W. In geschützte Lage u. guten Boden.

(*49*). Traube gross, lang, locker, ästig, ungleichbeerig. Traubenstiel kurz u. steif. Beeren klein, dünnhäutig u. dünnsaftig, süss. Endzahn halbkuppelförmig. 92. **Weisser Veltliner**; *M.* 13. Sap. austriaca. Grüner u. weisser Muskateller; in Oesterreich. Weisser Muskateller; in Steiermark. Bela dinka; in Sirmien. Weisser Raifler; *Spr.* (Weisser Reifler; *Dttch.*) Weisser Veltliner; *Gk.* Muscat verd; *Frg.* Grüner Weissgypfler; *B.* Plinia austriaca, österreichische Pliniustraube; *Burg.* — Rbstck. sehr fruchtbar. Trstl. sehr kurz, wie geknickt. Br. rundlich, schwach gelb-grün, grau-weiss beduftet, wenig punktirt, sehr kleinnarbig; Brstl. lang u. dünn. Endsp. d. Szw. weisswollig. Bl. mittelgr., rund, flach, kurz- u. weit-buchtig eingeschnitten. Rfzt. mittlere. — Oesterreich. 1766. *B. u. M.* 208. *T.* 66. — *B.* 211. II.

(*50*). Traube ziemlich gross, locker, wenig ästig, gleichbeerig. Traubenstiel lang u. dünn. Beeren mittelgross, dünnhäutig, scharf-süss. Blatt wenig eingeschnitten. 93. **Weisser Hängling**; *Spr.* 14. Sap. pendula. Häussler; in Würtemberg. Pinquant Paul; in Frankreich. (Pendula; *Spr.*) Vitis vinifera var. pendula; *Schübl.* — Tr. walzenförmig; Trstl. zart u. biegsam. Br. rundlich, etwas stielspitz, gelbgrün, grau beduftet, etwas vertieft grossnarbig; Brstl. kurz u. dünn. Junges Rebholz stufig, älteres etwas stufig; Endsp. d. Szw. gelb-grün, zottig. Endz. halbkuppelförmig. Rfzt. mittlere. — Würtemberg. 1766. *B. u. M.* 214. *T.* 69. — *B.* 214. I. T.

(*51*). Traube gross, ästig, dicht, manchmal locker, gleichbeerig. Beeren gross, dick- u. harthäutig, säuerlich.

94. **Rostige Malanstraube**, weisse Malanstraube; *B.* 15. Sap. sphacelata. Grosser Räuschling; in der Schweiz. — Tr. pyramidalisch, doppelbeerig; Traubenstiel-Knoten feinhaarig. Br. rundlich, gelb-grün, etwas beduftet, stark punktirt, sw. stark rostig, etwas vertieft grossnarbig, aromatisch; Brstl. lang u. dick. Endsp. d. Szw. weisswollig. Bl. gross, nicht tief eingeschnitten; Endz. halbkuppelförmig; Blstl. roth gestreift. Rfzt. früh. — Schweiz. 1844. *B.* 224. I! T. u. W. In geschützte Lage.

(*52*). Rebstock stark. Traube gross, ästig, dicht, meistens ungleichbeerig. Beeren gross, dünn- u. fein-häutig. Blatt gross. 95. **Weisser Elben**; *B. u. M.* 16. Sap. albuelis. Kleinbeer, Kleinberger; im Rheingau. Klamber, Kleinberger, Kleinbeer, Kleinber, Kleinbeere, Klämmer, Kleinelben; im Moselthale. Weiss-Alben, Weissalbe, Albe, Albig; am Haardtgebirge. Elbische, weisser Elbinger, Elbling, weisser Elbling, Weisselbling, Methling, Klammerle, Franken, Grober, Grobes, Süss-, Grau-, Gelb- u. Hartgrobes; im Mainthale. Elbinger, weisser Elbinger; in Sachsen. Kristeller, Kristaller; an der Tauber. Elben, weisser Elbling: am Neckar. Elbling, weisser Elbling, Weissalbe, Weisselbling, Spitzelbling; an der Bergstrasse. Elber, Elbele, Weisselber, Elbner, Elbener, Weisselbene, Elbinger, Weissalben, Dickelbele, Burger, Burgauer Elmene, Rheinelbe, ordinäre Elbele, Weisser, weisser Elbling, Weisselbig, Weisselbling, weisser Sylvaner; in Oberbaden u. am Bodensee. Burger, weisser u. geschlagter Burger; im Elsass. Elben, Elbig, Albig, Weisselben; in Würtemberg. Wolfgestraube, Elveling; in Kurhessen. Züritraube, Burger, Nässlinger, Niesslinger, weisse Grobe, Weissgrobe, Taschner, fauler Elsasser, Stüsslinger; in der Schweiz. Elbling; in Norddeutschland. Silberweisse, Elben, Weisselben, Braunes, Grobes, Mehlweiss, grüne Mehlweisse; in Oesterreich. Weissstock, deutscher Stock, Silberweiss, Mehlweiss, Kurzstingl, Kurzstengel, zäher Nürnberger, kurzstieliger Albe, Belina, weisse Belina, Blesez, Pezhegg, Pezhek, Blesez, Luttenbershna, Luttenbergschna; in Steiermark. Silberweiss, weisse Silberweiss, Bielowaczka, Elwjn, Tarant bjly, Morawka; in Böhmen. Tejer Scölö: in Ungarn. Fendant; am Genfer See. Ximenes, Pedro Ximenes, Pedro Ximen, Rimenes, Raisin pero Ximenes; in Spanien. Allemand, Allemand blanc, Argentin, Vert doux, Facun, Facun blanc, le gros, Gouais, Gouas, Gouais blanc, Raisin perlé, Mouillet, Gros blanc, Bourgeois, Marmont vert, Verdin blanc, Plant Madame, Gemeines, Weisselbling, weisser Burger, Burger blanc; in Frankreich. Albana; in Italien. Mutter Else, weisser Trollinger, Elberling, weisser Allemand, Elbing, Elben vom Rhein; in Gärten. Weisser Elbling; *Fisch.* (Braune; *Suck.*) (Elbricht, Braune, Hosentrompeter, Allemand blanc; *S. W.* Weisselben, Allemand, Kleinberger; *Spr.* Weisse Elbene; *Klb.* Weisser-Elbling; *Gk.* Elblinge; *Fränk. Samml.* Grüne Burgundertraube; *Rth.* Grüner Mehlweiss; *Htl.* Tejer Szöllö; *Schams.* Braunes; *Hölbl.* Gouais, Gouèt blanc; *Chapt.* Weisser oder blanker Heunisch; *Chr. p. H.* Weisser Alben; *M.* Weisser Elbe; *B.* Albuelis: *Columella.* Isidora brachypus: *Vst.* Vitis albuelis, Alben: *Dierb.* Vitis vinifera var. albuelis; *Schübl.* Isidora nobilis, edle Isidortraube; *Burg.* Isidora brachypus, kurzstielige Isidorsrebe; *Hlbk.* Albana; *Ac. —* Trstl. dünn u. biegsam, roth überlaufen u. schwarz p., dick-knotig. Br. rundlich, oft etwas stielspitz, gelb-grün durchscheinend, schwach beduftet, schwarz p. u. sw. oft stark gebräunt, kleinnarbig, wässerig-saftig, ohne Aroma; Brstl. kurz u. dick, in der Mitte dünner, warzig. Endsp. d. Szw. kahl, röthlich. Bl. gebogen, oft blasig, gross- u. einfach-gezahnt, nicht stark eingeschnitten; Endz. halbkuppelförmig; Blstl. sehr kurz, stark geröthet, kurz rauh-borstig. Rfzt. mittlere. — Italien. Von den Römern eingebracht. Schon vor Christi Geburt bekannt u. allgemein

.verbreitet. *Gk.* 35. *T.* 9. — *B. u. M.* 58. *T.* 14. — B. 229. I! T.
u. W. Sehr lebhaft u. dauerhaft.

96. Grober Elben, grüne Alben; *Brchl.* 17. Sap. albuelis
dentata. Rammler, Rammelter Albe, Grün- u. Spitzalbe, Grobes; am
Haardtgebirge. Kerbige Kleinberger; an der Nahe. Risser, Spitzklein-
berger, Pranger; im Rheingau u. Oberbaden. Spitz- u. Grobelbling,
Bettschisser; an der Bergstrasse. Elbling, Krauses, Grobes, Grün-
grobes; am Main. Rauchelbeere; in Würtemberg. Röhrelbling; am
Neckar. Grobburger, Rauchelben; im Elsass. Schnödweisse; in
Steiermark. Gross-Elbinger; *Chr. Wb.* Weisser Grobalben; *M.* —
Dierb. Grobelbling; *Gk.* Rauch-Elbe; *Klb.* Grobalbe; *B.* — Aehn-
lich dem vorhergehenden. Tr. lockerer. Br. wässeriger. Bl.
lang gezahnt, tiefer eingeschnitten. — 1781. *B. u. M.* 64. *T.* 15.
— *B.* 235. I. T. u. W.

97. Gelber Elben; *B.* 18. Sap. albuelis xanthocarpa.
Gelbelbling; an der Bergstrasse. Gelber Elbe, Grobelber, kleiner
Elbe, Gelbelbling; im Breisgau u. am Neckar. Schlechter Albe,
gelber Weissalbe, Gelbalben, Gelbalbig, Alben, Albig, gelber Alben;
am Haardtgebirge. Gelbgrobes, Gelbelbling, Gelbelbische, Elbische;
am Main. Grüner Hähnisch; bei Gelnhausen. Kleinburger, Kleinberger; im Elsass. Lausanet, Gelbelbe; *Spr.* Kleinolbinger; *Chr. Wb.*
Gelbe Elbene; *Klb.* Gelbe Alben; *Brchl.* Gelber Alben; *M.* Gelb-
Alben; *Dierb.* Gelbelben; *Walth.* Gelber Elbling; *Gk.* — Varietät
des chevorigen. Rbstck. in allen Theilen gelber. Br. gelb, etwas
früher reifend. — 1766. *B.* 237. I! T. u. W.

98. Harter Elben; *B.* 19. Sap. albuelis duriuscula. Hartalben, harter Elben, Alben u. Albe; am Haardtgebirge u. im Elsass.
Hartgrobes; am Main. Hartalben; *M.* Harter Elbling; *Gk.* — Varietät von 95. Br. harthäutiger, sonst gleich. — 1827. *B.* 238. I. T. u. W.

(53). Traube mittelgross, ästig, kurz, gleichbeerig.
Beeren klein, dick- u. harthäutig, dünn- u. süsssaftig.

99. Kleine Sprengertraube, grüne Panse; *B.* 20. Sap. microcarpa. Panse commune: in Frankreich. — Tr. mehrtheilig; Trstl.
kurz u. dick, oben dicker, knoten-früchtig. Br. sehr klein, rundlich, grün-gelb, fein p., weiss beduftet, braunnarbig; Brstl. lang
u. dünn. Endsp. d. Szw. weisswollig. Bl. mittelgr., uneben,
zurückgebogen u. flach, fast ganz; Endz. halbkuppelförmig; Blstl.
dick, loswollig, warzig. Rfzt. spät. — Frankreich. 1844. *B.*
224. II.

(54). Rebstock mittelstark. Traube gross, dicht, gleichbeerig. Traubenstiel lang u. dünn. Beeren mittelgross,
dickhäutig u. hartfleischig, süss.

100. Dichte Huhntraube, weisser Pique poule; *B.* 21. Sap.
conferta. Pique poule blanc; in Frankreich. — Tr. gedrungen.
Br. grünlich-gelb; Brstl. kurz u. dick. Endsp. d. Szw. roth, wenig
bewollt. Bl. mittelgr., dick u. steif, rauh u. runzelig, tief u.

ungleich eingeschnitten; Endz. halbkuppelförmig; Blstl. dünn, borstig. Rfzt. spät. — Frankreich. 1844. *B.* 247. II.

(55). Rebstock **stark.** Traube **gross** u. mittelgross, meistens ästig, **locker,** manchmal ziemlich dicht, **pyramidalisch.** Traubenstiel **kurz.** Beeren **gross** oder **mittelgross,** kleinnarbig, dünnsaftig u. dünnhäutig.

101. **Elben-Gulard,** weisser Gulard; *B.* 22. Sap. albuelacea. Gromier de Cantal, Gulard; in Frankreich. — Tr. ziemlich dicht, ungleichbeerig; Trstl. dünn u. zart, knoten-früchtig. Br. rundlich, etwas stielspitz, **gelb,** grauweiss beduftet, schwarz p., vertieft-kleinnarbig, wässerig; Brstl. **kurz** u. **dick,** sehr fein-warzig, dickwulstig. Endsp. d. Szw. hellgrün, fast kahl. Bl. **gross,** dick u. rauh, sehr verschieden eingeschnitten; Blstl. rauh. Rfzt. mittlere. — Frankreich. 1844. *B.* 251. I. T. u. W.

102. **Weisser Kracher;** *Tr.* 23. Sap. nitida. Weisse Kauka, kleiner Plavez, grüne Lipovshina; in Steiermark. — Tr. **gross;** Trstl. gelblich-grün. Br. **kugelig,** gelblich-grün, glänzend, weissduftig, fein p., wässerig, ziemlich wohlschmeckend; Brstl. **kurz** u. **dick,** dickwulstig, wenig warzig, fast glatt. Bl. **gross,** dick, glatt, 3spitzig; Endz. zugespitzt; Blstl. glatt. Rfzt. mittlere. — Steiermark. 1841. *B.* 586. II.

(56). Traube mittelgross, kurz, walzenförmig, seltener ästig, dicht, gleichbeerig. Beeren klein, süss. Blatt wenig eingeschnitten.

103. **Weisser Clävner;** *B.* 24. Sap. clavenoides. Weisser Rolander, Ruhländer, Rolänner, Rulänner u. Rulander; am Haardtgebirge. Weissarbst; in Oberbaden. Weissgelber Clävner; in Würtemberg. Melier, Dauncrie, Pineau blanc, Chardenay, Auvernas blanc, Chardenet, Maurillon blanc, Noirien blanc, Savignien blanc, Sauvignon blanc, Daune, Mornain, Maconnais, Plant de Breze, Pinet blanc, Meunier blanc, Aligoté, Epinette, Blanc de bonne nature, Blanc de Champagne, Arnaison blanc, Fin blanc d'oré, Plant d'oré, Blanc d'oré, Morillon, Blanc daune; in versch. Geg. Frankreichs. Maurillon blanc, frühe weisse Magdalenentraube; *Chapt.* Weissgelber Klevner; *Gk.* Weisser Klevner; *Tr.* — Tr. gedrungen; Trstl. **kurz, dick,** steif u. holzig, hellgrün, warzig, narben-knotig. Br. rundlich, hellgelb, schwach beduftet, schwarz p., oft etwas röthlich gefl., kleinnarbig, aromatisch-scharf-süss; Brstl. **lang** u. **dick,** hellgrün, grobwarzig. Endsp. d. Szw. gelbgrün, etwas wollig. Bl. flach, unterseits wenig bewollt; Endz. spitz; Blstl. kahl. Rfzt. früh. — Frankreich. 1804. *B.* 265. I. T. I!! W.

104. **Echter weisser Burgunder;** *Tr.* 25. Sap. burgundica. Gentil, Plant Gentil, französischer weisser Burgunder; in Samml. Gros blanc; in der Champagne. — Trstl. **kurz.** Br. rund, schwarz p., sw. oft gebräunt, braun u. grossnarbig, wohlschmeckend; Brstl. **kurz** u. **dick, sehr** warzig u. durchaus rostig. Bl. etwas fal-

tig, in dem Stielpunkte bei den Winkeln der Blattrippen schneidig-faltig, unterseits borstig, fast nackt, wenig nervenwollig. Rfzt. ziemlich früh. — Frankreich. 1841. *Tr.* 199. II. T. I! W.

(57). Traube gross, lang, locker, ästig, ziemlich gleichbeerig. Traubenstiel lang. Beeren gross, dickhäutig, süss. 105, **Grüner Olwer;** *B. u. M.* 26. Sap. incisa. Olwer, Oberländer; im Elsass. Hammelsschwanz; bei Caub am Rhein. Kleinedel; in der Ortenau. Olwer; *Stolz.* Weisser Kleinedel; *M.* — Rbstck. schwach. Trstl. dünn. Br. rundlich, gelb-grün, hell-aderig, kleinnarbig, wohlschmeckend; Brstl. warzig, kurz u. dünn. Endsp. d. Szw. etwas zottig. Bl. sehr tief eingeschnitten, lappig u. gespalten; Endz. spitz; Blstl. warzig, dunkelgrün gefurcht. Rfzt. spät. — Elsass, Rheingau. 1827. *B.* 502. II.

106. **Weisse Königstraube;** *Tr.* 27. Sap. regalis. Prunyéral; in Steiermark. Imperatoria leviter-incisa, kurz eingeschnittene Imperialrebe; *Illbk.* — Rbstck. sehr stark u. fruchtbar. Tr. sehr gross, langästig, zottig, hängend; Trstl. lang, röthlichgelb. Br. rundlich, etwas oval, gelblich-grün, sw. weissgelb, sehr fein punktirt, grau- u. grossnarbig, wohlschmeckend; Brstl. dünn u. lang, sehr warzig. Bl. rund, mitteltief eingeschnitten, mit geschlossener Stielbucht; Blattrippen gelb, stark borstig; Blstl. selten etwas röthlich. Rfzt. mittelfrüh. — Frankreich. 1841. *Tr.* 20. I! T. Sehr dauerhaft. Für hohe Spaliere.

107. **Feigenblättrige Imperialrebe;** *Tr.* 28. Sap. caricaefolia. Weisser Imperial, Riesenweiss; in Steiermark. Imperatoria caricaefolia; *Illbk.* — Rbstck. baumartig. Tr. sehr gross, oft 1' lang u. 3—5 Pfund schwer, sehr ästig; Trstl. dünn, gelblich-grün. Br. sehr gross, rundlich, gelblich-weiss, etwas beduftet, sw. rostfleckig, aderig durchscheinend, grau- u. klein-narbig; Brstl. dünn u. lang, wenig warzig. Bl. gross u. dick, tief 5—7lappig, offenbuchtig, kurz- u. stumpf-gezahnt; Blattrippen gelb, weiss-borstig; Blstl. dick, glatt, nach unten sehr verdickt, sw. röthlich. Rfzt. spät. — Steiermark. 1841. *Tr.* 19. I! T. An Wandspalieren eine Prachtfrucht!

(58). Traube gross, einfach u. ästig, lang, pyramidalisch. Traubenstiel lang u. dick. Beeren mittelgross, dünn- u. zarthäutig, dünnsaftig, süss.

108. **Grüner Langstieler;** *B. u. M.* 29. Sap. pedunculata. Claveux, Innominata; in Frankreich. Grüner Claverie; *B.* — Tr. meistens einfach u. ungleichbeerig; Trstl. sehr lang, dick u. zart, hellgrün, warzig, schwarz p. Br. kugelig, hellgrün, schwach beduftet, erhoben-grossnarbig, Isamig; Brstl. kurz u. dick, grobwarzig. Bl. mittelgross, nicht tief geschlitzt, von den Seiten gegen die Mitte stark vorwärts gebogen, dick u. hart; Blattnerven unterseits warzig, fast kahl; Endz. kuppelförmig; Blstl. kahl.

Rfzt. mittlere. — Frankreich. 1836. *B. u. M.* 144. *T.* 43. — *B.* 443. II.

109. **Gelber Plavez**; *Tr.* 30. Sap. Plavezia. Plavez, Debeli Klesbiz; in Steiermark. Plavezia dulcis, angenehme Plavezrebe; *Hlbk.* — Br. rundlich, meistens stielschmal, hellgelb, weiss beduftet, stark durchscheinend, sehr fein punktirt, rostnarbig, sw. gebräunt, sehr wohlschmeckend; Brstl. dick, warzig. Bl. gross, rund, 3spitzig, oft ganz; Blstl. hellroth, stark weisswollig. Rfzt. mittlere. — Steiermark. 1841. *Tr.* 66. I! T. u. W. Dauerhaft!

(59). Rebstock mittelstark. Traube klein, sehr dicht, meistens einfach, ungleichbeerig. Beeren klein, dünnhäutig u. dünnsaftig, süss. Blatt ganz.

110. **Früher Burgunder**; *M.* 31. Sap. praecox. Früher Morillon, Hâtif de Fonteneau; im Elsass. Kleiner weisser früher Burgunder; *Gk.* Früher weisser Burgunder; *B. u. M.* — Tr. gedrungen, walzenförmig, etwas kleinästig; Trstl. kurz, oberhalb des Knotens dünner, hellgrün, röthlich gefl. u. schwarz p., kahl u. glänzend. Br. rund, gelb-grün, schwarz p., hart kleinnarbig, sehr süss, ohne Aroma; Brstl. kurz u. dünn, dickwulstig. Endsp. d. Szw. gelb-grün, weisswollig. Bl. oft gelblich oder gelb gefleckt; Endz. lang halbkuppelförmig: Blstl. lang, rippig, kahl. Rfzt. früh. — Frankreich. 1827. *B.* 450. I. T. I!! W. In geschützte Lage.

111. **Kurzstieliger Champagner**; *M.* 32. Sap. campana. Kleiner Heinsch; an der Bergstrasse. Trappler; bei Speyer. Gelber Schimper; im Elsass. Princ, Brinzt, Brinscht; in Böhmen. Kleiner weisser runder Burgunder; *S. Wb.* Vitis campana, Champagner; *Dierb.* — Tr. kurz, manchmal ästig oder 2theilig; Trstl. sehr kurz, dick u. holzig, knoten-früchtig. Br. gelb-bräunlich, braun p. u. etwas rostfleckig, weisslich beduftet, ohne Aroma; Brstl. kurz u. dick, sehr warzig. Endsp. d. Szw. hellgrün, wollig. Bl. dick u. steif, eben u. flach, oft von den Seiten gegen vorn zusammengelegt, gegen den Herbst gelb marmorirt; Endz. spitz; Blstl. kurz, kahl u. glänzend. Rfzt. mittlere. — Baden, Elsass, Böhmen etc. 1811. *B. u. M.* 164. T. 47. — *B.* 499. II. T. I! W.

(60). Traube gross, locker, ästig, pyramidalisch, gleichbeerig. Beeren mittelgross, dünnhäutig u. dünnsaftig. Blatt gross, wenig eingeschnitten.

112. **Weisser Melon**; *B.* 33. Sap. geniculata. Weisser u. später Burgunder; in Gärten. — Trstl. kurz u. steif, am Knoten in einen Winkel gebogen, dunkelgrün, gefurcht. Br. gelb-grün, wenig punktirt, schwach grau beduftet, kleinnarbig, etwas süss; Brstl. lang, gleich-dünn, flach-wulstig. Endsp. d. Szw. grün, kahl. Bl. dick, blasig u. runzelig, flach; Endz. lang halbkuppelförmig; Blattnerven unterseits rothrostig: Blstl. gefurcht u. warzig. Rfzt. mittlere. — Frankreich. 1844. *B.* 461. I. W.

(61). Traube mittelgross, dicht, ästig, ungleichbeerig.
Traubenstiel kurz. Beeren klein, süss. Blatt wenig eingeschnitten.

113. Weisser Fütterer; *B. u. M.* Fürterer; *Spr.* 34. Sap.
nicarina. Fürderling, Füderling, Fünderling, *Fürderer, Missethäter,*
Wiesentaiter, Wiesentheider, Wiesendeuter; in Würtemberg. Förderer,
Förderling; im Enzthale. Burgauer; in der Schweiz. Vitterer; bei
Pforzheim. Fütterling; bei Heidelberg. (Fürterling; *Spr.*) Fürder,
Fürderling, Wisenhader, Heubacher; *S. Wb.* Förderer, Förderling,
Visitator; *Ht.* Weisser Fürterer; *M.* — *Gk.* Förderer, Förderling,
Wisetriter; *Klb.* Vitis vinifera var. nicarina, Fürtherer, Wiesetheider;
Schübl. Vitis nicarina, Fütterling, Heubacher: *Dierb.* Vitis Nicarina,
Fürterer, Raisin de Necker; *Gk.* — Tr. doppelbeerig; Trstl. sehr
kurz, dick, steif u. holzig, dick-knotig. Br. kugelig, gelb-
grün, wenig geadert, grau-grün beduftet, fein schwarz p., hart-
kleinnarbig, dick- u. harthäutig; Brstl. kurz, gleich-dünn,
grau beduftet. Endsp. d. Szw. fast kahl. Bl. eben, meistens flach,
dünn u. weich, oberseits oft woll-büschelig; Endz. lang halbkuppelförmig; Blstl. glatt, stark geröthet. Rfzt. mittlere.— Neckargegend.
Würtemberg. — 1766. *Gk.* 40. *T.* 10. — *B. u. M.* 141. *T.* 42. —
B. 464. I. W.

(62). Rebstock schwach. Traube klein, dicht, manchmal locker,
gleichbeerig. Beeren klein, dünnhäutig u. dünnsaftig,
süss.

114. Grüner Ortlieber; *M.* 35. Sap. Ortliebii. Viganne,
Faigneau, Morvegue, Rochelle blanche; in Frankreich. Sauvignon;
in Samml. Rochelle blanche; *Roz.* Weisse Roschellertraube; *Chapt.*
Kleiner grüner Ortlieber; *Gk.* Weisse Rochelle; *B.* — Tr. etwas
walzenf.; Trstl. kurz, dick, zart, grau beduftet. Br. kugelig,
etwas stielschmal, hellgelb-grün, schwach grau beduftet, hart- u.
rost-narbig; Brstl. kurz u. dick. Endsp. d. Szw. dunkelgrün,
wollig. Bl. mittelgross, hellgrün, wenig eingeschnitten, unterseits sehr wenig behaart, dünn u. weich; Endz. lang halbkuppelförmig; Blstl. lang u. kahl. Rfzt. mittlere.— Frankreich. Neckargegend. 1804. *B.* 479. I! W.

(63). Rebstock stark. Traube klein, locker, oben ästig, sehr
ungleichbeerig. Beeren klein, hart- u. dünnhäutig,
säuerlich.

115. Weisse Corinthe; *B. u. M.* 36. Sap. corinthiaca.
Aspirant sans pepin, blanc et blanc sans pepin, Corinthe blanc, Bordelais, grosse Corinthe, Kernloser; in Samml. Grosse Corinthe; *M.*
Weisser Aspirant; *B.* — Tr. hängend, pyramidalisch; Trstl.
oberhalb des Knotens dünner u. steif, unterhalb dick u. biegsam, etwas schmutzig geröthet. Br. sehr klein, weiss beduftet,
sehr durchsichtig, fein p., kernlos; Brstl. sehr dünn, nach
oben zunehmend dicker, fein-warzig, fast glatt. Endsp. d. Szw.

hellgrün, wollig. Bl. gross, wenig eingeschnitten; Endz. spitz; Blstl. fein-borstig. Rfzt. mittlere. — Griechenland. Frankreich. 1827. B. 494. I. T. Curiosität!

(64). Traube ziemlich gross, sehr dicht, gedrängt-doppelbeerig, ästig, pyramidalisch, ungleichbeerig. Traubenstiel lang. Beeren klein, dünn- u. zarthäutig. Blatt ziemlich tief eingeschnitten.

116. **Langstieliger Champagner**; M. 37. Sap. longicollis. Champagner; bei Heidelberg. Kleiner Gesche; bei Weissenburg. St. Rabier blanc, Gouais jaune et blanc, Plant salé, Plant des Sales; in Frankreich. Gelber Gouais; B. — Trstl. sehr lang, oberhalb des Knotens steif u. gerade, dann etwas gewunden, oben warzig u. gefurcht. Br. kugelig, gelb-grün, stark grau beduftet, fast unpunktirt, feinnarbig, säuerlich-süss; Brstl. kurz u. dick, warzig. Endsp. d. Szw. hellgrün, kahl. Bl. mittelgr., dünn u. weich, unregelmässig gefaltet, fast kraus; Endz. spitz; Blstl. ohne Röthe. Rfzt. spät. — Frankreich. 1827. B. u. M. 165. T. 47. — B. 518. II.

117. **Weisser Wälschriesling**; M. 38. Sap. peregrina. Weisser Elben, Züritraube; in Winterthur, am See. Meslier, Meislier de Champagne; in Frankreich. Wälschriessling, breisgauer Riessling; in Samml. Wälschrissling; Gk. Vitis peregrina, Welsch Riesling; Dierb. Italica dentata, langzähniger Wälschstock; Illbk. Gokia perdulcis, sehr süsse Gokie; Dochn. W. — Rbstck. sehr fruchtbar. Trstl., oft sehr lang, dünn, biegsam u. sich leicht drehend, nach unten gelber, narbig u. braun p., knoten-früchtig. Br. oben etwas platt, weisslich beduftet, gelb-braun punktirt u. berostet, gross rostnarbig, sehr süss, ohne Aroma; Brstl. lang u. dünn, wenig warzig, kahl. Endsp. d. Szw. hellgrün, wollig. Bl. gr., dünn, hängend, lang- u. spitz-gezahnt; Endz. lang u. dünn, etwas loswollig, unterseits roth gestreift. Rfzt. etwas spät. — Frankreich. 1827. B. u. M. 137. T. 40. — B. 593. I. T. III W.

(65). Rebstock stark. Traube gross, dicht, öfter locker, einfach, gleichbeerig. Traubenstiel lang. Beeren mittelgross, dünn- u. feinhäutig, durchscheinend, süss.

118. **Langästiger Beerheller**, weisser Beerheller: B. 39. Sap. ramosa. Bierheller; bei Heidelberg. Gelber Zierfahndler; in Untersteiermark. Beerheller; M. Beerheller Wälschriessling; Tr. -- Tr. sehr langästig, mehrtheilig, oft pyramidalisch; Trstl. dick u. zart, roth gestreift, knoten-früchtig. Br. stark grau beduftet, schwarz p., geadert u. durchscheinend, sehr angenehm süss; Brstl. lang u. dick, bläulich beduftet, feinwarzig. Endsp. d. Szw. grün, röthlich, fast kahl. Bl. dick u. weich, etwas rückwärts gelegt, nicht sehr tief eingeschnitten; Endsp. spitz; Blstl. borstig. Rfzt. ziemlich früh. — Ungarn. Steiermark. 1827. B. u. M. 139. T. 41. — B. 523. I. T. I! W. In heisse Lage.

(*66*). Traube gross, etwas locker, einfach, manchmal ästig, gleichbeerig. Beeren gross, dünnhäutig, säuerlich. Blatt wenig eingeschnitten.

119. **Grüne Schweizertraube**; *B.* 40. Sap. helvetica. Raisin suisse; in Frankreich. Frühweisser Burgunder; in Samml. — Trstl. sehr lang, dick u. zart, etwas röthlich gefleckt. Br. oben etwas eingedrückt, stark grau beduftet, schwarz p.; Brstl. lang u. dünn, bläulich beduftet. Endsp. d. Szw. hellgrün, wollig. Bl. mittelgr., etwas rauh u. blasig, unterseits stark zottig, fast filzig überlaufen; Endz. spitz; Blstl. dünn, borstig. Rfzt. mittlere. — Frankreich. 1844. *B.* 526. II.

(*67*). Traube gross, dicht, oft locker, einfach. Beeren ziemlich gross, dickhäutig, säuerlich. Blatt sehr tief eingeschnitten.

120. **Weisser Barthainer**; *Tr.* 41. Sap. barbata. Kracher, Weisser, unbekannte Weisse, Milcher, weisser Milcher, grüner Kölner, Belj javor, Mishniak, Absenger, Jauer, Javor, Jaushovez, Luttenbershna, Debeli Javor; in Steiermark. Virgilia globifera, kugelbeerige Virgilstraube; *Vst.* Vagata acetosa, sauere Vagatsrebe; *Hlbk.* — Trstl. sehr kurz, dünn u. zähe, knotenfrüchtig, fast knotenlos, sw. roth. Br. kugelig, gelblich-grün, weiss beduftet, wenig u. fein braun punktirt, grünfleischig; Brstl. lang u. dünn. Bl. gross, dünn, unterseits fein u. kurz bewollt; Blattnerven unterseits borstig; Endz. spitz; Blstl. lang, hell geröthet. Rfzt. spät. — Steiermark. 1826. *B.* 577. II.

(*68*). Traube gross, ästig, dicht, manchmal auch locker. Beeren gross, dünnhäutig. Traubenstiel kurz. Blatt sehr tief eingeschnitten.

121. **Weisser Kölner**; *Tr.* 42. Sap. fragilis. Bela Ranfolina, Beli Javor; in Steiermark. Clementea incisa, tief eingeschnittene Klemensrebe; *Hlbk.* — Trstl. sehr kurz, gelb, mürbe, leicht zerbrechlich. Br. kugelig, gelblich-weiss, weiss beduftet, grau p., grossnarbig, süss; Brstl. wenig warzig. Bl. sehr gross, dick, stark bewollt; Endz. spitz; Blstl. roth, borstig. Rfzt. spät. — Steiermark. 1841. *B.* 533. II. T. I. W.

(*69*). Rebstock schwach. Traube ziemlich gross, locker, ästig, pyramidalisch, ungleichbeerig. Traubenstiel kurz. Beeren mittelgross, etwas dickhäutig, dünnsaftig, süss. Blatt sehr stark u. weit ausgeschnitten.

122. **Falscher Riesling**, weisser Sauvignon; *B.* 43. Sap. ambigua. Hartheinsch; in Samml. Unin blanc, Matinie, Sauvignon blanc; in Frankreich. Savagnien blanc; *Chapt.* — Trstl. dünn, steif, gefurcht u. warzig. Br. gelb-grün, durchsichtig, wenig punktirt u. beduftet, grossnarbig, süss; Brstl. kurz u. gleich-dick, dickwulstig. Endsp. d. Szw. hellgrün, fast kahl. Bl. mittelgr., hell-

grün; Endz. **spitz**; Blstl. kurz, dünn, warzig, 3farbig, **warzig** u.
borstig. Rfzt. mittlere. — Frankreich. 1804. *B.* **539.** II.

(70). Rebstock stark. Traube **gross**, locker, manchmal **dicht**,
oben **ästig**, etwas ungleichbeerig. Traubenstiel **kurz**.
Beeren **mittelgross**, dünnhäutig u. dünnsaftig, säuerlich. Blatt fast **nicht** eingeschnitten.
123. **Weisser Heunisch**; *B. u. M.* 44. Sap. cathartica.
Heinsch, Hensch, saurer Kleinberger; am Niederrhein u. an der Mosel. Heinsch, weisser u. grosser Heinsch, Quadler; an der Bergstrasse. Hünsch, Hüntsch, Hinschene, Heunschler; im Breisgau.
Grober Riessling, Heunscher, Heunschler; am Neckar u. in Würtemberg. Wolfgestraube, Hähnisch; in Kurhessen. Sauergrobes, Laxier-
traube, saurer Grober, saurer Elbe; am Main. Weisser Zapfner; bei
Wien. Grobe, Weissgrobe, Braune, grüne Mehlweisse; in Oesterreich.
Weissach, Rechtweisse, Weisse, gemeine u. ordinäre Weisse, Weiss-
stock, ächte u. grosse Weisse, Grobweisse, Braune, deutscher Stock,
deutscher u. ungarischer Weinstock, weisser Burgegger, Schilcher,
Wellina, Bellina, Belina, Debela Bellina, Welka Bellina; in versch.
Geg. Steiermarks. Tener Szöllö, Fejer Szöllö, Mehlweisso, weisse
Traube; in Ungarn. Kurzstieler, Burgauer, Borzenauer, Esslinger;
in der Schweiz. St. Pierre, Grises blanc, Hintsch, Hünsch, Hüntsch,
Hinschene, Grauhünsch, Harthünsch, Rheinhintsch, Thalburger,
Grünling; in Frankreich. Heynische, Heunisch Traube, Heunisch,
grüne Heunschen; *Spr.* Weisse Bauernweinbeere, Heunischen, Gi-
uache; *Chr. Wb.* Grüne Heunischen; *Klb.* Gris blanc; *Chapt.*
Malvasir; *Rth.* Weisse Grobe: *Hölbl.* Gemeine Grobe; *Fränk.*
Samml. Weisser Heinsch; *Br. Verz.* Weisser Heinisch; *M. — Gk.*
Isidora nobilis, edle Isidorstraube; *Vst.* Vitis cathartica; *Dierb.*
Vitis vinifera var. cathartica, Heunschen; *Schübl.* — Rbstck. sehr
fruchtbar. Tr. lang; Trstl. dick, steif u. holzig, unterhalb
des Knotens dicker. Br. kugelig, hellgrün, grossnarbig; Brstl.
lang u. dünn, dickwulstig. Endsp. d. Szw. roth, kahl. Bl.
mittelgr., oberseits bräunlich dunkelgrün, unterseits graugrün
u. stark zottig, dick u. steif; Endz. spitz; Blstl. braunroth, qn-
terseits borstig. Rfzt. mittlere. — Von den Römern eingebracht.
Fast allgemein verbreitet. 1766. *B. u. M.* 54. *T.* 13. — *B.* 542. II
T. II W.
124. **Weisser Grob-Heunisch**: *Tr.* 45. Sap. cathartica
microcarpa. Schnödweisse, Mishniak, Smodika, Restrosina, Belina, Strigler; in Steiermark. — Varietät des vorhergehenden. Rbstck.
kräftiger. Br. sehr klein u. kernlos u. einzeln sehr gross.
— Steiermark. 1841. *Tr.* 58. III.
125. **Harter Heunisch.** 46. Sap. cathartica duriuscula.
Rammelter Heinsch, Hartheinsch, Härtling; am Haardtgebirge u. an
der Bergstrasse. — Varietät des ehevorigen. Br. dickhäutiger.
— Baden. II.
126. **Gelber Heunisch**; *B. u. M.* 47. Sap. lutea. Gelber

Heinsch, Quadler; an der Bergstrasse u. am Haardtgebirge. Grosser Franken; am Main. Bettschisser: im Breisgau u. im Brurhein. Gelber Hähnisch; in Kurhessen. Weisse u. kleine Belina, Deutsche, deutscher Weinstock, Braune, Mehlweiss, Shulta Belina, Drobna Belina; in Steiermark. Gelbe Hounschen, Heunisch; *Spr.* Quadler; *Brchl.* Celber Heinsch; *Br. Verz.* Gelbe Heinischen; *Klb.* Gelber Heinisch; *M.* — Aehnlich. 123. Tr. etwas kleiner u. godrängter. Br. kleiner, durchscheinend, gelb, sw. braunroth. Bl. gelbgrüner, kleiner u. spitzer gezahnt. Rfzt. mittlere. — Seltener als 123. 1766. *B.* 546. I T. I! W.

(*71*). Traube ziemlich gross, locker, ästig. Traubenstiel dünn, lang, mürbe. Beeren gross, dünnhäutig u. dünnsaftig. Blatt tief eingeschnitten.

127. **Grüner Barthainer**; *Tr.* 48. Sap. sotosa. Kerkosidez, Kerkho-Padna, Lacopadna; in Steiermark. Vagata mata bianca; bei Spalatro. — Rbstck. stämmig. Br. kugelig, grün-gelb, wässerig; Brstl. sehr warzig. Bl. gross, dünn, gelbgrün, glatt, unterseits sehr feinwollig; Blattnerven stark borstig; Endz. spitz; Blstl. selten röthlich, etwas zottig. Rfzt. mittlere. — Steiermark. 1841. *B.* 579. II.

(*72*). Traube gross oder mittelgross, locker, ästig. Traubenstiel kurz. Beeren mittelgross, dick- u. zähhäutig. Blatt kurz eingeschnitten.

128. **Gelber Kracher**; *Tr.* 49. Sap. carnosa. Weisser Kracher, Kramerl, Fleugler, gelber Hainer, Oheimer, gelber Oheimer, Mehlweisse, Bela Morshina, Drobni Javor, Kerhlihkobiz, Javshovez, Jauer, Beli Ramfulak, Ramulak; in versch. Geg. Steiermarks. Weisse Schniker, Schnucher; *Hölbl.* Ximenesia acidula; *Vst.* Fragoria carnosa, fleischige Krachrebe; *Illbk.* — Tr. oft gross u. sehr ästig; Trstl. dünn. Br. oft oben platt, gelblich-grün, sp. gelb, weiss beduftet, sehr fein punktirt, grossnarbig, süss; Brstl. besonders nach oben sehr dick, sehr warzig. Bl. gross, dünn, gefaltet, unterseits sehr fein u. kurz behaart, stark nerven-borstig; Endz. spitz; Blstl. weissborstig. Rfzt. mittlere. — Oesterreich. 1777. *B.* 584. II T. I W.

(*73*). Traube klein, einfach, ungleichbeerig. Traubenstiel weich u. mürbe. Beeren klein, dünnhäutig u. dünnsaftig. Blatt kurz eingeschnitten.

129. **Weisse Vogeltraube**; *Tr.* 50. Sap. avicella. Muhovnek, Tizhniak, Tizhna, Tizhna bela, Slazhina; in Ungarn. Tizhovna, Vögelweinbeere; *Rth.* Avicella inanis, lockere Vogelrebe: *Illbk.* — Rbstck. klein. Tr. locker; Trstl. kurz, dünn, röthlich gefleckt, leicht zerbrechlich. Br. weiss-gelb, sw. kastanienbraun, durchscheinend, aderig, weiss beduftet, sparsam punktirt, sehr süss. Bl. gross, fast beiderseits hellgrün, unterseits kurz haarig

u. sehr nerven-borstig; Endz. schmal-spitz; Blstl. röthlich, etwas borstig. Rfzt. früh. — Ungarn, Croatien etc. 1824. *B.* 588. II T. u. W.

7. Allemanda.

Beeren rund oder etwas länglich, roth, blauroth, rauchgrau oder roth gestreift.

(74). Rebstock mittelgross. Traube klein, dicht, manchmal locker, ästig, gleichbeerig. Traubenstiel kurz u. dick. Beeren klein, dick- u. harthäutig, süss.
130. **Rother Traminer**; *Chr.* 1. Allem. traminea. Frentsch, Fräntschentraub, Tokayer, Dreimänner, Marzimmer, Marziminer; an der Mosel. Kleiner Traminer, Gewürztraminer, Dreimänner Riesling, rother Riesling, Dreipfennigstock, Dreipfennigholz; im Rheingau. Traminer, rother Riessling; bei Oppenheim. Tramänner, Tramanner, Trumänner u. Dreimänner; am Haardtgebirge u. an der Bergstrasse. Christkindlestraube, St. Clauser, Rothklauser, Clävner, rother Clevner, Kläbinger, Rothedel; in Oberbaden. Rothkleber, Rothkläber, Rothklävler, Rothklävner, Rothedel, Rothfranke, Rothfränkisch; im Elsass. Traminer, Rothfranke, Rothfränkisch; in Würtemberg. Braunes, Rothwiener, Traminer, Rothes, Fleischroth, brauner Riesling; am Main u. in Franken. Fränkische Traube, würtembergischer rother Traminer, kleiner Traminer, Fränkisch, Fränksche, Braune, Kleinbraune, Kleinwiener; in versch. Geg. Sachsens. Rother Klävner, Tokayer, echter Burgunder; in einigen Gärten Norddeutschlands. Tockayer, rother Muskateller; in Oesterreich. Rother Nürnberger, Raifler, rother Reifler, Ranfoliza, Ran folak; in Steiermark. Fleischweiner, rothe Fränkische; in Tyrol. Steinschiller, kleine Fleischtraube; in Ungarn. Auvernas rouge, Auvernas rouge clair, Gentil brun, Gris rouge, Formenteau, Formentin rouge, Fromenteau rouge, Fromentin rouge, fränkische Traube; in Frankreich. Mala dinka; in Illyrien. Rusa; in der Wallachei. Drumin, Ljbora, Liwora, Cervena; in Böhmen. Red Traminer; *Cat. Lond.* Kleinbrauner, Klebroth, Fleischweiner, Fräntschentraube, Fromenteau; *Spr.* Graurother; *Chr. v. P.* Gris rouge; *Somm.* Rother Rothwiner; *Fisch.* Wachenheimer Traminer; *Brchl.* Fleischweiner; *Frg.* Rother Muskateller; *Hölbl.* Schieltraminer, Fleischweiner; *S. Wb.* Grosser Traminer-Wein; *S.* Roth Fränkischer Traminer; *Klb.* (Kleinbrauner, Rothweiner; *Mhr.* Kleinwiener; *Ehss.* Uva apiana rubra; *Ht.* Crescentia rotundifolia, rundblättrige Crescentitraube; *Vst.* — *Burg.* Crescentia tyrolensis, Traminer; *Hlbk.* Vitis vinifera var. tyrolensis; *Schübl.* Vitis tyrolensis; *Dierb.* Traminea nobilis; *Dochn. W.* — Tr. kurz, pyramidalisch; Trstl. steif u. holzig, dunkelgrün, etwas röthlich. Br. länglich, hellroth, graublau beduftet, sehr angenehm süss; Brstl. kurz u. dick, hellgrün, grobwarzig u. dickwulstig. Endsp. d. Szw. hellgrün, etwas wollig. Bl. fast rund, wenig

eingeschnitten, stumpf-gezahnt, oberseits dunkelgrün, unterseits
stark bewollt; Endz. kuppelförmig; Blstl. kurz, etwas zottig.
Rfzt. ziemlich früh. — Franken. Allgemein verbreitet u. bekannt.
1766. *T. O.* 20. 70. *7.* 8. — *B. u. M.* 233. *T.* 72. — *B.* 186. I!!
T. I!!! W.

131. Grauer Traminer. 2. Allem. traminea cinerea.
Grauer Tramänner, besserer Traminer, dunkler Traminer; am Haardtgebirge. — Varietät des vorhergehenden. Br. grauer, wie aschfarbig bestaubt.

132. Sand-Traminer; *B.* 8. Allem. rubicunda. Heller u.
hellrother Traminer; am Haardtgebirge. Grauedel, grauer Tokayer;
im Elsass. Alter Traminer; *Brchl.* Grauer Tokayer; *Chr. v. P.* —
Mhr. Rother Sandtraminer; *M.* — Aehnlich dem ehevorigen. Rebholz heller geröthet. Tr. etwas einfacher. Br. heller, blassröthlich, etwas dunkler geadert u. gesprenkelt, meistens
dicker. Bl. mehr eingeschnitten, mit röthlichen Nerven. —
Vogesen. 1781. *B.* 192. I!! T. u. W.

133. Gewürz-Traminer; *Gk.* 4. Allem. muscata. Gewürztrumänner, echter Gewürztraminer; am Haardtgebirge. Rother Muskattraminer; *B.* — Aehnlich dem vorhergehenden. Br. sehr angenehm müskirt. — Rheinpfalz. 1836. *B.* 192. I!!! T. u. W.

134. Rother Riessling; *Fisch.* 5. Allem. pusillarea. Rother
Riessling; *M.* Rother Riesslinger; *Htl.* Rother Riessling; *Gk.* Hellrother Riesling; *B.* Uva pusilla rubra; *Ut.* — Tr. kurz; Trstl.
steif u. holzig. Br. hellroth, fleischig, aromatisch, scharf
süss. Bl. mittelgr., dick, rauh, runzelig u. blasig, zum Theil
tief eingeschnitten; Endz. halbkuppelförmig; Blstl. dick u. zottig. Rfzt. spät. — Am Main u. an der Tauber bekannt. 1775. *B.*
476. I!! W.

(75). Traube gross, dicht, gleich- u. doppelbeerig. Traubenstiel kurz u. dick. Beeren mittelgross, dick- u.
meistens harthäutig. Blatt ziemlich tief eingeschnitten.

135. Rothe Babotraube; *B. u. M.* 6. Allem. Babonii. Früher Veltliner, rother Zierfahndler; in Steiermark. Frühe Trübrothe;
in Böhmen. Rother Hartheinsch; bei Heidelberg. Italienischer Malvoisier, rother Hartheinsch u. Hartheunisch, rother Rampfler, Malvoisie, Morillon rouge d'Italie; in Samml. Rother Hartheinisch; *M.*
Rother Malvasier; *Kolb.* Allemanda sinuata, grossbuchtiger Elben;
Hlbk. — Tr. zusammengesetzt, pyramidalisch, oft einfach; Trstl. hellgrün, warzig, schwarz p. Br. rundlich, stielschmal, oben etwas
platt, hellroth, schwarz p., graublau beduftet, sehr süss; Brstl.
lang u. dünn, feinwarzig. Endsp. d. Szw. hellgrün, roth gestreift, weisswollig. Bl. sehr gross, schlaff, runzelig u. verbogen; Endz. halbkuppelförmig; Blstl. roth gestr., kurz-haarig.
Rfzt. früh. — Italien. In Gärten bekannt. 1827. *B. u. M.* 52. *T.* 12.
— *B.* 202. I! T. Für Lauben!

136. Dicker Hansen, Hansen; *Spr.* 7. Allem. confertis-

sima. Rother Mährer, Hans, rother Hansen; in Würtemberg. Rother Zierfahlner, Abendroth, Rothraifler, rother Veltliner, Mährer, Fleischtraube; in Oesterreich. Rother früher Veltliner; *Gk.* Rother Hansen; *B.* — Tr. sehr dicht u. ästig, pyramidalisch, oft 2theilig; Trstl. dunkelgrün, steif, loswollig u. borstig, knotenfrüchtig. Br. kugelig, oben etwas platt, hellroth, schön fleischfarbig beduftet, grossnarbig, zarthäutig, fleischig, sehr süss; Brstl. kurz u. dünn, wenig warzig. Endsp. d. Szw. weissgrün, wenig wollig. Bl. gross, glatt u. eben, nicht gefaltet, scharf-zahnig; Endz. spitz; Blstl. roth gestr., zottig, unten verdickt u. umgebogen. Rfzt. mittlere. — Oesterreich. Würtemberg. 1766. *B.* 601. I! T. u. W.

137. Rother Veltliner; *Tr.* 8. Allem. rhaetica. Välteliner, Vältliner, grüner Vältliner, rother Veltliner, Dick- u. Drangveltliner, Feldleiner, Feldlinger, Fleischtraube; in der Rheinpfalz. Fleischtraube; in Rheinhessen. Veltliner, Dreimänner, Traminer, grosser Traminer, Fleischtraminer; im Rheingau. Rother Riesling: bei Hochheim. Välteliner, grüner Välteliner, Fleischtraube; an der Bergstrasse. Vältliner, Välteliner, Feldleiner, Feldliner, Rothlichter, Fleischweiner; in Oberbaden. Grosser u. rother Fleischtraube; in Franken. Grossbraune, Grossbrauner, grosser Traminer, Veltliner; in Sachsen. Rother Muskateller, rother Zierfahnler, Veltliner, Feldlinger, Rothraifler; in Oesterreich. Vältcliner, fleischrother Velteliner u. Feldlinger, Veldeling, St. Valentin, Veltelin rouge; im Elsass. Ziegelroth; in Schlesien. Weissholzige Ribula, Buzyn, Belo-oka, maucnjk; in Böhmen. Reifler, weisser Reifler, Raifler, Rothraifler, rother Zierfahnler, Muskateller, rother Muskateller, Riegersburger Rothköpfel, späte Ranfoliza, Shopatna, rothe Shopatna, männliche Ariavina, Erdezha Rabolina, Erdezhna Shopatna, Ranfolina, Rabolina, Debela Ariavina, Moslavina; in versch. Geg. Steiermarks. Rother Raifler, Veltleiner, Valteliner, Välteliner, Feldleiner, Veltleiner, Raifler; *Spr.* Rother Reifler; *Somm.* Feldeliner; *Brchl.* Rothe Fleischtraube; *Chr. v. P.* Röthlichte Fleischtraube; *Fisch.* Rother Välteliner, Veltleiner, Rothraifler, Fleischtraube, Grasbraune; *S. Wb.* Fleischtraube, Zierfahlner, Feldleiner; *Walth.* Rebollina; *Rth.* Välteliner; *Br. Verz.* Rother Velteliner; *Mhr.* Veltliner; *Klb.* Grosser rother Veltliner; *Gk.* Rother Vältcliner; *M.* — *B. u. M.* Rother Välteliner; *Ht. Setzr.* Grosser rother Välteliner; *B.* Rother Valtliner; *Frg.* Rothreifler; *Hkt.* Abendroth, Mährer, Gris rouge, Fleischtraub; *Htl.* Rother Zierfahnler, Uva rhetica; *Chr. Wb.* — *Hölbl.* Uva rhaetica; *Plinius.* — *Ht.* Vitis rhacticae s. Valtelinae, Veltleitner; *J. Bauh.* Herera rhaetica, hartstielige Hereratraube; *Vst.* Herera valtellina; *Burg.* Rhaetica carnosa; *Hlbk.* Vitis vinifera var. rhaetica; *Schübl.* Vitis rhactica; *Dierb*, — Tr. sehr kurzästig, fast walzenförmig; Trstl. steif u. holzig, dunkelgrün, fast durchaus roth überlaufen. Br. rundlich, stielschmal, röthlich-grün, sp. hellroth, grau beduftet, schwarz p., grossnarbig, dünnsaftig, süss; Brstl. lang u. dünn, warzig. Endsp. d. Szw. dunkelgrün, roth überlaufen, zottig. Bl. gross, dünn u. weich, lang-gespitzt u. sehr grosszahnig,

glänzend, oft **faltig, tief eingeschnitten**; Endz. halbkuppelförmig;
Blstl. lang u. dünn, **borstig**, oben **gefurcht**. Rfzt. mittlere. —
Italien. Fast allgemein verbreitet. Schon vor Christi Geburt bekannt. *B. u. M.* 205. *T.* 66. — *B.* 206. I! T. I W. In heisse Lage.

(76). Rebstock mittelgross. Traube **mittelgross, dicht, walzenförmig, gleichbeerig**. Beeren **mittelgross, dünnhäutig, süss**. Blatt mitteltief **eingeschnitten**.

138. **Rother Clävner**; *M.* Ruländer; *Spr.* 9. Allem. clavena. Musler, Mosler; in der Schweiz. Kleiner Traminer, Ruländer; im Rheingau. Rullander, Rulander, Rolander, Rulänner, Rolänner, Ruland u. Rolland, Rolanner, Rollander; am Haardtgebirg. Rulander, Rohlander, Rollander, Rohländer, Ruländer, Rolander, Viliboner, Viliborner, Drusen; an der Bergstrasse u. im Brurhein. Ruländer, Grauer, Grauclävner, Bayonner, Tokayer, Viliboner, Kapuzinerkutten, Clävner, rother Clävner, Drusen, rother Drusen, Druser, Drustraube, Speyerer, Speiermer; in Oberbaden. Ruländer, blauer Traminer, grauer Klevner; am Neckar u. in Würtemberg. Rulander; im Nahethale. Faultraube, blauer Riesling; in Kurhessen. Burgunder, Champagner, Grauklävner, rother Clävner; am Main u. in Franken. Rheingrauer, Rehfahl, aschfarbes Klebroth, Spieler, Schieler, Auverner; in Sachsen. Graue oder rothe Savoyertraube, Mauserl, Mausfarbe, Rauchfarb, Rauchler, Rheintraube; in Steiermark. Ruländer, Edelklävner, Grauclevner, Graukläber, Malvasier, Tokay gris, Grauglafiner gris; im Elsass. Raisin rouge, Enfumé, Gris commune, Burot, Beurot, Bureau, Muscadet, Fromenté violet, Griset, Griset blanc et gris, Pineau gris, Pin gris, Cordelier gris, Fromenteau violet et gris, Auvernas, Auvergnat, Auvernas gris, Aserat, Auxerois, Auxois, Malvoisie, Rhingris, Pouilli, Plant gris, Gris blanc, Gennetin formenteau et frommenteau, Joli; in versch. Geg. Frankreichs. Male rezame wjno, Trumyn male; in Böhmen. Auvernas gris, Rin gris, Tokay gris, Chauché gris, Vinum bonum, grauer Tokayer, grauer u. rother Klävner; in Samml. u. Gärten. Gris commün, Schieler Auvernas, Vinum bonum, Villiboner Stock; *Spr.* Schiele Auvernattraube; *Mill. Gl.* Rulländer; *Brchl.* Ruhländer-Traube; *Chr. Wb.* Griset blanc, weisse Malvasirtraube; *Chapt.* Braunrother Ruländer; *Fisch.* Ruhländer; *Klb.* Rother Clever; *Kolb.* Ruländer; *Ht.* Grauer Klevner; *Gk.* Grauer Rulander; *Br. Verz.* Rother Klevner; *Tr.* Vitis clavennensis; *Dierb.* Vitis vinifera var. Clavennensis, Ruhländer; *Schübl.* Vitis vinifera cuprea; *Raf.* Rulandica griseo-cuprea, rauchgraurothe Rulandsrebe; *Hbk.* Rulandia cuprea, kupferrother Rulander; *Dochn. W.* — Tr. **einfach** oder **etwas ästig**; Trstl. **dick, hellgrün, braun gestreift u. schwarz p., warzig**. Br. **rundlich, etwas stielschmal, kupferroth** oder blassroth u. blaugrau beduftet, oft dunkel blauroth, wenig punktirt, kaum geadert, grossnarbig, dünnsaftig, sehr süss, aromatisch; Brstl. lang u. dünn. Endsp. d. Szw. hellgrün, wollig. Untere Bl. sehr wenig eingeschnitten, unterseits nicht geröthet, loswollig; Endz.

spitz; Blstl. gefurcht, warzig. Rfzt. ziemlich früh. — Im 17. Jahrhundert aus Speyer. Allgemein verbreitet. *Gk.* 6. *T.* 2. — *B.* 269. I!! T. u. W. Nicht empfindlich.

139. **Grauer Clävner**, stahlgrauer Rulander; *Br. Verz.* 10. Allem. clavenia cinerea. Grauer Rulander; am Haardtgebirge. — Varietät des vorhergehenden. Br. rothgrau, mehr bestaubt, sonst in Allem gleich.

140. **Rother Hängling**; *Spr.* 11. Allem. pendula. Rother Malvoisier; in Franken u. Würtemberg. Farmont; in Ungarn. Griset rouge; in Frankreich. Ungarische Leibfarbe; in Samml. — Trstl. kurz, dünn u. biegsam, roth gestreift u. überlaufen. Br. rundlich, roth, graublau bodustet, schwarz punktirt, geadert, kleinnarbig, etwas fleischig; Brstl. dünn, nach oben verdickt, wenig warzig. Endsp. d. Szw. wollig. Bl. weitbuchtig, unterseits rothnervig u. nervon-zottig; Endz. halbkuppelförmig; Blstl. kurz u. dünn, geröthet, kahl. Rfzt. mittlere. — Würtemberg. 1766. *B.* 216. I T. u. W.

(77). Rebstock stark. Traube gross, ästig, meistens dicht, pyramidalisch. Traubenstiel dünn, ziemlich lang. Beeren gross, hellroth, dünn- u. weichhäutig, wässerig. Blatt wenig eingeschnitten.

141. **Rother Elbling**; *Fisch.* 12. Allem. albuelacea. Rothelbling, Rothelbeling; am Main u. an der Bergstrasse. Rothelbling, Rothelber, Rothelben, rother Spitzelbe; am Neckar u. im Kraichgau. Rothelmene, Rothelbling; in der Ortenau. Rothunger, Rothelber, Rothelbene, rother Silberling, rothe Elbene; im Breisgau. Rothelbling, Braun Grobes; in Franken. Rother Kristaller, rother Franke, Rothelber, Rothelben: in Würtemberg. Rother Mehlweiss, rother Silberweiss; in Oesterreich. Felcherten; im Moselthale. Rother Elblinger; in Sachsen. Rother Burger; im Elsass. Rothelben, Trollinger; in Tyrol. Allmand, Allemand rouge, Facun rouge; in Frankreich. Rothbrauner Mallaga; in Samml. Rothelben, Trollinger; *Spr.* Tyroler Trollinger; *Frg.* Rother Heunischer; *Chr. v. P.* u. *p. H.* Rother Elbinger; *Chr. Wb.* Rother Mehlweiss, Rothsilberweiss, Rothweisse, Rothungar, Rothelben; *Htl.* — *Hölbl.* Rother Elbe; *B. u. M.* Rother Elben; *Klb.* — *Gk.* Roth Elbling; *Dierb.* Rothelben, Rothweisser, Trollinger; *Ilt.* Rother Alben; *M.* Roth-Elbling; *Mhr.* Allemanda subbullata, blasigblättriger Elben; *Hlbk.* — Tr. oft doppelbeerig. Br. aderig, grau bedustet, kleinnarbig; Brstl. kurz u. dick, warzig. Endsp. d. Szw. gelbgrün, fast kahl. Bl. gross, verbogen u. blasig; Endz. halbkuppelförmig; Blst. kurz u. dick, hellgrün u. geröthet, kurz rauhborstig. Rfzt. fast spät. — Italien. Ziemlich stark verbreitet. 1766. *B.* 239. I! T. u. W.

142. **Rother Grobelbling**; *B.* 13. Allem. albuelacea macrocarpa. Rother Grobalben; *M.* Rother Grobelben; *B. u. M.* Rothe Grobelben; *Dttch.* Rother Bihanel, Bihendel, Uva tinella; *Ilt.* Rother Binhahel, Birhendl; *Hölbl.* — Varietät des vorhergehenden.

— 257 —

Tr. mit mehr ausgebildeten grösseren Beeren. Bl. tiefer eingeschnitten u. langzahniger. — 1777. *B.* 241. I T. u. W.

143. Rother Heunisch; *B. u. M.* 14. Allem. integrifolia.
Rother Heinsch, rother Elbe; an der Bergstrasse. Brünner Roth;
in Sachsen. Rother Hintsch, Hintsch rouge, Rhinhintsch; im Elsass
u. Breisgau. Raisin de Gênes; in Frankreich. Ranfel, Ranfler, Rother, rothe Cibebe, Ketzer, rother Hainer, rother Reifler, Ranfoliza,
frühe Ranfoliza, rother Ranfolac, Redezha Lipoushina, Artezha Li-
pouschna, Moderschna, Ranfolna, Ranfolina, Rambellina, Baboleih,
Redejia Belina; in versch. Geg. Steiermarks. Hintsch, Malvoisio
rouge d'Italie, italienischer Malvasier; in Samml. Rother Heunschen;
Spr. Rothe Wippacher Traube; *Rth..* Rother Haunisch; *Ftl.* Rother Heinisch; *Gk.* — *M.* Crescentia integrifolia, Herera Ramfoliza;
Vst. Allemanda brevisecta, kurz eingeschnittener Elben; *Hlbk.* —
Br. kugelig, roth marmorirt, sp. hellroth, wenig punktirt,
etwas weissduftig; Brstl. dünn, feinwarzig. Bl. mittelgr., dünn u.
flach, fast ganz; Endz. spitz; Blstl. roth, borstig. Rfzt. mittlere. — In Weingegenden bekannt. 1766. *B.* 547. I T. I! W.

144. Dreifarbiger Heunisch; *Tr.* 15. Allem. tricolor. Ve-
xiertraube, Baboleihs; in Steiermark. — Aehnlich dem vorhergehenden. Br. gleich nach der Blüthe blau, dann veränderlich,
bald blau, bald hellroth, blassroth, oft roth gestreift,
manchmal weiss. Rfzt. mittlere. — Steiermark. 1841. *B.* 547. II.
Curiosität!

145. Rothgestreifter Heunisch; *Tr.* 16. Allem. vittata.
Rothgestreifte; in Steiermark. — Aehnlich dem chevorigen. Rbstck.
stark. Br. weiss, roth gestreift, fein p., grossnarbig. Bl. unterseits ziemlich stark wollig, selten eingeschnitten, meistens nur
scharf gezahnt, mit sehr breiten an der Basis nicht verjüngten
Mittellappen. Rfzt. ziemlich spät. — Steiermark. 1841. *Tr.* 60. I T.
Schöne Spaliertraube.

(*78*). Traube gross, lang, locker, wenig ästig, walzenförmig, etwas ungleichbeerig. Traubenstiel lang u. dünn.
Beeren mittelgross, dünn- u. weichhäutig.

146. Rother Urben; *Gk.* 17. Allem. Urbani. Rothurben,
Rothwelscher, Zottelwelscher, rother Zottelwälscher; in Würtemberg.
Rohrtraube; im Kraichgau. St. Urbain rouge; im Elsass. Rother
Urbe; *B.* Vitis vinifera var. St. Urbani, Urben; *Schübl.* — Tr. hängend; Trstl. gelblich-grün, braun p. Br. rundlich, bräunlich hellroth, stark weissblau beduftet, kleinnarbig, säuerlich-süss; Brstl.
lang u. dünn, nach oben verdickt, feinwarzig. Endsp. d. Szw weisswollig. Bl. gross u. dick, runzelig, scharf-gezahnt, wenig
eingeschnitten; Endz. spitz; Blstl. gefurcht u. warzig, braun p.
Rfzt. ziemlich spät. — Würtemberg. 1836. *Gk.* 33. *T.* 8. — *B.* 260.
I! T. I W. Schön für Lauben.

(*79*). Traube gross, dicht, ästig, pyramidalisch. Traubenstiel stark. Beeren gross, süss. Blatt tief eingeschnitten.

147. **Rother Kölner**; *Tr.* 18. Allem. rubripes. Rother
Mehlweiss, Ranful, rother Schindauer, Aranka Formint; in Steiermark. Arancia planifolia, ebenblättrige Arankarebe; *Hlbk.* — Trstl.
lang, dunkelroth, warzig, weisswollig. Br. hellroth, schattenwärts oft grün, weissduftig, schwarz p., grossnarbig; Brstl. lang,
ohne Warzen. Bl. gr., faltig, unterseits grob-wollig; Endz.
spitz; Blstl. lang u. dick, hellroth, weisszottig. Rfzt. spät. —
Steiermark. 1841. *B.* 531. I T. Sehr dauerhaft.

(*80*). Traube gross, locker, ästig, pyramidalisch. Traubenstiel kurz. Beeren gross oder mittelgross. Blatt
verschieden eingeschnitten.

148. **Rothe Lamberttraube**; *Tr.* 19. Allem. Lamberti.
Condimentaria leviter-incisa, kurz eingeschnittene Gewürztraube;
Hlbk. — Trstl. dick. Br. mittelgross, roth marmorirt u. gestrichelt, sp. hellroth, sehr fein grau u. gelb-kreisig
punktirt, fein graunarbig, säuerlich; Brstl. schr dick. Bl. rund,
kurz eingeschnitten, dunkelgrün, hellroth gerippt, jüngere Bl.
oberseits wollig; Blstl. hellroth, rauh. Rfzt. spät. — Frankreich. 1841. *Tr.* 98. III.

149. **Rother Florentiner**; *B.* 20. Allem. florentina. —
Tr. ungleichbeerig; Trstl. dünn u. steif, warzig. Br. gross,
kugelig, durchscheinend, kleinnarbig, dünn- u. zarthäutig, süss;
Brstl. kurz u. dick. Bl. mittelgr., hellgrün, stark gefaltet,
tief eingeschnitten; Endz. spitz; Blstl. kahl, lang u. dünn. Rfzt.
mittlere. — Italien. 1844. *B.* 572. I!! T.

(*81*). Traube gross, dicht, ästig, gleich- u. doppelbeerig, pyramidalisch. Traubenstiel lang u. dünn. Beeren
gross, dünnhäutig, säuerlich. Blatt tief eingeschnitten.

150. **Rothe Calebstraube**; *B.* 21. Allem. monstrosa. Calebstraube; am Neckar. Rothwälscher; bei Heidelberg. Hartwegische
Samentraube, Schmiedstoffel; bei Carlsruhe u. auf der Insel Rei-
chenau. Wundertraube, Canaantraube; bei Winterthur. Rother Mal-
voisier, rothe Hammelshode; am Haardtgebirge. Gross-Rubiner; in
Sachsen. Grosser Schmiedstoffel; in Baden. Cerwené Elzaské; in
Böhmen. Raisin monstrueux rouge clair; in Frankreich. Jerusalemstraube, Terre promise, Traube aus dem gelobten Land, Raisin de la
Palestine, Palästinertraube, rothe u. hellrothe Riesentraube, grosser
Rüdesheimer, Samentraube von Hartweg, rosenrothe Perltraube, Gäns-
füssler, Grosswiener, Raisin monstrueuse, Gommier violet, Berardi,
Monstrueuse de Decandolle, de Candolle, Perle rose; in Samml. u.
Cat. Rother Trollinger; *M.* — *Tr.* Rothspanischer; *Kolb.* Roth-
wälscher, rother oder wälscher Tharand, Czerwenz tarant; *Htl.* Gros-
ser hellrother Gänsefüssler; *Gk.* Candolle; *Br. Verz.* Hartwegische
Saamentraube; *Mhr.* Gygia planifolia, ebenblättrige Riesentraube;
Hlbk. — Tr. sehr gross, oft mehrere Pfund schwer; Trstl.
zart, gelblich-hellgrün, unterhalb des Knotens dünner. Br. sehr

gross, hellroth, oft etwas bräunlich, grünlich geadert, schwach grau beduftet, klein rostnarbig, weichhäutig; Brstl. kurz u. fast gleich-dick, sehr dick-wulstig, bläulich beduftet. Endsp. d; Szw. etwas wollig, fast glänzend. Bl. mittelgross, dick u. steif, hellgrün, unterseits fein u. kurz behaart, stark nerven-borstig; Endz. spitz; Blstl. lang u. dick, glänzend, etwas borstig. Rfzt. sehr spät. — Syrien. Italien. Frankreich. In Gärten verbreitet. 1766. *B. u M.* 9. *T.* 2. — *B.* 581. II. Prachtvolle Spaliertraube.

8. Ornithia.

Beeren rund oder etwas länglich, blau, schwarz, röthlich-blau oder blau gestreift.

(*82*). Rebstock schwach. Traube mittelgross, meistens locker, ziemlich ästig, pyramidalisch, ungleichbeerig. Beeren mittelgross, dickhäutig, süss. Blatt tief eingeschnitten.

151. **Kurze Fleischtraube,** blaue Assetade; *B.* 1. Orn. exigua. Assetade, Astade, Astade du Pô; in Frankreich. — Tr. kurz; Trstl. kurz u. dünn. Br. etwas länglich, röthlich dunkelblau, weiss p., stark grau-blau beduftet, vertieft kleinnarbig, fleischig; Brstl. kurz u. dick, dickwulstig. Eudsp. d. Szw. hellgrün, wollig. Bl. klein; Endzahn halbkuppelförmig; Blstl. unten hakenförmig gebogen. Rfzt. spät. — Frankreich. 1844. *B.* 204. I! T.

152. **Blauer Gelbhölzer;** *B.* 2. Orn. xanthoxylon. Gelbhölzer; am Haardtgebirge. Schwarzer Kläpfer; im Breisgau. Lomersheimer Schwarze; bei Vaihingen in Würtemberg. Schwarzer Räuschling; in Baden. Gelbhölzer; *Brchl.* — *B. u. M.* Schwarzer Räuschling; *M.* Blauer Reischling; *Kolb.* Gelbholziger blauer Räuschling; *Gk.* Vitis xanthoxylon; *Dierb.* — Tr. lang; Trstl. ziemlich lang, dünn u. weich, hellgrün, warzig. Br. kugelig, schwarzblau, stark hellblau beduftet, vertieft grossnarbig, dünnsaftig, harthäutig, etwas scharf süss; Brstl. dünn, nach oben verdickt, sehr warzig. Endsp. d. Szw. weisswollig. Bl. mittelgr., dick u. steif, grosszahnig, sp. rothfleckig; Endz. gross, lang halbkuppelförmig; Blstl. kahl, warzig, kurz u. dick. Rfzt. mittlere. — Von der Haardt. 1781. *B. u. M.* 88. *T.* 19. — *B.* 482. I!! W.

153. **Zweifarbige Schweizertraube,** Schweizertraube; *Spr.* 3. Orn. bicolor. Zweifarbige, bunter Venetianer, bunte Traube, Bunte von Aleppo, Morillon panaché, Raisin de Suisse, de Languedoc, d'Alp et d'Alep, Piquepoule papilionacé; in Samml. Uva Swizzera; in Toscana. Schweizertraube; *Onomat. bot.* Particoloured, striped Grape, gestreifter Wein; *Ab.* Aleppo, Striped Aleppo, partycoloured grape; *Loud.* Suisse, Raisin d'Alep; *Jard. fruit.* Raisin de Suisse, gestreifte Traube aus Languedoc; *Chapt.* Scheckigte Traube, Ungrisches Blau; *Chr. v. P.* Traube von Aleppo; *Fors.* Venitia-

nische bunte Traube; *Lgl. s. A.* Venetianischer Changeant; *Kolb.*
Zweifarbiger Morillon; *B.* Aleppo, Maurillon Panaché, Maurillon
Noir Panaché, Chasselas Panaché, Striped Muscadine, Variegated
Chasselas, Switzerland: *Cat. Lond.* Vitis vinifera versicolor; *Raf.*
Vitis versicolor, aleppica, Aleppotraube; *Dierb.* — Tr. ziemlich kurz;
Trstl. sehr lang, dünn, röthlich gestreift, oberhalb des Knotens
steif, unterhalb dicker. Br. kugelig, etwas stielschmal, meistens
zweifarbig, grün u. dunkelblau, oft gestreift, oft blau, oft
ganz grün, hart - u. grossnarbig; Brstl. kurz u. dick. Endsp. d.
Szw. gelbgrün, wenig bewollt. Bl. mittelgr., vorn rückwärts ge-
bogen; Endz. spitz; Blstl. dick, etwas borstig. Rfzt. mittlere. —
Syrien. Frankreich. In Gärten verbreitet. 1766. *Jard. fruit.* 2. 167.
T. 75. — *B. u. M.* 169. *T.* 49. — *B.* 513. I T. Prachtvolle Spaliertraube.

(*83*). Traube lang, lockor, walzenförmig, ungleichbeerig. Beeren klein, dünnhäutig, süss. Blatt wenig eingeschnitten.

154. Schwarzer Hängling; *M.* 4. Orn. tristis. Blauer Hängling; *B. u. M.* — *B.* Schwarzer Zapfner, Uva siglina; *Ht.* — Tr.
schlaff hängond, etwas ästig; Trstl. ziemlich lang, oberhalb des
Knotens kurz u. steif, uuterhalb biegsam, grün, braun punktirt. Br. rundlich, blauschwarz, wenig grau p., schwach blau
beduftet, hellgrün kleinnarbig, grünsaftig, sehr süss, etwas scharf,
aromatisch; Brstl. sehr dünn, dunkelgrün, fast glatt. Endsp.
d. Szw. weissgrün, wollig. Endz. halbkuppelförmig; Blstl. borstig,
unten stark gebogen. Rfzt. ziemlich früh. — Rheingegend. 1827.
B. u. M. 215. *T.* 69. — *B.* 217. I! W.

(*84*). Traube mittelgross, locker, selten dicht, etwas ästig.
Traubenstiel lang. Beeren klein, dünnhäutig, säuerlich. Blatt weit u. tief eingeschnitten.

155. Blauer Wälschriesling; *Tr.* 5. Orn. peregrina. Zerni
Selenjiak; in Steiermark. Microgenaja acuminata, langzähniger Kleinedel; *Illbk.* — Trstl. bis zum Knoten holzfarbig, dann grünlich-gelb. Br. rund, schwarzblau, hellroth punktirt, wenig
saftig; Brstl. kurz u. dick, sp. rothwulstig. Bl. gross, sehr
tief u. weit ausgeschnitten; Endz. spitz; Blstl. lang u. dünn, borstig. Rfzt. spät. — Steiermark. 1841. *B.* 596. III.

(*85*). Traube mittelgross, dicht, meistens ästig, doppelbeerig. Traubenstiel kurz. Beeren klein, dünnhäutig.
süss. Blatt wenig eingeschnitten.

156. Blaues Möhrchen; *B.* 6. Orn. Morilla. Möhrchen Klein-
schwarz, Burgunder, Champagner, schwarzer Champagner; am Haardtgebirge. Möhrchen; bei Hochheim. Schwarzer Riesling; an der
Bergstrasse. Schnetzler; im Klettgau in der Schweiz. Möhrchen, ı
Glas-, Süss- u. Hartschwarz; in Franken. Blauer Burgunder; in

Steiermark. Grosser schwarzer Burgunder; bei Wien. Cerna okrugla ranka; in Ungarn. Auvernas, Navarro, Navarre, Morillon par excellence, Morillon et Maurillon noir, Bon plant, Pineau, Pineau franc, Franc-Pineau, Raisin de Bourgogne, Pinet, Pignolet, Noiried, Arnaison noir petit; in Frankreich. Morillon noir; *Spr.* Früher Burgunder, Augsttraube, Jakober, Mörlin, Morillon hatif; *Mhr.* Franc Pineau, edle Burgundertraube; *Chapt.* Morillon noir, Pineau, Mörlein; *Walth.* Aechter schwarzblauer Clävner; *Gk.* Möhrchen; *B. u. M.* — *Tr.* Vitis vinifera var. clavennensis; *Schübl.* — Tr. kurz, fast walzenf., oft ungleichbeerig; Trstl. ziemlich dick, zart u. biegsam, rothbraun gestreift. Br. rundlich, schwarzblau, hellblau beduftet, wenig punktirt, kleinnarbig, dünnsaftig, sehr süss, aromatisch; Brstl. kurz u. dick, grauwulstig. Endsp. d. Szw. hellgrün, etwas weisswollig. Bl. mittelgr., glänzend, früh hellroth werdend, unterseits nerven-wollig; Endz. spitz. Rfzt. sehr früh. — Frankreich. Unteres Haardtgebirg etc. 1766. *B. u. M.* 231. *T.* 71. — *B.* 289. I T. I!!! W.

157. Schwarzer Kleinungar; *Tr.* 7. Orn. hungarica. Kleinschwarze, kleine Schwarze, Czoka, Osaviziza, Czigány Szöllö, Csavziza; in Ungarn. Schwarzer Veltliner; *Gk.* Schamsiana opaca, dunkelblättrige Schamsrebe; *Hlbk.* — Tr. kurzästig oder einfach; Trstl. dick u. holzig. Br. kugelig, weiss beduftet, fein weiss-kreisig punktirt, unter der Haut roth, dünnsaftig, angenehm süss; Brstl. kurz u. dick, sehr warzig. Bl. gross, dunkelgrün, etwas duttenförmig, dreispitzig, nicht scharf-zahnig, unterseits stark bewollt u. nerven-borstig; Endz. spitz; Blstl. lang, glatt, furchig. Rfzt. ziemlich spät. — Ungarn. 1832. *B.* 563. I! W.

(86). Traube mittelgross, locker, einfach, walzenförmig, fast gleichbeerig. Traubenstiel lang. Beeren klein oder mittelgross, dick- u. harthäutig, süss. Blatt tief eingeschnitten.

158. Französische Pudertraube, blaue Pique Poule; *B.* 8. Orn. pulverulenta. Pique poule, Pique poule noir, Pic-à-poule noir, Pique poule bourret; in Frankreich. — Trstl. dünn, unter dem Knoten dicker, gelbgrün u. röthlich, oberhalb roth, weiss gepudert. Br. mittelgross, rundlich, röthlich-blau, stark weisslich-violett beduftet; Brstl. kurz u. dick, nach oben bestäubt. Endsp. d. Szw. fast kahl. Bl. mittelgr., rauh u. runzelig, sehr ungleich u. unregelmässig eingeschnitten, unterseits stark zottig, ohne Röthe; Endz. halbkuppelförmig; Blstl. röthlich, fast kahl. Rfzt. spät. — Frankreich. 1844. *B.* 249. I! T. I W.

159. Blauer Grünstiel, Blauer Courbu; *B.* 9. Orn. viridis. Courbu; in Frankreich. Grünstieliger Dolcedo; *B. u. M.* — Trstl. dick u. steif, oben dicker, schmutzig-grün, rostfleckig. Br. klein, kugelig, blauschwarz, stark beduftet, kleinnarbig; Brstl. hellgrün, sehr warzig, kurz u. dick. Endsp. d. Szw. hellgrün, wollig. Bl. gross, dick u. steif, gelblich-grün, rauh, gefaltet, gross-

u. scharf-gezahnt; Endz. spitz; Blstl. kurz, zottig. Rfzt. mittlere. — Frankreich. 1836. *B.* 559. I W.

(87). Traube mittelgross, locker, ästig, pyramidalisch, gleichbeerig. Traubenstiel lang. Beeren klein, dünnhäutig, süss. Blatt wenig eingeschnitten.

160. **Dünnstielige Vogeltraube**, blaue Nerre; *B.* 10. Orn. tenuipes. Semillon, Nerre, Guila noir; in Frankreich. Neufchateler; in Samml. — Tr. fast mehrtheilig; Trstl. sehr lang, dünn u. zart. Br. rundlich, etwas stielschmal, wenig p., schwach hellblau beduftet, grossnarbig, harthäutig; Brstl. ziemlich kurz, sehr dünn. Endsp. d. Szw. hellgrün, röthlich, fast kahl. Bl. mittelgr., runzelig u. blasig, sehr gross- u. scharf-gezahnt; Blstl. dünn, borstig, dunkelroth überlaufen. Rfzt. spät. — Frankreich. 1844. *B.* 298. II.

(88). Traube klein oder mittelgross, selten locker, wenig ästig, meistens gleichbeerig. Beeren klein oder mittelgross, harthäutig, süss. Beerenstiel kurz. Blatt wenig eingeschnitten. Endzahn meistens spitz.

161. **Violetter Pineau**; *Tr.* 11. Orn. glabriuscula. Grosse rothe Mushza, kleine rothe Lipovshina, Zherna Lipovshna, Zherna Mushza, Velka Kavka; in Steiermark. Corvina sinuata, grossbuchtige Krähenrebe; *Illbk.* — Rebholz deutlich gestreift. Tr. mittelgr., dicht, oben etwas ästig; Trstl. sehr kurz, bis zum Knoten holzfarbig. Br. mittelgr., rund, etwas stielschmal, dunkelblau, braun hellroth-kreisig punktirt, graunarbig, dünnhäutig, sehr saftig u. angenehm süss. Endsp. d. Szw. kahl. Bl. 3lappig, gelb oft roth gefl., ungleich breit- u. kurz-gezahnt, unterseits sehr feinwollig, fast nackt; Blstl. kahl, schwarz p., selten geröthet. Rfzt. mittlere. — Steiermark. 1841. *Tr.* 138. I! W. Für jede Lage.

162. **Blauer Pineau**; *Tr.* 12. Orn. Pignola. Liverdon, Francois noir, Pineau, gros plant doré; in Frankreich. Liverdon; in der Rheinpfalz. Yverdon; in Samml. Corvina sinuata, grossbuchtige Krähenrebe; *Illbk.* — Rebholz von oben bis unten deutlich breit gestreift. Tr. stark mittelgross, grösser als 163, dicht, kurzästig; Trstl. kurz u. dick. Br. mittelgross, grösser als 163, rund, etwas oval gedrückt, schwarzblau, fast fühlbar punktirt, oft berostet, hochnarbig, dünnhäutig, sehr süss, 1—2 kernig; Brstl. sehr warzig, dick. Endsp. d. Szw. wollig. Bl. rund, fast ganz, 3spitzig, unterseits stark feinwollig u. borstig; Blstl. kahl, etwas röthlich. Rfzt. ziemlich früh. — Frankreich. 1841. *Tr.* 136. I!! T. u. W. Sehr fruchtbar u. dauerhaft.

163. **Schwarzer Clävner**; *Frg.* 13. Orn. clavena. Burgunder, schwarzer u. blauer Burgunder, Schwarzer, schwarzer Riesling; an der Bergstrasse u. im Brurhein. Schwarzer Rischling, Champagner, Rother, rother Asmannshäuser: an der Mosel u. am Niederrhein. Klebroth, Klebrott, später Burgunder; im Rheingau. Schwar-

zer Riesling; in Rheinhessen. Schwarze, Schwarzes, Frühschwarzes, Frühschwarzer, Möhrchen, spätes Möhrchen, Burgunder; am Haardtgebirge. Arbst, Süssschwarz; in Baden. Dikblau; in Thüringen. Rothes, Burgunder, blauer u. schwarzer Burgunder, blauer Rischling, rother u. schwarzer Süssling, ordinärer Rother, Malterdinger, schwarz Träuble, Süssroth, Thalrother; in Oberbaden. Klefner; im Kraichgau. Burgunder, schwarzer u. blauer Burgunder, blauer Clävner; in Würtemberg. Ordinärer Blauer; in Kurhessen. Schwarzklävner; am Neckar. Rother Riesling, Süssroth, Süssschwarze, Schwarzklävner; am Main u. in Franken. Gutblau, Klebroth, Kleberroth; in Sachsen. Blauer Seeklevner, blauer Silvaner; am Bodensee. Böhmischer; in Schlesien. Schwarze Fränkische, blauer Burgunder, Frischschwarzer; in Oesterreich. Blauer Augustiner, Frühblaue, Champagner, blauer Nürnberger, schwarzer Klevner, blauer Burgunder, Mohrenkönigin; in Steiermark. Klävner, rother Burgunder; in der Schweiz. Thalrother, Süssedel, rother Burgunder; im Elsass. Rancy male; in Böhmen. Rancj obicegné, Cerna okrula Rànka, Cerna okrugla, Rànka druges Struke; in Ungarn. Black Morillon, black Cluster, Auvernat, Burgundy, black Burgundy, early black, small black Cluster: in England. Morone nero; in Toscana. Tinto, Bouchet, Rinaud, Chauché noir, Auvernat, Auvernas, Chiavenna, FrancPineau, Bon plant, Raisin de Bourgogne, Morillon noir, Morillon noir ordinaire, Talvagnue rouge, Auvernas rouge, Vrai Auvernas, Fin noir de Toulon, Genetin de St. Menin, Etrange Gourdoux, Saumoireau, Samoreau, Gros noir, Ternent, Ternan, Noirien, Fin plant doré, Bourgignon noir, Pinant, Pinau, Pineau, Pimbart, Boucarés, Manosquin, Plant du roi, Damas, Grosse Serine, Pied-Rouge, Cote rouge, Pinet, Pignolet, Gibodet, Roncain; in versch. Geg. Frankreichs. Black Cluster, Auvergne, True Burgundy, Pignola, Nera, Klevner, Frühblauer, Arbst; *Cat. Lond.* Auvernas noir, Klävner, rothe Burgundertraube; *Spr.* Möhrchen, grosse Frühschwarze; *Brchl.* Bourgignon noir, Formentin noir, schwarzer Burgunder; *Somm.* Auvernas, schwarze Morillon; *Mill. Gl.* Black Burgundy Grape, schwarze burgundische Traube, Auverna, rechte burgundische Traube; *Ab.* Burgundy Grape; *Hanb.* Champaign Grape; *West.* Clävper aus Chiavenna; *Dtch. L.* Bourguignon noir, Gemeine schwarze Burgunderrebe; *Chapt.* Schwarze, Fränkische; *Hölbl.* Schwarzer Burgunder, Auvernas noir; *Chr. p. H.* Blauer Burgunder, Clävner; *Chr. v. P.* Fränkische, Augstelävner; *Chr. Wb.* Morillon noir ordinaire, schwarzer gemeiner Morillon; *Salzm.* Kleberoth; *S. Wb.* Clävner, Cleovaner; *Walth.* Clävner Stock; *Ilt.* Clävner, Klebroth, Rother, Formentin noir; *Ilt. Setzr.* Cläbroth, Uva turgida, Avernas rouge, noir; *Ht.* Schwarze Burgundertraube; *Nois. Gb.* Dickblauer, Klävner Wein; *S.* Kleiner früher schwarzblauer Burgunder; *Gk.* Clevner; *Klb.* Blauer Clevner; *Tr.* Blauer Clävner; *B. u. M.* Cerna okrugla Rànka; *Schams.* Morone nero; *Ac.* Catonia nobilis, edle Catotraube; *Burg.* Pumila nobilis, edle Zwergrebe; *Illbk.* Vitis vinifera var. burgundica; *Schübl.* Clavenia nobilis, edler Clävner;

Dochn. W. Aminea? Columella. — Tr. klein, einfach u. ästig, walzenförmig, sehr dicht, oft locker, ziemlich gleichbeerig; Trstl. kurz u. dick, steif, holzig, roth gestreift. Br. mittelgross, rundlich, dunkel schwarzblau, wenig p., grossnarbig, sehr süss, aromatisch, 4 kernig; Brstl. dick, grobwarzig. Endsp. d. Szw. grün u. röthlich, fast kahl. Bl. mittelgr., dick u. steif, ungleich eingeschnitten, oberseits loswollig, unterseits wenig bewollt, fast kahl, nerven-borstig; Blstl. etwas kurz-borstig. Rfzt. früh. — Frankreich. Burgund. Allgemein verbreitet. 1750 u. früher. *T. O.* 20. 72. *T.* 9. — *B. u. M.* 223. *T.* 71. — *B.* 276. I!! T. I!!! W.

164. Früher Clävner; *B. u. M.* Morillon hâtif: *Duh.* 14. Orn. praecocissima.

Jakobstraube, Champagner, Julitraube, schwarze Frühtraube, Augusttraube, Frühklävner, Möhrchen, frühes Möhrchen, Frühschwarze; am Haardtgebirge. Frühtraube, früher Burgunder; an der Bergstrasse. Frühe Jakobstraube, Augsttraube, früher schwarzer Arbst; in Oberbaden. Acugstler; in der Schweiz. Augstklevner, Augustklevner; in Würtemberg. Früher Burgunder; an der Mosel. Frühschwarz, Jakobitraube; am Main. Frühtraube, schwarzer frühzeitiger Burgunder; in Sachsen. Augustinertraube, Frühblaue, Laurenzitraube, Jakobitraube, Burgunder, edle Burgundertraube, Frauentagtraube, Gospinschza, Gospinsza, Gospodniza, Zherna Mushza; in Steiermark. Jakobitraube, frühreifer, schwarzer' u. frühschwarzer Burgunder, Augusttraube; in Oesterreich. Blaue Jakobstraube; in Ungarn. Ronezi, Ranezj, Jakobse modre, Czerna Zibeba; in Böhmen. Magdalenentraube, Jakobstraube, Sankt Jakobstraube, Augusttraube; im Elsass. Madeleine noir, Printanniere noir ordinaire, Printanniere noir de Thionville, Frankendaeler à fruit précoce, Raisin de trois Recoltes (?) Raisin d'Yschia (?) Raisin précoce, Morillon hâtif, Vigne hâtif, Raisin de la Madelaine, Raisin de St. Jean, Pineau, Franc Pineau, Raisin de Juillet, Juannens négrés, Jouannens négrés, Bourgignon, Petit noir, Tresseau, früher Morlion; in versch. Geg. Frankreichs u. in Samml. Vite St. Lorenzo; in Italien. Early black July, July Grape, Maurillon hâtif, Madeleine, Madeleine noire, Raisin précore; in England. De St. Jean, de Juillet, sehr früher schwarzer Burgunder, Augustiner, August-Clevner, frühe Jakobstraube, Lujega, Luviana, Lugiana Veronese, Lugliana e Lugliola dei Toscani; *Cat. Lond.* Black July Grape, schwarze Juliustraube, July Grape; *Ab.* Early black Morillon; *West.* July, Morillon noir hâtif; *Loud.* Précoce, Juliustraube, Jakobstraube aus Champagne; *Spr.* Précoce, Jakobstraube; *Somm.* — *Chr. Wb.* (Raisin précoce, Raisin de la Madeleine, frühe Morillon, frühe Traube, Magdalenentraube; *Duh.*) Burgunder, frühe schwarze Traube; *Suck.* Kleiner süsser Burgunder, kleine Clävner schwarz; *Fisch.* Raisin précoce, Morillon noir hâtif, Raisin Sainte Madéleine; *Salzm.* Mörlein, Augstschwarze, zeitlich Blaues; *S. Wb.* — *Itl.* Augst-Clävner, Pinau, Noirien, Auvernas rouge: *Walth.* Mörchen, Gartenmorchen, Vitis praecox Columellae, Morillon noir: *Itt.* Schwarzer Burgunder; *Hölbl.* Maurillon hâtif, kleine frühe Magdalenentraube, dickbälgige schwarze Frühtraube; *Chapt.* Cham-

pagner; *Brchl.* Blauer Champagner; *Kolb.* Juliustraube; *Mhr.* Sehr
früher schwarzer Burgunder; *Gk.* Früher schwarzer Burgunder; *M.*
Frühzeitige; *Ililt.* Kleiner Burgunder, Jungferntraube; *Rth.* Kleiner
Clävner; *Ehss.* Früher schwarzer Clävner; *Clwtz.* Jakobstraube,
kleiner süsser Burgunder; *Hkt.* Kleine Schwarze; *Lgl. s. A.* Frühe
Magdalenentraube, Augusttraube; *Nois. Gb.* Früher blauer Klevner;
Tr. Früher blauer Clävner; *B.* Jakobstraube; *Br. Verz.* Lujega,
Luviana veronese; *Ac.* Vitis vinifera praecox, Early Grape; *Raf.*
Garidelia brachypus; *Vst.* Catonia praecox, frühreife Catotraube;
Burg. Vitis praecox; *Columella.* — *Dierb.* — Tr. mittelgross,
meistens dicht, etwas ästig, oft pyramidalisch; Trstl. kurz, ziemlich
dick, steif, kahl u. glänzend, braun überlaufen u. schwarz p.;
Br. etwas klein, rundlich, schwarzblau, röthlich-blau beduftet,
kleinnarbig, dickhäutig, schleimig, ohne Aroma; Brstl. dünn,
etwas warzig, schwarz p. Endsp. d. Szw. fast kahl. Bl. mittelgr.,
weich, wachsartig, oberseits kahl, nervenzottig; Blstl. kahl.
Rfzt. sehr früh. — Frankreich. Allgemein bekannt u. überall verbreitet. 1750 u. viel früher. *Jard. fruit.* 2. 164. *T.* 60. — *B.* 286.
I!! T. wegen frühester Reife. I! W. An Spaliere.

165. Blauer Arbst; *B. u. M.* 15. Orn. nobilis. Burgunder,
Kleinroth; im Moselthale. Rother, rother Elsasser, Affenthaler Arbst;
in Oberbaden. Schwarzer Traminer; in der Rheinpfalz. Schwarzer
Champagner, Clävner; in Würtemberg. Blauer Champagner; in
Steiermark. Schwarzer Burgunder; in Sachsen. Schwarzer Tra-
miner, italische Frühe, ordinärer blauer Claret, rother u. schwar-
zer Rolander; in Gärten. Rauej welke; in Böhmen. Pignola;
in Italien. Pimbart, Manosquin, Merille, Noirien, Gribulot noir,
Massoutel, Maurilhon, Maurillon noir, Pineau, Pineau Auvernat,
Pineau en Bourgogne, Pineau par excellence, Bourgignon; in versch.
Geg. Frankreichs. Pignola, Pignuola; *Ac.* Maurillon, Bourgogne;
Chapt. Clavenia tenuicorma, dünnstieliger Clävner; *Dochn. W.* —
Tr. mittelgross, kurz, dicht, unten ästig, einem Tannenzapfen
ähnlich; Trstl. etwas lang, dünn u. steif, meistens stark roth
überlaufen, warzig u. schwarz p. Br. klein, rundlich, schwarzblau, stark blau beduftet, dünnsaftig, sehr süss, aromatisch;
Brstl. dick, braunwarzig. Endsp. d. Szw. hellgrün, wollig. Bl. fast
mittelgr., wachsartig glänzend, fast nicht eingeschnitten, unterseits meistens nur nerven-wollig; Blstl. kurz u. dick, etwas borstig. Rfzt. früh. — Frankreich. In Oberbaden u. in Weingegenden
verbreitet. 1804 u. früher. *B. u. M.* 229. *T.* 71. — *B.* 293. I!! T.
I!!! W.

166. Langer Pineau, blauer Morillon; *B. u. M.* 16. Orn.
strobilosa. Morillon noir; in Samml. — Tr. mittelgross, lang,
walzenförmig, etwas ästig; Trstl. lang, dünn, zart, röthlich.
Br. klein, kugelig, dunkelblau, hellblau beduftet, hartnarbig,
dünnsaftig, etwas scharf süss; Brstl. dick, feinwarzig. Bl. mittelgr.,
dick u. steif, unterseits stark behaart; Blstl. kurz u. dick, rauh,

warzig, los-filzig, oben stark dunkelgrün gefurcht. Rfzt. spät. — Frankreich. 1836. *B. u. M.* 169. *T.* 49. — *B.* 510. II.

(*89*). Traube mittelgross, dicht, oben ästig, pyramidalisch, gleichbeerig. Traubenstiel kurz. Beeren mittelgross, dick- u. harthäutig, etwas säuerlich. Blatt tief eingeschnitten.

167. **Rothsaftiger Färber**; *B. u. M.* 17. Orn. tinctoria. Färber, Farbtraube, Färbertraube; in versch. Geg. Süddeutschlands. Rohrklävner; bei Schaffhausen. Bayonner; im Elsass. Refosco; in Steiermark. Hollertraube; in Sirmien. Schwarzwelscher, spanischer Clävner, Dintenwein, Schreibwein; in Sachsen. Pontac; in Böhmen. Portugal, Portegal-Noireau, Teinturier, Teinteau, Tinteau, Teinturin, Gros noir, Noir d'Espagne, Moure, Morian Paris, Morien, Morieu, Noireau, Alicante, Auvernat teint, Teint, Gros-Gamet; in versch. Geg. Frankreichs. Tinto, Tintello de Luxar; in Andalusien. Tinto di Rota, Tinto di Spagna; in Italien. Black Spanish, black Valentia, black Portugal, black Lisbon, black Prince; in England. Lacrimae Christi, Kaptraube, Tintentraube, rother Candolle, Pontak, Färber; in Samml. Teint, Teinturier, Färber, Auvernas teint; *Spr.* Färbe-Traube; *Somm.* Färberwein, Tintenavernat; *S.* Färber, Dintenwein, Vino tinto; *Chr. r. P.* Tintenwein, Vitis tinctoria; *Chr. p. H.* Spanischer Clävner; *Klb.* Schwarzer Färber; *M.* Refosco, Färbertraube; *Itth.* Färber, Tinctor, Tunturier: *Ht.* Clairet-Traube; *Fors.* Kleiner Färber; *Gk.* Farbtraube; *Br. Verz.* Alicant; *Cat. Lond.* Färbertraube, Tenturier; *Clwtz.* Auvernat teint; *Frg.* Uva tinta; *Valcarcel.* Tinto, Maculata; *Cl.* Vitis vinifera Tinto; *Raf.* Vitis vinifera tinctoria; *Schübl.* Vitis tinctoria; *Dierb.* — Rebholz bleifarbig gefleckt u. punktirt. Tr. kurz, doppelbeerig; Trstl. sehr kurz, dick, steif u. holzig, am Knoten winkelig gebogen, dunkelroth überlaufen, warzig. Br. rundlich, oben etwas eingedrückt, rothsaftig; Brstl. dick u. kurz, geröthet, dickwulstig. Endsp. d. Szw. röthlich, wollig. Bl. klein, früh roth werdend, unterseits stark zottig; Endz. halbkuppelförmig; Blstl. oberseits mit einem dunkelrothen Strich u. loswollig. Rfzt. spät. — Spanien. Frankreich. In Gärten bekannt. 1766. *B. u. M.* 117. *T.* 31. — *B.* 219. II. Interessant.

(*90*). Traube mittelgross, locker, ästig, gleichbeerig. Traubenstiel kurz. Beeren mittelgross, dick- u. harthäutig. Blatt wenig eingeschnitten.

168. **Blaue Grastraube**, blauer Espar; *B.* 18. Orn. herbacea. Espar; in Frankreich. — Tr. kurz; Trstl. dünn, hellgrün, knoten-früchtig. Br. rundlich, blauschwarz, stark blau beduftet, sparsam hell p., grünfleischig, unter der Haut roth, grasartig-säuerlich; Brstl. kurz u. dünn, bräunlich. Endsp. d. Szw. weisswollig. Bl. mittelgr., flach; Endz. halbkuppelförmig; Blstl. oberseits gefurcht, unterseits rostbraun, los-wollig. Rfzt. ziemlich früh. — Frankreich. 1844. *B.* 226. II.

(*91*). Traube mittelgross, meistens einfach, kurz, walzenförmig, meistens dicht, gleichbeerig. Traubenstiel lang u. dünn. Beeren gross, dünnsaftig, dünn- u. feinhäutig, süss. Blatt wenig eingeschnitten.

169. **Schwarzer Elbling**; *S.* 19. Orn. albuclacea. Schwarzelbling; an der Bergstrasse. Schwarzelben; bei Pforzheim. Blauer Heunisch; in Gärten. Cerny cynifal; in Böhmen. Schwarzelben; *Spr.* Schwarzelbener; *Somm.* Schwarze Elbene; *Klb.* Schwarz Elben; *Frg.* Schwarzer Alben: *M.* Schwarzer Elben; *B. u. M.* Schwarzer Elber; *Dttch.* Schwarzblauer Elben; *Gk.* — Trstl. steif u. holzig. Br. rundlich, etwas zugespitzt u. stielschmal, schwarz, stark hellblau beduftet, kleinnarbig; Brstl. kurz u. dick, dickwulstig. Endsp. d. Szw. hellgrün, kahl. Bl. hellgrün, verschieden eingeschnitten, sehr ungleich gezahnt; Blstl. kurz u. dick, nicht gefurcht, unterseits borstig. Rfzt. mittlere. — In Weingegenden, aber selten. 1766. *B. u. M.* 69. *T.* 16. — *B.* 241. I! W.

(*92*). Traube gross, dicht, lang, walzenförmig, ziemlich gleichbeerig. Traubenstiel lang. Beeren gross, säuerlich. Blatt wenig eingeschnitten.

170. **Schwarzer Heunisch**; *B. u. M.* 20. Orn. decipiens. Sauerschwarz, Rosenkranz, Peterleinstraube, Staatmacher; im Mainthale. Grosse Kauka, Piazha, Piazhneck; in Steiermark. Schwarzheinsch, Thalroth; im Elsass. Sauvage, Sparse grose, Plant Madame; in Frankreich. Blauer Heunisch; *B.* Sparsia acetosa, sauere Sparsrebe; *Illk.* — Tr. doppelbeerig; Trstl. sehr lang u. dick, zart, nach unten dicker. Br. kugelig, etwas stielschmal, dunkel schwarzblau, hellblau beduftet, scharf süss-säuerlich, dünnhäutig; Brstl. lang u. dick, hellgrün, feinwarzig. Endsp. d. Szw. gelbgrün, weisswollig. Bl. gross, dick u. steif; Endz. spitz; Blstl. oben mit einer dunkelgrünen Furche, glatt, los-filzig. Rfzt. spät. — Frankreich. 1836. *B.* 550. II.

171. **Blaue Riesentraube**, blauer Aromon; *B.* 21. Orn. gigantea. Croq, Ulliade rouge, Aramon; in Frankreich. — Tr. sehr gross, wenig ästig; Trstl. ober dem Knoten dünner u. gelbgrün, unterhalb geröthet. Br. kugelig, schwarzblau, röthlich hellblau beduftet, sehr kleinnarbig, grün-fleischig, dickhäutig; Brstl. kurz u. sehr dick, dunkelgrün, sehr dickwulstig. Endsp. d. Szw. weisswollig. Bl. gross, weich u. schlaff, länglich, unterseits loswollig u. sehr kurz behaart; Endz. spitz; Blstl. kahl. Rfzt. sehr spät. — Frankreich. 1844. *B.* 554. II. Schöne Spaliertraube.

172. **Blauer Räuschling**; *B. u. M.* 22. Orn. flexuosa. Schwarzer Räuschling: an der Bergstrasse u. am Kaiserstuhl. Hudler; im Brurhein. Schwarzer Kläpfer; in Oberbaden. Schwarzer Reuschling; *Ht. Setzr.* Schwarzblauer Räuschling; *Gk.* Blauer Kläpfer; *B.* — Rbstck. sehr fruchtbar; Rebholz unregelmässig im Zickzack wachsend. Tr. oben ästig, oft doppelbeerig; Trstl. etwas dick,

zart. Br. rund, dunkel schwarzblau, schwach hellblau beduftet, klein- u. hartnarbig, dick- u. harthäutig; Brstl. lang. Endsp. d. Szw. grün, fein weisswollig. Bl. gr., uneben, blasig u. rauh, verbogen u. faltig; Endz. kuppelförmig; Blstl. roth, warzig. Rfzt. mittlere. — Rheingegend. 1831. *B.* 446. I. T. I! W.

(*93*). Traube gross, lang, meistens dicht, ästig, pyramidalisch, gleichbeerig. Traubenstiel lang u. dünn. Beeren gross, dünn- u. weichhäutig, süss. Blatt wenig eingeschnitten.

173. **Blaue Bernhardstraube**; *M.* 23. Orn. fertilis. Gruselle, Bernardi, Plant Mâlain, de Pernand et d'Abraham; in Frankreich. Pagunone; am Comersee. Lehrmann; in Samml. Blaue Bernhardtraube; *B. u. M.* Blauer Malain; *B.* — Rbstck. sehr fruchtbar. Trstl. oben dünner, weissgrau beduftet. Br. kugelig, stark hellblau beduftet, vertieft gross- u. rostnarbig; Brstl. lang. Endsp. d. Szw. wenig wollig. Bl. gr., dick u. steif, sehr gross- u. scharfgezahnt; Endz. spitz; Blstl. kahl, warzig. Rfzt. mittlere. — Frankreich. 1827. *B. u. M.* 121. *T.* 32. — *B.* 515. I. W.

(*94*). Traube gross, lang, locker, einfach, walzenförmig, etwas ungleichbeerig. Traubenstiel lang. Beeren gross, dünn- u. feinhäutig, süss. Bl. wenig eingeschnitten.

174. **Schwarzer Urben**; *Spr.* 24. Orn. Urbani. Schwarzurben, Süsswelscher, rother Zottel- u. Blauwelscher; in Würtemberg. Buona in Casa; im südlichen Tyrol. Chartenet; in Samml. Vitis vinifera Sancti Urbani; *Schübl.* — Trstl. dünn, unter dem Knoten dünner, geröthet. Br. rundlich, schwarzblau, stark röthlich-hellblau beduftet, vertieft kleinnarbig. Endsp. d. Szw. weisslich, wollig. Bl. gross, fast ganz, rund, wachsartig gelbgrün; Endz. spitz; Blstl. roth gestr., loswollig. Rfzt. ziemlich spät. — Südtyrol. Würtemberg. 1766. *B.* 263. I! T. I. W. Hochspalier.

(*95*). Traube klein, locker, einfach, oben etwas klein-ästig, fast walzenförmig, ungleichbeerig. Traubenstiel lang. Beeren gross, dünn- u. zarthäutig, säuerlich. Blatt nicht tief eingeschnitten.

175. **Blaue Prevedesa**; *B.* 25. Orn. Prevedesa. Prevedesa; am Comersee. — Trstl. dünn u. steif, hellgelb u. geröthet. Br. kugelig, fein hellgrau punktirt, hellblau beduftet, grünfleischig; Brstl. lang, feinwarzig. Endsp. d. Szw. roth, wollig. Bl. gr., dick u. hart, runzelig, sehr scharf-gezahnt, sp. gelb; Endz. spitz; Blstl. kurz u. dick, warzig, loswollig. Rfzt. spät. — Italien. 1844. *B.* 570. II.

(*96*). Traube gross, locker, ästig u. einfach, lang, walzenförmig, gleichbeerig. Traubenstiel lang u. dick. Beeren gross, dick- u. harthäutig, säuerlich. Blatt wenig eingeschnitten.

176. Schwarze Negertraube, blauer Negron; *B.* 26. Orn.
anthracina. Negron; in Frankreich. — Trstl. zart, hellgrün,
schwarz p. Br. kugelig, dunkel schwarz, stark grau beduftet,
erhoben gross- u. hartnarbig; Brstl. kurz u. dick, sehr dickwulstig.
Endsp. d. Szw. gelbgrün, feinwollig. Bl. gr., steif, dick u. rauh,
oberseits weiss-filzhaarig, sp. dunkelroth; Endz. spitz; Blstl.
dünn, warzig, etwas borstig. Rfzt. spät. — Frankreich. 1844. *B.*
497. I. T.

(97). Traube mittelgross, ästig, locker, pyramidalisch, fast
gleichbeerig. Traubenstiel lang u. dick. Beeren gross,
dick- u. harthäutig, süss. Blatt wenig eingeschnitten.

177. Blauer Jacobin; *B. u. M.* 27. Orn. Jacobina. Pied de
Perdrix, Jacobin, Murleau, Mourlot, Languedoc, Coq, Cahors, Troyen,
Ardounct, Balzac; in Frankreich. Murleau; *Chapt.* — Trstl. ge-
dreht, am Knoten gebogen, grün u. hellbraun überzogen, schwarz
p., warzig. Br. kugelig, schwarz-blau, stark graublau beduftet,
sparsam p., grossnarbig; Brstl. lang, in der Mitte dünn, grün, bläulich beduftet. Endsp. d. Szw. hellgrün, wollig. Bl. gr., dick u. weich,
blasig, die unteren stark verbogen; Endz. spitz; Blstl. lang u.
dick, roth, unterseits hellgrün, losfilzig. Rfzt. ziemlich spät. —
Frankreich. 1804. *B. u. M.* 126. *T.* 35. — *B.* 502. I. T. u. W.
Spalier, auch in geringen Boden.

(98). Traube gross, ästig, dicht, pyramidalisch, gleichbeerig. Beeren gross, dick- u. harthäutig, süss. Blatt
tief eingeschnitten.

178. Blauer Kölner; *Tr.* 28. Orn. parietalis. Schwarze,
Grobschwarze, ordinäre Schwarze, rothe Ungarische, schwarzer Mus-
kateller; in Oesterreich. Kölner, Kölinger, Grosskölner, blauer Hainer,
Frankenthaler, blauer Luttenberger, Grossmilcher, grossbeerige Sippa,
windische Kauka, Karzhna, Kautschna, Karzhina, Seleniak, Zherni
Seleniak, velka Plaver, Vranik, Urnik, Kapzhina, Velka Modrina,
Modra Hlapzovina, Velka Zherna u. Sipa, Zherna Laska, Zhernila,
Zhernina, Zherni Spanier, Zherna Spania; in versch. Geg. Steier-
marks. Bordelais, Rochelle noire, Ugne noir, Alexandrie noir; in
Frankreich. Frankenthaler, blauer Scheuchner; in Samml. Grosse
wälsche Traube; *Rth.* Columella parietalis, Wand-Columellatraube;
Vst. Columela parietalis, Wandcolumeliatraube; *Burg.* Columella
cordato-sinuata, herzförmigbuchtige Columellarebe; *Hlbk.* — Rebholz
dick-knotig. Tr. oft sehr gross, doppelbeerig; Trstl. kurz u.
dick. Br. kugelig, fleischig; Brstl. kurz u. dick. Endsp. d.
Szw. hellgrün, roth gestreift, wollig. Bl. gr., sehr einwärts
gebogen, oberseits glatt u. glänzend; Endz. spitz; Blstl. lang,
borstig, oben mit einer dunkelgrünen Furche. Rfzt. spät. — Italien.
Oesterreich. Frankreich. 1824. *B.* 528. I! T. I. W. Für Spaliere in
jede Lage u. jeden Boden.
179. Grosser Bommer, schwarzblauer Scheuchner; *Gk.* 29. Orn.

turgida. Bommer, Grübler, unächte Alikante; in Würtemberg.
Blauer Bommer; *B.* — Rebholz flach-knotig. Tr. sehr gross,
oft walzenförmig; Trstl. lang, oberhalb des Knotens dünner, röthlich. Br. kugelig, stark blau beduftet, vertieft-grossnarbig, wässerig-süss; Brstl. kurz u. dick, röthlich. Bl. gross, schlaff
hängend, zart, unterseits kurzhaarig u. etwas loswollig; Endz. spitz.
Rfzt. spät. — Italien. Würtemberg. 1836. *B.* 537. I! T. Für jeden
Boden.

(99). Traube gross, locker, zuweilen dicht, ästig, pyramidalisch. Traubenstiel mittellang. Beeren gross, dünnhäutig, dünnsaftig, wässerig. Blatt nicht tief eingeschnitten.

180. **Blaue Bettlertraube;** *Tr.* 30. Orn. mendica. Grossblau,
Kölner, Grosskölner, blauer Hainer, Plava, Goristjie, Vranek, Zhernina Volka; in Steiermark. Gaumier violet; in Frankreich. Bettlertraube; *Rth.* — Rbstck. sehr fruchtbar; Rebholz auffallend dunkel gestreift u. schwarz punktirt. Tr. sehr gross; Trstl.
oben holzfarbig, unter dem Knoten gelblich-grün. Br. kugelig,
weiss-punktig durchscheinend, kleinnarbig, zähhäutig; Brstl. dick,
sp. roth, rothwulstig. Bl. gr., dünn, 3spitzig, fast kahl, rippen-
u. nervenborstig; Endz. spitz; Blstl. dünn, feinborstig. Rfzt. früh.
— Steiermark. 1824. *B.* 598. I! T. Für Spaliere u. Lauben in jeden
Boden.

(100). Tr. klein, locker, ästig, pyramidalisch, ungleichbeerig. Traubenstiel kurz. Beeren klein, dick- u.
harthäutig, süss. Blatt wenig eingeschnitten.

181. **Kleine Zanntraube,** blauer Emagrat; *B.* 31. Orn. sepi-
cola. Emagrat; in Frankreich. — Rbstck. schwach. Trstl. steif,
oben dünner, hellgrün, braun p. u. etwas wollhaarig. Br. rundlich, dunkel blauschwarz, stark hellblau beduftet, erhoben
kleinnarbig, fleischig; Brstl. kurz u. dick, sehr warzig. Endsp. d.
Szw. fast kahl. Bl. mittelgross, dünn, roth gefleckt, scharf-
gezahnt; Endz. spitz; Blstl. hellgrün, braunroth punktirt. Rfzt.
spät. — Frankreich. 1844. *B.* 300. II.

(101). Traube mittelgross, ästig, dicht, doppel- u. ziemlich gleichbeerig. Traubenstiel kurz. Beeren mittelgross, dünn- u. zarthäutig, süss. Blatt nngleich eingeschnitten.

182. **Schwarzer Sylvaner;** *Somm.* 32. Orn. sylvanacea.
Schwarzer Oestreicher; an der Bergstrasse u. am Haardtgebirge.
Affenthaler; in Würtemberg. Tokayer, Malterdinger; in der Ortenau.
Blauer Schönfeilner; in Sachsen. Rother u. blauer Sylvaner; am
Bodensee. Ordinärer Rother; bei Lörrach. Burgunder, Süssschwarz,
schwarzer Oestreicher; im Mainthale. Blauer Zierfahlner, Schwarze,
Mährische; in Oesterreich. Blauer Oestreicher, Mittelblaue, Debels
Zhernina; in Steiermark. Blauer Zierfahndler, Zierfanler; in Ungarn.

Raucy cynifôlowè, Zienifal czerny; in Böhmen. Schwarzer Veltliner,
blauer Reifler; in Gärten. Blauer Zierfahnler; *Spr.* Schwarzer Zierfahnler; *S. Wb.* — *Hölbl.* Blau Zierfahlner; *Frg.* Blauer oder
schwarzer Zierfaner, Silvaner, schwarzer Oestreicher; *Fisch.* Schwarzreifler, schwarzer Veltiner, blauer Silvaner, blauer Oestreicher; *Hkt.*
Blauer u. schwarzer Zierfahlner, Silvaner, Schwarzreifler, blauer
Traminer, schwarzer Veltliner, blauer Oesterreicher, Cyrobotrus niger;
Ht. Blauer Sylvaner; *B. u. M.* — *Tr.* — *Mhr.* — *Gk.* Blaue Boden-
seetraube; *B.* Catonia conferta, dichtbeerige Catotraube; *Burg.* Catonia conferta, dichtbeerige Katorebe; *Hlbk.* — Trstl. steif u. holzig, röthlich, glänzend. Br. rundlich, schwarzblau, stark graublau beduftet, kleinnarbig, dünnsaftig, sehr süss; Brstl. kurz
u. dünn, grobwarzig. Endsp. d. Szw. fast kahl. Bl. unterseits sehr
fein spinnwebartig bewollt; Blattnerven unterseits kahl; Endz.
halbkuppelförmig; Blstl. dick, warzig, roth gestreift. Rfzt. ziemlich früh. — Vom Bodensee. Mähren. 1766. *B. u. M.* 111. *T.* 27. —
B. 256. I! T. u. W. Auch für kalte Lagen.

(*102*). Traube gross oder mittelgross, dicht, manchmal locker,
oben ästig, etwas lang. Traubenstiel kurz. Beeren
gross, dickhäutig, schleimig, süss. Blatt wenig eingeschnitten.

183. **Schwarze Gichttraube**, blaue Drometraube; *B.* 33. Orn.
coricarpa. Raisin de la Drôme; in Frankreich. — Rbstck. schwach,
dünnholzig. Tr. mittelgross, dicht; Trstl. röthlich. Br. kugelig,
schwarz, grossnarbig, weichhäutig, fleischig, ähnlich der
Gichtbeere gewürzt; Brstl. lang u. dünn. Endsp. d. Szw. kahl.
Bl. klein, rund, rauh, gross-gezahnt; Endz. kuppelförmig;
Blstl. feinborstig. Rfzt. mittlere. — Frankreich. 1844. *B.* 448. I!
T. Zärtlich.

184. **Blauer Kurzstiel**, blauer Navaro; *B.* 34. Orn. brevi-
collis. Navaro, Navarre; in Frankreich. — Rebholz stark stufig.
Tr. gross, doppelbeerig; Trstl. sehr kurz, dünn, steif u. holzig,
warzig u. roth gefleckt. Br. kugelig, dunkel schwarzblau, stark
hellblau beduftet, hartnarbig u. harthäutig, scharf-süss; Brstl.
dick u. kurz, sehr warzig u. dickwulstig. Endsp. d. Szw. feinwollig. Bl. mittelgr., länglich, hellgrün, dünn u. weich, verbogen, sehr ungleich-gezahnt, oberseits los-filzhaarig; Endz.
spitz; Blstl. kurz u. dick. Rfzt. spät. — Frankreich. 1844. *B.* 557.
I! T. Für Spaliere.

(*103*). Traube klein oder mittelgross, dicht, auch locker,
ästig u. einfach, gleichbeerig, punktirt. Traubenstiel
kurz. Beeren klein, harthäutig. Blatt wenig oder
mitteltief eingeschnitten.

185. **Blauer Champagner**; *Tr.* 35. Orn. Campana. Mittelblaue, Tizhniak (Vogelbeere), in Steiermark. — Rbstck. klein. Tr.

klein, ästig, selten locker; Trstl. hellbraun. Br. rund, oft etwas stielschmal, dunkelblau, weiss beduftet, stark u. fühlbar grau punktirt, dünnhäutig, gewürzhaft-süss; Brstl. kurz u. dick, röthlich, knorpelig u. warzig. Bl. 5lappig, mitteltief eingeschnitten, roth gefleckt, klein- u. kurz-gezahnt; Blstl. dünn, hellroth, borstig. Rfzt. mittlere. — Steiermark. 1841. *Tr.* 204. I! W.

186. **Blauer Wildbacher**; *Tr.* 36. Orn. fereola. Wildbacher, grosses Mauserl, Gutblaue, Klein- u. Frühblaue, blauer Kracher, schlechte Kauka, blauer Gräutler, Mali Zherni, Tizlnik, Vranek; in Steiermark. Ornithia punctata, punktirte Vogelrebe; *Hlbk.* — Tr. klein, meistens dicht; Trstl. oben dünner, zart, dunkelgrün, dunkelroth geflcckt u. gestreift, dick- u. rothknotig. Br. kugelrund, schwarzblau, stark blau beduftet, sehr fein punktirt, kleinnarbig, dünnhäutig, säuerlich; Brstl. dünn, nach oben dicker, hellgrün, feinwarzig. Endsp. d. Szw. weisswollig. Bl. gr., wenig eingeschnitten, oberseits uneben, unterseits kurz-steifhaarig; Endz. halbkuppelförmig; Blstl. dünn, blauroth, gefurcht, borstig. Rfzt. mittlere. — In Steiermark fast wildwachsend. 1841. *B.* 453. I! W. In jeder Lage u. jedem Boden fruchtbar. Interessant.

187. **Rothblättriger Wildbacher**; *Tr.* 37. Orn. fereola rubrifolia. — Varietät des vorhergehenden. Bl. runder, weniger tief eingeschnitten, am Rande meistens zurückgerollt, unterseits kurzborstig, fast kahl, sich früh roth färbend. — Steiermark. 1841. *B.* 458. I. W.

188. **Frühblauer Wildbacher**; *Tr.* 38. Orn. fereola praecox. — Aehnlich dem ehevorigen. Tr. ästiger, früher reifend. Bl. uneben u. runzelig. — Steiermark. 1841. *B.* 455. I! W.

189. **Schlehenblauer Wildbacher**; *Tr.* 39. Orn. fereola inanis. Schlehen-, Klein-, Mittel-, Schnöd- u. Spätblaue, Vogelweinbeere, Tizhna, Mala Modrina; in Steiermark. — Rebholz weissgelb, ohne Röthe, schön gestreift, engknotig. Tr. mittelgross, meistens locker u. ästig; Trstl. etwas wollig, oft knoten-früchtig. Br. kleiner als 186, rothblau; Brstl. gelbbraun, röthlichwulstig. Rfzt. später als 186, sonst gleich. — Steiermark. 1841. *B.* 456. I! W.

190. **Später Wildbacher**, später blauer Wildbacher; *Tr.* 40. Orn. fereola serotina. Blauer Wildbacher, Roller, blauer Kanigl, Schnöd- u. Wildblaue; in Steiermark. Catonia elongata; *Vst.* — Tr. klein, locker, ästig, meistens knoten-früchtig; Trstl. dünn, braunroth punktirt, flach-knotig; Br. sehr klein, säuerlich. Bl. fast ganz, unterseits nerven-wollig, obere Bl. fast kahl; Blstl. halbroth, etwas behaart. Rfzt. spät. — Steiermark. 1826. *B.* 456. III.

(104). Traube klein, locker, ästig. Traubenstiel kurz. Beeren klein, dickhäutig, süss. Bl. tief eingeschnitten.

191. **Frühe Magyartraube**; *Tr.* 41. Orn. compressa. Blaue Jakobstraube, frühe Ungarische; in Steiermark. Czerna Zibeba; in

Böhmen. **Blaue Jakobstraube**; *Schams.* Schamsiana compressa, platt-gedrückte Schamsrebe; *Illbk.* Frühe blaue Magyartraube; *B.* — Rbstck. klein, zwergartig. Tr. oben sehr breit, rund; Trstl. sehr kurz, gelblich-grün. Br. kugelrund, oben oft etwas platt, schwarzblau, weisslich beduftet, feinnarbig, dünnsaftig, unter der Haut röthlich; Brstl. kurz. Bl. mittelgr., oberseits uneben, sehr unregelmässig gezahnt, beiderseits nerven-zottig; Endz. halbkuppelförmig: Blstl. dünn, röthlich, borstig. Rfzt. sehr früh. — Steiermark. 1832. *B.* 459. I!! T. Bei kurzem Schnitt u. in kräfti-gem Boden dauerhaft; auch zur Topfkultur u. Treiberei.

(*105*). Traube klein, dicht, ästig. Traubenstiel kurz. Beeren klein, dickhäutig, säuerlich. Bl. sehr stark ein-geschnitten.

192. Schwarzer Riesling; *B. u. M.* 42. Orn. bullata. Schwar-zer Rissling; *Gk.* Schwarzblauer Riessling; *B.* — Rbstck. stark. Trstl. dick, röthlich. Br. kugelig, fast schwarz, erhoben weissnarbig, unter der Haut roth; Brstl. kurz, dickwulstig. Endsp. d. Szw. wollig. Bl. mittelgr., dick, rückwärts gebogen, rauh, run-zelig u. feinblasig; Endz. halbkuppelförmig; Blstl. dick u. glatt, roth. Rfzt. spät. — Vom Rheine. 1827. *B. u. M.* 162. *T.* 46. — *B.* 477. II.

(*106*). Traube klein, locker, einfach, walzenförmig, gleich-beerig. Traubenstiel kurz. Beeren klein, dünn- u. feinhäutig, säuerlich. Blatt verschieden eingeschnitten.

193. Wilde Vogeltraube, blaue Vogeltraube; *Tr.* 43. Orn. sylvestris. Wilder Rebstock, blauer Wildbacher, Gegakstock, Gha-weinbeer, Vogelweinbeere, blaue Jungferntraube, Menekovna, Veniz-hona; in Steiermark. Vitis vinifera! *Linné.* Cupania avium, vogelbeerähnliche Cupanitraube; *Vst.* (Wildwachsender Rebstock; *Tr.*) Ornithia polypyrena, vielkernige Vogeltraube: *Illbk.* — Trstl. dünn, röthlich. Br. rothblau, kleinnarbig, gross-kernig, essig-sauer; Brstl. dünn, blauroth. Bl. meistens kl., dünn; Endz. spitz; Blstl. dünn, borstig u. zottig. Rfzt. spät. — In Steiermark wild wachsend. 1742. *B.* 589. III.

194. Falscher Pineau, blauer Liverdun; *B.* 44. Orn. am-bigua. Ericé noir, Liverdon, Liverdun; in Frankreich. — Trstl. sehr dünn u. weich, etwas bräunlich. Br. kugelig, dunkel-vio-lett, hellblau beduftet, grossnarbig, dünnsaftig; Brstl. dünn. Endsp. d. Szw. hellgrün u. röthlich, kahl. Bl. mittelgr., gelblich-grün, dünn, wenig eingeschnitten; Endz. spitz. Rfzt. spät. — Frankreich. 1844. *B.* 508. II.

(*107*). Traube gross, locker, einfach, walzenförmig, gleich-beerig. Traubenstiel lang u. dünn. Beeren klein, dick- u. harthäutig, säuerlich. Blatt sehr tief ein-geschnitten, fast geschlitzt.

195. **Rothblauer Mailänder**; *B.* 45. Orn. Mediolana. — Rebstck. baumartig. Tr. lang. Br. kugelig, dunkelblau, hellblau beduftet, erhoben hart- u. grossrostnarbig, dünnsaftig, sauer; Brstl. lang u. dünn, rostfleckig. Endsp. d. Szw. loswollig. Bl. sehr gross, dick u. rauh, runzelig u. gefaltet, lang u. schmalgezahnt; Blstl. lang u. dünn, feinwollig u. borstig. Rfzt. spät. — Italien. 1844. *B.* 603. II.

(*108*). Traube gross, locker, ästig, lang, pyramidalisch, ungleichbeerig. Traubenstiel lang. Beeren dickhäutig, süss. Blatt nicht eingeschnitten.

196. **Steierischer Schwarzelbling**, schwarzer Elben; *Tr.* 46. Orn. stiriensis. Blauwälsche, grosse rothe Lipovshna, Velka Lipovshna, Erjava Lipovshina, Zherna, Zhernina, Zherne Lipovshina, Zherna Belina, Velka Zhernina, Piazbnek, Velka Kavka', Mala Modrina; in versch. Geg. Steiermarks. — Rebholz hellroth. Trstl. dünn, leicht zerbrechlich. Beeren kugelig, ziemlich gross, dunkelblau, grossnarbig, unter der Haut rothfleischig, angenehm süss; Brstl. lang u. dünn, grosswulstig. Bl. meistens 3lappig, gross-gezahnt, oberseits uneben u. blasig, unterseits wenig bewollt, sehr nerven-borstig; Blstl. roth, wenig borstig. Rfzt. mittlere. — Steiermark. 1841. *Tr.* 112. I! W. Für jede Lage u. jeden Boden.

197. **Schwarze Amseltraube**, blaue Merle d'Espagne; *B.* 47. Orn. merula. — Tr. oft einfach; Trstl. dünn, zart u. biegsam, röthlich. Br. klein, oft rundlich, schwarzblau, hellblau beduftet, grossnarbig; Brstl. lang u. dünn. Endsp. d. Szw. hellgrün, etwas weisswollig. Bl. mittelgr., weit ausgeschnitten, eng- oder deckbuchtig, dünn u. steif, gross-gezahnt: Endz. spitz; Blstl. kurz u. dick, schön geröthet, glatt, loswollig. Rfzt. spät. — Frankreich. 1844. *B.* 521. I! T. Spalier.

(*109*). Traube gross, locker, ästig, pyramidalisch u. walzenförmig, gleichbeerig. Traubenstiel lang. Beeren mittelgross, dünn- u. zarthäutig, süss.

198. **Blaue Hartwegstraube**; *B. u. M.* 48. Orn. Hartwegi. Grobschwarz, Tauberschwarz; in der Main- u. Taubergegend. Grobschwarz; in Würtemberg. Saumoirau, Quille de Coque; in Frankreich. Karmazyn; in Böhmen. Hartwegstraube; *in Cat.* Tauber Schwarze; *Spr.* Blauer Hartwegtraube; *M.* Hartwegische Samentraube; *Mhr.* — Trstl. dünn, oben steif, grün, kahl. Br. kugelig, schwarzblau, stark blau beduftet, grossnarbig, dünnsaftig; Brstl. lang u. dünn, nach oben dicker werdend, meistens glatt, kleinwulstig. Endsp. d. Szw. grün, wollig. Bl. ungleich eingeschnitten u. schief, gross-gezahnt; Endz. halbkuppelförmig; Blstl. dünn, borstig. Rfzt. ziemlich früh. — Frankreich. Würtemberg. Franken. 1766. *B. u. M.* 97. *T.* 23. — *B.* 484. I! T. u. W. Spalier.

(*110*). Traube klein, ästig, locker, kurz, pyramidalisch.
Traubenstiel kurz. Beeren mittelgross, dick- u. harthäutig, säuerlich. Blatt wenig eingeschnitten.

199. **Grossblättrige Wandtraube**, blaue Vilaine; *B.* 49. Orn. grandifolia. Vilaine; in Samml. — Rbstck. baumartig. Tr. sehr ungleichbeerig; Trstl. gerade, dick u. rauh. Br. kugelig, rothblau, blau beduftet, braun gefleckt; Narbe auf der Seite, klein, hellbraun; Brstl. lang, gleich-dick, klein-wulstig. Endsp. d. Szw. hellgrün, weisswollig. Bl. sehr gross, dick u. steif, rund, fast ganz, lang- u. scharf-gezahnt; Endz. halbkuppelförmig; Blstl. kurz u. dick, warzig u. gefurcht, dunkelgrün, roth gestr., fein-borstig. Rfzt. spät. — Frankreich. 1844. *B.* 487. II. Für Wände u. Lauben!

(*111*). Traube klein, ästig, locker, pyramidalisch, hängend. Beeren mittelgross, dick- u. harthäutig, süss. Blatt verschieden eingeschnitten.

200. **Schwarzer Rothstiel**, rothstieliger Dolcedo; *B. u. M.* 50. Orn. purpurea. Schitterer, rothstieliger Kölner, männlicher Refosco, Dalmatiner Dolcedo, Refosco, Debeli Rifoshk; in Steiermark. Dolcedo, Dolcedo du Pô; in Samml. Haematia macrophylla, langstielige Blutrebe: *Hlbk.* — Trstl. dünn, ziemlich lang, gelb, schön geröthet. Br. kugelig, blauschwarz, vertieft-kleinnarbig, unter der Haut roth, schleimig, sehr angenehm süss; Brstl. kurz u. dick, sehr fein-wulstig, blutroth. Endsp. d. Szw. wollig. Bl. klein, dünn, glänzend, früh roth werdend; Endz. spitz; Blstl. stark geröthet. Rfzt. mittlere. — Dalmatien. Pogegend. Steiermark. 1836. *B. u. M.* 130. *T.* 37. — *B.* 575. I! T. Dauerhaft!

(*112*). Traube locker, ungleichbeerig. Traubenstiel lang u. dick. Beeren mittelgross. Blatt tief eingeschnitten, lang-gezahnt.

201. **Blauer Palvanz**; *Tr.* 51. Orn. Palvanzi. Palvanz, mali zerni, Vagari palvanz noir; in Steiermark. Palvanzia compressa, plattgedrückter Palvanz; *Hlbk.* — Rbstck. stark. Tr. mittelgross, einfach, oft etwas ästig; Trstl. braunroth. Br. kugelig, oben etwas platt, dunkelblau, weiss beduftet, dünnhäutig, dünn- u. grünsaftig, süss; Brstl. lang u. dünn, kurz- u. blau-wulstig, ohne Warzen. Bl. gross u. dick, tief- u. weit-buchtig, faltig, unterseits dicht kurzhaarig; Endz. spitz; Blstl. lang u. dünn, blauroth, wollig. Rfzt. spät. — Dalmatien. Steiermark. 1841. *B.* 534. I! T. Spalier.

202. **Niedriger Hausing**, blauer Hausing; *B.* 52. Orn. pumila. — Rbstck. sehr schwach. Rebholz kurz gegliedert. Trstl. lang, grün punktirt. Br. kugelrund, wenig p., grossnarbig, säuerlich; Brstl. lang u. dünn, etwas warzig. Endsp. d. Szw. kahl. Bl. mittelgr., dünn u. steif, hellgrün; Endz. halbkuppelförmig;

Blstl. dünn, glatt, hellgelb, oberseits dunkelgrün gefurcht, unterseits röthlich. Rfzt. spät. — Baden. 1844. *B.* 489. III.

(*113*). Traube gross, locker u. dicht, ästig, pyramidalisch, ziemlich gleichbeerig. Traubenstiel kurz. Beeren mittelgross, dünnhäutig, säuerlich.

203. **Siebenfärbiger Heunisch**; *B.* 53. Orn. multicolor. *Abendroth, schwarzes Abendroth; in Oesterreich. Blauer Kracher, Blank u. Plangner, Rothhainer, blauer u. später Hainer, blauer Rosszagler, Grossblau, Schilcher, rothblauer Schilcher, Geschilchter, Heninger, blauer Heninger, Blauer, Rothblaue, Abendroth, Modrina, Jalovna Modrina, Velka Modrina, Volovina, Erdezha Selenika, Zherni Blank, Bleda Zherna, Modershna, Ramfulak, Zherni Ramfulak, Zherni Ramulak, Pelesovna, Pelessovna, Peles, Erjava Lipovshna, Krishatna; in versch. Geg. Steiermarks. Estungé; in Frankreich. Siebenfärber; in Samml. Zwergstock: *Rth.* Columella variegata, mehrfärbige Columellatraube; *Burg.* Duhamelia mixta, verschiedenbeerige Hamelstraube; *Vst.* Blauer Blank; *Tr.* — Tr. lang, locker, mehrfarbig, von grün bis dunkelblau; Trstl. dick, oben steif, sehr zähe, hellgrün, fein braun p.; Br. kugelig, hartnarbig, zähhäutig, wässerig; Brstl. lang u. dünn, fast glatt. Endsp. d. Szw. weisslich-wollig. Bl. gelblich-grün, dünn u. weich, am Rande etwas rückwärts gebogen, fast ganz; Endz. spitz; Blstl. roth, loswollig. Rfzt. spät. — Oesterreich. 1824. *B.* 552. II. Interessant!

204. **Säuerlicher Affenthaler**, blauer Affenthaler; *B.* 54. Orn. acidula. Affenthaler; in Würtemberg. Rother; in Oberbaden. Kleiner Trollinger: am Neckar. Morillon aigret, Pineau aigret; *Spr.* Affenthaler; *Frg.* Säuerlicher kleiner Burgunder; *Gk.* — Trstl. dünn, röthlich, knoten-früchtig. Br. kugelig, schwarzblau, weiss punktirt, grossnarbig, dünnhäutig, unter der Haut grünlich, säuerlich-süss; Brstl. lang, nach oben dicker, dickwulstig. Bl. tief eingeschnitten, schief, glatt, hellgrün; Endz. halbkuppelförmig; Blstl. kurz u. dünn, roth gestr., borstig. Rfzt. früh. — Frankreich. Würtemberg. 1766. *B.* 490. II.

(*114*). Traube klein, dicht, oft locker, ästig. Traubenstiel kurz. Beeren mittelgross, dünnhäutig süss. Blatt fast ganz.

205. **Wälsche Barttraube**, früher blauer Wälscher; *Tr.* 55. Orn. hispida. Blauer Burgunder, Seleniak, blauer Selenika, Lashka Moder, Modrica; in Steiermark. Varronica italica; *Vst.* Ornithia hispida, borstige Vogeltraube; *Hlbk.* — Trstl. dünn, gelb. Br. kugelig, schwarzblau, sehr weiss beduftet, schwach p., zartfleischig, unter der Haut roth; Brstl. kurz, lang-wulstig. Bl. faltig, kurz u. breit gezahnt, dunkelgrün, unterseits sehr stark nervenborstig; Endz. spitz; Blstl. dünn, roth, haarig. Rfzt. früh. — Steiermark. 1826. *B.* 492. II T. u. W. Für jede Lage u. Boden bei kurzem Schnitt.

206. Mittlerer Pineau, blauer Pineau; *B. u. M.* 56. Orn.
intermedia. Etubie, Pique poule noir, Pineau franc, Pincau noir,
Plant de St. Martin; in Frankreich. — Trstl. sehr kurz, dünn.
Br. kugelig, dünnsaftig, 3kernig; Narbe etwas nebenstehend u.
erhoben, klein u. hart; Brstl. lang, gleich-dick, bräunlich-hell-
grün, dick-wulstig. Endsp. d. Szw. hellgrün, kahl. Bl. klein, dick
u. steif, wenig verbogen, 3spitzig, sehr stumpf-gezahnt; Endz.
gross, spitz; Blstl. oberseits kahl, unterseits borstig, loswollig.
Rfzt. spät. — Frankreich. 1836. *B. u. M.* 132. *T.* 38. — *B.* 505. I!
W. (= mit 162?)

(115). Traube klein, dicht, doppelbeerig, einfach, walzen-
zenförmig. Traubenstiel lang u. dünn. Beeren mittelgross,
dick- u. harthäutig.

207. Blaue Tintentraube, blaue Tintotraube; *B.* 57. Orn.
atramentaria. Ramonat, Neigrier, Gros-Noir d'Espagne, Raisin
d'Alicante, Raisin de Lombardie; in Frankreich. Tinto; bei Oporto.
Tempranillo, Forenses Cupani; *Cl.* Ramonat, Lombardische oder Mai-
länder-Traube; *Chapt.* Sizilianischer Färber; *Gk.* Vitis vinifera
Oporto, Portugal Grape; *Raf.* — Tr. kurz, oben etwas ästig, ziemlich gleichbeerig; Trstl. steif, holzig, dunkelfarbig, kahl u. glänzend. Br. schwarzblau, stark hellblau beduftet, kleinnarbig, dünn-
u. dunkelrothsaftig, säuerlich; Brstl. kurz u. dünn. Endsp. d.
Szw. fast kahl. Bl. dünn u. weich, ziemlich tief eingeschnitten,
meistens roth gefleckt; Endz. lang-zugespitzt; Blstl. roth,
oberseits dunkelgrün tief gefurcht, etwas kurz-borstig. Rfzt. spät. —
Spanien. Frankreich. 1804. *B.* 565. II.

(116). Traube mittelgross, etwas ästig, dicht, zuweilen locker.
Traubenstiel kurz. Beeren mittelgross, dünnhäutig,
süss. Blatt wenig eingeschnitten.

208. Blauer Vranek: *Tr.* 58. Orn. corrugata. Vranik, Ranek;
in Steiermark. Corvina villosa, wolligblättrige Krähenrebe; *Hlbk.* —
Tr. im Herbste Trockenbeeren bildend; Trstl. dick u. stark,
grünlichgelb, braun punktirt u. gestrichelt. Br. kugelig,
schwarzblau, rothblau beduftet, röthlich-kreisig punktirt,
weissnarbig; Brstl. hurz u. dick, wenig warzig. Bl. gr., gelblich-
grün, dünn, seicht- u. eng-buchtig; Endz. spitz; Blstl. dünn,
roth, fein-borstig. Rfzt. mittlere. — Steiermark. 1841. *B.* 561.
I! W.

(117). Traube mittelgross, dicht, einfach, walzenförmig,
ungleichbeerig. Beeren mittelgross, dünn- u. feinhäutig, süss. Blatt verschieden eingeschnitten.

209. Falscher Clävner, blauer Noirien: *B.* 59. Orn. Pseudo-
clavenia. Noirien; in Frankreich. Aechter Noirien, Franc Pineau;
in Samml. Ordinärer schwarzblauer Klevner; *Gk.* — Tr. oft mehrtheilig u. etwas ästig; Trstl. mittellang, steif, warzig, roth ge-

streift. Br. **kugelig,** grossnarbig, 3kernig, **aromatisch;** Brstl. kurz u. dick. Bl. mittelgr., dick, unterseits **wenig behaart, nerven-borstig** u. **zottig;** Endz. **gross, spitz;** Blstl. lang u. dünn, zottig. Rfzt. ziemlich früh. — Burgund. 1836. *B.* 568. I! W.

(118). Traube **mittelgross,** einfach, manchmal ästig, locker, selten dicht. Traubenstiel lang u. dünn. Beeren **mittelgross, dickhäutig, süss.** Blatt wenig **eingeschnitten.**

210. **Blauer Muskateller;** *Gk.* 60. Orn. muscata. Schwarzer u. blauer Muskateller, blauer Ranfler, Zherni Muscat; in Steiermark. — Aehnlich Nr. 55, grösser. Br. **hellblau, platt,** etwas weniger gewürzt. Bl. 3- u. **5lappig, länglich, breit-gezahnt.** Rfzt. später. — Steiermark. 1836. *B.* 672. I! W. Spalier.

211. **Blauer Mohrenkönig;** *Tr.* 61. Orn. regalis. Chailloche; in Frankreich. Vistersehna, Bistershna Zhernina; in Steiermark. Mohren-Königin; *Rth.* Catonia maculata, gefleckte Katorebe; *Hlbk.* — Trstl. oben dünner, sonnenwärts roth. Br. kugelig, schwarzblau, weiss beduftet, grossnarbig, dünnsaftig, unter der Haut **rothfleischig, wohlschmeckend;** Brstl. dünn, warzig, **rothwulstig.** Bl. 3lappig, oberseits dunkelgrün, glatt u. **glänzend,** sp. oft braunroth gefleckt, unterseits sehr nerven-borstig; Endz. spitz; Blstl. lang, roth, borstig. Rfzt. mittlere. — Steiermark. 1824. *B.* 591. I! T. u. W. Gegen Kälte dauerhaft. Zwerg, bei Zapfenschnitt.

9. Malvasia.

Beeren entschieden **lang, hellfarbig, gelb, grünlich** oder weiss.

(119). Traube **gross, ästig, gleichbeerig.** Traubenstiel kurz u. dick. Beeren **gross, dickhäutig, säuerlich.**

212. **Saurer Malvasier,** weisser Rajoulen; *B.* 1. Malv. acida. Melon blanc, Ragoulen, Rajoulen; in Frankreich. — Tr. **lang, walzenförmig, doppelbeerig.** Br. **beiderseits zugespitzt,** gelblich-grün, stark schwarz punktirt, hartnarbig, scharf **säuerlich;** Brstl. lang, in der Mitte dünn, **grobwarzig** u. **dickwulstig.** Endsp. d. Szw. röthlich, fast kahl. Bl. mittelgr., rund, fast nicht eingeschnitten, klein- u. gross-gezahnt; Endz. halbkuppelförmig; Blstl. kahl. Rfzt. sehr spät. — Frankreich. 1844. *B.* 70. IIL·

(120). Traube **gross, dicht** u. **locker, einfach** u. **ästig, gleichbeerig.** Traubenstiel lang u. dünn. Beeren **gross, dünnhäutig, süss.** Blatt **dreilappig,** ziemlich tief eingeschnitten.

213. **Früher Malvasier,** früher weisser Malvasier; *M.* 2. Malv. praecox. Weisser oder grüner Lagler, grüne Melliertraube; *Hll.* Früher weisser Malvoisier; *B.* Malvasia; *Spr.* Vitis malvasia; *Risso.*

Vitis malvatica, Malvasier; *Dierb.* Vitis vinifera malvesia, Malmsey Grape; *Raf.* — Tr. länglich, dicht, einfach, pyramidalisch; Trstl. wenig geröthet. Br. eiförmig, zugespitzt, gelbgrün, hell und durchsichtig, stark grau beduftet, wenig punktirt, kleinnarbig, sehr feinhäutig; Brstl. kurz. Endsp. d. Szw. hellgrün, wenig wollig. Bl. glänzend, faltig, oft gelb marmorirt; Blattnerven gelblich-grün, ohne Röthe; Endz. halbkuppelförmig; Blstl. dünn, hellgrün, warzig, kahl. Rfzt. sehr früh. — Frankreich. 1766. *B. u. M.* 187. *T.* 58. — *B.* 74. I!! T. Spalier.

214. **Falscher Muskateller,** weisse Muskatelle; *B.* 3. Malv. Pseudo-Moscatella. Muscatelle; in Frankreich. Muscadello; in Corsica. — Rbstck. stark. Tr. ziemlich gr., locker; Trstl. geröthet u. rostig. Br. eiförmig, etwas zugespitzt, gelbgrün, durchsichtig, schwach beduftet, schwarz punktirt, klein rostnarbig, ohne Aroma; Brstl. kurz, bläulich beduftet, dickwulstig. Endsp. d. Szw. kahl. Bl. klein, eben u. flach, nicht tief oberen tief eingeschnitten; Blattnerven unterseits gelb, rothrostig; Endz. halbkuppelförmig; Blstl. dünn, geröthet, etwas warzig, kahl. Rfzt. spät. — Frankreich. 1844. *B.* 107· I! Spalier.

(121). Traube mittelgross, dicht, ästig, gleichbeerig. Traubenstiel dick u. steif. Beeren gross, feinhäutig, süss. Blatt wenig eingeschnitten.

215. **Später Malvasier,** später weisser Malvasier; *M.* 4. Malv. serotina. Bureaut, Burot; in Frankreich. Cibebentraube, Honigtraube; in Samml. Malvasia, *Spr.* Später weisser Malvoisier; *B.* — Tr. kurz, walzenförmig, doppelbeerig; Trstl. sehr kurz, ober dem Knoten steif u. holzfarbig, unterhalb hellgrün u. dünn. Br. lang, zugespitzt, hellgrün, stark grau beduftet, punktirt; Narbe nebenstehend, vertieft, klein; Brstl. kurz u. dick. Endsp. d. Szw hellgrün, etwas bewollt. Bl. gr., dünn, sehr ungleichu. gross-gezahnt; Endz. halbkuppelförmig; Blstl. dick, geröthet, etwas borstig. Rfzt. mittlere. —. Frankreich. 1766. *B. u. M.* 188. *T.* 59. — *B.* 76. I! T. Spalier.

(122). Rebstock stark. Traube gross, locker, ästig. Traubenstiel lang. Beeren gross, dickhäutig. Blatt meistens tief eingeschnitten.

216. **Weisse Shopatna;** *Tr.* 5. Malv. Shopatna. Weisse u. grüne Lagler; in Oesterreich. Geissdutte, weisse Geissdutte, weisser Lagler, Ahorntraube, Beli Blauk, Pokovez, Sagorski Shipon, Sagorski Poshipon, Bela Modrina, Javor, Velki Javor, Shopatna, Beli Ramfulak u. Ramulak, Gorogranshzha; in versch. Geg. Steiermarks. Weisser Lägler; *Hölbl.* Grüner Lagler; *Spr.* Weisse Schopatna; *B.* Clementea laciniata, geschlitztblättrige Clementetraube; *Burg.* Coturnica laciniata, tief geschlitzte Wachtelrebe; *Illbk.* — Tr. oft etwas dicht; Trstl. stark, ober dem Knoten holzig. Br. oval, gelblich-grün, fein punktirt, feinnarbig, fleischig, süss; Brstl. dick,

hochwulstig. Bl. gross, dünn, 5lappig, tief eingeschnitten, lang-gezahnt, weitbuchtig: Endz. halbkuppelförmig; Blstl. lang, sw. geröthet, etwas bewollt. Rfzt. mittlere. — Steiermark. 1766. *B.* 83. Il T. u. W. In jeder Lage fruchtbar u. dauerhaft.

217. **Weisse Wachteleyertraube;** *Tr.* 6. Malv. coturnica. Wachteleyertraube, weisse Imperial; in Steiermark. Weisse Geissdutte; in Würtemberg. Weisse Griechische, Wachteley, Fürymony; in Ungarn. Griechischer Augster, weisser Griechischer; *Spr.* Weisser griechischer Malvasier; *Gk.* Coturnica triloba, dreilappige Wachtelrebe; *Hlbk.* — Tr. sehr locker: Trstl. zähe. Br. beiderseits zugespitzt, später stumpf abgerundet, weissgelb, weiss beduftet, braun gefleckt, wenig punktirt, fleischig, ziemlich süss; Brstl. lang u. dick. Bl. gelblich-grün, dick, 3lappig, unterseits fein- u. büschel-wollig; Endz. halbkuppelförmig; Blstl. lang u. dick, röthlich, zottig. Rfzt. spät. — Griechenland. Ungarn. 1766. *B.* 86. I T. Schön. In geschützte Lage.

(*123*). Traube gross, locker, einfach u. ästig, gleichbeerig. Traubenstiel kurz. Beeren gross, dünnhäutig, süss. Blatt wenig eingeschnitten.

218. **Weisse Masconstraube;** *Baumann.* — *Tr.* 7. Malv. Masconi. St. Pierre blanc, Gaman, Wieserburger: in Frankreich. Masconstraube, weisser Mascon, grosser weisser Kleyner; in Samml. Weisse Bronnertraube; *B. u. M.* Weisser Gaman; *B.* — Tr. lang, pyramidalisch; Trstl. dick, ober dem Knoten steif, unterhalb biegsam. Br. eiförmig, etwas zugespitzt, stark grau beduftet, schwarz punktirt, erhoben hartnarbig; Brstl. kurz u. dick, dickwulstig. Endsp. d. Szw. hellgrün, feinwollig. Bl. rund, sehr ungleich gezahnt, unterseits stark nerven-rostig: Endz. spitz; Blstl. dünn, kahl, ohne Röthe. Rfzt. spät. — Frankreich. 1821. *B. u. M.* 204. *T.* 65. — *B.* 91. Il T.

10. Trummeria. *)

Beeren entschieden lang, blau, schwarz oder röthlichblau.

(*124*). Traube gross, locker, oft fast dicht, ästig. Traubenstiel lang. Beeren gross, dickhäutig. Blatt tief eingeschnitten.

219. **Blaue Shopatna;** *Tr.* 1. Tr. Shopatna. Carignan; in Samml. Blaue Shopatna; *B.* — Aehnlich Nr. 216. Rebholz brauner; Augen kleiner. Trstl. oben braun. Br. oval, rothblau, fleischig. Bl. sehr tief eingeschnitten, grosslappig, etwas faltig, oberseits glatt u. glänzend, unterseits stark bewollt; Endz. halbkuppelförmig; Blstl. lang, dünn-rippig, oben roth. Rfzt. spät. — Frankreich. 1841. *B.* 85. I T.

---

*) Franz Trummer, ausgezeichneter Rebenkenner und Ampelograph.

(*125*). Traube lang, locker, cylindrisch. Traubenstiel lang
u. dünn. Beeren gross, süss. Blatt tief eingeschnitten.

220. **Blaue Metzgertraube**: *B.* 2. Tr. Metzgeriana. Bour-
dalés; in Frankreich. Grosser u. blauer Marokkaner; in Samml. —
Rebholz kurz-gegliedert. Trstl. grün punktirt. Br. blau, graublau
beduftet, grossnarbig, fleischig, wohlschmeckend; Brstl. lang
u. dünn. Endsp. d. Szw. hellgrün, zottig. Bl. klein u. dick,
länglich, mit schmalen zusammengerollten Lappen, gross-
u. scharf-gezahnt; Endz. spitz; Blstl. kurz u. dünn, los-wollig. Rfzt. spät. — Südländer. Frankreich. 1844. *B.* 93. I! T. An
geschützte Wände.

(*126*). Traube klein, dicht, cylindrisch. Traubenstiel dünn.
Beeren gross, krachend, süss. Blatt mittelgross, rundlich, blasig.

221. **Schwarze Kölgestraube**, blaue Charge Mulet; *B.* 3. Tr.
Kölgesi. Dolcedo, Charge Mulet; in Frankreich. — Trstl. grün,
ziemlich lang. Br. schwarzblau, schwarz punktirt, hochnarbig;
Brstl. kurz u. dünn, röthlich. Endsp. d. Szw. hellgrün, fast kahl.
Bl. dick, 5lappig, von allen Seiten rückwärts gebogen; Endz.
kuppelförmig; Blstl. kurz u. dick, zottig. Rfzt. ziemlich spät.
— Frankreich. 1844. *B.* 68. I! W.

(*127*). Traube klein, locker, ungleichbeerig, pyramidalisch. Traubenstiel lang u. dick. Beeren mittelgross,
dick- u. harthäutig, säuerlich. Blatt wenig eingeschnitten.

222. **Blaue Knietraube**, blaue Vauclüsetraube: *B.* 4. Tr.
flexuosa. Negron; in Frankreich. — Rebholz im Zickzack wachsend. Tr. einfach, oft ästig; Trstl. hellgrün, sckwarz p., zickzackig
gebogen. Br. eiförmig, zugespitzt, dunkelblau, hellblau beduftet, erhoben grossnarbig; Brstl. lang u. dünn, hellgrün, kahl.
Endsp. d. Szw. hellgrün, kahl. Bl. mittelgr., dick u. rauh; Endz.
halbkuppelförmig; Blstl. dick, weisslich-grün, dunkel gestreift.
Rfzt. spät. — Frankreich. 1844. *B.* 72. II.

(*128*). Traube sehr gross, kurz, locker u. dicht, ästig u. einfach, ungleichbeerig. Traubenstiel sehr lang. Beeren
sehr gross, dick- u. harthäutig, süss. Blatt gross, mitteltief eingeschnitten.

223. **Grosse Cibebe**, blaue Cibebe; *B.* 5. Tr. Cibeba. Blauer
Damascener, blaue Geissdutte, blaue Oliventraube: in Steiermark.
Malaga noir; bei Rochelle. Olivedda; in Sizilien. Uva Damascena;
in Italien. Blauer u. grosser Damascener, blaue Olivontraube, Mer-
bregie, Damas gros, Gros Damas, Gros Maroc, Raisin de Montpellier;
in Samml. u. Gärten. Ziheben, Uvae Zibebae, Damascenertraube,
Damascenisch Rosin; *Tabernäm*. Vite di Damasco; *Ac.* Damascene
rouge; *Salzm.* Damascener; *Frg.* Grosse Damaszene; *Lgl. Awsg.*
Grosser blauer Damascener; *Clwtz.* Blauer Damascener; *M.* — *B.*

u. M. — Gk. Vitis damascena, Damascenertraube; *Spr.* Vitis oli-vaeformis; *Presl.* Oliventraube; *Dierb.* Damascena acuto-dentata, scharfzähniger Damascener; *Illbk.* Black Prince, Sir Abraham Pyt-che's Black, Alicant, Black Spanish, Black Valentia, Black Portu-gal, Black Lisbon, Pocock's Damascus, Lombardy, Steward's Black Prince, Boston? *Cat. Lond.* — Tr. lang-ästig, fast mehrtrau-big; Trstl. dick, steif u. holzig, röthlich gefleckt u. schwarz p., dick- u. ranken-knotig. Br. oval, etwas zugespitzt, schwarzblau, hellblau beduftet, vertieft klein- u. hartnarbig, hartfleischig; Brstl. kurz, unten u. oben stark verdickt, grobwarzig. Endsp. d. Szw. röthlich, zottig. Bl. lang, gebogen, sehr gross-, un-gleich- u. scharf gezahnt, unterseits fein-zottig; Endz. spitz; Blstl. dick, warzig, kahl. Rfzt. sehr spät. — Syrien. Italien. In Gärten bekannt. 1588. *B. u. M.* 178. *T.* 54. — *B.* 88. I!! T. Heisse Spalierlage. Langer Schnitt.

(*129*). Traube gross, locker, ästig, gleichbeerig. Trauben-stiel ziemlich lang. Beeren klein, dick- u. harthäutig, sauer. Blatt tief eingeschnitten.

224. **Blauer Wildwälscher**; *B.* 6. Tr. lacerata. Kraus Gro-bes; bei Würzburg. Degoûtant; bei Rochelle. — Rbstck. sehr leb-haft. Trstl. ober dem Knoten dünner, loswollig. Br. eiförmig, zugespitzt, schwarzblau, hellblau beduftet, wenig punktirt, erhoben hart- u. grossnarbig, dünnsaftig; Brstl. kurz u. dünn, dickwulstig. Endsp. d. Szw. weisswollig. Bl. gross, verbogen, rauh u. runze-lig, gross- u. doppelt-gezahnt, wie zerrissen; Endz. halb-kuppelförmig; Blstl. in der Mitte dünn, kahl. Rfzt. spät. — Frank-reich. 1844. *B.* 79. II.

(*130*). Traube gross, ziemlich dicht, ästig u. einfach. Trauben-stiel lang. Beeren gross oder mittelgross, dick-häutig. Blatt nicht sehr tief eingeschnitten.

225. **Blaue Masconstraube**; *Tr.* 7. Tr. Masconi. Blaue Vernaggio; in der italienischen Schweiz. Masconia densa, dichttrau-bige Maskonsrebe; *Illbk.* — Tr. dicht, ästig; Trstl. dick. Br. gross, oval, kleinnarbig, weichfleischig, angenehm süss; Brstl. kurz, gelblich-grün, fein p., klein-wulstig. Bl. länglich, 3- u. 5lappig, kurz eingeschnitten, stumpf- u. kurz-gezahnt; Blstl. lang, dick, kahl, etwas röthlich. Rfzt. etwas spät. — Italienische Schweiz. 1841. *Tr.* 246. I! T.

226. **Schwarzer Langstiel**, blauer Carignant; *B.* 8. Tr. pe-dunculata. Carignan, Carignant; in Frankreich. — Tr. ziemlich lang, walzenförmig, ziemlich gleichbeerig; Trstl. sehr lang, dünn, unter dem Knoten dicker u. zart, gelb-grün, kahl u. glän-zend. Br. mittelgross, länglich, zugespitzt, dunkel schwarzblau, erhoben grossnarbig, säuerlich; Brstl. lang u. dünn. Endsp. d. Szw. grün, röthlich, wollig. Bl. gr., lang-gestreckt, 3spitzig, gross- u. doppelt-gezahnt; Endz. halb-kuppelförmig. Rfzt. mittlere. — Frankreich. 1844. *B.* 81. II.

III. Stamm (Tribus).

Wildweinrebenartige. Labruscariae.

Blatt filzig.

(Ur- oder Stammart: Vitis vinifera; *L*. u. Vitis Labrusca; *L*.)

11. Clementea. *)

Beeren rund oder etwas länglich, hellfarbig, gelb, grünlich
oder weiss.

(131). *Rebstock stark*. Traube sehr gross, lang, dicht, manchmal locker, lang-ästig oder einfach, hängend. Traubenstiel lang. Beeren gross, dünnhäutig u. dünnsaftig,
kleinnarbig.

227. **Weisser Räuschling**; *M*. 1. Clem. membranacea.
Räuschling; in Franken. Klöpfer, Kläpfer; am Kaiserstuhl. Fran-
kentraube, Edelweiss; am Bodensee. Kläpfer, Räuschling, grüner
u. grosser Räuschling, Rüschling; im Breisgau. Silberrüschling u.
Räuschling; in der Ortenau. Weisser Räuschling, Heinzler; in
Baden. Räuschlinger, Süsser Riessling, Pfäffling, Pfaffentraube,
Dreitsch, Dretsch, Treitsch (?!); am Haardtgebirge. Welscher, frem-
der Wälscher, Thuner, Turner, Weisswälsch, Züritraube, Zürcher; in
der Schweiz. Silberweiss; in Oesterreich. Szrebro bela; in Ungarn.
Brauner Nürnberger, Luttenberger Stock, Luttenbershna, Selenzhizh
Divizhna, Divizhina, Vizhna, Erjava Tizhna; in Steiermark. Grosser
Räuschling, Offenburger, Reischlinger, Kni perló blanc; in Frank-
reich. Grosser Räuschling, Offenburger; *Stolz*. Grosser Reuschling,
Dretsch, Silberreuschling; *Mhr*. Tokayertraube; *Rth*. Gemeiner weisser Räuschling; *Gk*. Johannea fusca, braune Johannestraube; *Vst*.
Vitis crepitans, Drutsch; *Dierb*. Plinia fusca, braunrothe Plinius-
rebe; *Hlbk*. — Tr. meistens ungleichbeerig; Trstl. dick, unter dem
Knoten dicker, zart u. biegsam. Br. länglich, hellgrün, stark grau
beduftet, schwarz punktirt, leicht platzend, wässerig; Brstl.
lang, in der Mitte dünn. Endsp. d. Szw. roth überlaufen, zottig.
Bl. wenig eingeschnitten, uneben u. blasig, von allen Seiten
zurückgebogen, ungleich kurz-gezahnt; Endz. kuppelförmig;

*) **Simon Roxas Clemente**, berühmter spanischer Ampelograph.

Blstl. dick, rauh, borstig, unterseits filzig. Rfzt. spät. — Oberrhein. 1539 (?). 1824. *B. u. M.* 82. *T.* 18. — *B.* 141. I!! T. I! W.
In trockene Lage.

228. **Frühe Lahntraube**; *B. u. M.* 2. Clem. Lagana.
Frühe von der Lahn, Lahntraube, van der Lahn, van der Laan, grosse Lahn-
traube, grosser Grüner, weisser Portugieser, Früher von Kienzheim,
Mutter mit den Kindern, Vert doux, Précoce de Lahn; in Samml.
u. Gärten. Früher von der Lahn; *Chr. p. H.* Früher van der Lahn;
Ftl. Weisse Alikante; *B. u. M.* Frühe weisse Lahntraube; *B.* —
Tr. etwas locker, pyramidalisch, ziemlich gleichbeerig; Trstl. sehr
lang, dünn u. holzig, grün u. roth gefleckt. Br. rundlich, etwas
zugespitzt, hollgelb, stark hellgrau beduftet, schwarz p., süss;
Brstl. lang u. dünn, stark warzig u. dickwulstig. Endsp. d.
Szw. hellgrün, weisswollig. Bl. gr., hängend u. faltig, sehr
verschieden eingeschnitten u. gezahnt; Endz. spitz; Blstl. dick,
borstig u. wollig. Rfzt. früh. — Sämling aus Holland. In
Gärten bekannt. 1802. *B. u. M.* 14. *T.* 3. — *B.* 166. I!! T. I W.
Heisse Spalierlage.

(*132*). Rebstock stark, stämmig. Traube gross, locker, ästig.
Beeren grossnarbig, dick- u. harthäutig. Blatt wenig
eingeschnitten.

229. **Grüner Rachenputzer**; *B.* 3. Clem. acida. Sauere
Lamberttraube? *M.* — Tr. pyramidalisch, gleichbeerig; Trstl.
lang u. dünn. Br. mittelgross, hellgrün, stark grau beduftet, sparsam schwarz p., dünnsaftig, säuerlich; Narbe erhoben, weissgrau; Brstl. lang u. dünn. Endsp. d. Szw. hellgrün,
weisswollig. Bl. gr., dünn, uneben u. blasig; Endz. halbkuppelförmig; Blstl. dick, filzig. Rfzt. spät. — Frankreich. 1827. *B.*
147. II.

230. **Weisses Ochsenaug**; *Tr.* 4. Clem. carnosa. Bela Volovina, Volovna u. Morshina; in Steiermark. Boopia deprimata,
vertieftnarbige Ochsenrebe; *Hlbk.* — Tr. kurz-ästig; Trstl. dick,
etwas lang. Br. gross, kugelig, oben platt, gelblich-grün, schwach
beduftet, sehr fein schwarz punktirt, gelb-aderig, fleischig u.
saftig, meistens säuerlich; Narbe vertieft, grau rostfleckig; Brstl.
dünn. Bl. gr., rund, 3lappig, fast ganz, oben runzelig, gelbgrün u. durchscheinend schwarz u. gelb-kreisig punktirt, ungleich u. bogig gezahnt; Blstl. rauh, roth gestr. Rfzt. spät. —
Südländer. Steiermark. 1841. *Tr.* 25. I T. Schön an Spalieren.

(*133*). Traube mittelgross, meistens ästig, dicht. Traubenstiel lang u. dünn. Beeren klein. Blatt tief eingeschnitten.

231. **Grüne Uliade**; *B. u. M.* 5. Clem. viridis. Uliade; in
Frankreich. — Tr. doppelbeerig, oft walzenförmig, ungleichbeerig; Trstl. geröthet. Br. etwas länglich, grün-gelb, weissgrau beduftet, erhoben u. braunfleckig genarbt, dickhäutig,

säuerlich u. fleischig; Brstl. lang u. dünn, glatt. Endsp. d.
Szw. wollig, zottig. Bl mittelgr., dick u. weich, stumpf-gezahnt;
Endz. halbkuppelförmig; Blstl kurz, unten stark verdickt, warzig,
kahl. Rfzt. spät. -- Frankreich. 1836. *B. u. M.* 116. *T.* 30. —
B. 149. II.

232. Gelber Langstieler: *B. u. M.* 6. Clem. lutea. — Tr.
walzenförmig; Tr. sehr lang. Br. kugelig, gelb, dünnhäutig u.
weichfleischig, süss: Brstl. lang u. dünn, warzig. Endsp. d. Szw.
hellgrün, sehr wollig. Bl. mittelgr., dick, zurückgebogen, oberseits hellgrün u. etwas loswollig; Endz. lang, halbkuppelförmig;
Blstl. dünn, etwas loswollig. Rfzt. mittlere. — Frankreich. 1836.
B. u. M. 143. *T.* 43. — *B.* 376. II.

(134). Traube klein, locker, ästig, pyramidalisch. Traubenstiel kurz, dünn u. steif. Beeren klein, dick- u. harthäutig. Blatt klein, wenig eingeschnitten.

233. **Grüner Grauling,** grüner Chenier; *B.* 7. Clem. incana.
Chenier; in Frankreich. — Trstl. geröthet. Br. rundlich, grün-
gelb, stark weiss beduftet, klein rostnarbig, scharf süss;
Brstl. kurz u. dünn, hochwulstig. Endsp. d. Szw. hellgrün, wol-
lig. Bl. dick, gross-gezahnt, oberseits gelb-grün, sehr fein-nervig;
Endz. halbkuppelförmig; Blstl. kurz u. dünn, loswollig. Rfzt. spät.
— Frankreich. 1844. *B.* 164. II.

(135). Rebstock stark. Traube gross, dicht, meistens einfach,
ziemlich gleichbeerig. Traubenstiel meistens kurz. Beeren
gross oder mittelgross, süss. Blatt kurz eingeschnitten.

234. **Weisser Mosler**; *Tr.* 8. Clem. pulverulenta. Seestock, Sceweintraube, Seeweinbeere; in Oesterreich. Zapfner, Zapf-
nertraube, weisser Frankenthaler, grüner spanischer Meslier, Fur-
mint u. Jo Formint; in Ungarn. Geisdutte, Mehlweiss, Salver, Mosler, grosser Mosler, Luttenberger, Weisslabler, Ungarische, weisse
Ungarische, Poschipp, Poshipon, Moslovez, Shiponski, Shipon, Schip-
pou, Shipo, Debeli Shipon, Maljak, Malnigg, Mainak, Malnik; in
versch. Geg. Steiermarks. Zerbster Frühtraube, Margarethentraube;
in Samml. Weisse Seeweinbeere; *Hölbl.* Edler weisser Tokayer;
Gk. Johannia princeps, vorzügliche Johannestraube; *Vst.* — *Burg.*
Joannea princeps, Prinz-Johannsrebe; *Hlbk.* — Tr. hängend, oft
mehrtheilig, meistens walzenförmig; Trstl. kurz u. dünn, oben dünner. Br. rundlich, gelbgrün, stark weiss gepudert, schwach
punktirt, grossnarbig, dünnhäutig, etwas wässerig; Brstl. lang, in
der Mitte sehr dünn. Endsp. d. Szw. weisswollig. Bl. gr., hin n.
her gebogen, meistens 3theilig, oberseits glänzend, unterseits grün-
nervig u. fest-filzig; Endz. spitz; Blstl. dick, loswollig. Rfzt.
mittlere. — Ungarn. Steiermark. 1777. *Gk.* 87. *T.* 27. — *B.* 169.
I! T. u. W. In hitzige Lagen. Spalier.

235. **Schitterbeeriger Mosler**; *Tr.* 9. Clem. pulverulenta
laxa. Schitterer, Mosler, Osipani Shipon; in Steiermark. Gelber

später Malvoisier; in Oesterreich. — Varietät des vorhergehenden.
Tr. etwas kleiner, ungleichbeeriger, locker. Blattbezahnung
etwas länger u. schärfer. - Steiermark. 1841. *B.* 174.

236. Kleinbeeriger Mosler; *Tr.* 10. Clem. pulverulenta
abortiens. Kleiner Mosler, Drobni Shipon, Mali Shipon, Drobni
Poshipon, Mishniak; in Steiermark. — Aehnlich dem ehevorigen.
Tr. kleiner, lockerer, sehr kleinbeerig, mit einzelnen
grossen Beeren. Steiermark. 1841. *Tr.* 268.

237. Röthliche Babotraube, weisse Babotraube; *M.* 11. Clem.
rubella. Bianca maggiore; am Comersee. Weissröthliche Comer-
seetraube; *B.* — Rbstck. selten fruchtbar. Tr. lang, einfach, gleichbeerig. Br. kugelig, weiss, schön rosenfarbig schimmernd,
grauweiss beduftet, dunkel p., fleischig; Brstl. kurz. Endsp. d.
Szw. grün, wollig. Bl. gr., dick, hart, runzelig u. faltig, mit
den Rändern zurückgebogen; Endz. halbkuppelförmig; Blstl. unterseits kurzhaarig. Rfzt. spät. — Italien. 1827. *B. u. M.* 50. *T.*
11. — *B.* 380. I! T. Spalier.

(*136*). Traube gross oder mittelgross, meistens einfach u.
dicht. Traubenstiel kurz. Beeren gross, dünnhäutig.
Blatt tief eingeschnitten.

238. Weisse Fischtraube; *Tr.* 12. Clem. piscaria. Weisse
Fliegentraube, Bela Hapshovina, Erjava Tizhna, Pohapshovina; in
Steiermark. Fischtraube; in Samml. — Br. kugelig, weissgelb,
wenig punktirt, oft braun gefleckt, kleinnarbig, weich u. süss. Brstl.
sehr dick, kurz. Bl. gr. u. dick, 5lappig, oberseits glatt, unterseits grau-filzig, gross-gezahnt; Endz. spitz; Blstl. gefurcht,
rauh, hellroth. Rfzt. früh. — Steiermark. 1841. *B.* 393. I! T. u.
W. Für jeden Boden u. Lage.

(*137*). Traube gross, dicht, ästig, pyramidalisch, gleichbeerig. Traubenstiel kurz. Beeren gross, dick- u.
harthäutig. Blatt tief eingeschnitten.

239. Eichenblättrige Tantovina; *Tr.* 13. Clem. Tantovina.
Lägler, Zapfner; in Oesterreich. Eichenblättrige, grosse Jauer, weisser Grünhainer, Eicheltraube, Mehlweinbeere, unbekannte Weisse,
Tantovina, Javshovez, Vervovshek, Verbovz, Javer, Vervovez, Ver-
boschegg, Tantvina, Debeli Vervovshck, Velka Topolina, Velki Vervovshek; in versch. Geg. Steiermarks. Eicheltraube, *Rth.* Weisse
Tantovina; *B.* Acerina quercifolia, eichenblättrige Ahornrebe; *Hlbk.*
— Tr. doppelbeerig; Trstl. oben dünner, röthlich, weisswollig. Br. rundlich, etwas stielschmal, gelblich-weiss,
sehr stark grau beduftet, süss; Narbe gross, vorstehend, in
rostiger Grube; Brstl. lang u. dünn. Bl. gross, lang, 5theilig,
fast geschlitzt, weit-buchtig, fast lappig-gezahnt, unterseits gelb-nervig; Endz. spitz; Blstl. lang u. dünn, borstig.
Rfzt. mittlere. — Steiermark. 1824. *B.* 176. I T. Schön als Spalier.

(*138*). Traube mittelgross, ästig, locker, selten etwas einfach oder dicht. Beeren gross, dünnhäutig. Blatt kurz eingeschnitten.

240. **Weisser Refosco**: *Tr.* 14. Clem. Refosco. Weisse Trummertraube; *B.* — Trstl. dünn, oben braunroth, 1½—2″ lang. Br. rund, gelblich-weiss, fein weiss beduftet, schwarz u. röthlich punktirt u. rostig gefleckt, grossnarbig, angenehm süss; Brstl. kurz, kleinwulstig. Endsp. d. Szw. wollig. Bl. 3lappig, oft ganz, unterseits weiss-filzig; Endz. kuppelförmig; Blstl. roth, loshaarig. Rfzt. ziemlich früh. — Ungarn. 1841. *B*.337. I! T. Spalier. Schnitt kurz.

(*139*). Traube klein, dicht, ästig oder einfach, ziemlich gleichbeerig. Traubenstiel kurz. Beeren klein, grossnarbig, dünnhäutig. Blatt fast ganz.

241. **Gelber Ortlieber**; *M.* 15. Clem. Ortliebii. Räuschling, Ortlieber; am Niederrhein. Weisser Burgunder, weisser Rolander u. Ruländer, Knackerle, Knackerling; an der Bergstrasse. Kipperle, Knipperle, Kleinberle, Run-, Sund- u. Sungauer, Tokauer, Colmar, Faktor, Elsasser, kleiner Riessling, Ortlieber, Räuschlinger, kleiner Räuschling, weisser Tokayer, Türkheimer; in Oberbaden. Ortlinger, Oetlinger, Ortlieber, Ortliebische, fauler Elsasser, Reichenweihersche, gelbe Mosler, Riessling, gelber Fütterer; am Neckar u. in Würtemberg. Gelber Mosler, Ortliebische, Franzosen; in Franken. Strassburger, Landauer; bei Gelnhausen. Oberländer, Riessling, Rissling, kleiner Riesling, Kipperle, Süsstraube, Reischlinger, Aubin royale, Kni perlé blanc; im Elsass. Kleiner Räuschlinger; *Ortl.* Gelbe Mossler; *Fisch.* Ortlieber von Reichenweyher, Breisgauer Riessling; *Somm.* Rissling aus dem Brisgau; *Walth.* Kleiner gelber Ortlieber; *Gk.* Ortlieber; *Br. Verz.*. Oettlinger Traube; *Lgl. Awsg.* Ortliebsrebe, Vitis Ortliebii, Räuschling, kleiner Räuschling; *Ht.* Vitis xanthocarpa, gelber Riesling; *Dierb.* Vitis vinifera var. xanthocarpa; *Schübl.* Ortliebia lutea, gelbe Ortliebie; *Dochn. W.* — Tr. oben ästig, sehr gedrungen, doppelbeerig; Trstl. gerade, dick, steif u. holzig. Br. rund, oft länglich gedrückt, gelb-grün, schwach beduftet, stark braun punktirt oder gefleckt, durchsichtig, sehr dünnsaftig, süss; Brstl. kurz u. dick, wachsartig beduftet. Endsp. d. Szw. grün u. röthlich, wollig. Bl. mittelgr., dick, oberseits dunkelgrün u. etwas bewollt, unterseits locker-filzig; Endz. meistens halbkuppelförmig; Blstl. roth, etwas borstig. Rfzt. mittlere. — Elsass. 1768. 1789. *B. u. M.* 149. *T.* 45. — *Gk.* 21. *T.* 5. — *B.* 339. I! T. u. W. Für jeden Boden in trockener Lage.

242. **Weisser Ortlieber**: *Tr.* 16. Clem. albida. Weisser Kanigl, Mali Javor, Sibiza, Kleshiz, Beli Kleshiz, Drobni Kleshiz; in Steiermark. Pusillaria Ortliebeni, Ortlieber; *Hlbk.* — Tr. einfach; Trstl. dünn. Br. rund, weiss u. weiss beduftet, auffallend schwarz punktirt, dünnsaftig, süss; Brstl. dünn, glatt. Bl. gross,

dick, oberseits hellgrün, glatt, unterseits l a n g - f i l z i g; Endz. halbkuppelförmig; Blstl. d ü n n, roth. Rfzt. mittlere. — Ungarn. Steiermark. 1841. *B*. 344. I! W.

243. **Später Burgunder**; *M*. 17. C l e m. b u r g u n d i c a. Weisser Burgunder, grosser Klingelberger, Römer, Elsasser, Breisgauer
Süssling u. Riessling, Weisskläver; in Oberbaden. Weissklävner; im
Elsass. Weisser Burgunder; an der Bergstrasse. Grossblanc, Gross-
blanke; in Sachsen. Bourguignon, Bourguignon blanc, Bourguignon
à feuille rond, Gros grand, Pineau blanc, Gamet blanc, Arnaison,
Feuille ronde, Morillon blanc, Picarneau. Mélé, Menu, Gouche, Gu-
euche blanche, Pineau de Pô, Gentil, Plan Gentil, Chatenait; in
Frankreich. Bourguignon blanc, Mourlon, Clossier; *Spr*. Feuille
ronde, weisse rundblättrige Burgunderrebe; *Chapt*. Morillon blanc,
weisser Morillon; *Salzm*. Grüner Burgunder; *Ht*. Weisser Burgunder; *Mhr*. Weisser später Burgunder; *B. u. M*. Rundblättriger weisser Burgunder; *Gk*. Weisser rundbeerigter Burgunder, weisser Game;
Gk. Weisser Süssling; *B*. Vitis burgundica; *Dierb*. — Aehnlich
dem ehevorigen. Tr. oft mittelgross, k u r z, gleich- u. oft doppelbeerig; Trstl. dick u. steif, geröthet. Br. kugelig, h e l l g e l b l i c h -
grün, wenig punktirt oder e t w a s berostet; Brstl. d ü n n, n a c h
o b e n v e r d i c k t. Endsp. d. Szw. hellgrün, z o t t i g. Bl. ziemlich
g r o s s, dick u. steif, eben u. flach, s e l t e n faltig, nur an den Seiten
etwas rückwärts gebogen, g e l b g r ü n, sich g e l b v e r f ä r b e n d.
Endz. w e n i g e r kuppelförmig als 241; Blstl. glatt, l o s w o l l i g. Rfzt.
mittlere. — Frankreich. 1766. *B. u. M*. 145. *T*. 44. — *B*. 373.
Wie 241.

(140). Traube ziemlich g r o s s, einfach, wenig ästig, p y r a m i d a -
l i s c h, u n g l e i c h b e e r i g. Traubenstiel k u r z u. d i c k.
Beeren m i t t e l g r o s s, d ü n n - u. feinhäutig. Blatt w e n i g
eingeschnitten.

244. **Weisser Tokayer**; *M*. 18. C l e m. t o c a e a n a. Putzscheere, Ungar; in Würtemberg. Tokayer; an der Bergstrasse. Tokayer, Putzscheere; am Neckar u. im Kraichgau. Tokauer, Glokauer;
im Brurhein. Weisse Hinschen; im Breisgau. Treitsche, weisser
Hinschen; im Elsass. Grüne, weisser Imperial, Selena, Pelesovna,
Bela Pelesovna, Bela Selenika; in Steiermark. Lelt Szöllö; in Tokay.
Putzscheere, Elender; *Spr*. — *Walth*. Gouais; *Nois. Gb*. Ungar,
Tokayer, Tokauer, Elender; *S. Wb*. Toccaier; *Klb*. Gemeiner weisser Tokayer; *Gk*. Putscheere; *Br. Verz*. Grobweiss, Seestock, Uva
grisca; *Ht*. Vitis miser; *Dierb*. Vitis vinifera var. misera; *Schübl*.
Formiana misera, elende Tokayerrebe; *Hlbk*. — Tr. s e h r d i c h t
u. doppelbeerig; Trstl. o b e n d ü n n e r, w i n k e l i g g e b o g e n, steif,
holzig, loswollig. Br. k u g e l i g, g e l b g r ü n, s t a r k w e i s s - g r ü n beduftet, s e h r d u r c h s i c h t i g, sehr grossnarbig, dünnsaftig, w ä s s e -
r i g - s ü s s; Brstl. unten dünn, nach oben sich verdickend, wenig
warzig. Endsp. d. Szw. weisswollig. Bl. gr., dick u. rauh, breit-
gezahnt; Endz. halbkuppelförmig; Blstl. lang u. dick, l o c k e r - f i l -

zig. Rfzt. mittlere. — Tokay. Würtemberg. 1766. *B. u. M.* 20. *T.*
6. — *B.* 346. I! W. Für geringen Boden in trockener heisser Lage.

(141). Traube gross, einfach, locker. Beeren mittelgross,
dünnhäutig. Blatt nicht tief eingeschnitten.

245. **Weisser Lämmerschwanz;** *Tr.* 19. Clem. caudata.
Fischtraube, Langstängler, lindenblättrige Traube, Ju farco, Modu,
Hárs Levellii, Haschat Loevelin; in Ungarn. Edler Tokayer; in
Steiermark. Berany ocas; in Böhmen. Haschat Lövölin; *Spr.* —
Somm. Fischtraube, langer Tokayer; *Mhr.* Weisser langer Tokayer;
M. — *B. u. M.* Fischtraube ; *Clotz.* Sehr langer weisser Tokayer ;
Gk. — Tr. walzenförmig, sehr lang u. hängend, oft 1" lang,
fast gleichbeerig; Trstl. lang, oft kurz, dünn u. steif, winkelig
gebogen, gefurcht u. gebräunt. Br. kugelig, gelbgrün, grauweiss
beduftet, dunkelbraun p., kleinnarbig, dünnsaftig, säuerlich: Brstl.
sehr lang, glatt, unten dünn, nach oben dicker. Endsp. d. Szw.
röthlich, wollig. Bl. mittelgr., oben etwas duttenf. gebogen, rauh,
glanzlos, sehr ungleich-gezahnt, grün-nervig; Endzähne gross, kurz
u. breit; Blstl. lang u. dünn, geröthet, locker-filzig. Rfzt.
spät. — Ungarn. Steiermark. 1766. *B. u. M.* 28. *T.* 7. — *B.* 353.
I! T. I W. Schön als Spaliertraube.

(142). Traube mittelgross, kurz, locker, manchmal dicht,
einfach u. ästig, ungleichbeerig. Traubenstiel kurz.
Beeren mittelgross, dünnhäutig. Blatt meistens tief
eingeschnitten.

246. **Weisser Mehlweiss;** *Tr.* 20. Clem. alba; *Burg.* Mehlweisse, Faller; in Oesterreich. Schrecker; in Mähren. Bielowaczka;
in Böhmen. Féjer Szöllö, Fosoka, Mehlweiss, Bettscheisser; in Ungarn. Mehlweinbeere, kleine Ungarische, Lagler, Oedenburger Lagler, Geissdutte, Javor, edler Javor, Topolina, Velka Belina, Plavi-
zhina, Sheislovna, Shislovez, Jauer, Verbovshek Shislovina, Vervoushek, Drobni Vervoushek, Mali Vervoushek, Pokovez, Srana
Janka (Kittelscheisser); in versch. Geg. Steiermarks. Alphitonia
oblonga, länglichbeeriger Mehlweiss; *Hlbk.* — Rebholz sehr stark,
gelbbraun, fast schmutzig-weiss; Augen gross, weiss-wollig. Tr. walzenförmig, meistens einfach; Trstl. dünn, weiss,
gelblich-grün, oben braun. Br. etwas länglich, weiss-gelb,
stark weissgrau beduftet, wenig u. sehr fein punktirt,
feinnarbig, meistens 1kernig, wässerig-süss; Brstl. rostfleckig.
Bl. dunkelgrün, 5lappig, regelmässig geformt, ziemlich tief eingeschnitten, mit vor- u. rückwärts gebogenen Lappen, lang-gezahnt;
Blstl. stark, hellroth, grün gestr., haarig u. borstig. Rfzt. spät.
— Ungarn. Steiermark. 1837. *Tr.* 282. I T. I! W. Interessant. Süd-
liche Lage in trockenen Boden.

247. **Grüner Mehlweiss;** *Tr.* 21. Clem. virescens. Grim-
ler; in Steiermark. — Aehnlich dem vorhergehenden. Rebholz braunroth, ohne Streifen. Trstl. gelb. Br. länglich, grünlich-

weiss, sehr wenig schwarz punktirt, grossnarbig, etwas dickhäutig, 2—3kernig, säuerlich-wässerig: Brstl. lang u. dünn, schwarz punktirt.. Bl. sehr veränderlich, die oberen 3lappig, oberseits gelbgrün, uneben, woll-rippig. Rfzt spät. — Steiermark. 1841. *Tr.* 286. II.

248. **Weisser Wipbacher**; *Tr.* 22. Clem. farinosa. Grüner Mehlweiss; in Oesterreich. Schrecker; in Böhmen. Mehlweiss, früher u. weisser Mehlweiss, Schrecker, Mehlweinbeere, weisser Mehlberl, Weisslabler, Lipna, Shota, Lephoushna, Lippouschna, Lipovshina, Pozhovina, Bellina, Tantovina, Tantona, Braida, Sipa: in versch. Geg. Steiermarks. Grüne Mehlweisso; *Hölbl.* Weisso Wippbacher-Traube; *Rth.* Clementca praecox: *Vst.* Alphitonia planiuscula, ebenblätteriger Mehlweiss; *Hlbk.* — Tr. ästig; Trstl. dünn, oben braunroth, brüchig. Br. kugelig, weiss, mehlstaubig, fein punktirt, 2kernig, wässerig; Brstl. wenig warzig. Bl. ziemlich gr., 5lappig, dick, runzelig, verschieden eingeschnitten, sehr gross-gezahnt; Endz. halbkuppelförmig; Blstl. lang, rippig, sw. roth, feinwollig. Rfzt. mittelfrüh. — Krain. Steiermark. 1777. *B.* 359. I. W.

249. **Grüner Wipbacher**; *Tr.* 23. Clem. farinosa viridis. Grüne Lipovshina; in Steiermark. — Varietät des vorhergehenden. Tr. etwas dicker u. grösser; Trstl. u. Brstl. dicker. Br. grösser, grünlich-weiss, schwarz p., mit zäherem schleimigem Safte. — Steiermark. 1841. *Tr.* 161. II.

250. **Hainblättriger Wipbacher**; *Tr.* 24. Clem. planifolia. Mehlweinbeer; in Steiermark. — Tr. ästig, oft gross, locker. Br. kugelig, weiss, sp. weissgelb. weiss beduftet, wenig punktirt, schwarznarbig, wässerig; Brstl. warzig. Bl. gr., dick, eben u. glatt, oft gelblich-grün, tief eingeschnitten; Endz. halbkuppelförmig; Blstl. dünn, rauh, selten geröthet. Rfzt. spät. — Steiermark. 1841. *B.* 361. III.

251. **Ahornblättriger Wipbacher**; *Tr.* 25. Clem. acerifolia. Weisse Wälsche, Laska Wellina, Lashka Belina, Padbeuz, Podveuz; in Steiermark. Klinze; in Böhmen. Ahorntraube; *Rth.* Weisse Ahorntraube; *B.* — Rbstck. nicht sehr fruchtbar. Tr. ästig, oft gross u. ziemlich dicht; Trstl. ziemlich stark. Br. rund, gelblich-grün, schwach weiss beduftet, sehr wenig punktirt, grossnarbig, 1 — 2kernig, weichfleischig, süss; Brstl. gelblich-grün, fein p. Bl. gr., sehr dick, tief eingeschnitten, lang- u. scharf-gezahnt; Endz. spitz; Blstl. lang u. dünn, roth, borstig. Rfzt. ziemlich früh. — 1790 aus Italien. Steiermark. 1824. *B.* 401. II T. I W. Geschützte Garten-Spalierlage.

252. **Weisse Schamstraube**; *B.* 26. Clem. Schamsii. — Tr. ästig, pyramidalisch; Trstl. dick, oben hellgrün u. dunkler gestreift, unten gelbgrün u. fein punktirt. Br. kugelig, gelbgrün, weiss beduftet, sehr durchscheinend, kleinnarbig, 2kernig, süss; Brstl. kurz, nach oben sich verdickend. Endsp. d. Szw. weisswollig. Bl. gr., dick u. steif, tief eingeschnitten, sehr weitbuch-

tig, mit etwas eingerollten Lappen; Endz. halbkuppelförmig; Blstl. kurz u. dick, zottig. Rfzt. spät. — Ungarn. 1844. *B.* 362. I W.

253. Eichenblättrige Slatschina; *Tr.* 27. Clem. quercifolia. Javor; in Steiermark. Weisse eichenblättrige Slatschina; *B.* — Tr. ästig; Trstl. dünn, gelblich-weiss. Br. kugelig, weiss u. weissgelb, dick weiss marmorartig beduftet, wenig punktirt, etwas dickhäutig, 2—3kernig, wässerig u. säuerlich; Brstl. gelblich, sehr warzig. Bl. ähnlich Nr. 239, klein, uneben u. runzelig, oft verbogen, sehr weit- u. deck-buchtig, unterseits sehr dicht filzig; Endz. spitz: Blstl. lang u. dünn, gefurcht, rauhborstig, gegen das Blatt bewollt. Rfzt. mittlere. — Steiermark. 1841. *B.* 403. III.

(*143*). Traube gross, dicht, ästig, pyramidalisch. Traubenstiel lang. Beeren mittelgross, dünnhäutig. Blatt tief eingeschnitten.

254. Grosser Grün-Hainer; *Tr.* 28. Clem. pallida; *Vst.* Grüner Muskateller; in Ungarn. Zividin; in Friaul. Grünhainer, grüner Hainer, Amerikaner, Rossschweif, grüner Rosszapler, Grünler, Grünauer, Grünstock, Kreuzer, Brenk, Maiz Bianca, Sellentschegg, Selenika, Seleniak, Debeli Seleniak, Velka Krishovatna, Krishovatina (Kreuzweinbeer), Krishon; in versch. Geg. Steiermarks. Sauvignon vert, Folle blanche, Meslier verd, Roumain, Blanc-Berdet, Enrageat, Rochelle verte; in Frankreich. Grüner Muskateller; *Spr.* Rochelle verte, grüne Roscheller-Traube; *Chapt.* Grünrheiner; *Ith.* Grosser grüner später Malvasier: *Gk.* Clementia pallida, hellgrüne Klemensrebe; *Illbk.* — Tr. weitästig; Trstl. dick u. zähe, roth-braun. Br. kugelig, mittelgrün, oft röthlich angeflogen, fein p., kleinnarbig, 3kernig, sauer. Bl. gr., 5lappig, länglich, uneben u. runzelig; Endz. halbkuppelförmig; Blstl. lang, gerippt, roth, stark borstig. Rfzt. sehr spät. — Steiermark. Frankreich. 1766. *B.* 365. II. Gedeiht überall.

255. Kleiner Grün-Hainer; *Tr.* 29. Clem. pallida minor. Kleiner Grünstock, Drobni Seleniak, Mala Krishovatina; in Steiermark. Rochelle blonde; *Chapt.* — Varietät des vorhergehenden. Rbstck. klein, buschartig wuchernd; Rebholz dünner. Tr. u. Br. kleiner. Bl. kleiner u. 5spitzig, tiefer eingeschnitten, sehr weit-buchtig; Blstl. dünn, gefurcht, röthlich. — Steiermark. 1804. *B.* 367. III.

(*144*). Traube gross, dicht, ästig, pyramidalisch. Traubenstiel kurz. Beeren mittelgross, dünnhäutig. Blatt kurz eingeschnitten.

256. Grosser Javor, grosser weisser Javor; *Tr.* 30. Clem. hastata. Jauer, Ungar, weisse Morshina, ungarischer Poshipon, Velki Javor, Jaushovez; in Steiermark. — Trstl. dünn, gelblich-

19 *

grün. Br. rund, weissgelb, fast unpunktirt, etwas rostfleckig, grossnarbig, sehr süss; Brstl. selten etwas warzig. Bl. gr., 3theilig, mit langem spitzen Mittellappen, uneben u. faltig, dunkelgrün, schwarz punktirt, unterseits fein-filzig, lang- u. scharfgezahnt; Endz. sehr lang, spitz; Blstl. dick, etwas behaart, am Blatt etwas röthlich. Rfzt. etwas spät. — Ungarn. Steiermark. 1841. *B.* 397. I. T. u. W.

(145). Traube klein, dicht, meistens einfach oder nur kleinästig, walzenförmig, ungleichbeerig. Traubenstiel kurz. Beeren mittelgross, dünn-u. feinhäutig, säuerlich.

257. **Weisse Lamberttraube**; *B. u. M.* — *Tr.?* — *M.?* 31. Clem. Lamberti. Gouais petit, Damary blanc; in Frankreich. Weisser Reifler? in Steiermark. Sauere Lamberttraube? *M.* — Trstl. steif, oben sehr dünn, warzig, glänzend. Br. kugelig, gelbgrün, stark weissgrau beduftet, schwach punktirt, 2kernig; Brstl. kurz u. dünn. Endsp. d. Szw. hellgrün, wollig, oft filzig. Bl. mittelgr., dick u. steif, flach, verschieden eingeschnitten u. ungleichgezahnt, oberseits etwas filzhaarig; Endz. halbkuppelförmig; Blstl. lang u. dünn, borstig. Rfzt. spät. — Frankreich. 1836. *B.* 382. II.

(146). Traube sehr gross, dicht, selten locker, ästig, pyramidalisch. Traubenstiel lang u. dick. Beeren ziemlich klein, dickhäutig.

258. **Mehlweisser Javor**; *Tr.* 32. Clem. sagittata. Frühzeitiger Grünstock, Javor, Bela Selenika, Jauer; in Steiermark. — Aehnlich Nr. 254 u. 256. Tr. manchmal locker. Br. kugelig, silberweiss, mehlstaubig, sehr fein braun punktirt, sauer; Brstl. gelb, warzig. Bl. 3theilig, mit sehr langem Mittellappen, dick, uneben u. faltig, gelbgrün, wenig u. tief eingeschnitten, obere Blätter grobwollig; Stielbucht offen; Endz. spitz; Blstl. wollig, roth. Rfzt. sehr spät. — Steiermark. 1841. *B.* 399. II.

(147). Traube mittelgross, dicht, einfach, oben ästig, gleichbeerig. Traubenstiel kurz. Beeren gross, dünnhäutig. Blatt nicht tief eingeschnitten.

259. **Weisser Candolle**; *B. u. M.* 33. Clem. Candolleana. Gutart, Raisin de Crapeau; in Frankreich. Candolle; in Samml. — Trstl. steif u. holzig. Br. kugelig, gelbgrün, sehr durchscheinend, sehr kleinnarbig, sehr feinhäutig, angenehm süss; Brstl. kurz, gleichdick, bläulich beduftet, grosswulstig. Endsp. d. Szw. gelbgrün, etwas haarig. Bl. klein, ungleich eingeschnitten, weit-buchtig; Endz. spitz; Blstl. sehr kurz, dick, warzig, glatt, geröthet. Rfzt. früh. — Frankreich. 1836. *B. u. M.* 17. T. b. — *B.* 409. I ! T. Trockenes Spalier.

(*148*). Traube sehr gross, locker, ästig, ziemlich gleichbeerig. Traubenstiel sehr lang. Beeren sehr gross, dickhäutig. Blatt sehr tief eingeschnitten. 260. **Weisser Spanier**; *B. u. M.* 34. Clem. hispanica. Tr. breit, manchmal mehrtheilig; Trstl. dünn, hängend. Br. hartfleischig, meistens säuerlich; Brstl. kurz u. dünn. Endsp. d. Szw. weisslich, filzig. Bl. gr. u. mittelgr., dünn, hellgrün, glänzend u. glatt, vielseitig gefaltet u. verbogen, unterseits lockerfilzig; Endz. spitz; Blstl. kurz, dick, nur unterseits rauh, warzig. Rfzt. sehr spät. — Spanien. 1836. *B. u. M.* 15. T. 4. — B. 413. I. T. Schöne Spaliertraube.

(*149*). **Rebstock** sehr stark. Traube gross, locker, zuweilen dicht, ästig, pyramidalisch. Traubenstiel kurz u. dick. Beeren gross, dünnhäutig, dünnsaftig, süss. Blatt tief eingeschnitten. 261. **Weisser Honigler**; *Tr.* 35. Clem. apiana. Gold- u. Honigtraube, Silberweiss, Langstingler, Bela, ekrugla Ránka, Aprofer, Sár féjér; in Steiermark. Weisse Honig-Weinbeere; *Hölbl.* Formiana argentea, silberweisse Tokayerrobe; *Illbk.* — Trstl. fleischig. Br. kugelig, oft oben platt, weissgelb, sw. oft braun gefleckt, etwas weiss bedupft, gross u. sehr häufig grau punktirt, oft figurenrostig, hoch rostnarbig; Brstl. lang u. dünn. Bl. dick, regelmässig 5lappig, oberseits dunkelgrün, gelb-rippig, unterseits graufilzig; Endz. spitz; Blstl. lang u. dick, borstig. Rfzt. mittlere. — — Ungarn. 1777. *B.* 416. I! T. u. W.

(*150*). Traube lang, locker, ästig, hängend, walzenförmig, ungleichbeerig. Traubenstiel lang. Beeren sehr klein, dünnsaftig, süss. Blatt tief eingeschnitten. 262. **Weisse Corinthe**; *Duh.* non *B. u. M.* 36. Clem. apyrena. Corinthe blanc, Corinthe, Passe, Raisin de passe, Passerille; in Frankreich. Passerina, Passe, Passarina, Passaretta bianca, Bassaman; in Italien; Zedig; im Lande Jemen. Angur Kismisi, Kischmisch; in Persien. Shesmes; in Arabien. Klein Rosinlein, Weinbeerlein, Apyreni, Uva passa corinthiaca, Uva Passa Cilicia, Passula corinthiaca, Passula Cilicia, Passula chesemina et sine nucleis, Passula minores; *Tabernaem.* Corinthentraube, weisse Vitis corinthiaca sive Apyrena; *Spr.* Corinthia, Corinthe blanc; *Duh.* Uva passa bianca, weisse Rosine ohne Kern; *Somm.* Corinthenwein ohne Kern; *Salzm.* Corinthe blanche; *Roz.* Weisse Korinthe; *Frg.* Weisse kernlose oder korinthische Traube, Korinthele; *Chapt.* Weisse Rosine ohne Kern; *S. Wb.* Kleine Corinthe; *M.* White Corinth, white Ascalon, Yellow stoneless, Sultana raisin; *Loud.* Gemeine Korinther Traube; *Rth.* Kleine Kissmisch Corinthe ohne Kern; *Clwtz.* White Corinth, White Kishmish, Stoneless Round-berried; *Cat. Lond.* Vitis apyrena, Vitis corinthiaca; *Bauh.* — *Dtch. L.* — *Risso.* — *Dierb.* — *Raf.* Currants Grape; *Raf.* Vitis vinifera apyréna; *L.* — Trstl. sehr lang, oben

dick u. steif, warzig. Br. gelbgrün, stark grau beduftet, klcin-
narbig, schnell vertrocknend, sehr süss, kernlos: Brstl. sehr
lang u. dünn. Endsp. d. Szw. hellgrün, loswollig. Bl. gross u.
dick, ungleich geformt, oberseits ctwas bläulich hellgrün, unterscits
stark filzig, obere Blätter wenigor eingeschnitten; Endz. spitz;
Blstl. dünn, gefurcht, meistens kahl, hellgrün, ohne Röthe. Rfzt.
ziemlich früh. — Griechenland. Kleinasien. In Gärten bekannt.
Gk. 84. T. 26. — B. 437. I T. Interessant!

12. Bronnera.

Beeren rund oder etwas länglich, roth, blauroth, rauchgrau
oder roth gestreift.

(151). Rebstock stark. Traubo gross, dicht, ästig, doppelbeerig. Traubenstiel kurz. Beeren blauroth, mittelgross, dick- u. harthäutig, säuerlich.

263. Rother Hudler; M. 1. Br. decipiens. Schweizer-, Eichel-,
Rohr- u. Kraihntraube; in Baden. Gross Rother; in Kurhessen. Umleierer; am Main. Rothwälscher, Woulewälsch, Hudler, Weisslauber,
Gel, Goll; in Würtemberg. Weisslauber; in Franken. Rother Hainer;
in Steiermark. Lugiana nera; in Italien. — Spr. Weisslauber; Klb.
Rothblauer Zottelwelscher; Gk. Vitis leucophylla; · Dierb. Helvetica
crassiuscula, dickhäutige Schweizerrebe; Hlbk.— Tr. ziemlich gleichbeerig, lang oder mehrtheilig; Trstl. dunkelgrün, dick, steif u.
holzig, knoten-früchtig. Br. rundlich, etwas stielschmal, schön
geadert u. punktirt, schwach-grau beduftet, vertieft grossnarbig,
3kernig, fleischig, scharf-säuerlich; Brstl. hellgrün, dünn. Endsp.
d. Szw. hellgrün, sehr wollig. Bl. gr., dunkelgrün, dick u. steif,
faltig, rauh u. runzelig, kurz eingeschnitten: Endz. halbkuppelförmig; Blstl. sehr dick u. lang, grün, kahl. Rfzt. sehr spät. —
Italien. 1766. B. u. M. 212. T. 68. — B. 151. II. Schön!

264. Blaurothe Ostertraube; B. 2. Br. hyemalis. Plant
pascal; in Frankreich. Violetter Jacobin; B. u. M. — Tr. pyramidalisch, oft ungleichbeerig; Trstl. dünn, oben dünner, geröthet.
Br. rundlich, graublau beduftet, vertieft kleinnarbig, sauer; Brstl.
ungleich lang, dünn, glatt. Endsp. d. Szw. hellgrün, leicht-
wollig. Bl. gr., hellgrün, ausgezeichnet doppelt-gezahnt, meistens
flach u. eben, ziemlich tief eingeschnitten; Endz. halbkuppelförmig;
Blstl. geröthet, unterseits etwas filz-haarig. Rfzt. sehr spät. —
Frankreich. 1836. B. 154. II.

(152). Traube sehr gross, dicht, lang-ästig, gleich- u.
doppelbeerig. Traubenstiel kurz u. dick. Beeren ziemlich gross, dünnhäutig. Blatt tief eingeschnitten.

265. Rother Scheuchner; B. u. M. 3. Br. composita. Chalione; in Frankreich. Rothe Chalione; B. — Tr. mehrtheilig,

manchmal pyramidalisch; Trstl. steif u. holzig, geröthet. Br. rundlich, etwas stielschmal, rothblau, hellblau beduftet, vertieft kleinnarbig, 2kernig, süss; Brstl. lang u. dünn, hell gelbgrün, bläulich beduftet. Endsp. d. Szw. hellgrün, etwas wollig. Bl. gr., hellgrün, manchmal gelb verfärbt oder marmorirt, lang-gezahnt; Endz. halbkuppelförmig; Blstl. kurz u. dünn, etwas loswollig. Rfzt. ziemlich spät. — Frankreich. 1836. *B. u. M.* 200. *T.* 63. — *B.* 156. I! T. Schön. Gartenspalier.

(*153*). Traube gross, dicht, einfach, doppel- u. gleichbeerig. Traubenstiel lang u. dünn. Beeren gross, dick- u. harthäutig. Blatt sehr tief eingeschnitten.

266. **Blaurothe Rohrtraube;** *B.* 4. Br. sinuata. Rheinwelsch, Wullewälsch; in Würtemberg. — Tr. gleich u. kurz; Trstl. oben holzig, warzig, geröthet. Br. rundlich, dunkelroth, röthlichhellblau beduftet, vertieft gross- u. rostnarbig, 3kernig, fleischig, säuerlich-süss; Brstl. dünn, kurzwulstig. Endsp. d. Szw. roth gestreift, weisswollig. Bl. gr., sehr weitbuchtig, faltig; Endz. spitz; Blstl. lang u. dünn, rauh-borstig. Rfzt. spät. — Italien. Würtemberg. 1844. *B.* 181. I T. Schön.

(*154*). Traube mittelgross, dicht, einfach u. ästig, ungleichbeerig. Traubenstiel kurz. Beeren mittelgross, kugelig, dickhäutig. Blatt tief eingeschnitten.

267. **Rother Reifler,** rother Raifler; *B.* 5. Br. globosa. Rothes, Rother, Rothreifler, rother Zierfahnler u. Zierfahndler; in Oesterreich. Rothhinsch; im Breisgau. Rothreifler; in Ungarn. Raifler; in Gärten. Rother Tokayer; *M.* Rother Sylvaner; *Tr.* Herera austriaca, österreichische Hererarebe; *Burg.* — Tr. sehr dicht, oft doppelbeerig u. mehrtheilig; Trstl. dünn, geröthet, dick-knotig. Br. cirkelrund, gelblich, dann weissgrün, später schön fleischfarbig, endlich rosenroth, weiss geadert, stark weiss beduftet, sehr gross- u. hartnarbig, säuerlich-süss; Brstl. dünn, nach oben verdickt. Endsp. d. Szw. hellgrün, etwas zottig. Bl. gr., lappig u. verbogen, unterseits feinfilzig, ohne Röthe; Endz. halbkuppelförmig; Blstl. roth gestr., unterseits borstig. Rfzt. spät. — Oesterreich. 1827. *B.* 356. I T. Schön!

(*155*). Traube gross oder mittelgross, locker, ziemlich gleichbeerig. Traubenstiel sehr lang. Beeren ziemlich gross, blauroth, süss u. gewürzt.

268. **Amerikanische Korallentraube.** 6. Br. corallina. Red Grape, Coral Grape; in Nordamerika. Munipale red, Vitis Labrusca, Arkansastraube, Amerikaner aus Arkansas; in Samml. u. Gärten. Blaue Captraube?! *B.* — Tr. mittelgross, wenig ästig, cylindrisch; Trstl. dünn, gelblich, roth überlaufen, entfernt klein-knotig. Br. etwas länglich, blauroth, weissgrau beduftet, grossnarbig, dickhäutig, schleimig; Brstl. nach oben verdickt, röthlich.

Endsp. d. Szw. weisswollig. Bl. sehr gross, nicht tief eingeschnitten, sehr breit- u. kurz-gezahnt, unterseits fast kahl-nervig. Rfzt. früh. — Nordamerika. 1844. I!! T. Gedeiht bei langem Schnitt überall!

269. Rothe Gewürztraube; *Tr.* 7. Br. aromatica. Rother Muskateller, Vörös Dinka; in Steiermark. Unechter rother Muskateller; in Samml. Hellrothe Müllerrebe: *Gk.* — Tr. gross, sehr locker u. lang-ästig; Trstl. stark, durchaus blauroth. Br. rundlich, schmutzig-blauroth, blau beduftet, dünnhäutig, weichfleischig, sehr saftvoll; Brstl. lang u. dünn, glatt, gelbgrün. Bl. 5lappig, oberseits sehr dunkelgrün, wollig u. runzelig, blauroth- u. woll-rippig, unterseits grau-filzig: Blstl. blauroth, wollig. Rfzt. mittelfrüh. — Ungarn. 1836. *Tr.* 104. I!! T. I! W.

13. Haematia.

Beeren rund oder etwas länglich, blau, schwarz, röthlichblau oder blau gestreift.

(*156*). Traube gross, einfach u. ästig, locker, walzenförmig. Traubenstiel kurz. Beeren mittelgross, dickhäutig, süss.

270. Blaue Lamberttraube; *Tr.* 1. Haem. elongata. Raisin rouge; in Samml. Dromena elongata, länglichbeerige Dromenarebe; *Hlbk.* — Tr. sehr locker, oben ästig, oft sehr lang; Trstl. dünn, gelbgrün, leicht zerbrechlich. Br. etwas oval-rundlich, schwarzblau, weiss bedupft, erhoben fein weissnarbig, weichfleischig, saftig, 2kernig: Brstl. dünn, kleinwulstig. Bl. dick, kurz eingeschnitten, oft ganz, meistens vorwärts gebogen, kurz- u. stumpfgezahnt; Blstl. dünn, gelbgrün, rauh. Rfzt. ziemlich früh. — Frankreich. 1841. *Tr.* 96. I! T. Kurzer Schnitt.

271. Blaue Hörtertraube, blaue Cirelangetraube; *B.* 2. Haem. Hoerteri. Pineau de Cirelange; in Frankreich. Pinneau Cirelange; *Gk.* — Tr. ungleichbeerig, meistens einfach; Trstl. dick, steif u. holzig, geröthet, knoten-früchtig. Br. rundlich, etwas stielschmal, schwarzblau, hellblau beduftet, grossnarbig, harthäutig, scharf süss; Brstl. kurz u. dünn, dickwulstig. Endsp. d. Szw. weisswollig überzogen. Bl. klein, rund, uneben u. verbogen, stark eingeschnitten, lang-gezahnt: Endz. halbkuppelförmig: Blstl. rostroth, oben losfilzig. Rfzt. spät. — Frankreich. 1836. *B.* 145. II.

(*157*). Rebstock weissfilzig. Traube mittelgross, kurz, meistens einfach, walzenförmig, locker, gleichbeerig. Traubenstiel lang. Beeren mittelgross, dick- u. harthäutig, süss.

272. Blaue Müllerrebe; *M.* 3. Haem. pulverulenta. Müller, Müllerrebe, Müllerweib, schwarzer Riesling; in Würtemberg.

Müllerrebe, Filzling: in Franken. Müllertraube, blaue Müflertraube,
Postitschtraube; in Steiermark. Meusnier, Meunier, Enfariné, Bric,
Resseau, Moulan, Fromenté, Farineux, Farineux noir, Carmosin; in
Frankreich. Cerny mancujk: in Böhmen. Bourgignon noir, Tresseau,
Formentin noir, Derice noir, Morillon taconné, Meunier, Munier,
Müllerrebe, Müllersweib: *Spr.* Gros noir, Müller-Traube; *Somm.* —
Chr. Wb. Black Cluster, Munier Grape; *Mill. Gl.* (Savagnien noir,
Noiriu; *Roz.*) Müllertraube, Gros noir, Bourgignon, Fermenteau,
Molenard, Morillon tacconé; *Chr. p. H.* Morillon taçonné, Taçonné,
Taconnée, Burgunderrebe; *Frg.* Mühlrebe; *Fisch.* Magdalenatraube,
weissblättrigte Frühtraube; *Chapt.* Black Cluster Grape, schwarze
Büscheltraube; *Ab.* Morillon tacconi, Molenard, Fermenteau, Bour-
guignon; *Salzm.* Frühe Müllerrebe; *Gk.* Frühe blaue Müllerrebe;
Tr. Miller's Burgundy, Miller, Aleatico du Pô, Maurillon Taconné,
Fromenté, Resseau, Pulverulenta; *Cat. Lond.* Morone farinaccio; *Ac.*
Molitrix; *Ht.* Vitis pulverulenta; *Dierb.* Pulverulenta oblonga, läng-
lichbeerige Müllerrebe; *Hlbk.* Vitis farinosa, Mealy Grape; *Raf.*
Vitis vinifera var. pulverulenta, Müller; *Schübl.* Vitis subhirsuta;
Bauh. Vitis lanata; *Carol. Stephanus.* — Rbstck. sehr fruchtbar.
Trstl. dick, steif u. holzig, oben dünner, roth gestreift.
Br. rundlich, schwarz, stark hellblau beduftet, gross- u. hartnarbig: Brstl. kurz, in der Mitte dünn, warzig. Endsp. d. Szw.
hellgrün, weisswollig. Bl. mittelgr., dick u. steif, nicht tief eingeschnitten, oberseits weisswollig: Endz. halbkuppelförmig; Blstl.
kurz u. dick, geröthet, losfilzig. Rfzt. früh. — Frankreich. Allgemein
verbreitet. 1545. *B. u. M.* 100. *T.* 24. — *Gk.* 19. *T.* 4. — *B.*
158. I! T.

(*158*). Traube mittelross, locker, einfach, etwas ungleichbeerig. Traubenstiel sehr lang. Beeren klein u. mittelgross, dünnhäutig, säuerlich. Blatt wenig eingeschnitten.

273. **Mittlere Narbtraube**, blauer Grignoli; *B.* 4. Haem. intermedia. Grignoli; in Samml. — Tr. walzenförmig: Trstl. ober
dem Knoten steif u. holzig, unterhalb gelbgrün u. geröthet. Br.
fast klein, kugelig, schwarzblau, stark graublau beduftet, erhoben grossnarbig, wässerig; Brstl. kurz, glatt, nach oben verdickt; Endsp. d. Szw. kahl. Bl. gr., dick u. weich, rauh u. runzelig, vorwärts gebogen: Endz. spitz; Blstl. dünn, glatt. — Frankreich. 1844. *B.* 412. II.

(*159*). Traube gross, locker, ästig, pyramidalisch, ungleichbeerig. Traubenstiel kurz u. dick. Beeren mittelgross, dick- u. harthäutig, säuerlich. Blatt tief eingeschnitten.

274. **Blauer Scheuchner**; *Spr.* 5. Haem. oblonga. — Trstl.
oben dünner, etwas geröthet. Br. beiderseits etwas zugespitzt, schwarzblau, stark blau beduftet, erhoben grossnarbig;
Brstl. lang u. dünn, dickwulstig. Bl. 5theilig, gr. u. dick, etwas

runzclig u. faltig, oberseits glänzend hellgrün; Endz. spitz; Blstl. in der Mitte dünn. Rfzt. spät. — Würtemberg. 1766. *B. u. M.* 199. *T.* 63: — *B.* 179. II.

(*160*). Traube gross oder mittelgross, locker, ästig, pyramidalisch. Traubenstiel stark. Beeren mittelgross, dickhäutig, süss. Blatt nicht tief eingeschnitten.

275. **Blauer Tokayer**; *B. u. M.* 6. Haem. tocacana. Schwarzer Heunisch u. Heinsch; an der Bergstrasse. Schwarzer Hünsch; im Elsass. Rothhinschene, Rothhinsch: im Breisgau. Tinto; *in Cat.* Schwarzer Tokayer: *Klb.* — *M.* Dromena rotunda, rundbeerige Dromenarebe; *Hlbk.* — Tr. gross; Trstl. holzfarbig. Br. kugelig, dunkelblau, weiss beduftet, erhoben grossnarbig, wässerigsüss; Brstl. dick. Endsp. d. Szw. hellgrün, etwas haarig. Bl. gr., kurz eingeschnitten, oberseits glanzlos, unterseits durchaus filzig; Endz. halbkuppelförmig; Blst. dünn, locker-filzig. Rfzt. spät. — Frankreich. 1810. *B. v. M.* 25. *T.* 8. — *B.* 350. II. T. Dauerhft.

276. **Blauer Refosco**; *Tr.* 7. Haem. Refosco. Refosca; bei Triest. Refosco, weiblicher Refosco, Drobni Refoshk: in Steiermark. Haematia italica, italienische Bluttraube; *Vst.* Haematia microphylla, kurzstielige Blutrebe; *Hlbk.* — Tr. mittelgross; Trstl. roth. Br. kugelig, dunkelblau, kleinnarbig, unter der Haut roth, dünnsaftig, gewürzhaft-süss; Brstl. lang u. dünn, wenig warzig, roth. Bl. fast klein, dick, faltig, 3lappig, oft ganz, scharf-gezahnt, oberseits roth-rippig; Endz. lang, spitz; Blstl. hellroth, wollig. Rfzt. mittlere. — Italien. 1826. *B.* 424. I W.

(*161*). Rebstock stark. Traube gross, locker, ästig, pyramidalisch, meistens gleichbeerig. Beeren mittelgross, dünnhäutig, säuerlich. Blatt wenig eingeschnitten.

277. **Sauere Duttentraube**, blaue Gardine; *B.* 8. Haem. convoluta. Gardine; in Frankreich. — Trstl. oberhalb des Knotens dünn, steif, grün gefurcht, loswollig, unterhalb gelbgrün u. warzig. Br. stark hellblau beduftet, hellgrau punktirt, kleinnarbig; Brstl. kurz u. dick. Endsp. d. Szw. weisswollig. Bl. duttenförmig, von allen Seiten gegen vorn gebogen, dick, glänzend, rauh, blasig u. runzelig; Endz. spitz; Blstl. roth, warzig u. gefurcht. Rfzt. sehr spät. — Frankreich. 1844. *B.* 426. II.

(*162*). Traube gross, dicht, einfach. Traubenstiel kurz. Beeren mittelgross, dünnhäutig, süss. Blatt wenig eingeschnitten.

278. **Blaue Kadarka**; *Tr.* 9. Haem. biuvata. Blaue ungarische Augusttraube, Menschentraube (Meneschertraube); in Oesterreich. Blaue Ungarische, schwarzer Mosler, Zherni Shipon; in Steiermark. Edle Ungartraube, schwarzer Scutariner, Backator Szöllö, Cerna Skardarka, Skakar; in Ungarn. Edler schwarzblauer Tokayer; *Gk.* Blauer Kadarka; *Clwtz.* Varronia biuvata, zweitraubige Varrorebe;

Hlbk. — Tr. meistens knoten-früchtig u. dadurch 2theilig; Trstl. braunroth. Br. rund, schwarzblau, kleinnarbig, saftreich u. gewürzhaft-süss; Brstl. gelblich-grün. Bl. mittelgr., 3lappig, uneben u. runzelig, grob-rippig, weiss nerven-borstig, obere Blätter büschel-wollig u. filzig: Endz. lang, spitz; Bletl. meistens glatt. Rfzt. mittlere. — Kleinasien. Ungarn. 1832. *B.* 418. I! T. u. W. In heisse trockene Lage.

(*163*). Traube gross, locker, gleichbeerig. Traubenstiel lang. Beeren mittelgross, dickhäutig, süss. Blatt. ungleich eingeschnitten.

279. **Blaue Marsalatraube**: *B.* 10. Haem. cylindrica. — Tr. walzenförmig; Trstl. dick, oben dünn, hellgrün, roth gestreift. Br. kugelig, hellblau beduftet, gross 3kernig; Brstl. kurz, oben verdickt, wenig warzig. Endsp. d. Szw. wollig. Bl. lang-gestreckt, hellgrün, hellnervig; Blstl. dünn, gelb u. roth. Rfzt. spät. — Sizilien. Würtemberg. *B.* 395. I. Heisse Lage.

(*164*). Rebstock stark. Traube gross oder mittelgross, dicht, ästig, pyramidalisch, ungleichbeerig. Traubenstiel kurz. Beeren mittelgross, dick- u. harthäutig, säuerlich.

280. **Mehrfarbige Frankentraube**, mehrfarbiger Camarau; *B.* 11. Haem. multicolor. Camarau rouge et noir, Gros noir, Sparse menue; in Frankreich. Gros noir; *Gk.* — Tr. mittelgross, mehrfarbig, ungleich reifend, weiss, röthlich u. blau; Trstl. dünn, oben dünner, braunroth überlaufen, kahl. Br. rund, kleinnarbig, 4kernig; Brstl. dick u. kurz, dunkelgrün, bräunlich gefl., dickwulstig. Endsp. d. Szw. weisswollig. Bl. mittelgr., fast hellgelb, uneben u. runzelig, rückwärts gebogen, ziemlich tief eingeschnitten; Endz. spitz: Blstl. lang, borstig u. loshaarig. Rfzt. spät. — Frankreich. 1836. *B.* 441. II. Interessant.

281. **Gekniete Potraube**, blauer Balavrie; *B.* 12. Haem. geniculata. Balavrie, Balavrie du Pô; in Frankreich. Blaue Balavrie; *B. u. M.* — Tr. gross, in der Mitte gebogen, wie geknickt; Trstl. sehr kurz, steif, gerippt u. geröthet, knoten-früchtig. Br. kugelig, blauschwarz, sehr stark hellblau beduftet, hell punktirt, sehr grossnarbig, 2kernig; Brstl. dick, braunwarzig. Endsp. d. Szw. hellgrün, röthlich, weisswollig. Bl. wenig eingeschnitten, vorn zurückgebogen; Endz. halbkuppelförmig; Blstl. unterseits loshaarig. Rfzt. spät. — Italien. 1836. *B. u. M.* 125. T. 34. — *B.* 384. II. Interessant.

(*165*). Traube klein, dicht u. locker, oben kurzästig, walzenförmig, gleichbeerig. Traubenstiel lang. Beeren mittelgross, dickhäutig, süss. Blatt wenig eingeschnitten.

282. **Schwarze Zeisigtraube**, blaue Serine; *B.* 13. Haem. ligurina. Grosse Serine; in Frankreich. — Trstl. dick, steif u.

holzig, weisslich-grün, roth gestreift u. schwarz p. Br. schwarz, hellblau beduftet, klein- u. hartnarbig, dünnsaftig; Brstl. kurz u. dünn, hellgrün, feinwarzig. Bl. hell gelblich-grün, sp. dunkelroth sich verfärbend, eben u. flach, unterseits leicht-filzig; Endz. halbkuppelförmig: Blstl. dünn, hellgrün, röthlich u. dunkelgrün gestr., losfilzig. Rfzt mittlere. — Frankreich. 1844. *B.* 391. I T. u. W.

(*166*). Traube klein, locker, doppel- u. ungleichbeerig. Beeren klein, dickhäutig. Blatt mitteltief eingeschnitten.
283. **Falsche Corinthe,** blauer Epicier; *B.* 14. Haem. corinthiaca. Epicier; in Frankreich. Blaue Corinthe; *M. — B. u. M. —* Tr. schlaff hängend; Trstl. ober dem Knoten steif, unterhalb biegsam, gefurcht, hellgrün u. röthlich. B. sehr klein u. kernlos oder etwas grösser u. 1kernig, rundlich, blauschwarz, fein weisslich punktirt, erhoben grossnarbig, unter der Haut roth, dünnsaftig, süss; Brstl. kurz, gleich von unten nach oben sich verdickend. Endsp. d. Szw. gelbgrün, wollig. Bl. gr., steif, rauh u. runzelig, oft verbogen oder duttenförmig, unterseits büschelfilzig; Endz. halbkuppelförmig; Blstl. kurz u. dick, hellgrün, dunkelgrün gestreift, zottig. Rfzt. mittlere. — Frankreich. 1827. *B.* 162. II.

(*167*). Rebstock klein. Traube mittelgross, locker, ästig. Traubenstiel dünn. Beeren klein, dünnhäutig, süss. Blatt rund, kurz eingeschnitten, 3lappig.

284. **Blauer Ortlieber;** *Tr.* 15. Haem. Ortliebii. Reiserl, Mauserl, Mehlberl, blauer Mehlberl, Rauchlabler, Müllner, Melbler, Kleinblaue, Langgliederer, graublättrige, kleine u. grosse Kavka. Kavka, Debela Kavka; in Steiermark. Varronia canifolia; *Vst.* Schamsiana rotundifolia, rundblättrige Schamsrebe; *Hlbk.* — Trstl. kurz, weich, sw. geröthet. Br. rund, schwarzblau, weiss beduftet, hochnarbig, fast fühlbar punktirt, etwas herb-süss, 3kernig; Brstl. kurz u. dünn, fein p. Bl. oberseits grau-grün, in der Jugend grob-zottig u. wollig, im Frühjahre mehlstaubig; Blstl. meistens gelbgrün. Rfzt. spät. — Steiermark. 1826. *Tr.* 229. I! W. Fruchtbar u. dauerhaft. Warme Lage.

285. **Blaue Kauka;** *Tr.* 16. Haem. rubrifolia. Grosse, edle, kleine u. schlechte Kauka, Zherni Seleniak, Kauka (Dohle), Restreshovna Kavka, Mala Kavka, Drobna Kavka, Zherna; in Steiermark. Kauka, kleine späte Traube; *Rth.* Varronia celebris, edlere Kauka; *Vst.* Schamsiana rubrifolia, rothblättrige Schamsrebe; *Hlbk.* — Tr. oft klein; Trstl. lang, braunroth. Br. rund, oben oft platt, fühlbar punktirt, dunkelblau, gewürzhaft, 2kernig; Brstl. sehr warzig. Bl. gr., uneben u. faltig, regelmässig kurz- u. dicht-gezahnt, früh roth punktirt u. später ganz roth; Blstl. rauh-borstig. Rfzt. spät. — Steiermark. 1824. *B.* 371. I W.

(168). Traube mittelgross, ästig, locker, gleichbeerig. Traubenstiel kurz. Beeren klein, dick- u. harthäutig. Blatt tief eingeschnitten.

286. **Kleine Trauertraube**, blauer Carmenet; *B.* 17. Haem. tristis. -Carmenet, Carbenet, petite Vidure; in Frankreich. — Tr. oft walzenförmig; Trstl. bis zum Knoten steif u. holzig, dann hängend. Br. dunkel schwarzblau, hellblau beduftet, hochnarbig, unter der Haut roth, sehr süss; Brstl. lang u. dünn. Endsp. d. Szw. zottig. Bl. mittelgr., gelblich dunkelgrün, dünn u. schlaff, rückwärts gebogen; Endz. spitz; Blstl. dünn, kahl. Rfzt. mittlere. — Frankreich. 1844. *B.* 404. I! T. u. W.

(169). Traube gross, locker, einfach, walzenförmig, gleichbeerig. Traubenstiel lang u. dick. Beeren klein, dick- u. harthäutig. Blatt wenig eingeschnitten.

287. **Blaue Ungartraube**; *B.* 18. Haem. hungarica. Blauer Ungar; *B. u. M.* — Tr. ziemlich lang, oft kurz-ästig; Trstl. zart. Br. rund, etwas stielschmal, schwarz, hellblau beduftet, kleinu. hartnarbig, dünnsaftig, scharf süss-säuerlich; Brstl. kurz u. dünn, kahl. Endsp. d. Szw. hellgrün, roth gestreift, wollig. Bl. mittelgr., gelbgrün, später schön geröthet, wachsartig, dick u. weich, faltig u. rückwärts gebogen, sehr ungleich-gezahnt; Endz. halbkuppelförmig; Blstl. dünn, loswollig. Rfzt. spät. — Ungarn. 1836. *B. u. M.* 166. *T.* 48. — *B.* 387. II.

(170). Traube dicht, meistens einfach. Traubenstiel lang. Beeren klein, sauer. Beerenhaut krachend. Blatt wenig eingeschnitten.

288. **Blauer Säuerling**; *B.* 19. Haem. oxicarpa. Innominata de la France; in Samml. Blauer Langstieler; *B. u. M.* — Trstl. sehr lang. Br. kugelig, dunkelblau, heller beduftet, grossnarbig; Brstl. lang u. dünn, warzig. Endsp. d. Szw. hellgrün, kahl. Bl. mittelgr., dick, runzelig u. blasig, zurück gebogen, unterseits oft büschel-filzig; Endz. halbkuppelförmig; Blstl. dick, borstig u. losfilzig. Rfzt. spät. — Frankreich. 1836. *B.* 145. III.

(171). Rebstock stark. Traube gross, dicht, ästig. Traubenstiel kurz. Beeren gross, dickhäutig, säuerlich. Blatt 5lappig, ziemlich tief eingeschnitten.

289. **Blaue Tantovina**; *Tr.* 20. Haem. Tantovina. Grossblaue, Blaustock, kleine Urbanitraube, rothstieliger Vranek, Mali Vervovshek, Mali Verbainshak, Mali Urbainshiz; in Steiermark. Wiener Schwarze; in Gärten. — Tr. pyramidalisch; Trstl. dick. Br. rund-oval, dunkelblau, stark weiss beduftet, wenig p., kleinnarbig, selten süss; Brstl. dick, sehr warzig. Bl. gr., dick, uneben u. faltig, gross- u. scharf-gezahnt, sp. roth-gespitzt; Blstl. roth gestreift, etwas wollig. Rfzt. spät. — Steiermark. 1841. *B.* 174. II. Hochspalier. Fruchtbar u. dauerhaft.

290. **Blaue Urbanitraube**; *Tr.* 21. Haem. Urbani. Cortese
Nera; aus Frankreich. Urbanitraube, blauer Urbanerstock, blauer
u. grosser Kölner, Grossblaue, grossblauer Kriecher, Kriechentraube,
Bollona, Velka Modrina, Velki Verbainshak, Velki Vervoushek,
Velki Urbainshak, Velki Urbanshiz, Volovna, Volovina, Zherna
Morshina, Zherna Volovina; in versch. Geg. Steiermarks. Pomeran-
zentraube; *Rth.* Urbania vilosa, wollige Urbanitraube: *Hlbk.* —
Tr. sehr gross. Br. platt-kugelig, schwarzblau, weiss beduftet,
unter der Haut rothsaftig; Narbe gross, sternförmig; Brstl.
sehr kurz. Bl. gr., 5lappig, dünn, runzelig u. sehr faltig,
unterseits schwach- meistens büschel-filzig; Endz. halbkuppelförmig; Blstl. lang, grün, sw. roth gestr. Rfzt. spät. — Italien.
Steiermark. 1824. *B.* 369. III.

(*172*). Traube gross, dicht, ästig, ungleichbeerig. Traubenstiel lang. Beeren gross, dick- u. weichhäutig, süss.
Blatt wenig eingeschnitten.

291. **Blaue Batttraube**; *B. u. M.* 22. Haem. Battiana.
Persolette; in Frankreich. Blaue Blatttraube; *Dttch.* — *Ftl.* — *Rbs.*
— Tr. schlaff hängend, lang- u. frei-ästig, klumpig; Trstl.
sehr lang u. dünn, kahl. Br. kugelig, schwarzblau, stark hell
blau-violett beduftet, kleinnarbig, sehr lang- u. 2kernig; Brstl.
am Grunde sehr dünn, nach oben verdickt, glatt. Endsp.
d. Szw. weissgrün, filzig. Bl. gr., dünn, sehr uneben u. blasig, sp. roth, wenig gefaltet, gross-gezahnt, unterseits dicht büschel-filzig; Eudz. spitz; Blstl. kurz u. dünn. Rfzt. spät. —
Frankreich. 1836. *B. u. M.* 95. *T.* 21. — *B.* 431. I! T. Geschütztes
Spalier.

(*173*). Rebstock sehr stark. Traube dicht, einfach oder doppelbeerig. Traubenstiel lang u. dick. Beeren gross,
2kernig. Blatt tief eingeschnitten.

292. **Schwarze Melonentraube**, blauer Gamay; *B.* 23. Haem.
plicata. Saumorille, Chambonat, Gamay, Gamet, Gros Gamet, Pineau à grosse tête, Melon, Melon noir, Epicier; in Frankreich. Gamé
noir; *Chapt.* Schwarzblaue Gamme; *Gk.* Blauer Melon; *B. u. M.*
Saumoirille, Chambonat; *Demerson.* Vitis vinifera prolifica, Prolific
Grape, Common Gamet; *Raf.* — Tr. gross, kurz, pyramidalisch,
gleich- u. doppelbeerig; Trstl. sehr lang, steif u. holzig, hellgrün, unter dem Knoten verdickt. Br. sehr kugelig, schwarz,
stark blau beduftet, vertieft-narbig, dünnhäutig, otwas wässerig-süss;
Brstl. lang, in der Mitte dünn, feinwarzig, dickwulstig. Endsp.
d. Szw. hellgrün, wollig. Bl. gr., rauh u. blasig, einwärts gefaltet, mit rückwärts gebogenen Zähnen, unterseits sehr fein-
filzig; Endz. spitz; Blstl. dunkelgrün, roth gestr., eckig, unterseits kurz-haarig. Rfzt. mittlere. — Frankreich. 1804. *B. u. M.* 129.
T. 36. — *B.* 433. I! T. I W.

293. **Blauer Sulzenthaler**; *Tr.* 24. Haem. setosa. Grossblaue, Sulzenthaler; in Steiermark. Grosser blauer Melon; in Samml.

— 303 —

— Tr. mittelgross, einfach; Trstl. braunroth. Br. kugelig,
oben oft etwas platt, schwarzblau, wenig p., etwas dickhäutig, selten
süss; Brstl. kurz u. dick. Bl. uneben, kurz-gezahnt: Rippen u.
Nerven unterseits stark weissborstig u. haarig; Blstl. roth,
sehr borstig. Rfzt. spät. — Steiermark. 1841. Tr. 172. II.

(174). Traube gross, locker, einfach u. langästig, gleichbeerig. Traubenstiel lang. Beeren sehr gross, dünn-
u. feinhäutig, süss. Blatt nicht tief eingeschnitten.
294. Blaue Alikante; B. 25. Haem. alicanta. Alobrogica
Plinii; in Italien. Alicante: in Samml. Alicantentraube; Spr. Alicante; Somm. Schwarze spanische Traube; Fors. Alicantenwein;
Salzm. — Chr. p. II. Alicanter; Frg. Blauer Alicant: B. u. M. —
Tr. lang, etwas walzenförmig: Trstl. sehr lang, dick, unter dem
Knoten dünner u. etwas breitgedrückt, hellgrün. Br. kugelig, oben
eingedrückt, röthlich-dunkelblau, grau beduftet, aderig, vertieft grossnarbig, gross 1—2kernig; Brstl. lang u. dünn, dickwulstig. Endsp. d. Szw. weisslich, wollig. Bl. gr., dünn u. schlaff,
scharf- u. fein-gezahnt, unterseits schwach-filzig; Blstl. glatt,
am Blatt filzig. Rfzt. spät. — Spanien. In Gärten bekannt. 1766.
B. u. M. 12. T. 3. — B. 440. I!! T. Spalier.

(175). Tr. ziemlich gross, locker, oben ästig, pyramidalisch,
ungleichbeerig. Traubenstiel lang. Beeren gross,
dünnhäutig, säuerlich. Blatt tief eingeschnitten.
295. Schlaffe Balsamina, blaue Balsamina; B. 26. Haem.
flaccida. Canseron; in Frankreich. Balsamina du Pô, blauer
Heinsch; in Samml. Grünsaftiger Färber; B. u. M. — Trstl. dick
u. steif, geröthet. Br. kugelig, dunkel rothblau, stark grauweiss beduftet, grossnarbig, 2kernig, süsssäuerlich; Brstl. sehr
dünn, hellgrün, glatt. Endsp. d. Szw. weisswollig. Bl. gross,
dick, schlaff hängend, gross-gezahnt, oberseits loswollig,
unterseits kurz- u. dicht-filzig; Endz. spitz; Blstl. filzig. Rfzt.
spät. — Italien. 1836. B. 407. II.

(176). Rebstock stark. Traube gross, dicht, ästig. Traubenstiel lang u. dick. Beeren süss. Blatt tief eingeschnitten.
296. Blaue Blattertraube, blaue Sparse: B. 27. Haem. rugosa. Grosse Sparse; in Frankreich. — Br. kugelig, blau u. blau
beduftet, punktirt, vertieft-narbig; Brstl. lang u. dick, warzig, roth. Endsp. d. Szw. grün, etwas wollig. Bl. dick u. steif,
blasig u. runzelig, sehr zurückgebogen, oberseits filzig;
Endz. halbkuppelförmig; Blstl. kurz, sehr dick, kurz-borstig.
Rfzt. spät. — Frankreich. 1844. B. 378. I.

(177). Traube mittelgross, dicht, einfach, walzenförmig,
doppelbeerig. Traubenstiel kurz. Beeren gross, dünnhäutig, säuerlich. Blatt tief eingeschnitten.

297. **Dicke Dufttraube**, blauer Neri; *B. u. M.* 28. Haem. pruinosa. Neri, Nerri; in Frankreich. — Rbstck.· klein. Tr. wenig ungleichbeerig; Trstl. ober dem Knoten dünner, kahl. Br. rund, dunkelblau, schön u. stark hell graublau beduftet u. hell punktirt, erhoben kleinnarbig, sehr dünnhäutig; Brstl. bläulich-grün, dickwulstig. Endsp. d. Szw. hellgrün, wollig. Bl. mittelgr., rauh u. runzelig, oberseits gelblich-grün, unterseits schwachfilzig; Endz. spitz; Blstl. kurz u. dick, fein-borstig. Rfzt. spät. — Frankreich. *B. u. M.* 170. *T.* 50. — *B.* 428. II. Schön!

(*178*). Traube gross, kurz, ästig, meistens locker, walzenförmig. Beeren dickhäutig, süss. Blatt nicht tief eingeschnitten.

298. **Blaues Ochsenaug**; *Tr.* 29. Haem. taurina. Captraube, Burgunder, blauer Amerikaner, Volovijak, Vovoko; in Steiermark. Zwetschenweinbeer: in Ungarn. Arkansasrebe; in Samml. Ungarische schwarzblaue Zibebe; *Gk.* Taurina leviter-incisa, kurzgeschlitzte Ochsenrebe: *Hlbk.* — Rbstck. stark, stämmig. Tr. oft doppelt; Trstl. dick, dünn-knotig. Br. sehr gross, rund, schwarzblau, weiss beduftet, unter der Haut rothfleischig, 1—2 kernig; Brstl. kurz u. dünn, feinwarzig, klein-wulstig. Endsp. d. Szw. etwas bräunlich, weisswollig. Bl. sehr gross, dick, rauh u. runzelig, unterseits kurz-weissfilzig; Endz. kuppelförmig; Blstl. geradé, etwas rauhborstig. Rfzt. sehr spät. — Nordamerika. In Gärten. 1836. *B.* 680. I!! *T.* Geschützte Wand. Langer Schnitt.

14. Bumastos.

Beeren entschieden lang, hellfarbig, gelb, grünlich oder weiss.

(*179*). Traube gross, dicht. Beeren gross oder mittelgross, dickhäutig u. fleischig, meistens säuerlich. Blatt kurz eingeschnitten.

299. **Weisser Hudler**; *Tr.* 1. Bum. Galetta. Vite Galetta; in Italien. Joannea setacea, seidenwollige Johannsrebe; *Hlbk.* — Rbstck. stämmig. Tr. ungleichbeerig, einfach oder nur knotenästig; Trstl. sehr lang, dick u. zähe, dunkelroth, etwas wollig. Br. mittelgross, oval, gelbgrün, sehr wenig u. fein p., kleinnarbig: Brstl. lang. Bl. 5lappig, dunkelgrün, oft gelb gefleckt: Blstl. dick u. lang, hellroth, wollig. Rfzt. spät. — Italien. 1841. *Tr.* 281. I! *T.* Heisse Spalierwand.

300. **Weisser Frauenfinger**; *Tr.* 2. Bum. parabolica. Frauenfinger, Rambour, Barmak; in Steiermark. Bumastos integra, ganzblättrige Geissdutte; *Hlbk.* — Rbstck. baumartig. Tr. oft sehr gross, entfernt breit-ästig; Trstl. kurz u. dick. Br. gross, parabolisch, zugespitzt, weissgelb, fein p., grossnarbig; Brstl. warzig, sehr dickwulstig. Bl. 3lappig, rund, meistens ganz,

gross-gezahnt, unterseits **stark** weissfilzig; Endz. kuppelförmig; Blstl. rauh, gefurcht, zottig. Rfzt. sehr spät. — Insel Krimm. 1841. *B.* 42. I T. Interessant, aber zärtlich.

(*180*). Traube mittelgross, locker, einfach, selten ästig. Traubenstiel kurz u. dünn. Beeren gross, dünnhäutig, süss. Blatt kurz eingeschnitten. 301. **Weisser Augster**; *Spr.* 3. Bum. dulcis. Cascarolo blanc, Raisin de Mantue; in Frankreich. Bajor, Kohir; in Ungarn. Geissdutte, weisse Geissdutte, weisser Lagler, weisser Fingerhut, Horovatoshak, Osipani, Shipon, Podsabroski Shipon, Ragousaner, Buday Góher, Bela Ranka, Góher Szöllö, Augustae Góher Szöllö; in versch. Geg. Steiermarks. Fruchttraube; *Fränk. Samml.* Weisser oder grüner Lägler, Uva dactylina; *Ht.* Weisser früher Malvasier mit fein gewürzhaftem Geschmacke; *Gk.* Ragusana dulcis, angenehme Ragusanerrebe; *Illbk.* Weisser Lagler; *B.* — Rebholz deutlich gestreift, wollig. Trstl. feinwollig, sw. roth gefleckt. Br. oval, weissgelb, sw. braunroth, weiss-stäubig beduftet, sehr fein punktirt, oft rostfleckig, grossnarbig, fast durchsichtig, 2kernig, sehr süss; Brstl. schwarz p., langwulstig. Bl. 3lappig; Endz. halbkuppelförmig; Blstl. lang u. dick. Rfzt. früh. — Ungarn. 1766. *B.* 48. I! T. Heisse Spalierwand.

(*181*). Traube sehr gross, ästig, pyramidalisch, gleichbeerig. Traubenstiel kurz u. dick. Beeren gross, kleinnarbig, dickhäutig.

302. **Weisse Riesentraube**; *B. u. M.* 4. Bum. gigantea. Bon blanc; in Frankreich. Calebstraube, grosse weisse Calebstraube, Riesentraube, Jerusalemstraube; am Haardtgebirge. Ciuti, Cedoti, Ceoti, Ceuti; in Spanien. Ciuti, Palladii; *Cl.* Sehr grosse weisse spanische Cibebe; *Gk.* (Grosse Rüdesheimer; *Dttch.*) Weisse grosse Calebstraube; *Pfälz. G. Z.* 1848. — Tr. mehrere Pfund schwer, doppel- u. gedrückt-beerig; Trstl. oben steif, unter dem Knoten biegsam, hellgrün, weisslich gestr., zottig. Br. oval, etwas zugespitzt, hellgrün, grau beduftet, schwarz p., geadert, durchsichtig, vertieft-narbig, harthäutig, schleimig, süss; Brstl. lang u. dünn, beduftet. Endsp. d. Szw. hellgrün, weisswollig. Bl. gr., dick u. steif, kurz eingeschnitten; Endz. lang zugespitzt; Blstl. lang u. dick, zottig. Rfzt. spät. — Spanien. 1821. *B. u. M.* 183 *T.* 56. — *B.* 57. I T. Curiosität. Spalier.

(*182*). Traube gross, locker, einfach, oft ästig, ungleichbeerig. Traubenstiel kurz u. dünn. Beeren klein, grossnarbig, dünnhäutig, süss.

303. **Weisse Narrentraube**, weisse Folle; *B.* 5. Bum. aquosa. Folle blanche, Pellegarée blanc; in Frankreich. — Tr. kurz, pyramidalisch; Trstl. sehr kurz, zart, glänzend hellgrün u. weisslich, warzig. Br. zugespitzt, grau beduftet, fein geadert, wässerig; Brstl. lang u. dünn, hellgrün, dunkelgrün gestr. Endsp. d. Szw. weisswollig. Bl. mittelgr., nicht tief eingeschnitten, dünn, rauh,

gegen vorn stark eingerollt; Endz. spitz; Blstl. los filzhaarig. Rfzt. mittlere. — Frankreich. 1844. *B.* 59. I. Auch in geringem Boden sehr fruchtbar.

(*183*). Traube mittelgross, locker, ästig. Traubenstiel dick,
ziemlich kurz. Beeren gross, kleinnarbig, dickhäutig,
säuerlich.

304. **Walzige Geissdutte**, weisse Ugne; *Tr.* 6. Bum. cylindrica. Trapat, Ugne blanc, Formentin blanc; in Frankreich u.
in Samml. Bumastos rugosa, runzeligblättrige Geissdutte; *Hlbk* —
Trstl. gelbgrün. Br. beiderseits zugespitzt, später fast walzenförmig, stumpfgespitzt, weissgrün, fein p., hochnarbig, fleischig;
Brstl. lang u. dünn, fast kahl. Endsp. d. Szw. weisswollig. Bl. kurz
eingeschnitten, 5theilig, dick, etwas rauh u. scheinbar runzelig; Endz.
spitz; Blstl. zottig. Rfzt. spät. — Frankreich. 1841. *B.* 66. II.

(*184*). Traube sehr gross, locker, ästig, pyramidalisch,
gleichbeerig. Beeren gross, dickhäutig, säuerlich.
Blatt stark eingeschnitten.

305. **Weisse Geissdutte**; *Spr.* 7. Bum. hyberna. Weisser
Sauterne; in Franken. Quetschen- u. Zwetschentraube; bei Heidel-
berg. Späte weisse Geissdutte, Kosjak beli, Beli Kosjak-Cezi, Kosizis beli, Ketske fsetsii fejer, Beli Zezek, Kosji Zisek, Beli Koñsek;
in Steiermark. Kecske Czecsii; in Ungarn. Malagatraube, weisser
Portugieser; in Samml. Weisse Geissdutte; *Somm.* Weisse türkische
Zibebe; *Chr. p. H.* Portugieser, portugiesische Fleischtraube, weisse
Assyrische; *Chr. v. P.* Ordinäre weisse Geissdutte; *Gk.* Späte
weisse Geisdutte; *Rth.* Weisser Maroccaner; *B. u. M.* Coda di Vacca;
Ac. Weisser Sauterne; *B.* Bumastos hyberna, winterreife u. spät-
reife Geissdutte; *Vst.* — *Burg.* — *Hlbk.* — Tr. lang dauernd;
Trstl. ober dem Knoten steif, dann dünner, hängend u. hell-
grün. Br. zugespitzt, gelbgrün, kleinnarbig, hartfleischig;
Brstl. lang u. dünn, langwulstig. Bl. gr., dick, verbogen, unterseits
fein kurzfilzig; Endz. halbkuppelförmig; Blstl. dick, in der
Mitte dünn, wenig borstig u. warzig. Rfzt. spät. — Syrien. Ita-
lien. Steiermark. In Gärten. 1766. *Gk.* 78. *T.* 24. — *B.* 45. I T.
Schön! Geschützte Spalierlage, bei langem Schnitt.

15. Digitaria.

Beeren entschieden lang, blau, schwarz oder röthlichblau.

(*185*). Traube gross, locker, ästig, ungleichbeerig. Traubenstiel lang. Beeren mittelgross. Blatt tief eingeschnitten.

306. **Blauer Augster**; *Spr.* 1. Dig. dulcis. Schwarzer Augster, blaue u. unächte Geissdutte, blaue u. schwarzrothe Oliventraube,
blauer Hainer, blauer Ranful, blaue Fingerhuttraube, Cypertraube,
Zherni Moslavez, Modrina Kosjakzezi, Kosijak, Zherni Zizek; in

versch. Geg. Steiormarkś. Fekote Förők, Gohér, Cerna duguljosta
Ránka, Feketo Bajor; in Ungarn. Schwarzblauer früher Malvasier
mit fein gewürzhaftem Geschmack; *Gk.* Blauer Ritscheiner; *Tr.*
Blaurother Ritscheiner; *B.* Blaue Bronnertraube; *B.* Oleagnina hyacinthina, schwarzrothe Oliventraube; *Vat.* Digitaria planifolia, eben-
blätterige Fingerhutrebe; *Illbk.* — Tr. l a n g, pyramidalisch; Trstl.
d i c k, zart, geröthet. Br. oval, etwas stielschmal, d u n k e l r ö t h-
l i c h b l a u, s t a r k h e l l b l a u b e d u f t e t, erhoben kleinnarbig, etwas
dickhäutig, dünnsaftig, s ü s s; Brstl. dick, hellgrün, feinwarzig. Endsp.
d. Szw. hellgrün, zottig. Bl. g r o s s, dick, s c h l a f f h ä n g e n d,
v e r b o g e n; Endz. halbkuppelförmig; Blstl. dünn, l o s w o l l i g, warzig. Rfzt. mittlere. — Ungarn. 1766. *B.* 50. 52 u. 55. I! Spalier.

(*186*). Traube s e h r g r o s s, dicht u. locker, e i n f a c h oder l a n g-
ä s t i g, pyramidalisch, etwas ungleichbeerig. Traubenstiel
s e h r l a n g. Beeren s e h r g r o s s, dick- u. harthäutig.
Blatt gross, 5lappig.

307. **Grosser Maroccaner**, blauer Maroccaner; *M.* 2. Dig.
maroccana. Schwarze Geissdutte; in Würtemberg. Raisin de
Maroc, Raisin d'Afrique, Maroquin, Le Coeur, Barbarou, Sparce
grosse, Espagnin; in Frankreich. Blaue Geisdutte, Kosjak zherni,
Kosjak plavi, Kosizis rudczhi, Kosizis (Kosizisck) zherni, Zherni Ze-
zek (Cizek); in Steiermark. Uva panc; bei Neapel. Marokkaner,
grosser Marokkaner, blaue Zibebe, afrikanische Traube, Gros Maroc,
Raisin St. Antoine, Gros Damas, Maroquin d'Espagne; in Samml. u.
Gärten. Black Marocco, Ansley's Large Oval Black, Black Musca-
del, Black Raisin, Black Gibraltar, Red Muscadel, Le Coeur; *Cat.*
Lond. Blaue Geissdutte; *Spr.* — *Somm.* — *Tr.* Raisin de Maroc;
Chapt. — *Roz.* Blaue Zibebe; *Chr.* Blauer Cibebe; *Ftl.* Maroquin,
Barbarons, *Salzm.* — *Frg.* Schwarze Geistute; *Hölbl.* Schwarzblaue
Geissdutte; *Gk.* Schwarze Geisdutte, Uva bumastos nigra; *Ht.* Vi-
tis maroccana, Raisin d'Afrique, Maroquin barbarou; *Dierb.* — *Risso.*
Dactylites crassifolia, dickblätteriger Lagler; *Illbk.* — Trstl. d i c k,
s t e i f u. holzig. Br. b e i d e r s e i t s z u g e s p i t z t, schwarz, fleischig,
ziemlich süss; Brstl. g l e i c h - d i c k, grau beduftet, dickwulstig.
Endsp. d. Szw. weisswollig. Bl. s e h r d i c k, uneben, nach allen
Seiten v e r b o g e n, l a n g - u. scharf-gezahnt; Endz. l a n g - g e s p i t z t;
Blstl. r a u h u. b o r s t i g. Rfzt. spät. — Afrika. In Gärten bekannt.
B. u. M. 176. *T.* 53. — *B.* 63. I T. Sehr schön! Heisses Spalier,
bei langem Schnitt.

(*187*). Traube s e h r g r o s s, l o c k e r, ä s t i g, p y r a m i d a l i s c h, u n-
g l e i c h b e e r i g. Traubenstiel l a n g u. dick. Beeren g r o s s,
d i c k h ä u t i g. Blatt gross, s t e i f u. r a u h.

308. **Blaue Eicheltraube**; *B. u. M.* 3. Dig. glaniformis.
Rosinen- u. Fischtraube; bei Würzburg. Bec d'Oiseau, Eicheltraube;
in Frankreich u. Samml. Pizotello; in Italien. Blauer Spitzwälscher;
M. Blauer Spitzwelsch, Piscutelli; *Clwtz.* — Tr. b a u c h i g, w e l k,
h ä n g e n d; Trstl. hellgrün, roth gefleckt. Br. s c h m a l, e i c h e l-

20 *

förmig, schwarzblau, hellblau beduftet, gross- u. hartnarbig, fleischig, süss; Brstl. lang u. dünn, klein-wulstig. Endsp. d. Szw. weisswollig. Bl. 5lappig, etwas zusammengebogen; Endz. kuppelförmig; Blstl. dick, hellgrün, etwas borstig. Rfzt. spät. — Italien. 1827. *B. u. M.* 174. *T.* 51. — *B.* 38. I! T. Heisses Spalier.

(*188*). Traube gross, dicht u. locker, walzenförmig, gleichbeerig. Traubenstiel kurz. Beeren gross, dickhäutig, säuerlich. Blatt gross.

309. **Blaue Geissdutte**; *B.* 4. Dig. bumastos. Palmatu Pecat; in Frankreich. Schwarze Geisdutte; in Würtemberg. Schwarzblaue Geisdutte; *Gk.* — Tr. doppelbeerig; Trstl. sehr. kurz, geröthet, zottig. Br. oval, rothblau, blau beduftet, heller p., grossnarbig; Brstl. lang, gleich-dick, warzig, kegel-wulstig. Bl. 5theilig, dick, faltig, verschieden eingeschnitten, ungleich- u. lang-gezahnt; Endz. halbkuppelförmig; Blstl. wenig zottig. Rfzt. sehr spät. — Italien. 1836. *B.* 43. II. Schön!

(*189*). Traube dicht. Traubenstiel ziemlich lang, dünn. Beeren grossnarbig, harthäutig, süss. Blatt klein.

310. **Kleinblättrige Fingertraube**, blauer Pulsare; *B.* 5. Dig. parvifolia. Piquepoule Sorbier, Pulsare, Quillo de Coque; in Frankreich. — Trstl. punktirt. Br. dunkelblau, grau beduftet, fleischig; Brstl. kurz u. dick, warzig. Endsp. d. Szw. hellgrün, sehr zottig. Bl. länglich, 5lappig, dünn u. weich, wachsartig, gelblich-grün, von beiden Seiten vorwärts gebogen; Endz. spitz; Blstl. kurz u. dünn, gelbgrün, loswollig. Rfzt. spät. — Frankreich. 1844. *B.* 61. I! T. I W. Langer Schnitt.

(*190*). Traube mittelgross, locker, einfach. Traubenstiel lang u. dünn. Beeren dickhäutig, fleischig. Blatt sehr gross, kurz eingeschnitten, unterseits stark-filzig.

311. **Blaue Isabella**; *Tr.* 6. Dig. Isabella. Isabella; in Nordamerika. Vigne Isabelle, Isabelle d'Amérique, Vin d'Amérique, Cassis noir, Vin du Cassis, Vigne à gout de cassis, Vin du Cap, Alexandre; in Frankreich. Isabella, Cap-Wein, Captraube, Konstanziatraube; amerikanische Traube, Arkansastraube, Raisin d'Yschia; in Samml. Black Constantia; *Cat. Lond.* Isabella, Vitis Isabella, Vitis Labrusca Isabella; *Cat. Lond.* Vigne Isabelle; *Clwtz.* Vitis prolifera var. Isabella; *Raf.* Isabella foetida, stinkende Isabellarebe; *Hlbk.* — Rbstck. stämmig u. sehr dauerhaft. Trstl. sehr dünn, oft fadenförmig, oben dünner, braunroth. Br. oval, rothblau, sp. dunkelblau, röthlichweiss-punktig durchscheinend, wie gefleckt, blau beduftet, unter der Haut roth, schleimig, eigenthümlich gewürzt; Brstl. lang, feinwarzig. Endsp. d. Szw. wollig. Bl. 3lappig, oft ganz, dick, kurz- u. bogig-gezahnt, oberseits grau-grün; Endz. kuppelförmig; Blstl. lang u. dick, röthlich. Rfzt. etwas spät. — Nordamerika. In Gärten allgemein verbreitet. 1841. *Tr.* 269. I! T. Sehr interessant! Für Lauben, hohe Wände, bei sehr langem Schnitt.

4. Ordnung. Beerenobst.

8. (23.) Geschlecht. Berberizen.

---

1. Berberize. Berberis.

Gattungs-Charakter: Strauch aufrecht, stachelig. Blüthe vollständig. Beeren oberständig, in Trauben, ganz, 2kernig, saftig, roh ungeniessbar.
(Ur- oder Stammart: Berberis vulgaris; *L.*)

1. Gemeine Berberize. 1. Berberis vulgaris; *L.* Sauer-, Sauerach-, Erbsich-, Essig-, Berbis-, Beer-, Erbsel-, Versich-, Kreuzu. Salsendorn, Berberis-, Berbers-, Berbis-, Erbsel-, Roiss-, Reisel-, Versich-, Beisel-, Baysel-, Peisel-, Passel-, Possel-, Pägsel-, Poassel-, Rhabarber-, Prummel-, Ferres- u. Sperberbeere, rothe Berberize, gemeiner Saurach, Sauerach, Berbis, Berberis, Berberize, Erbsel, Erbsele, Erbshofen, Versich, Zizerl, Hahnhöttle, Berbisbeer-, Berberizen-, Erbsel-, Berberisbeer-, Berbebeer-, Erbselbeer- u. Weinäugleinstrauch, Berberizenstaude, gemeine Berberizenstaude, Weinzäpfchen, Weinzäpfel, Weinnägelein, Weinschärlein, Weinschierling, Weinschädling, Weinscheidlein, Weinscharl, Weinscherling, Weindling, Wütscherling, Weiuäuglein; in versch. Geg. Deutschlands. Epine Vinette, Epine-vinette, Vinetier, Epine-vinette commune et ordinaire; in Frankreich. Common Berberry, Common Red-fruited Berberry, Common Red Berberry, Pipperidge-bush; in England. Gemeine Berbersbeere; *Mill. Gl.* Gemeiner Sauerdorn; *Bechst. Fb.* Gemeiner Saurach; *Borkh.* — *Bechstdt.* Gemeine Berberizenstaude; *du Roi.* Epine vinette ordinaire; *Knp.* Berberitze; *Münchh.* Gemeine rothe Berberitze mit steinharten Kernen; *Ab.* Gemeine Berberitze mit Kernen; *Loud.* Gemeine rothe Berberisbeere; *S.* Gemeine rothe mit Kernen; *Fors.* Gemeiner Berberizenstrauch mit rother Frucht; *Chr. H. O.* Berbisbeerstrauch; *Burgsd.* Berberizenstrauch, Oxiacanthus Galeni; *Chr. p. H.* Gemeiner Berberizen- oder Berbisbeerstrauch mit rother Frucht; *Dttch.* Berberis Dumetorum fructu rubro, Epine-Vinette à fruit rouge, Berberis mit rother Frucht; *Duh.* Common Red-fruited Berberry, Berberis vulgaris rubra, Vinetier, Epine-vinette commune; *Cat. Lond.* Berberis; *Lob.* Spina acida; *Dod.* Berberis vulgo, Oxia canthae putata; *J. Bauh.* Berberis dumetorum; *C. Bauh.* Berberis racemifera; *Hall.* Berberis vulgaris rubra; *W. B. B.* Berberis spinis triplicibus; *L. H. Cliff.* — Br. walzenförmig, hochroth, sauer. Bl. in Büscheln, hart, stachelig-gezahnt, sauer. — Wildwachsend. Allgemein verbreitet, überall u. von jeher bekannt. *Bechst. Fb.* 559. — *Duh.* 1. 109. T. 13. — *T. O.* 20. 24. T. 5. Ende Sept., Okt. I W.

2. **Weissbuntblättrige Berberize.** 2. Berb. albo-varie-gata. Gemeine buntblättrige, Epine-vinette à feuille panachée, commune à feuilles panachées, ordinaire à feuilles panachées et commune à feuille panachée en blanc, Berberis foliis variegatis, Berberis vulgaris foliis variegatis, Berberis foliis albo variegatis, Berberis vulgaris foliis argenteo variegatis; *in Cat.* — Von der vorhergehenden durch weiss-bunte Blätter verschieden. — Zierstrauch.

3. **Gelbbuntblättrige Berberize.** 8. Berb. aureo-varie-gata. Berberis vulgaris foliis aureo variegatis; *in Cat.* — Von der ehevorigen durch gelb-bunte Blätter verschieden. — Zierstrauch.

4. **Gelbgerandete Berberize.** 4. Berb. aureo-marginata. Epine-vinette marginée, marginée dorée, à feuilles bordées en blanc et commune à feuilles bordées en blanc, Berberis marginata, marginata aurea, vulgaris marginata aurea, vulgaris aureo marginatis et vulgaris foliis aureo marginatis; *in Cat.* — Bl. gelb eingefasst, sonst wie 1. — Schöner Zierstrauch.

5. **Rothblättrige Berberize.** 5. Berb. purpurea. Blutroth-blättrige, gemeine purpurblättrige, Epine-vinette à feuille pourpre, à fruit et à feuilles pourpres, commune pourpré foncé, ordinaire à feuilles pourpres et commune à feuilles pourpres, Berberis atropurpurea, foliis purpureis, vulgaris purpurea, vulgaris foliis purpureis, vulgaris foliis atropurpureis et vulgaris atropurpurea; *in Cat.* — Bl. roth, wie die dunkelrothe Lambertsnuss, sonst wie 1. — Schöner Zierstrauch.

6. **Armblüthige Berberize.** 6. Berb. pauciflora. Ausge-randeter Sauerdorn; *Bechst. Fb.* Berberis emarginata; *W.* — Aehn-lich Nr. 1. Tr. armblüthig, kürzer, kaum hängend. Br. dunkler roth. Str. etwas kleiner; Blumenblätter ausgerandet. — Sibirien. 1797. *Bechst. Fb.* 987. II.

7. **Rauhe Berberize.** 7. Berb. ferox. Rauher gemeiner Sauerdorn; *Bchst. Fb.* — Varietät von 1. Br. rauher. Str. stacheliger. — 1821. *Bechst. Fb.* 562. II.

8. **Rundbeerige Berberize.** 8. Berb. globosa. Berberis vulgaris fructu rotunda; *in Cat.* — Br. rundlich, sonst wie 1. — In Gärten. II. Interessant.

9. **Grossfrüchtige Berberize.** 9. Berb. macrocarpa. Epine-vinette à gros fruit; in Frankreich. Epine-vinette à gros fruit rouge; *in Cat.* Berberis mit grosser Frucht; *Chr. p. H.* Berberizenstrauch mit grosser Frucht; *Chr. H. O.* Sauerdorn mit grossen Früchten; *Nois. Gb.* Gemeiner Sauerdorn mit grossen Früchten; *Bechst. Fb.* Berberizenstrauch mit grosser rother Frucht; *Rbs.* Large Red-fruited Berberry, Berberis vulgaris maxima, Vinetier à gros fruit rouge; *Cat. Lond.* Large Red; *Cat. Lond.* — Wie 1. Br. grösser. — In Gärten. 1802. *Dttch.* 3. 629. I! W.

10. **Canadische Berberize.** 10. Berb. canadensis; *Mill.* Epine-vinette du Canada; *in Cat.* Breitblättrige Berberstaude aus Canada; *Mill. Gl.* Canadischer Berberitzenstrauch; *Chr. H. O.* Canadischer Berbisbeeren-Strauch; *Burgsd.* Canadischer Sauerdorn;

Bechst. Fb. — *Nois. Gb.* Epine-vinette à larges feuilles; *Knp.* Canedian Berberry; *Cat. Lond.* Berberis Canadensis latissimo folio, Berbersbeere aus Canada; *Bechstdt.* Berberis vulgaris var.; *W.* Berberis vulgaris canadensis; *W. B. B.* Berberis foliis latissimis; *Tourn.* — Aehnlich Nr. 1. Br. dunkel-violett Str. niedriger. Bl. breiter, entfernt-gesägt; junge Bl. nur vorn etwas gezahnt. Stacheln 3fach, an Wurzeltrieben 1fach. — Nordamerika. 1665. *Bechst. Fb.* 562. — *W. B. B.* 34. I W.

11. **Weisse Berberize.** 11. Berb. leucocarpa. Epine-vinette à fruit blanc; in Frankreich. Gemeine weissfrüchtige, Berberis fructu albo, vulgaris alba et vulgaris fructu albo, Epine-vinette commune et ordinaire à fruit blanc; *in Cat.* White-fruited Berberry, Vinetier à fruit blanc; *Cat. Lond.* Pale fruited, White, Yellow; *Cat. Lond.* Berberis fructu albo, weisse Berbersbeere; *Mill. Gl.* Berberitzenstrauch mit weissen Beeren; *Bechstdt.* Weisse Berberis; *Fors.* Berberizenstrauch mit weisser Frucht; *Chr. H. O.* Berberis mit weisser Frucht; *Chr. p. H.* Gemeiner Sauerdorn mit weissen Beeren; *Lipp.* White Berberry; *Ab.* Berberis vulgaris lutea et vulgaris fructu luteo, gelbe Berberize?; *in Cat.* Yellow-fruited Berberry?! *Cat. Lond.* — Aehnlich Nr. 1. Br. gelblich-weiss. Str. weniger fruchtbar, weissrindig. Bl. heller grün. — Gartenvarietät. 1750. *Dttch.* 3. 629. — *Poit. et Turp. T.* 51. II. Sehr interessant.

12. **Schwarze Berberize.** 12. Berb. nigra. Berberis vulgaris nigra, Epine-vinette commune et ordinaire à fruit bleu; *in Cat.* Black sweet Berberry, schwarze süsse Berberitze; *Ab.* Berberis mit schwarzer Frucht; *Chr. p. H.* Berberizenstrauch mit schwarzer Frucht; *Chr. H. O.* Schwarze süsse Berberize; *Loud.* Gemeiner Sauerdorn mit schwarzen Früchten; *Bechst. Fb.* Berberis orientalis? *Tourn.* Blaue süssbeerige? *in Cat.* — Br. schwarz, süsser als 1. — Nordamerika. 1779. *Dttch.* 3. 629. I T. u. W. In warme Lage. (= mit Nr. 10?)

13. **Violette Berberize.** 13. Berb. violacea. Epine-vinette à fruit violet: in Frankreich. Gemeine violettfrüchtige, Epine vinette à fruit violacée, commune et ordinaire à fruit violet, Berberis fructu violaceo, vulgaris violacea et vulgaris fructu violaceo; *in Cat.* Violette Berberisbeere, Berberis à fruit violet; *S.* Gemeiner Sauerdorn mit violetten Beeren; *Lipp.* Berberize mit purpurrothen Beeren; *Loud.* Sauerdorn mit violetten Früchten; *Nois. Gb.* Gemeiner Sauerdorn mit violetten Früchten; *Bechst. Fb.* Purple-fruited Berberry, Vinetier à fruit-violet; *Cat. Lond.* Berberis vulgaris violacea; *W. B. B.* Blaue süssbeerige? *in Cat.* — Wie 1. Br. violett. Stacheln vielspaltig. — Gartenvarietät. 1798. *A. t. G. M.* 5. 60. *T.* 5. — *Poit. et Turp. T.* 59. I W. Zur Abwechslung.

14. **Buntblättrige violette Berberize.** 14. Berb. violacea variegata. Epine-vinette commune à fruit violet et à feuilles panachées, Berberis fructu violaceo et foliis variegatis; *in Cat.* — Von der vorhergehenden durch bunte Blätter verschieden. — Zierstrauch.

15. **Kernlose Berberize.** 15. Berberis asperma; *Clus.*
Red Berberry without stone; in England. Berberize ohne Kerne,
Berberis abortiva, Epine-vinette commune et ordinaire à fruits sans
pepin; *in Cat.* Stoneless Berberry, Berberis vulgaris abortiva, Mai-
den Berberry, Vinetiér sans noyean; *Cat. Lond.* Berbersbeere ohne
Kern; *Mill. Gl. — Bechstdt.* Rothe Berberis ohne Kern; *Fors.*
Berberizenstrauch ohne Kern; *Chr. H. O.* Berberis ohne Kern; *Chr.
p. H.* Berberitzen ohne Kern; *Ab.* Rothe Berberitze' ohne Kerne:
Loud. Epine vinette sans pepins; *Knp.* Gemeiner Sauerdorn mit
kernlosen Früchten; *Bechst. Fb.* Berberizenstrauch mit kernloser
Frucht; *Rbs.* Sauerdorn mit grossen rothen Früchten ohne Kerne;
Nois. Gb. Berberis vulgaris asperma; *W. B. B.* Berberis sine nucleo;
C. Bauh. — Wie 1. Br. an alten Sträuchern oder in geringem Bo-
den oft kernlos. Stacheln vielspaltig. — In Gärten. 1600. *Dttch.*
3. 630. — *W. B. B.* 34. I! W.

16. **Süsse Berberize.** 16. Berb. dulcis; *non Swt.* Gemeine
süssfrüchtige, Epine-vinette à fruit doux, Berberis fructu dulce, vulgaris dulcis et vulgaris fructu dulce; *in Cat.* Sweet-fruited Berberry;
Cat. Lond. Berberize mit zuckersüssen Beeren, Berberis edulis,
Epine-vinette mangeable? *in Cat.* — Von 1 durch weniger sauere,
fast süsse Beeren verschieden. — In Gärten. I T. u. W.

Hierher gehören vielleicht noch: Berberis humilis; *Lodd.* —
Burgsd. — Berberis vulgaris glauca, daurica et altaïca;
hort.

4. Ordnung. Beerenobst.

9. (24.) Geschlecht. Hollunder.

———

1. Hollunder.ˊ Sambucus.

Gattungs-Charakter: Strauch baumartig, stachellos. Blüthe vollständig. Beeren oberständig, in Scheindolden, ganz, 3kernig, saftig, roh ungeniessbar.

(Ur- oder Stammart: Sambucus nigra; *L.*)

1. Schwarzer Hollunder. 1. Sambucus nigra; *L.*

Hollunder, Holler, Hohler, Holder, Holunder, Hohllunder, Hollunderbaum, Hollunderstrauch, schwarzer Hollunderstrauch, schwarzer und gemeiner Holder und Holler, schwarzer und gemeiner Holder und Holler, schwarzer Hollunderbeerstrauch, Stech-, Rech-, Reck-, und Baumholder, Flieder, gemeiner und schwarzer Flieder, Flidder, Flitter, Fliederstrauch, Vliederbaum, Fleero, Schwarzbeeren, schwarzer Beerstrauch, Vogelbeeren, schwarze Vogelbeeren, Hitscheln, Zibken, Schibchen, Schübicken, Schebicken, Schibbecke, Schibken, Schirbikenbeerstaude, Schibbikenstrauch, Schübikenbeerstrauch, Schotschken, Schetschken, Zetschken, Quitschen, Quebecken, Resken, Alhern, Alhorn, Alshorn, Ahlhornbaum, Albeere, Ellorn, Elhorn, Eldern, Kesken; in versch. Geg. Deutschlands. Sureau ordinair, à fruit noir et commun; in Frankreich. Common or Black Elder,ˊ Common Black Elder; in England. Holler mit schwarzer Frucht in Doldon; *Duh. Abh.* Gemeiner Hollunder; *du Roi.* Gemeiner Hollunder mit schwarzen Beeren; *Bechstdt.* — *Chr. v. P.* — *Ab.* Common Black-berried Elder; *Ab.* Gemeiner oder schwarzer Flieder; *Lipp.* Hohlunderstrauch, schwarzer Hohler; *May. Gb.* Gewöhnlicher Hollunder mit rothen Stielen; *Rbs.* Gemeiner Hollunderbaum, Fliederbaum; *Dierb.* Sambucus Nigra Vulgaris; *Cat. Lond.* Sambucus fructu nigro; *Chr. v. P.* Sambucus fructu in umbello nigro; *C. Bauh.* Sambucus nigra fructu nigro; *W. B. B.* — Br. röthlich-schwarz, mit violett-rothen Stielen. Bl. gegenständig, gefiedert. — Wildwachsend. Ueberall verbreitet u. von jeher bekannt. *Bechst. Fb.* 433. Ende Aug. I!! W.

2. Weissbuntblättriger Hollunder. 2. Samb. albo-variegata.

Sambucus variegata, foliis albo variegatis, foliis variegatis, nigra foliis variegatis, nigra foliis argenteis et nigra foliis albo variegatis, Sureau à feuille panachée argentée, noir à feuille panachée blanc, poudré, ordinair à feuilles poudrées en blanc, noir à feuilles poudrées et commun à feuilles panachées en blanc; *in Cat.* Sambucus

— 318 —

nigra foliis argenteo-variegatis, weissscheckiger Hollunder, Sureau argenté; *Burgsd.* Hollunder mit weissgestreiften Blättern; *Bechsdt.* Schwarzer· Hollunder mit bunten Blättern; *Bechst. Fb.* Sureau commun à feuilles panachées de blanc; *Bon. Jard.* Sambucus nigra foliis variegatis; *W. B. B.* — Von dem vorhergehenden durch stark weiss-bunte Blätter verschieden. — 1623. Zierstrauch.

3. **Gelbbuntblättriger Hollunder.** 3. Samb. aureo-variegata. Sureau à feuilles panachées; in Frankreich. Yellow striped Elder, Blotted Elder; in England. Sambucus variegata, aurea, foliis luteo variegatis, foliis aureo variegatis, nigra foliis luteis, nigra foliis punctatis et nigra foliis aureo punctatis, Sureau commun à feuilles ponctuées, noir à feuilles ponctuées, à feuille maculé jaune, noir à feuille panachée jaune, commun à feuille panachée jaune et ordinair à feuilles panachées dorées; *in Cat.* Gemeiner Holler mit gelbscheckigen Blättern, Sambucus vulgaris ex luteo variegatis; *Duh. Abh.* Sambucus nigra foliis aureo-variegatis, gelbscheckiger Hollunder, Sureau doré; *Burgsd.* Hollunder mit gelbgestreiften Blättern; *Bechstdt.* Hollunder mit gescheckten Blättern; *du Roi.* Sureau commun à feuilles panachées de jaune; *Bon. Jard.* — Von dem ehevorigen durch gelb-bunte Blätter verschieden. — 1623. Zierstrauch.

4. **Weissgerandeter Hollunder.** 4. Samb. albo-marginata. Sambucus nigra foliis argenteo marginatis, Sureau noir à feuilles marginées argentées, commun à feuilles marginées argentées, bordé de blanc et à feuilles bordées de blanc; *in Cat.* — Blättchen weiss eingefasst, sonst wie 1. — Zierstrauch.

5. **Gelbgerandeter Hollunder.** 5. Samb. aureo-marginata. Sambucus nigra aurea, nigra foliis aureo marginatis, nigra elegans et nigra foliis luteis, Sureau noir élégant, noir à feuilles bordées d'orées, commun à feuilles bordées d'orées, à feuille bordée d'oré, noir à feuilles marginées dorées et commun à feuilles marginées dorées; *in Cat.* — Blättchen gelb eingefasst, sonst wie 1. —. Zierstrauch.

6. **Gelbgefleckter Hollunder.** 6. Samb. aureo-maculata. Sambucus nigra maculata, nigra foliis aureo variegatis, nigra pulverulenta et nigra maculata lutea, Sureau commun à feuilles poudrées, ordinair à feuilles maculées en jaune, noir tachetée de jaune, noir à feuilles tachetées, commun maculée en jaune, noir à feuilles tachetées de jaune et noir à feuilles poudrées; *in Cat.* — Bl. dicht gelb gefleckt, sonst wie 1. — Zierstrauch.

7. **Gefülltblühender Hollunder.** 7. Samb. plena. Sambucus nigra flore pleno, Sureau noir à fleur double et commun à fleur double; *in Cat.* Sambucus nigra Bourgonensis, nigra Bourgonensis plena et nigra de Bourgogne, Sureau noir de Bourgogne, Sureau ordinair unique de Bourgogne à fleurs doubles? *in Cat.* — Blüthe dicht gefüllt. — Zierstrauch.

8. **Geschlitzter Hollunder.** 8. Sambucus laciniata; *Mill.* Sureau lacinié et à feuilles de Persil; in Frankreich. Parsley-leaved Elder; in England. Sambucus nigra laciniata et nigra foliis laciniatis,

Sureau noir lacinié, noir à fouille lacinié, commun à feuille laciaié, commun lacinié à fruit noir, Hollunder mit zerrissenen Blättern, geschlitztblättriger Hollunder; *in Cat.* Holler mit zerschnittenen oder Petersilien-Blättern; *Duh. Abh.* Hollunder mit Petersilienblättern; *Bechstdt.* Petersilienblättriger Hollunder: *Bechst Fb.* Sureau commun à feuilles decoupées; *Bon. Jard.* Hollunder mit dem Petersilienblatt, Sambucus folio laciniato; *Chr. v. P.* Schlitzblättriger Hollunder; *Seutter.* Sambucus laciniato folio; *C. Bauh.* — Varietät von 1. Br. kleiner. Zw. dünner u. kürzer. Bl. doppelt-gefiedert, schmal u. tief eingeschnitten, wie zerrissen. — 1623. *Bechst. Fb.* 424. I. W. Zierstrauch.

9. **Bunter geschlitzter Hollunder.** 9. Samb. laciniata variegata. Sambucus nigra foliis laciniatis variegatis et nigra laciniata foliis variegatis, Sureau commun lacinié à feuilles panachées dorées; *in Cat.* Sambucus nigra heterophylla variegata? *in Cat.* — Von dem vorhergehenden durch bunte Blätter verschieden. — Zierstrauch.

10. **Grüner geschlitzter Hollunder.** 10. Samb. laciniata viridis. Sambucus nigra laciniata fructu viridis, Sureau commun lacinié à fruit vert, noir lacinié à fruit vert et à feuilles laciniées à fruit vert; *in Cat.* Sambucus nigra laciniata fructu albo, Sureau noir à feuille laciniée fruit blanc? *in Cat.* — Br. grün, sonst dem ehevorigen gleich. — Zierstrauch.

11. **Rundblättriger Hollunder.** 11. Samb. rotundifolia. Sambucus nigra rotundifolia, Sureau noir à feuille ronde, commun à feuille ronde, ordinair à feuilles rondes et à folioles arrondies; *in Cat.* — Varietät von 1. Blättchen rundlich, breiter. — I. W. Zur Abwechslung.

12. **Verschiedenblättriger Hollunder.** 12. Samb. heterophylla. Sambucus nigra heterophylla, nigra cannabifolia et nigra linearis, Sureau hétérophylle, hétérophylle lacinié, noir hétérophylle, commun hétérophylle et à feuilles linéaire; *in Cat.* — Bl. verschieden géstaltet, bald geschlitzt, bald tiefer gezahnt, sonst wie 1. — Zierstrauch.

13. **Monströser Hollunder.** 12. Samb. monstrosa. Sambucus nigra monstrosa et nigra viridis monstrosa, Sureau monstrueux, à bois monstrueux, à rameau aplati, quadrangulaire et commun à fruit vert à rameau aplati; *in Cat.* — Varietät von 1. Br. grün. Str. niedriger; Zw. breitgedrückt, dicker u. kürzer. Bl. kraus. — Zierstrauch.

14. **Grüner Hollunder.** 14. Sambucus viridis; *Bon Jard.* Sureau à fruit vert; in Frankreich. Sambucus nigra virescens, nigra baccis viridibus et nigra fructibus viridibus, Sureau commun à fruit vert, noir à fruit vert et ordinaire à fruit vert; *in Cat.* Holler mit grüner Frucht in Dolden; *Duh. Abh.* Gemeiner Hollunder mit grünen Beeren; *Bechstdt.* Schwarzer Hollunder mit grünen Beeren; *Bechst. Fb.* Green-berried Elder, Sambucus Nigra Viridis, White berried Elder; *Cat. Lond.* Sambucus fructu viridi, grünbeeriger Hollunder; *Burgsd.* Sambucus fructu in umbelli viridi; *C. Bauh.* Sambucus

nigra fructu viridi; *W. B. B.* Sambucus virescens; *Desf.* — Br. grün, sonst wie 1. — 1623. I W. Zierstrauch.

15. **Weisser Hollunder.** 15. S a m b. a l b i d a. Sureau à fruit blanc; in Frankreich. Sambucus nigra leucocarpa, nigra fructibus albis et leucocarpa, Sureau noir, ordinair et commun à fruit blanc; *in Cat.* Holler mit weisser Frucht; *Duh. Abh.* White-berried Elder; *Ab.* Yellow-berried Elder, Sambucus Nigra Lutea; *Cat. Lond.* Sambucus fructu albo, weissbeeriger Hollunder; *Burgsd.* Schwarzer Hollunder mit weissen Beeren; *Bechst. Fb.* Hollunder mit weissen Beeren; *Bechstdt.* Sambucus fructu albo; *Lob.* Sambucus nigra fructu albo; *W. B. B.* — Beeren g e l b l i c h - w e i s s, süss, sonst wie 1. — 1576. II T. I W. Zierstrauch. Interessant.

16. **Rother Hollunder.** 16. S a m b. r u b r a. Sambucus fructu purpurascente eduli, Hollunder mit dunkelrothen essbaren Beeren, Sureau à fruits pourprées et mangeables; *Burgsd.* Schwarzer Hollunder mit rothen Beeren: *Bechst. Fb.* — Br. r o t h, süss u. e s s - bä r, sonst wie 1. — 1791. Fällt aus Samen des vorhergehenden. *Burgsd.* 24. I T. u. W. Zierstrauch.

4. Ordnung. Beerenobst.

10. (25.) Geschlecht. Heidelbeeren.

---

1. Heidelbeere. Myrtilla.

Gattungs-Charakter: Beeren einzeln, schwarz oder weiss.
Blüthe röthlich-weiss. Blatt eiförmig, gezahnt, abfallend.
(Ur- oder Stammart: Vaccinium Myrtillus; *L.*)

1. Schwarze Heidelbeere. 1. Myrt. nigra.
Heidelbeere, Heidel, Heidelstaude, Heidelstrauch, Heidelbeerstrauch, Heidelbeerstaude, Schwarzbeerstaude, schwarze oder blaue Beere, blaue u. gemeine Heidelbeere, schwarze Preussel- u. Schpreiselbeere, schwarze Moosbeere, Schwarz-, Blau-, Wald-, Bick-, Bikkel-, Pickel-, Pückel-, Preussel-, Puckel-, Birk-, Birkel-, Bix-, Ross-, Staudel-, Sib-, Gadel-, Gandel-, Griffel-, Myrten-, Krack-, Eigel-, Aigel- u. Kutheckenbeere, Besige, Besinge, schwarze Besinge, schwarzer Besingstrauch, Pickelbeerstrauch, Waldbeerstrauch, Waldbeerstaude, Kuhtacken, Kuhdacken, Bebern; in versch. Geg. Deutschlands. Airelle, Lucet, Maurets, Raisins des bois; in Frankreich. Vaccinium nigrum, Myrtus, Myrtillus; *in Cat.* Heidel-Beer-Staude aus den Hölzern; *Duh. Abh.* Airelle anguleuse, Myrtille; *Bon. Jard.* Heidelbeeren; *du Roi.* Schwarzheidelbeer-Strauch, Airelle, Bleuet, Black Whorts; *Burgsd.* Bilberry, Whortleberry, Bleuberry; *Cat. Lond.* Purpurrothe Heidelbeere, Purple or commun Bilberry, Blackberry; *Loud.* Blaue Heidelbeere; *Lipp.* Heidelbeerstrauch; *Rbs.* Gemeine Heidelbeere; *Bechst. Fb.* Vitis Idaea foliis oblongis crenatis; *C. Bauh.* Vaccinium Myrtillus; *L.* non *Cham.* — Br. rund, oben flach u. gekelcht, blau-schwarz, beduftet, angenehm weinsäuerlich, stark violett färbend. Str. ³/₄—1¹/₂' hoch. — Wild-wachsend, nicht kultivirt. In Wäldern allgemein verbreitet, überall u. von jeher bekannt. *Bechst. Fb.* 767. Ende Juli, Anf. Aug. I! T. u. W.

2. Weissblättrige Heidelbeere. 2. Myrt. albifolia.
— Von der vorhergehenden durch gelblich-weisse Blätter verschieden; geht meistens wieder in die folgende über. — Zierstaude.

3. Buntblättrige Heidelbeere. 3. Myrt. variegata.
— Von der ehevorigen durch bunte Blätter verschieden. — Zierstaude.

4. Weisse Heidelbeere. 4. Myrt. alba.
Heidelbeere mit weissen Beeren u. Früchten, weissbeerige u. weissfrüchtige Heidel-

beere, weisse Bickbeere, Vaccinium Myrtillus baccis albis, variegatis
baccis albis et fructu albo; *in Cat.* White Bilberry; *Cat. Lond.* —
Br. weiss, wässerig u. süsslich. Sonst wie 1. — 1788. I T. Interessant.

2. Blattbeere. Phyllocarpa.

Gattungs-Charakter: Beeren in beblätterten Trauben,
schwarz. Blüthe weiss. Blatt elliptisch oder verkehrt-
eiförmig-länglich, stumpf, ganzrandig, abfallend.
(Ur- oder Stammart: Vaccinium frondosum; *L.*)

5. **Amerikanische Blattbeere.** 1. Ph. americana. Graugrüne
Heidelbeere; *Dtch. L.* (Grosse Preisselbeere; *Dtch. L.*) Blattreiche
Heidelbeere; *Bechst. Fb.* Blunt-leaved Vaccinium; *Cat. Lond.* Vaccinium glaucum; *Mich.* Anonymos frondosus; *Walt.* Vaccinium frondosum; *L.* non *Mich.* — Br. gross, schwarz-blau, süss-säuerlich, fadenförmig gestielt. Str. 2—3" hoch. — Nordamerika. 1781.
Bechst. Fb. 1029. — *W. B. B.* 398. I! T. u. W.

6. **Schöne Blattbeere.** 2. Ph. venusta. Rothzweigige Heidelbeere: *Dtch. L.* Red-twigged Vaccinium; *Cat. Lond.* Vaccinium lan-
ceolatum; *Pursh.* Vaccinium venustum et frondosum venustum; *Ait.*
— Varietät der vorhergehenden. Bl. länger, lanzettförmig. Zw.
roth. — Nordamerika. 1789. *Dtch. L.* 10. 828. I! T. u. W.

3. Preusselbeere. Botrycarpa.

Gattungs-Charakter: Beeren in Trauben, roth. Blüthe weiss
oder röthlich-weiss, mit 10 Staubfäden. Blatt verkehrt-eiförmig,
unterseits punktirt, ausdauernd.
(Ur- oder Stammart: Vaccinium Vitis Idaea; *L.*)

7. **Gemeine Preusselbeere.** 1. Botr. Vitis Idaea. Preisel-,
Preisels-, Preissel-, Praisel-, Spreissels-, Schpreisel-, Praus-, Rausch-,
Kraus-, Krau-, Kreu-, Krack-, Kran-, Krons-, Stein-, Strick-, Griffel-,
Pesel-, Hölper-, Hölperle-, Mehl-, Hammer-, Bücke-, Buckel-, Pickel-
u. Grandenbeere, gemeine Preiselbeere, rothe Bernitz- u. Steinbeere,
Besing-, Preuselboer- u. Rothbesingstrauch, Hammerbesien, Preussel-
beerstaude, Peselbesien, Krackbesien, Hölperle, Hölperchen, Mus-
jäckel, Mostjöcken, Moosjäckchen, Moosjocken, Granten, kleiner
Rausch, Steinbeerlein; in versch. Geg. Deutschlands. Airelle ponctuée;
in Frankreich. Red Bilberry, Red Whorts, Whortle-berries, Red
Whortleberry; in England. Cow-berry, Red Whortleberry, Cranberry of Scotland; *Cat. Lond.* Preusselbeere; *Münchh.* Prausbeere; *Lipp.* Preuselbeere; *Moessl.* Krausbeerenstrauch; *du Roi.*
Vaccinium punctatum; *Lam.* Vaccinium intermedium; *Ruthe.*
Vitis Idaea subrotundis non crenatis; *C. Bauh.* Vaccinium Vitis

Idaea; *L.* — Br. hellroth, später dunkelroth, fleischig oder etwas mehlig, angenehm bitter-säuerlich. Str. ¼ — 1′ hoch; Zw. dicht behaart. — Wildwachsend. Von jeher u. fast allgemein bekannt. *Bechst. Fb.* 800. Anf. Sept., Okt. I! W.

8. Buntblättrige Preusselbeere. 2. Botr. variegata. Airelle ponctuée à feuilles panachées; *Bon. Jard.* — Von der vorhergehenden durch bunte Blätter verschieden. — Zierstaude.

9. Grosse Preusselbeere. 3. Botr. major. Vaccinium Vitis Idaea fructu major; *in Cat.* American Cow-berry, Vaccinium Vitis Idaea majus; *Cat. Lond.* — Varietät der chevorigen. Br. grösser. — England. I!! W.

10. Kleine Preusselbeere. 4. Botr. minor. Small Cowberries, Vaccinium Vitis Idaea minimum; *Cat. Lond.* — Varietät von 7. Br. kleiner. — England. I W.

4. Moosbeere. Oxicarpa.

Gattungs-Charakter: Beeren einzeln, roth, sehr sauer. Blüthe hochroth, mit 8 Staubfäden. Blatt eiförmig oder oval, ausdauernd.

(Ur- oder Stammart: Oxicoccus; *Pers.*)

11. Gemeine Moosbeere. 1. Ox. palustris. Moos-, Moor-, Mosel-, Most-, Miesch-, Sauer-, Krähen-, Rausch-, Torf-, Winter-, Schnee-, Fem-, Fehn-, Sumpf-, Kranich-, Kron- u. Affenbeere, Viehbeeringe, Rauschgrün, Gichtkraut; in versch. Geg. Deutschlands. Airelle Canneberge, Cousinette; in Frankreich. Marsh Whortle Berries, Mols berries, Moor berries, Common Cranberry; in England. Glükwa-Beeren; in Sibirien. Moosbeere; *Münchh.* — *Lipp.* — *Bechst. Fb.* Moos-Heidelbeere; *W. B. B.* Echte Moosbeere; *Moessl.* Oxicoccus palustris; *Pers.* Oxicoccus vulgaris; *Pursh.* Oxicoccus europaea; *Nutt.* Oxicoccus ovalifolia; *Mich.* Schollera Oxicoccos; *Roth.* Vitis idaea palustris; *C. Bauh.* Vaccinium Oxicoccus; *L.* — Br. hochroth, sp. schön dunkelroth, gewöhnlich im Moose verborgen. Str. kriechend; Zw. fadenförmig, kahl. Bl. am Rande zurückgerollt. — In torfigem Sumpfboden wildwachsend. 1500 u. früher. *Bechst. Fb.* 819. Okt. I T. I! W.

12. Amerikanische Moosbeere. 2. Ox. americana. American Cranberry; in England. Vaccinium oblongifolium; *in Cat.* Airelle du Canada; *Bon Jard.* (Nordamerikanische Moosbeere; *Dtch. L.*) Grossfrüchtige Heidelbeere; *Bechst. Fb.* Grossfrüchtige Moosbeere; *Lipp.* Vaccinum Oxicoccus var. oblongifolius; *Mich.* Oxiccocus macrocarpus; *Pursh.* Vaccinium hispidulum; *Wang.* Vaccinium macrocarpum; *Ait.* — Aehnlich der vorhergehenden. Br. grösser, wie kleine Kirschen. Bl. oval-länglich, am Rande nicht zurückgerollt. — Nordamerika. 1781. *Dtch. L.* 10. 323. I T. I!! W.

13. **Buntblättrige amerikanische Moosbeere. 3.** Ox. americana variegata. Oxicoccus macrocarpus foliis variegatis, Vaccinium
macrocarpum foliis variegatis; *in Cat.* — Von der vorhergehenden
durch bunte Blätter verschieden. — Zierstaude.

14. **Aufrechte Moosbeere. 4.** Ox. erecta. Carolinische Moosbeere; *Dtch. L.* Oxicoccus erectus; *Pursh.* Vaccinium erythrocarpum;
Mich. Oxicoccus erythrocarpum; *Pers.* — Br. scharlachroth.
Str. aufrecht, 1—2′ hoch. Bl. oval, lang-gespitzt, gezähnelt-
gefranzt. — Nordcarolina. 1803. *Dtch. L.* 10. 321. I T. u. W.

NB. Die übrigen Heidelbeeren fallen der Pomologie nicht zu.

Register.

Berberis vulgaris purpurea 5.
- - rubra 1. '
- - var. 1.
- - violacea 13.
- vulgo 1.
- , weisse 11.
Berberisbeere 1.
- , gemeine rothe 1.
- , violette 13.
Berberisbeerstrauch 1.
Berberitze 1.
- mit Kernen, gemeine 1.
- mit steinharten Kernen, gemeine rothe 1.
- ohne Kerne, rothe 15.
- , schwarze süsse 12.
Berberitzen ohne Kern 15.
Berberitzenstrauch, canadischer 10.
- mit weissen Beeren 11.
Berberize 1.
- mit purpurrothen Beeren 13.
- mit zuckersüssen - 16.
- ohne Kern 15.
- , rothe 1.
- , schwarze süsse 12.
Berberizenstaude 1.
- , gemeine 1.
Berberizenstrauch 1.
- mit grosser Frucht 9.
- - - rother Frucht 9.
- - kernloser Frucht 15.
- - rother Frucht, ge-
meiner 1.
- - schwarzer Frucht 12.
- - weisser - 11.
- ohne Kerne 15.
Berbersbeere 1.
- aus Canada 10.
- , gemeine 1.
- ohne Kern 15.
- , weisse 11.
Berbersstaude aus Canada, breitblättrige 10.
Berbis 1.
Berbisbeere 1.
Berbisbeeren-Strauch, canadischer
10.
Berbisbeerstrauch 1.

Berbisbeerstrauch mit rother
Frucht, gemeiner 1.
Berbisdorn 1.
Bayselbeere 1.
Beerdorn 1.
Beiselbeere 1.
Black sweet Berberry 12.
Blaue süssbeerige 12. 13.
Blutrothblättrige 5.
Buntblättrige violette 14.
Canadische 10.
Canadian Berberry 10.
Common Berberry 1.
- Red Berberry 1.
- Red-fruited Berberry 1.
Epine Vinette 1.
Epine-vinette 1.
- - commune 1.
- - - à feuille pana-
chée en blanc 2.
- - - à feuilles bor-
dées en blanc 4.
- - - à feuilles pana-
chées 2.
- - - à feuilles pour-
pres 5.
- - - à fruit blanc 11.
- - - - bleu 12.
- - - - - violett 13.
- - - - - - et à
feuilles pana-
chées 14.
- - - à fruits sans
pepin 15.
- - - pourpré foncé 5.
- - du Canada 10.
- - à feuille panachée 2.
- - - pourpre 5.
- - à feuilles bordées en
blanc 4.
- - à fruit blanc 11.
- - - - doux 16.
- - - - et à feuilles
pourpres 5.
- - - - rouge 1.
- - - - violacée 13.
- - - - violet 13.
- - à gros fruit 9.

Epine - vinette à gros fruit rouge 9.
- - à larges feuilles 10.
- - mangeable 16.
- - marginée 4.
- - - dorée 4.
- - ordinaire 1.
- - - à feuilles pa-
nachées 2.
- - - à feuilles pour-
pres 5.
- - - à fruit blanc 11.
- - - - - bleu 12.
- - - - - violet 13.
- - - à fruits sans
pepin 15.
- - - sans pépins 15.
Erbsel 1.
Erbselbeere 1.
Erbselbeerstrauch 1.
Erbseldorn 1.
Erbsele 1.
Erbselstrauch 1.
Erbshofen 1.
Erbsichdorn 1.
Essigdorn 1.
Ferresbeere 1.
Gelbbuntblättrige 3.
Gelbe 11.
Gelbgerandete 4.
Gemeine 1.
- buntblättrige 2.
- purpurblättrige 5.
- rothe mit Kernen 1.
- süssfrüchtige 16.
- violettfrüchtige 11.
- weissfrüchtige 11.
Grossfrüchtige 9.
Hahnhöttle 1.
Kernlose 15.
Kreuzdorn 1.
Large Red 9.
- Red - fruited Berberry 9.
Maiden Berberry 15.
Oxia cantha puttata 1.
Oxiacanthus Galeni 1.
Pägselbeere 1.
Pale - fruited 11.
Passelbeere 1.

Peiselbeere 1.
Pipperidge - bush 1.
Poasselbeere 1.
Posselbeere 1.
Prummelbeere 1.
Purple - fruited Berberry 13.
Rauhe 7.
Red Berberry without stone 15.
Reiselbeere 1.
Reissbeere 1.
Rhabarberbeere 1.
Rothblättrige 5.
Rothe 1.
Rundbeerige 8.
Salsendorn 1.
Sauerach 1.
Sauerachdorn 1.
Sauerdorn 1.
- , ausgerandeter 6.
- , canadischer 10.
- , gemeiner 1.
- mit grossen Früchten 9.
- - - - , gemei-
ner 9.
- - - rothen Früchten
ohne Kerne 15.
- - kernlosen Früchten, ge-
meiner 15.
- - schwarzen Früchten, ge-
meiner 12.
- - violetten Beeren, gemei-
ner 13.
- - - Früchten 13.
- - - - , gemei-
ner 13.
- - weissen Beeren, gemeiner
11.
- , rauher gemeiner 7.
Saurach, gemeiner 1.
Schwarze 12.
Sperberbeere 1.
Spina acida 1.
Stoneless Berberry 15.
Süsse 16.
Sweet - fruited Berberry 16.
Versich 1.
Versichbeere 1.
Versichdorn 1.

Feigen.

(Seite: 63.)

Carica concinna 10.
- corinthia 9.
- Cypria 22.
- damascena 6.
- depressa 8.
- elongata 21.
- ferruginea 18.
- flavescens 31.
- fugax 27.
- genuensis 20.
- gigantea 24.
- istriana 7.
- Lipariana 32.
- Madonna 16.
- Massiliensis 28.
- Morella 2.
- neapolitana 15.
- nigra 5.
- nobilis 83.
- oblonga 35.
- praecox 11.
- prasina 13.
- pubescens 40.
- pyriformis 14.
- regalis 30.
- rhopalis 25.
- rosacea 12.
- rosulans 37.
- spadicea 17.
- stillativa 39.
- tinctoria 36.
- turcica 29.
- violacea 1.
- viridis 38.
- vulgaris 3.
Chesnut-coloured Ischia 17.
- - - Fig 17.
- Figue 17.
- - , brown 17.
Clémentine 16.
Commun blue 14.
- Fig 14.
- Purple 2.
Cotignacenquos 37.
Couvourelle blanche 34.
- , weisse 34.
Cyprian Fig 22.
Cyprische 22.

Cyprus 31.
Damascener 6.
Damenfeige 26.
Damenmundfeige 10.
Dicke braune an der Spitze grüne 1.
Drap d'or 31.
Dunkelrothe Genueser 19.
Early 2.
- Forcing 4.
- long blue 14.
- white Fig 27.
- - Mareilles Fig 27.
Edelfeige 33.
Engel-Honigfeige 34.
Engelfeige, gelbe 34.
Feige mit langem Stiel, runde
    schwarzgrüne 13.
- mit tief eingeschnittenen Blät-
    tern, grosse weisse tür-
    kische 29.
- mit weissem Fleisch, grosse
    schwarze 19.
- von Bordeaux 14.
- - Ischia, grosse braune 17.
- - - , grüne 36.
- - - , kleinste weisse 32.
- - Lipari 32.
- - Smyrna 37.
Feigenbaum mit kleiner fahler in-
    wendig rother Frucht 34.
Fico Della bocca di Dama 10.
- dello cocco d'Inverno 39.
- nero 5.
Figue angélique 34.
- blanche 26.
- - ronde 26.
- de Bordeaux 14.
- d'or 31.
- grosse blanche d'automne 26.
- - longue 14.
- jaune 34.
- Poire 14.
- violette 1.
Figuier à fruit blanc 26.
- - - jaune 34.
- - - violet 1.
- rose 1.
Fleur Rouge 2.

Little green Fig 37.
Long Brown Naples Fig 15.
- Naples Fig 15.
Madonnafeige 16.
Malta Fig 3.
Maltheserfeige 3.
Marseillaise 26.
Marseiller 28.
Marseilles 26.
- Fig 27.
Marsilische 28.
Melette 34.
Mélitte 34.
Morelle 2.
Morellenfeige 2.
Murray 2.
Murrey 2.
Neapolitanische braune 2.
Noire Languedoc 20.
Perouas 40.
Petite Blanche ronde 32.
Pocock 26.
Portugiesische 14.
Purple 2.
- Fig 2. 14.
- Genoa Fig 19.
Purpurfarbige 14.
- Genueser 19.
- Genuesische 19.
Red 16.
Riesenfeige 24.
Rosenfeige 12. 24.
- von Aleppo 24.
- - Damasco 24.
Round brown Naples Fig 2.
- Naples Fig 2.
Runde braune neapolitanische 2.
- schwarzgrüne Feige mit langem Stiel 31.
- violette 1.

Runde weisse alexandrinische 31.
Rundliche weissgestreifte 30.
Schmale lange rothbraune 21.
Schwarze 5.
- Aubique 17.
- Genueser 20.
- Genuesische 20.
- Ischiafeige 4.
- von Ischia 4.
Schwarzgrüne 18.
Sehr grosse platte 26.
- lange braune von Smyrna 21.
Servantine 16.
Small Blue 2.
- Brown Ischia 18.
- white early Fig 27.
- - Fig 27.
Tropffeige 39.
Türkische 29.
Verdale 3.
Versaillerfeige 30.
Verte à longue queue 36.
Violette 1.
- longue 14. 23.
Walton 2.
Weisse 26. 34.
- Aubique 31. 39.
- frühe 30.
- Genuesische 29.
- lange 35.
- runde 26.
- türkische 29.
Weissrothe 12.
White Ischia 36.
- Marseilles 26.
- Naples 26.
- Standard 26.
Wintereyerfeige 39.
Yellow Ischia 31.
- - Fig 31.

Hanbutten.

(Seite: 95.)

Ackerrose 3.
Apfel-Hagebutze 5.

Apfel-Hanbutte 5.
Apfelrose 4.

Apple - bearing Rose 4.
Arschkitzeln 1.
Arschkratzeln 1.
Buttelhüfen 1.
Buttelrose 1.
Dornrose 1.
Downy - leaved Rose 6.
English Apple - bearing Rose 5.
Feld - Hanbutte 3.
Feldrose 1. 3.
Feldwiegenstrauch 1.
Filzige 6.
Garten - Hanbutte, grosse 5.
Gartenhainbutte, runde grosse 5.
- spätblühende 1.
Grand Rosier à gros fruit épineux 4.
Gratte - cu 1.
Hagebotten 1.
Hagebüttchen 1.
Hagebutte 5.
- , grossfrüchtige 5.
Hagebutten 1.
- , grosse 1.
Hagebuttenrose, grosse 3. 4. 5.
- -, rauhe 4.
- , wilde 4.
Hagebuttenstrauch 1.
Hagebutze 1.
- , grosse 3. 4. 5.
- , wilde 1.
Hagebutzenrose 1.
Hagedorn 2.
Hagedornrose 1.
Hagehieften 1.
Hagehüften 1.
Hagerose 1. 2.
Hahnbutte, grosse 4.
Hahnehödchen 1.
Hahnehüften 1.
Hahnklöschen 1.
Hahnrose 1.
Haidrose 1.
Hainbutte, gemeine 1.
- , grosse gemeine 5.
Hainbuttenstrauch 1.
Hanbuttenstrauch 1.
Hanbutte, filzige 6.
- , rauhe 8.

Hanbutte, zottige 4.
Hanbuttenstrauch 1.
Hanebutten, grosse 5.
Hanebuttenrose, grosse 4.
- , rauhe 4.
- , wilde 4.
Hanebuttenstrauch mit grossen rauhen Früchten 4.
Hanewüpten 1.
Hatschepetz 1.
Haynhecken 1.
Haynhüften 1.
Hecken - Hanbutte 2.
- - Rose 2.
Heckenrose 1. 2.
Heckrose 1.
- , grosse äpfeltragende 4.
Heinzerlein 1.
Hetschepetsch 1.
Hetscherl 1.
Hiefen 1.
Hiefenstrauch 1.
Hiesen 1.
Hiften 1.
Hissen 1.
Hornbuttenstrauch 1.
Hornrose 1.
Hüfften, grosse 4.
- , haarige 4.
- , rauhe 4.
Hüften 1.
Hüftenstrauch 1.
Hunds - Hanbutte 1.
- - Rose 1.
Hundsdorn 1.
Hundsrose 1. 2.
- , grosse 3.
Hüsen 1.
Kippen 1.
Kornrose 1.
Kunz 1.
Mehl - Hanbutte 7.
- - Rose 7.
Museln 1.
Rauhe 8.
Rosa arvensis 3.
- canina 1. 2.
- - glandulosa 2.

Rosa dubia 6.
- dumalis 2.
- farinosa 7.
- glaucina 3.
- gracilis 5.
- heterophylla 4.
- hispanica 4.
- hispida 5. 8.
- mollis 4.
- molissima 5. 6.
- polymorpha 1.
- pomifera 4. 5.
- pulchella 4.
- Sarmentacea 2.
- stipularis 2.
- sylvestris, pomifera major 4.
- tomentosa 6.
- - b. 4.
- villosa 4. 5. 6.
- - b. 6.
- - mollissima 5. 6.
- - pomifera 5.
- - vulgaris 4.
Rose, ackerliebende 3.
- , apfeltragende 4. 5.
- , behaarte 5.
- , bläuliche 3.
- de Chien 1.
- , eisengraue 3.
- , filzige 4. 6.
- , gemeine wilde 1. 2.
- , grosse äpfeltragende wilde 5.
-. , haarige 4.

Rose mit grosser Frucht, zottige 5.
- , rauhe 4. 8.
- , spanische 4.
- , weichhaarige 4.
- , wilde 1.
- , zottige 4.
Rosenapfel 4. 5.
Rosenäpfelstrauch 5.
Rosendorn 1.
Rosenhundsdorn 1.
Rosenstock, wilder 1.
Rosenwildling 1.
Rosier à gros fruit épineux 5.
- hispide 4.
- sauvage 1.
- velu 4.
Schlafkauzstrauch 1.
Schlafkunzstrauch 1.
Smooth-leaved Dog Rose 1.
Trailing Dog Rose 2.
- Field Rose 3.
Wald-Rose 6.
Wiegenstrauch 1.
Wieken 1.
Wiepen 4.
Wiepenstrauch, grosser rauhblättriger 4.
Wiepken 1.
Wipen 1.
Wirbchen 1.
Zaunrose 1.
Zottige 4.

Haselnüsse.

(Seite : 27.)

Aechte Piemonteser 38.
Aehren-Waldnuss, frühe 12.
American Cob-nut 10.
Amerikanische 100. 102.
- gehörnte 100.
Angloise 39.
August-Waldnuss 28.
Augusthaselnuss, rothe 91.
Augustnuss 91.

Augustnuss, rothe 91.
Aveline 90.
- blanche 90.
- - longue 90.
- à feuilles dorées 51.
- - - pourpres 92.
- à gros fruit ronde Provence 52.
- gros ronde du Piémont 38.
- grosse blanche 56.

Noisetier à feuilles laciniées 5.
-     -   - panachées blanc 2.
-     -   -   - de jaune 3.
-     -   -   - dorées 3.
-     -   -   - jaune 3.
-     -   -   - rouges 4.
-     -   - pourpres 92.
- franc amande blanche 90.
-     - à amande rouge 91.
-     - à fruit blanc 90.
-     -   - rouge 91.
-     -   -   - et à feuille pourpres 92.
- frisée 37.
- à fruit carré 104.
-     -   - doré 51.
-     -   - en bec 102.
-     -   - ovales 56.
-     -   - pourpre 92.
-     -   - rond 1.
-     -   - rouge 91.
-     -   - strié 38.
- à fruits en grappe 107.
- Géant de la Halle 58.
- à grappes 13.
-     -   - précoce 12.
- à gros de Piémont 38.
-     -   - fruits ronds 38.
- hcterophylle 6.
- à larges feuilles 8.
- à longue fureau 100.
- nain 67. 104.
- panachée jaune 3.
- à pellicule rouge 91.
- Piémontaise rouge 91.
- pourpre 92.
- rouge 91.
- sauvage 1. 8.
- à très gros fruit 62.
Noisette avelline 38.
- bâtarde rouge 91.
- de Constantinople 107.
- de Zelle 90.
- en grappe 107.
- d'Espagne 39.
- à gros fruit rond de Piémont 38.
- Lambertine blanche 90.

Noisette Lambertine rouge 91.
- longue 90.
- rouge 91.
- Turque 107.
Noisettier d'Angleterre 74.
- de Piémont à gros fruit rond 38.
- à fruit carré 39.
- à gros fruit carré 39.
-     -   - rond 38.
- ordinaire 1. 8.
Northampshire prolific 93.
Northamptonshire, fruchtbare 93.
- Prolific 93.
- Seedling 93.
Nothingham's prolific 93.
Nuss aus Italien, grösste runde 55.
-     - Monza,   -   - 55.
- , barcellonische 39.
- , Burn's 74.
- , byzantinische 108.
- , eckige römische 39.
- , grosse holländische 38.
- ,   - lange 56.
- ,   -   - spanische 56.
- ,   - runde - 38. 58.
- ,   - spanische 38. 39.
- ,   -   - eckige 39.
- , italienische 38. 56.
- , lamber'sche 107.
- , Lampertische 91.
- , lange 60.
- , leonische 38.
- , lionische 38.
- , lombardische 90. 91.
- , Lyoner 39.
- , Nikitaner 45.
- , romanische 39.
- , römische 38. 39.
- , rothe 91.
- , sizilianische 38.
- , spanische 38. 39.
- , trapezuntische 40
- , türkische 108.
Nussstrauch 1. 8.
Nut Tree 1. 8.
Nux avellana Byzantina 107.
-     - domestica oblonga rubra 91.

Zellernuss, Wald- 86.
- , Walker's 82.
- , weisse lange 56.
- , wollige 65.
- , Zwerg- 67.

Ziemlich frühe sehr flache 28.
Zwerg-Zellernuss 67.
Zwergnuss 67.
- , wahre 104.
Zwillingnuss 67.

Heidelbeeren.

(Seite: 321.)

Affenbeere 11.
Aigelbeere 1.
Airelle 1.
- anguleuse 1.
- Canneberge 11.
- du Canada 12.
- ponctuée 7. .
- - à feuilles panachées 8.
American Cow-berry 9.
- Cranberry 12.
Anonymos frondosus 5.
Bebern 1.
Beere, blaue 1.
- , schwarze 1.
Bernitzbeere, rothe 7.
Besige 1.
Besinge 1.
- , schwarze 1.
Besingstrauch 7.
- , schwarzer 1.
Bickbeere 1.
- , weisse 4.
Bikkelbeere 1.
Bilberry 1.
Birkbeere 1.
Birkelbeere 1.
Bixbeere 1.
Black Whorts 1.
Blackberry 1.
Blattbeere, amerikanische 5.
- , schöne 6.
Blattreiche 5.
Blaubeere 1.
Blaue 1.
Bleuberry 1.
Bleuet 1.

Blunt-leaved Vaccinium 5.
Botrycarpa major 9.
- minor 10.
- variegata 8.
- Vitis Idaea 7.
Bückebeere 7.
Buckelbeere 7.
Buntblättrige 3.
Common Cranberry 11.
- Bilberry 1.
Cousinette 11.
Cow-berry 7.
Cranberry of Scotland 7.
Eigelbeere 1.
Fehnbeere 11.
Fembeere 11.
Gadelbeere 1.
Gandelbeere 1.
Gemeine 1.
Gichtkraut 11.
Glükwa-Beeren 11.
Grandenbeere 7.
Granten 7.
Graugrüne 5.
Griffelbeere 1. 7. •
Grossfrüchtige 12.
Hammerbeere 7.
Hammerbesine 7.
Heidel 1.
Heidel-Beer-Staude aus den Höl-
zern 1.
Heidelbeere 1.
- mit weissen Beeren 4.
- - - Früchten 4.
Heidelbeeren 1.
Heidelbeerstaude 1.

Heidelbeerstrauch 1.
Heidelstaude 1.
Heidelstrauch 1.
Hölperbeere 7.
Hölperchen 7.
Hölperle 7.
Hölperlebeere 7.
Krackbeere 1. 7.
Krackbesine 7.
Krähenbeere 11.
Kranichbeere 11.
Kraubeere 7.
Krausbeere 7.
Kreubeere 7.
Kranbeere 7.
Kronbeere 11.
Kronsbeere 7.
Kronsbeerenstrauch 7.
Kuhdacken 1.
Kuhtacken 1.
Kuhteckenbeere 1.
Lucet 1.
Marsh Whortle Berries 11.
Maurets 1.
Mehlbeere 7.
Mieschbeere 11.
Mols berries 11.
Moor berries 11.
Moorbeere 11.
Moos-Heidelbeere 11.
Moosbcere 11.
- , amerikanische 12.
- , aufrechte 14.
- , buntblättrige amerikanische
13.
- , carolinische 14.
- , echte 11.
- , gemeine 11.
- , grossfrüchtige 12.
- , nordamerikanische 12.
- , schwarze 1.
Moosjäckohen 7.
Moosjocken 7.
Moselbeere 11.
Mostbeere 11.
Mostjöcken 7.
Musjäckel 7.
Myrtenbeere 1.

Myrtilla alba 4.
- albifolia 2.
- nigra 1.
- variegata 3.
Myrtille 1.
Myrtillus 1.
Myrtus 1.
Oxicarpa americana 12.
- - variegata 13.
- erecta 14.
- palustris 11.
Oxicoccus erectus 14.
- erythrocarpum 14.
- europaea 11.
- macrocarpus 12.
- - foliis variegatis 13.
- ovalifolia 11.
- palustris 11.
- vulgaris 11.
Peselbeere 7.
Peselbesine 7.
Phyllocarpa americana 5.
- venusta 6.
Pickelbeere 1. 7.
Pickelbeerstrauch 1.
Praiselbeere 7.
Prausbeere 7.
Preiselbeere 7.
- , gemeine 7.
Preiselsbeere 7.
Prcisselbcere 7.
- , grosse 5.
Preuselbeere 7.
Preuselbeerstrauch 7.
Preusselbeere 1. 7.
- , buntblättrige 8.
- , gemeine 7.
- . grosse 9.
- , kleine 10.
- , schwarze 1.
Preusselbeerstaude 7.
Puckelbeere 1.
Pückelbeere 1.
Purple Bilberry 1.
Purpurrothe 1.
Raisins des bois 1.
Rausch, kleiner 7.
Rauschbeere 7. 11.

Himbeeren.

(Seite : 77.)

Hohlbeere 1.
- , abendländische 51.
- , immertragende 52.
- , rothe 1.
- , rothfrüchtige 53.
Hohlbeerenstrauch 1.
Holländische fleischfarbige 31.
- grosse 8.
- rothe langfrüchtige 7.
- - rundfüchtige 8.
Hollbeere 1.
Hombeere 1.
Honigbeere 1.
- , Bavay's 50.
- , dichtgedrängte 41.
- , fruchtbare 49.
- , gelbe 48.
- , hohe 39.
- , schöne 42.
- , sprossende 44.
- , weiche 43.
- , weissliche 47.
- , wunderbare 40.
Horbeere 1.
Hornet 25.
Howland's Red Antwerp 7.
Humilis Rubus 63.
Hundbeere 1.
Hüngbeere 1.
Hunkbeere 1.
Jaune de Malte 34.
Immertragende 44.
Kahlblättrige 2.
Kleinblättrige 3.
Kleine saure 9.
- - rothe 9.
- - - von Gent 9.
- spitze 31.
- - holländische 31.
Knevett's 19.
- Antwerp 7.
- Giant 19.
Königin Viktoria 45.
- - (Cornwall's) 11.
Königliche 11.
Krasselbeere 54.
Kratzbeere 54. 63.
- , blaue 63.

Kratzbeere, schwarze 54.
Kratzbeerenstrauch 54.
Kratzbeerstrauch 54.
Kratzelbeere, blaue 63.
Kratzelbeerenstrauch, blauer 63.
Kriechende 63.
Krotzbeere, blaue 63.
Krotzelbeere, blaue 63.
Lampiona admirabilis 40.
- alba 46.
. albicans 47.
- alpina 38.
- amoena 42.
- Bavayana 50.
- coarctata 41.
- elata 39.
- fertilis 49.
- lutea 48.
- mollis 43.
- prolifera 44.
- Victoria 45.
Lange 21.
- holländische 7.
- rothe holländische 7.
Large fruited Monthly 42.
- Red 11.
Late Bearing Antwerp 7.
- Cane 42.
Long Island Raspberry 51.
Lord Exmouth's 11.
Madebeere 1.
Malteser 34.
Masson's Traubenhimbeere 14.
Maulbeere 54.
Merveille de quatre-saisons blanc
                                    49.
- - - - à fruit
                                    blanc 49.
- - - saisons à fruit
                                    jaune 49.
- des quatre saisons 40.
- - - - à fruit rouge
                                    40.
Miracle de quatre saisons 40.
Monat-Himbeere, stachellose 38.
Monathimbeere 39.
- , gelbe 48.
- , gemeine 38.

— 353 —

Monathimbeere, gewöhnliche 38.
- , weisse 46.
Monatshimbeere 38.
- ohne Stacheln 38.
- - - , gute 38.
Mûres de Renard 54.
Neue brabanter 8.
- Fastolff 12.
- französische fleischfarbige 32.
New Red Antwerp 7.
- white Cookson 35.
Nierenblättrige 4.
Nordamerikanische 51.
- schwarze 51.
Nottingham Scarlet 20.   ,
Ohio-Everberry 52.
- -Raspberry 52.
Old Red 1.
- White 29.
Ordinaire à fruit rouge 1.
Paragon-Himbeere 23.
- , Taylor's 23.
Perpetual Bearing 42.
Perpétuel 39.
, - des Alpes à fruit blanc 46.
- à fruit blanc 50.
- à gros fruit rouge 42.
Perpetuelle 40.
- de Rivers 42.
Pitmaston 43.
Plat de bierre 27.
Prickly Raspberry 1.
Prolifère 44.
Queen Victoria 45.
- - Cornwell 11.
Rabetbeere 54.
Rahmbeere 54.
Ranken 54.
Red Antwerp 7.
- Double Bearing 42.
Rhambeere 54.
Riesen-Himbeere 10.
- - , gelbe 37.
- - , - chilische 37.
- - , Knevett's 19.
- - aus Chili, rothe 10.
- - , chilesische 10.
- - , chilische 10.

Dochnahl, Obstkunde IV.

Riesen-Himbeere von Chili 10.
Rogers Victoria 45.
Rohrstenglige 2.
Ronce 54.
- de haies 63.
- des champs 63.
- du Mont Ida 1.
- ordinaire 54.
- rampant 63.
Roncha armeniaca 57.
- grandiflora 61.
- inermis 60.
- laciniata 59.
- leucocarpa 55.
- macrocarpa 56.
- polonica 62.
- variegata 58.
- vulgaris 54.
Rosenrothe 32.
Rothe 1.
- Antwerpener 7.
- Gambon 21.
- gemeine 1.
- grosse 7.
- holländische 7.
- - lange 7.
- - runde 8.
Rothenburger Traubenhimbeere 28.
Rubus americanus 51.
- armeniacus fructu maximo 57.
- arvensis 63.
- caesius 63.
- - agrestis 68.
- - aquaticus 63.
- - foliis variegatis 64.
- - grandiflorus 66.
- - laciniatus 65.
- - parvifolius 67.
- frambaesianus 1,
- foliis eleganter dissectis 59.
- fructu nigro 54.
- fruticosus 54.
- - albus 55.
- - fructu albo 55.
- - - viride 55. ,
- - inermis 60.
- glandulosus 63.
- humilis belgicus 63.

23

Weissgelbe 35.
Weisses Wunder der vier Jahres-
zeiten 49.
Wespen - Himbeere 25.
White Antwerp 33.
- fruited Bramble 55.
Wild Red l.
William's Double Bearing Red 43.
Wilmot's Early Red 17.
Wohlschmeckende 1.
Woodward's 24.
- Red Globe 24.

Wunder der vier Jahreszeiten 40.
-    -   -   -, weisses
                           49.
Wunderhimbeere, weisse 49.
Yellow Antwerp 33.
Youell's Fastolff Raspberry 12.
Zerschlitztblättrige 59.
Zweimaltragende gelbe 48.
- glattstielige 38.
- rothe 39.
- weisse 47. 49.
Zwerghimbeere 41.

Hollunder.
(Seite: 315.)

Ahlhornbaum l.
Albeere l.
Alhern l.
Alhorn 1.
Alshorn l.
Baumholder 1:
Beerstrauch, schwarzer l.
Black Elder 1.
Blotted Elder 3.
Bunter geschlitzter 9.
Common Black Elder l.
- Elder 1.
- Black - berried Elder l.
Eldern 1.
Elhorn 1.
Ellorn 1.
Fleere 1.
Flidder 1.
Flieder 1.
- , gemeiner 1.
- , schwarzer l.
Fliederbaum 1.
Fliederstrauch l.
Flitter 1.
Gefülltblühender 7.
Gelbbuntblättriger 3.
Gelbgefleckter 6.
Gelbgerandeter 5.
Gelbscheckiger 3.
Gemeiner 1.

Geschlitztblättriger 8.
Geschlitzter 8.
Green - berried Elder 14.
Grünbeeriger 14.
Grüner 14.
- geschlitzter 10.
Hitscheln 1.
Hohler l.
- , schwarzer l.
Hohllunder 1.
Hohlunderstrauch 1.
Holder 1.
- , gemeiner 1.
- , schwarzer l.
Holler 1.
- , gemeiner 1.
- mit gelbscheckigen Blättern,
     gemeiner 8.
- - grüner Frucht in Dolden
                           14.
- - Petersilienblättern 8.
- - schwarzer Frucht in Dol-
     den 1.
- - weisser Frucht 15.
- - zerschnittenen Blättern 8.
- , schwarzer 1.
Hollunder l.
- mit bunten Blättern, schwar-
     zer 2.
- - dem Petersilienblatt 8.
23*

Sureau noir à feuilles marginées
argentées 4.
- - - - marginées
dorées 5.
- - - - ponctuées 3.
- - - - poudrées 2. 6.
- - - - tachetées 6.
- - - - - de
jaune 6.
- - à fleur double 7.
- - à fruit blanc 15.
- - - • - vert 14.
- - hétérophylle 12.
- - lacinié 8.
- - - à fruit vert 10.
- - tachetée de jaune 6.
- ordinair 1.
- - à feuilles maculées en
jaune 6.
- - - - panachées do-
rées 3.
- - - - poudrées en
blanc 2.

Sureau ordinair à feuilles rondes 11.
- - à fruit blanc 15.
- - - - vert 14.
- - unique de Bourgogne
à fleurs doubles 7.
- poudré 2.
- quadrangulaire 13.
- à rameau aplati 13.
Verschiedenblättriger 12.
Vliederbaum 1.
Vogelbeeren 1.
-, schwarze 1.
Weissbeeriger 15.
Weissbuntblättriger 2.
Weisser 15.
Weissgerandeter 4.
Weisscheckiger 2.
White-berried Elder 14. 15.
Yellow- - - 15.
- striped - 3.
Zetschken 1.
Zibken 1.

Johannisbeeren.

(Seite: 175.)

Aalbeere 53. 54.
- mit vollen Trauben, grosse
schwarze 62.
Aalbesin 53. 54.
Aalbesinge 53. 54.
Aechte weisse Gondouin 52.
Ahlbeere 53. 54.
-, amerikanische 66.
-, buntblättrige 69.
-, grossblühende 67.
-, kleinblühende 68.
Ahlbeerenbusch 53. 54.
Ahlbeerstrauch 53. 54.
Ahornblättrige 2.
- schwarze 58.
Alabeere 53. 54.
Alant 53. 54.
Alantbeere 53. 54.
-, wohlriechende 71.

Alatbeere 53. 54.
American Black Currant 66.
Amerikanische 66.
- buntblättrige 69.
- schwarze 66.
Ansehnliche 13.
Bastard-Gichtbeere 65.
Belle de St. Gilles. 24.
Bigarré .31.
Black Grape 62.
- Naples 61.
- Neapel 61.
Blanc à gros fruit 36.
- Perlé .35.
- Transparent 42.
Blanche ambrée 35. 42.
- transparente 42.
Blassrothe 29. 30. 48.
- englische 31.

Groseiller à feuilles panachées de
blanc 5.
-     -   - panachées de
jaune 4.
- fruit blanc 33.
- à fruit blanc 33.
- - - - transparente 42.
- - - couleur de chair 29. 30.
- - - - - - ordi-
naire 29.
- - - de chair 29.
- - - jaune 64.
- - - noir 53. 54.
- - - panaché 46.
- - - perlé 33.
- - - rose 32.
- - - - transparente 30.
- - - rouge 1.
- - - - à feuille bordé 5.
- - - - - - d'érable 2.
- - - - - - de vigne 3.
- - - - - - panachée 4.
- - - - ordinaire 1.
- à grande grappe blanche de
Hollande 37.
- à grandes grappes rouges 8.
- Grap white Courrants 40.
- à grappe à feuille de vigne 3.
- - - noir 54.
- - - rose 29.
- - - rouge 1.
- à grappes 1.
- - - blanches 33.
- - - cerise 9.
- - - couleur de chair 29.
- - - d'Holland à gros fruit
rouge 8.
- - - et à feuilles d'érable 2.
- - - - - - panachées 5.
- - - fruit blanc ordinaire
33.
- - - - couleur de chair
29.
- - - à fruit rose 30.
- - - fruit rose couleur de
chair 29.
- - - - rouge ordinaire 1.

Groseiller à grappes noir et feuilles panachées 55.
- à grappes rouges et feuilles
panachées 4.
- - - sans pepins 6.
- gros à fruit noir 54.
- à gros fruit blanc 37.
- - - - - d'Angleter-
re 36.
- - - - - d'Hollande
37.
- - - - - transparent
42.
- - - - couleur de chair 29.
- - - - noir 54.
- - - - rouge 8.
- - - - - de Knight 18.
- - - - et blanc pa-
naché 46.
- - - fruits couleur de chair
30.
- noir à feuille d'argentée 55.
- - - - decoupée 58.
- - - - marbrée 55.
- - - - panachée 55. 56.
- - - - - blanc 55.
- - à fruit jaune 64.
- nouveau d'Eyatt 7.
- ordinaire 1.
- - couleur de chair 29.
- - à feuille de vigne 3.
- - à feuilles d'érable 2.
- - - marginées 5.
- - à fruit blanc 33,
- - - - rouge 1.
- - à grappes 1.
- - - rouge 1.
- perlé 33.
- perlée 35.
- - à fruit rouge 48.
- à petit fruit Couleur de Chair
29.
- - - ordinaire fruit rouge 1.
- rouge de Hollande à grandes
grappes 8.
- - à feuilles panachées 4.
- - à gros fruit 8.
- - à petit fruit 1.

Groseiller à très gros fruit 9.
- - - - blanc
d'Angle-
terre 36.
- - - - - rouge 23.
. - - - - - d'Ang-
leterre 8.
Grossbeerige gestreifte 46.
Grosse blassrothe 31.
- - holländische 31.
- deutsche 8
- - weisse 37.
- fleischfarbige 30.
- - Champapner 29.
. fleischrothe 30.
- holländische 8.
- - fleischfarbene 31.
- - gelbe 29. 31.
- - rosarothe 31.
- - rothe 8.
- - weisse 37.
- neue weisse holländische 37.
- rothe 8.
- - holländische 8. 48.
- schwarze 54.
- weiss u. roth gestreifte 46.
- weisse 37.
- - französische 36.
- - gestreifte 46.
- - holländische 37.
- - mit rothen Linien 46.
Grossfrüchtige 44.
Grösste 23.
Grosstraubige rothe Gondouin 51.
Grossularia americana fructu nigro
66.
- fructu carneo 29.
- rubra 1.
Grünfrüchtige 64.
Gutedelartige 26.
Hängende pensylvanische 66.
Hàtive de Bertin 13.
Helenita fragrans 71.
Hellrothe 29.
Herbe 70.
Hochrothe 12.
- frühe aus Hamburg 12.
- sehr frühe 12.

Holländische 8. 48.
- fleischfarbige 31.
- grossfrüchtige 8.
- hellblühende 49.
- mit bunten Blättern 4.
- rothblühende 48.
- rothe 8.
- süsse beste 10.
- weisse 37.
Houghton Castle 16.
Hybride 65.
Jeeves's White 37.
Jibeere 1.
Impérial jaune 45.
- rouge 27.
Johannisbeere 1.
- aus Versailles 19.
- mit dem gescheckten Blatt,
schwarze 55.
- - - makulirten Blatt,
schwarze 55.
- - fleischfarbener Frucht 29.
- - gelb eingefassten Blättern 4.
- - - gestreiften Blättern 4.
- - gestreiften Biättern,
schwarze 55.
- - gestreiften Blättern, weisse
34.
- - grossen weissen Früchten,
englische 36.
- - - rothen Früchten 8.
- - grün u. weiss gescheckten
Blättern, gemeine 5.
- - kleinen weissen Früchten
33.
- - nierenförmigen Blättern,
schwarze 59.
- - purpurrothen Linienstreifen, weisse grossbeerige
46.
- - sehr grossen rothen Früchten 48.
- - weiss eingefassten Blättern 5.
- , rothe gewöhnliche 1.
- vom Kaukasus 17.
- von Neapel, grosse schwarze 61.

Ribes nigrum foliis laciniatis 58.
- - - variegatis 55. 56.
- - fructu albo 64.
- - - bruneo 64.
- - - flavo 64.
- - - luteo 64.
- - - viride 64.
- - heterophyllum 60.
- - neapolitanum 61.
- - Ogdenii 62.
- - pensylvanicum 66.
- - spectabilis 57.
- - variegatum 55.
- - var. acerifolium 58.
- - - Victoria 63.
- - - 2. 66.
- - verticillatum 63.
- officinarum 1.
- olidum 53.
- pensylvanicum 66.
- petraeum 70.
- recurvatum 66.
- rubrum 1.
- - acerbum 21.
- - acerifolium 2.
- - alba 33.
- - album 34.
- - carnea 30.
- - carneum 29.
- - cerasiferum 9.
- - cerasiforme 9.
- - Eilat's 7.
- - foliis albo variegatis 5.
- - - aureo - 4.
- - - luteo - 4.
- - - variegatis 4. 5.
- - fructibus incarnatis 29.
- - fructu albo 33.
- - - - foliis variegatis 34.
- - - carneo 29.
- - - maximo 23.
- - - striato 46.
- - macrocarpa 8.
- - praecox 12.
- - sylvestre 1. 70.
- - variegatum 4. 46.
- - vitifolium 3.

Ribes spectabilis 57.
- sylvestre 1.
- vulgare 1.
- vulgaris acidus ruber 1.
- - fructu rubro 1.
Ribesel 1.
Ribeselstrauch 1.
Ribesia acerifolia 2.
- albo-marginata 5.
- apyrena 6.
- campana 30.
- carnea 29.
- cardinalis 12.
- caucasica 17.
- cerasifera 9.
- Dochnahli 22.
- eugeniacea 26.
- Eyatti 7.
- fertilis 20.
- formosa 24
- fulgens 25.
- hollandica 8.
- imperialis 27.
- Knightii 18.
- maxima 23.
- media 15.
- mitis 10.
- praecox 14.
- rosea 32.
- rubella 31.
- serotina 21.
- spectabilis 13.
- sylvestris 1.
- variegata 4
- Versalliensis 19.
- Victoria 16.
- vinosa 11.
- vitifolia 3.
- Willmoti 28.
Ribesium fructu rubro 1.
Ribisel 1.
Rock Currant 70.
Rosenrothe 29. 32.
- durchscheinende 30.
Rothblühende 70.
Rothe 1.
- ahornblättrige 2.
- buntblättrige 4. 5.

Rothe englische 8.
- ganz grosse extra 23.
- gelbbunte 4.
- holländische 8.
- mit gelb eingefasstem Blatte 4.
- - gestreiften Blättern 4.
- perlartige 48.
- späte sehr saure neue 21.
- süsse platte holländische 50.
- Trauben 1.
Rothgestreifte 46.
Rouge de Lecocq 32.
Rubitzel 1.
Rübitzelstaude 1.
Rübizelstaude 1.
Rubro-striata 46.
Rübsel 1.
Ruby castle 16.
St. Johannisträubel 1. 53. 54.
- Johannsbeere 1.
- Johannstraube 1.
Schönblühende 66.
Schöne neue weisse holländische 37.
Schwarze 53. 54.
- amerikanische 66.
- aus Neapel 61.
- gelbbuntblättrige 56.
- gelbbunte 56.
- gepuderte 55.
- gewöhnliche 53. 54.
- grünlichweisse 64.
- mit bordirtem Laub 56.
- - bunten Blättern 55.
- - dem gefleckten Blatt 55.
- - gelbbunten Blättern 56.
- - gelben Blättern 56.
- - gelber Frucht 64.
- - geschlitzten Blättern 58.
- - gestreiftem Laub 55.
- - grüner Frucht 64.
- - grünlichweisserFrucht 64.
- Neapel'sche 61.
- neapolitanische 61.
- Ogden's 62.
- punktblättrige 55.
- Riebisel 53. 54.
- Viktoria 63.
- virginische 66.

Schwarze weissbuntblättrige 55.
Sehr grosse rothe 23.
- - - englische 8.
- - - von Gent 8.
- - weisse 37.
- - - englische 36.
- - - von Gent 36.
Solterbeere 53. 54.
Späte saure rothe 21.
Spätreifende 21.
Stachelbeere, schwarze falsche 53.
54.
Stachybotrya petraea 70.
Steinjohannisbeere 70.
Stinkbaum 53. 54.
Stinkbeere 53. 54.
Straussbeere, gemeine 70.
Straussbeerenstrauch 1.
Striata 46.
Striped fruited 46.
- Leaved 5.
Transparent White 42.
Traubenblättrige 3.
Triacila alba 52.
- atropurpurea 51.
- depressa 50.
- diluteflora 49.
- hollandica 48.
Trübrothe 31.
Variegated Leaved 4.
Versailler 19.
Victoria blanc 43.
Vielblumige schwarze 66.
Viktoria-Gichtbeere 63.
- -Johannisbeere 16.
- -Perlbeere 43.
Wald-Johannisbeere 1.
Wanzenbeere 53. 54.
Wanzenstock 53. 54.
Weinbeerstrauch 1.
Weinige 11.
Weissbandirte 5.
Weissbuntblättrige schwarze 55.
Weisse 33.
- buntblättrige 34.
- Champagner 41.
- durchscheinende 42.
- durchsichtige 42.

Kastanien.

(Seite: 55.)

Mandeln.

(Seite: 1.)

Amandier Pistache 18.
- pleureur 21.
- à la Princesse 16.
- à la Reine 16.
- rose 11.
- Sultane 17.
- à très grande fleur 9.
Amère à coque dure 24.
- - - tendre 29.
Amygdalo - Persica 1.
Amygdalopsis hortensis 1.
- hybrida 2.
- pumila 3. .
Amygdalus amara 26.
- - amarula 32.
- - fragilis 29.
- - friabilis 29.
- - fructu majori 25.
- - - minori 24.
- - major 25. 26.
- - media 27.
- - minor 28.
- - putamine molliori
29.
- amygdalina 16.
- armeniacaria 4.
- cerasina 24.
- communis 4. 24.
- - amara 24. 29.
- - amarula 32.
- - Amygdalo - Persico 1.
- - cordiformis 13.
- - dulcis 4. 16.
- - duplex 8.
- - duracina 4.
- - duriuscula 10.
- - elongata 19.
- - foliis aureo variega-
tis 6.
- - - variegatis 7.
- - flore duplici 8.
- - - pleno 8.
- - fragilis 16. 17.
- - hybrida 1,
- - jaspidea 6.
- - latifolia 10.
- - macrocarpa 11.
- - maximus 16.'

Amygdalus communis microcarpa 4.
- - nana 15.
- - pendula 21.
- - peraica 1.
- - persicoides 1.
- - Pistacia 18.
- - pyramidalis 22.
- - rubra 11.
- - rugosa 14.
- - salicifolia 31.
- - serotina 20.
- - sphaerica 5.
- - stenocarpa 4.
- - subrotundata 5.
- - tenuis 23.
- - tristis 21.
- - turonensis 12.
- compressa 1.
- corsica 11.
- - flore pleno 8.
- decipiens 32.
- dulcis 4. 16.
- - fructu majori 11.
- - putamine molliore 16.
- flore pleno maximo 8.
- foliis variegatis 7.
- fragilis elongata 19.
- - macrocarpa 16.
- - Pistacia 18.
- - pyramidalis 22.
- - rugosa 16.
- - serotina 20.
- - sphaerica 17.
- - tenuis 23.
- - tristis 21.
- fructu dulci 16.
- - nucleo rubro 30.
- genuina 24.
- grandiflora 9.
- - rosea 11.
- - rubra 11.
- heterophylla 31.
- hybrida 1.
- jaspidea 6.
- macrocarpa 1.
- mensarum 16.
- nana foliis ex luteo variegatis 6.

24 *

Süsse weichschalige 16.
Trauermandel 21.
Valenziner 16.
Zwerg-Pfirsichmandel 3.

Zwerg-Pfirsichmandelbaum 3.
Zwergmandelbaum mit gestreiftem
Holze u. scheckichten Blättern 6.

Maulbeeren.
(Seite: 73.)

Aechte 1.
Black 1.
- Mulberry 1.
Buntblättrige 2.
Common black Mulberry 1.
- Mulberry 1.
Female 1.
Garden Mulberry 1.
Gemeine schwarze 1.
Grosse schwarze 1.
- - fruchttragende 1.
Maulbeerbaum, ächter schwarzer 1.
-, gemeiner 1.
-, - schwarzer 1.
-, kleiner schwarzer 3.
- mit grosser Frucht, schwarzer 1.
- - - schwarzer Frucht 1.
- - kleiner schwarzer Frucht u. stark ausgeschnittenen Blättern 3.
- - langer rotherFrucht,breitblättriger virginischer 4.
- - rother Frucht, virginischer 4.
- - rother langer Frucht,breitblättriger virginischer 4.
- - schön ausgezackten Blättern, kleiner schwarzer 3.
- - schwarzer Frucht u. scheckigen Blättern 2.
- - sehr grossen Blättern, virginischer 4.
-, rother 4.
-, schwarzer 1.
-, schwarzfrüchtiger 1.
-, virginischer 4.
-, - rother 4.

Maulbeerbaum, zerschlitzter 3.
Morus 1.
- celsa officinis 1.
- fructu nigro 1.
- - - folio eleganter variegato 2.
- - rubro 4.
- laciniata 3.
- libero-rubro 4.
- libra rubra 4.
- nigra 1.
- - laciniata 3.
- pensylvanica 4.
- rubra 4.
- variegata 2.
- virginiana 4.
- virginica 4.
- virginiensis 4.
Mure noire 1.
Mûrier de Virginie 4.
- du Canada 4.
- à fruit noir 1.
- - - rouge 4.
- à gros fruit noir 1.
- - - - - d'Espagne 1.
- à libère rouge 4.
- noir 1.
- - de présent 1.
- - à gros fruit 1.
- Rose à gros fruit noir 1.
- rouge 4.
- - de Virginie 4.
Noir à très-gros fruit 1.
Petite Mure noire 3.
Rothe 4.
- amerikanische 4.
- fruchtbare amerikanische 4.
Rothfrüchtige 4.

Rouge du Canada 4.
- fertile d'Amerique 4.
Schlitzblättrige 3.

Schwarze 1.
- grosse 1.
Virginianische 4.

Stachelbeeren.
(Seite: 99.)

Wallnüsse.

(Seite: 13.)

Weintrauben.

(Seite: 195.)

27*

— 446 —

Trollinger, grosser gelbholziger 47.
- , kleiner 204.
- , - rothholziger 48.
- , Muskat- 56.
- -Muskateller, blauer 56.
- , Pale-wooded 47.
- , rother 37. 150.
- , schwarzblauer 47.
- , - gelbholziger 47.
- , - rothholziger 48.
- , schwarzer 49.
- , Tyroler 141.
- , weisser 12, 95.
- , weissholziger 47.
Troyen 177.
Trübrothe, frühe 135.
True Burgundy 163.
Trumänner 130.
- , weisser 88.
Trummerer 88
Trummeria Cibeba 223.
- flexuosa 222.
- Kölgesi 221.
- lacerata 224.
- Masconi 225.
- Metzgeriana 220.
- pedunculata 226.
- Shopatna 219.
Trummertraube, weisse 240.
Trumyn male 138.
Trussiaux 47.
Tschafahndler 3.
Tunturier 167.
Türkheimer 241.
Turner 227.
Ugne blanc 304.
- noir 178.
- , weisse 304.
Uherka 35.
Uhernieze 35.
Uliade 231.
- , grüne 231.
Ulliade rouge 171.
Umleierer 263.
Ungar 18. 244. 256.
- , blauer 287.
- , grosser blauer 50.
Ungarische 284.

Ungarische, blaue 278.
- , frühe 191.
- , kleine 246.
- Leibfarbe 140.
- , rothe 178.
- , weisse 234.
Ungarischer Weinstock 123.
- , weisser 88.
Ungartraube, blaue 287.
- , edle 278.
Ungerlein 18.
Ungeschickte 14.
Ungrisches Blau 153.
Unin blanc 122.
Urbanerstock, blauer 290.
Urbania villosa 290.
Urbanitraube 290.
- , blaue 290.
- , kleine 289.
- , wollige 290.
Urbe, rother 146.
Urben 146.
- , rother 146.
- , schwarzer 174.
Urnik 178.
Uva apiana alba 17.
- - rubra 130.
- - viridis 16.
- bumastos alba 60.
- - nigra 307.
- ciolinna 66.
- dactylina 31.
- Damascena 223.
- de Vaca 66.
- d'Egitto 1.
- di Spagna 1.
- d'oro 17.
- grisca 244.
- laciniosa 1.
- pane 307.
- passa bianca 262.
- Passa Cilicia 262.
- passa corinthiaca 262.
- pusilla 80.
- - rubra 134.
- rhaetica 137.
- rhetica 137.
- siglina 154.

begin— 448 —

Zum Register.